职业教育·道路运输类专业教材

桥梁工程

（第3版）

王常才　王　雷　主　编

朱　进　沈晓燕　副主编

向中富（重庆交通大学）　主　审

人民交通出版社股份有限公司

北　京

内 容 提 要

本书为职业教育道路运输类专业教材。全书内容共七章,主要对简支体系混凝土梁桥、悬臂体系和连续体系混凝土梁桥、拱桥、斜拉桥和悬索桥、桥梁墩台、涵洞的类型和构造、设计计算及施工方面的内容进行了讲述。

本书可作为高职高专院校道路与桥梁工程技术专业、试验检测专业、工程造价专业、工程测量专业、市政工程技术专业等交通土建类专业教材,也可作为继续教育和职业培训教材,也可供道路与桥梁工程技术人员参考。

本书有配套课件,教师可通过加入职教路桥教学研讨群(**QQ**:561416324)获取。

本书运用 **AR** 技术,对部分结构进行了模型的辅助展示,读者可随扫随学,实现立体化教与学。

图书在版编目(CIP)数据

桥梁工程 / 王常才,王雷主编. — 3 版. — 北京:
人民交通出版社股份有限公司,2019.7
ISBN 978-7-114-15392-1

Ⅰ.①桥… Ⅱ.①王…②王… Ⅲ.①桥梁工程—高
等职业教育—教材 Ⅳ.①U44

中国版本图书馆 CIP 数据核字(2019)第 050849 号

职业教育·道路运输类专业教材
书　　名:**桥梁工程(第 3 版)**
著 作 者:王常才　王　雷
责任编辑:刘　倩
责任校对:刘　芹
责任印制:张　凯
出版发行:人民交通出版社股份有限公司
地　　址:(100011)北京市朝阳区安定门外外馆斜街 3 号
网　　址:http://www.ccpress.com.cn
销售电话:(010)59757973
总 经 销:人民交通出版社股份有限公司发行部
经　　销:各地新华书店
印　　刷:北京武英文博科技有限公司
开　　本:787×1092　1/16
印　　张:27.25
字　　数:633 千
版　　次:2005 年 8 月　第 1 版　2013 年 1 月　第 2 版
　　　　　2019 年 7 月　第 3 版
印　　次:2023 年 12 月　第 3 版　第 7 次印刷　总第 35 次印刷
书　　号:ISBN 978-7-114-15392-1
定　　价:69.00 元

(有印刷、装订质量问题的图书由本公司负责调换)

课程特点

"桥梁工程"是高等职业院校道路桥梁工程技术、城市轨道交通工程技术、市政工程技术等专业的必修课,学习本课程须在结构设计原理、工程力学等课程基础上进行。同时,本课程又是一门理论与实践并重的课程,需安排足够的实习实训环节。

教材传承与改版

本《桥梁工程》教材是全国交通土建高职高专规划教材,2005 年和 2012 年分别出版了第 1 版和第 2 版,由吉林交通职业技术学院李辅元任主编。该教材自出版以来,已被交通类高等职业院校广泛认可和使用。截至 2021 年,本教材累计印刷 32 次,累计发行 143 册。

为适应目前职业教育教学的新需求,决定启动第 3 版的改版工作,并由安徽交通职业技术学院王常才、王雷任新版教材的主编,安徽省路港工程有限责任公司朱进、安徽交通职业技术学院沈晓燕任副主编,安徽交通职业技术学院吴跃梓、娄霜参编。具体编写分工如下:第一章、第三章第五节由王常才编写;第二章、第三章第一～四节、第四章第一～三节由王雷编写;第四章第四节由朱进编写;第五章、第六章第四节由娄霜编写;第六章第一～三节由沈晓燕编写;第七章由吴跃梓编写。人民交通出版社股份有限公司特邀重庆交通大学向中富教授任本书主审。

第 3 版的变化

本版编者对原结构体系做了较大的调整。以交通运输部最新颁布的《公路工程技术标准》(JTG B01—2014)、《公路桥涵设计通用规范》(JTG D60—2015)、《公路钢筋混凝土及预应力混凝土桥涵设计规范》(JTG 3362—2018)与《公路圬工桥涵设计规范》（JTG D61—2005）为依据对相关内容作了调整；在继续贯彻"理论基础扎实，注重实践能力"培养的课程建设原则的基础上，对企业人才需求的能力结构作了进一步调研，并对相关内容做了调整、优化。

本版教材在修订过程中，特别加强了课程思政元素的融入，主要体现在更注重对我国桥梁建设成就的反映和工程伦理教育的增强。

本教材编写的另一主要思想是：强调必要的桥梁结构设计与施工的理论基础，将计算过程实现电算化。即让学生掌握必要的理论基础，而将复杂的结构计算交给计算机软件程序完成。为此，本教材的一个突出特点是配套了丰富的教学辅助资源。

可与本教材配合使用的教学资源

● 教学课件

本版教材由王雷老师制作了配套的多媒体课件，以供相关任课老师教学参考，需求者可通过加入职教路桥教学研讨群（QQ：561416324）向人民交通出版社管理员编辑获取。

● 结构分析软件

本版教材配套了由编者自主研发的相关结构分析软件程序，并已广泛应用于实际工程设计与施工计算中，教师在授课过程中可根据实际情况参考使用。需求者可通过上述入群方式获取。

● AR 资源

本版教材配套了大量基于增强现实（AR）技术的数字资源，打破了纸质教材的局限性，让3D模型可以出现在教材中。师生在使用时，扫描带 AR 标识的书页（需扫描整版书页），即可展示本页的模型和附加资源，有效拓展学生的学习途径。具体操作详见封二说明。该资源库将不断优化、补充完善，以飨读者。

致谢

本教材在编写过程中，得到了人民交通出版社股份有限公司和兄弟院校的帮助，附于书末的主要参考文献的作者们对本书完成给予了巨大支持。此外，各兄弟院校的同行们对书稿提出了宝贵意见，在此一并致以诚挚的谢意！

由于编者们水平有限,编写时间也较紧迫,书中的不妥和谬误之处,敬请读者批评指正,以便及时修订完善。

编 者

2019 年 3 月

本教材配套资源索引

为便于学生更直观地学习,本教材配套了 AR 资源,包括三维模型、施工视频和案例,部分三维模型见下图。

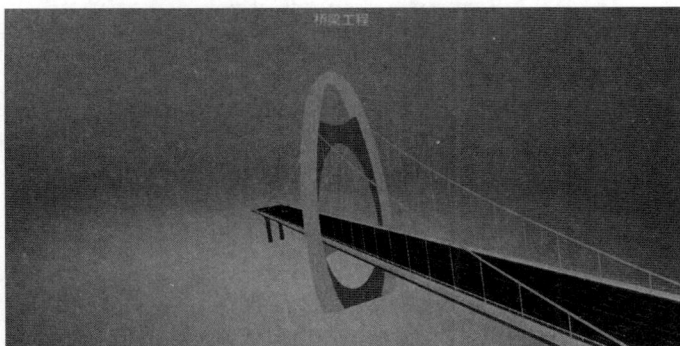

AR 资源使用说明见封二,具体资源列表如下。

序号	资源名称	对应页码
1	桥梁图片	p13
2	方案比选案例	p28
3	桥面构造图片	p44
4	板桥构造的图片	P67
5	T 形梁桥构造的图片和视频	p70
6	横隔梁内力计算	p127
7	牛腿的计算及构造图	p141
8	连续梁桥图片和视频	p145
9	连续钢构桥图片和视频	p152
10	悬臂体系和连续体系梁桥计算	p153
11	支座图片及支座计算	p170
12	桥梁施工支架图片	p174
13	桥梁施工模板图片	p176
14	桥梁钢筋骨架图片	p177
15	桥梁施工混凝土浇筑及振捣图片	p179
16	桥梁施工混凝土养护及拆除模板图片	p180
17	钢筋混凝土简支梁桥施工图片	p181
18	先张法施工图片及视频	p183
19	后张法施工图片及视频	p186
20	装配式简支梁桥构件运输及安装图片、案例	p187
21	落地支架法施工图片、案例	p190

续上表

序号	资源名称	对应页码
22	移动模架施工图片、案例	p191
23	悬臂浇筑法施工图片、视频及案例	p192
24	悬臂拼装法施工图片、视频及案例	p194
25	顶推法施工图片、视频及案例	p197
26	各类拱桥图片	p201
27	实腹式拱桥图片	p223
28	空腹式拱桥图片	p224
29	拱式组合体系桥图片	p242
30	拱桥施工图片、视频	p298
31	斜拉桥图片	p302
32	斜拉桥施工图片、视频	p311
33	悬索桥图片	p313
34	悬索桥施工图片、视频	p317
35	桥墩的图片	p329
36	桥台图片	p335
37	拱桥墩台的设计图纸	p343
38	重力式桥墩计算示例	p344
39	重力式U形桥台计算示例	p354
40	梁桥墩台构造图	p357
41	石砌墩台施工图片	p359
42	混凝土墩台浇筑施工方案	p362
43	混凝土浇筑施工图片	p363
44	涵洞的类型	p367
45	涵洞设计图	p380
46	涵洞工程数量计算	p387
47	圆管涵施工视频	p389
48	盖板涵施工视频	p394

目 · 录
Contents

第一章
CHAPTER ONE
总　论

【本章提要】

　　本章主要介绍桥梁工程在交通事业中的作用以及国内外桥梁建设的发展概况;桥梁的组成和结构体系,桥梁的基本分类以及各类桥梁的受力特点;桥梁规划设计原则和桥梁设计所需的基本资料;桥梁设计的主要内容以及桥梁的设计与建设程序;桥梁的作用分类和桥梁设计作用(荷载)的具体计算方法;桥面布置与构造,桥面系各构件的形式,以及结构细部构造尺寸。

【知识目标】

　　通过本章的学习,对国内外桥梁建设的发展概况和发展趋势有所了解;掌握桥梁的基本分类以及各类桥梁的受力特点和适应条件;掌握桥梁的作用分类和桥梁设计作用的具体计算方法;对桥梁设计工作的全貌有一概括的了解。

【能力目标】

　　能够依据桥梁的规划设计原则对桥梁结构进行总体规划布置,掌握桥梁设计作用(荷载)的具体计算方法,并能进行桥梁设计作用(荷载)的计算和作用(荷载)组合计算。

【重点难点】

　　本章的重点是桥梁的基本组成、分类和桥梁设计作用(荷载)的计算;难点是依据桥梁的规划设计原则对桥梁进行纵、横断面设计和构造布置。

第一节　　概述

一、桥梁发展动态

　　桥梁工程在学科上属于土木工程的分支,在功能上又是交通工程的咽喉。随着我国国民经济的迅速发展和经济全球化的不断加快,大力发展交通运输事业,建立四通八达的现代交通网络,对于我国发展国民经济、促进文化交流、加强民族团结、缩小地区差距、巩固国防等方面,都有非常重要的作用。

　　我国自改革开放以来,公路(特别是高等级公路)、城市道路、桥梁建设得到了飞速的发展,对改善人民的生活环境,促进经济腾飞,起到了关键性的作用。

　　一般来说,桥梁工程在工程规模上平均占道路总造价的 10% ~ 20% 。在高等级公路及城市高架道路中,桥梁不仅在工程规模上十分巨大,同时也是保证全线通车的关键。特别在战时,即便是高技术战争,桥梁工程仍具有非常重要的地位。

　　随着科学技术的进步和经济、社会、文化水平的提高,人们对桥梁建筑提出了更高的要求。目前,我国的桥梁工程无论在建设规模上,还是在科技水平上,均已跻身世界先进行列。各种功能齐全、造型美观的立交桥、高架桥,横跨长江、黄河等大江大河的特大跨度桥梁,如雨后春笋般涌现,几十公里长的跨海湾、海峡特大桥梁也陆续建成,我们广大的桥梁工程技术人员将不断面临建设新颖和复杂桥梁结构(如跨越峡谷的桥梁)的挑战,肩负着国家光荣而艰巨的任务。

　　虽然桥梁是一种功能性的结构物,但从古至今,人类从未停止过对桥梁美学的追求,很多桥梁被建成令人赏心悦目的艺术品,具有鲜明的时代特征,至今仍然为人们所赞叹。因此,桥梁建筑早已不单纯作为交通咽喉,且常作为一种空间艺术结构存在于社会之中。

　　(一) 我国桥梁的发展概况

　　我国是一个文明古国,有着悠久的历史。我们的祖先在世界桥梁史上写下了许多不朽的篇章。根据史料记载,在 3 000 多年前的周文王时代,我国就在渭河上架设过大型浮桥;在秦汉时期,我国就开始大量建造拱桥;隋唐时期是我国古代桥梁的兴盛时代,其间在桥梁形式、结构构造等方面有着很多创新;宋代之后,建桥数量大增,桥梁的跨越能力、造型和功能又有所提高,充分展现了我国古代工匠的智慧和艺术水平。

　　天然石料是大自然赋予人类最早的,而且强度高又经久耐用的建筑材料。几千年来修建的古代桥梁以石桥居多。河北赵县的赵州桥(图 1-1),又称安济桥,建于隋代,由著名匠师李春设计和建造。赵州桥是一座空腹式圆弧形石拱桥,净跨 37.02m,宽 9m,矢高 7.23m。其拱背上设有 4 个跨度不等的腹拱,这样做既减轻了桥身自重,又便于排洪,并且增加了美观。赵州桥因其构思和工艺的精巧而举世闻名。福建泉州的洛阳桥,又称万安桥,建于 1053 ~ 1059 年。该桥全长 834m,共 47 孔,桥宽 7m,是世界上尚存的最长和工程最艰巨的石梁桥。万安桥

图 1-1　河北赵县赵州桥

位于洛阳江的入海口处,桥下江底以磐石铺遍,并且独具匠心地用养殖海生牡蛎的方法胶固桥基形成整体,不仅世界上绝无仅有,千年风雨已经证明此法的奇妙和可靠。

著名的古代石桥还有福建漳州的虎渡桥,北京永定河上的卢沟桥、颐和园内的玉带桥和十七孔桥(图1-2),以及苏州的枫桥等。

图1-2　北京颐和园十七孔桥

但是,由于封建社会的长期统治,严重束缚了生产力的发展。到了19世纪,西方资本主义国家纷纷进入了工业化的快速发展阶段,而我国却仍然闭关锁国,延续着腐朽的封建制度。这导致中国在综合国力、科学技术等方面,远远落后于西方列强。1949年前,公路桥梁绝大多数为木桥,且年久失修,破烂不堪。

1949年之后,特别是改革开放以来,随着我国国力的迅速增强,交通事业的快速发展,尤其是20世纪90年代以来国家对高等级公路的大力投入,使得我国的桥梁事业得到了空前的大发展,取得了举世瞩目的成就。目前,我国在桥梁建设方面,已经跻身世界先进行列。

1. 混凝土梁桥

我国跨径最大的混凝土简支梁桥,是1997年建成的昆明南过境干道高架桥,标准跨径63m。

进入20世纪80年代,采用对称平衡悬臂法施工的大跨度预应力混凝土箱形截面连续梁得到了迅速的发展。1991年建成的云南六库怒江大桥(图1-3)为预应力混凝土连续梁桥,主桥跨径为85m+154m+85m;2013年建成的乐自高速公路岷江特大桥,其主桥跨径为100.4m+3×180m+100.4m,是我国目前跨径最大的预应力混凝土连续梁桥。

图1-3　云南六库怒江大桥

连续刚构桥的特点是主梁保持连续,墩梁固结。这样既保持了连续梁无伸缩缝、行车平顺的优点,又保持了T形刚构不设支座的优点,同时避免了连续梁和T形刚构的缺点。因而,连续刚构桥在我国发展很快。1988年建成的广东番禺洛溪大桥是我国第一座大跨径连续刚构桥,跨径组合为65m+125m+180m+110m,采用双肢箱形薄壁墩,箱高墩顶处10m,跨中处3m。1996年又建成湖北黄石长江大桥,主跨为245m,主桥连续长达1 060m。1997年建成的广东虎门辅航道桥(图1-4),跨径组合为150m+270m+150m,主桥位于 $R=7 000m$ 的平曲线上,建成时跨径居同类桥世界首位。

图1-4 广东虎门辅航道桥

2. 拱桥

拱桥在我国有着悠久的历史。由于拱桥造型优美,跨越能力大,长期以来一直是大跨桥梁的主要形式之一。20世纪60年代,拱桥无支架施工方法得到应用与发展,使混凝土拱桥竞争力大大提高。

著名的石拱桥有1990年建成的湖南凤凰县乌巢河桥,跨径120m。它的拱圈由两条宽2.5m的石板拱组成,板间用钢筋混凝土横梁联系。

2000年建成的山西晋城—河南焦作高速公路上的丹河大桥,该桥跨径146m,保持着石拱桥跨径世界纪录。

20世纪90年代兴起的钢管混凝土拱桥,使得大跨径拱桥的建造能力得到了进一步的提高。先合龙自重轻、强度高的钢管拱圈,并将其用作施工拱架,再往管内压注高强度混凝土,使之进一步硬化形成主拱圈。用此法分别于1995年建成了广东南海三山西大桥,跨径为200m;1998年建成了广西三岸邕江大桥,主跨为270m。2000年建成的主跨达360m的丫髻沙大桥(图1-5),为连续自锚中承式钢管混凝土拱桥。2013年建成的波司登长江大桥,主跨530m,为世界上跨径最大的钢管混凝土拱桥。

以钢管混凝土作为劲性骨架,再外包混凝土形成箱形拱,是修建大跨径拱桥十分好的构思,除了施工方便外,还解决了钢管防护问题。另外,这种分期形成的截面由于钢管混凝土最先受力,从而充分利用了钢管混凝土承载潜力大的优势。从理论上说,在荷载作用下,这种结构的后期徐变变形相对也是比较小的。

图1-5　广州丫髻沙大桥

用此方法我国已建成广西邕宁邕江大桥($l = 312\text{m}$, 1996 年)和重庆万县长江大桥($l = 420\text{m}$, 1997 年, 图 1-6), 前者建成时为当时国内跨径最大的钢筋混凝土肋拱桥, 后者建成时跨径达到了当时钢筋混凝土拱桥的世界之最。

图1-6　重庆万县长江大桥

此外, 我国用悬臂施工法建成了多座桁式组合拱桥, 跨度最大的是贵州江界河桥(图 1-7), 建于 1995 年, 主孔跨度达到 330m, 居同类桥型的世界之最。

2003 年 6 月建成的上海卢浦大桥(图 1-8)是当时世界上跨度最大的拱桥, 为中承式系杆拱桥, 主跨跨径达到了 550m, 矢跨比为 1/5.5, 拱肋为全焊钢结构。

重庆朝天门长江大桥(图 1-9), 全长 1 710m, 主桥跨径为 190m + 552m + 190m, 全宽 36.5m, 为中承式钢桁架系杆双层拱桥, 分上下两层, 上层为双向 6 车道, 下层中间为双向交通轻轨, 两边为预留车道。该桥于 2004 年开工, 2009 年完工, 是当今世界上跨度最大的钢桁架系杆拱桥。

3. 斜拉桥

我国的斜拉桥起步稍晚, 1975 年建成的跨径 76m 的四川云阳桥是国内第一座斜拉桥。20 世纪 90 年代以后, 因跨越大江大河的需要, 我国斜拉桥得到了快速的发展, 修建了一系列特大跨径的斜拉桥。据不完全统计, 我国建成的斜拉桥已超过 200 座, 其中跨度超过 600m 的斜拉桥已达 10 座, 数量居世界首位。

图 1-7　贵州江界河桥

图 1-8　上海卢浦大桥

图 1-9　重庆朝天门大桥

1991 年建成的上海南浦大桥($l=423\text{m}$)、1993 年建成的上海杨浦大桥($l=602\text{m}$)、1998 年建成的香港汀九桥(图 1-10)($l=448\text{m}+475\text{m}$)、2001 年建成的福建青州闽江桥($l=605\text{m}$),均为钢-混凝土组合梁斜拉桥,其中青州闽江桥保持着组合梁斜拉桥跨径世界纪录。1993 年建成的郧阳汉江大桥($l=414\text{m}$)、1995 年建成的安徽铜陵长江大桥($l=432\text{m}$)、1996 年建成的重庆长江二桥($l=444\text{m}$)、2001 年建成的重庆大佛寺长江大桥($l=450\text{m}$),均为混凝土主梁斜拉桥。2001 年分别建成的南京长江二桥($l=628\text{m}$,图 1-11)、武汉军山长江大桥($l=460\text{m}$),均为钢主梁斜拉桥。

图 1-10　香港汀九桥

图 1-11　南京长江二桥

目前我国有两座跨度超千米的斜拉桥已经建成通车。一座是江苏苏通长江公路大桥(图 1-12),主跨为 1 088m,于 2008 年建成,是我国首座突破千米的大跨径斜拉桥,也是世界上跨径最大的斜拉桥。另一座是 2009 年建成的香港昂船洲大桥,主跨为 1 018m。

已经建成的深圳—香港西部通道深圳湾公路大桥(图 1-13),主桥为跨径 180m 的斜塔钢箱梁单索面斜拉桥,钢箱梁全宽 37.6m,设双向 6 个 3.75m 宽的行车道和 2 个 3.30m 宽的紧急停车带。深圳湾公路大桥桥轴线平面呈 S 形,这在国内桥梁建设中是不多见的,不仅增加了大桥的景观效果,而且改善了行车条件。

图 1-12　江苏苏通长江公路大桥

图 1-13　深圳—香港西部通道深圳湾公路大桥

4. 悬索桥

我国的现代悬索桥建设起步较晚,特别是在特大跨度悬索桥方面,但是到 20 世纪 90 年代中期以后,这一局面得到了彻底的改变。1995 年建成的广东汕头海湾大桥,开创了我国现代公路悬索桥的先河。紧接着又陆续建成西陵长江大桥($l = 900\text{m}$,1996 年)、虎门大桥($l = 888\text{m}$,1997 年)、香港青马大桥($l = 1\,377\text{m}$,1998 年)、江阴长江公路大桥(图 1-14,$l = 1\,385\text{m}$,1999 年)、江苏润扬长江大桥(图 1-15,$l = 1\,490\text{m}$,2005 年)、舟山西堠门大桥(图 1-16,$l = 1\,650\text{m}$,2009 年)、马鞍山长江大桥($l = 1\,080\text{m}$,2013 年)等一批大跨径悬索桥。

近年来出现许多跨越峡谷的特大跨径悬索桥,如贵州坝陵河大桥($l = 1\,088\text{m}$,2009 年)、湖南矮寨大桥($l = 1\,176\text{m}$,2012 年)、云南龙江大桥($l = 1\,196\text{m}$,2016 年)等。

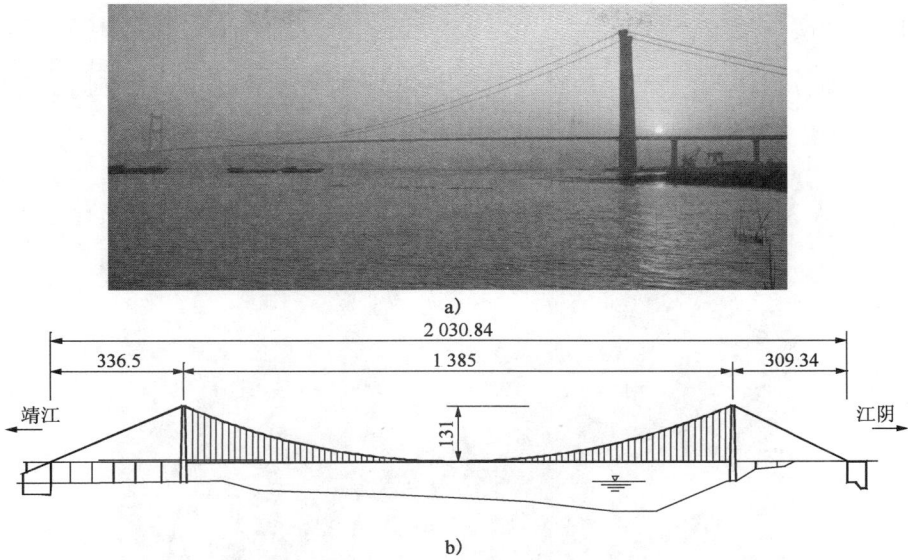

图 1-14　江阴长江大桥（尺寸单位：m）

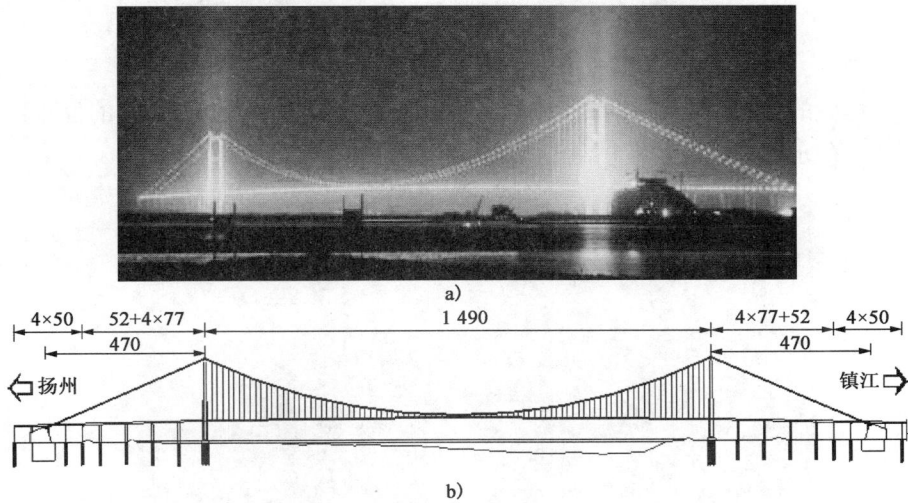

图 1-15　润扬长江大桥（尺寸单位：m）

图 1-16　舟山西堠门大桥

（二）国外桥梁的发展概况

悬索桥方面,1883 年建成的纽约布鲁克林桥(图 1-17),主跨达 486m,开创了现代悬索桥的先河。

图 1-17　纽约布鲁克林桥

1937 年建成的旧金山金门大桥(图 1-18),主跨达 1280m,保持了 27 年的世界纪录,至今仍是举世闻名的桥梁经典之作。

a)

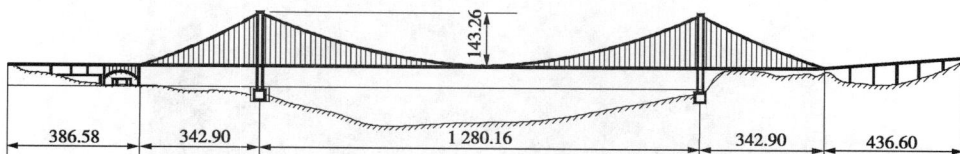

b)

图 1-18　旧金山金门大桥 (尺寸单位: m)

目前世界上跨度最大的悬索桥是 1998 年建成的日本明石海峡大桥（图 1-19），跨径 1 991m（设计跨径为 1 990m，施工期间受阪神大地震影响，地壳移位，才变成目前的跨径）。

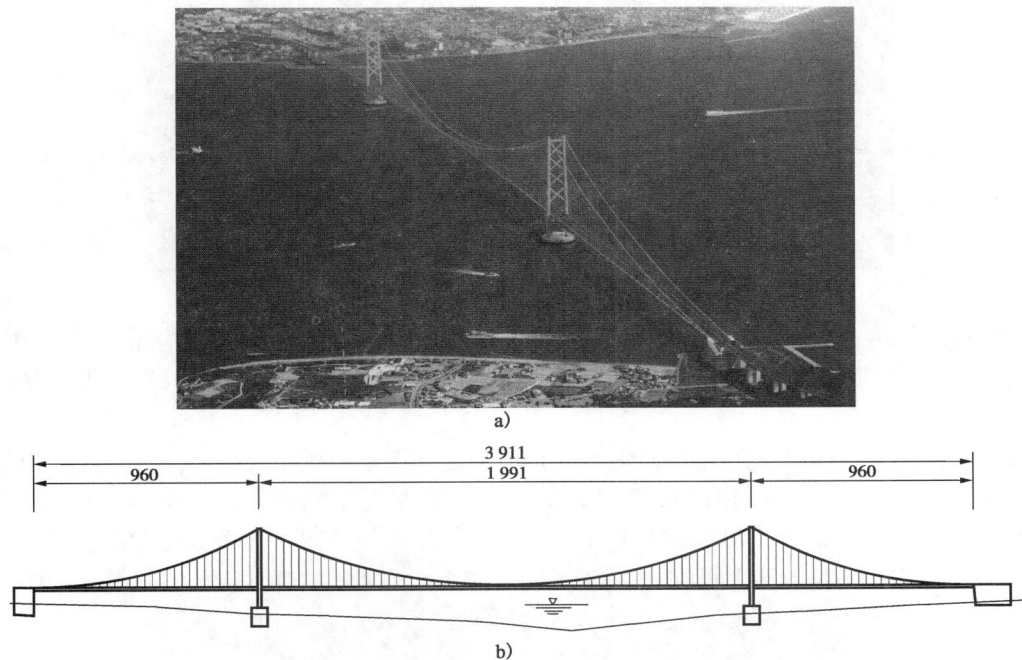

a)

b)

图 1-19　日本明石海峡大桥（尺寸单位：m）

斜拉桥方面，世界上第一座现代化斜拉桥是 1955 年瑞典建成的斯特罗姆海峡钢斜拉桥，其主跨 182.6m；1978 年美国建成的 P-K 桥（图 1-20），跨径 299m，是世界上第一座密索体系的预应力混凝土斜拉桥。1999 年建成的日本多多罗桥（图 1-21），其主跨达 890m，是当时世界上最长的斜拉桥。2012 年建成的俄罗斯符拉迪沃斯托克俄罗斯岛跨海大桥主跨 1 104m，是目前世界上跨径最大的斜拉桥。

图 1-20　美国 P-K 桥

图 1-21　日本多多罗大桥

　　拱桥方面，圬工拱桥在国外已有一百多年的历史，1946 年在瑞典建成的绥依纳松特桥，是一座混凝土圬工拱桥，跨度达 155m。由于石料开采和加工砌筑费工巨大，国外已很少修建大跨度石拱桥。

　　钢筋混凝土拱桥从 20 世纪初到 50 年代间，得到了很大的发展，后因支架问题，应用受到一定的限制。直到 1979 年，南斯拉夫用无支架悬臂施工法建成跨度达 390m 的克尔克大桥（图 1-22），该桥跨径保持了 18 年的世界纪录。无支架悬臂施工法目前在大跨度拱桥施工中被广泛采用。著名的悉尼港湾大桥（图 1-23），是一座中承式桁架钢拱桥，跨径 503m，建于 1932 年。

图 1-22　克尔克大桥

图 1-23　悉尼港湾大桥

梁式桥方面,由于梁式桥的力学特征是以受弯为主,而钢筋混凝土结构抵抗弯拉引起开裂的能力较弱,普通钢筋混凝土梁式桥的跨径一直较小。随着预应力技术的成熟,促进了预应力混凝土梁式桥的迅速发展。1977 年奥地利建成了跨径达 76m 的阿尔姆桥,该桥通过在梁的下缘张拉和在上缘顶压预应力(称为双预应力)的技术,将梁高降至 2.5m,高跨比仅 1/30。

目前世界上跨度最大的预应力混凝土连续梁桥是挪威的伐罗德桥($l=260$m,1994 年),连续刚构桥是挪威的斯托尔马桥($l=301$m,1998 年,图 1-24),斜腿刚构桥是法国的博诺姆桥($l=186.3$m,1974 年)。

图 1-24　挪威斯托尔马桥

(三)桥梁建设发展趋势

桥梁发展大致经历了以下三次飞跃:

(1)19 世纪中叶出现了钢材,随后又出现了高强度钢材,使桥梁工程的发展获得了第一次飞跃,跨径不断加大。

(2)20 世纪初,随着钢筋混凝土的应用,以及 20 世纪 30 年代预应力混凝土技术的兴起,桥梁建设获得了价廉、耐久且刚度和承载力均很大的建筑材料,从而推动桥梁工程的发展,产生了第二次飞跃。

(3)20 世纪 50 年代以后,计算机技术和有限元技术迅速发展,使得人们能够方便地完成过去不可能完成的大规模结构计算,这使桥梁工程的发展获得了第三次飞跃。

纵观世界桥梁建设发展的历史,桥梁工程的每一次飞跃,均与社会生产力的发展,工业水平的提高,施工技术的进步,数学、力学理论的发展及应用,建筑材料及计算技术的革新等方面联系密切。桥梁建设未来发展趋势主要表现在以下几个方面:

(1)大跨径桥梁向更长、更大、更柔的方向发展。研究大跨度桥梁在气动、雨振、地震和行车动力作用下结构的稳定性;将截面做成适应气动要求的各种流线型加劲梁,增大特大跨度桥梁的刚度;采用以缆索为主的空间网状承重体系以及悬索加斜拉的混合体系;采用轻型且刚度大的复合材料作为加劲梁,而采用自重轻、强度高的碳纤维材料制作主缆。

(2)新材料的开发和应用。新材料应具有高强、轻质的特点,研究超强聚合物混凝土、高强双向钢丝钢纤维增强混凝土、纤维塑料等一系列材料,取代目前桥梁用的钢和混凝土。

(3)计算机辅助手段的应用。设计中采用快速有效的仿真分析和方案优化,运用智能化制造系统在工厂生产部件,利用定位系统和遥感技术控制桥梁施工。

（4）大型深水基础工程进一步发展。目前,世界上桥梁基础深度还没有超过100m的,今后将需要进行100～300m深海基础工程的实践。

（5）桥梁的健康监测。通过自动监测和控制管理系统,保证桥梁结构的安全和正常运营,一旦发生故障或者结构损伤,将由系统自动报告损伤部位和养护对策。

（6）重视桥梁美学及环境保护。闻名遐迩的美国旧金山金门大桥、澳大利亚悉尼港湾大桥、英国伦敦桥、日本明石海峡大桥、上海杨浦大桥、香港青马大桥等,都成为一件件宝贵的空间艺术品,成为陆地、江海、峡谷上的景观,成为所在地区标志性建筑。因此,21世纪的桥梁结构必将更加重视建筑艺术造型,重视桥梁美学和景观设计,重视环境保护以及人文景观与自然景观的和谐。

二、桥梁的基本组成和分类

（一）桥梁的基本组成

概括地说,桥梁由四个基本部分组成,即上部结构、下部结构、支座和附属设施。梁式桥概貌如图1-25所示。

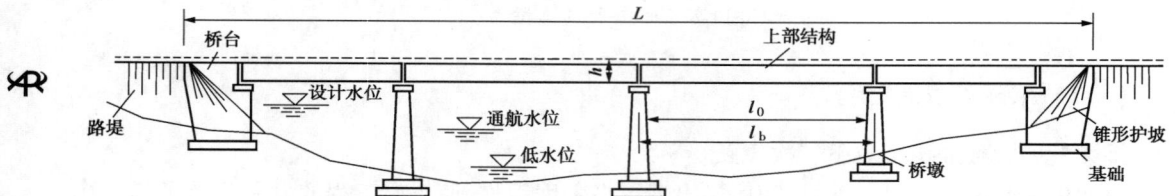

图1-25 梁式桥概貌

1. 上部结构

上部结构是桥梁支座以上(无铰拱起拱线或刚架主梁底线以上)跨越障碍(如江河、峡谷或线路中断等)的结构物,是桥梁的主要承重结构。当跨越幅度越大时,上部结构的构造也就越复杂,施工难度也相应增加。

2. 下部结构

下部结构包括桥墩、桥台和基础。

桥墩和桥台是支承上部结构并将其传来的恒载和车辆等活载再传至基础的结构物。通常将设置在桥两端的称为桥台,设置在桥中间部分的称为桥墩。桥台除了上述作用外,还与路堤相衔接,并抵御路堤土压力,防止路堤填土坍落。单孔桥只有两端的桥台,而没有中间桥墩。

桥墩和桥台底部的奠基部分,称为基础。基础承担了从桥墩和桥台传来的全部荷载,这些荷载包括竖向荷载以及地震力、船舶撞击墩身等引起的水平荷载。由于基础往往深埋于水下地基中,在桥梁施工中是难度较大的一个部分,也是确保桥梁安全的关键之一。

3. 支座

支座是设在墩(台)顶,用于支承上部结构的传力装置。它不仅要传递很大的荷载,并且要保证上部结构能按设计要求产生一定的变位。

4. 附属设施

桥梁的基本附属设施包括桥面系、伸缩缝、桥梁与路堤衔接处的桥头搭板和锥形护坡等。下面介绍一些与桥梁布置有关的主要尺寸和名词术语。

1. 净跨径

对于设支座的桥梁,为在设计洪水位线上相邻两墩、台身顶内缘之间的水平净距;对于不设支座的桥梁,为上、下部结构相交处内缘间的水平净距,用 l_0 表示,如图1-25、图1-26 所示。

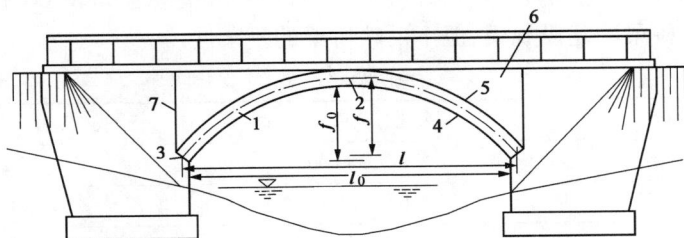

图1-26 拱桥概貌
1-主拱圈;2-拱轴线;3-拱脚;4-拱腹;5-拱背;6-拱腹填料;7-伸缩缝

2. 总跨径

是多孔桥梁中各孔净跨径的总和($\sum l_0$),它反映了桥下宣泄洪水的能力。

3. 计算跨径

对于设置支座的桥梁,为相邻支座中心的水平距离;对于不设支座的桥梁(如拱桥、刚构桥等),为上、下部结构的相交面之中心间的水平距离。计算跨径用 l 表示,桥梁结构的力学计算是以 l 为准的。

4. 标准跨径

对于有支座的梁桥,是指相邻桥墩中心线之间的水平距离,或桥墩中心线至桥台台背前缘之间的水平距离;对于拱桥和涵洞,则指净跨径。标准跨径用 l_b 表示。我国《公路桥涵设计通用规范》(JTG D60—2015)(以下简称《桥规》)中规定,对于标准设计或者新建桥涵,跨径在50m 及以下时,宜采用标准跨径。桥梁标准化跨径规定如下:0.75m、1.0m、1.25m、1.5m、2.0m、2.5m、3.0m、4.0m、5.0m、6.0m、8.0m、10m、13m、16m、20m、25m、30m、35m、40m、45m、50m,共21 种。

5. 桥梁全长

简称桥长,对于有桥台的桥梁,为两岸桥台翼墙尾端间的距离;对于无桥台的桥梁,为桥面系行车道长度,用 L 表示。

6. 桥下净空

是为满足通航(或行车、行人)的需要和保证桥梁安全而对上部结构底缘以下规定的空间界限。

7. 桥梁建筑高度

上部结构底缘至桥面顶面的垂直距离,称为桥梁建筑高度。线路定线中所确定的桥面高程,与通航(或桥下通车、人)净空界限顶部高程之差,称为容许建筑高度。显然,桥梁建筑高度不得大于容许建筑高度。为控制桥梁建筑高度,可以通过在桥面以上布置结构的方式加以解决,如斜拉桥、悬索桥、中下承式拱桥等。

8.桥面净空

是桥梁行车道、人行道上方应保持的空间界限,公路、铁路和城市桥梁对桥面净空都有相应的规定。

我国《公路工程技术标准》(JTG B01—2014)对桥涵分类规定如表1-1所示。这些分类在一定程度上反映了桥梁的建设规模,但不反映桥梁的复杂性。

桥 涵 分 类　　　　　　　　　　　　　　　　　　　　　　　　表1-1

桥 涵 分 类	多孔跨径总长 L(m)	单孔跨径 L_k(m)
特大桥	$L > 1\,000$	$L_k > 150$
大桥	$100 \leq L \leq 1\,000$	$40 \leq L_k \leq 150$
中桥	$30 < L < 100$	$20 \leq L_k < 40$
小桥	$8 \leq L \leq 30$	$5 \leq L_k < 20$
涵洞	—	$L_k < 5$

注:1.单孔跨径系指标准跨径。
　　2.梁式桥、板式桥的多孔跨径总长为多孔标准跨径的总长;拱式桥为两端桥台内起拱线间的距离;其他形式桥梁为桥面系车道长度。
　　3.管涵及箱涵不论管径或跨径大小、孔数多少,均称为涵洞。
　　4.标准跨径:梁式桥、板式桥以两桥墩中线间距离或桥墩中线与台背前缘间距为准;拱式桥和涵洞以净跨径为准。

国际上一般认为单孔跨径小于150m的属于中小桥,大于150m即为大桥,而特大桥的起点跨径与桥型有关,悬索桥为1 000m,斜拉桥和钢拱桥为500m,其他桥型为300m。

9.设计洪水位和通航水位

河流中的水位是变动的,枯水季节的最低水位称为低水位,洪峰季节河流中的最高水位称为高水位。桥梁设计中按规定的设计洪水频率计算所得的高水位(很多情况下是推算水位),称为设计洪水位。在各级航道中,能保持船舶正常航行时的水位,称为通航水位。

(二)桥梁的分类

1.按受力体系分类

按照受力体系分类,桥梁有梁、拱、索三大基本体系,其中梁桥以受弯为主,拱桥以受压为主,悬索桥以受拉为主。另外,由上述三大基本体系相互组合,派生出在受力上也具组合特征的多种桥型,如刚构桥和斜拉桥等。下面分别阐述各种桥梁体系的主要特点。

(1)梁式桥

梁式桥是一种在竖向荷载作用下无水平反力的结构,如图1-27a)、b)所示。由于外力(恒载和活载)的作用方向与承重结构的轴线接近垂直,因而与同样跨径的其他结构体系相比,梁桥内产生的弯矩最大,通常需用抗弯、抗拉能力强的材料(钢、配筋混凝土、钢—混凝土组合材料等)来建造。对于中、小跨径桥梁,目前在公路上应用最广的是标准跨径的钢筋混凝土简支梁桥,施工方法有预制装配和现浇两种。这种梁桥的结构简单,施工方便,简支梁对地基承载力的要求也不高,其常用跨径在25m以下;当跨径较大时,需采用预应力混凝土简支梁桥,但跨径一般不超过50m。为了改善受力条件和使用性能,地质条件较好时,中、小跨径梁桥均可修建连续梁桥,如图1-27c)所示;对于很大跨径的大桥和特大桥,可采用预应力混凝土梁桥、钢桥和钢—混凝土组合梁桥,如图1-27d)、e)所示。

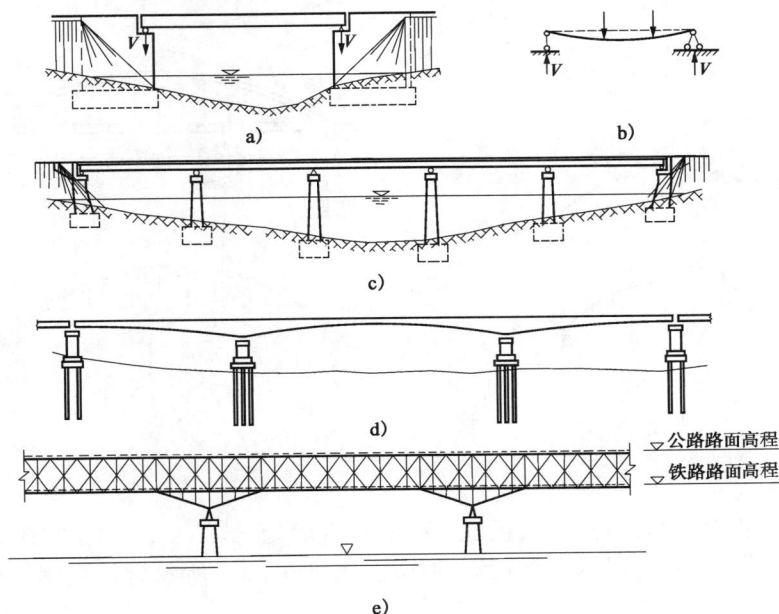

图1-27　梁式桥

(2)拱式桥

拱式桥的主要承重结构是拱圈或拱肋(拱圈横截面设计成分离形式时称为拱肋)。拱结构在竖向荷载作用下,桥墩和桥台将承受水平推力,如图1-28b)所示。同时,根据作用力和反作用力原理,墩台向拱圈(或拱肋)提供一对水平反力,这种水平反力将大大抵消拱圈(或拱肋)内由荷载所引起的弯矩。因此,与同跨径的梁相比,拱的弯矩、剪力和变形都要小得多。鉴于拱桥的承重结构以受压为主,通常可用抗压能力强的圬工材料(如砖、石、混凝土)和钢筋混凝土等来建造。

拱桥不仅跨越能力强,而且外形美观,在条件许可的情况下,修建拱桥往往是经济合理的,一般跨径在500m以内均可作为比选方案。

应当注意,为了确保拱桥的安全,下部结构和地基(特别是桥台)必须能经受住很大的水平推力作用。此外,与梁式桥不同,由于拱圈(或拱肋)在合龙前自身不能维持平衡,因而拱桥施工的难度和危险性要远大于梁式桥。对于特大跨度的拱桥,也可建造钢桥或钢-混凝土组合式拱桥,由自重较轻但强度很高的钢拱首先合龙并承担施工荷载。这样,其施工的难度和危险性就可降低。

在地基条件不适合修建具有很大推力的拱桥的情况下,也可建造水平推力由受拉系杆来承受的系杆拱桥。系杆可由预应力混凝土或高强钢筋做成,如图1-28d)所示。近年来发展了一种称作"飞雁式"三跨自锚式微小推力拱桥,如图1-28e)所示,即在边跨的两端施加强大的

水平预加力 H，通过边跨梁传至拱脚，以抵消主跨拱脚处的巨大水平推力。

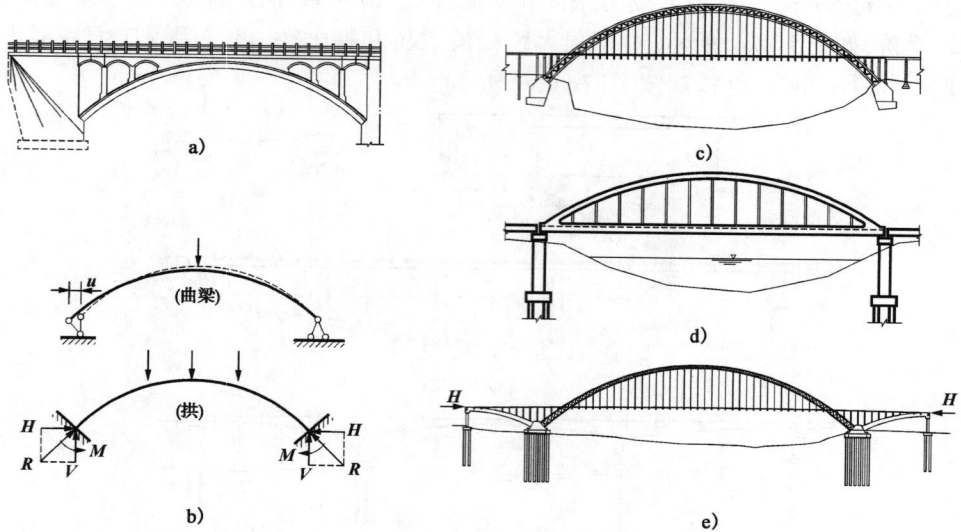

图 1-28　拱式桥

（3）刚构桥

刚构桥的主要承重结构是梁（或板）与立柱（或竖墙）整体结合在一起的刚架结构，梁和柱的连接处具有很大的刚性，以承担负弯矩的作用，如图 1-29a）所示为门式刚构桥。在竖向荷

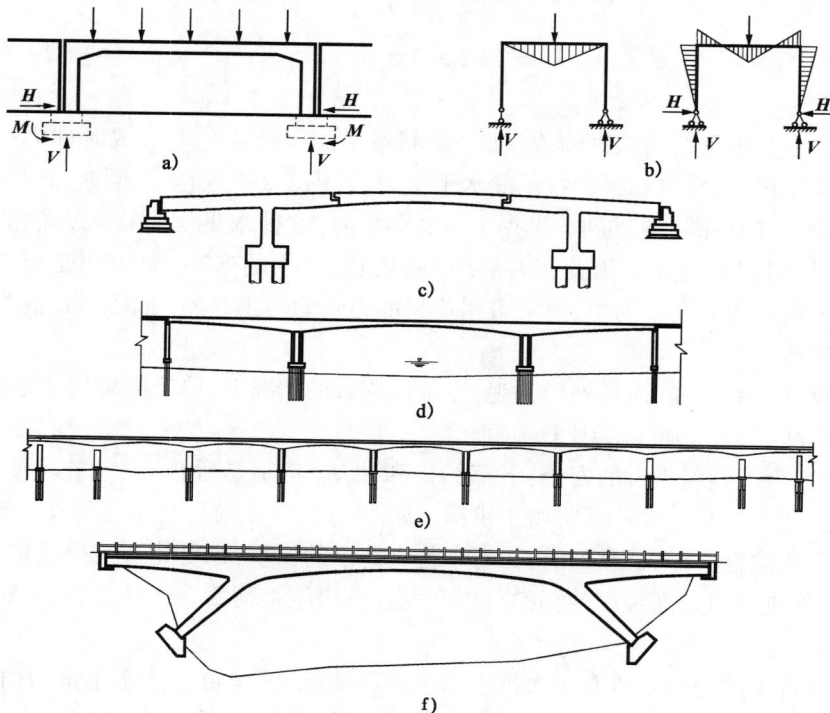

图 1-29　刚构桥

a）门式刚构桥；b）门式刚构桥受力；c）T 形刚构；d）连续刚构；e）刚构—连续组合体系；f）斜腿刚构

载作用下,柱脚处具有水平反力,梁部主要受弯,但弯矩水平值较同跨径的简支梁小,梁内还有轴压力 H,因而其受力状态介于梁桥与拱桥之间,如图 1-29b)所示。刚构桥跨中的建筑高度可做得较小。普通钢筋混凝土修建的刚构桥在梁柱刚结处较易产生裂缝,需在该处多配钢筋。另外,门式刚构桥在温度变化时,内部易产生较大的附加内力,应引起重视。

图 1-29c)所示的 T 形刚构桥(带挂孔的或不带挂孔的)是修建较大跨径混凝土桥梁曾采用的桥型,属静定或低次超静定结构。对于这种桥型,由于 T 构长悬臂处于一种不受约束的自由变形状态,在车辆荷载作用下,悬臂内的弯、扭应力均较大,因而各个方向均易产生裂缝。另外,由于混凝土徐变,会使悬臂端产生一定的下挠,从而在悬臂端部和挂梁的结合处形成一个折角,不仅损坏了伸缩缝,而且车辆在此处易产生跳车,给悬臂端以附加冲击力,致使行车不适,对桥梁受力也不利。目前这种桥型已较少采用。

图 1-29d)所示的连续刚构桥,属于多次超静定结构,在设计中一般应减小墩柱顶端的水平抗推刚度,使得温度变化下在结构内不致产生较大的附加内力。对于很长的桥,为了降低这种附加内力,往往在两侧的一个或数个边跨上设置滑动支座,从而形成如图 1-29e)所示的刚构—连续组合体系桥型。

当跨越陡峭河岸和深谷时,修建斜腿刚构桥往往既经济合理,造型又轻巧美观,如图 1-29f)所示。由于斜腿墩柱置于岸坡上,有较大斜角,中跨梁内的轴压力也很大,因而斜腿刚构桥的跨越能力比门式刚构桥要大得多,但斜腿的施工难度较直腿大些。

刚构桥一般均需承受正负弯矩的交替作用,横截面宜采用箱形截面。连续刚构桥主梁的受力情况与连续梁相近,横截面形式与尺寸也与连续梁基本相同。

(4)斜拉桥

斜拉桥由塔柱、主梁和斜拉索组成,如图 1-30 所示。它的基本受力特点是:受拉的斜索将主梁多点吊起,并将主梁的恒载和车辆等其他荷载传至塔柱,再通过塔柱基础传至地基。塔柱基本上以受压为主。跨度较大的主梁就像一条多点弹性支承(吊起)的连续梁一样工作,从而使主梁内的弯矩大大减小。由于同时受到斜拉索水平分力的作用,主梁截面的基本受力特征是偏心受压。斜拉桥属高次超静定结构,主梁所受弯矩大小与斜拉索的初张力密切相关。存在着一定最优的索力分布,使主梁在各种状态下的弯矩(或应力)最小。

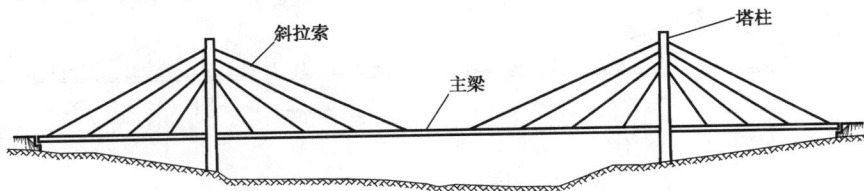

图 1-30　斜拉桥

由于受到斜拉索的弹性支承,弯矩较小,使得主梁尺寸大大减小,结构自重显著减轻,大幅度地提高了斜拉桥的跨越能力。此外,由于塔柱、拉索和主梁构成稳定的三角形,斜拉桥的结构刚度较大,斜拉桥的抗风能力较悬索桥要好得多。但是,当跨度很大时,悬臂施工的斜拉桥因主梁悬臂长度过长,承受压力过大,而风险较大。此外,塔高过高,外索过长,索垂度的影响会使索的刚度大幅下降。这些问题都需要加以认真研究和解决。

常用的斜拉桥是三跨双塔式结构,但独塔双跨形式也很常见(图 1-31),具体形式及布置的选择应根据河流、地形、通航、美观等要求加以论证确定。在桥横向，斜拉索一般按双索面布置，也有采用中央布置的单索面结构。

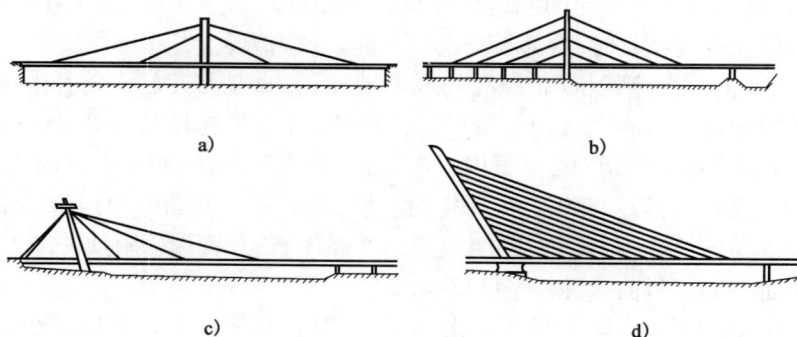

a)　　　　　　　　　　　　　b)

c)　　　　　　　　　　　　　d)

图 1-31　独塔式斜拉桥

（5）悬索桥

悬索桥（也称吊桥）是用悬挂在两边塔架上的强大缆索作为主要承重结构，如图 1-32 所示。在桥面系竖向荷载作用下，通过吊杆使缆索承受很大的拉力，缆索锚于悬索桥两端的锚碇结构中。为了承受巨大的缆索拉力，锚碇结构需做得很大（重力式锚碇），或者依靠天然完整的岩体来承受水平拉力（隧道式锚碇）。缆索传至锚碇的拉力可分解为垂直和水平两个分力，因而悬索桥也是具有水平反力（拉力）的结构。现代悬索桥广泛采用由高强度钢丝成股编制形成的钢缆，以充分发挥其优良的抗拉性能。悬索桥的承载系统包括缆索、塔柱和锚碇三部分，因此结构自重较轻，能够跨越任何其他桥型无法企及的特大跨度。悬索桥的另一特点是受力简单明了，而且成卷的钢缆易于运输。缆索架设完成后，便形成了一个强大稳定的结构支承系统，施工过程中的风险相对较小。

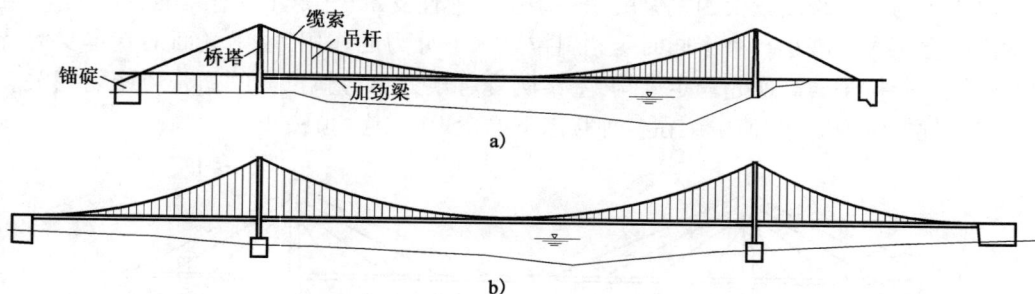

图 1-32　悬索桥
a)单跨式悬索桥；b)三跨式悬索桥

相对于前面所说的其他体系桥梁，悬索桥的刚度最小，属柔性结构。在车辆荷载作用下，悬索桥将产生较大的变形。例如跨度 1 000m 的悬索桥，在车辆荷载作用下，$L/4$ 区域的最大挠度可达 3m 左右。另外，悬索桥风振及稳定性在设计和施工中也需予以特别的重视。

2. 桥梁的其他分类简述

除了上述按受力特点将桥梁分成不同的结构体系外，人们还习惯按用途、大小规模和建桥材料等对桥梁进行分类。

（1）按用途来划分，有公路桥、铁路桥、公铁两用桥、农桥、人行桥、水运桥（或渡槽）、管线桥等。

（2）按桥梁全长和跨径的不同，分为特大桥、大桥、中桥和小桥。

（3）按照主要承重结构所用的材料划分，有圬工桥（包括砖、石、混凝土桥）、钢筋混凝土桥、预应力混凝土桥、钢桥、钢—混凝土组合桥和木桥等。

（4）按跨越障碍的性质，可分为跨河桥、立交桥、高架桥和栈桥。高架桥一般指跨越深沟峡谷以替代高路堤的桥梁，以及在城市桥梁中跨越道路的桥梁。

（5）按桥跨结构的平面布置，可分为正交桥、斜交桥和弯桥。

（6）按上部结构的行车道位置，分为上承式桥、中承式桥和下承式桥。

各种结构体系桥梁的适用跨径见表1-2。可见，简支板、梁桥和石拱桥适用于中、小跨径桥梁，连续梁桥、钢筋混凝土拱桥适用于大、中跨径桥梁，连续刚构、钢管混凝土拱桥、斜拉桥、悬索桥等适用于大跨径、特大跨径桥梁。

不同结构体系桥梁的适用跨径范围　　　　　　　　　　　　　　表 1-2

桥　　型	经济适用跨径范围（m）	极限跨径（m）
钢筋混凝土板桥、简支梁桥	10 ~ 20	50
预应力混凝土简支梁桥、石拱桥	20 ~ 50	100
预应力混凝土连续梁桥、钢筋混凝土拱桥	50 ~ 150	200
预应力混凝土连续刚构桥、钢管混凝土拱桥	150 ~ 300	400
（钢连续梁桥、结合梁桥）	（200 ~ 300）	（400）
预应力混凝土斜拉桥（钢箱拱桥）	200 ~ 500	600
（结合梁斜拉桥、钢桁架拱桥）	（500 ~ 700）	（800）
（钢斜拉桥、混合桥面斜拉桥）	（700 ~ 1 200）	（1 500）
悬索桥（协作体系桥）	1 000 ~ 5 000	6 000

注：1. 表中凡加括号者，表示桥跨结构采用钢结构或组合梁结构等；
　　2. 极限跨径是指桥梁在考虑安全性、耐久性及经济性后的最大跨径（非最大跨径纪录）。

第二节　桥梁的总体规划设计

一、桥梁设计的基本原则

公路桥梁应根据所在公路的功能、技术等级、性质和将来发展的需要，除了应符合技术先进、安全可靠、适用耐久、经济合理的要求外，还应该按照美观及环境保护和可持续发展的原则进行设计，并兼顾因地制宜、就地取材、便于施工和养护等因素。桥梁建设应遵循的各项原则分述如下。

1. 安全

（1）所设计的桥梁结构在强度、稳定和耐久性方面应有足够的安全储备。

（2）防撞栏杆应具有足够的高度和强度，人与车流之间应做好防护，防止车辆撞入人行道或撞坏栏杆。

（3）对于交通繁忙的桥梁，应设计好照明设施并有明确的交通标志，两端引桥坡度不宜太陡，以避免发生车辆碰撞等引起车祸。

（4）对于修建在地震区的桥梁，应按抗震要求采取防震措施；对于河床易变迁的河道，应设计好导流设施，防止桥梁基础底部被过度冲刷；对于通行大吨位船舶的河道，除按规定加大桥孔跨径外，必要时应设置防撞构筑物等。

2.适用

（1）桥面宽度能满足当前以及今后规划年限内的交通流量（包括行人通行）。

（2）桥梁结构在通过设计荷载时不出现过大的变形和过宽的裂缝。

（3）桥跨结构的下面有利于泄洪、通航（跨河桥）或车辆和行人的通行（旱桥）。

（4）桥梁的两端应方便车辆进入和疏散，而不致产生交通堵塞现象等。

3.经济

（1）桥梁设计应遵循因地制宜，就地取材和方便施工的原则。

（2）经济的桥型应该是造价和养护费用综合最省的桥型，设计中应充分考虑维修方便和维修费用少，维修时尽可能不中断交通，或中断交通的时间最短。

（3）所选择的桥位应地质、水文条件好，桥梁长度也较短。

（4）选择桥位应考虑能缩短河道两岸的运距，促进该地区的经济发展，产生最大的效益。对于过桥收费的桥梁应考虑能吸引更多的车辆通过，达到尽快回收投资的目的。

4.美观

一座桥梁应具有优美的外形，这种外形从任何角度看都应该是优美的，而且结构布置必须精练，并在空间有和谐的比例。桥型应与周围环境相协调，城市桥梁和游览地区的桥梁，可较多地考虑建筑艺术上的要求。合理的结构布局和轮廓是美观的主要因素，另外，施工质量对桥梁美观也有重大影响。

5.技术先进

在因地制宜的前提下，尽可能采用成熟的新结构、新设备、新材料和新工艺，充分利用最新科学技术成就，把学习和创新结合起来，淘汰和摒弃原来落后和不合理的东西。

6.环境保护和可持续发展

桥梁设计应考虑环境保护和可持续发展的要求。从桥位选择、桥跨布置、基础方案、墩身外形、上部结构施工方法、施工组织设计等方面综合考虑环境要求，采取必要的工程控制措施，并建立环境监测保护体系，将不利影响减至最小。

二、桥梁平、纵、横断面设计

（一）桥梁的平面设计

桥梁设计首先要确定桥位，按照《公路工程技术标准》（JTG B01—2014）的规定，小桥和涵洞的位置与线形一般应符合路线的总体走向，为满足水文、线路弯道等要求，可设计斜桥和弯桥;对于公路上的特大、大、中桥桥位,原则上应服从路线走向,桥、路综合考虑,尽量选择在河道顺直、水流稳定、地质良好的河段上。

桥梁的平曲线半径、平曲线超高和加宽、缓和曲线、变速车道设置等,均应满足相应等级线路的规定。

(二)桥梁纵断面设计

桥梁纵断面设计包括确定桥梁的总跨径、桥梁的分孔、桥面高程、桥上和桥头引道的纵坡以及基础的埋置深度等。

1.桥梁总跨径

桥梁总跨径一般应根据水文计算来确定。其基本原则是:应使桥梁在整个使用年限内,保证设计洪水能得到顺利宣泄;河流中可能出现的流冰和船只排筏等能顺利通过;避免因过分压缩河床引起河道和河岸的不利变迁;避免因桥前壅水而淹没农田、房屋、村镇和其他公共设施等。对于桥梁结构本身来说,不能因总跨径缩短而引起河床过度冲刷,从而对浅埋基础带来不利的影响。

在某些情况下,为了降低工程造价,可以在不超过允许的桥前壅水和规范规定的允许最大冲刷系数的条件下,适当增大桥下冲刷,以缩短总跨径。例如,对于深埋基础,一般允许稍大一点的冲刷,使总跨径能适当减小;对于平原区稳定的宽滩河段,流速较小,漂流物也少,主河槽较大,这时,可以对河滩的浅水流区段作较大的压缩,但必须慎重校核,压缩后的桥梁壅水不得危及河滩路堤以及附近农田和建筑物。

2.桥梁的分孔

对于一座较长的桥梁,应当分成若干孔,但孔径的划分,不仅影响使用效果和施工难易等,而且在很大程度上影响桥梁的总造价。例如,采用的跨径大,孔数就少,固然可以降低墩台的造价,但却使上部结构的造价大大增高;反之,上部结构的造价虽然降低了,但墩台的造价又有所增高。因此,在满足下述使用和技术要求的前提下,通常采用最经济的分孔方式,也就是使上、下部结构的总造价趋于最低。这些要求是:

(1)对于通航河流,在分孔时应首先满足桥下的通航要求。桥梁的通航孔应布置在航行最方便的河域。对于变迁性河流,根据具体条件,应多设几个通航孔。

(2)对于平原区宽阔河流上的桥梁,通常在主河槽部分按需要布置较大的通航孔,而在两侧浅滩部分,按经济跨径进行分孔。

(3)对于在山区深谷上、水深流急的江河上建桥,或需在水库上建桥时,为了减少中间桥墩,应加大跨径。如果条件允许的话,甚至可以采用特大跨径的单孔跨越。

(4)对于采用连续体系的多孔桥梁,应从结构的受力特性考虑,使边孔与中孔的跨中弯矩接近相等,合理地确定相邻跨之间的比例。

(5)对于河流中存在的不利地质段,例如岩石破碎带、裂隙、溶洞等,在布孔时,为了使桥基避开这些区段,可以适当加大跨径。

总之,大、中桥梁的分孔是一个相当复杂的问题,必须根据使用要求、桥位处的地形和环境、河床地质、水文等具体情况,通过技术经济等方面的分析比较,才能做出比较完美的设计方案。

3.桥面高程的确定

桥面高程的确定必须根据设计洪水位、桥下通航(通车)净空的需要,并结合桥型、跨径等一起考虑,见图1-33和图1-34。下面介绍确定桥面高程的有关要求。

图1-33 梁式桥纵断面规划图

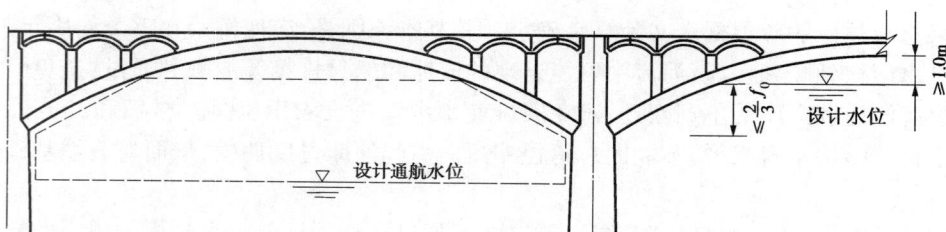

图1-34 拱桥桥下净空

(1)流水净空要求

① 按设计水位计算桥面最低高程:

$$H_{\min} = H_S + \sum \Delta h + \Delta h_j + \Delta h_0 \tag{1-1}$$

式中: $H_{\min}$ ——桥面最低高程(m);

H_S ——设计水位(m);

$\sum \Delta h$ ——考虑壅水、浪高、波浪壅高、河弯超高、水拱、局部股流壅高(水拱与局部股流壅高只取其大者)、床面淤高、漂浮物高度等诸因素的总和(m);

Δh_j ——桥下净空安全值(m),应符合表1-3的规定;

Δh_0 ——桥梁上部构造建筑高度,应包括桥面铺装高度(m)。

非通航河流桥下净空值 Δh_j　　　　　　　　　表1-3

桥梁的部位		高出计算水位(m)	高出最高流冰面(m)
梁底	洪水期无大漂流物	0.50	0.75
	洪水期有大漂流物	1.50	—
	有泥石流	1.00	—
支承垫石顶面		0.25	0.50
有铰拱拱脚		0.25	0.25

② 按设计最高流冰水位计算桥面最低高程:

$$H_{\min} = H_{SB} + \Delta h_j + \Delta h_0 \tag{1-2}$$

式中: H_{SB} ——设计最高流冰水位(m),应考虑床面淤高;

其余符号意义同式(1-1)。

③ 桥面设计高程不应低于式(1-1)或式(1-2)的计算值。

（2）通航净空要求

为了保证桥下安全通航,通航孔桥跨结构下缘的高程应高出自设计通航水位算起的净空高度。我国《内河通航标准》(GB 50139)对于天然和渠化河流上过河建筑物通航净空做出了尺寸规定;此外还颁布了《海轮航道通航标准》(JTS 180-3),适用于沿海及海湾及区域内通航海轮航道的桥梁。具体净空尺寸要求详见上述《标准》。

（3）跨线桥桥下的交通要求

在设计跨线路(铁道或公路)的立体交叉时,桥跨结构底缘的高程应高出规定的车辆净空高度。对于公路所需的净空限界,见下一节的桥梁横断面设计部分,铁路的净空限界可查阅《铁路桥涵设计规范》(TB 10002)。

综上所述:全桥位于河中各跨的桥道高程均应首先满足流水净空的要求;对于通航或桥下通车的桥孔,还应满足通航净空或建筑净空限界的要求;另外,还应考虑桥的两端能够与公路或城市道路顺利衔接等。因此,全桥各跨的桥道高程是不相同的,必须综合考虑和规划,一般将桥梁的纵断面设计成具有单向或双向坡度的桥梁,既利于交通,美观效果好,又便于桥面排水(对于不太长的小桥,可以做成平坡桥)。但桥上纵坡不宜大于4%;桥头引道纵坡不宜大于5%。位于城镇混合交通繁忙处的桥梁,桥上纵坡和桥头引道纵坡均不得大于3%,并应在纵坡变更的地方按规定设置竖曲线。

（三）桥梁横断面设计

桥梁横断面的设计,主要取决于桥面的宽度和不同桥跨结构横截面的形式。桥面宽度取决于行车和行人的交通需要。我国交通运输部颁布的《公路工程技术标准》(JTG B01—2014)中,规定了各级公路桥面净空限界。在建筑限界内,不得有任何部件侵入。

桥梁宽度取决于桥上交通的要求,《公路工程技术标准》(JTG B01—2014)规定的公路桥桥面行车道净宽标准见表1-4。

车 道 宽 度　　　　　　　　　　　　　　　　　　　　表1-4

设计速度(km/h)	120	100	80	60	40	30	20
车道宽度(m)	3.75	3.75	3.75	3.50	3.50	3.25	3.00

注:此处行车道宽度标准值为1个车道的标准值。

一般说来,在高速公路或一级公路上,多数修建上、下行双幅(两座)独立桥梁。各级公路上的涵洞和二、三、四级公路上跨径小于8m的单孔小桥的桥面宽度,应与路基同宽。城市桥梁的桥面宽度应考虑到城市交通的规划要求适当予以加宽。位于弯道上的桥梁,应按路线要求予以加宽和设置超高。

三、桥梁设计与建设程序

一座桥梁的规划设计所涉及的因素很多,特别是对于工程比较复杂的大、中桥梁,是一个综合性的系统工程。设计合理与否,将直接影响到区域的政治、经济、文化以及人民的生活,因此必须建立一套严格的管理体制和有序的工作程序。在我国,基本建设程序分为前期工作和正式设计两个大步骤,它们的关系如图1-35所示。现分别简要介绍它们的主要内容及要求。

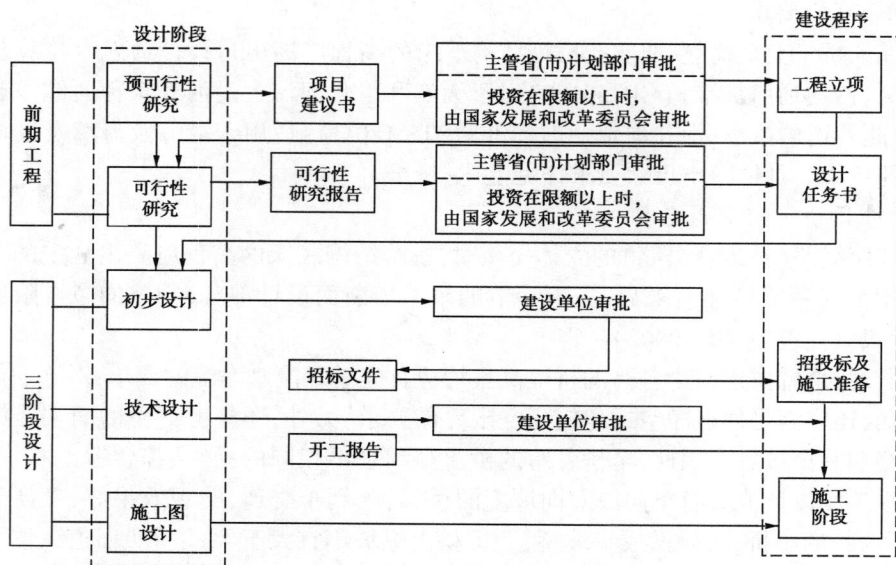

图 1-35　设计阶段与建设程序关系图

（一）"预可"阶段

"预可"阶段着重研究建桥的必要性以及宏观经济上的合理性。

在"预可"阶段研究形成的"预工程可行性研究报告书"（简称"预可报告"）中，应从经济、政治、国防等方面，详细阐明建桥理由和工程建设的必要性和重要性，同时初步探讨技术上的可行性。对于区域性线路上的桥梁，应以建桥地点（渡口等）的车流量调查（计及国民经济逐年增长）为立论依据。

"预可"阶段的主要工作目标是解决建设项目的上报立项问题，因而，在"预可报告"中，应编制几个可能的桥型方案，并对工程造价、资金来源、投资回报等问题也应有初步估算和设想。

设计方将"预可报告"交业主后，由业主据此编制"项目建议书"报主管上级审批。

（二）"工可"阶段

在"项目建议书"被审批确认后，方可着手"工可"阶段的工作。在这一阶段，着重研究和制定桥梁的技术标准，包括：设计荷载标准、桥面宽度、通航标准、设计车速、桥面纵坡、桥面平、纵曲线半径等；在这一阶段，应与河道、航运、规划等部门共同研究，以共同协商确定相关的技术标准。

在"工可"阶段，应提出多个桥型方案，并按交通运输部《公路工程基本建设项目投资估算编制办法》估算造价，对资金来源和投资回报等问题应基本落实。

（三）初步设计阶段

初步设计应根据批复的可行性研究报告、测设合同和初测、初勘或定测、详勘资料编制。

初步设计的目的是确定设计方案，应通过多个桥型方案的比选，推荐最优方案，报上级审批。在编制各个桥型方案时,应提供平、纵、横布置图,标明主要尺寸,并估算工程数量和主要材料数量,提出施工方案的意见,编制设计概算,提供文字说明和图表资料。初步设计经批复后,则成为施工准备、编制施工图设计文件和控制建设项目投资等的依据。

(四)技术设计阶段

对于技术上复杂的特大桥、互通式立交或新型桥梁结构,需进行技术设计。

技术设计应根据初步设计批复意见、测设合同的要求,对重大、复杂的技术问题通过科学实验、专题研究、加深勘探调查及分析比较,进一步完善批复的桥型方案的总体和细部各种技术问题以及施工方案,并修正工程概算。

(五)施工图设计阶段

两阶段(或三阶段)施工图设计应根据初步设计(或技术设计)批复意见、测设合同,进一步对所审定的修建原则、设计方案、技术决定加以具体和深化。在此阶段中,必须对桥梁各种构件进行详细的结构计算,并且确保强度、稳定、刚度、裂缝、构造等各种技术指标满足规范要求,绘制出施工详图,提出文字说明及施工组织计划,并编制施工图预算。

国内一般的(常规的)桥梁采用两阶段设计,即初步设计和施工图设计,对于技术简单、方案明确的小桥,也可采用一阶段设计,即施工图设计。

四、桥梁设计方案比选

为了获得经济、适用和美观的桥梁设计方案,设计者必须根据各种自然、技术上的条件,因地制宜,在综合应用专业知识、了解掌握国内外新技术、新材料、新工艺的基础上,进行深入细致的研究分析对比工作,才能得出科学完美的设计方案。

桥梁设计方案的比选和确定可按下列步骤进行。

(1)明确各种高程的要求

在桥位纵断面图上,先行按比例绘出设计水位、通航水位、堤顶高程、桥面高程、通航净空、堤顶行车净空位置图。

(2)桥梁分孔和初拟桥型方案草图

在上述确定了各种高程的纵断面图上,根据泄洪总跨径的要求,作桥梁分孔和桥型方案草图。作草图时思路要宽广,只要基本可行,尽可能多绘一些草图,以免遗漏可能的桥型方案。

(3)方案初筛

对草图方案作技术和经济上的初步分析和判断,筛去弱势方案,从中选出 2~4 个构思好、各具特点的方案,做进一步详细研究和比较。

(4)详绘桥型方案

根据不同桥型、不同跨度、宽度和施工方法,拟定主要尺寸并尽可能细致地绘制各个桥型方案的尺寸详图。对于新结构,应做初步的力学分析,以准确拟定各方案的主要尺寸。

(5)编制估算或概算

依据编制方案的详图,可以计算出上、下部结构的主要工程数量,然后依据各省、自治区、直辖市或行业的"估算定额"或"概算定额",编制出各方案的主要材料(钢、木、混凝土等)用量、劳动力数量、全桥总造价。

(6)方案选定和文件汇总

全面考虑建设造价、养护费用、建设工期、营运适用性、美观等因素,综合分析,阐述每一个方案的优缺点,最后选定一个最佳的推荐方案。在深入比较过程中,应当及时发现并调整方案中的不尽合理之处,确保最后选定的方案是强中选强的方案。

上述工作全部完成之后,着手编写方案说明。说明书中应阐明方案编制的依据和标准、各方案的主要特色、施工方法、设计概算以及方案比较的综合性评述。对于推荐方案应作较详细的说明。各种测量资料、地质勘查和地震烈度复核资料、水文调查与计算资料等应按附件载入。

图1-36为湖南岳阳洞庭湖大桥的桥型方案比较图,该桥位于洞庭湖的长江出口处。各桥型主要优缺点见表1-5,经过水利、经济、美观等多方面的论证,最后选择了三塔斜拉桥的方案。

本书还选取了其他桥梁方案比选案例供参考,详见本页数字资源。

各桥型主要优缺点比较表   表1-5

各桥型方案	三塔斜拉桥方案 (第Ⅰ方案)	系杆拱配斜拉桥方案 (第Ⅱ方案)	连续刚构方案 (第Ⅲ方案)
经济性	54 295.7 万元	53 653.4 万元	55 412.8 万元
适用性	1. 两孔 310m 主跨跨越主航道,与航道适应性好,通航净空大,防撞要求低; 2. 河床压缩少,有利汛期泄洪; 3. 西岸副孔 30m 简支 T 梁伸缩缝多,桥面连续易开裂	1. 主桥大跨少,对通航较不利,桥墩防撞要求较高; 2. 河床压缩较多,对汛期泄洪较不利; 3. 西岸副孔 30m 连续梁,伸缩缝较少	1. 两孔 280m 跨径连续刚构跨越主航道,与航道适应性好,通航净空大,防撞要求低; 2. 河床压缩多,汛期泄洪能力较差; 3. 西岸副孔 30m 空心板,伸缩缝多,桥面连续易开裂
安全性	1. 主桥跨度适中,板梁式结构施工方便,工期较短; 2. 西岸副孔采用预制 T 梁,可工厂化预制施工,质量可靠,工期有保障,但需大型预制场和吊装设备; 3. 主桥后期营运养护费用较高; 4.行车较平顺	1. 主体采用箱梁断面,刚度大,施工安全; 2. 西岸副孔采用移动支架现浇,施工条件差,工期制约因素多并需要多套设备方能保证工期; 3. 主桥后期营运养护费用较高; 4.行车平顺舒适	1. 主跨 280m 连续刚构为当前世界最大跨度,施工难度大,工期较长; 2. 西岸副孔采用预制空板,可工厂化预制施工,质量可靠,工期有保障,但需要预制场与吊装设备; 3. 主桥后期营运养护费用少; 4.行车平顺舒适
美观性	桥型美观,气势宏伟,与周围环境协调好	高耸的桥塔与低矮的拱圈,大跨梁桥与小跨拱桥反差明显,配合不协调,桥型欠美观	主桥线条简洁明快,但因其高跨比例不太协调,影响桥型美观

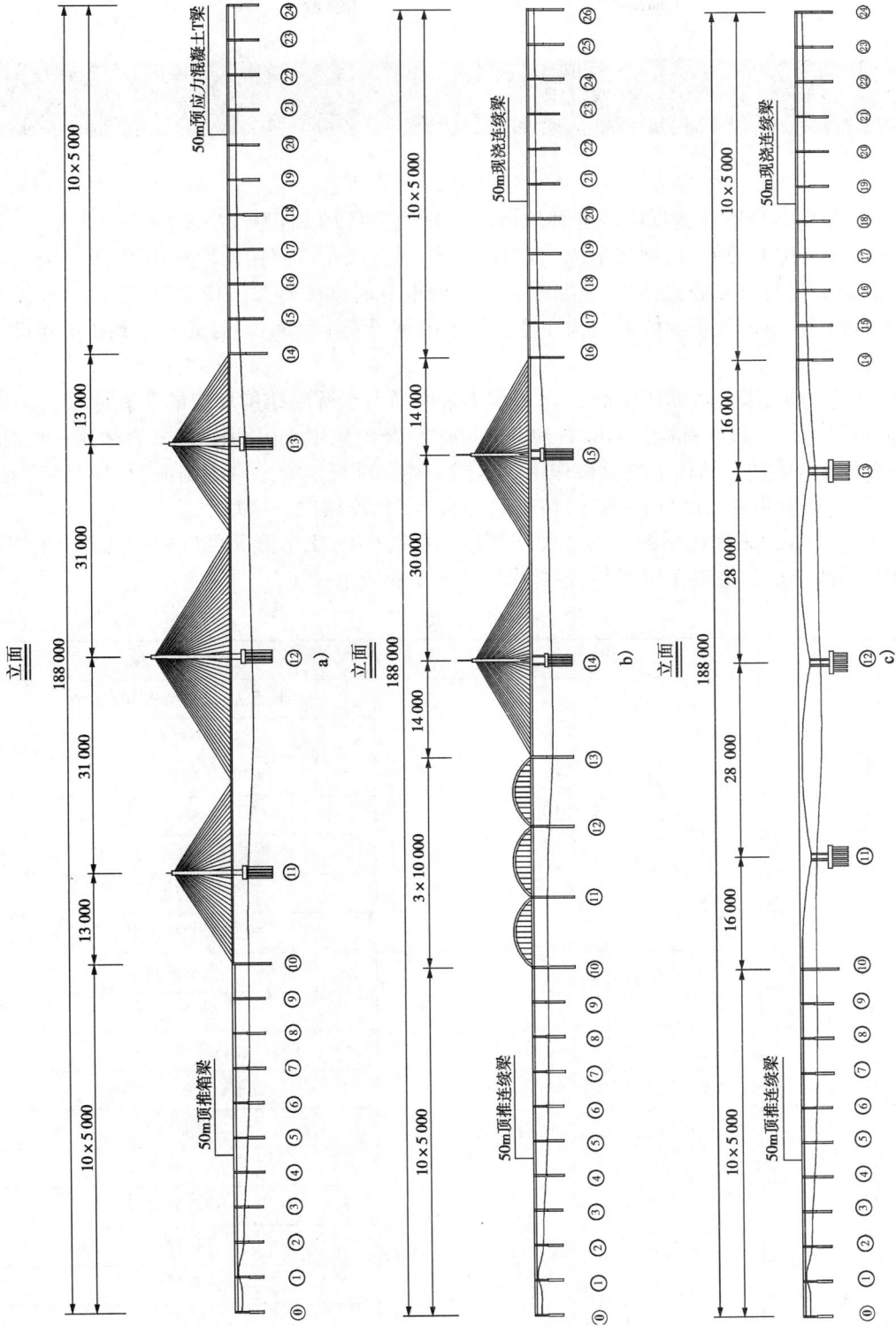

图1-36　岳阳洞庭湖大桥桥型方案比较图(尺寸单位：cm)
a)三塔斜拉桥方案；b)系杆拱配斜拉桥方案；c)连续刚构方案

第三节 桥梁上的作用

"作用"是引起桥梁结构反应的各种原因的统称，它可以归纳为性质不同的两大类：一类是直接施加于结构上的外力，例如车辆、结构自重等；另一类是以间接的形式作用于结构上，例如地震、混凝土收缩徐变等，它们产生的效应与结构本身的特征有关。作用种类、形式和大小的选择是否恰当，不但关系到桥梁结构在使用年限内是否安全可靠，而且还关系到桥梁建设费用是否经济合理。

值得注意的是，以前习惯用"荷载"这一术语来概括引起桥涵结构反应的所有原因，《公路工程结构可靠度设计统一标准》(GB/T 50283—1999)开始采用术语"作用"来表述这一概念，而"荷载"仅表示施加于结构上的直接作用。依据上述标准规定的原则编制的《公路桥涵设计通用规范》(JTG D60—2015)（以下称《桥规》）全面采用"作用"这一术语。

《桥规》中规定，施加在桥涵上的各种作用按照随时间的变化情况可以归纳为永久作用、可变作用、偶然作用和地震作用四类，各类作用如表1-6所示。

作 用 分 类

表1-6

编　　号	作 用 分 类	作 用 名 称
1		结构重力（包括结构附加重力）
2		预加力
3		土的重力
4	永久作用	土侧压力
5		混凝土收缩、徐变作用
6		水浮力
7		基础变位作用
8		汽车荷载
9		汽车冲击力
10		汽车离心力
11		汽车引起的土侧压力
12	可变作用	汽车制动力
13		人群荷载
14		疲劳荷载
15		风荷载
16		流水压力
17		冰压力

编　号	作 用 分 类	作 用 名 称
18	可变作用	波浪力
19		温度(均匀温度和梯度温度)作用
20		支座摩阻力
21	偶然作用	船舶的撞击作用
22		漂流物的撞击作用
23		汽车撞击作用
24	地震作用	地震作用

习惯上将永久作用称为恒载,将可变作用中对桥梁结构影响程度较大的几种称为活载。

一、永久作用

永久作用是指在设计基准期内始终存在且其量值变化与平均值相比可以忽略不计的作用,或其变化是单调的并趋于某个限值的作用,包括结构重力、预加应力、土的重力、土侧压力、混凝土收缩及徐变作用、混凝土收缩及徐变作用和基础变位作用等七种。

结构物自身重力及桥面铺装、附属设施等外加重力均属于结构重力,它们可按照结构物的实际体积或设计拟定的体积乘以材料的重度计算。桥梁结构的自重往往占全部设计荷载的大部分,因此,采用轻质高强材料对减轻桥梁自重、增大跨越能力具有重要意义。

预加应力在结构正常使用极限状态设计和使用阶段构件应力计算时,应作为永久荷载来计算其主、次效应,并计入相应阶段的预应力损失;在结构承载能力极限状态设计时,预加应力不作为荷载,而将预应力作为结构抗力的一部分。但在连续梁等超静定结构中,仍需考虑预加力引起的次效应。

对于超静定的混凝土结构、钢—混凝土组合结构等均应考虑混凝土的收缩和徐变作用的影响,预应力构件还涉及其预应力损失问题。《公路钢筋混凝土及预应力混凝土桥涵设计规范》(JTG 3362—2018)规定了混凝土的收缩应变和徐变系数的计算方法,而徐变影响可采用混凝土应力与徐变变形间直线关系的假定。

其他永久作用均可按《桥规》相关条文计算。

二、可变作用

可变作用是指在设计基准期内其量值随时间而变化,且其变化值与平均值相比不可忽略不计的作用。这些作用包括有汽车荷载,汽车荷载的冲击力、离心力、制动力和引起的土侧压力,人群荷载,疲劳荷载,风荷载,流水压力,冰压力,波浪力,温度作用和支座摩阻力等十三种。

(一)汽车荷载

汽车荷载是公路桥涵上最主要的一种可变荷载。设计中采用的汽车荷载分为公路—Ⅰ级和公路—Ⅱ级两个等级,各级公路桥涵设计的汽车荷载等级按表1-7取用。

各级公路桥涵的汽车荷载等级　　　　表 1-7

公路等级	高速公路	一级公路	二级公路	三级公路	四级公路
汽车荷载等级	公路—Ⅰ级	公路—Ⅰ级	公路—Ⅰ级	公路—Ⅱ级	公路—Ⅱ级

注:1. 二级公路作为集散公路且交通量小、重型车辆少时,其桥涵的设计可以采用公路—Ⅱ级汽车荷载。
　　2. 对于交通组成中重载交通比重较大的公路桥涵,宜采用与该公路交通组成相适应的汽车荷载模式进行结构整体和局部验算。

1. 荷载标准值

汽车荷载由车道荷载和车辆荷载组成。车道荷载由均布荷载和集中荷载组成,如图 1-37 所示。公路—Ⅰ级车道荷载的均布荷载标准值 q_k 为 10.5kN/m。集中荷载标准值随计算跨径而变,其取值如表 1-8 所示。对于多跨连续结构,P_k 为按照最大跨径为基准取值。当计算剪力效应时,集中荷载标准值 P_k 应乘以 1.2 的系数。

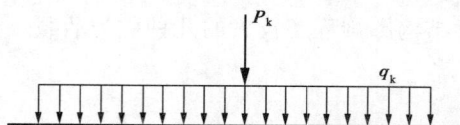

公路—Ⅱ级车道荷载的均布荷载标准值 q_k 和集中荷载标准值 P_k 按公路—Ⅰ级车道荷载的 0.75 倍采用。

图 1-37　车道荷载

集中荷载 P_k 的取值　　　　表 1-8

计算跨径 L_0(m)	$L_0 \leqslant 5$	$5 < L_0 < 50$	$L_0 \geqslant 50$
P_k(kN)	270	$2(L_0 + 130)$	360

车辆荷载为一辆总重 550kN 的标准车,其立面、平面尺寸见图 1-38,主要技术指标列于表 1-9。公路—Ⅰ级和公路—Ⅱ级汽车荷载采用相同的车辆荷载。

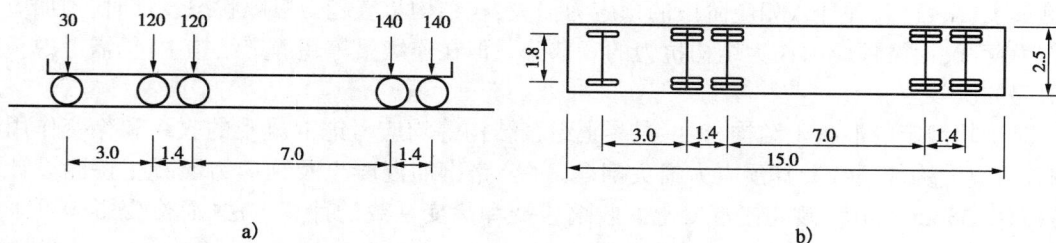

a)　　　　　　　　　　　　　　　　　b)

图 1-38　车辆荷载的立面、平面尺寸(轴重单位:kN;尺寸单位:m)
a)立面布置;b)平面尺寸

车辆荷载主要技术指标　　　　表 1-9

项　　目	单　　位	技 术 指 标
车辆重力标准值	kN	550
前轴重力标准值	kN	30
中轴重力标准值	kN	2×120
后轴重力标准值	kN	2×140
轴距	m	$3 + 1.4 + 7 + 1.4$

项　目	单　位	技术指标
轮距	m	1.8
前轮着地宽度及长度	m	0.3×0.2
中、后轮着地宽度及长度	m	0.6×0.2
车辆外形尺寸（长×宽）	m	15×2.5

2.加载方式

车道荷载用于桥梁结构的整体计算，车辆荷载用于桥梁结构的局部加载（比如桥面板计算）、涵洞、桥台和挡土墙土压力等的计算。在各计算项目中，车辆荷载和车道荷载的作用效应不得叠加。车道荷载的均布荷载标准值应满布于使结构产生最不利效应的同号影响线上；集中荷载标准值只作用于相应影响线中一个最大影响线峰值处。

横向分布计算中，车道荷载或车辆荷载需偏心加载时，均按照设计车道数和如图1-39所示的布置方式来进行计算，其横向布置的最大车辆数不应超过设计车道数。表1-10列出了行车道宽度与设计车道数的关系。

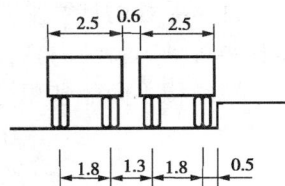

图1-39　车辆荷载的横向布置（尺寸单位：m）

桥涵设计车道数　　　　　　　　表1-10

桥面宽度 W_0（m）		桥涵设计车道数（条）
单向行驶桥梁	双向行驶桥梁	
$W_0 < 7.0$		1
$7.0 \leq W_0 < 10.5$	$6.0 \leq W_0 < 14.0$	2
$10.5 \leq W_0 < 14.0$	—	3
$14.0 \leq W_0 < 17.5$	$14.0 \leq W_0 < 21.0$	4
$17.5 \leq W_0 < 21.0$	—	5
$21.0 \leq W_0 < 24.5$	$21.0 \leq W_0 < 28.0$	6
$24.5 \leq W_0 < 28.0$	—	7
$28.0 \leq W_0 < 31.5$	$28.0 \leq W_0 < 35.0$	8

当桥涵设计车道数大于2时，汽车荷载应考虑多车道布载的荷载效应的折减；布置一条车道汽车荷载时，应考虑汽车荷载的提高。横向车道布载系数应符合表1-11的规定。但是多车道布载的荷载效应不得小于用两条设计车道的荷载效应。

横向车道布载系数　　　　　　　　表1-11

横向布置车道数（条）	1	2	3	4	5	6	7	8
横向车道布载系数	1.20	1.00	0.78	0.67	0.60	0.55	0.52	0.50

当桥梁计算跨径大于150m时，应考虑计算荷载效应的纵向折减。当为多跨连续结构时，整个结构均应按最大的计算跨径考虑计算荷载效应的纵向折减。纵向折减系数规定见表1-12。

纵向折减系数 表 1-12

计算跨径 L_0(m)	$150 < L_0 < 400$	$400 \leqslant L_0 < 600$	$600 \leqslant L_0 < 800$	$800 \leqslant L_0 < 1\,000$	$L_0 \geqslant 1\,000$
纵向折减系数	0.97	0.96	0.95	0.94	0.93

（二）汽车冲击力

汽车以较高速度驶过桥梁时，由于桥面不平整、发动机振动等原因，会引起桥梁结构的振动，从而造成内力增大，这种动力效应称为冲击作用。在计算中采用静力学的方法来考虑，即引入一个竖向动力效应的增大系数——冲击系数 μ，来计及汽车荷载的冲击作用，汽车荷载的冲击力即为汽车荷载标准值乘以冲击系数 μ。

冲击系数的计算采用以结构基频为指标的方法。结构的基频反映了结构的尺寸、类型、建造材料等动力特征内容，它直接体现了冲击效应和桥梁结构之间的关系。

按结构不同的基频，汽车引起的冲击系数在 $0.05 \sim 0.45$ 之间变化，其计算方法为：

$$\begin{cases} 当 f < 1.5\text{Hz 时}, & \mu = 0.05 \\ 当 1.5\text{Hz} \leqslant f \leqslant 14\text{Hz 时}, & \mu = 0.176\,7\ln f - 0.015\,7 \\ 当 f > 14\text{Hz 时}, & \mu = 0.45 \end{cases} \tag{1-3}$$

式中：f——结构基频（Hz）。

结构基频的计算宜采用有限元法，对于常规结构，可采用《桥规》条文说明中给出的公式估算，也有文献建议可近似采用 $100/l$ 来进行初步计算（l 为计算跨径）。对于简支梁桥可采用下式计算：

$$f = \frac{\pi}{2l^2}\sqrt{\frac{EI_c}{m_c}} \tag{1-4}$$

$$m_c = \frac{G}{g}$$

式中：l——结构的计算跨径（m）；

E——结构材料的弹性模量（Pa）；

I_c——结构跨中截面的截面惯性矩（m⁴）；

m_c——结构跨中处的单位长度质量（kg/m），当换算为重力计算时，其单位应为（N·s²/m²）；

G——结构跨中处每延米结构重力（N/m）；

g——重力加速度（m/s²），$g = 9.81\text{m/s}^2$。

钢桥、钢筋混凝土及预应力混凝土桥、圬工拱桥等上部结构和钢支座、板式橡胶支座、盆式橡胶支座及钢筋混凝土柱式墩台，应计入汽车的冲击作用。重力式墩台不计冲击力。填料厚度（包括路面厚度）等于或大于 0.5m 的拱桥、涵洞以及重力式墩台不计冲击力。支座的冲击力，按相应的桥梁取用。

当汽车荷载局部加载以及在 T 梁、箱梁悬臂板上时，$\mu = 0.3$。

（三）汽车离心力

汽车离心力是车辆在弯道行驶时所伴随产生的惯性力，它以水平力的形式作用于结构上，是弯桥横向受力与抗扭设计计算所要考虑的主要因素。对于曲线桥梁，需考虑汽车荷载的离

心力作用;离心力标准值为汽车荷载(不计冲击力)标准值乘以离心力系数 C。离心力系数按下式计算:

$$C = \frac{v^2}{127R} \tag{1-5}$$

式中:v——设计速度,应按桥梁所在公路等级的规定采用(km/h);

　　　R——曲线半径(m)。

计算多车道桥梁的汽车荷载离心力时,应考虑横向车道布载系数;离心力的着力点在桥面以上 1.2m,为计算简便,也可移至桥面上,不计由此引起的竖向力和力矩。

(四)汽车引起的土侧压力

汽车引起的土侧压力采用车辆荷载加载。车辆荷载作用在桥台台背或路堤挡土墙上,将引起台背填土或挡土墙后填土的破坏棱体对桥台或挡土墙的土侧压力,此类土侧压力可按下式换算成等代均布土层厚度 h 计算:

$$h = \frac{\sum G}{Bl_0\gamma} \tag{1-6}$$

式中:γ——土的重度(kN/m³);

　　　B——桥台的计算宽度或挡土墙的计算长度(m),可按《桥规》规定计算;

　　　l_0——桥台或挡土墙后填土的破坏棱体长度(m);

　　　$\sum G$——布置在 $B \times l_0$ 面积内的车辆车轮重力(kN)。

(五)汽车制动力

汽车制动力是指车辆在减速或制动时,为克服车辆的惯性力而在路面与车辆之间产生的滑动摩擦力。它作用于桥跨结构上的方向与行车方向一致。汽车制动时,车辆与路面间的摩擦系数可以达 0.5 以上,但是停车制动常常只限于车队的一部分车辆,所以制动力并不等于摩擦系数乘全部车辆荷载。

汽车制动力按同向行驶的汽车荷载(不计冲击力)计算,并按表 1-11 规定,以使桥梁墩台产生最不利纵向力的加载长度进行纵向折减。

一个设计车道上的汽车制动力标准值,为布置在加载长度上计算的总重力的 10%,但公路—Ⅰ级汽车制动力标准值不得小于 165kN,公路—Ⅱ级不得小于 90kN。多车道时要考虑横向折减:同向行驶双车道的汽车制动力标准值为一个设计车道制动力标准值的 2 倍;同向行驶三车道为一个设计车道的 2.34 倍;同向行驶四车道为一个设计车道的 2.68 倍。

制动力的作用点在设计车道桥面以上 1.2m 处;在计算墩台时,可移至支座中心(铰或滚轴中心),或滑动支座、橡胶支座、摆动支座的底座面上;计算刚构桥、拱桥时,可移至桥面上,但不计因此而产生的竖向力和力矩。

(六)人群荷载

人群荷载标准值按照表 1-13 采用:当桥梁计算跨径小于或等于 50m 时,人群荷载标准值为 3.0kN/m²;当桥梁计算跨径大于或等于 150m 时,人群荷载标准值为 2.5kN/m²;当桥梁计算跨径在 50～150m 之间时,可由线性内插得到人群荷载标准值。对跨径不等的连续结构,以最大计算跨径为准。城镇郊区行人密集地区的公路桥梁,人群荷载标准值取上述规定值的 1.15 倍。专用人行桥梁,人群荷载标准值为 $3.5kN/m^2$。

人群荷载标准值 表 1-13

计算跨径 L_0(m)	$L_0 \leqslant 50$	$50 < L_0 < 150$	$L_0 \geqslant 150$
人群荷载(kN/m²)	3.0	$3.25 - 0.005L_0$	2.5

人群荷载在横向应布置在人行道的净宽度内,在纵向施加于使结构产生最不利荷载效应的区段内。人行道板(局部构件)可以一块板为单元,按标准值 $4.0kN/m^2$ 的均布荷载计算。计算人行道栏杆时,作用在栏杆立柱顶上的水平推力标准值取 $0.75kN/m$,作用在栏杆扶手上的竖向力标准值取 $1.0kN/m$。

(七)风荷载

当风以一定的速度向前运动遇到结构物阻碍时,结构就会承受风压。对于大跨径桥梁,特别是斜拉桥和悬索桥,风荷载是极为重要的设计荷载,有时甚至起着决定性的作用,即对结构的强度、刚度和稳定性起控制作用。在顺风向,风压常分成平均风压和脉动风压;在横风向,风流经过结构而产生旋涡,因旋涡的特性,横风向还会产生周期风压。一般来说,风对结构作用的计算有三个不同的方面:对于顺风的平均风压,采用静力计算方法;对于顺风的脉动风或横风向的脉动风,则应按随机振动理论计算;对于横风向的周期性风力,产生了横风向振动,偏心时还产生扭转振动,通常作为确定荷载对结构进行动力计算。后两种计算理论是属于研究结构风压和风振理论的一门新学科。

《桥规》规定的风荷载是在基本风速的基础上,考虑脉动风压的影响,再乘以风荷载阻力系数和地形条件系数取得的,最终仍转化为静力作用。对于对风敏感和风荷载效应突出的桥梁,还应该专门进行气动性能设计。

风荷载标准值应按现行《公路桥梁抗风设计规范》(JTG/T 3360-01)的规定计算。

(八)疲劳荷载

《桥规》对于疲劳荷载,采用以下三种计算模型。

1. 疲劳荷载计算模型 Ⅰ

对应于无限寿命设计方法,该法考虑的是构件永不出现疲劳破坏的情况。与其他疲劳计算模型相比,该模型比较保守,特别是对于有效影响线超过 110m 的桥梁。

采用等效的车道荷载,集中荷载为 $0.7P_k$,均布荷载为 $0.3q_k$,并考虑多车道的影响,横向车道布载系数按表 1-10 规定选取。

2. 疲劳荷载计算模型 Ⅱ

该模型为双车模型,是根据公路桥梁疲劳设计荷载的理论研究结论给出的。

采用双车模型,两辆模型车轴距与轴重相同,其单车的轴重与轴距布置如图 1-40 所示。计算加载时,两模型车的中心距不得小于 40m。

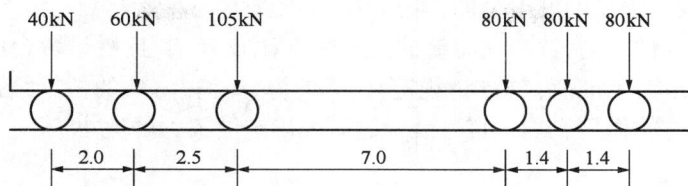

图 1-40　疲劳荷载计算模型Ⅱ(尺寸单位:m)

3. 疲劳荷载计算模型Ⅲ

该模型为单车模型,车重最重,轮数较少,适用于正交异性板、横隔板(梁)、纵梁等直接承受车轮荷载的构件的疲劳验算。考虑到这些构件对车轮位置更加敏感,故给出了这种疲劳车的横向轮距以及轮胎接地面积。

模型车轴载及分布规定如图 1-41 所示。

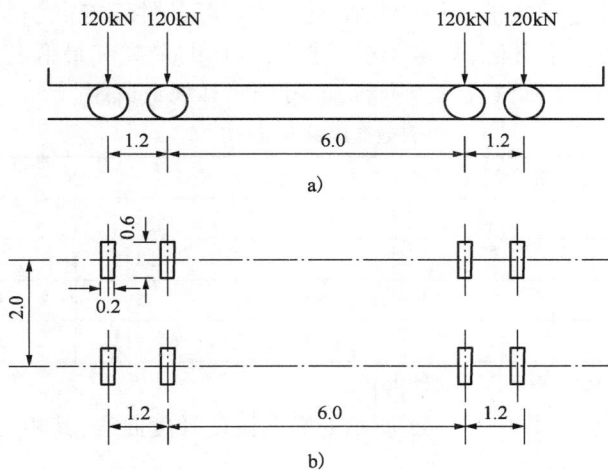

图 1-41　疲劳荷载计算模型Ⅲ(尺寸单位:m)

a)立面布置;b)平面尺寸

(九)流水压力和冰压力

位于河流中的桥墩会受到流水和冰的压力:规范给出的流水压力是以水流速度作基准,并考虑桥墩迎水面形状的影响得到,当流速大于 10m/s 时,还应考虑水流的动力作用因素;规范给出的冰压力计算公式适用于通常的河流流冰情况,它以冰体破碎极限强度作基准建立起来的。

流水压力和冰压力的大小均与桥墩的形状相关,桥墩的迎水(冰)面宜做成圆弧形或尖端形,以减小流水压力和冰压力。

流水压力及冰压力按《桥规》第 4.3.9 及 4.3.11 条规定计算。

(十)波浪力

近年来,我国修建了一批近海和跨越海湾、海峡的桥梁工程,其下部结构在海浪和海流的共同作用下,受到较大强度的波浪力的作用,波浪力的效应不能忽略。

各海域的水文条件不同,波浪和海流的影响因素比较复杂,且桥梁墩台的结构形式多样,难以规定统一的波浪力标准值,《桥规》规定:位于外海、海湾、海峡的桥梁结构,下部结构设计必要时应考虑波浪力的作用影响。宜开展专题研究确定波浪力的大小。

(十一)温度作用

温度变化将在结构中产生变形和影响力,它的大小应根据当地的具体情况、结构物所使用的材料和施工条件等因素计算确定。温度作用包括均匀温度和梯度温度两种影响:均匀温度为常年气温变化,这种温变将导致桥梁纵向长度的变化,当这种变化受到约束时就会引起温度次内力;梯度温度主要因太阳辐射而产生,它使结构沿高度方向形成非线性的温度变化,导致结构产生温度次内力。

计算结构的均匀温度效应,应自结构物合龙时的温度算起,考虑最高和最低有效温度的作用效应。气温变化范围应根据桥梁所在地区的气温条件而定。《桥规》按照全国气温分区,即严寒、寒冷和温热三类分区,规定了公路桥梁结构的最高和最低有效温度标准值(列于表1-14)。若缺乏桥址处实际气温调查资料,即可按照其规定取用。

有效温度标准值(℃)　　　　　　　　　　　　　　　　表1-14

气温分布	钢桥面板钢桥		混凝土桥面板钢桥		混凝土桥、石桥	
	最高	最低	最高	最低	最高	最低
严寒地区	46	−43	39	−32	34	−23
寒冷地区	46	−21	39	−15	34	−10
温热地区	46	−9(−3)	39	−6(−1)	34	−3(0)

注:表中( )内数值适用于昆明、南宁、广州、福州地区。

计算梯度温度效应时,采取图1-42所示的竖向温度梯度曲线,其相关温度基数见表1-15。

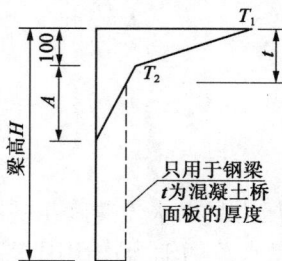

正温差梯度温度基数　　　　表1-15

结 构 类 型	T_1(℃)	T_2(℃)
混凝土铺装	25	6.7
50mm 沥青混凝土铺装	20	6.7
100mm 沥青混凝土铺装	14	5.5

混凝土梁 $A = \begin{cases} H - 100 & (H < 400mm) \\ 300 & (H \geqslant 400mm) \end{cases}$

组合结构 $A = 300mm$

图1-42　梯度温度(尺寸单位:mm)

混凝土结构和带混凝土桥面板的钢结构的竖向反温差为正温差的 −0.5 倍。对于钢桥面板的钢结构,可以不考虑其梯度温差效应。同时,基于公路桥梁都带有较长的悬臂,两侧腹板较少受到阳光直接照射,因而《桥规》仅建议对无悬臂的宽幅箱梁,宜考虑横桥向温度梯度的影响。

（十二）支座摩阻力

支座摩阻力标准值可按下式计算：

$$F = \mu W \tag{1-7}$$

式中：W——作用于活动支座上由上部结构重力产生的效应；

　　　μ——支座摩擦系数，无实测数据时按表 1-16 取用。

支座摩擦系数　　　　　　　　　　　　表 1-16

支 座 种 类		支座摩擦系数
滚动支座或摆动支座		0.05
板式橡胶支座	支座与混凝土面接触	0.3
	支座与钢板接触	0.2
	聚四氟乙烯板与不锈钢板接触	0.06（加 5021 硅脂；温度低于 −25℃时为 0.078）
		0.12（不加 5021 硅脂；温度低于 −25℃时为 0.156）
盆式支座		加 5201 硅脂润滑后，常温型活动支座系数不大于 0.03（支座的适用温度为 −25 ~ +60℃）
		加 5201 硅脂润滑后，耐寒型活动支座系数不大于 0.06（支座的适用温度为 −40 ~ +60℃）
球型支座		加 5201 硅脂润滑后，活动支座系数不大于 0.03（支座的适用温度为 −25 ~ +60℃）
		加 5201 硅脂润滑后，活动支座系数不大于 0.065（支座的适用温度为 −40 ~ +60℃）

三、偶然作用

在设计基准期内不一定出现，而一旦出现其量值很大，且持续时间很短的作用叫偶然作用，它包括船舶的撞击作用、漂流物撞击作用和汽车撞击作用等。

（一）船舶的撞击作用

通航水域中的桥梁墩台，设计时应该考虑船舶的撞击作用，且在有可能的条件下，应采用实测资料或模拟撞击试验进行计算，并借此进行防撞设施的设计。

《桥规》中根据航道等级、船舶吨位定出的撞击作用设计值，当缺乏实际调查资料时可参考采用。

（二）漂流物的撞击作用

有漂流物的水域中的桥梁墩台，设计时应考虑漂流物的撞击作用，其横桥向的撞击力设计值可按《桥规》中第 4.4.2 条规定计算。

漂流物撞击作用的作用点假定在计算通航水位线上桥墩宽度的中点。

（三）汽车撞击作用

汽车撞击作用设计值在行驶方向取 1 000kN，与之垂直方向取为 500kN，两个方向的撞击作用不同时考虑；其作用于行车道上 1.2m 处，直接分布于撞击涉及的构件上。对于设有防撞设施的结构构件，可视设施的防撞能力予以折减，但折减后不应低于上述取值的 1/6。

汽车撞击问题在我国逐渐突出，已影响到公路桥梁结构和道路行车的安全。为防止或减少因撞击产生的破坏，对易受到汽车撞击的构件部位应采取相应的构造措施，并增设钢筋或钢筋网。对于跨线桥，不应在没有中间带的公路中央设立桥墩。

四、地震作用

地震作用主要是指地震时强烈的地面运动所引起的结构惯性力，它是随机变化的动力荷载，其值的大小决定于地震强烈程度和结构的动力特性（频率与阻尼等）以及结构或杆件的质量。地震作用分竖直方向与水平方向，但经验表明，地震的水平运动是导致结构破坏的主要因素，结构抗震验算时，一般主要考虑水平地震作用。因此，在工程设计中，凡计算作用在结构上的地震作用都是指水平地震作用（简称地震作用）。

抗震设防要求以地震时地面最大水平加速度的统计值——地震动峰值加速度确定。地震动峰值加速度为 $0.10g$ 以上地区的公路桥涵，应进行抗震设计；大于或等于 $0.40g$ 地区的公路桥涵，应进行专门的抗震研究和设计；小于或等于 $0.05g$ 地区的公路桥涵，除有特殊要求外，可采用简易设防。地震作用的计算及结构的设计应符合现行《公路工程抗震设计规范》（JTG B02）和《公路桥梁抗震设计细则》（JTG/T B02-01）的规定。

五、作用效应组合

公路桥涵结构采用以可靠度理论为基础的概率极限状态设计法设计。该设计体系规定了桥涵结构的两种极限状态：承载能力极限状态和正常使用极限状态。

所谓极限状态，是指整体结构或构件的某一特定状态，超过这一状态界限，结构或构件就不再能满足设计规定的某一功能要求。承载能力极限状态设计着重体现桥涵结构的安全性，正常使用极限状态设计则体现适用性和耐久性，它们共同反映出设计的基本原则。只有每项设计都符合相关规范对两类极限状态的要求，才能保证所设计的桥涵达到其全部预定功能。

同时，根据桥涵在施工和使用过程中面临的不同情况，桥涵结构设计分为持久状况、短暂状况和偶然状况三种设计状况。持久状况系指桥涵建成后承受自重、汽车荷载等持续时间很长的状况；短暂状况为桥涵施工过程中承受临时性作用的状况；偶然状况是在桥涵使用过程中偶然出现的状况。其中，持久状况必须进行承载能力和正常使用两种极限状态设计；短暂状况一般只作承载能力极限状态设计，必要时才作正常使用极限状态设计；偶然状况要求作承载能力极限状态设计，不考虑正常使用极限状态设计。

《公路工程结构可靠度设计统一标准》（GB/T 50283—1999）将公路桥涵结构设计分为三个安全等级，不同的桥涵应根据所具有的功能、作用及其重要性视为具有不同的重要性系数，以匹配它们规定的目标可靠度指标。各类桥涵的设计安全等级列于表 1-17。

桥涵结构的设计安全等级

表 1-17

桥涵结构	特大桥、重要大桥	大桥、中桥、重要小桥	小桥、涵洞
设计安全等级	一级	二级	三级

注：重要桥梁系指高速公路、一级公路、国防公路及城市附近交通繁忙公路上的桥梁。

　　各种作用并非同时作用于桥涵上,因此,应当根据作用重要性的不同和同时作用的可能性进行适当组合,以确定安全合理的作用效应组合值。可变作用的出现对结构产生有利影响时,该作用不应参与组合,实际不可能同时出现或同时参与组合概率很小的作用,按表 1-18 的规定不考虑其作用效应组合。

可变作用不同时组合表　　　　　　　　　　　　　　表 1-18

编　　号	作 用 名 称	不同时参与组合的作用编号
12	汽车制动力	16,17,18,20
16	流水压力	12,17,18
17	冰压力	12,16,18
18	波浪力	12,16,17
20	支座摩阻力	12

　　桥涵设计不同极限状态的作用效应组合中,各类作用效应应采用不同的代表值。永久作用在各类组合下均采用标准值作为代表值;可变作用根据不同的极限状态分别采用标准值、组合值、频遇值或准永久值作为其代表值;偶然荷载在组合时采用设计值作为代表值,地震作用的代表值为其标准值。

（一）承载能力极限状态

　　承载能力极限状态设计是以塑性理论为基础,其设计原则即

$$\gamma_0 S \leq R \qquad (1\text{-}8)$$

式中:γ_0——结构重要性系数,对应于设计安全等级一级、二级和三级分别取 1.1、1.0 和 0.9,
　　　　　桥涵的抗震设计不考虑结构的重要性系数;

　　　S——作用效应的组合设计值;

　　　R——构件承载力设计值,它根据构件的材料强度设计值和几何参数设计值计算。

　　承载能力极限状态下有三种作用效应组合:基本组合、偶然组合和地震组合。基本组合为永久作用的设计值效应与可变作用设计值效应相组合,其组合表达式为:

$$S_{ud} = \gamma_0 S \left(\sum_{i=1}^{m} \gamma_{Gi} G_{ik}, \gamma_{L1} \gamma_{Q1} Q_{1k}, \psi_c \sum_{j=2}^{n} \gamma_{Lj} \gamma_{Qj} Q_{jk} \right) \qquad (1\text{-}9a)$$

或 $$\qquad\qquad S_{ud} = \gamma_0 S \left(\sum_{i=1}^{m} G_{id}, Q_{1d}, \sum_{j=2}^{n} Q_{jd} \right) \qquad (1\text{-}9b)$$

式中:S_{ud}——承载能力极限状态下作用基本组合的效应设计值;

　　$S(\ )$——作用组合的效应函数;

　　　γ_0——同上述含义;

　　　γ_{Gi}——第 i 个永久作用的分项系数,其值按表 1-19 取用;

　$G_{ik}、G_{id}$——第 i 个永久作用效应的标准值和设计值;

　　　γ_{Q1}——汽车荷载效应(含汽车冲击力、离心力)的分项系数,采用车道荷载计算时取
　　　　　$\gamma_{Q1} = 1.4$,采用车辆荷载计算时,取 $\gamma_{Q1} = 1.8$;当某个可变作用在效应组合中其效
　　　　　应值超过汽车荷载效应时,则该作用取代汽车荷载,其分项系数取 $\gamma_{Q1} = 1.4$;对
　　　　　专为承受某种作用而设置的结构或装置,设计时该作用的分项系数取 $\gamma_{Q1} = 1.4$;

计算人行道板和人行道栏杆的局部荷载，其分项系数取 $\gamma_{Q1} = 1.4$；

$Q_{1k}、Q_{1d}$——汽车荷载效应（含汽车冲击力、离心力）的标准值和设计值；

γ_{Qj}——在作用组合中除汽车荷载（含汽车冲击力、离心力）、风荷载外的其他第 j 个可变作用效应的分项系数，取 $\gamma_{Qj} = 1.4$，但风荷载的分项系数取 $\gamma_{Qj} = 1.1$；

$Q_{jk}、Q_{jd}$——在作用组合中除汽车荷载（含汽车冲击力、离心力）外的其他第 j 个可变作用的标准值和设计值；

ψ_c——在作用组合中除汽车荷载效应（含汽车冲击力、离心力）外的其他可变作用的组合系数，取 $\psi_c = 0.75$；

γ_{Lj}——第 j 个可变作用的结构设计使用年限荷载调整系数，公路桥涵结构的设计使用年限按《公路工程技术标准》（JTG B01）取值时，则 $\gamma_{Lj} = 1.0$，否则，γ_{Lj} 取值应按专题研究确定。

永久作用分项系数 表 1-19

编号	作用类别		永久作用效应分项系数	
			对结构承载能力不利时	对结构承载能力有利时
1	混凝土和圬工结构重力（包括结构附加重力）		1.2	1.0
	钢结构重力（包括结构附加重力）		1.1 或 1.2	1.0
2	预加力		1.2	1.0
3	土的重力		1.2	1.0
4	土侧压力		1.4	1.0
5	混凝土收缩及徐变作用		1.0	1.0
6	水的浮力		1.0	1.0
7	基础变位作用	混凝土和圬工结构	0.5	0.5
		钢结构	1.0	1.0

注：对于钢结构重力，当采用钢桥面板时，永久作用效应分项系数取 1.1，当采用混凝土桥面板时，取 1.2。

设计弯桥时，当离心力与制动力同时参与组合时，考虑到车辆行驶速度较直线桥上小一些，因而制动力标准值或设计值按 70% 取用。

基本组合用于结构的常规设计，所有桥涵结构都需考虑。基本组合中各类作用可以归结为三个部分：第一部分为永久作用；第二部分为主导的可变作用，在通常情况下其为汽车荷载（含汽车冲击力、离心力），在某些特殊情况下某种其他可变荷载可能取代汽车荷载成为控制设计的主导因素，则其归入第二部分；第三部分为可变作用的补充部分，故而以组合系数 ψ_c 予以折减。

偶然组合为永久作用标准值与可变作用某种代表值、一种偶然作用设计值相组合，多个偶然作用不同时参与组合。偶然作用的效应分项系数取 1.0；与偶然作用同时出现的可变作用，可根据观测资料和工程经验取用频遇值或准永久值。地震组合，作用地震组合的效应设计值应按现行《公路工程抗震规范》（JTG B02）以及《公路桥梁抗震设计细则》（JTG/T B02-01）的有关规定计算。

偶然组合和地震组合用于结构在特殊情况下的设计，所以不是全部桥涵都要采用，一些结构也可以采取构造或其他预防措施来解决。

(二) 正常使用极限状态

正常使用极限状态设计是以弹性理论或弹塑性理论为基础,涉及构件的抗裂、裂缝宽度和挠度三个方面的验算。公路桥涵结构按正常使用极限状态设计时,应根据不同的设计要求,采用作用的频遇组合或准永久组合。

1. 频遇组合

为永久作用的标准值与汽车荷载频遇值、其他可变作用准永久值相组合。其组合表达式为:

$$S_{fd} = S(\sum_{i=1}^{m} G_{ik}, \psi_{f1}Q_{1k}, \sum_{j=1}^{n} \psi_{qj}Q_{jk}) \tag{1-10}$$

式中:S_{fd}——作用频遇组合的效应设计值;

ψ_{f1}——汽车荷载(不含汽车冲击力)频遇值系数,取 $\psi_{f1} = 0.7$;当某个可变作用在组合中其效应值超过汽车荷载效应时,则该作用取代汽车荷载;人群荷载取 $\psi_{f1} = 1.0$,风荷载取 $\psi_f = 0.75$,温度梯度作用取 $\psi_{f1} = 0.8$,其他作用取 $\psi_f = 1.0$。

当作用与作用效应可按线性关系考虑时,作用频遇组合的效应设计值 S_{fd} 可通过作用效应代数相加计算。

2. 准永久组合

永久作用标准值与可变作用准永久值相组合,其组合表达式为:

$$S_{qd} = S(\sum_{i=1}^{m} G_{ik}, \sum_{j=1}^{n} \psi_{qj}Q_{jk}) \tag{1-11}$$

式中:S_{qd}——作用准永久组合的效应设计值;

ψ_{qj}——第 j 个可变作用效应的准永久值系数,汽车荷载(不计汽车冲击力)取 $\psi_q = 0.4$,人群荷载取 $\psi_q = 0.4$,风荷载取 $\psi_q = 0.75$,温度梯度作用取 $\psi_q = 0.8$,其他作用取 $\psi_q = 1.0$。

当作用与作用效应可按线性关系考虑时,作用准永久组合的效应设计值 S_{qd} 可通过作用效应代数相加计算。

五类组合涵盖了桥涵结构可能的极限状态,通过运用概率论和数理统计的数学工具取得各类组合下的分项系数和组合系数,使所设计的结构具有明确的可靠度。

第四节　桥面布置与构造

桥面部分通常包括桥面铺装、防水和排水设施、伸缩缝装置、人行道(或安全带)、缘石、栏杆和灯柱等构造(图1-43)。桥面部分虽然不是主要承重结构,但它对桥梁功能的正常发挥,对主要构件的保护,以及确保车辆行人的安全以及桥梁的美观等方面有重要作用。因此,应对桥面构造的设计和施工给予足够的重视。

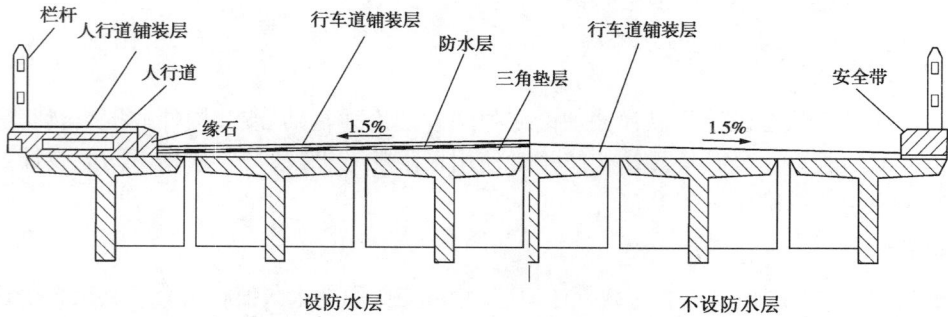

图 1-43 桥面部分的一般构造

一、桥面布置

桥面布置应根据道路的等级、桥梁的宽度、行车要求等条件确定,主要有以下几种:

(1)双向车道布置,即行车道的上下行交通布置在同一桥面上,它们之间画线分隔。由于在桥梁上同时存在上下行机动车和非机动车,车辆只能中速或低速行驶,对交通量较大的道路,桥梁处往往会造成交通滞流。

(2)分车道布置,即桥面上设置分隔带[图 1-44a)]或分离式主梁[图 1-44b)],使上下行交通分隔,甚至机动车道与非机动车道分隔,行车道与人行道分隔。这种布置方式可提高行车速度,便于交通管理。实景图如图 1-45 所示。

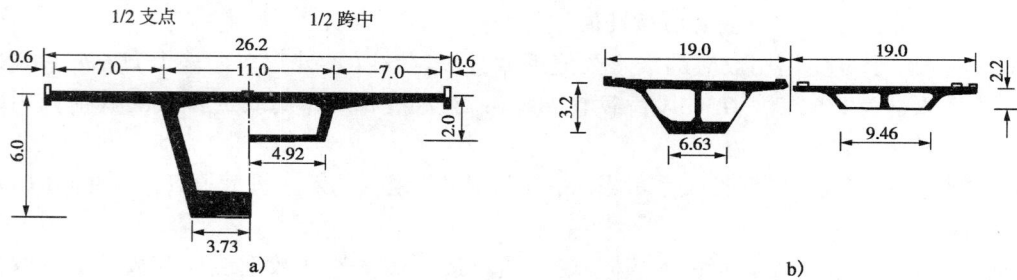

图 1-44 分车道的桥面布置(尺寸单位:m)

图 1-45

c)　　　　　　　　　　　　　　　　d)

图 1-45　分车道的桥面布置实景

（3）双层桥面布置，即桥梁结构在空间上提供两个不在同一平面上的桥面构造，如图 1-46 所示。双层桥面布置可以使不同的交通严格分道行驶，提高了车辆和行人的通行能力，便于交通管理。同时，在满足相同交通要求时，可以充分利用桥梁净空，减小桥梁宽度，达到较好的经济效益。模型图如图 1-47 所示。

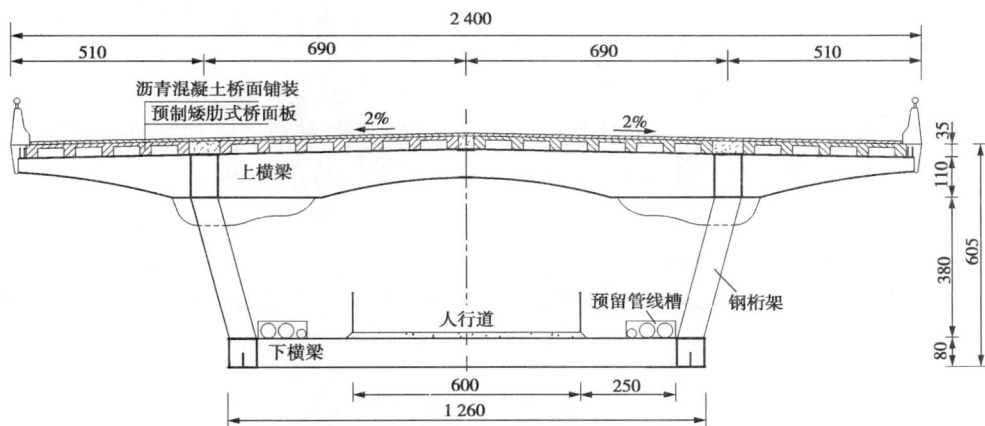

图 1-46　双层桥面布置(尺寸单位:cm)

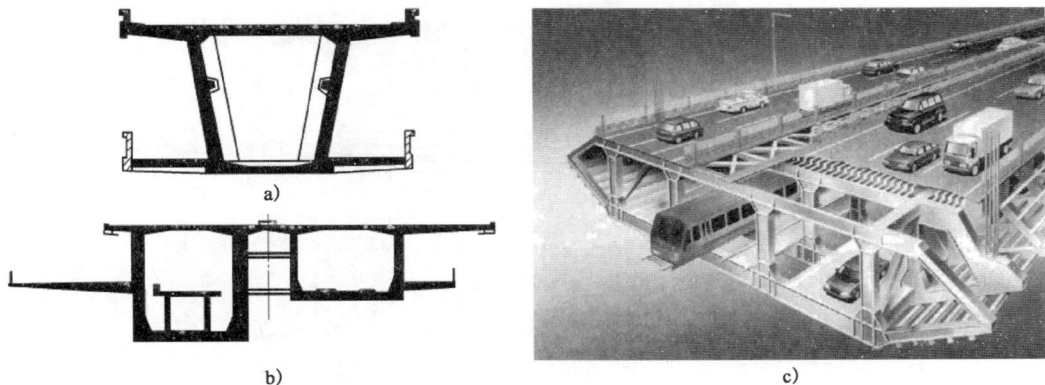

a)

b)　　　　　　　　　　　　　　　c)

图 1-47　双层桥面布置模型

二、桥面铺装

桥面铺装的功用是保护桥面板不受车辆轮胎（或履带）的直接磨损，防止主梁遭受雨水的侵蚀，并能对车辆轮重的集中荷载起一定的分布作用。因此，桥面铺装应具有抗车辙、行车舒适、抗滑、不透水、与桥面板结合良好等特点。

桥面铺装可采用水泥混凝土、沥青表面处治和沥青混凝土等各种类型。沥青表面处治桥面铺装，耐久性较差，仅在中级或低级公路桥梁上使用。水泥混凝土和沥青混凝土桥面铺装性能良好，应用较广。

水泥混凝土桥面铺装的耐磨性能好，适合重载交通。水泥混凝土桥面铺装直接铺设在防水层或桥面板上，面层（不含整平层和垫层）的厚度不宜小于80mm，混凝土强度等级不低于C40，混凝土强度等级应尽量与桥面板的接近，铺设时应避免二次成形。装配式桥梁的水泥混凝土铺装层内应配置钢筋网。钢筋直径不应小于8mm，间距不宜大于100mm。

沥青混凝土桥面铺装由黏层、防水层、保护层及沥青面层组成，其总厚度宜为6～10cm，铺设方式分为单层式和双层式两种。高速公路、一级公路的沥青桥面铺装为双层式，下层为3～4cm中粒式沥青混凝土整平层，表面层的厚度与级配类型可与其相邻桥头引线相同，但不宜小于2.5cm。多雨潮湿地区、纵坡大于5%或设计车速大于50km/h的大中型高架桥、立交桥的桥面应铺设抗滑表层。

沥青混凝土维修养护方便，铺筑后几小时就能通车，但易老化和变形。因此，沥青材料应采用重交通沥青或改性沥青。改性沥青混凝土是近年来国内开展研究和铺筑的高性能沥青混凝土材料，它具有抗滑、密水、抗车辙、减少开裂等优点，值得推广应用。

三、桥面防水和排水设施

为了保障桥面行车通畅、安全，防止桥面结构受雨水侵蚀，应设置完善的桥面防水和排水设施。

1.防水层的设置

对于防水程度要求高，或桥面板位于结构受拉区而可能出现裂纹的混凝土梁式桥上，应在铺装内设置防水层，见图1-48。

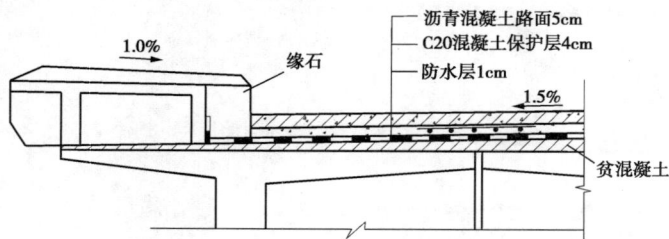

图 1-48　防水层的设置

防水层有三种类型：①沥青涂胶下封层，即洒布薄层沥青或改性沥青，其上布一层砂，经碾压形成；②高分子聚合物涂胶，例如聚氨酯胶泥、环氧树脂、阳离子乳化沥青、氯丁胶乳等；③沥青或改性沥青防水卷材，以及浸渍沥青的无纺土工布等。设计时应选用便于施工、坚固耐久、质量稳定的防水材料。为避免防水层在施工过程中被损坏,其上宜铺设厚度 1cm 的 AC—10 或 AC—5 沥青混凝土或单层表面处治。

当采用柔性防水层(使用卷材)时,为了增强桥面铺装的抗裂性,应在其上的混凝土铺装层或垫层中铺设 $\phi3 \sim \phi6$ 的钢筋网,网格尺寸为 15cm×15cm 至 20cm×20cm。

无专门防水层时,应采用防水混凝土铺装或加强排水和养护。

2. 泄水管和排水管的设置

梁式桥上常用的泄水管宜设置在桥面行车道边缘处,距离缘石 10～50cm,如图 1-49 所示。泄水管可以沿行车道两侧对称排列,也可交错排列。

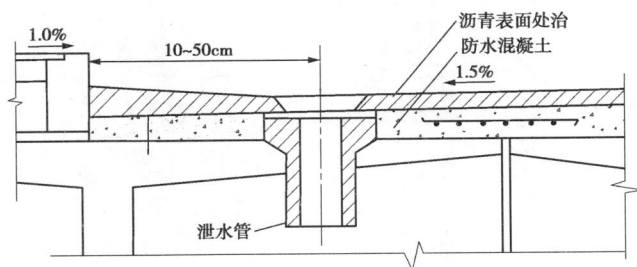

图 1-49　竖向泄水管的设置

泄水口的间距应依据设计径流量计算确定,但最大间距不宜超过 20m。通常当桥面纵坡大于 2% 而桥长小于 50m 时,桥上可以不设泄水管,此时可在引道两侧设置流水槽,以免雨水冲刷路基;当桥面纵坡大于 2% 而桥长大于 50m 时,桥上每隔 12～15m 设置一个泄水管;当桥面纵坡小于 2% 时,应每隔 6～8m 设置一个泄水管。在桥梁伸缩缝的上游方向应增设泄水管,在凹形竖曲线的最低点及其前后 3～5m 处也应各设置一个泄水管。桥面上泄水管的过水面积按每平方米桥面不少于 2～3cm² 布置。

泄水管口可采用圆形或矩形。圆形泄水管口的直径宜为 15～20cm;矩形泄水管口的宽度宜为 20～30cm,长度宜为 30～40cm。泄水管口顶部采用铸铁格栅盖板,其顶面应比周围路面低 5～10mm。

泄水管常采用铸铁管或塑料管,最小内径为 15cm。泄水管周围的桥面板应配置补强钢筋网。

对于跨越一般河流、水沟的桥梁,桥面水流入泄水管后可以直接向下排放(图 1-49)。对于一些跨径不大、不设人行道的小桥,可以直接在行车道两侧的安全带或缘石上预留横向孔道,用铁管或塑料管将水排出桥外,管口要伸出构件 2～3cm 以便滴水,但这种做法孔道易淤塞。对于跨越公路、铁路、通航河流的桥梁以及城市桥梁,流入泄水管中的雨水,应汇集在纵向排水管(或排水槽)内,并通过设在墩台处的竖向排水管(落水管)流入地面排水设施或河流中(图 1-50)。

排水管材料有铸铁管、塑料管(聚氯乙烯 PVC 或聚乙烯 PE)或钢管,其内径应等于或大于泄水管的内径。排水槽宜采用铝质或钢质材料,也可用水泥混凝土预制件,其横截面为矩形或 U 形,宽度和深度均宜为 20cm 左右。纵向排水管或排水槽的坡度不得小于 0.5%。桥梁伸缩缝处的纵向排水管或排水槽应设置可供伸缩的柔性套筒。寒冷地区的竖向排水管,其末端宜距地面 50cm 以上。

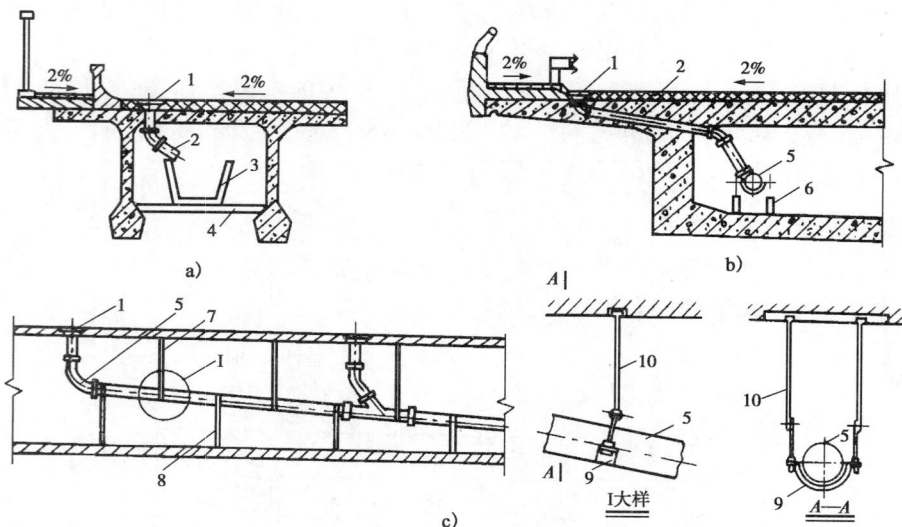

图 1-50　城市桥梁桥面排水设施

1-泄水漏斗；2-泄水管；3-钢筋混凝土斜槽；4-横梁；5-纵向排水管；6-支撑结构；7-悬吊结构；8-支柱；9-弧形箍；10-吊杆

3. 桥面横坡的设置

为迅速排出桥面雨水，桥梁除了设有纵向坡度以外，尚应将桥面铺装沿横向设置足够的横坡。桥面横坡坡度可按路面横坡取用或比后者大 0.5%。对于沥青混凝土或水泥混凝土铺装，行车道路面通常采用抛物线型横坡，人行道则用直线型。

桥面横坡的形成通常有三种方法：

（1）对于板桥（矩形板梁或空心板梁）或就地浇筑的肋板式梁桥，将墩台顶面做成倾斜的，再在其上盖桥面板［图 1-51a)］，可节省铺装材料并减轻恒载。

（2）对于装配式肋板式梁桥，可采用不等厚的铺装层（包括混凝土的三角垫层和等厚的路面铺装层）［图 1-51b)］，方便施工。

（3）桥宽较大时，直接将行车道板做成双向倾斜［图 1-51c)］，可减轻恒载，但主梁构造、制作均较复杂。桥面不很宽时，第 2 种方式较常用。

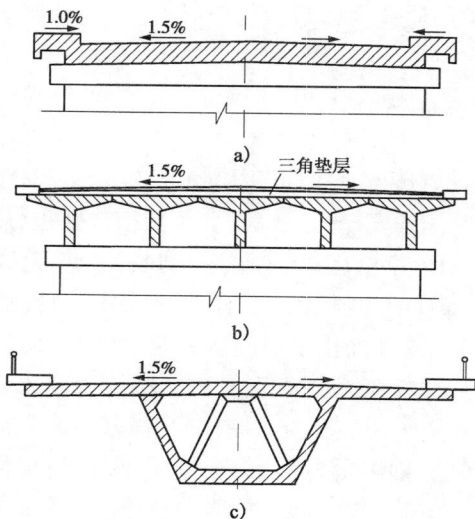

图 1-51　桥面横坡的设置

四、桥面伸缩装置

桥梁伸缩装置的主要作用是适应桥梁上部结构在气温变化、活载作用、混凝土收缩徐变等因素的影响下变形的需要，并保证车辆在通过桥面时保持平稳。一般设在两梁端之间以及梁端与桥台背墙之间。特别要注意，伸缩缝附近的栏杆、人行道结构也应断开，以满足梁体的自由变形。

桥梁伸缩装置的类型有 U 形锌铁皮伸缩装置、跨搭钢板式伸缩装置、橡胶伸缩装置等，目前多用橡胶伸缩装置。按照伸缩体结构不同,桥梁橡胶伸缩装置可分为纯橡胶式、板式、组合式和模数式四种,其选型主要视桥梁变形量的大小和活载轮重而定,目前最大适应伸缩量可达2 000mm。

桥梁变形量的大小,主要考虑以伸缩装置安装时的温度为基准,以温度变化引起的伸缩量和混凝土的徐变、干燥收缩所引起的伸缩量作为基本伸缩量,其计算公式为:

$$\Delta l = \Delta l_{\mathrm{t}}^{+} + \Delta l_{\mathrm{t}}^{-} + \Delta l_{\mathrm{s}} + \Delta l_{e} \tag{1-12}$$

式中:Δl——基本伸缩量;

$\Delta l_{\mathrm{t}}^{+}$——温度升高引起的梁的伸长量;

$\Delta l_{\mathrm{t}}^{-}$——温度下降引起的梁的缩短量;

Δl_{s}——由于干燥收缩引起的梁的收缩量;

Δl_{e}——由于徐变引起的梁的收缩量。

对于其他因素,例如梁端的转角变位、安装时的偏差等,一般都作为安全裕量和构造上的需要来考虑。通常在基本伸缩量的基础上,再增加20%的安全裕量即可。

图1-52示出了几种常用桥梁伸缩装置的构造。其中,图 a) 为 U 形镀锌铁皮伸缩装置,一般多用于小型桥梁;图 b) 为钢梳齿板型伸缩装置,以钢板作为跨缝材料,其变形量可达40mm以上,一般用于中、大型桥梁;图 c) 为矩形橡胶条型伸缩装置,当梁架好后,在端部焊好角钢,涂上胶后,再将橡胶嵌条强行嵌入,伸缩量为20~50mm;图 d) 为德国毛勒伸缩装置的一种(模数式橡胶伸缩装置),密封橡胶条为鸟形构造,伸缩量为80~1 040mm。

桥梁伸缩装置暴露在大气中,直接经受车辆、人群荷载的反复摩擦、冲击作用,稍有缺陷或不足,就会引起跳车等不良现象,严重时还会影响到桥梁结构本身和通行者的生命安全,是桥梁中最易损坏而又较难于修缮的部位,需经常养护,清除缝内杂物,并及时更换。

《桥规》规定,对于多跨简支梁桥,桥面应尽量做到连续,使得多孔简支梁桥在竖直荷载作用下的变形状态为简支或部分连续体系,而在纵向水平力作用下则属于连续体系。图1-53为简支梁桥桥面连续示意图。钢筋 N2 和钢板 N6 需预先焊好,埋设在主梁内。预制梁时,梁端接缝处从翼板根部向上在全梁宽度按 10∶1 做成斜面,在进行桥面连续前先涂黄油再填 C30 混凝土。

但经验表明,采用桥面板连续构造,连续部分桥面易开裂,因此近年来发展了简支-连续结构,使多跨简支梁桥在一期恒载作用下处于简支体系受力,在二期恒载和活载作用下处于连续体系的受力。这种简支-连续结构具有施工方便,减少桥面伸缩缝,行车平顺等优点,因此得到了越来越广泛的使用。图1-54为一简支-连续结构示意图。

五、人行道

位于城镇和近郊的桥梁均应设置人行道,其宽度和高度应根据行人的交通流量和周围环境来确定。人行道的宽度为 0.75m 或 1m,当宽度要求大于 1m 时,按 0.5m 的倍数增加。表1-20为城市桥梁人行道宽度。在快速路、主干路、次干路桥或行人稀少地区,若两侧无人行道,则两侧应设安全道,宽度为 0.50~0.75m,高度不少于 0.25m。近年来,不少桥梁设计中,为了保证行车的安全,安全带的高度已经用到大于或等于 0.4m。

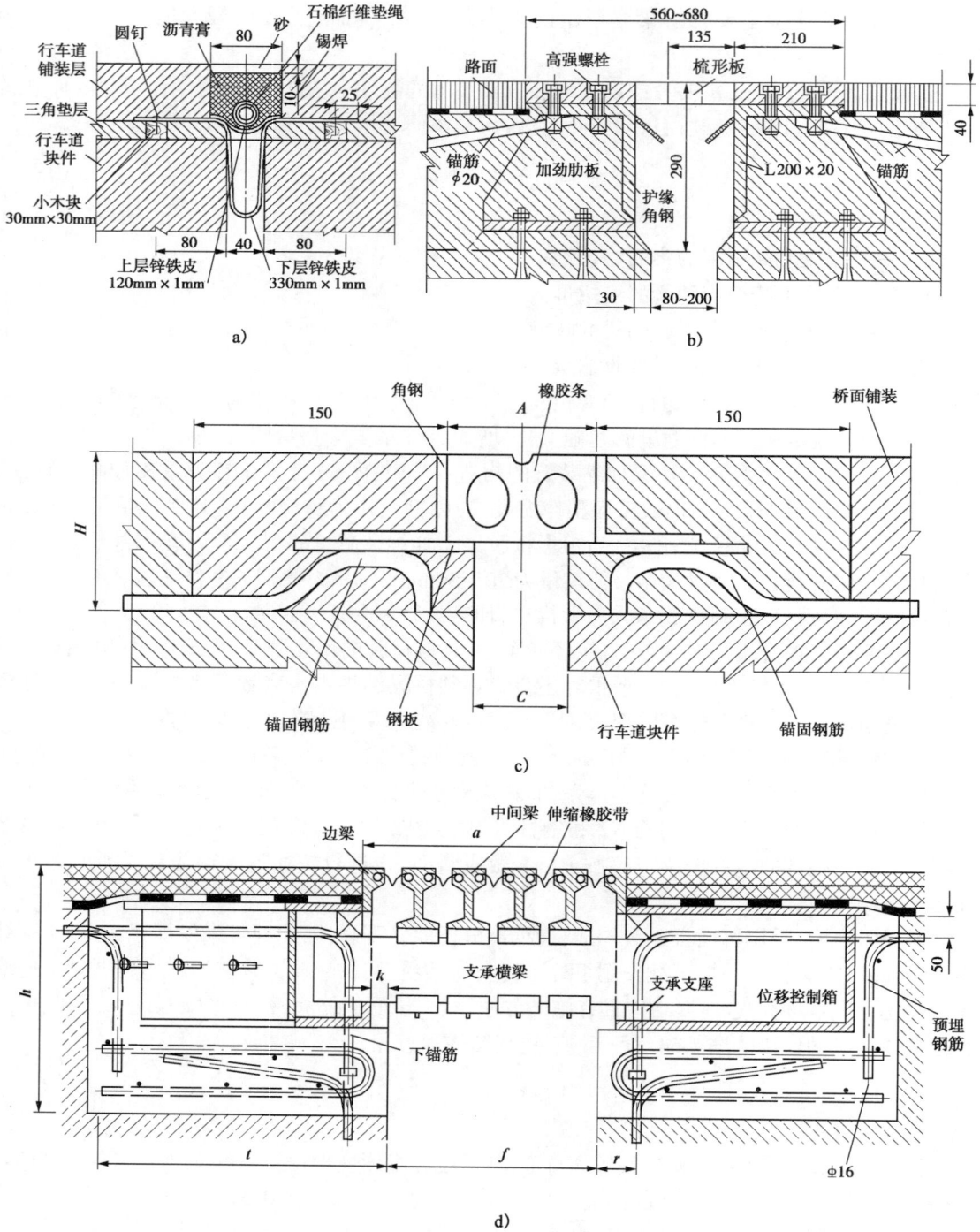

图 1-52　常用伸缩装置构造(尺寸单位:mm)

a)U形镀锌铁皮伸缩装置;b)钢梳齿板型伸缩装置;c)矩形橡胶条型伸缩装置;d)德国毛勒伸缩装置

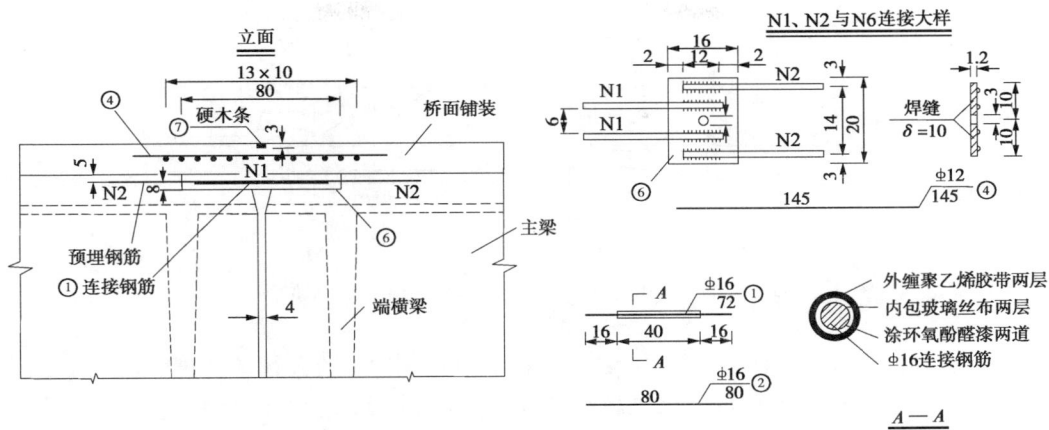

图 1-53　桥面连续构造(尺寸单位:mm)

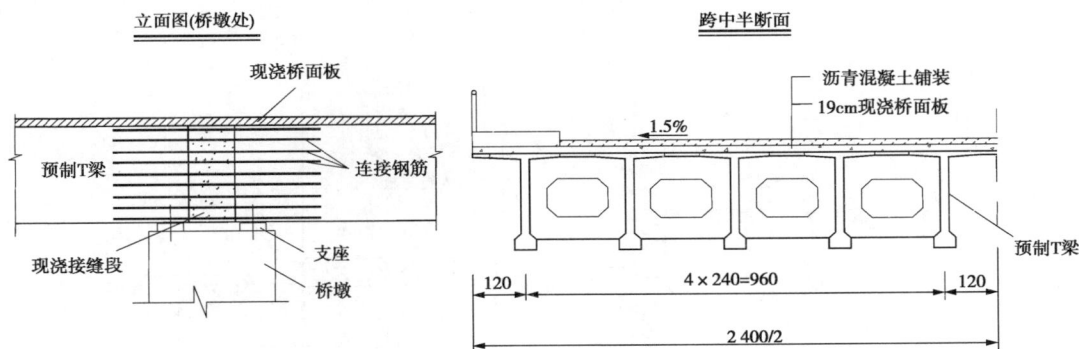

图 1-54　简支-连续构造(尺寸单位:cm)

城市桥梁桥面人行道宽度　　　　　　　　　　　　　　表 1-20

桥梁等级及地段	人行道宽度(单侧)(m)
火车站、码头、长途汽车站附近和其他行人聚集地段	3~5
大型商店和大型公共文化机关附近,商业闹市区	2.5~4.5
一般街道地段	1.5~3
大桥、特大桥	2~3

　　人行道顶面应做成倾向桥面1%~1.5%的排水横坡,城市桥梁人行道顶面可铺彩砖,以增加美观。此外,人行道在桥面断缝处必须做伸缩缝。

　　人行道的构造形式多种多样,根据不同的施工方法有就地浇筑式、预制装配式、部分装配和部分现浇的混合式。其中就地浇筑式的人行道现在已经很少采用。而预制装配式的人行道具有构件标准化、拼装简单化等优点,在各种桥梁结构中应用广泛。在斜拉桥中,当直柱门形塔对人行道有妨碍时,可将人行道用悬臂梁向塔柱外侧挑出,绕过塔柱,这时需采用混合式人行道,见图 1-55 所示。

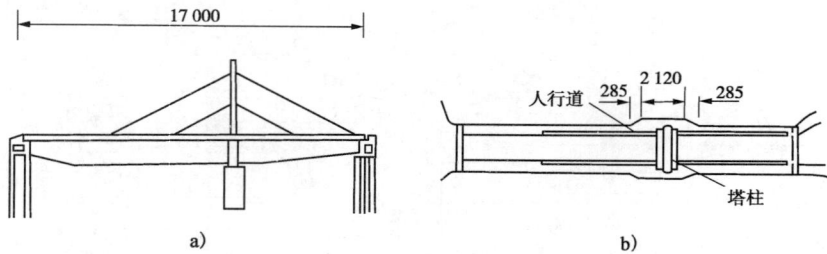

图1-55 人行道采用装配式和现浇的混合式施工(尺寸单位:cm)
a)平面;b)平面

图1-56为人行道一般构造。其中,a)为整体预制的"F"形的人行道,它搁置在主梁上,适用于各种净宽的人行道,人行道下可以放置过桥的管线,但是对管线的检修和更换十分困难;图b)为人行道附设在板上,人行道部分用填料填高,上面敷设2～3cm砂浆面层或沥青砂,人行道内缘设置缘石;图c)为小跨宽桥上将人行道部分墩台加高,在其上搁置独立的人行道板;图d)为就地浇筑式人行道,适用于整体浇筑的钢筋混凝土梁桥,而将人行道设在挑出的悬臂上,这样可以缩短墩台宽度,但施工不太方便。

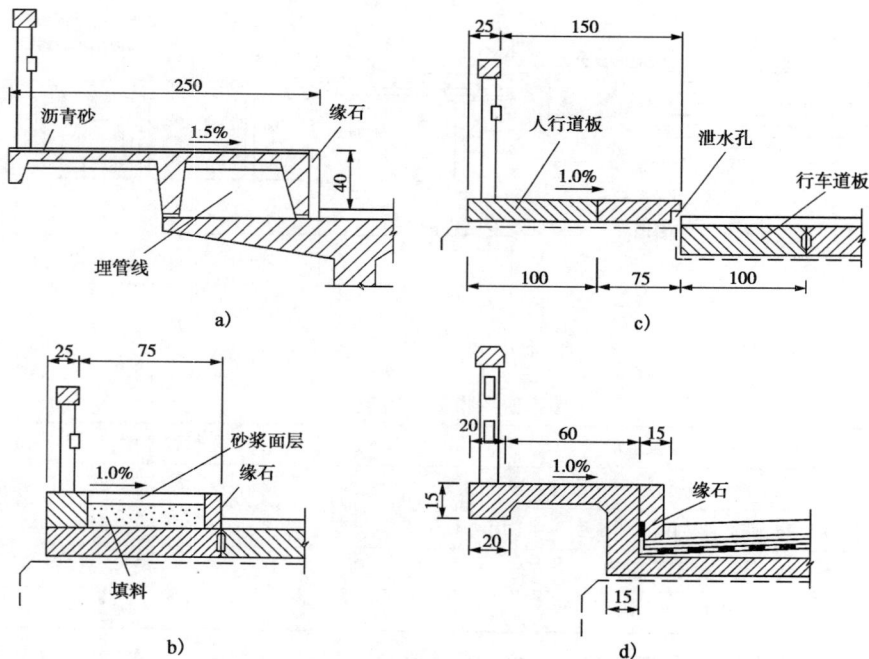

图1-56 人行道一般构造(尺寸单位:cm)

图1-57为分体预制悬臂安装的人行道构造。人行道横梁,一端悬臂挑出,另一端则通过预埋的钢板与主梁预留的锚固钢筋焊接。支撑梁用来固定人行道梁的位置。人行道板的厚度按《公路钢筋混凝土及预应力混凝土桥涵设计规范》(JTG 3362—2018)(以下称《公桥规》)规定就地浇筑的不小于8cm,装配式的不小于6cm。

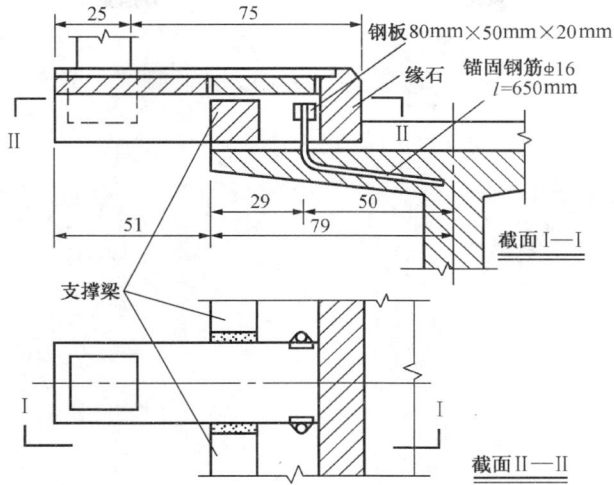

图 1-57　悬出的装配式人行道构造(尺寸单位:cm)

六、栏杆和灯柱

桥梁栏杆设置在人行道上,其功能主要在于防止行人和非机动车辆掉入桥下。其设计应符合受力要求,并应注意美观,高度不小于 1.1m。应注意,在靠近桥面伸缩缝处所有的栏杆,均应断开,使扶手与柱之间能自由变形。常见桥梁栏杆图示与实景图如图 1-58 所示。

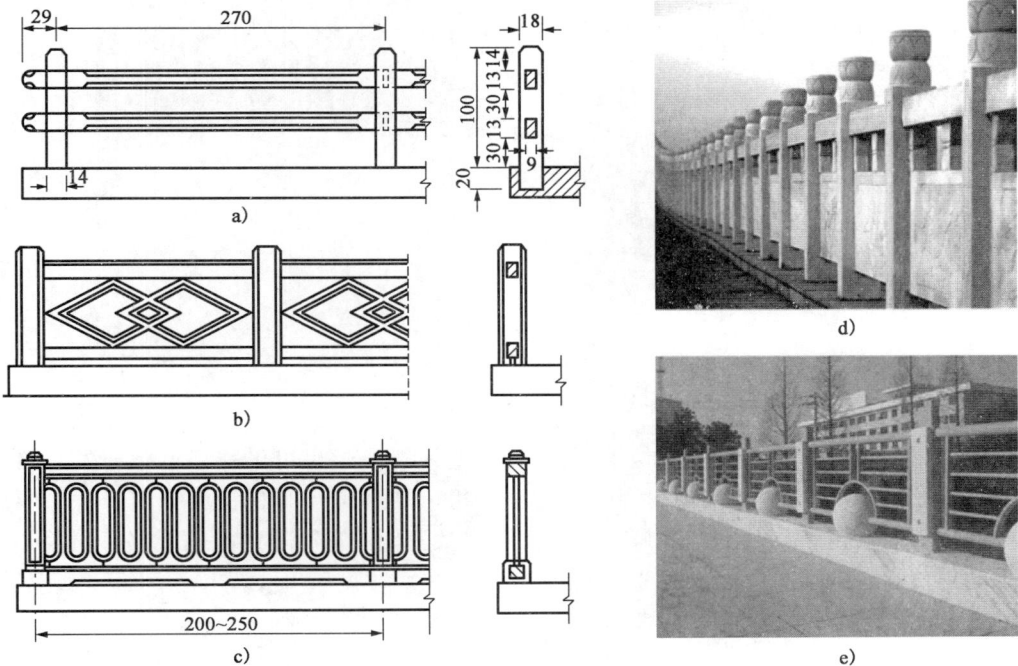

图 1-58　桥梁栏杆图示与实景图(尺寸单位:cm)

　　在城市桥及城郊行人和车辆较多的公路桥上，都要设置照明设备。桥梁照明应防止眩光，必要时应采用严格控光灯具，而不宜采用栏杆照明方式。对于大型桥梁和具有艺术、历史价值的中小桥梁的照明应进行专门设计，既满足功能要求，又兼顾艺术效果，并与桥梁的风格相协调，如图 1-59 所示。

a)　　　　　　　　　　　　　　　　　　　　b)

c)　　　　　　　　　　d)

图 1-59　桥梁上灯柱布置实景图

　　照明灯柱可以设在栏杆扶手的位置上，在较宽的人行道上也可设在靠近缘石处。照明用灯一般高出车道 8 ~ 12m。钢筋混凝土灯柱的柱脚可以就地浇筑并将钢筋锚固于桥面中。铸铁灯柱的柱脚可固定在预埋的锚固螺栓上。照明以及其他用途所需的电信线路等通常都从人行道下的预留孔道内通过。

七、桥梁护栏

　　为了避免车辆碰撞行人和非机动车辆等严重事故的发生，对于高速公路、汽车专用一级公路上的特大、大、中桥梁,必须根据其防撞等级在人行道与车行道之间设置桥梁护栏。一般公路的特大、大、中桥在条件许可的情况下也应设置。在有人行道的桥梁上,应按实际需要在人行道和行车道分界处设置汽车行人分隔护栏。

桥梁护栏按构造特征可分为梁柱式护栏、钢筋混凝土墙式护栏和组合式护栏,如图 1-60 所示。桥梁护栏可采用材料有金属(钢、铝合金)和钢筋混凝土等。

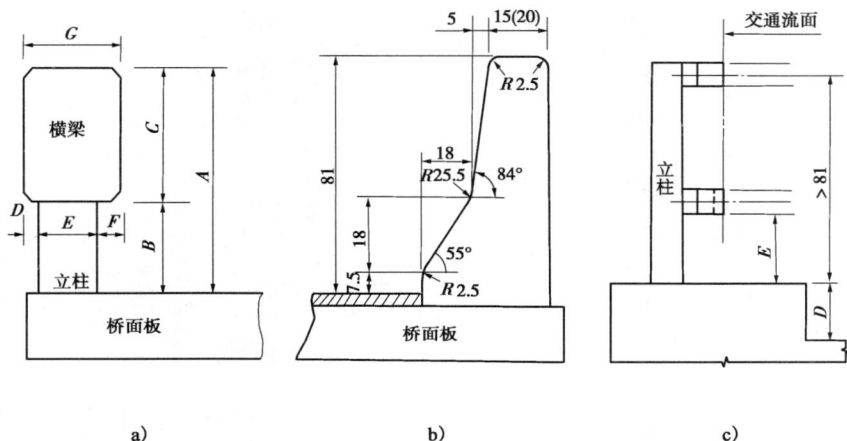

图 1-60　桥梁护栏构造(尺寸单位:cm)

a)钢筋混凝土梁柱式护栏;b)钢筋混凝土墙式护栏基本型(NJ 型);c)金属制护栏(PL₂型)

桥梁护栏的形式选择,首先应满足其防撞等级的要求,避免在相应设计条件下的失控车辆跃出,同时还应综合考虑公路等级、桥梁护栏外侧危险物的特征、总体美观和经济性,以及养护维修等因素。例如,在美观要求较高或积雪严重的地区,宜采用梁柱式或组合式结构;对于钢桥或为了减轻恒载,宜采用金属制护栏。组合式护栏兼有钢筋混凝土墙式护栏的坚固和金属制梁柱式护栏的美观等优点,在我国汽车专用公路的桥梁上普遍采用。

复习思考题

1.简述桥梁的基本组成。

2.试论述桥梁的基本体系及相应的受力特点。

3.桥涵是如何按照跨径大小划分的?

4.桥梁设计的基本原则是什么?桥梁设计的基本要求有哪些?

5.简述梁的设计程序及相应设计阶段的主要内容。

6.桥型方案的比较及其推荐方案的选定工作内容主要有哪些?

7.《公路桥涵设计通用规范》(JTG D60—2015)对桥涵上的作用是如何规定的?永久作用、可变作用、偶然作用、地震作用及作用效应组合的含义分别是什么?

8. 简述桥梁计算中对于车道荷载是如何加载的。

9. 桥面布置的主要形式有哪几种？

10. 简述桥面铺装的主要功能。

11. 简述桥面横坡形成的三种方式。

第二章
CHAPTER TWO
简支体系混凝土梁桥

【本章提要】

本章介绍简支体系桥梁截面形式和静力体系；钢筋混凝土及预应力混凝土梁式桥的一般特点和适用情况；公路工程中最常用的钢筋混凝土及预应力混凝土简支梁桥的构造、设计和计算的具体方法。其中，构造与设计的主要内容有：主梁截面形式的选择、主梁及横隔梁布置、结构尺寸的拟定、横向连接构造等；设计计算的主要内容有：行车道板内力计算、荷载横向分布计算、主梁内力计算、横隔梁内力计算、挠度与预拱度计算等。

【知识目标】

通过本章的学习，能够对钢筋混凝土及预应力混凝土简支梁桥进行结构布置及尺寸拟定，并能对主梁、横隔梁、行车道板内力进行计算。

【能力目标】

掌握梁式桥的基本特点和一般构造形式，能较合理地拟定钢筋混凝土及预应力混凝土简支梁桥主要构件尺寸，并能对桥梁各构件的内力进行正确的计算与分析。

【重点难点】

本章的重点是简支体系梁桥结构设计及主梁、横隔梁、行车道板内力计算；难点是合理拟定简支梁桥主要构件的结构尺寸，桥梁荷载横向分布系数的计算及相应的适用条件。

第一节　概述

中小跨径公路桥梁或者城市桥梁，大部分是钢筋混凝土或预应力混凝土梁式桥。这两种桥梁具有能就地取材、工业化施工、耐久性好、适应性强、整体性好以及美观等许多优点。预应力混凝土梁桥更兼有梁高小和跨越能力大的优势，特别是预应力技术的采用，为现代装配式结构提供了最有效的接头和拼装手段，使建桥技术和运营质量产生了较大的飞跃。

从承重结构横截面形式上分类，混凝土梁式桥可分为板桥、肋梁桥和箱形梁桥。板桥[图2-1a)、b)]是最简单的构造形式，施工方便；肋梁桥[图2-1c)、d)]是在板桥截面的基础上，将梁下缘受拉区混凝土很大程度挖空，从而能显著减轻结构自重，提高跨越能力；箱形截面［图2-1e)、f)］提供了足够能承受正、负弯矩的混凝土受压区，抗弯、抗扭能力强，因而更适用于较大跨径的悬臂体系梁桥和连续体系梁桥。

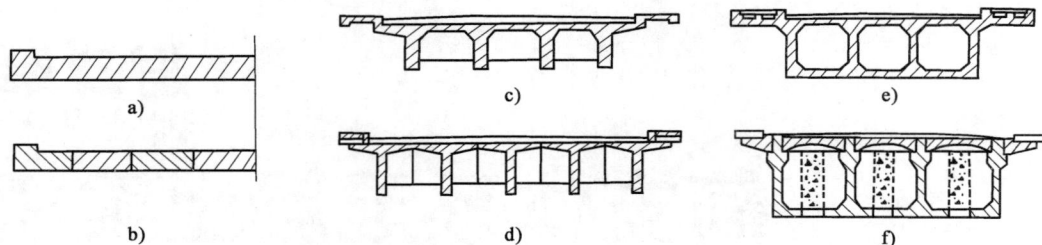

图2-1　典型的混凝土梁桥横截面

从受力特点上看，混凝土梁式桥分为简支梁(板)桥、连续梁(板)桥和悬臂梁(板)桥。简支梁桥［图2-2a)］属静定结构，是建桥实践中受力和构造最简单的桥型，应用广泛；连续梁桥［图2-2b)］属超静定结构，因在荷载作用下支点截面产生负弯矩，从而大大减小了跨中的正弯矩，跨越能力大，适用于桥基良好的场合；悬臂梁桥［图2-2c)］属于静定结构，跨越能力比简支梁桥大，但逊于连续梁，并且因会影响车辆行驶状况，目前较少采用。

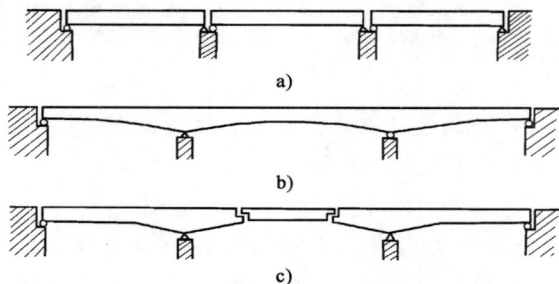

图2-2　梁式桥的基本体系

a)简支梁桥；b)连续梁桥；c)悬臂梁桥

按施工方法分类，又可分为整体浇筑式梁桥［图2-1a)、c)、e)］和预制装配式梁桥［图2-1b)、d)、f)］两类。整体式梁桥具有整体性好的优势，而装配式梁桥具有施工方便，大量节省支架模板，不受季节性影响等优点。按照装配式结构块件划分方式的不同，常分为纵向竖缝划分［图2-1b)、d)］，纵向水平缝划分［图2-1f)］和纵、横向竖缝划分(图2-3)三种。应根据

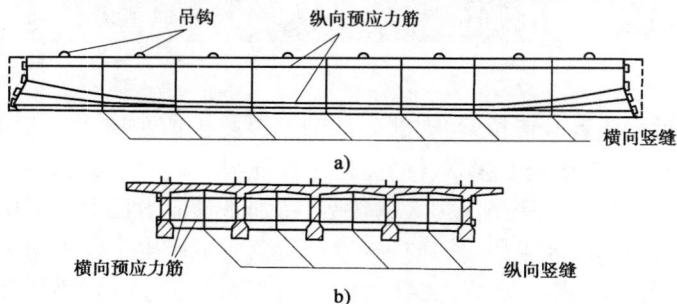

图2-3　纵、横向分段装配式梁(串联梁)

现场实际的预制、运输和起重等条件,确定拼装形式以及拼装单元的最大尺寸和质量,尽量减少接头数量和块件尺寸形式,确保接头牢固可靠,施工方便。

接下来将一一详细介绍这些桥型的构造和设计要点,有关施工方面的内容见第三章。

<h2>第二节　简支板桥的构造</h2>

板桥因它在建成后外形上像一块薄板,故习惯称之为板桥。板桥的优点是建筑高度小,适用于桥下净空受限制的桥梁。它的外形简单,制作方便,既便于现场整体浇筑,又便于工厂化成批生产,并且装配式板桥构件的质量小,架设方便。板桥的主要缺点是跨径不宜过大。

一、整体式简支板桥的构造

整体式板桥一般做成实体式等厚度的矩形截面[图2-4a)],为了减轻自重也可做成肋板式截面[图2-4b)]。图2-4c)、d)是常见的城市高架桥的板桥截面形式。

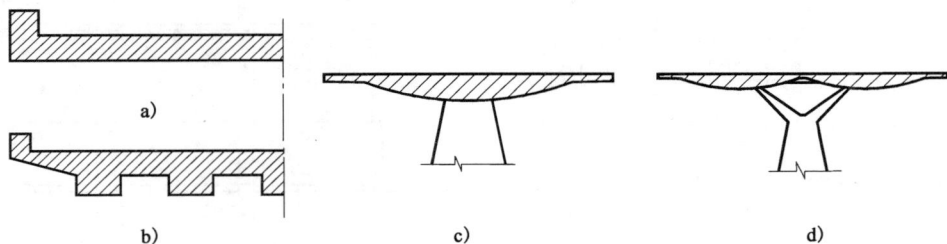

图2-4　整体式板桥横截面

钢筋混凝土整体式板桥的常用跨径一般在8m以下,板厚与跨径之比一般为1/12~1/16,其桥面宽度往往大于跨径。因此,在荷载作用下,桥面板实际上呈双向受力状态,即除板的纵向产生正弯矩外,横向也产生较大的弯矩。因此当桥面板宽较大时,除配置纵向的受力钢筋外,尚应计算配置板的横向受力钢筋。

整体式板桥行车道的主钢筋直径应不小于12mm,间距应不大于20cm,一般也不宜小于7cm;两侧边缘板带的主钢筋数量宜较中间板带(板宽2/3范围内)增加15%;分布钢筋直径不小于8mm,间距不应大于25cm,并且在单位板长的截面面积一般不应少于主钢筋面积的15%。

为保证混凝土结构在设计年限内具有足够的耐久性,混凝土内的钢筋不被腐蚀,应保证混凝土保护层厚度和密实性。在一般环境条件下,板的主钢筋与板缘间的净距(即保护层厚度)应不小于3cm,对于有侵蚀环境的情况,保护层应进一步增厚。

图2-5为一座8m跨径的钢筋混凝土整体式简支板桥构造图,桥面净宽9.0m+2×0.5m,按公路—Ⅰ级荷载标准设计。该桥计算跨径为7.58m,板厚45cm,纵向主筋采用钢筋骨架及N1主筋,主筋为直径25mm的HRB400钢筋;虽然板桥内的主拉应力很小,仍在骨架内设置了间距30cm、直径20mm的斜筋;下缘分布钢筋按单位板宽上不少于主筋面积15%的数量配置,分布钢筋直径16mm,采用间距12cm的布置方式。

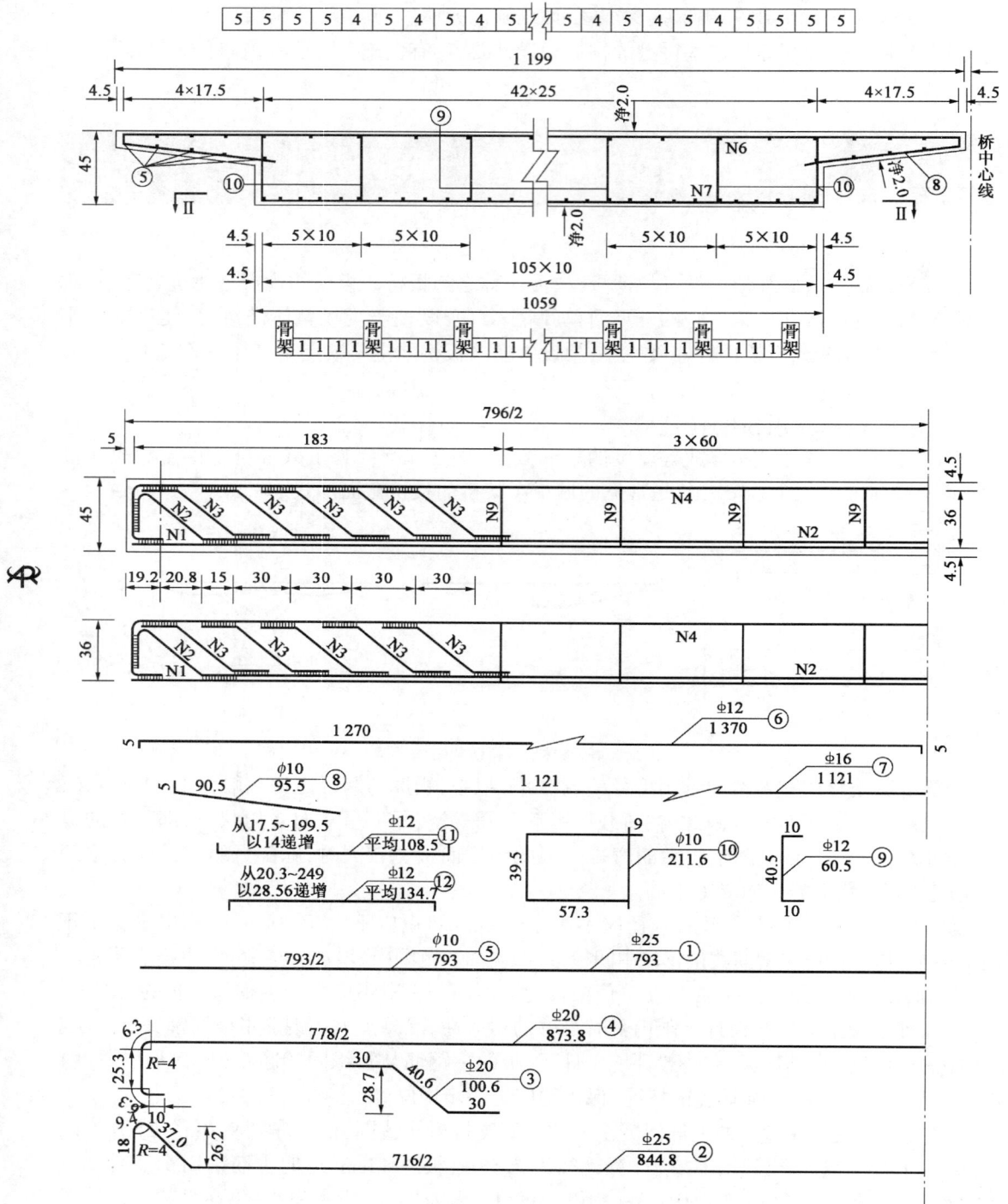

图 2-5　钢筋混凝土整体式简支板桥构造（尺寸单位：cm，钢筋直径：mm）

二、装配式简支板桥的构造

装配式板桥的横截面形式主要有实心板和空心板两种。

1.矩形实心板桥

矩形实心板具有形状简单,施工方便,建筑高度小等优点,一般使用跨径为 $1.5 \sim 8$m,板高为 $0.16 \sim 0.36$m,常用的桥面净空有净-7m、净-9m 两种。

图 2-6 为一标准跨径6m,荷载等级为公路—Ⅱ级的装配式矩形实心板桥构造图。该桥预制板混凝土强度等级为 C25,纵向主筋用直径 18mm 的 HRB335 级钢筋,箍筋用直径 6mm 的 HPB235 级钢筋,架立钢筋用直径 8mm 的 HPB235 级钢筋。预制板安装就位后,在企口缝内填筑比预制板强度等级高的小石子混凝土,并浇筑厚6cm 的 C25 水泥混凝土铺装层使之连成整体。块件吊点设置在距端头50cm 处。

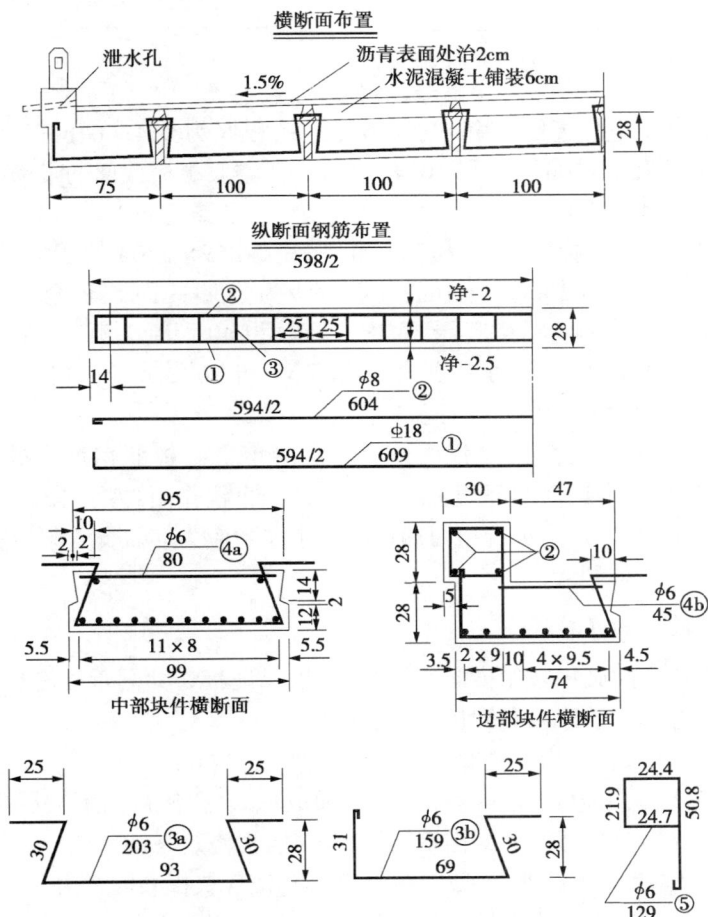

图 2-6 装配式钢筋混凝土矩形实心板桥构造(尺寸单位:cm)

2.空心板桥

当跨径增大时,应采用空心板截面,这样不仅能减轻自重,而且能充分利用材料。空心板的开孔形式如图2-7所示。图2-7a)和b)为单孔,挖空率大,质量轻,但顶板需配置横向受力钢筋来承担荷载的作用,图2-7a)顶部略呈拱形,可以节省一些钢筋,但模板较复杂。图2-7c)和d)为双孔,其中c)为双圆孔,施工时可用无缝钢管(或充气囊)作芯模,但挖空率小,自重较大;d)芯模则由两个半圆和两块侧模板组成,当板的厚度改变时,只需改变侧板高度即可。

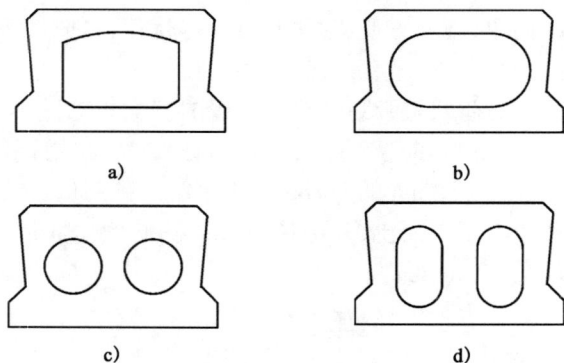

图2-7 空心板截面形式

装配式钢筋混凝土空心板桥常用跨径为 6~13m,板厚为 0.4~0.8m;装配式预应力混凝土空心板适用的跨径为 8~20m,板厚为 0.4~0.85m。空心板横截面的最薄处不得小于8cm,以保证施工质量和承载的需要。

图 2-8 为我国交通行业标准《公路桥涵标准图》中标准跨径 8m 的装配式钢筋混凝土空心板的钢筋布置图。桥面宽为 2×净-11.0m,荷载等级为公路—Ⅰ级,板全长 7.96m,计算跨径7.70m,板厚40cm,横截面为双圆孔形,半径18cm,采用C40混凝土预制,每板块底层配8 φ25主筋,板顶面配置3 φ8 钢筋,用以承担剪力的箍筋 N5 和 N6 做成开口式,待立好芯模后,再与其上的横向钢筋 N4 绑扎组成封闭式的箍筋。

图 2-9 为跨径 13m 的装配式先张法预应力混凝土空心板的钢筋布置图。采用冷拉预应力钢筋作为主筋,预应力钢筋端部配置螺旋筋以加强自锚作用,为了承受由于预应力钢筋的张拉而在板上缘产生的拉应力,板端顶面加倍配置了非预应力筋。支点附近剪力较大,箍筋须加密加粗。

3. 装配式板桥的横向连接

装配式板桥板块之间必须采用横向连接构造,以保证板块共同承受车辆荷载。常用的横向连接方式有企口混凝土铰连接和钢板焊接连接。

企口混凝土铰接形式有圆形、菱形和漏斗形三种[图2-10a)、b)、c)]。它是在块件安装就位后,在铰缝内用 C25 到 C40 细集料混凝土填实而成;如果要使桥面铺装层也参与受力,可以将预制板中的钢筋伸出与相邻板的同样钢筋互相绑扎,再浇筑在铺装层内[图2-10d)]。

实践证明:企口式混凝土铰能保证传递横向剪力,使各块板共同受力。

由于企口缝内的混凝土需要养护一段时间才能通车,当需要加快工程进度以达到提前通车的目的时,也可采用钢板连接,如图 2-11 所示。具体做法是将钢板 N1 焊在相邻两块件的预埋钢板 N2 上。连接构造的纵向中距通常为 80~150cm,跨中部分布置较密,向两端支点处逐渐减疏。

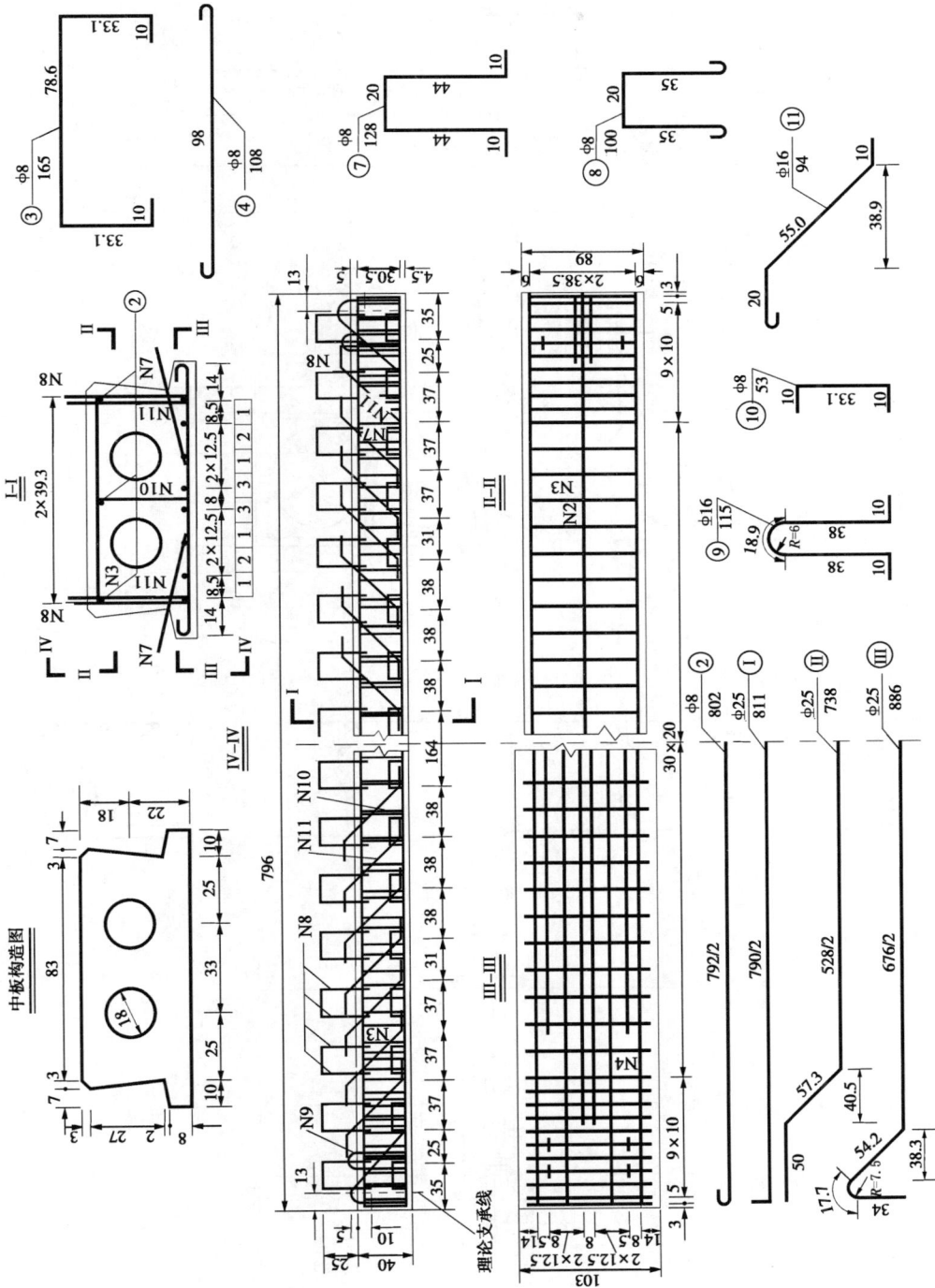

图2-8 装配式钢筋混凝土空心板混凝土空心板桥钢筋布置（尺寸单位：cm；钢筋直径：mm）

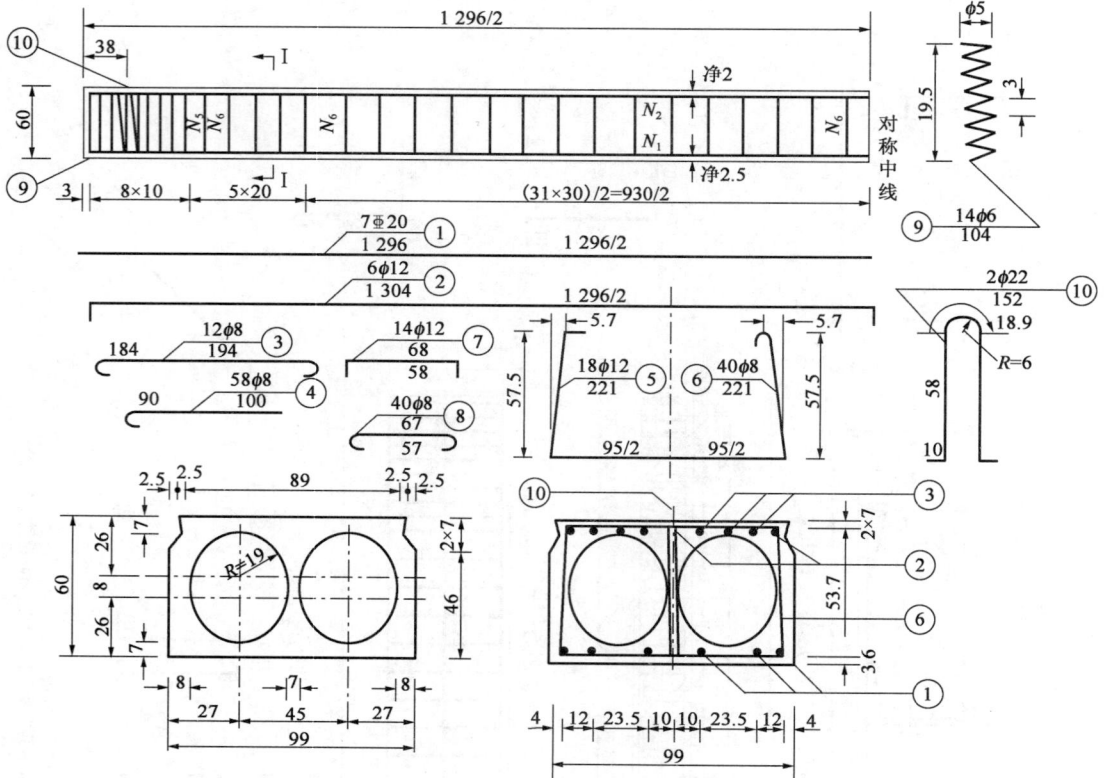

图 2-9 先张法预应力混凝土空心板桥钢筋布置(尺寸单位:cm;钢筋直径:mm)

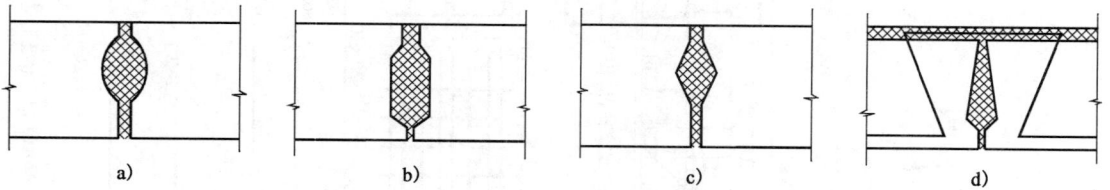

图 2-10 企口式混凝土铰

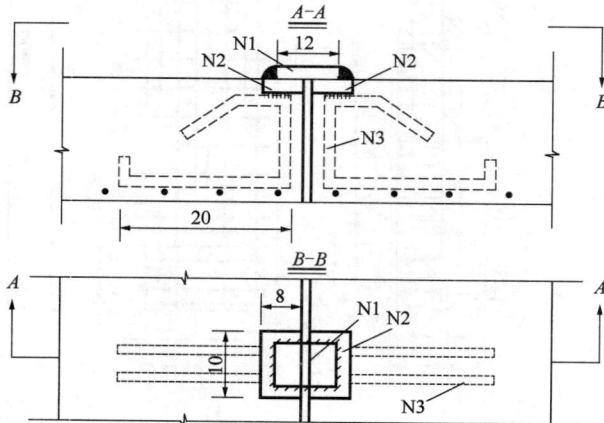

图 2-11 钢板连接构造

三、斜交板桥的构造

公路与河流或其他线路呈斜交形式跨越时,将桥梁结构布置成斜交桥形式较为经济;中、小跨径的斜交桥多采用实体或空心板,分为整体与铰接两种体系;当桥长较大时,还可以做成多孔连续斜交板桥。斜交板桥的桥轴线与支承线的垂线呈某一夹角 φ,习惯上称此角为斜交角,如图 2-12 所示。斜板桥虽然有改善线形的优点,但它的受力状态是很复杂的,目前多借助电子计算机以求得数值解;至于简化的实用计算方法都不太成熟,这也是限制此类桥型广泛使用的原因之一。为了对斜交板桥的受力性能有个定性的了解,在此做一些简单的阐述。

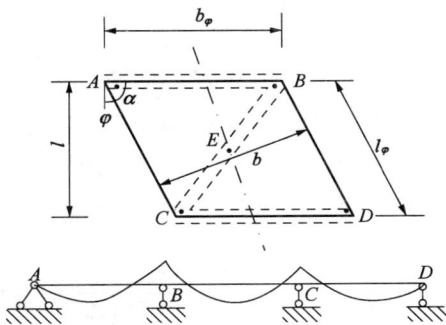

图 2-12 斜交板比拟连续梁

(一)受力特点

国内外学者通过长期研究,归纳出简支斜交板桥在受力上有如下特征:

(1)荷载有向两支承边之间最短距离方向传递的趋势。

在较宽的斜板中部,其最大主弯矩的方向几乎与支承边正交。其次,无论是宽的或者窄的斜板,其两侧的主弯矩方向接近平行于自由边,并有向支承边垂线方向偏转的趋势,如图 2-13 所示。

(2)各角点受力情况可以比拟连续梁来描述。

如图 2-12 所示,斜板"Z"形条带 A-B-C-D 上各点的受力情况可以用三跨连续梁的受力来比拟,在钝角 B、C 处产生较大的负弯矩,其方向垂直于钝角的角平分线;同时,在 B、C 处的反力较大,锐角 A、D 处的反力较小,当斜交角与跨宽比都比较大时,锐角有向上翘起的趋势。由于锐角(支点)的固定,导致板内有扭矩产生,且扭矩变化很复杂,沿板的自由边和支承边上都有正负扭矩交替产生。

(3)跨内最大纵向弯矩比正交桥小,横向弯矩比正交桥大。

在均布荷载作用下,跨径 l 相同时,斜交板桥的最大跨内纵向弯矩 M_φ 要比正交桥小,跨内纵向最大弯矩或者最大应力的位置,随着斜交角 φ 的变大而自中央向钝角方向移动,见图 2-14。由图可知,当斜交角 φ 在 15° 以内时,可以按正交板桥计算。斜交板桥的跨中横向弯

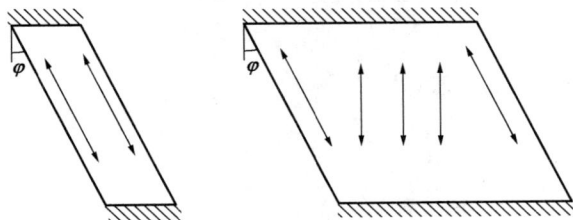

图 2-13 斜板最大主弯矩方向

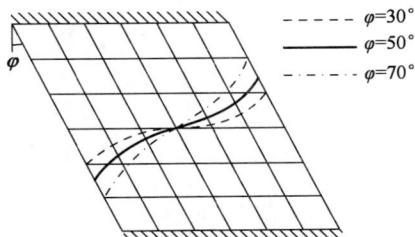

图 2-14 板内最大弯矩位置的变化

矩比正交桥的要大,可以认为是横向弯矩的存在和增大引起了沿跨径方向弯矩的减小。

掌握了上述几点关于斜交板桥的工作性能以后,就可以应用近似方法计算的结果,合理地配置斜交板内的钢筋。

（二）钢筋构造

1. 主钢筋

根据斜交角的大小,主钢筋有两种布置方式,下面分别介绍。

（1）斜交角 φ 不大于 15° 的情况

此时斜交板的受力特性与正交板相近,主钢筋可平行于桥纵轴线方向布置（图2-15中钢筋1）。

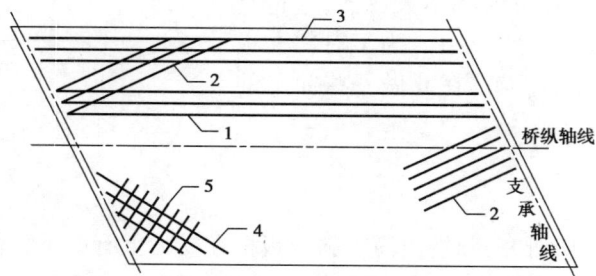

图 2-15　斜交板中几种主要钢筋

1-顺桥纵轴线钢筋;2-与支承轴线正交钢筋;3-自由边钢筋;4-垂直于钝角平分线的钝角钢筋;5-平行于钝角平分线的钝角钢筋

（2）斜交角 φ 大于 15° 的情况

在两钝角之间,底层主钢筋垂直于支承边（图2-15中钢筋2）;靠近两侧自由边时,主钢筋平行于自由边布置（图2-15中钢筋3）,直至与中间部分的主钢筋完全衔接为止,如图2-16所示。这种布置恰与上述力学特性吻合。

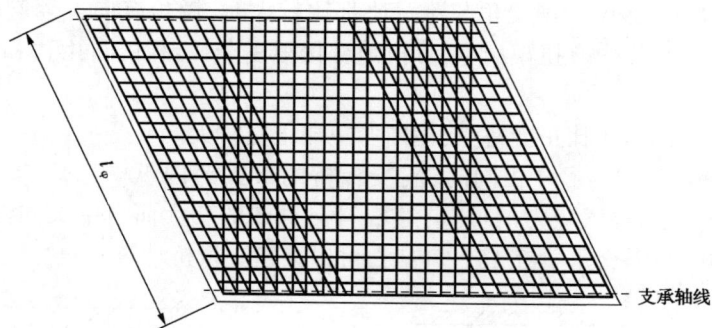

图 2-16　大斜交角斜板底层钢筋构造

2. 其他钢筋

（1）钝角处加强钢筋

根据上述的受力特征,在两钝角处存在较大的支反力和负弯矩,故在钝角处约1/5的跨径范围内,应配置局部加强钢筋。其底层的布筋方向与钝角平分线平行（图2-15中钢筋5）,其上层的布筋方向则与钝角平分线垂直(图 2-15 中钢筋 4)。加强钢筋的直径不小于 12mm,间距 10~15cm。

(2)横向钢筋

平行于支承边布置,考虑到在靠近钝角区段内存在横向负弯矩,故在支座附近的顶层应增设平行于支座轴线的分布钢筋。

(3)顶层边缘纵向钢筋

鉴于在靠近自由边的区段内有较大的扭矩,故应在顶层的两侧约 $l_\varphi/5$ 的范围内布置平行于自由边的纵向钢筋(图 2-15 中钢筋 3)。

四、构造实例

1. 装配式钢筋混凝土板

图 2-17 示出了斜交板桥的钢筋构造图。板端设置了锚栓孔,其作用:第一,防止斜板锐角起翘;第二,防止在地震荷载下整个桥面遭到横移破坏。

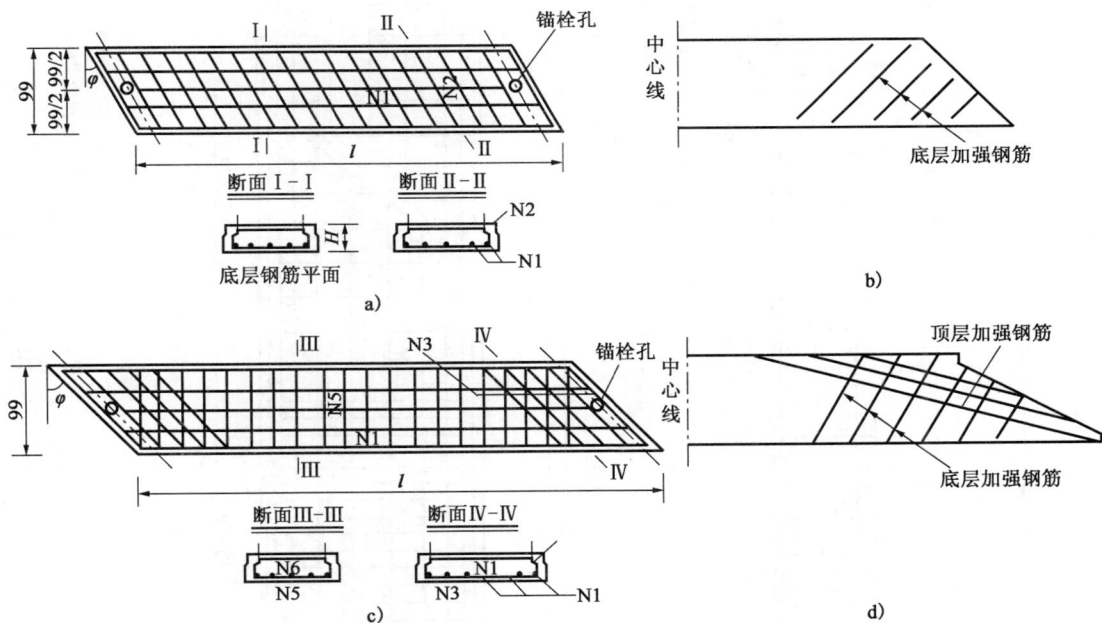

图 2-17 装配式钢筋混凝土斜板构造实例(尺寸单位:cm)

2. 装配式预应力混凝土斜空心板

图 2-18 示出了斜跨长 $l_\varphi = 20$m、斜交角为 40°的空心板钢筋构造。从图中可以看出,承受主弯矩的预应力钢绞线是平行于自由边布置的。由于空心板较高,其高宽比(h/b)较装配式钢筋混凝土实心板大许多,故在每块预制板的底板钝角处没有布置平行于角平分线的局部加强钢筋,而仅在两侧边板顶面钝角处设置了抵抗负弯矩的加强钢筋。

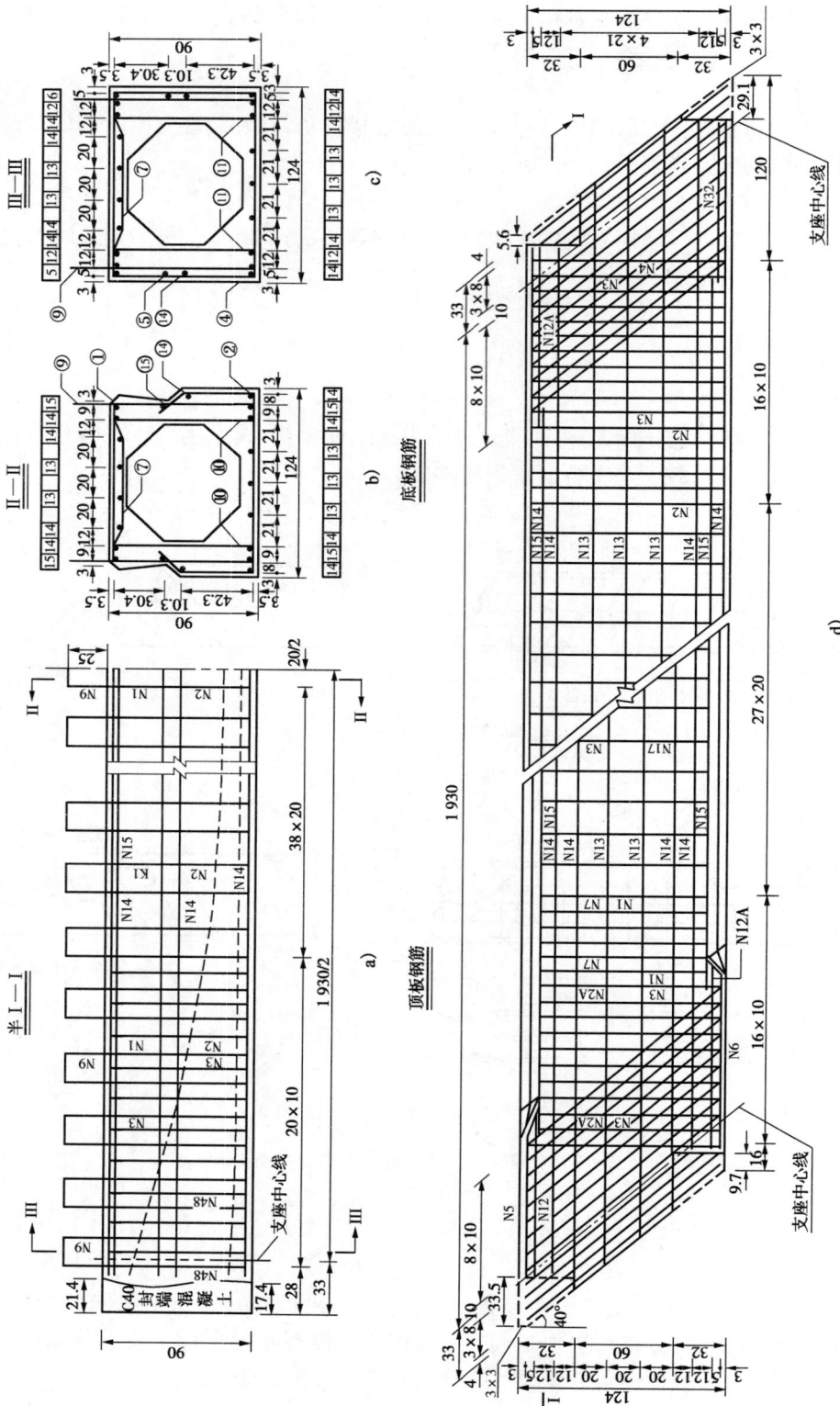

图 2-18 装配式预应力空心板构造实例（尺寸单位：cm）

第三节 简支梁桥的构造

混凝土肋梁桥具有受力明确、构造简单、施工方便等优点,是中小跨径桥梁中应用最广的桥型。

简支肋梁桥的上部结构由主梁、横隔梁、桥面板、桥面构造等组成。主梁是桥梁的主要承重结构;横隔梁保证各根主梁相互结成整体,以提高桥梁的整体刚度;主梁的上翼缘构成桥面板,组成行车(人)平面,承受车辆(人群)荷载的作用。这类桥梁可采用整体现浇和预制装配两种不同的方式进行施工。

一、整体式简支梁桥

整体式梁桥在城市立交桥中应用较广泛,具有整体性好、刚度大、易于做成复杂形状等优点,多数在桥孔支架模板上现场浇筑,个别也有整体预制、整孔架设的情况。

常用的整体式简支 T 形梁桥,如图 2-19 所示。在保证抗剪、稳定的条件下,主梁的肋宽为梁高的 1/6 ~ 1/7,但不宜小于 16cm,以利于浇筑混凝土;当肋宽有变化时,其过渡段长度不小于 12 倍肋宽差。主梁高度通常为跨径的 1/8 ~ 1/16。为了减小桥面板的跨径(一般限制在 2 ~ 3m 之内),还可以在两根主梁之间设置次纵梁,如图 2-19b)所示。为了合理布置主钢筋,梁肋底部可做成马蹄形。

整体式简支梁桥桥面板的跨中板厚不应小于 10cm。桥面板与梁肋衔接处一般都设置承托结构,承托结构长高比一般不大于 3。

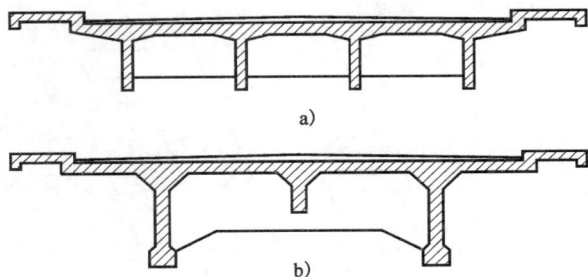

图 2-19 整体式简支 T 形梁桥横截面
a) 一般形式;b) 设置次纵梁的形式

二、装配式简支梁桥

装配式简支梁桥具有建桥速度快、工期短、模板支架少等优点而应用广泛。

图 2-20 所示的装配式简支梁主梁的横截面形式可分为 Π 形、T 形和箱形三种。Π 形主梁的特点是截面形状稳定,横向抗弯刚度大,块件堆放、装卸方便,但当跨径较大时,混凝土和钢

的用量较大,横向联系较差,现在已很少采用。装配式 T 形梁桥是使用最为普遍的结构形式,其优点是制造简单,整体性好,接头也方便。

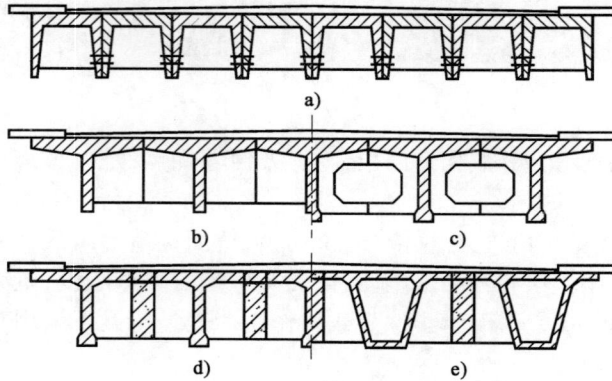

图 2-20　装配式简支梁桥横截面

a)Π形;b)、c)、d)T形;e)箱形

　　图 2-21 为装配式钢筋混凝土 T 形简支梁桥概貌。所示为一座五片式 T 梁桥的构造图,该桥桥面宽度为净-9m + 2 × 1.0m 人行道梁的全长为 19.96m,计算跨径为 19.50m,主梁高度1.50m,全桥设置 5 道横隔板。

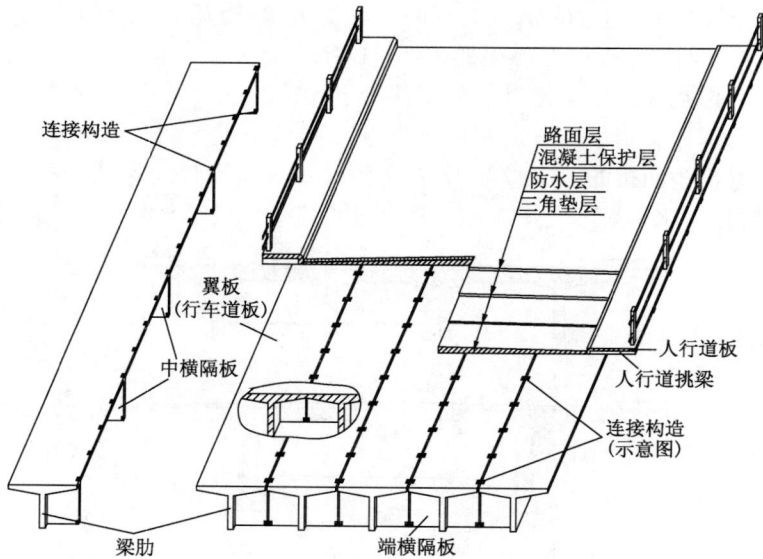

图 2-21　装配式钢筋混凝土 T 形简支梁桥概貌

1. 主梁

（1）构造

　　表 2-1 为常用的装配式简支梁桥主梁尺寸的经验数据。其变化范围较大,跨径较大时应取较小的比值,反之,则应取较大的比值。

装配式简支梁桥主梁尺寸

表 2-1

桥梁形式	适用跨径(m)	主梁间距(m)	主梁高度	主梁肋宽度(m)
钢筋混凝土简支梁	$8 < l < 20$	$1.5 \sim 2.2$	$h = \left(\dfrac{1}{11} \sim \dfrac{1}{18}\right)l$	$b = 0.16 \sim 0.20$
预应力混凝土梁	$20 < l < 50$	$1.8 \sim 2.5$	$h = \left(\dfrac{1}{14} \sim \dfrac{1}{25}\right)l$	$b = 0.18 \sim 0.20$

主梁梁肋厚度在满足抗剪要求下可适当减薄,但梁肋太薄,混凝土不易振捣密实。梁肋端部 $2.0 \sim 5.0$m 范围内可逐渐加宽,以满足抗剪和安放支座要求。对于预应力主梁梁肋,一般做成马蹄形,端部宽度尚应满足预应力锚具布置的要求。

当吊装重量允许时,主梁间距采用 $1.8 \sim 2.2$m 为宜。过去,我国比较多地采用 1.6m 的主梁间距。在编制有主梁间距为 2.2m 的标准图中,其预制宽度为 1.6m,吊装后接缝宽为 60cm。

图 2-22 是一根标准跨径为 20m 的 T 形主梁钢筋骨架构造图,每根梁内主筋为 12 根 ϕ 32 的 HRB335 级钢筋。其中最下层的 4 根 N1 将通过梁端支承中心,其余 8 根则按梁的抗剪要求从不同位置弯起。设在梁顶部的 ϕ 22 架立钢筋在梁端向下弯起并与主筋 N1 焊接。箍筋采用 ϕ 8@140,但在支座附近加倍。附加斜筋采用 ϕ 16 的 HRB335 级钢筋,其具体位置要通过计算确定。防收缩钢筋采用 ϕ 8 的 HPB235 级钢筋,按下密上疏的要求布置。主梁骨架钢筋的焊缝均为双面焊。

(2)预应力筋的布置

预应力束筋的布置形式,与桥梁结构体系、受力情况、构造形式、施工方法都有密切关系。图 2-23a)为后张法预应力混凝土简支梁中常用的预应力筋布置形式,束筋锚固在梁端;当梁跨径较大或梁高受限制时,可采用图 2-23b)的形式布置,将部分力筋弯出梁顶,这样不仅有利于抗剪,而且在梁拼装完成后,在桥面上进行二次张拉,可防止梁上缘开裂。

从梁体立面上看,预应力束筋应布置在束界界限内,以保证梁的任何截面在弹性工作阶段,梁的上、下缘应力不超过规定值。束筋一般在梁端三分点处起弯,同时考虑横截面的位置及锚固位置,具体多在第一道横隔板附近起弯,弯起角度不宜大于 20°。对于图 2-23b)中弯出梁顶的束筋,其弯起角通常都在 20° ~ 30°,应采取措施减小摩阻损失。

从梁体横断面上看,预应力束筋在满足构造要求的同时,应尽量紧密靠拢,以减小下马蹄的尺寸,减小自重,并在保证梁底保护层的前提下,重心尽量靠下,以提高效率,节省钢材。横截面束筋布置如图 2-24 所示。

2.桥面板及横向连接构造

(1)桥面板构造

装配式简支梁桥桥面板(翼缘板)一般采用变厚形式,其厚度随主梁间距而定,翼缘根部(与梁肋衔接处)的厚度应不小于梁高的 1/10,边缘厚度不宜小于 10cm。主梁间距小于 2.0m 的铰接梁桥,板边缘厚度可采用 12cm(桥面铺装不参与受力)或 10cm(桥面铺装通过预埋的连接钢筋与翼缘板共同受力);主梁间距大于 2.0m 的刚接梁桥,桥面板的跨中厚度一般不小于 15cm,边缘板边厚度不小于 10cm。

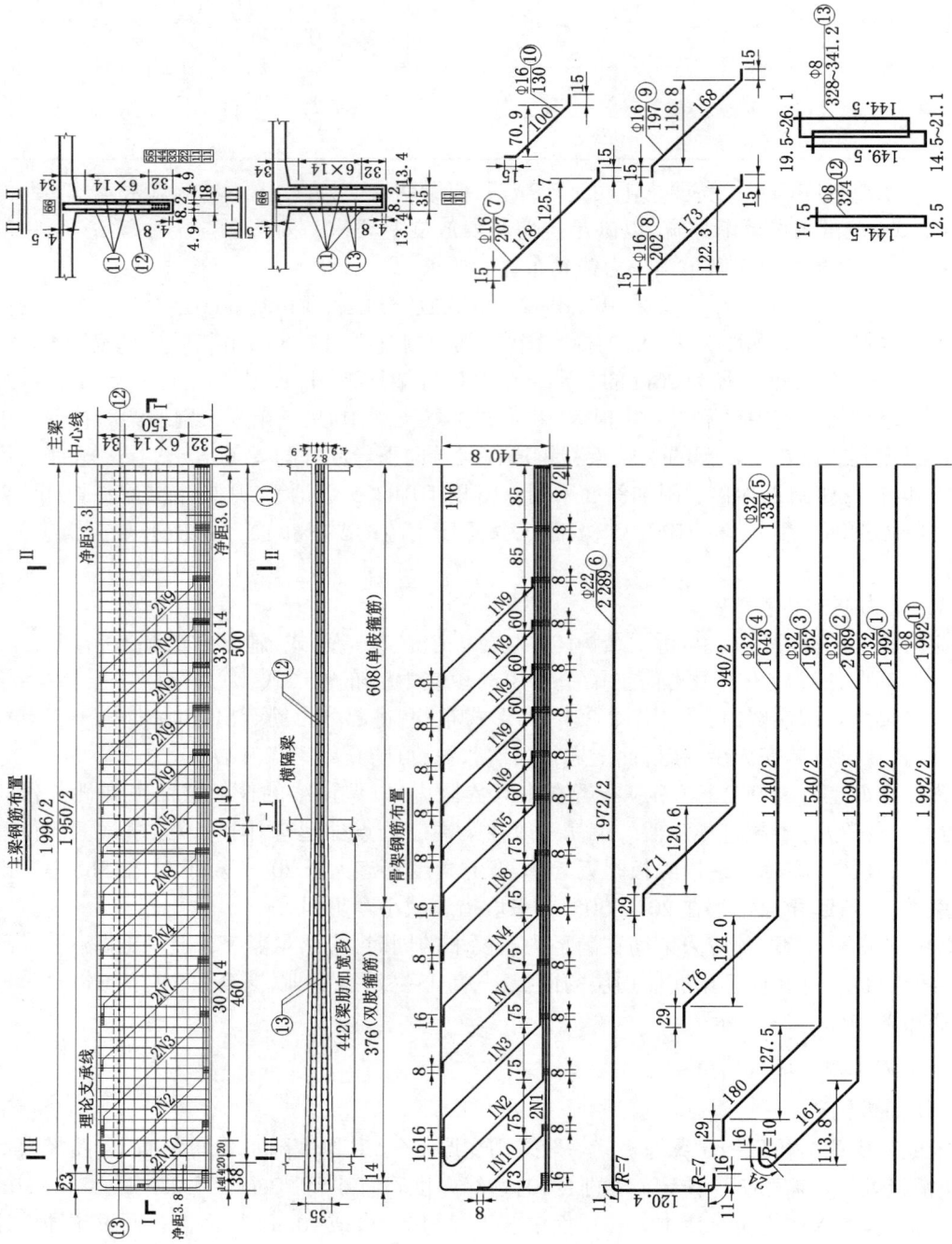

图 2-22　主梁钢筋布置（尺寸单位:cm，钢筋直径:mm））

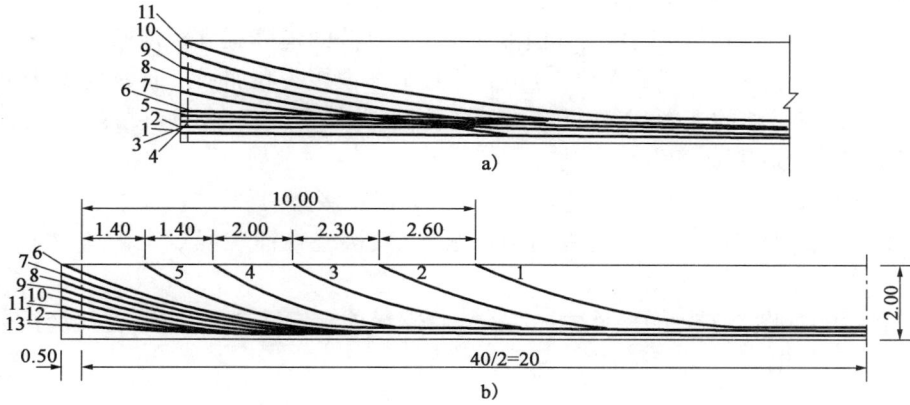

图 2-23 预应力混凝土简支梁预应力筋的布置(尺寸单位:m)

注:图中序号为钢筋编号。

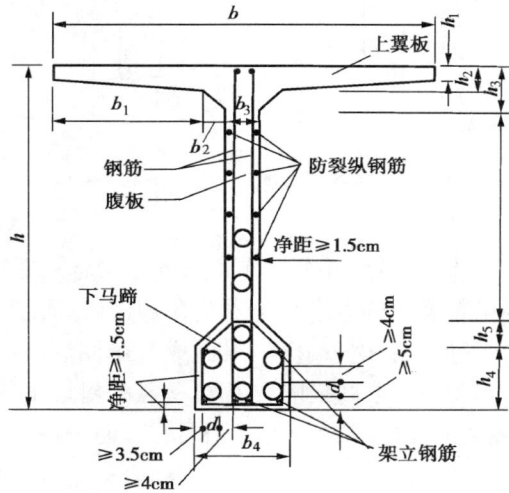

图 2-24 横断面预应力筋和普通钢筋布置

图 2-25 是 T 形梁桥的桥面板钢筋布置图。板上缘承受负弯矩,按《桥规》要求,受力钢筋直径不小于 10mm,间距不大于 20cm;在垂直于主筋方向布置分布钢筋,其直径不小于 8mm,间距不大于 20cm,且分布筋的截面面积不宜小于板截面面积的 0.1%;在有横隔板的部位,分布筋的截面面积应增至主筋截面面积 30%,以承受集中轮载作用下的局部负弯矩,所有增加的分布钢筋应从横隔板轴线伸出 $L/4$(L 为横隔板的间距)的长度。

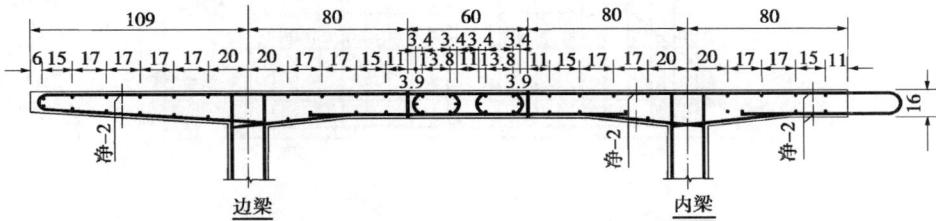

图 2-25 桥面板钢筋布置图(尺寸单位:cm)

(2)桥面板横向连接构造

预制 T 形主梁吊装就位后,当设有横隔梁时,必须借助横隔梁和翼缘板的接头将所有主梁连接成整体。对于少横隔梁的主梁,应在翼缘板上加设接头和加强桥面铺装,使横向连成整体。因此接头应有足够的强度,以保证结构的整体性,并使桥面板在营运过程中安全承受荷载的反复作用和冲击作用,而不发生松动。

常用的桥面板(翼缘板)横向连接有焊接接头和湿接接头两种:

①焊接接头:如图 2-26 所示,翼板间用钢板连接,接缝处铺装混凝土内放置上下两层钢筋网。

②湿接接头:如图 2-27 所示,通过一定措施将翼缘伸出钢筋连成整体,在接缝铺装混凝土内再增补适量加强钢筋。

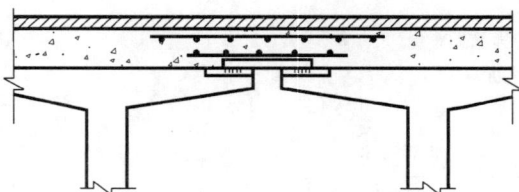

图 2-26 焊接接头构造

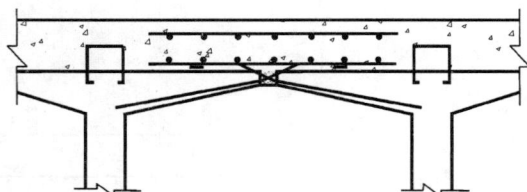

图 2-27 湿接接头构造

3.横隔梁及横向连接构造

(1)横隔梁构造

横隔梁刚度越大,梁的整体性越好,在荷载作用下各主梁越能更好地共同受力。端横隔梁是必须设置的,跨内的横隔梁随跨径的大小宜每隔 5.0~10.0m 设置一道。

从运输和安装的稳定性考虑,通常将端横隔梁做成与梁同高。内横隔梁的高度一般为主梁梁肋高度的 0.7~0.9 倍。预应力梁的横隔梁常与马蹄的斜坡下端齐平,其中部可挖空,以减小质量和利于施工。横隔梁的厚度一般为 15~18cm,为便于施工脱膜,一般做成上宽下窄和内宽外窄的楔形。

图 2-28 为主梁间横隔板钢筋布置图,在每一块横隔板的上缘布置两根受力钢筋(N1),下缘配置 4 根受力钢筋(N1),采用钢板连接成骨架,接头钢板设在横隔板的两侧,同时在上下钢

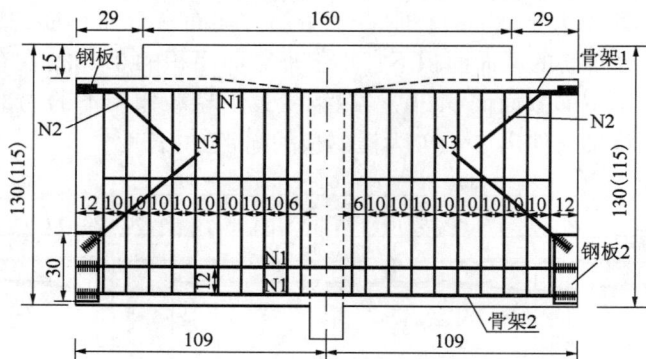

图 2-28 装配式 T 梁桥内梁横隔板钢筋布置(尺寸单位:cm)

筋骨架中加焊锚固钢板的短钢筋(N2、N3)。端横隔梁靠墩台一侧,因不好施焊可不做钢板接头,钢板厚一般不小于10mm,箍筋则承受剪力。

(2)横隔梁横向连接构造

横隔梁常用横向连接有:

①钢板焊接连接。如图2-29a)所示,它也是图2-28所示结构相应的横隔梁接头布置。

②扣环连接。如图2-29b),先在横隔梁预制中预留钢筋扣环A,安装时在相邻构件的扣环两侧再安上接头环扣B,在形成的圆环中插入短分布筋后,现浇混凝土封闭接缝。

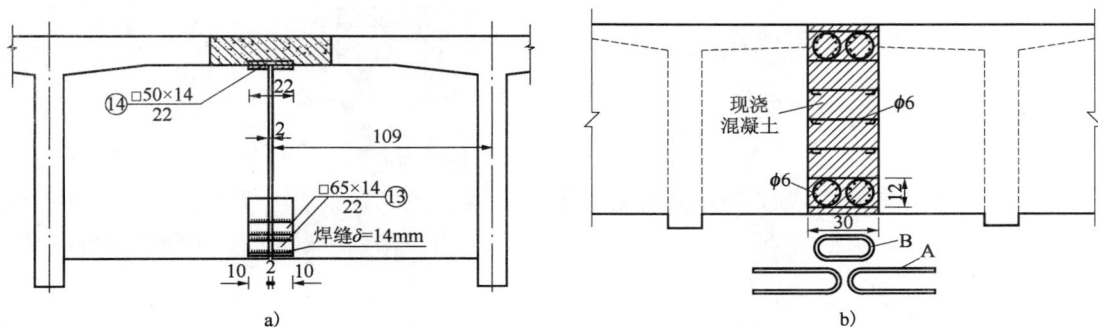

图2-29 装配式横隔板接头(尺寸单位:cm;钢筋直径:mm)

a)横隔板钢板接头;b)装配式横隔板扣环接头

三、组合梁桥

组合梁桥也是一种装配式的桥跨结构,即用纵向水平缝将桥梁的梁肋部分与桥面板(翼板)分隔开来,单梁的整体截面变成板与肋的组合截面。施工时先架设梁肋,再安装预制板,最后在接缝内或连同在板上现浇一部分混凝土使结构连成整体。目前国内外采用的组合式梁桥有两种形式:I形组合梁桥[图2-30a),b)]和箱形组合梁桥[图2-30c)]。前者适用于混凝土简支梁桥,后者则适用于预应力混凝土梁桥。其优点在于可以显著减小预制构件的质量,便于集中制造和运输吊装。

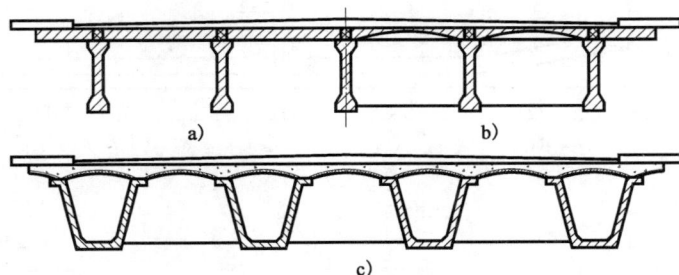

图2-30 组合式梁桥横截面示意

在组合梁中,梁与现浇板的结合面处,板的厚度不应小于15cm;当梁顶伸入板中时,梁顶以上板的厚度不应小于10cm。

组合梁是分阶段受力的,在梁肋架设后,所有后续安装的预制板和现浇桥面混凝土(甚至现浇横隔梁)的质量,连同梁肋本身的质量,都要由尺寸较小的预制梁肋来承受。这与装配式T

梁由主梁全截面来承受全部恒载不同,因而组合梁梁肋的上下缘应力远大于 T 梁上下缘的应力。图 2-31 示出了装配式 T 梁与组合梁的跨中截面在恒载＋活载工况下的截面应力图比较。

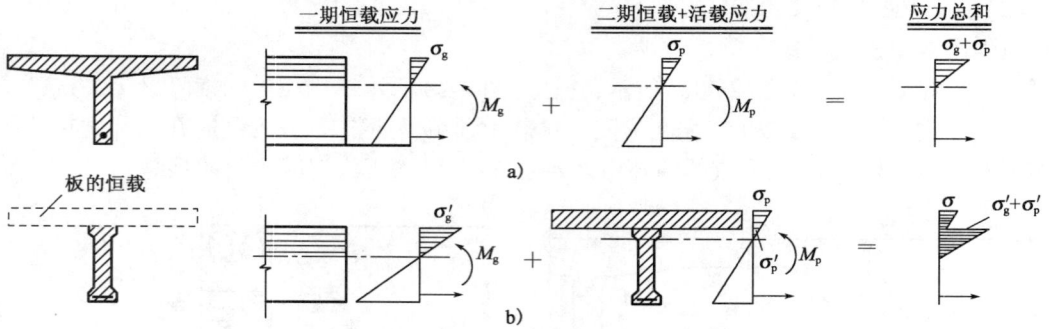

图 2-31　装配式 T 梁与组合梁的应力图比较

图 2-32 为一座五片式预应力混凝土 I 形组合梁桥的实例。该桥跨径 20m,桥面宽为净-9m＋2×1.0m。先预制 C50 I 形梁和桥面底板,吊装就位后,再现浇 C30 横隔板和桥面板。

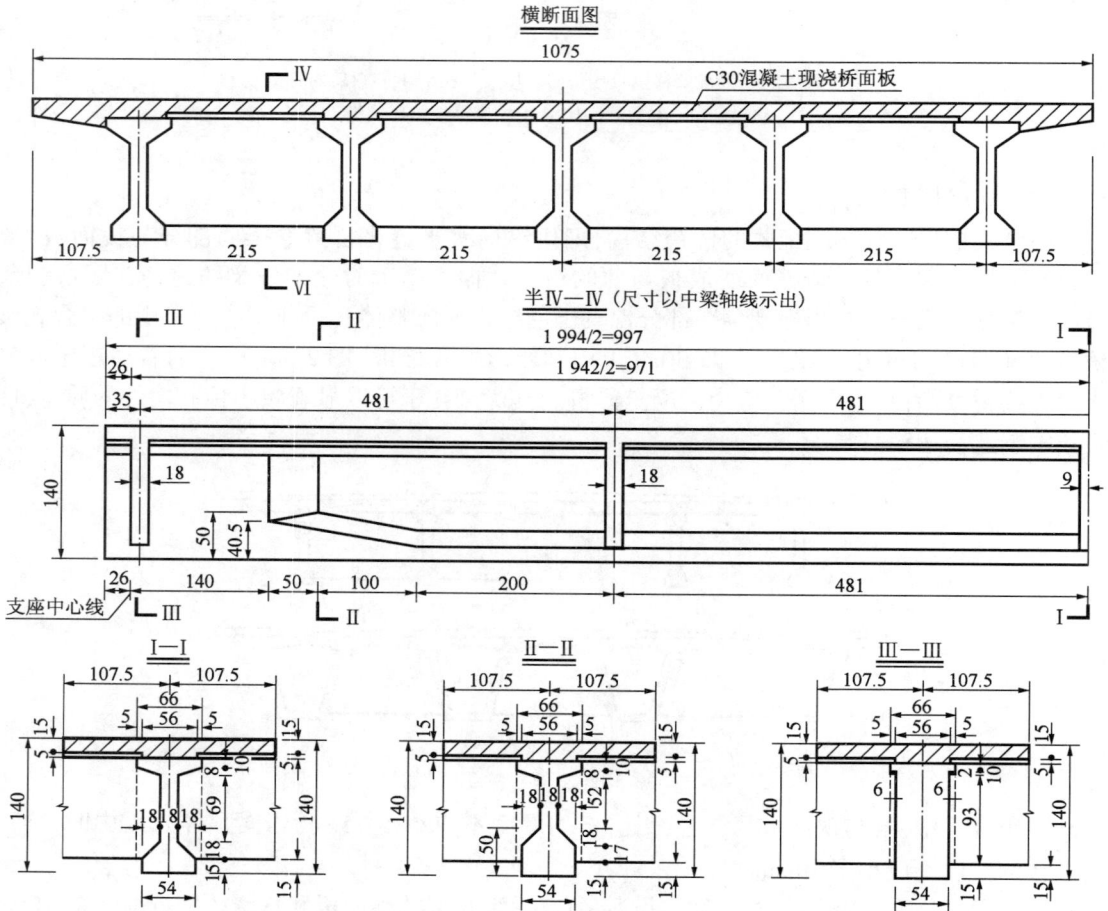

图 2-32　I 形组合梁构造图(尺寸单位:cm)

第四节 简支梁桥的计算

一座桥梁在拟定出初步尺寸后,应对其各主要部件进行计算,得出最不利内力后,进行应力、裂缝、强度、刚度和稳定性的验算,以便对结构做配筋设计,必要时可进行尺寸上的调整。设计计算过程如图 2-33 所示。

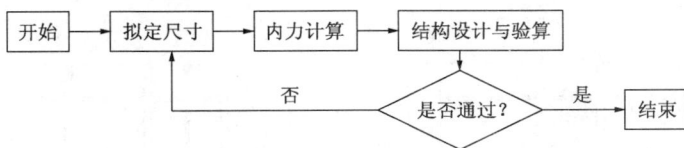

图 2-33　桥梁设计计算过程

混凝土梁桥上部结构设计计算的内容一般有主梁、横隔梁和桥面板。本节着重阐述桥面板、主梁和横隔梁的受力特点、最不利内力及其内力组合的计算方法。

一、桥面板计算

(一)桥面板的力学模型

混凝土简支肋梁桥的桥面板是直接承受车辆轮压的混凝土板,它与主梁梁肋和横隔梁联结在一起,既保证了梁的整体作用,又将活载传递于主梁,是主梁截面的组成部分。

对于整体现浇的 T 梁桥,梁肋和横(隔)梁之间的桥面板,属于矩形的周边支承板,如图 2-34a)所示。通常其边长比或长宽比(l_a/l_b)等于或大于 2,由弹性薄板理论可知,当有荷载作用于板上时,绝大部分力是由短跨方向(l_b)传递的,因此可近似地按仅由短跨承受荷载的单向受力板来设计。即仅在短跨方向配置受力主筋,而长跨方向只要配置适当的构造钢筋即可。由图 2-35 所示的"正交比拟梁"的变形曲线并应用一般的力学原理对其进行分析,即可领会这一概念。

对于装配式 T 形梁桥,若在两主梁的翼板之间:①采用钢板连接[图 2-34b)]时,则桥面板可简化为悬臂板;②采用不承担弯矩的铰接缝连接[图 2-34c)]时,则可简化为铰接悬臂板。

综上所述,在实际工程中最常见的行车道板的受力图示分为单向板、悬臂板和铰接悬臂板三种,而双向板由于用钢量大,构造复杂,实际中很少采用。

(二)桥面板的受力分析

1.车轮荷载在板上的分布

根据试验研究,作用在混凝土或沥青铺装面层上的车轮荷载,可以偏安全地假定呈 45°角扩散分布于混凝土板面上。假定车轮与桥面的接触面是 $a_1 \times b_1$ 的矩形面,此处 a_1 是车轮沿行车方向的着地长度,b_1 为车轮的宽度,如图 2-36 所示,则最后作用于混凝土桥面板顶面的矩形荷载压力面的边长为:

沿行车方向 a $a = a_1 + 2H$

沿横向 b $b = b_1 + 2H$ (2-1)

式中:H——铺装层的厚度。

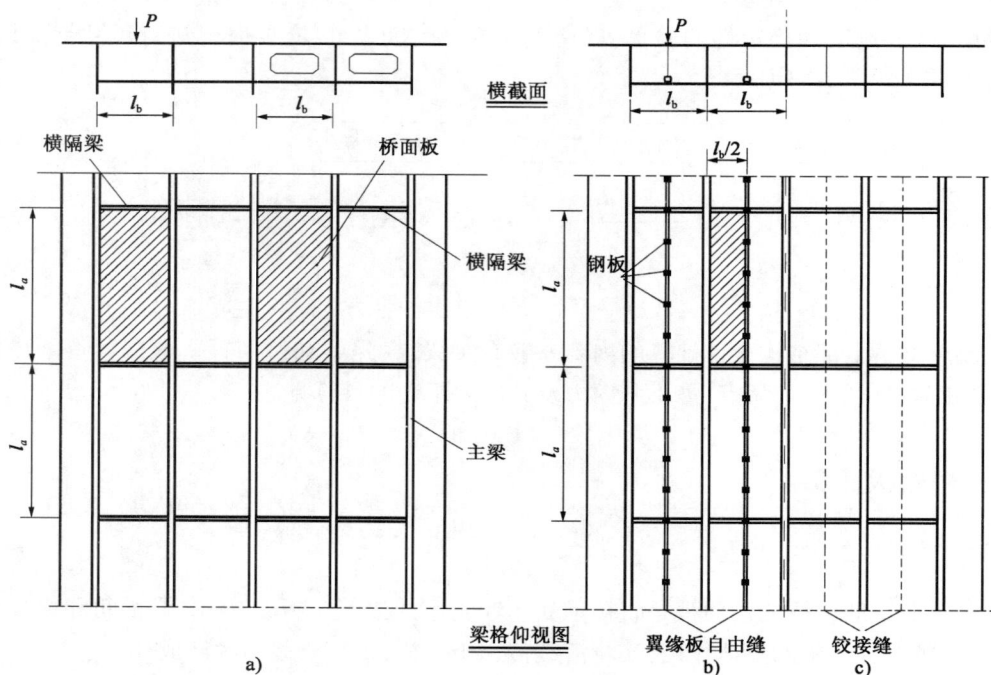

图 2-34　梁格构造和桥面板支承方式
a)整体现浇梁;b)装配式梁桥(翼板间钢板连接);c)装配式梁桥(翼板间铰连接)

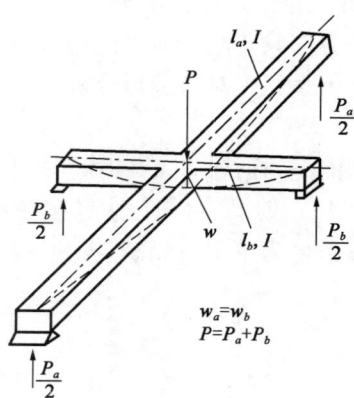

图 2-35　荷载的双向传递

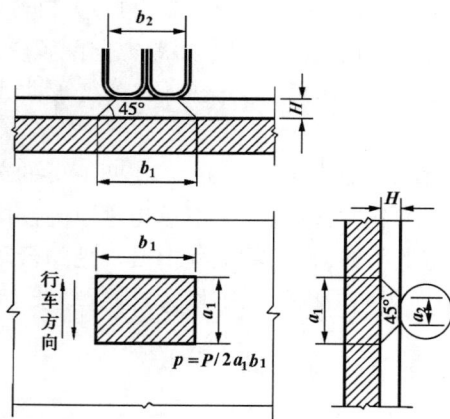

图 2-36　车辆荷载在板面上的分布

各级荷载的 a_1 和 b_1 值可从《桥规》中查得。据此，当车辆荷载一个车轮重 $P/2$ 作用于桥面板上时，作用于板面上的局部分布荷载为：

$$p = \frac{P}{2ab} = \frac{P}{2(a_1 + 2H)(b_1 + 2H)} \tag{2-2}$$

2. 板的有效工作宽度

行车道板是周边支承(或三边支承)的板，在局部分布压力的作用下，不仅直接承压部分的板带参与受力，与其相邻的部分板带也共同参与工作，不同程度地分担一部分荷载。因此，在桥面板的计算中，首先要解决如何确定板的有效工作宽度的问题。

以下分单向板和悬臂板来阐明板的有效工作宽度的概念和计算方法。

(1)单向板

当荷载以 $a \times b$ 的分布面积作用在板上时，板除了沿计算跨径 x 方向产生挠曲变形 w_x 外，沿垂直于计算跨径的 y 方向也必然发生挠曲变形 w_y[图 2-37a)]。这说明荷载作用下不仅使直接承压的宽度为 a_1 的板条受力，其邻近的板也参与工作，共同承受车轮荷载所产生的弯矩。

跨中单位宽度分布弯矩 m_x 的变化是呈曲线分布的，并在荷载中心处达到最大值 m_{xmax}，离荷载中心越远的板条所承受的弯矩就越小。设想以 a 宽板均匀承受车轮荷载产生的总弯矩 [图 2-37b)]，即

$$a \times m_{xmax} = \int m_x dy = M$$

则得弯矩图形的换算宽度为：

$$a = \frac{M}{m_{xmax}} \tag{2-3}$$

式中：M——车轮荷载产生的跨中总弯矩，可直接由结构力学方法计算得到；

m_{xmax}——荷载中心处的最大单宽弯矩值，精确解需由板的空间计算才能得到。

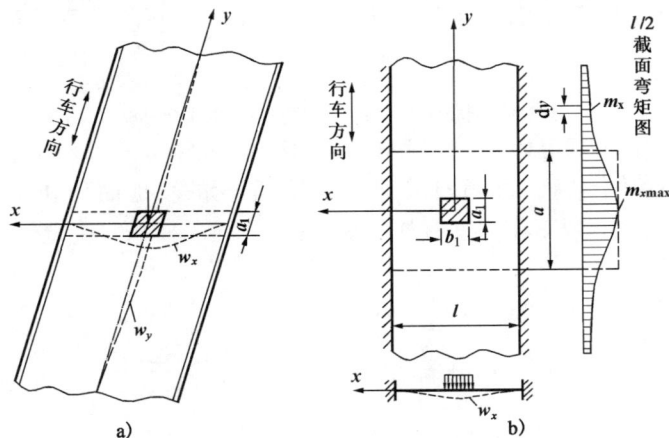

图 2-37 单向板的受力状态

我们就定义上式的 a 为板的有效工作宽度，或荷载有效分布宽度，以此板宽来承受车轮荷载产生的总弯矩，既保证了总体荷载与外荷载相同，又满足局部最大弯矩与实际分布相同，计算起来比较方便。

于是当有一个车轮作用于桥面板上时,1m 宽板条上的荷载计算强度为:

$$p = \frac{P}{2ab_1} \tag{2-4}$$

式中:P——车辆荷载轴重。

图 2-38 所示为板在不同支承条件、不同荷载性质及不同荷载位置情况下随承压面大小变化的有效工作宽度与跨径的比值(按 $a_1 = b_1$ 算得)。从图中可知,两边固结的板的有效工作宽度比简支的小 $30\% \sim 40\%$。全跨满布的条形荷载的有效分布宽度也比局部分布荷载的小一些。另外,荷载越靠近支承边时,其有效工作宽度就越小。

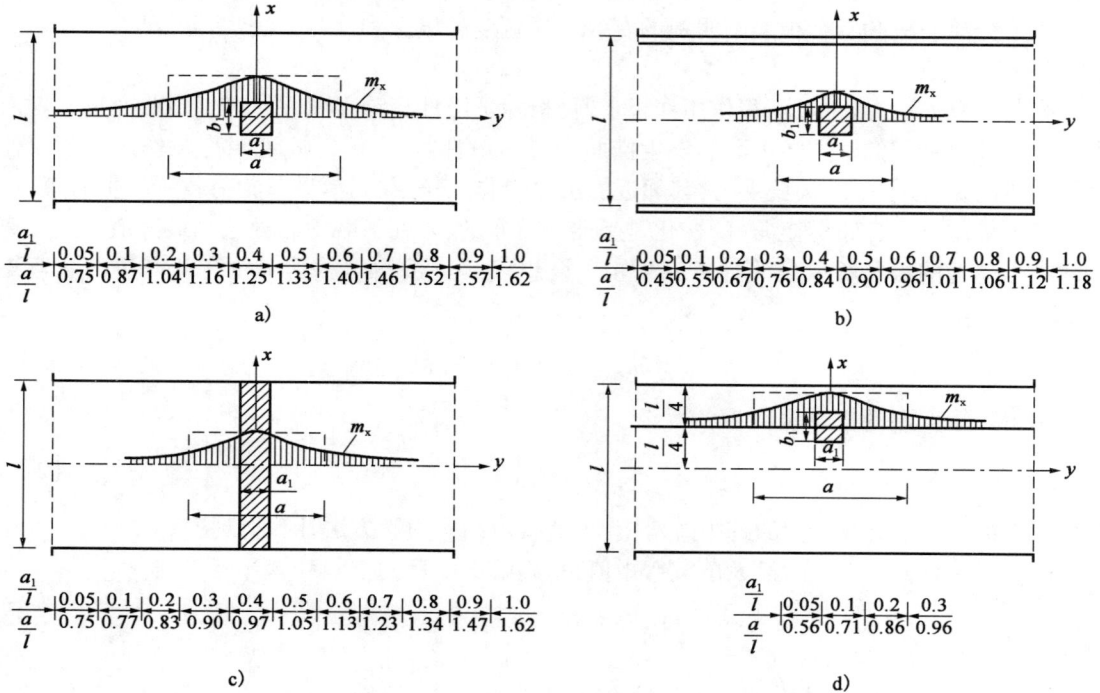

$\dfrac{a_1}{l}$	0.05	0.1	0.2	0.3	0.4	0.5	0.6	0.7	0.8	0.9	1.0
$\dfrac{a}{l}$	0.75	0.87	1.04	1.16	1.25	1.33	1.40	1.46	1.52	1.57	1.62

a)

$\dfrac{a_1}{l}$	0.05	0.1	0.2	0.3	0.4	0.5	0.6	0.7	0.8	0.9	1.0
$\dfrac{a}{l}$	0.45	0.55	0.67	0.76	0.84	0.90	0.96	1.01	1.06	1.12	1.18

b)

$\dfrac{a_1}{l}$	0.05	0.1	0.2	0.3	0.4	0.5	0.6	0.7	0.8	0.9	1.0
$\dfrac{a}{l}$	0.75	0.77	0.83	0.90	0.97	1.05	1.13	1.23	1.34	1.47	1.62

c)

$\dfrac{a_1}{l}$	0.05	0.1	0.2	0.3
$\dfrac{a}{l}$	0.56	0.71	0.86	0.96

d)

图 2-38　根据最大单宽弯矩换算的有效工作宽度

a)简支板,跨中单个荷载;b)固结板,跨中单个荷载;c)简支板,全跨窄条荷载;d)简支板,1/4 跨径处单个荷载

综合考虑实际工程中桥面板的跨径、支承情况、车轮的着地面积和作用位置,《公桥规》(JTG 3362)对单向板的有效工作宽度有如下规定:

①荷载在跨径中间。

对于单独一个荷载[图 2-39a)]:

$$a = a_1 + \frac{l}{3} = a_2 + 2H + \frac{l}{3} \geqslant \frac{2}{3}l$$

式中:l——两梁肋之间板的计算跨径。

《公桥规》(JTG 3362)规定,计算弯矩时,$l = l_0 + t$,但不大于 $l_0 + b$;计算剪力时,$l = l_0$,其中 l_0 为板的净跨径,t 为板的厚度,b 为梁肋宽度。

对于几个靠近的相同荷载,如按上式计算所得各相邻荷载的有效分布宽度发生重叠时[图 2-39b)],则

$$a = a_1 + d + \frac{l}{3} = a_2 + 2H + d + \frac{l}{3} \geqslant \frac{2}{3}l + d$$

式中:d——最外两个荷载的中心距离。

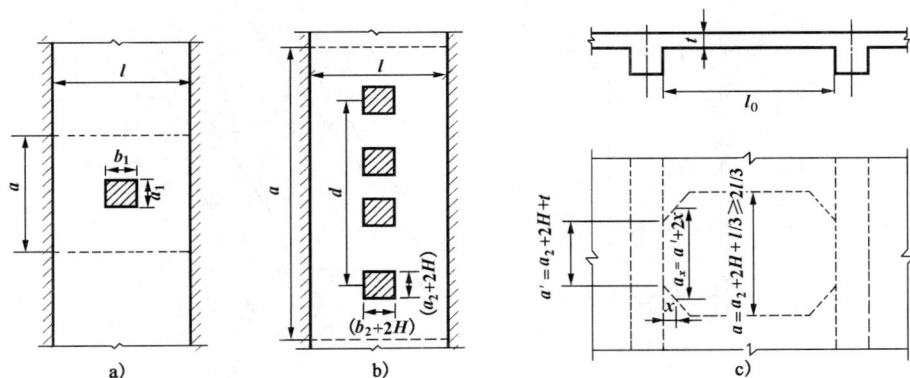

图 2-39 单向板的荷载有效分布宽度

②荷载在板的支承处。

$$a' = a_1 + t = a_2 + 2H + t \geqslant l/3$$

式中:t——板的厚度。

③荷载靠近板的支承处。

$$a_x = a' + 2x$$

式中:x——荷载离支承边缘的距离。

根据以上所述,对于不同荷载位置时单向板的有效分布宽度如图 2-39c)所示。

(2)悬臂板

悬臂板在荷载作用下除了直接受载的板条以外,相邻的板条也发生了挠曲变形[图 2-40b)],因而承受部分弯矩。沿悬臂根部在 y 方向各板条的单宽弯矩分布如图 2-40a)中的 m_x 所示。根据弹性理论,当板端作用集中荷载 P 时,受载板条的最大负单宽弯矩 $m_{xmax} \approx -0.465P$,而荷载的总弯矩为 $M_0 \approx -Pl_0$。因此,按最大负单宽弯矩值换算的有效工作宽度为:

$$a = \frac{M_0}{m_{xmax}} = \frac{-Pl_0}{-0.465P} = 2.15l_0 \tag{2-5}$$

悬臂板的有效工作宽度接近于 2 倍悬臂长度,也就是说,可近似地按 45°角向悬臂支承处分布,如图 2-40a)所示。

因此,《桥规》对悬臂板的荷载有效分布宽度规定为:

$$a = a_2 + 2H + 2b' = a_1 + 2b'$$

式中:b'——承重板上荷载压力面外侧边缘至悬臂根部的距离,如图 2-41 所示。

对于分布荷载靠近板边的最不利情况,b' 就等于悬臂板的净跨径 $l_0(b' \leqslant 2.5\mathrm{m})$,于是:

$$a = a_1 + 2l_0$$

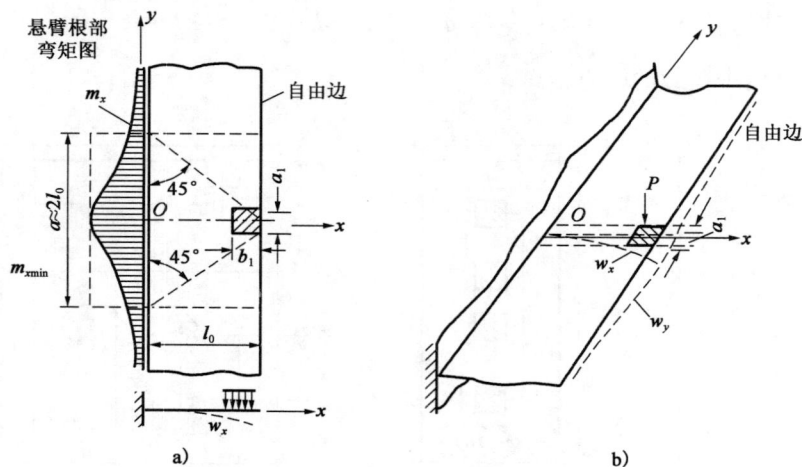

图 2-40　悬臂板的受力状态

（三）行车道板的内力计算

在行车道板的设计中，习惯上以每米宽板条来进行计算，借助板的有效工作宽度，很容易计算出作用在每米宽板条上的荷载和其引起的内力。

1. 多跨连续单向板的内力

从构造上看，行车道板与主梁梁肋是整体连接在一起的，因此，当板上有荷载作用时，会促使主梁也发生相应的变形，而这种变形又会影响到板的内力。如果主梁的抗扭刚度极大，板的工作就接近于固端梁[图 2-42a)]；如果主梁的抗扭刚度很小，板在梁肋支承处就接近于铰支座，则板的受力就如同多跨连续梁[图 2-42b)]。但行车道板和主梁梁肋的实际支承条件，

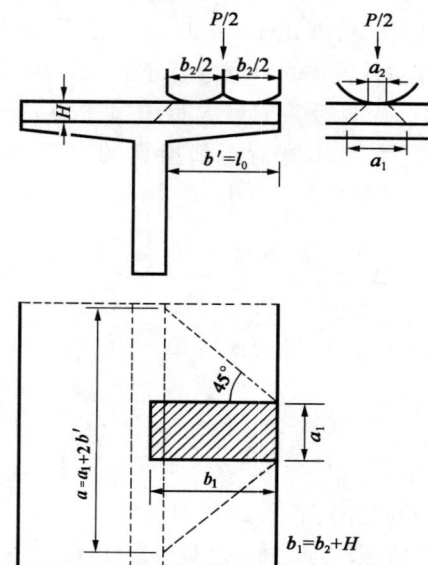

图 2-41　悬臂板的有效工作宽度

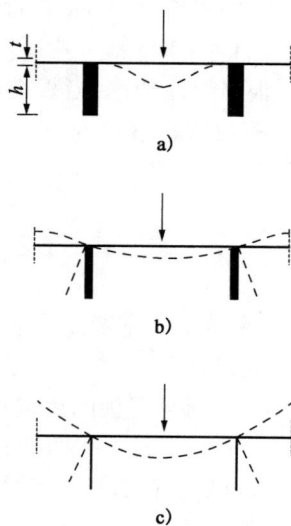

图 2-42　主梁扭转对行车道板受力的影响

既不是固端,也不是铰支,而是弹性固结的,其实际的受力状态应是多跨弹性支承连续梁,如图 2-42c)所示。

基于以上分析,对于一次浇筑的多跨连续单向板的内力计算,《公桥规》(JTG 3362)作了如下规定:

(1)跨中最大弯矩计算

当 $t/h < 1/4$ 时(即主梁抗扭能力大者):

$$\left.\begin{aligned}\text{跨中弯矩} \qquad\qquad M_{中} &= +0.5M_0 \\ \text{支点弯矩} \qquad\qquad M_{支} &= -0.7M_0\end{aligned}\right\} \qquad (2\text{-}6)$$

当 $t/h \geqslant 1/4$ 时(即主梁抗扭能力小者):

$$\left.\begin{aligned}\text{跨中弯矩} \qquad\qquad M_{中} &= +0.7M_0 \\ \text{支点弯矩} \qquad\qquad M_{支} &= -0.7M_0\end{aligned}\right\} \qquad (2\text{-}7)$$

式中:M_0——把板当作简支板时,由使用荷载引起的 1m 宽板的跨中最大设计弯矩 M_0,它是 M_{op} 和 M_{og} 两部分的内力组合。

M_{op} 为 1m 宽简支板条的跨中活载弯矩 [图 2-43a)],对于汽车荷载:

$$M_{op} = (1 + \mu) \cdot \frac{P}{8a}\left(l - \frac{b_1}{2}\right) \qquad (2\text{-}8)$$

式中:P——轴重,对于汽车荷载应取用后轴的轴重计算;

a——板的有效工作宽度;

l——板的计算跨径;

μ——冲击系数,对于桥面板通常为 0.3。

M_{og} 为跨中恒载弯矩,可由下式计算:

$$M_{og} = \frac{1}{8}gl^2 \qquad (2\text{-}9)$$

式中:g——1m 宽板条每延米的恒载集度。

(2)支点剪力计算

对于跨径内只有一个汽车车轮荷载的情况,考虑了相应的有效工作宽度后,每米板宽承受的分布荷载如图 2-43b)所示。则汽车引起的支点剪力为:

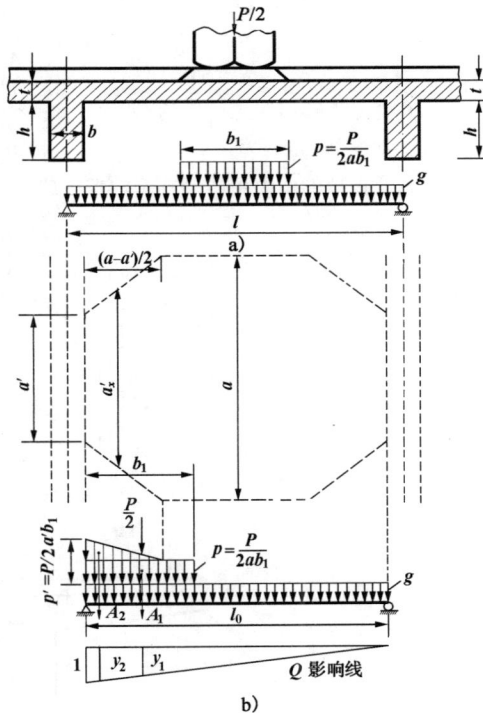

图 2-43 单向板内力计算图示

$$Q_{支P} = (1 + \mu)(A_1 \cdot y_1 + A_2 \cdot y_2) \qquad (2\text{-}10)$$

矩形部分荷载的合力为 $\left(以 \ p = \dfrac{P}{2ab_1} \ 代入\right)$:

$$A_1 = p \cdot b_1 = \frac{P}{2a}$$

三角形部分荷载的合力为 $\left(以 \ p' = \dfrac{P}{2a'b_1} \ 代入\right)$:

$$A_2 = \frac{1}{2}(p' - p) \cdot \frac{1}{2}(a - a') = \frac{P}{8aa'b_1}(a - a')^2$$

式中：p、p'——对应于有效工作宽度 a 和 a' 处的荷载强度；

y_1、y_2——对应于荷载合力 A_1 和 A_2 的支点剪力影响线量值。

如跨径内不止一个车轮进入时，尚应计及其他车轮的影响。

2. 铰接悬臂板的内力

用铰接方式连接的 T 形梁翼缘板，其最大弯矩在悬臂根部。计算活载弯矩 $M_{\min,p}$ 时，近似地把车轮荷载对中布置在铰接处作为最不利的荷载位置，这时铰内的剪力为零，两相邻悬臂板各承受半个车轮荷载，即 $P/4$，如图 2-44a)所示。因此每米宽悬臂板的活载弯矩 $M_{\min,p}$ 为：

$$M_{\min,p} = -(1 + \mu)\frac{P}{4a}\left(l_0 - \frac{b_1}{4}\right) \tag{2-11}$$

每米板宽的恒载弯矩为：

$$M_{\min,g} = \frac{1}{2}gl_0^2 \tag{2-12}$$

注：(1)此处 l_0 为铰接双悬臂板的净跨径。

(2)悬臂根部 1m 板宽的总弯矩是 $M_{\min,p}$ 和 $M_{\min,g}$ 两部分的内力组合。

(3)悬臂根部的剪力可以偏安全地按一般悬臂板的图式来计算，这里从略。

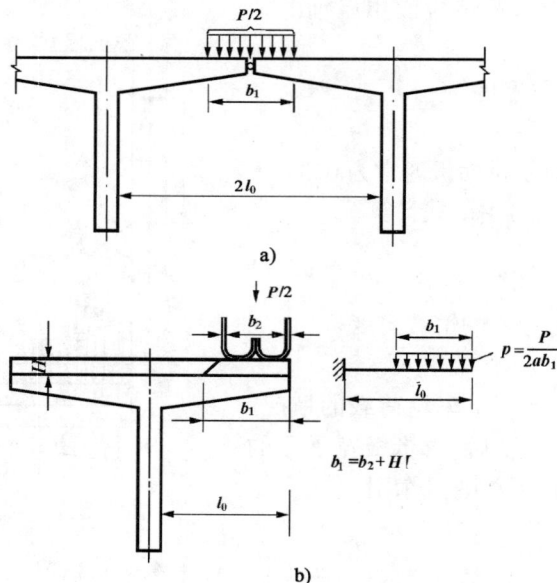

图 2-44　铰接悬臂板和悬臂板计算图示

3. 悬臂板的内力

(1)悬臂长度 $l_0 \le 2.5m$(短悬臂板)

计算根部最大弯矩时，应将车轮荷载靠板的边缘布置，此时 $b_1 = b_2 + H$，如图 2-44b)所示。则恒载和活载弯矩值可由一般公式求得：

汽车活载弯矩:

$$M_{\min,p} = -(1+\mu) \cdot \frac{1}{2}pl_0^2 = -(1+\mu) \cdot \frac{P}{4ab_1} \cdot l_0^2 \qquad (b_1 \geqslant l_0 \text{ 时}) \qquad (2\text{-}13)$$

或 $\quad M_{\min,p} = -(1+\mu) \cdot pb_1\left(l_0 - \frac{b_1}{2}\right) = -(1+\mu) \cdot \frac{P}{2a}\left(l_0 - \frac{b_1}{2}\right) \qquad (b_1 < l_0 \text{ 时}) \qquad (2\text{-}14)$

式中: p——汽车荷载作用在每米宽板条上的每延米荷载强度, $p = \dfrac{P}{2ab}$;

$\quad l_0$——悬臂板的长度。

恒载弯矩(近似值):

$$M_{\min,g} = -\frac{1}{2}gl_0^2 \qquad (2\text{-}15)$$

【例2-1】 计算图2-45所示T梁翼板所构成铰接悬臂板的设计内力。桥面铺装为2cm的沥青混凝土面层(重度为23kN/m³)和平均9cm厚混凝土垫层(重度为24kN/m³),T梁翼板的重度为25kN/m³。已知荷载为公路—Ⅰ级。

解:①恒载及其内力(按纵向1m宽的板条计算),见表2-2。

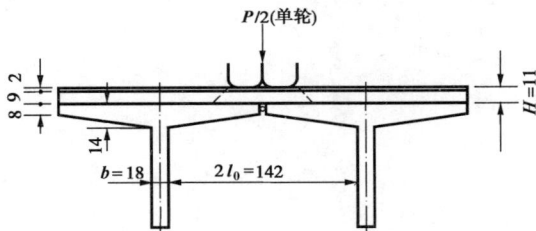

图2-45 T梁横断面图

每延米板上的恒载 g 表2-2

沥青混凝土面层 g_1	$0.02 \times 1.0 \times 23 = 0.46(\text{kN/m})$
C25 混凝土垫层 g_2	$0.09 \times 1.0 \times 24 = 2.16(\text{kN/m})$
T 梁翼板自重 g_3	$\dfrac{0.08 + 0.14}{2} \times 1.0 \times 25 = 2.75(\text{kN/m})$
合计	$g = \sum g_i = 5.37(\text{kN/m})$

a. 每延米板上的恒载 g

b. 每米宽板条的恒载内力:

$$M_{\min,g} = -\frac{1}{2}gl_0 = -\frac{1}{2} \times 5.37 \times 0.71^2 = -1.35(\text{kN} \cdot \text{m})$$

$$Q_{A,g} = gl_0 = 5.37 \times 0.71 = 3.81(\text{kN})$$

②公路—Ⅰ级荷载产生的内力

将车辆荷载后轮作用于铰缝轴线上,后轴作用力为 $P = 140\text{kN}$,轮压分布宽度如图2-45所示。加重车着地长度为 $a_2 = 0.20\text{m}$,宽度为 $b_2 = 0.60\text{m}$,则

$$a_1 = a_2 + 2H = 0.2 + 2 \times 0.11 = 0.42(\text{m})$$

$$b_1 = b_2 + 2H = 0.6 + 2 \times 0.11 = 0.82(\text{m})$$

一个车轮荷载对于悬臂根部的有效分布宽度:

$$a = a_1 + 2l_0 = 0.42 + 2 \times 0.71 = 1.84(\text{m}) > 1.4(\text{m})(\text{两后轮轴距})$$

两后轮的有效分布宽度发生重叠如图2-46所示,应一起计算其有效分布宽度,则双轮荷载对于悬臂根部的有效分布宽度为:

$$a = a_1 + d + 2l_0 = 0.42 + 1.4 + 2 \times 0.71 = 3.24(\text{m})$$

由于汽车荷载局部加载在T梁的翼板上,故冲击系数 $1 + \mu = 1.3$。

作用于每米宽板条上的弯矩为：

$$M_{\min,p} = -(1+\mu)\frac{P}{4a}\left(l_0 - \frac{b_1}{4}\right) = -1.3 \times \frac{140 \times 2}{4 \times 3.24}\left(0.71 - \frac{0.82}{4}\right) = -14.18(\text{kN} \cdot \text{m})$$

作用于每米宽板条上的剪力为：

$$Q_{A,p} = (1+\mu)\frac{P}{4a} = 1.3 \times \frac{140 \times 2}{4 \times 3.24} = 28.09(\text{kN})$$

③设计(组合)内力

$$M_d = 1.2M_{\min,g} + 1.8M_{\min,p} = 1.2 \times (-1.35) + 1.8 \times (-14.18) = -27.14(\text{kN} \cdot \text{m})$$

$$Q_d = 1.2Q_{A,g} + 1.8Q_{A,p} = 1.2 \times 3.81 + 1.8 \times 28.09 = 55.13(\text{kN})$$

(2)悬臂长度 $l_0 > 2.5\text{m}$(长悬臂板)

当悬臂板长度时，悬臂根部负弯矩为上述计算方法的 1.15~1.30 倍，可采用贝达巴赫(Baider Bahkt)方法计算，此法适用于带有纵向边梁的变厚度悬臂板。

悬臂板上 x 点的顺悬臂跨径方向的单宽弯矩 M_x 可按式(2-16)计算[图 2-47]：

$$M_x = -\frac{PA}{\pi}\left[\frac{1}{\text{ch}\left(\dfrac{Ay}{\xi - x}\right)}\right] \tag{2-16}$$

式中：P——轮重，作用点取着地面积中心；

　　　y——P 作用点的纵桥向坐标；

　　　x——弯矩求取点的 x 坐标；

　　　ξ——P 作用点距悬臂根部的距离；

　　　A——系数，按 I_B/I_S、t_2/t_1、ξ/l_0、B 查表 2-3 获取，其中，I_B 为悬臂自由端部垂直于悬臂跨径的边梁绕纵轴单位宽度惯性矩，I_S 为悬臂板根部绕纵轴单位宽度惯性矩，B 为弯矩求取点的相对 x 坐标，$B = x/l_0$。

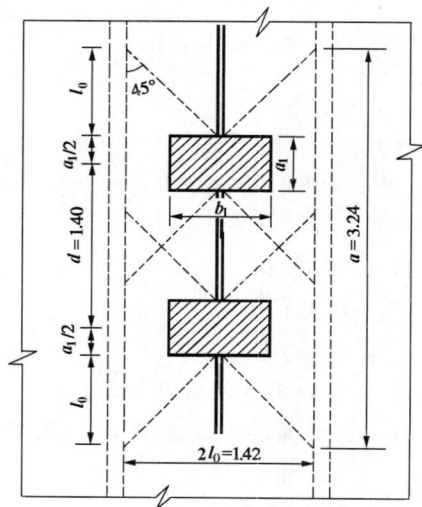

图 2-46　公路—Ⅰ级荷载计算图示(尺寸单位:cm)　　　　图 2-47　长悬臂板计算图示

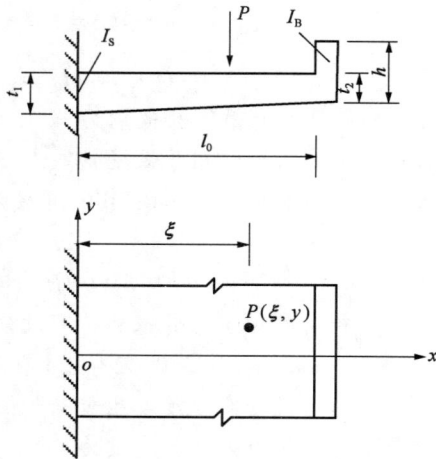

A 值 表

表2-3

条件	$t_2/t_1 = 1.0$, $I_B/I_S = 1.0$				$t_2/t_1 = 1.0$, $I_B/I_S = 2.0$				$t_2/t_1 = 1.0$, $I_B/I_S = 7.5$			
$B = x/l_0$ ζ/l_0	0.00	0.25	0.50	0.75	0.00	0.25	0.50	0.75	0.00	0.25	0.50	0.75
0.2	1.02				1.00				1.00			
0.4	1.03				0.98				0.91			
0.6	1.05	0.45			1.00	0.41			0.88	0.34		
0.8	1.10	0.63	0.25		1.01	0.58	0.23		0.85	0.50	0.19	
1.0	1.18	0.80	0.45	0.18	1.05	0.71	0.43	0.15	0.86	0.58	0.32	0.07

条件	$t_2/t_1 = 1.0$, $I_B/I_S = 15$				$t_2/t_1 = 2.0$, $I_B/I_S = 1.0$				$t_2/t_1 = 2.0$, $I_B/I_S = 2.0$			
$B = x/l_0$ ζ/l_0	0.00	0.25	0.50	0.75	0.00	0.25	0.50	0.75	0.00	0.25	0.50	0.75
0.2	0.97				1.12				1.01			
0.4	0.87				1.21				1.15			
0.6	0.80	0.31			1.27	0.61			1.16	0.59		
0.8	0.77	0.42	0.14		1.29	0.77	0.41		1.15	0.72	0.35	
1.0	0.76	0.52	0.31	0.05	1.30	0.91	0.61	0.22	1.17	0.81	0.51	0.18

条件	$t_2/t_1 = 2.0$, $I_B/I_S = 7.5$				$t_2/t_1 = 2.0$, $I_B/I_S = 15$				$t_2/t_1 = 3.0$, $I_B/I_S = 1.0$			
$B = x/l_0$ ζ/l_0	0.00	0.25	0.50	0.75	0.00	0.25	0.50	0.75	0.00	0.25	0.50	0.75
0.2	1.12				1.10				1.20			
0.4	1.12				0.99				1.21			
0.6	1.09	0.52			1.03	0.49			1.15	0..72		
0.8	1.00	0.63	0.30		0.9	0.57	0.27		1.01	0.88	0.50	
1.0	0.94	0.77	0.40	0.26	0.82	0.60	0.38	0.14	0.82	0.96	0.65	0.28

条件	$t_2/t_1 = 3.0$, $I_B/I_S = 2.0$				$t_2/t_1 = 3.0$ $I_B/I_S = 7.5$				$t_2/t_1 = 3.0$, $I_B/I_S = 15$			
$B = x/l_0$ ζ/l_0	0.00	0.25	0.50	0.75	0.00	0.25	0.50	0.75	0.00	0.25	0.50	0.75
0.2	1.15				1.15				1.12			
0.4	1.28				1.25				1.21			
0.6	1.20	1.66			1.20	0.61			1.15	0.58		
0.8	1.24	0.82	0.45		1.08	0.70	0.38		1.01	0.63	0.35	
1.0	1.19	0.85	0.54	0.26	0.94	0.70	0.43	0.20	0.82	0.60	0.40	0.18

【例2-2】 计算图2-48所示,悬臂板上有4个轮重1~4,求其根部 O 点单位宽度的最大负弯矩。

解:①计算 I_B、I_S

悬臂自由端部垂直于悬臂跨径的边梁绕纵轴单位宽度惯性矩 I_B 为:

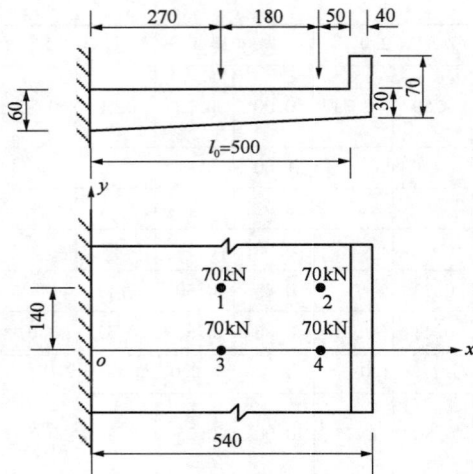

图2-48 悬臂弯矩计算图示(尺寸单位:cm)

$$I_B = \frac{1.0 \times 0.7^3}{12} = 0.028\,583\,(\text{m}^4)$$

悬臂板根部绕纵轴单位宽度惯性矩 I_S 为:

$$I_S = \frac{1.0 \times 0.6^3}{12} = 0.018\,(\text{m}^4)$$

②求系数 A

由 $\dfrac{I_B}{I_S} = \dfrac{0.028\,583}{0.018} = 1.588$、$\dfrac{t_2}{t_1} = \dfrac{60}{30} = 2.0$、

$B = \dfrac{x}{l_0} = 0$,查表2-3获取,其具体步骤如下:

轮重1、3:$\dfrac{\xi}{l_0} = \dfrac{270}{500} = 0.54$

轮重2、4:$\dfrac{\xi}{l_0} = \dfrac{450}{500} = 0.9$

A 值用直线内插法求取,见表2-4、表2-5。

系数 A(轮1、3) 表2-4

ξ/l_0	$I_B/I_S = 1.000$	$I_B/I_S = 1.588$	$I_B/I_S = 2.000$
0.4	1.21		1.15
0.54	1.252	1.196	1.157
0.6	1.27		1.16

系数 A(轮2、4) 表2-5

ξ/l_0	$I_B/I_S = 1.000$	$I_B/I_S = 1.588$	$I_B/I_S = 2.000$
0.8	1.29		1.15
0.9	1.295	1.216	1.160
1.0	1.30		1.17

③悬臂根部弯矩计算

$$M_{ox} = -\frac{PA}{\pi}\left[\frac{1}{\text{ch}\left(\dfrac{Ay}{\xi - x}\right)}\right]$$

各轮重对应的悬臂根部弯矩见表2-6。

表2-6

轮编号	轮重(kN)	系数 A	ξ(m)	y(m)	$M_{ox,i}$(kN·m/m)
1	70.0	1.196	2.70	1.40	−22.23
2	70.0	1.216	4.50	1.40	−25.26
3	70.0	1.196	2.70	0.00	−26.65
4	70.0	1.216	4.50	0.00	−27.09
合计					−101.23

由表2-6可知,悬臂根部O点最大单宽弯矩为:

$$M_{ox} = -101.23(\mathrm{kN \cdot m/m})$$

二、荷载横向分布系数计算

(一)概述

对于一座由多片主梁和横隔梁组成的梁桥[图2-49a)]来说,当桥上有荷载P作用时,由于结构的横向联系必然会使所有主梁以不同程度地参与工作,并且随着荷载作用位置(x,y)的不同,某根主梁所承担的荷载也是变化着的。因此,设计者必须首先了解某根主梁所分担的最不利荷载,然后再沿桥纵向确定该梁某一截面的最不利内力,并以此得出整座桥梁中最不利主梁的最大内力值。

对于某根主梁某一截面的内力值S的确定,我们在桥梁纵、横向均引入影响线的概念,将空间问题简化成了平面问题,即

$$S = P \cdot \eta(x \cdot y) \approx P \cdot \eta_2(y) \cdot \eta_1(x)$$

图2-49 荷载作用下的内力计算
a)在梁式桥上;b)在单梁上

(2-17)

式中:$\eta(x \cdot y)$——空间计算中某梁的内力影响面;

$\quad\quad \eta_1(x)$——单梁在x轴方向某一截面的内力影响线;

$\quad\quad \eta_2(y)$——单位荷载沿桥面横向(y轴方向)作用在不同位置时,某梁所分配的荷载比值变化曲线,也称作对于某梁的荷载横向分布影响线。

$P \cdot \eta_2(y)$就是当P作用于$a(x,y)$点时沿横向分配给某梁的荷载[图2-49b)],以P'表示,即$P' = P \cdot \eta_2(y)$。按照最不利位置布载,就可求得其所受的最大荷载$P'_{\max}$。

我们定义$P'_{\max} = m \cdot P$,P为轮轴重,则m就称为荷载横向分布系数,它表示某根主梁所承担的最大荷载是各个轴重的倍数(通常小于1)。

对于汽车、人群荷载的横向分布系数m的计算公式如下:

$$\left. \begin{array}{ll} 汽车 & m_q = \dfrac{\sum \eta_q}{2} \\[3mm] 人群 & m_r = \eta_r \end{array} \right\} \tag{2-18}$$

式中:η_q、η_r——对应于汽车和人群荷载集度的荷载横向分布影响线竖标。

需要明确的是,"荷载横向分布"仅是借用一个概念,其实质应该是"内力"横向分布,只是在分离变量后在计算形式上成了"荷载"横向分布。上述将空间计算问题转化为平面问题的做法只是一种近似的处理方法,因为实际上荷载沿横向通过桥面板和多根横隔梁向相邻主梁传递时情况是很复杂的,原来的集中荷载传至相邻梁的就不再是同一纵向位置的集中荷载了。但是,理论和试验研究表明,对于直线桥梁,当通过沿横向的挠度关系来确定荷载横向分布规律时,由此引起的误差是很小的,若考虑到实际作用在桥上的车辆荷载并非只是一个集中力,

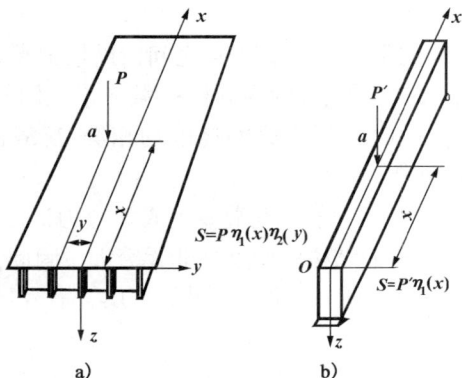

那么此种误差就会更小。

显然，同一座桥梁内各根主梁的荷载横向分布系数 m 是不同的，不同的横向连接刚度、不同类型的荷载、不同的荷载作用位置，其 m 值也各不相同。

1. 横向刚度对荷载横向分布系数的影响

图 2-50 表示五根主梁所组成的桥梁在跨内承受荷载 P 的跨中横截面，其中 a）表示主梁与主梁之间没有任何横向联系，此时若中梁跨中有集中力 P 的作用，则全桥只有直接承载的中梁受力。此时，该梁的荷载横向分布系数 $m=1.0$，其他梁为 0，显然，这种结构整体性差，且很不经济。

如果将各主梁相互之间借助横隔梁和桥面刚性连接起来，假设横隔梁刚度接近无穷大，如图 2-50c）所示，则在同样荷载 P 作用下，由于横梁无弯曲变形，所有五根主梁将共同参与受力。此时五根主梁的挠度均相等，荷载由五根主梁平均分担，即各主梁的荷载横向分布系数 $m=0.2$。

然而，一般钢筋混凝土或预应力混凝土梁桥实际构造情况是：主梁虽通过横向结构连成整体，但横向结构的刚度并非无穷大。因此，在荷载 P 的作用下，每根主梁将按照某种规律变形，如图 2-50b）所示，此时中梁的挠度必有 $w_c < w_b < w_a$，其横向分布系数必然有 $0.2 < m < 1.0$。

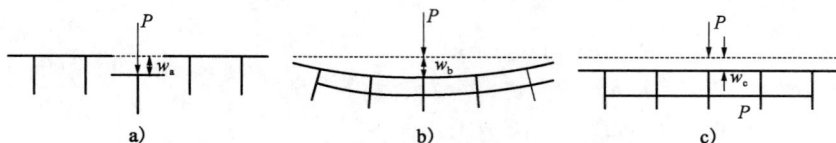

图 2-50　不同横向刚度时主梁的变形和受力情况

a）中梁承受荷载为 $P(m=1)$（横向无联系）；b）中梁承受荷载为 $mP(0<EL_H<\infty)$；c）中梁承受荷载为 $\frac{P}{5}(m=0.2)$ $(EL_H\to\infty)$

由此可见，桥上荷载横向分布的规律与结构的横向连接刚度有着密切的关系，横向连接刚度愈大，荷载横向分布作用愈明显，各主梁的荷载横向分布也越趋于均匀。

2. 荷载横向分布的计算方法

根据各种梁式桥不同的宽度、横向连接构造和截面位置建立计算模型，有以下几种荷载横向分布影响线的计算方法：

（1）杠杆原理法——把横向结构（桥面板和横隔梁）视作在主梁上断开而简支在其上的简支梁。

（2）偏心压力法——把横隔梁视作刚性极大的梁。

（3）铰接板（梁）法——把相邻板（梁）之间视为铰接，只传递剪力。

（4）刚接梁法——把相邻主梁之间视为刚性连接，即传递剪力和弯矩。

（5）比拟正交异性板法——将主梁和横隔梁的刚度换算成正交两个方向刚度不同的比拟弹性平板来求解。

上述各种计算方法所具有的共同特点是：从分析荷载在桥上的横向分布规律出发，求各主梁的横向分布影响线，通过横向最不利布载来计算荷载的横向分布系数 m；有了作用于单梁的最大荷载，就能按照熟知的内力影响线求得主梁的活载内力值。

各种横向分布的计算方法中,比拟正交异性板法因其需要查阅计算图表和进行插入换算,计算较繁,目前在设计中也较少采用,故仅做简单介绍。

(二)杠杆原理法

按杠杆原理法进行荷载横向分布计算的基本假定是忽略主梁之间横向结构的联系作用,即假设桥面板在主梁梁肋处断开,而当作沿横向支承在主梁上的简支梁或悬臂梁来考虑,如图2-51所示。

利用上述假定,作出主梁的荷载横向分布影响线,即当移动的单位荷载 $P=1$ 作用于计算梁上时,该梁承担的荷载为1;当 P 作用于相邻或其他梁上时,该梁承担的荷载为零;该梁与相邻梁之间按线性变化,如图2-52所示。

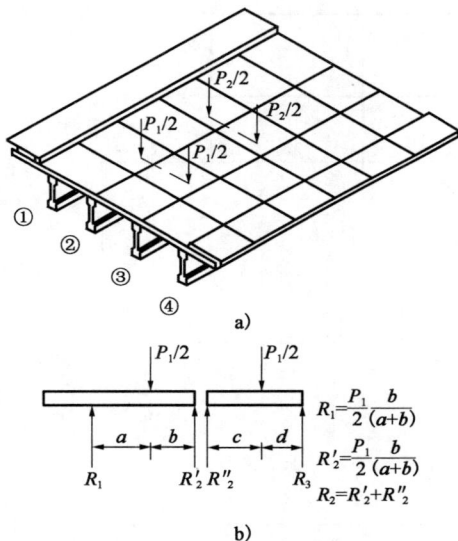

图2-51 杠杆原理法受力图

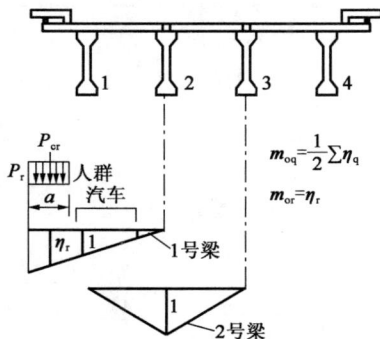

图2-52 杠杆原理法计算横向分布系数

有了每根主梁的荷载横向分布影响线,就可以根据各种活载,如汽车荷载、人群荷载的横向最不利布载,求得相应的横向分布系数 m_{0q} 和 m_{0r}。

杠杆原理法适用于计算荷载位于靠近主梁支点时的荷载横向分布系数 m_0。此时,主梁的支承刚度远大于主梁间横向联系的刚度,受力特性与杠杆原理法接近。另外,该法也可用于双主梁桥,或横向联系很弱的无中间横隔梁的桥梁。

【例2-3】 图2-53a)所示的桥面净空为净-9m + 2×1.5m人行道的五梁式钢筋混凝土T梁桥。试求荷载位于支点处时1号梁和2号梁相应于汽车荷载和人群荷载的横向分布系数。

解:当荷载位于支点处时,应按杠杆原理法计算荷载横向分布系数。

①首先绘制1号梁和2号梁的荷载横向影响线,如图2-53b)和c)所示。

②再根据《桥规》规定,在横向影响线上确定荷载沿横向最不利的布置位置。例如,对于汽车荷载,汽车横向轮距为1.8m,两列汽车车轮的横向最小间距为1.3m,车轮距离人行道缘石最少为0.5m。求出相应于荷载位置的影响线竖标值后,可得1号梁的荷载横向分布系数为:

汽车荷载

$$m_{0q} = \sum \frac{\eta_{qi}}{2} = \frac{0.818}{2} = 0.409$$

人群荷载

$$m_{0r} = \eta_r = 1.386$$

同理，按图2-53c)的计算，可得2号梁的最不利荷载横向分布系数 $m_{0q} = 0.795$ 和 $m_{0r} = 0$。这里在人行道上没有布载，因为人行道荷载引起的负反力，在考虑荷载组合时会减小2号梁的受力。

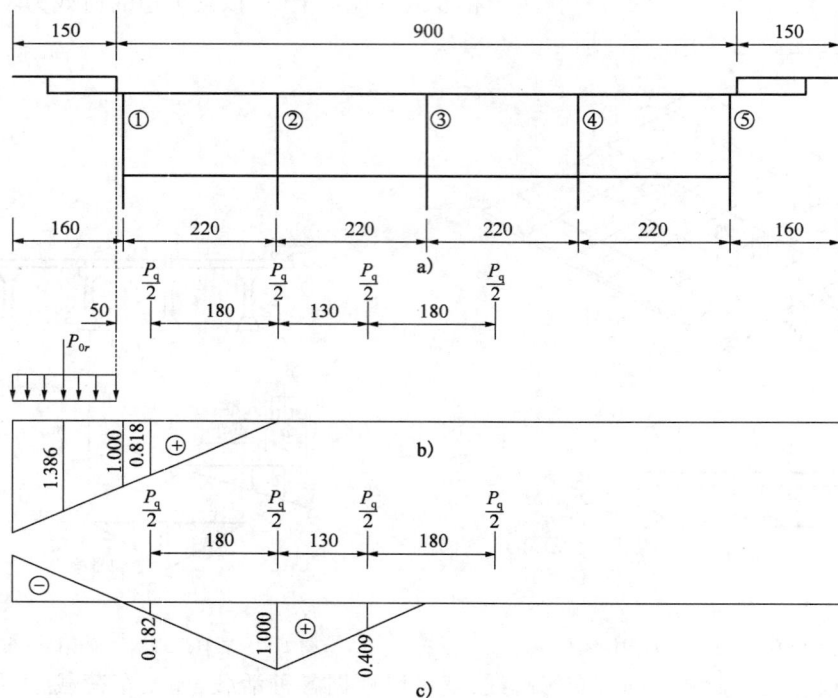

图2-53　杠杆原理法 m_0 计算图（尺寸单位：cm）

a)桥梁横截面；b)1号梁荷载横向分布影响线；c)2号梁荷载横向分布影响线

(三)偏心压力法

偏心压力法计算荷载横向分布适用于桥上具有可靠的横向连接，且桥的宽跨比 B/l 小于或接近0.5(一般称为窄桥)的情况时跨中截面荷载横向分布系数 m_c 的计算。

偏心压力法的基本前提是：①车辆荷载作用下，中间横隔梁可近似地看作一根刚度为无穷大的刚性梁，横隔梁仅发生刚体位移；②忽略主梁的抗扭刚度，即不计入主梁扭矩抵抗活载的影响。如图2-54所示，图中 w_i 表示桥跨中央各主梁的竖向挠度。基于横隔梁无限刚性的假定，此法也称"刚性横梁法"。

根据在弹性范围内，某根主梁所承受到的荷载 R_i 与该荷载所产生的跨中弹性挠度 w_i 成正比例的原则，我们可以得出：在中间横隔梁刚度相当大的窄桥上，在沿横向偏心布置的活载作用下,总是靠近活载一侧的边主梁受载最大。为了计算各主梁所受的荷载情况,取跨中 $x = l/2$ 截面,如图 2-55a)所示,求单位荷载 $P = 1$ 作用在跨中任意位置(偏心距为 e)时,各主梁所承担的力 R_i。

假定各主梁的抗弯惯性矩为 I_i($i = 1, 2, \cdots, n$),且通常情况下,各主梁的惯性矩 I_i 相等。显然,对于具有近似刚性中间横隔梁的结构,偏心荷载 $P = 1$ 可以用作用于桥轴线的中心荷载 $P = 1$ 和偏心力矩 $M = 1 \cdot e$ 来替代,分别求出这两种情况下 1 号主梁所承担的力,然后进行叠加,如图 2-55b)所示。

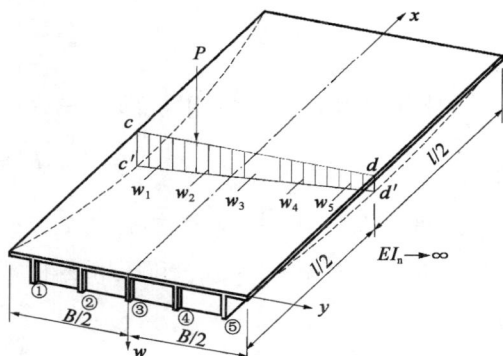

图 2-54　梁桥空间挠曲变形

1. 中心荷载 $P = 1$ 的作用[图 2-55c)]

由于中心荷载作用下,刚性中横梁整体向下平移,则各主梁的跨中挠度相等,即

$$w_1' = w_2' = \cdots = w_n' \tag{2-19}$$

由材料力学知,作用于简支梁跨中的荷载(即主梁所分担的荷载)与挠度的关系为:

$$w_i' = \frac{R_i' l^3}{48 E I_i} \text{ 或 } R_i' = \alpha I_i w_i' \tag{2-20}$$

式中,$\alpha = \dfrac{48E}{l^3}$ 为弹性常数(E 为梁体材料的弹性模量)。

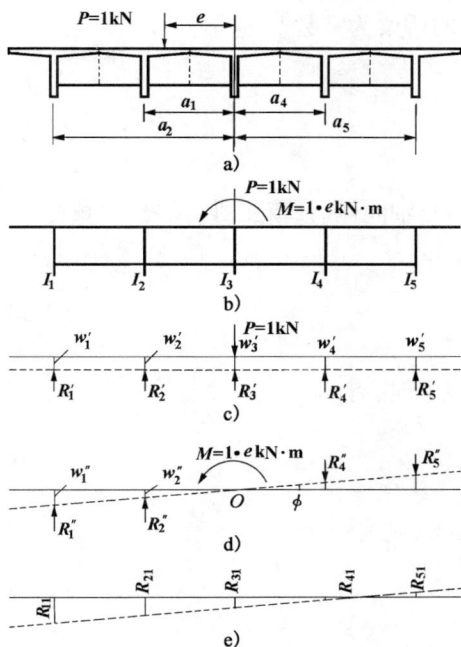

图 2-55　偏心荷载 $P = 1$ 对各主梁的分布

根据静力平衡条件,有

$$R_1' + R_2' + \cdots + R_n' = 1$$

将式(2-20)代入上式,便有

$$\sum_{i=1}^{n} R_i' = \alpha w_i' \sum_{i=1}^{n} I_i = 1$$

则有

$$\alpha w_i' = \frac{1}{\sum\limits_{i=1}^{n} I_i} \tag{2-21}$$

再将式(2-21)代入式(2-20),得:

$$R_i' = \frac{I_i}{\sum\limits_{i=1}^{n} I_i} \tag{2-22}$$

式中:I_i——第 i 号梁的抗弯惯性矩;

$\sum\limits_{i=1}^{n} I_i$——横截面内所有主梁抗弯惯性矩总和,对于既定的桥梁为常数。

对于 1 号边梁为:

$$R'_1 = \frac{I_1}{\sum\limits_{i=1}^{n} I_i} \tag{2-23}$$

如果各主梁的截面均相同，即 $I_i = I(i = 1,2,\cdots,n)$，则有

$$R'_1 = R'_2 = \cdots = R'_n = \frac{1}{n} \tag{2-24}$$

2. 偏心力矩 $M = 1 \cdot e$ 的作用[图 2-55d)]

在偏心力矩 $M = 1 \cdot e$ 作用下，桥的横截面产生绕中心点 O 的转角 φ，因此各主梁的跨中挠度为：

$$w''_i = a_i \tan\varphi \tag{2-25}$$

式中：a_i——各片主梁梁轴到截面形心（桥面中心）的距离。

根据力矩平衡条件，有

$$\sum_{i=1}^{n} R''_i a_i = M = 1 \cdot e \tag{2-26}$$

再根据反力与挠度成正比的关系，有

$$R''_i = \alpha I_i w''_i = \alpha \tan\varphi \cdot a_i I_i = \beta a_i I_i \tag{2-27}$$

式中，$\beta = \alpha \tan\varphi$ 为常数。

将式(2-27)代入式(2-26)，得：

$$\sum_{i=1}^{n} R''_i a_i = \beta \sum_{i=1}^{n} a_i^2 I_i = 1 \cdot e$$

则

$$\beta = \frac{e}{\sum\limits_{i=1}^{n} a_i^2 I_i} \tag{2-28}$$

式中，$\sum\limits_{i=1}^{n} a_i^2 I_i = a_1^2 I_1 + a_2^2 I_2 + \cdots + a_n^2 I_n$，对于既定的桥梁为常数。

将上式代入式(2-25)，得：

$$R''_i = \frac{e a_i I_i}{\sum\limits_{i=1}^{n} a_i^2 I_i} \tag{2-29}$$

应当注意，当上式中的荷载位置 e 和梁位 a_i 位于形心轴同侧时，取正号；反之，取负号。

对于 1 号边梁为：

$$R''_1 = \frac{e a_1 I_1}{\sum\limits_{i=1}^{n} a_i^2 I_i} \tag{2-30}$$

若以 $e = a_1$ 代入上式，即荷载作用于 1 号边梁轴线上时，有

$$R''_{11} = \frac{a_1^2 I_1}{\sum\limits_{i=1}^{n} a_i^2 I_i} \tag{2-31}$$

如果各主梁的截面均相同，即 $I_i = I(i = 1,2,\cdots,n)$，则有

$$R''_{11} = \frac{a_1^2}{\sum\limits_{i=1}^{n} a_i^2} \tag{2-32}$$

式中，R''_{11} 的第二个脚标表示荷载作用位置，第一个脚标则表示由于该荷载引起的反力的梁号。

3. 偏心距离为 e 的单位荷载 $P=1$ 对主梁的总作用［图 2-55e)］

将式(2-22)和式(2-29)相叠加,并设荷载 $P=1$ 位于 k 号梁轴线上(即 $e=a_k$),则可以得到荷载作用于 k 号主梁轴线上时对任意主梁荷载分配的一般计算公式为:

$$R_{ik} = \frac{I_i}{\sum_{i=1}^{n} I_i} + \frac{a_i a_k I_i}{\sum_{i=1}^{n} a_i^2 I_i} \qquad (2-33)$$

由此不难得到关系式:

$$R_{ik} = R_{ki} \frac{I_i}{I_k} \qquad (2-34)$$

若欲求 $P=1$ 作用在 1 号边梁轴线上时边主梁(1 号和 5 号主梁)所受的总荷载,只要在式(2-33)中将 a_k 代之以 a_1 ,将 $a_i I_i$ 分别代之以 $a_1 I_1$ 和 $a_5 I_5$,考虑到对称性,一般有 $a_5 = -a_1$ 和 $I_5 = I_1$,则有

$$R_{11} = \frac{I_1}{\sum_{i=1}^{n} I_i} + \frac{a_1^2 I_1}{\sum_{i=1}^{n} a_i^2 I_i}$$

$$R_{51} = \frac{I_1}{\sum_{i=1}^{n} I_i} - \frac{a_1^2 I_1}{\sum_{i=1}^{n} a_i^2 I_i}$$

同理,可以求出 2 号、3 号、4 号主梁所受的总荷载。求得了各主梁所受的荷载 R_{11}、R_{21}、$\cdots$、R_{n1} 后,就可以绘制出 $P=1$ 作用在 1 号边梁轴线上时对各主梁的荷载分布图示,如图 2-55e)所示。鉴于各主梁的挠度呈直线规律变化,则 R_{i1} 的图形也应呈直线分布,故计算中仅需计算两根边主梁的荷载值 R_{11} 和 R_{51} 即可,其他主梁的荷载可采用线性内插得到。

4. 利用荷载横向分布影响线求主梁的荷载横向分布系数

以上讨论的是沿桥横向只有一个集中荷载的情形,而实际桥梁中沿横向作用的车轮荷载不止一个,为了方便起见,通常利用荷载横向分布影响线来计算横向一排 $2M$ 个(M 为设计车道数)车轮荷载对某根主梁的总影响。

已知当单位荷载 $P=1$ 作用在桥跨中任意主梁 k 轴线上时,对各根主梁的荷载横向分布为 R_{ik} ,利用式(2-34)的关系,就可以得到单位荷载 $P=1$ 作用在桥跨中任意主梁 i 轴线上时,分配至 k 号主梁的荷载为:

$$R_{ki} = R_{ik} \frac{I_k}{I_i} \qquad (2-35)$$

这就是 k 号主梁的荷载横向分布影响线在各主梁处的竖标值,通常写成 $\eta_{ki}(i=1,2,\cdots,n)$;如果各主梁的截面尺寸相同,则有 $\eta_{ki} = R_{ki} = R_{ik}$ 。

仍以 1 号边梁为例,它的横向影响线的两个控制竖标值为:

$$\left. \begin{array}{l} \eta_{11} = \dfrac{I_1}{\sum\limits_{i=1}^{n} I_i} + \dfrac{a_1^2 I_1}{\sum\limits_{i=1}^{n} a_i^2 I_i} \\[4mm] \eta_{15} = \dfrac{I_1}{\sum\limits_{i=1}^{n} I_i} - \dfrac{a_1^2 I_1}{\sum\limits_{i=1}^{n} a_i^2 I_i} \end{array} \right\} \qquad (2-36)$$

如果各主梁的截面均相同，即 $I_i = I(i = 1,2,\cdots,n)$，上式可写成：

$$\left.\begin{aligned} \eta_{11} &= \frac{1}{n} + \frac{a_1^2}{\sum_{i=1}^{n} a_i^2} \\ \eta_{15} &= \frac{1}{n} - \frac{a_1^2}{\sum_{i=1}^{n} a_i^2} \end{aligned}\right\} \tag{2-37}$$

有了各根主梁的荷载横向分布影响线，就可以根据各种活载，如汽车荷载、人群荷载的沿横向最不利位置布载，求得相应的横向分布系数 m_{cq} 和 m_{cr}。

【例2-4】 图2-56a)所示的桥面净空为净-9m$+2\times1.5$m 的五梁式钢筋混凝土 T 梁桥，计算跨径 $l=28.90$m。试求荷载位于跨中处时 1 号梁和 2 号梁相应于汽车荷载和人群荷载的横向分布系数。

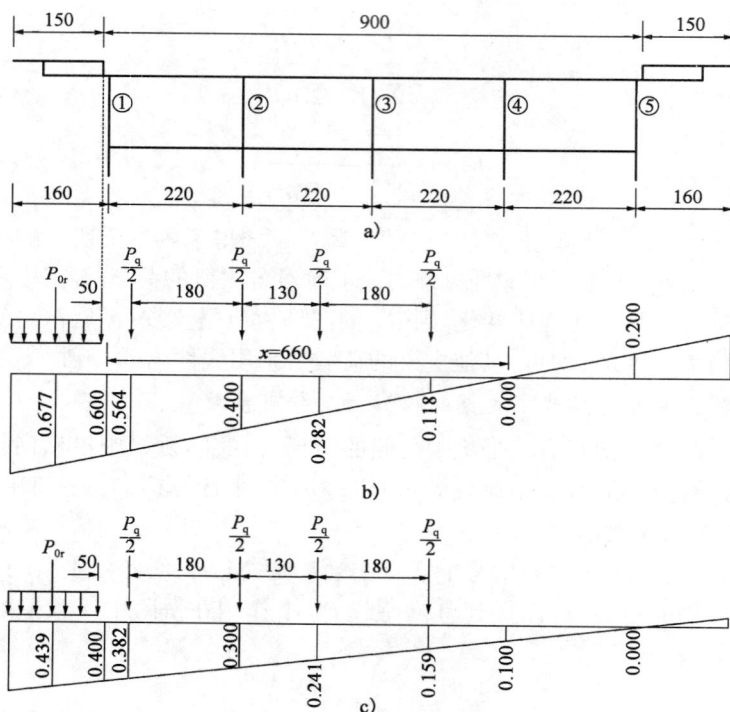

图2-56 偏心压力法 m_c 计算图示(尺寸单位:cm)
a)桥梁横断面布置;b)1 号梁荷载横向分布影响线;c)2 号梁荷载横向分布影响线

解： 从图2-56中可知，此桥设有刚度强大的横隔梁，且承重结构的跨宽比为：

$$\frac{l}{B} = \frac{28.9}{5 \times 2.2} = 5.63 > 2$$

故可按偏心压力法来计算横向分布系数 m_c，其步骤如下：

(1)求荷载横向分布影响线竖标

本桥各主梁的横截面均相等，梁数 $n=5$，梁间距为 2.20m，则

$$\sum_{i=1}^{5} a_i^2 = (2 \times 2.2)^2 + 2.2^2 + 0^2 + (-2.2)^2 + (-2 \times 2.2)^2 = 48.40 (\text{m}^2)$$

由式(2-37)得,1 号梁在两个边主梁处的横向影响线的竖标值为:

$$\eta_{11} = \frac{1}{n} + \frac{a_1^2}{\sum\limits_{i=1}^{n} a_i^2} = \frac{1}{5} + \frac{(2 \times 2.2)^2}{48.40} = 0.6$$

$$\eta_{15} = \frac{1}{n} - \frac{a_1^2}{\sum\limits_{i=1}^{n} a_i^2} = \frac{1}{5} - \frac{(2 \times 2.2)^2}{48.40} = -0.2$$

同理,2 号梁在两个边主梁处的横向影响线的竖标值为:

$$\eta_{21} = \frac{1}{n} + \frac{a_2 a_1}{\sum\limits_{i=1}^{n} a_i^2} = \frac{1}{5} + \frac{2.2 \times (2 \times 2.2)}{48.40} = 0.4$$

$$\eta_{25} = \frac{1}{n} - \frac{a_2 a_1}{\sum\limits_{i=1}^{n} a_i^2} = \frac{1}{5} - \frac{2.2 \times (2 \times 2.2)}{48.40} = 0.0$$

(2)绘出 1 号梁、2 号梁荷载横向分布影响线,并按最不利位置布载,如图 2-56b)、c)所示,其中对于 1 号梁,人行道缘石至 1 号梁轴线的距离 Δ 为:

$$\Delta = 1.6 - 1.5 = 0.1(\text{m})$$

设荷载横向分布影响线的零点至 1 号梁位的距离为 x,可按比例关系求得:

$$\frac{x}{0.6} = \frac{4 \times 2.2 - x}{0.2}, 解得 x = 6.6\text{m}$$

并据此计算出对应各荷载点的影响线竖标 η_{qi} 和 η_r;同理,可计算出 2 号梁对应各荷载点的影响线竖标 η_{qi} 和 η_r。

(3)计算荷载横向分布系数 m_c

1 号梁的活载横向分布系数分别计算如下:

汽车荷载

$$m_{cq} = \sum \eta_{qi} = \frac{1}{2}(\eta_{q1} + \eta_{q2} + \eta_{q3} + \eta_{q4}) = \frac{1}{2} \cdot \frac{\eta_{11}}{x}(x_{q1} + x_{q2} + x_{q3} + x_{q4})$$

$$= \frac{1}{2} \cdot \frac{0.6}{6.6}(6.2 + 4.4 + 3.1 + 1.3) = 0.682$$

人群荷载

$$m_{cr} = \eta_r = \frac{\eta_{11}}{x} \cdot x_r = \frac{0.6}{6.6}(6.6 + 0.1 + \frac{1.5}{2}) = 0.677$$

同理,可求出 2 号梁荷载横向分布系数为: $m_{cq} = 0.541$, $m_{cr} = 0.439$。求得 1、2 号梁的各种荷载横向分布系数后,就可得到各类荷载分布至该梁的最大荷载值及最大内力值。

(四)修正偏心压力法

偏心压力法具有概念清楚、公式简明和计算方便等优点,但在公式的推导过程中忽略了主梁的抵抗扭矩,这导致了边梁受力的计算结果偏大而中梁受力的计算结果偏小。为了弥补这一不足,国内外广泛采用考虑主梁抗扭刚度的修正偏心压力法。这一方法既不失偏压法之优点，又避免了边梁计算结果偏大的缺陷。

　　修正偏心压力法计算荷载横向分布，只要对偏心力矩 $M = 1 \cdot e$ 的作用进行修正即可。如图 2-57 所示，根据力矩的平衡条件，式（2-26）应改写成：

$$\sum_{i=1}^{n} R''_i a_i + \sum_{i=1}^{n} M_{Ti} = M = 1 \cdot e \tag{2-38}$$

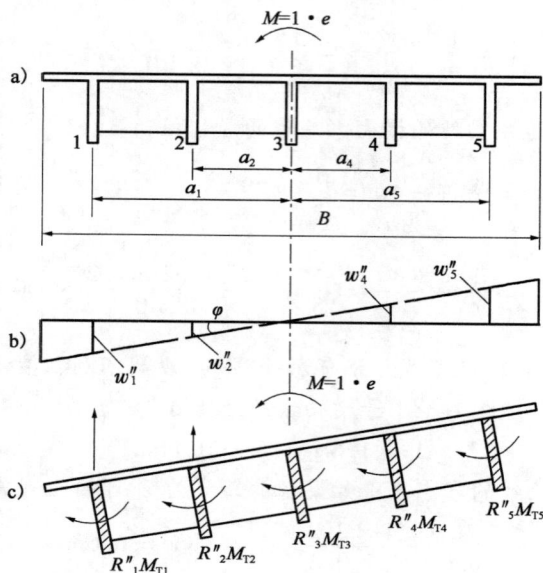

图 2-57　考虑主梁抗扭的计算图示

　　由材料力学知，简支梁跨中截面扭矩 M_{Ti} 与扭角 φ 以及竖向力与挠度之间的关系为：

$$\varphi = \frac{l M_{Ti}}{4 G I_{Ti}} \text{ 和 } w''_i = \frac{R''_i l^3}{48 E I_i} \tag{2-39}$$

式中：G——材料的剪切模量；

　　　I_{Ti}——梁的抗扭惯性矩。

　　由几何关系知：

$$\varphi \approx \tan\varphi = \frac{w''_i}{a_i} \tag{2-40}$$

将式（2-39）中 w''_i 与 R''_i 的关系代入式（2-40），得：

$$\varphi = \frac{R''_i l^3}{48 a_i E I_i} \tag{2-41}$$

再将式（2-41）代入式（2-39）中，得：

$$M_{Ti} = R''_i \frac{l^2 G I_{Ti}}{12 a_i E I_i} \tag{2-42}$$

　　为了计算任意 k 号梁的荷载，利用几何关系和竖向力与挠度的关系，将 R''_i 用 R''_k 表示，则

$$\frac{w''_i}{w''_k} = \frac{a_i}{a_k} = \frac{R''_i / I_i}{R''_k / I_k}$$

于是有

$$R_i'' = R_k'' \frac{a_i I_i}{a_k I_k} \tag{2-43}$$

将式(2-42)、式(2-43)代入平衡条件式(2-38)，得：

$$\sum_{i=1}^{n} R_k'' \frac{a_i^2 I_i}{a_k I_k} + \sum_{i=1}^{n} R_k'' \frac{a_i I_i}{a_k I_k} \cdot \frac{l^2 G I_{Ti}}{12 a_i E I_i} = e$$

或

$$R_k'' \frac{1}{a_k I_k} \left(\sum_{i=1}^{n} a_i^2 I_i + \frac{G l^2}{12E} \sum_{i=1}^{n} I_{Ti} \right) = e$$

于是

$$R_k'' = \frac{e a_k I_k}{\sum_{i=1}^{n} a_i^2 I_i + \frac{G l^2}{12E} \sum_{i=1}^{n} I_{Ti}} = \frac{e a_k I_k}{\sum_{i=1}^{n} a_i^2 I_i} \frac{1}{1 + \frac{G l^2}{12E} \frac{\sum_{i=1}^{n} I_{Ti}}{\sum_{i=1}^{n} a_i^2 I_i}} = \beta \frac{e a_k I_k}{\sum_{i=1}^{n} a_i^2 I_i} \tag{2-44}$$

最后可以得到考虑抗扭刚度修正后对任意 k 号主梁荷载分配的一般计算公式为：

$$\eta_{ki} = \frac{I_k}{\sum\limits_{i=1}^{n} I_i} + \beta \frac{e a_k I_k}{\sum\limits_{i=1}^{n} a_i^2 I_i} \tag{2-45}$$

式中，$\beta = \dfrac{1}{1 + \dfrac{G l^2}{12E} \cdot \dfrac{\sum\limits_{i=1}^{n} I_{Ti}}{\sum\limits_{i=1}^{n} a_i^2 I_i}} < 1$。

β 称为抗扭修正系数，它与梁号无关，其大小取决于结构的几何尺寸和材料特性。对于 1 号边梁，其横向影响线竖标为：

$$\eta_{1i} = \frac{I_1}{\sum\limits_{i=1}^{n} I_i} + \beta \frac{e a_1 I_1}{\sum\limits_{i=1}^{n} a_i^2 I_i} \tag{2-46}$$

由此可见，修正偏心压力法与偏心压力法计算公式不同点仅在于第二项乘了一个小于 1 的抗扭刚度系数 β，实质上只是改变了某号梁荷载横向分布影响线的斜率。

对于简支梁，如果各主梁的截面均相同，即 $I_i = I$、$I_{Ti} = I_T$，且跨中荷载 $P = 1$ 作用在 1 号梁上，即 $e = a_1$，则可得到 1 号梁横向分布影响线的两个竖标值为：

$$\left. \begin{aligned} \eta_{11} &= \frac{1}{n} + \beta \frac{a_1^2}{\sum\limits_{i=1}^{n} a_i^2} \\ \eta_{15} &= \frac{1}{n} - \beta \frac{a_1^2}{\sum\limits_{i=1}^{n} a_i^2} \end{aligned} \right\} \tag{2-47}$$

此时

$$\beta = \frac{1}{1 + \frac{n l^2 G I_{Ti}}{12 E I \sum a_i^2}} \tag{2-48}$$

当主梁的间距相同时，若令 $\dfrac{n}{12 \sum a_i^2} = \dfrac{\xi}{B^2}$，则

$$\beta = \cfrac{1}{1 + \xi \cfrac{GI_T}{EI}\left(\cfrac{l}{B}\right)^2} \tag{2-49}$$

式中：n——主梁根数；

　　　B——桥宽，如图 2-57 所示；

　　　ξ——与主梁根数 n 有关的系数，见表 2-7 所列。

系 数 ξ 取 值　　　　　　　　　　　　　表 2-7

n	4	5	6	7
ξ	1.067	1.042	1.028	1.021

从式(2-49)可以看出，l/B 越大的桥，抗扭刚度对横向分布系数的影响也越大。在计算时，混凝土的剪切模量可取 $G = 0.4E$；对于由矩形截面组合而成的主梁截面，如 T 形或工字形截面，其抗扭刚度近似等于各个矩形截面的抗扭惯性矩之和：

$$I_T = \sum_{i=1}^{N} c_i b_i t_i^3 \tag{2-50}$$

式中：b_i、t_i——相应为单个矩形截面的宽度和厚度；

　　　c_i——矩形截面的抗扭刚度系数，根据 t/b 比值，查表 2-8；

　　　N——梁截面划分为单个矩形截面的块数。

矩形截面抗扭刚度系数 c　　　　　　　　　　表 2-8

t/b	1	0.9	0.8	0.7	0.6	0.5	0.4	0.3	0.2	0.1	<0.1
c	0.141	0.155	0.171	0.189	0.209	0.229	0.250	0.270	0.291	0.312	0.333

修正偏心压力法比偏心压力法的计算精度要高，更接近于真实值，但是当主梁的片数增多，桥宽增加，横梁与主梁相对弯曲刚度比值降低，横梁不再能看作是无限刚性时，用修正偏心压力法计算仍会产生较大的误差。此时应采用刚接梁法或 GM 法计算，具体计算方法可参见本节相关内容。

【例 2-5】　为了进行比较，对例 2-4 中的 1 号梁和 2 号梁，采用考虑抗扭刚度修正的偏心压力法，计算其相应于汽车荷载和人群荷载的横向分布系数。T 形主梁的细部尺寸如图 2-58 所示。主梁 I_T 计算图如图 2-59 所示。

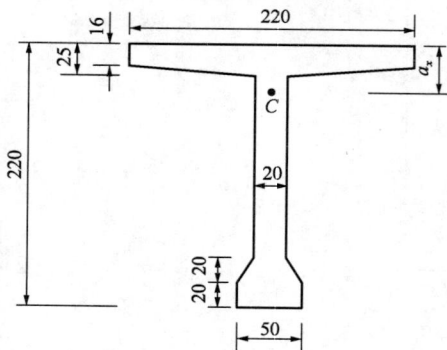

图 2-58　主梁截面尺寸(尺寸单位:cm)　　　　　图 2-59　主梁 I_T 计算图示

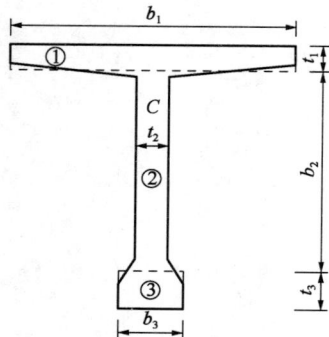

解:(1)计算I和I_T

①主梁抗弯惯性矩I

翼板的换算平均厚度$t_1 = \dfrac{16 + 25}{2} = 20.5(\text{cm})$;

马蹄的换算平均厚度$t_2 = \dfrac{20 + 40}{2} = 30.0(\text{cm})$。

主梁截面形心位置a_x为:

$$a_x = \frac{(220 - 20) \times 20.5 \times \frac{20.5}{2} + 220 \times 20 \times \frac{220}{2} + 30 \times (50 - 20) \times \left(220 - \frac{30}{2}\right)}{(220 - 20) \times 20.5 + 220 \times 20 + 30 \times (50 - 20)} = 75.6(\text{cm})$$

$$I = \frac{1}{12}(220 - 20) \times 20.5^3 + (220 - 20) \times 20.5 \times \left(75.6 - \frac{20.5}{2}\right)^2 +$$

$$\frac{1}{12} \times 20 \times 220^3 + 20 \times 220 \times \left(\frac{220}{2} - 75.6\right)^2 + \frac{1}{12}(50 - 20) \times 30^3 +$$

$$(50 - 20) \times 30 \times \left(220 - 75.6 - \frac{30}{2}\right)^2 = 5.575 \times 10^7(\text{cm}^4)$$

②主梁抗弯惯性矩I_T

翼板$t_1/b_1 = 20.5/220 = 0.093 < 0.1$,查表2-8,得$c_1 = 1/3$;

梁肋$t_2/b_2 = 20.0/169.5 = 0.118$,查表2-8,得$c_2 = 0.308$;

马蹄$t_3/b_3 = 30.0/50.0 = 0.6$,查表2-8,得$c_2 = 0.209$。

$$I_T = \sum_{i=1}^{N} c_i b_i t_i^3 = 1/3 \times 220 \times 20.5^3 + 0.308 \times 169.5 \times 20^3 + 0.209 \times 50 \times 30^3$$

$$= 1.332 \times 10^6(\text{cm}^4)$$

(2)计算抗扭修正系数β

由表2-7可知,当$n = 5$时,$\xi = 1.042$,取$G = 0.425E$,代入式(2-49)得:

$$\beta = \frac{1}{1 + 1.042 \times \dfrac{0.425E \times 1.332 \times 10^6}{E \times 5.575 \times 10^7}\left(\dfrac{2\,890}{1\,100}\right)^2} = 0.932$$

(3)计算横向影响线竖标值

对于1号梁,考虑主梁抗扭修正后的荷载横向影响线竖标值为:

$$\eta_{11} = \frac{1}{n} + \beta \frac{a_1^2}{\sum\limits_{i=1}^{n} a_i^2} = \frac{1}{5} + 0.932 \times \frac{(2 \times 2.2)^2}{48.40} = 0.573$$

$$\eta_{15} = \frac{1}{n} - \beta \frac{a_1^2}{\sum\limits_{i=1}^{n} a_i^2} = \frac{1}{5} - 0.932 \times \frac{(2 \times 2.2)^2}{48.40} = -0.173$$

同理,2号梁考虑主梁抗扭修正后的荷载横向影响线竖标值为:

$$\eta_{21} = \frac{1}{n} + \beta \frac{a_2 a_1}{\sum\limits_{i=1}^{n} a_i^2} = \frac{1}{5} + 0.932 \times \frac{2.2 \times (2 \times 2.2)}{48.40} = 0.386$$

$$\eta_{25} = \frac{1}{n} - \beta \frac{a_2 a_1}{\sum_{i=1}^{n} a_i^2} = \frac{1}{5} - 0.932 \times \frac{2.2 \times (2 \times 2.2)}{48.40} = 0.014$$

(4)计算荷载横向分布系数

绘出 1 号梁、2 号梁荷载横向分布影响线,并按最不利位置布载,如图 2-60b)、c)所示。

其中对于 1 号梁,人行道缘石至 1 号梁轴线的距离 Δ 为:

$$\Delta = 1.6 - 1.5 = 0.1(\text{m})$$

设荷载横向分布影响线的零点至 1 号梁位的距离为 x,可按比例关系求得:

$$\frac{x}{0.537} = \frac{4 \times 2.2 - x}{0.172}, 解得 x = 6.76(\text{m})$$

并据此计算出对应各荷载点的影响线竖标 η_{qi} 和 η_r;同理可计算出 2 号梁对应各荷载点的影响线竖标 η_{qi} 和 η_r。

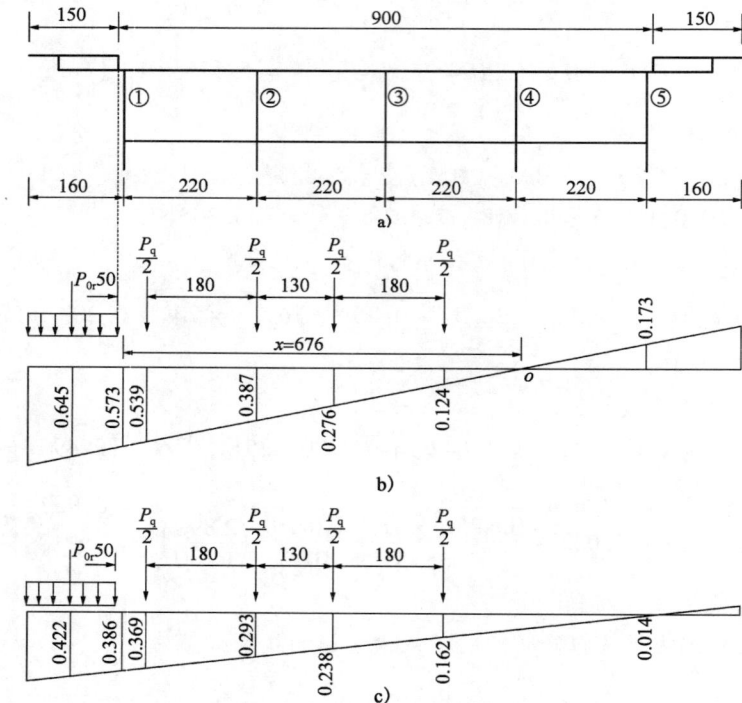

图 2-60 修正偏心压力法 m_c 计算图示(尺寸单位:cm)

a)桥梁横断面布置;b)1 号梁荷载横向分布影响线;c)2 号梁荷载横向分布影响线

1 号梁的荷载横向分布系数计算如下:

汽车荷载

$$m_{cq} = \sum \eta_{qi} = \frac{1}{2}(\eta_{q1} + \eta_{q2} + \eta_{q3} + \eta_{q4}) = \frac{1}{2} \cdot \frac{\eta_{11}}{x}(x_{q1} + x_{q2} + x_{q3} + x_{q4})$$

$$= \frac{1}{2} \cdot \frac{0.537}{6.76}(6.36 + 4.56 + 3.26 + 1.46) = 0.663(0.682)$$

人群荷载

$$m_{cr} = \eta_r = \frac{\eta_{11}}{x} \cdot x_r = \frac{0.537}{6.76}\left(6.76 + 0.1 + \frac{1.5}{2}\right) = 0.645(0.677)$$

同理可求出 2 号梁荷载横向分布系数为：$m_{cq} = 0.531(0.541)$，$m_{cr} = 0.422(0.439)$。括弧内表示采用不计主梁抗扭作用的偏心压力法的计算结果。

(五)铰接板(梁)法和刚接梁法

对于用现浇混凝土纵向企口缝连接的装配式板桥以及仅在翼板间用焊接钢板或伸出交叉钢筋连接的无中间横隔梁的装配式桥,由于块件间横向具有一定的连接构造,但其连接刚性又很薄弱,因此,对于跨中荷载横向分布的计算,上面所述的"杠杆原理法"和"刚性横梁法"均不适用。鉴于这类结构的受力状态实际接近于数根并列而相互横向铰接的狭长板(梁),故对此专门设定了横向铰接板(梁)法来计算荷载的横向分布。而刚接梁法是将主梁翼板视为刚性连接,可以看作是铰接板(梁)法的一种推广。

1.铰接板(梁)法

(1)铰接板桥受力特点的基本假定

图 2-61a)所示的是一座用混凝土企口缝连接的装配式板桥承受荷载 P 的变形图。当 2 号板块上有荷载 P 作用时,除了本身引起纵向挠曲变形外(板块本身的横向变形极微小,可以略去不计),其他板块也会发生相应的挠曲变形。显然,这是由于各板块间通过铰缝传递荷载的作用。一般情况下铰缝内可能出现的内力有:竖向剪力 $g(x)$、横向弯矩 $m(x)$、纵向剪力 $t(x)$ 和法向力 $n(x)$ [图 2-61b)]。但当桥上主要作用竖向车轮荷载时,纵向剪力和法向力同竖向剪力相比影响极小;加之在构造上,结合缝(企口缝)的高度不大、刚度较小,通常亦可忽略横向弯矩的影响而视为近似铰接。这样,为了简化计算,可以假定在竖向荷载作用下铰缝只传递竖向剪力 $g(x)$。

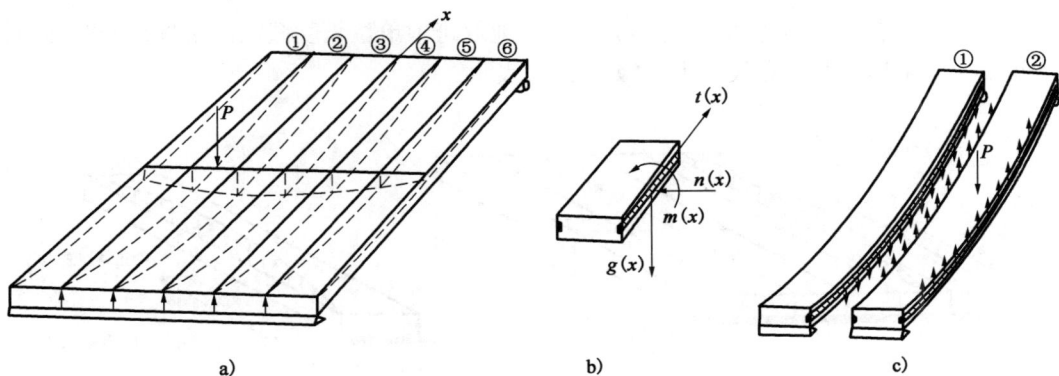

图 2-61 铰接板桥受力图示

同前所述,桥梁结构的内力求解是属于空间计算理论问题,要把一个空间计算问题,借助于按横向挠度分布规律来确定荷载横向分布的原理,简化为一个平面计算问题来处理,严格来说,应当满足下述关系(以 1、2 号板梁为例):

$$\frac{w_1(x)}{w_2(x)} = \frac{M_1(x)}{M_2(x)} = \frac{Q_1(x)}{Q_2(x)} = \frac{p_1(x)}{p_2(x)} = 常数 \tag{2-51}$$

上式表明，在桥上荷载作用下，任意两根板梁所分配到的荷载比值与挠度比值以及截面内力的比值都相同。对于每条板梁，有关系式 $M(x) = -EIw''$ 和 $Q(x) = -EIw'''$，代入式(2-51)，并设 EI 为常量，则有

$$\frac{w_1(x)}{w_2(x)} = \frac{w_1''(x)}{w_2''(x)} = \frac{w_1'''(x)}{w_2'''(x)} = \frac{p_1(x)}{p_2(x)} = 常数 \tag{2-52}$$

但是，实际上无论对于集中荷载或是均布（分布）荷载的作用情况，都不能满足上式的条件。以图 2-61 铰接板的受力来看，2 号板梁上的集中荷载 P 与 1 号板梁经竖向铰缝传递的分布荷载 $g(x)$ 是性质完全不同的荷载，无法满足式(2-52)的关系。故在横向铰接板（梁）计算理论的推导中又作了另一假定，即采用具有某一峰值 P 的半波正弦荷载：

$$p(x) = p\sin\frac{\pi x}{l} \tag{2-53}$$

显然，对于半波正弦荷载，根据其微分关系，条件式(2-52)就能得到满足。

严格说来，这种荷载横向分布的处理方法，理论上仅对常截面的简支梁作用半波正弦荷载时才正确。鉴于采用半波正弦荷载代替跨中的集中荷载，在计算各梁板跨中挠度时的误差很小，且计算内力时虽有稍大的误差，但考虑实际计算时有多个车轮沿桥跨分布，这样又进一步使误差减小，故在铰接板（梁）法中作了一个基本假定，也就是采用半波正弦荷载来分析跨中荷载横向分布规律。

（2）铰接板桥的横向分布

铰接板桥的理论受力图如图 2-62 所示，根据以上的基本假定，在正弦荷载 $p(x) = p\sin\frac{\pi x}{l}$ 作用下，各条铰缝内也产生正弦分布的铰接力 $g_i(x) = g_i\sin\frac{\pi x}{l}$，如图 2-62b）所示。鉴于荷载、铰接力和挠度三者之间的协调性，可不失一般性地取跨中单位长度截割段来进行分析，此时各板条间铰接力可用正弦分布铰接力的峰值 g_i 来表示。

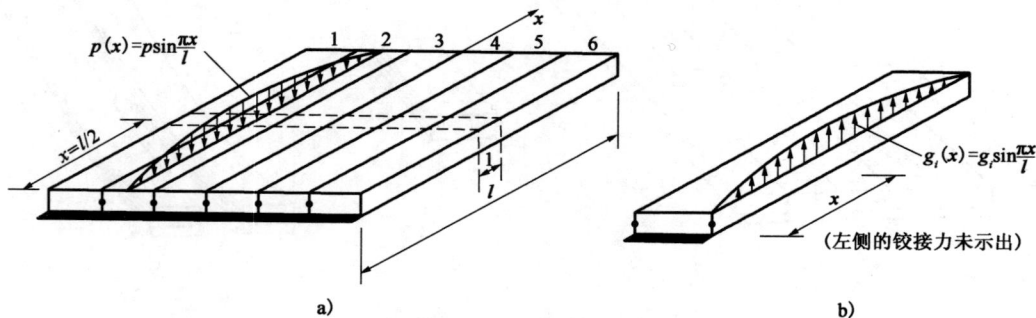

图 2-62   铰接板桥理论受力图示

图 2-63 表示一座横向铰接板桥的横断面图，研究单位正弦荷载作用 $p(x) = p\sin\frac{\pi x}{l}$ 的峰值 $p = 1$ 在 1 号板梁轴线上时，荷载在各条板梁上的横向分布。

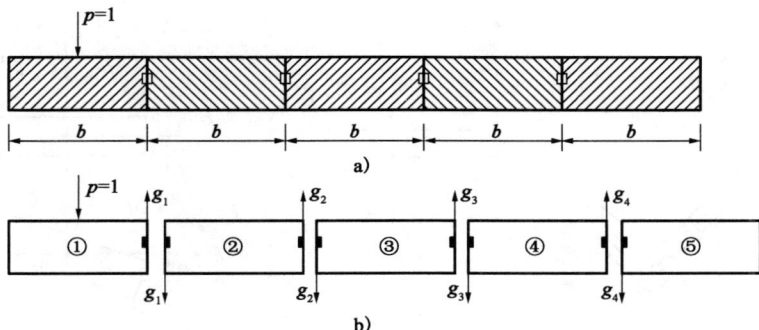

图 2-63　铰接板桥理论计算图示

一般来说,对于由 n 条板梁组成的桥梁,必然有 $(n-1)$ 条铰缝。在板梁间沿铰缝切开,则每一铰缝内作用着一对大小相等、方向相反的正弦铰接分布力 g_i。如果求得了所有的铰接力 g_i,则根据力的平衡原理,可得到分配至各板梁的竖向荷载的峰值 p_{i1},以图 2-63b)所示基本体系的五块板为例,即为:

$$\left.\begin{array}{lll} 1 \text{ 号板} & p_{11} = 1 - g_1 \\ 2 \text{ 号板} & p_{21} = g_1 - g_2 \\ 3 \text{ 号板} & p_{31} = g_2 - g_3 \\ 4 \text{ 号板} & p_{41} = g_3 - g_4 \\ 5 \text{ 号板} & p_{51} = g_4 \end{array}\right\} \tag{2-54}$$

按照 2-63b)所示基本体系,利用相邻板块在铰缝处的竖向相对位移为零的变形协调条件,列出如下的力法正则方程,从而求解出全部的铰接力峰值 g_i。力法方程如下:

$$\left.\begin{array}{l} \delta_{11}g_1 + \delta_{12}g_2 + \delta_{13}g_3 + \delta_{14}g_4 + \Delta_{1p} = 0 \\ \delta_{21}g_1 + \delta_{22}g_2 + \delta_{23}g_3 + \delta_{24}g_4 + \Delta_{2p} = 0 \\ \delta_{31}g_1 + \delta_{32}g_2 + \delta_{33}g_3 + \delta_{34}g_4 + \Delta_{3p} = 0 \\ \delta_{41}g_1 + \delta_{42}g_2 + \delta_{43}g_3 + \delta_{44}g_4 + \Delta_{4p} = 0 \end{array}\right\} \tag{2-55}$$

式中：δ_{ik} ——铰缝 k 内作用单位正弦铰接力,在铰缝 i 处引起的竖向相对位移；

Δ_{ip} ——外荷载 p 在铰缝 i 处引起的竖向相对位移。

为了确定正则方程中的常系数 δ_{ik} 和自由项 Δ_{ip},先考察图 2-64a)所示任意板梁在左边铰缝内作用单位正弦铰接力的典型情况。图 2-64b)为跨中单位长度截割段的示意图。对于横向近乎刚性的板块,偏心单位正弦铰接力可以用一个中心作用的单位正弦分布的竖向荷载和一个正弦分布的扭矩来代替。图 2-64c)示出了作用在跨中段上的相应峰值 $g_i = 1$ 和 $m_i = b/2$,假设中心作用荷载在板跨中产生的挠度为 w,上述扭矩引起的跨中扭转角为 φ,则在板块左侧产生的挠度为 $w + \dfrac{b}{2}\varphi$,在板块右侧产生的挠度为 $w - \dfrac{b}{2}\varphi$。掌握这一典型的变形规律,不难确定全部的常系数 δ_{ik} 和自由项 Δ_{ip}。

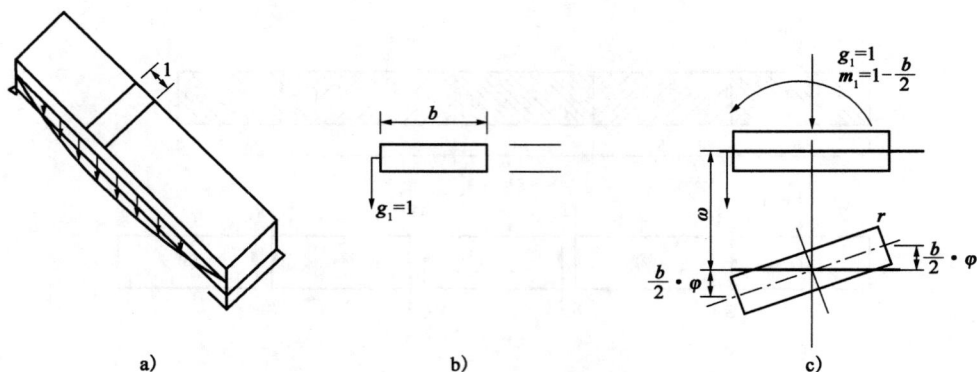

图 2-64 板梁的典型受力图示

计算中应遵循下述符号规定：当 δ_{ik}（Δ_{ip}）与 g_i 的方向一致时取正号，也就是说，使某一铰缝增大相对位移的挠度取正号，反之取负号。依据图 2-63b) 所示，基本体系可写出正则方程中的常系数 δ_{ik} 和自由项 Δ_{ip} 为：

$$\delta_{11} = \delta_{22} = \delta_{33} = \delta_{44} = 2\left(w + \frac{b}{2}\varphi\right)$$

$$\delta_{12} = \delta_{21} = \delta_{23} = \delta_{32} = \delta_{43} = \delta_{34} = -\left(w - \frac{b}{2}\varphi\right)$$

$$\delta_{13} = \delta_{31} = \delta_{14} = \delta_{41} = \delta_{24} = \delta_{42} = 0$$

$$\Delta_{1p} = -w, \Delta_{2p} = \Delta_{3p} = \Delta_{4p} = 0$$

将上述系数代入式（2-55），使等式两边同时除以 w，简化后得如下方程：

$$\left.\begin{aligned}
2(1 + \gamma)g_1 - (1 - \gamma)g_2 &= 1 \\
-(1 - \gamma)g_1 + 2(1 + \gamma)g_2 - (1 - \gamma)g_3 &= 0 \\
-(1 - \gamma)g_2 + 2(1 + \gamma)g_3 - (1 - \gamma)g_4 &= 0 \\
-(1 - \gamma)g_3 + 2(1 + \gamma)g_4 &= 0
\end{aligned}\right\} \quad (2\text{-}56)$$

式中，$\gamma = \dfrac{\dfrac{b}{2}\varphi}{w}$，称为刚度参数。

一般说来，n 块板就有 $(n-1)$ 个联立方程，其主系数都是 $2(1 + \gamma)$，副系数都是 $-(1 - \gamma)$，自由项除了直接受载的板块处（$p = 1$ 作用某号板梁中部，则板左侧铰缝对应为 1，板右侧铰缝对应为 -1）外，余均为零。当 $p = 1$ 作用 1 号板梁中部，对应的方程采用矩阵表达为：

$$\begin{bmatrix}
2(1 + \gamma) & -(1 - \gamma) & 0 & 0 \\
-(1 - \gamma) & 2(1 + \gamma) & -(1 - \gamma) & 0 \\
0 & -(1 - \gamma) & 2(1 + \gamma) & -(1 - \gamma) \\
0 & 0 & -(1 - \gamma) & 2(1 + \gamma)
\end{bmatrix}
\begin{Bmatrix} g_1 \\ g_2 \\ g_3 \\ g_4 \end{Bmatrix} =
\begin{Bmatrix} 1 \\ 0 \\ 0 \\ 0 \end{Bmatrix} \quad (2\text{-}57)$$

当 $p = 1$ 作用 2 号板梁中部，对应的方程采用矩阵表达为：

$$\begin{bmatrix} 2(1+\gamma) & -(1-\gamma) & 0 & 0 \\ -(1-\gamma) & 2(1+\gamma) & -(1-\gamma) & 0 \\ 0 & -(1-\gamma) & 2(1+\gamma) & -(1-\gamma) \\ 0 & 0 & -(1-\gamma) & 2(1+\gamma) \end{bmatrix} \begin{Bmatrix} g_1 \\ g_2 \\ g_3 \\ g_4 \end{Bmatrix} = \begin{Bmatrix} -1 \\ 1 \\ 0 \\ 0 \end{Bmatrix} \qquad (2\text{-}58)$$

由此看见,只要确定了刚度参数 γ、板块数量 n 和荷载作用位置,就可以按以上诸式解出所有 $(n-1)$ 个位置铰接力的峰值,而后按式(2-54)得到荷载作用下分配到各板块的竖向荷载的峰值。

(3)铰接板桥的荷载横向分布影响线和横向分布系数

上面阐明了沿桥的横向只有一个荷载(用单位正弦荷载代替)作用下的荷载横向分布问题。为了计算横向可移动的一排车轮荷载对某根梁板的总影响,最方便的方法就是利用该板梁的荷载横向影响线来计算横向分布系数。图2-65a)表示荷载作用在1号板梁上时,各块板梁的挠度和所分配到的荷载。对于弹性板梁,荷载与挠度呈正比关系,即:

$$p_{i1} = \alpha_1 w_{i1}$$

同理

$$p_{1i} = \alpha_2 w_{1i}$$

由变位互等定理 $w_{i1} = w_{1i}$,且每块板梁的截面和跨径相同(比例常数 $\alpha_1 = \alpha_2$),可得:

$$p_{1i} = p_{i1}$$

上式表明,单位荷载 $P=1$ 作用在1号板板梁轴线上时,任一板梁所分配的荷载,就等于单位荷载作用于任一板梁轴线上时,1号板梁所分配到的荷载,即为1号板梁荷载横向分布影响线的竖标值,通常以 η_{1i} 来表示。由式(2-54)易得1号板梁横向影响线的竖标值为:

$$\left.\begin{aligned} \eta_{11} &= p_{11} = 1 - g_1 \\ \eta_{12} &= p_{21} = g_1 - g_2 \\ \eta_{13} &= p_{31} = g_2 - g_3 \\ \eta_{14} &= p_{41} = g_3 - g_4 \\ \eta_{15} &= p_{51} = g_4 \end{aligned}\right\} \qquad (2\text{-}59)$$

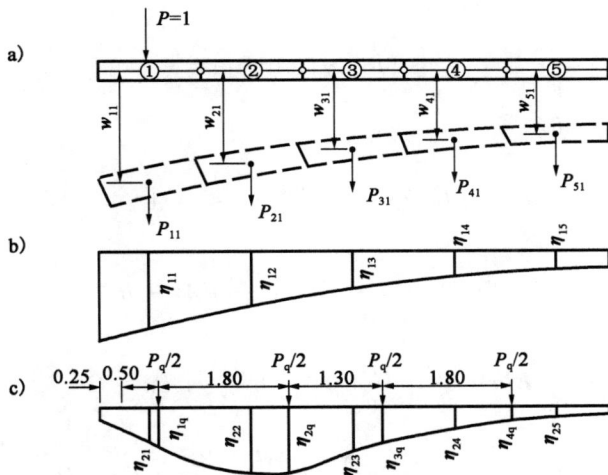

图 2-65 跨中荷载横向分布影响线

把各个 η_{1i} 按比例绘制在相应的板梁轴线位置，用光滑的曲线（或近似地采用折线）连接这些竖标点，就是 1 号板梁的横向影响线，如图 2-65b）所示。同理，如将单位荷载 $P = 1$ 作用于 2 号板梁轴线上，就可求得 η_{2i}，即 2 号板梁的横向影响线，如图 2-65c）所示。

在工程设计中，可以利用《公路桥涵设计手册（梁桥）》中的附录图表查取对应刚度参数 γ、板块数量 n 的横向影响线竖标 η_{ki}，对于非表列的刚度参数 γ，可以按直线内插来确定。但查表的过程比较烦琐，本书采用自编的计算机程序直接求解，详见后面的算例。

有了跨中荷载横向分布影响线，就可以按照前面介绍的方法计算各类荷载作用下的跨中荷载横向分布系数 m_c。

（4）刚度参数 γ 值的计算

刚度参数为 $\gamma = \dfrac{b}{2}\varphi/w$，为了计算 γ，首先要确定偏心正弦荷载作用下所产生的跨中竖向挠度 w 和扭转角 φ。

①跨中挠度的计算

简支板梁轴线上作用正弦荷载 $p(x) = p\sin\dfrac{\pi x}{l}$ 时，如图 2-66b）所示，根据梁的挠曲理论可得微分方程：

$$EIw''''(x) = p(x) = p\sin\frac{\pi x}{l}$$

式中：E、I——分别为材料的弹性模量和板梁截面的抗弯惯性矩。

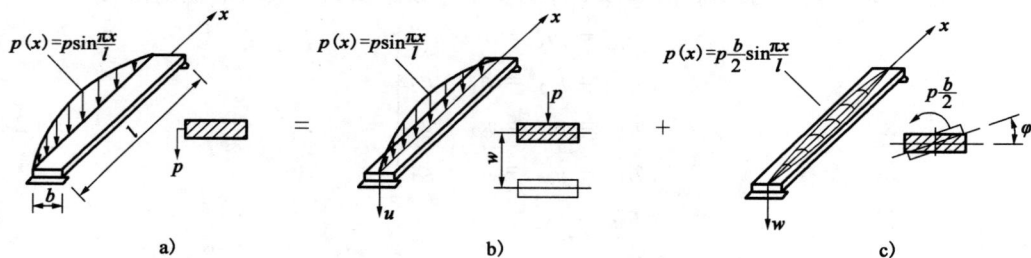

图 2-66　γ 值的计算图示

将上式逐次积分后，可得

$$EIw'''(x) = -\frac{pl}{\pi}\cos\frac{\pi x}{l} + A$$

$$EIw''(x) = -\frac{pl^2}{\pi^2}\sin\frac{\pi x}{l} + Ax + B$$

$$EIw'(x) = \frac{pl^3}{\pi^3}\cos\frac{\pi x}{l} + \frac{Ax^2}{2} + Bx + C$$

$$EIw(x) = \frac{pl^4}{\pi^4}\sin\frac{\pi x}{l} + \frac{Ax^3}{6} + \frac{Bx^2}{2} + Cx + D$$

边界条件为：

$$\text{当} \ x = 0 \ \text{时}, w(0) = 0, w''(0) = 0$$
$$\text{当} \ x = l \ \text{时}, w(l) = 0, w''(l) = 0$$

代入边界条件可得积分常数为：

$$A = B = C = D = 0$$

从而得到挠度方程为：

$$w(x) = \frac{pl^4}{\pi^4 EI} \sin\frac{\pi x}{l} \tag{2-60}$$

当 $x = \dfrac{l}{2}$ 时，跨中挠度为：

$$w = \frac{pl^4}{\pi^4 EI} \tag{2-61}$$

②跨中扭转角 φ 的计算

简支板梁轴线上作用正弦分布的扭矩 $m_t(x) = \dfrac{b}{2}p\sin\dfrac{\pi x}{l}$ 时，如图 2-66c）所示，根据梁的扭转理论可得微分方程：

$$GI_T \varphi''(x) = -m_t(x) = -\frac{b}{2}p\sin\frac{\pi x}{l}$$

式中：G、I_T ——分别为材料的剪切模量和板梁截面的抗扭惯性矩。

将上式逐次积分后，可得：

$$GI_T \varphi'(x) = \frac{pb}{2}\frac{l}{\pi}\cos\frac{\pi x}{l} + A$$

$$GI_T \varphi(x) = \frac{pb}{2}\frac{l^2}{\pi^2}\sin\frac{\pi x}{l} + Ax + B$$

两端无扭转角简支板梁的边界条件为：

当 $x = 0$ 时，$\varphi(0) = 0$

当 $x = l$ 时，$\varphi(l) = 0$

代入边界条件可得积分常数为：

$$A = B = 0$$

从而得到扭转角方程为：

$$\varphi(x) = \frac{pbl^2}{2\pi^2 GI_T}\sin\frac{\pi x}{l} \tag{2-62}$$

当 $x = \dfrac{l}{2}$ 时，跨中挠度为：

$$\varphi = \frac{pbl^2}{2\pi^2 GI_T} \tag{2-63}$$

③刚度参数 γ 值的计算

利用式（2-61）和式（2-63）即可得：

$$\gamma = \frac{b\varphi}{2}\Big/w = \frac{b}{2}\left(\frac{pbl^2}{2\pi^2 GI_{\mathrm{T}}}\right)\Big/\left(\frac{pl^4}{\pi^4 EI}\right) = \frac{\pi^2 EI}{4GI_{\mathrm{T}}}\left(\frac{b}{l}\right)^2 \approx 5.8\frac{I}{I_{\mathrm{T}}}\left(\frac{b}{l}\right)^2 \tag{2-64}$$

式中，对于混凝土取 $G = 0.425E$。

④抗扭惯性矩 I_{T} 的计算

在刚度参数 γ 的计算中，需要计算构件截面的抗扭惯性矩，对于矩形截面或者多个矩形截面组成的开口截面，可利用式（2-50）计算抗扭惯性矩 I_{T}；对于封闭的薄壁截面或者箱形截面，由于截面内抗扭剪应力的分布规律与开口截面在本质上有区别，因此无法应用式（2-50）。

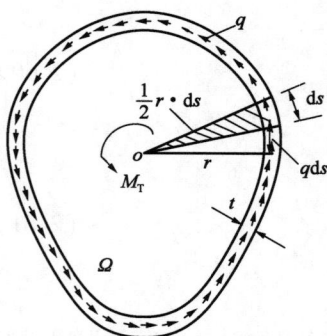

如图 2-67 所示为承受扭矩 M_{T} 作用的封闭式薄壁构件截面，可以证明其单位周长上的剪力为一常量，称为剪力流，以 q 表示，且有

$$q = \tau t$$

式中：τ——截面周边任意处剪应力；
t——截面周边任意处的薄壁厚度。

图 2-67　闭合薄壁截面的几何性质

由此也可以得出一个重要结论：沿周边壁厚最小处的剪应力最大。若在截面上任取点 O，则周长 $\mathrm{d}s$ 内的剪力 $q\mathrm{d}s$ 对 O 点的力矩为 $rq\mathrm{d}s$，此处 r 为 O 点至剪力 $q\mathrm{d}s$ 作用线的垂直距离。鉴于剪力流是扭矩 M_{T} 引起的，故剪力流对 O 点产生的总力矩应等于扭矩 M_{T}，即得

$$M_{\mathrm{T}} = \oint qr\mathrm{d}s = q\oint r\mathrm{d}s = 2\Omega q$$

亦即剪力流为：

$$q = \tau t = \frac{M_{\mathrm{T}}}{\Omega}$$

式中：Ω——截面薄壁中线所围成的面积。

弹性体单位体积的应变能为：

$$u = \frac{1}{2}\tau\gamma = \frac{\tau^2}{2G}$$

则单位长度闭合薄壁截面构件的总应变能为：

$$U = \oint \frac{1}{2}\frac{\tau^2}{G}\mathrm{d}s = \frac{q^2}{2G}\oint \frac{\mathrm{d}s}{t}$$

将 $q = \dfrac{M_{\mathrm{T}}}{\Omega}$ 代入上式得：

$$U = \frac{M_{\mathrm{T}}^2}{8G\Omega^2}\oint \frac{\mathrm{d}s}{t}$$

单位长度构件上扭矩所做之功为：

$$W = \frac{1}{2}M_{\mathrm{T}}\cdot\varphi = \frac{M_{\mathrm{T}}^2}{8GI_{\mathrm{T}}}\left(\because \varphi = \frac{M_{\mathrm{T}}}{GI}\right)$$

根据功能原理 $W = U$，则最后可以得到封闭薄壁截面的抗扭惯性矩计算公式为：

$$I_\mathrm{T} = \frac{4\Omega^2}{\oint \dfrac{\mathrm{d}s}{t}} \qquad\qquad (2\text{-}65)$$

对于封闭薄壁截面上带"外伸臂"的情形,如图 2-68 所示,则其总抗扭惯性矩可以近似按照矩形和封闭截面两种情况计算之后叠加,即

$$I_\mathrm{T} = \frac{4\Omega^2}{\oint \dfrac{\mathrm{d}s}{t}} + \sum_{i=1}^{N} c_i b_i t_i^3$$

如图 2-69 所示的箱形截面:

$$\Omega = bh, \oint \frac{\mathrm{d}s}{t} = \frac{b}{t_1} + \frac{b}{t_2} + \frac{2h}{t_3}$$

则

$$I_\mathrm{T} = \frac{4\Omega^2}{\oint \dfrac{\mathrm{d}s}{t}} + \sum_{i=1}^{N} c_i b_i t_i^3 = \frac{4b^2 h^2}{b\left(\dfrac{1}{t_1} + \dfrac{1}{t_2}\right) + \dfrac{2h}{t_3}} + 2cat_4^3$$

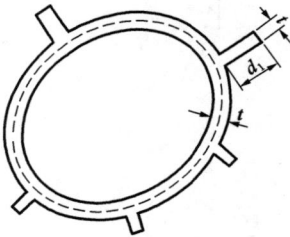

图 2-68　带"外伸臂"的封闭截面

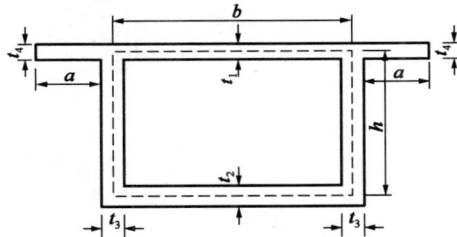

图 2-69　箱形截面

（5）铰接 T 形梁桥的计算特点

小跨径的钢筋混凝土 T 梁,为了便于预制施工,往往不设中间横隔梁,仅在主梁翼板间做适当连接,或者仅由现浇的桥面板将主梁连接在一起。这种桥梁的横向连接刚度很弱,其受力特点如同横向铰接的结构。此外,对于无横隔梁的组合式梁桥,也因横向连接刚度小而近似作为横向铰接来计算。

图 2-70 所示为一座铰接 T 梁在单位正弦荷载作用下沿跨中单位长度截割段的铰接力计算图示,与前面的图 2-63 铰接板桥理论计算图示相比,可见二者对于荷载横向分布的表达式是完全一致的。不同的是,利用式（2-55）正则方程求解铰接力 g_i 时,在所有主系数 δ_{ii} 中,除了考虑 w 和 φ 的影响之外,还应该计入 T 形梁翼板悬臂端的弹性挠度 f,见图 2-70c）。

鉴于翼板边缘有单位正弦荷载作用时,翼板可视为固结于梁肋处的悬臂板,其板端挠度接近于正弦分布,即 $f(x) = f\sin\dfrac{\pi x}{l}$（$f$ 为挠度峰值）,则有

$$f = \frac{d_1^3}{3EI_1} = \frac{4d_1^3}{Eh_1^3}$$

式中：d_1——翼板的悬臂长度;

$\qquad h_1$——翼板厚度,对于变厚度板,可近似地取距离梁肋 $d_1/3$ 处的板的厚度;

$\qquad I_1$——单位宽度翼板的抗弯惯性矩,$I_1 = h_1^3/12$。

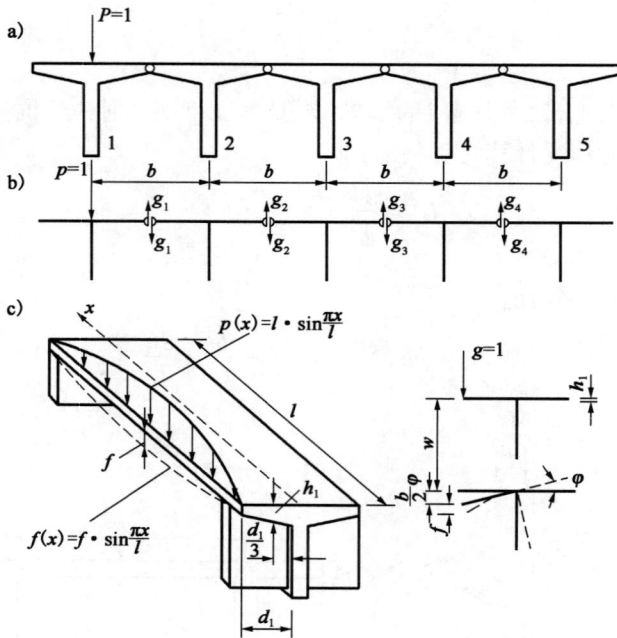

图 2-70 铰接 T 梁计算图示

因此,对于铰接 T 梁,正则方程式(2-55)中的 δ_{ii} 应改写为:

$$\delta_{11} = \delta_{22} = \cdots = \delta_{nn} = 2\left(w + \frac{b}{2}\varphi + f\right)$$

若令 $\beta = \dfrac{f}{w}$,则

$$\beta = \frac{4d_1^3}{Eh_1^3}\Big/\frac{l^4}{\pi^4 EI} \approx 390\,\frac{I}{l^4}\left(\frac{d_1}{h_1}\right)^3$$

将改变后的 δ_{ii} 代入式(2-55)并经与铰接板的类似处理后,就可以得到铰接 T 梁的正则方程:

$$\left.\begin{aligned}
2(1 + \gamma + \beta)g_1 - (1 - \gamma)g_2 &= 1 \\
-(1 - \gamma)g_1 + 2(1 + \gamma + \beta)g_2 - (1 - \gamma)g_3 &= 0 \\
-(1 - \gamma)g_2 + 2(1 + \gamma + \beta)g_3 - (1 - \gamma)g_4 &= 0 \\
-(1 - \gamma)g_3 + 2(1 + \gamma + \beta)g_4 &= 0
\end{aligned}\right\} \tag{2-66}$$

由此可见,只要确定了刚度参数 γ 和 β ,就可以像在铰接板桥中一样,解出所有未知铰接力的峰值,并利用 $p_{1i} = p_{i1}$ 的关系,绘制出荷载横向分布影响线。

【例 2-6】 图 2-71 所示为跨径 $L = 12.60\text{m}$ 的铰接空心板桥的横断面布置,桥面净空为净-7m + 2 × 0.75m 人行道,桥跨由 9 块预应力空心板组成,试求 1、3、5 号板在公路—Ⅱ级荷载作用下的跨中荷载横向分布系数。

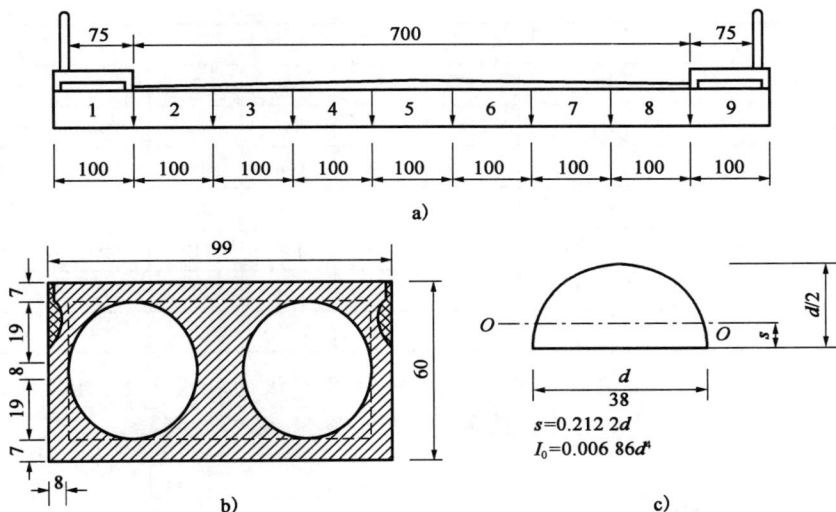

图 2-71 铰接板实例简图(尺寸单位:cm)

解:(1)计算空心板的抗弯惯性矩 I

本例的空心板是上下对称截面,形心轴位于高度中央,故其抗弯惯性矩为:

$$I = \frac{99 \times 60^3}{12} - 2 \times \frac{38 \times 8^3}{12} - 4 \times \left[0.006\,86 \times 38^4 + \frac{1}{2} \cdot \frac{\pi \times 38^2}{4}\left(\frac{8}{2} + 0.212\,2 \times 38\right)^2\right]$$

$$= 178\,200 - 3243 - 4 \times 96\,828 = 1.391 \times 10^6 (\text{cm}^4)$$

(2)计算空心板的抗扭惯性矩 I_T

本例空心板截面可以近似简化成图 2-71 中虚线所示的薄壁箱梁来计算 I_T,有:

$$I_T = \frac{4(99-8)^2(60-7)^2}{(99-8)\left(\frac{1}{7}+\frac{1}{7}\right)+\frac{2(60-7)}{8}} = \frac{93\,045\,000}{26+13.25} = 2.37 \times 10^6 (\text{cm}^4)$$

(3)计算刚度参数 γ

$$\gamma = 5.8\frac{I}{I_T}\left(\frac{b}{l}\right)^2 = 5.8\frac{1.391 \times 10^6}{2.37 \times 10^6}\left(\frac{100}{1\,260}\right)^2 = 0.021\,4$$

(4)绘制跨中荷载横向分布影响线

查铰接板荷载横向分布影响线计算用表[《公路桥涵设计手册(梁桥)》附表二]所属9-1、9-3 和 9-5 分表,并在 $\gamma = 0.02$ 与 $\gamma = 0.04$ 之间按线性内插法求得 $\gamma = 0.021\,4$ 的影响线竖标值 η_{1i}、η_{3i}、η_{5i}。计算结果见表2-9(表中的数值为实际 η_{ki} 的小数点后的3位数字)。

1号、3号、5号板荷载横向分布影响线竖标值 η_{ki}　　　　　　　　　　　表2-9

板号	γ	单位荷载作用位置(i号板中心)									$\sum\eta_{ki}$
		1	2	3	4	5	6	7	8	9	
1	0.02	236	194	147	113	088	070	057	049	046	1 000
	0.04	306	232	155	104	070	048	035	026	023	
	0.021 4	241	197	148	112	087	068	055	047	044	

续上表

板号	γ	单位荷载作用位置（i 号板中心）									$\Sigma \eta_{ki}$
		1	2	3	4	5	6	7	8	9	
3	0.02	147	160	164	141	110	087	072	062	057	1 000
	0.04	155	181	195	159	108	074	053	040	035	
	0.021 4	148	161	166	142	110	086	071	060	055	
5	0.02	88	095	110	134	148	134	110	095	088	1 000
	0.04	070	082	108	151	178	151	108	082	070	
	0.021 4	087	094	110	135	150	135	110	094	087	

　　将表中 η_{1i}、η_{2i}、η_{3i} 之值按照一定比例，绘制于各号板的轴线下方，连接成光滑的曲线后，即可得到 1 号、3 号和 5 号板的荷载横向分布影响线，如图 2-72 所示。

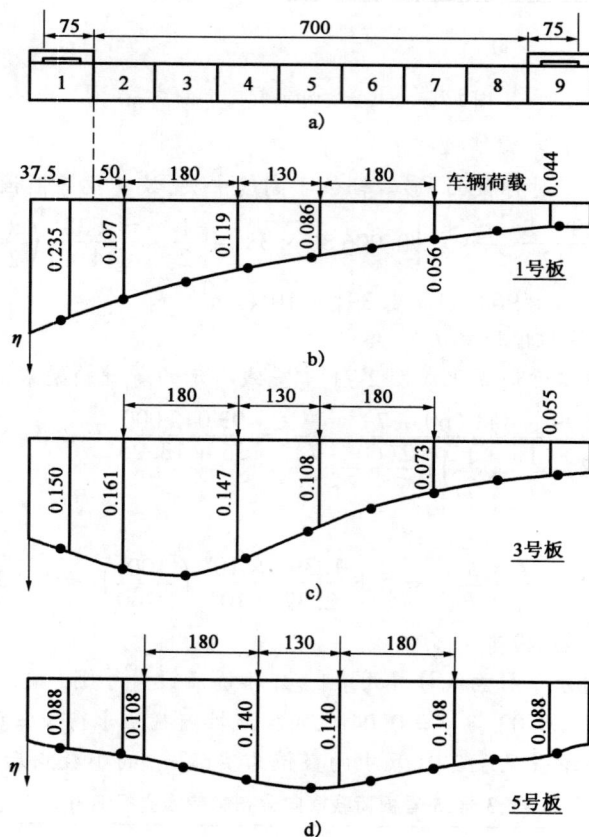

图 2-72　1 号、3 号和 5 号板横向分布影响线（尺寸单位：cm）

（5）计算荷载横向分布影响线系数

　　根据《桥规》进行各种荷载横向最不利位置布载，并按线性内插计算出各车轮荷载及人群荷载对应的影响线竖标值，如图 2-72 所示，即可计算跨中荷载横向分布系数。

1 号板：汽车荷载　$m_{cq} = \dfrac{1}{2}(0.197 + 0.119 + 0.086 + 0.056) = 0.229$

人群荷载　$m_{cr} = 0.235 + 0.044 = 0.279$

3 号板：汽车荷载　$m_{cq} = \dfrac{1}{2}(0.161 + 0.147 + 0.108 + 0.073) = 0.245$

人群荷载　$m_{cr} = 0.150 + 0.155 = 0.205$

5 号板：汽车荷载　$m_{cq} = \dfrac{1}{2}(0.103 + 0.140 + 0.140 + 0.103) = 0.243$

人群荷载　$m_{cr} = 0.088 + 0.088 = 0.176$

综上所得，汽车荷载、人群荷载横向分布系数的最大值分别为 $m_{cq} = 0.245$ 和 $m_{cr} = 0.279$，在设计中通常偏安全地取这些最大值来计算板的内力。

（6）讨论

对于各板梁的荷载横向分布竖标 η_{1i}、η_{2i}、η_{3i} 值，也可以采用编者自编程序直接计算，按刚度参数 $\gamma = 0.0214$ 计算出 η_{1i}、η_{3i}、η_{5i} 值，与查表法之对比如表 2-10 所示。

电算法与查表法横向分布影响线竖标值 η_{ki} 对比　　　　　表 2-10

板号	计算方法	单位荷载作用位置（i 号板中心）									$\sum \eta_{ki}$
		1	2	3	4	5	6	7	8	9	
1	电算法	0.242	0.198	0.149	0.113	0.086	0.068	0.055	0.047	0.043	1.001
	查表法	0.241	0.197	0.148	0.112	0.087	0.068	0.055	0.047	0.044	0.999
3	电算法	0.149	0.162	0.167	0.143	0.110	0.086	0.070	0.060	0.055	1.002
	查表法	0.148	0.161	0.166	0.142	0.110	0.086	0.071	0.060	0.055	0.999
5	电算法	0.086	0.094	0.110	0.135	0.150	0.135	0.110	0.094	0.086	1.000
	查表法	0.087	0.094	0.110	0.135	0.150	0.135	0.110	0.094	0.087	1.002

注：电算法数据为采用编者自编程序 HXFB_WL_BR_CAL 进行计算的结果。

【例 2-7】　无中横隔梁的横向铰接 T 梁，计算跨径 $L = 9.5\text{m}$，由间距为 1.5m 的 5 根主梁组成，横向布置及主梁截面如图 2-73 所示，试计算 1 号、2 号、3 号主梁的荷载横向分布系数。

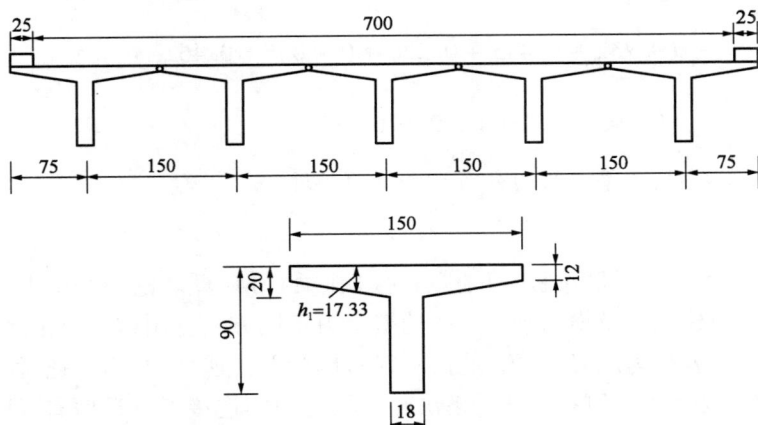

图 2-73　铰接 T 梁实例简图（尺寸单位：cm）

解:(1)计算 T 梁的抗弯惯性矩 I 和抗扭惯性矩 I_T

具体过程见本章例 2-5,抗弯惯性矩和抗扭惯性矩通过 MIDAS_CIVIL 附带截面特性计算器计算,结果如下:

$$I = 2.387\,93 \times 10^{-2}(\text{m}^4) \qquad I_T = 4.096\,2 \times 10^{-3}(\text{m}^4)$$

(2)求刚度参数 γ 和 β

$$\gamma = 5.8 \frac{I}{I_T}\left(\frac{b}{l}\right)^2 = 5.8 \times \frac{2.387\,93 \times 10^{-2}}{0.409\,62 \times 10^{-2}} \times \left(\frac{1.5}{9.5}\right)^2 = 0.843\,0$$

$$\beta = 390 \frac{I}{l^4}\left(\frac{d_1}{h_1}\right)^3 = 390 \times \frac{2.387\,93 \times 10^{-2}}{9.5^4} \times \left(\frac{0.66}{0.173\,3}\right)^3 = 0.063\,2$$

同铰接板法,可以查铰接梁荷载横向分布影响线计算用表,求得 $\gamma = 0.021\,4$ 的影响线竖标值 η_{1i}、η_{2i}、η_{3i},此处采用编者自编程序直接计算,结果如表 2-11 所示。

1 号、2 号、3 号梁荷载横向分布影响线竖标值 η_{ki}　　　　表 2-11

梁　号	单位荷载作用位置(i 号梁中心)					$\sum \eta_{ki}$
	1	2	3	4	5	
1	0.737	0.252	0.010	0.000	0.000	0.999
2	0.252	0.496	0.242	0.010	0.000	1.000
3	0.010	0.242	0.496	0.242	0.010	1.000

(3)绘制跨中荷载横向分布影响线

绘制跨中荷载横向分布影响线,并按横向最不利布载位置布置汽车荷载,按线性内插计算出各车轮荷载对应的影响线竖标值,如图 2-74 所示。

(4)计算各主梁的荷载横向分布系数

1 号梁:$m_{cq} = \dfrac{1}{2}(0.737 + 0.204 + 0 + 0) = 0.470$

2 号梁:$m_{cq} = \dfrac{1}{2}(0.252 + 0.445 + 0.226 + 0 + 0) = 0.462$

3 号梁:$m_{cq} = \dfrac{1}{2}(0.095 + 0.386) \times 2 = 0.481$

本例计算结果表明,各梁的横向分布系数较为接近。

2. 刚接梁法

对于翼缘板刚性连接的肋梁板,只要在铰接板(梁)桥计算理论的基础上,在接缝处补充引入赘余弯矩,就可建立计及横向刚性连接的赘余力正则方程。用这一方法来求解各梁的荷载横向分布的问题,就称为刚接梁法。此法不仅考虑接缝传递剪力,而且还考虑其传递弯矩,求解思路与铰接板法类似。刚接梁法是解决相邻板之间的连接可以近似看成整体板的情形,详细内容请参看《公路桥梁荷载横向分布计算》一书。

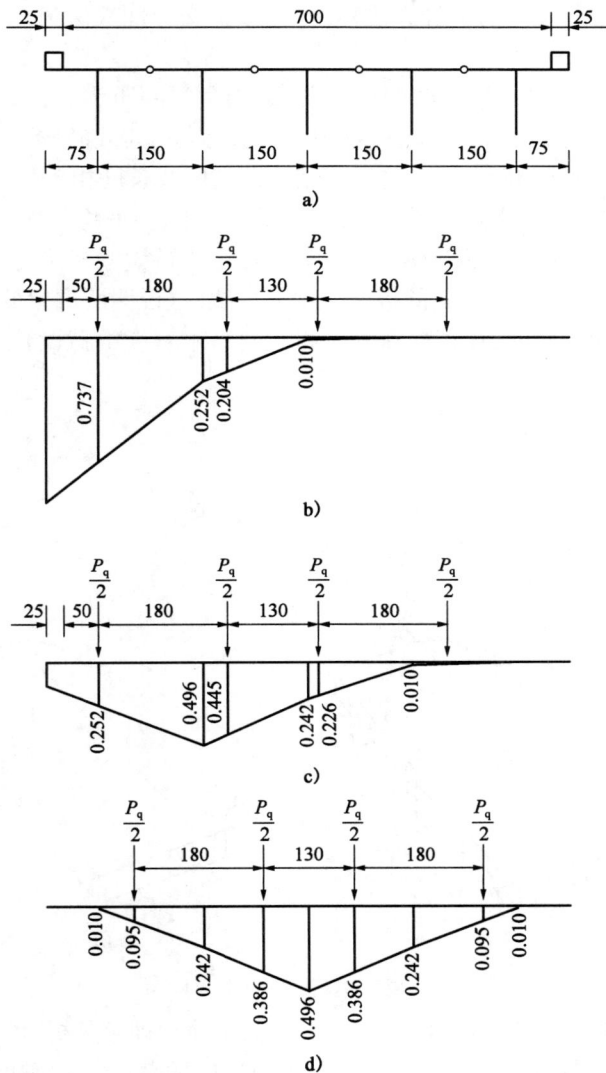

图 2-74　1 号、3 号和 5 号梁荷载横向分布影响线(尺寸单位:cm)

a)、b)1 号梁荷载横向分布影响线;c)2 号梁荷载横向分布影响线;d)3 号梁荷载横向分布影响线

(六) 比拟正交异性板法

前面介绍的几种计算荷载横向分布系数的方法,都有一个共同的特点,就是把全桥视作一系列并排放置的主梁系结构来进行力学分析。几种方法的不同之处,在于根据各种不同桥梁结构的具体特点对横向结构的连接刚性做了不同的假设。然而,工程实际中的钢筋混凝土梁式桥结构形式多样,这些方法还不足以反映各种不同形式桥梁结构的受力情况。例如,对于由主梁、连续的桥面板和多道横隔梁所组成的钢筋混凝土梁桥,当其宽度与其跨度的比值较大时,为了能比较精确地反映实际结构的受力情况,还可把此类结构简化成为纵横相交的梁格

系,按杆件系统的空间结构来求解,也可设法将其比拟简化为一块矩形的平板,作为弹性薄板,按古典弹性理论来进行分析。后一种方法称作"比拟正交异性板法",以下仅对该法的计算原理作简单介绍。

图 2-75 表示实际桥跨结构纵横向的构造图,纵向主梁间距为 b ,每根主梁的截面抗弯惯性矩和抗扭惯性矩分别为 I_x 和 I_{Tx} ;横隔梁的中心距离为 a ,其截面抗弯惯性矩和抗扭惯性矩分别为 I_y 和 I_{Ty} 。如果梁肋间距 a 和 b 与桥跨结构的宽度或长度相比相当小,并且桥面板与梁肋之间具有完整的结合,可设想将主梁的截面惯性矩 I_x 和 I_{Tx} 平均分摊于宽度 b ,将横隔梁的截面惯性矩 I_y 和 I_{Ty} 平均分摊于宽度 a ,这样就把实际的纵横梁格系比拟成了一块假想的平板,如图 2-75b)所示。图中沿 x 方向的板厚表示成虚线,这说明所比拟的板在 x 和 y 两个方向的换算厚度是不相等的。此时,比拟板在纵向和横向每米宽度的截面抗弯惯性矩和抗扭惯性矩相应为:

$$J_x = \frac{I_x}{b} \quad \text{和} \quad J_{Tx} = \frac{I_{Tx}}{b}$$

$$J_y = \frac{I_y}{a} \quad \text{和} \quad J_{Ty} = \frac{I_{Ty}}{a}$$

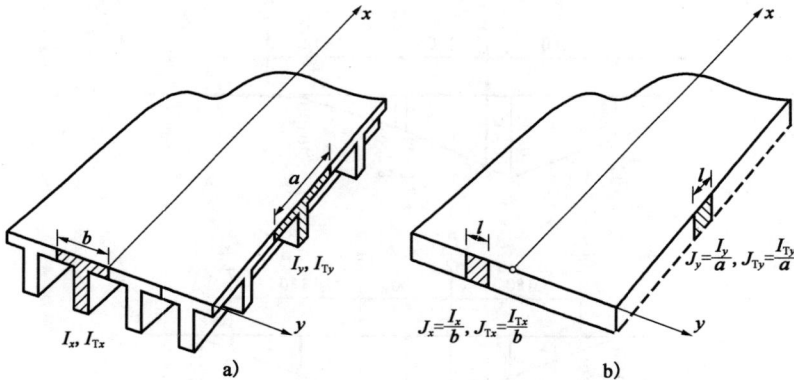

图 2-75　实际桥跨结构换算成比拟板的图示

对于肋梁式钢筋混凝土或预应力混凝土结构,为了简化理论分析,可近似地忽略混凝土泊松比 ν 的影响。这样便得到一块在 x 和 y 两个正交方向的截面单宽刚度为 EJ_x 、 GJ_{Tx} 和 EJ_y 、 GJ_{Ty} 的比拟正交异性板。注意到 $E_x = E_y = 1$ 和 $\nu_x = \nu_y = 0$,通过弹性板理论的推导,可得到比拟正交异形板的挠曲微分方程:

$$EJ_x \frac{\partial^4 w}{\partial x^4} + G(J_{Tx} + J_{Ty}) \frac{\partial^4 w}{\partial x^2 \partial y^2} + EJ_y \frac{\partial^4 w}{\partial y^4} = p(x,y) \tag{2-67}$$

上式可改写为:

$$EJ_x \frac{\partial^4 w}{\partial x^4} + 2\alpha E \sqrt{J_x J_y} \frac{\partial^4 w}{\partial x^2 \partial y^2} + EJ_y \frac{\partial^4 w}{\partial y^4} = p(x,y) \tag{2-68}$$

式中, $\alpha = \dfrac{G(J_{Tx} + J_{Ty})}{2E \sqrt{J_x J_y}}$,称为扭弯参数,表示比拟板两个方向的单宽抗扭刚度代数平均值与单宽抗弯刚度的几何平均值之比。

如果设 $D_x = EJ_x$、$D_y = EJ_y$ 和 $EH = 2\alpha E\sqrt{J_x J_y}$，则式（2-68）可写成：

$$D_x \frac{\partial^4 w}{\partial x^4} + 2H \frac{\partial^4 w}{\partial x^2 \partial y^2} + D_y \frac{\partial^4 w}{\partial y^4} = p(x,y) \qquad (2\text{-}69)$$

这样就得到与正交各向（材料）异性板在形式上完全一致的挠曲微分方程，它是一个四阶非齐次的偏微分方程。通过对该方程的求解，可得荷载作用下任意点的挠度值 w，继而可得相应的内力值。

由此可见，任何纵横梁格系结构比拟成的异性板，可以完全依照真正的材料异性板来求解，只是方程中的刚度常数不同。同时必须指出，由于梁格系的梁肋并非对称于板的中间布置的，故此法所得的解也是近似的。1946 年，法国的 Guyon 引用正交异性板的理论解决了无扭梁格（ $\alpha = 1$ ）的荷载横向分布计算问题；1950 年，Massonnet 又在保留参数 α 的情况下使 Guyon 的理论得到了推广，因此人们习惯把这两个方法合称为"G-M"法。

关于比拟正交异性板的挠曲控制微分方程的详细求解以及该法查阅计算图表的原理和方法，这里不再介绍，读者可参阅有关文献。

（七）平面杆系有限元方法

采用手算（或者结合查表）方法计算梁（板）荷载横向分布系数，当各片主梁截面尺寸不完全相同时，工作量较大；鉴于各种有限元软件程序的普遍使用，建议采用平面杆系有限单元法来计算。限于篇幅，仅以铰接板法为例介绍这种方法。

当装配式简支板桥各板的截面尺寸不完全相同时，或者设计的板块数量超过了表列范围，则用一般平面杆系有限元程序就比较方便，不但可以省去查表的烦琐，而且可以直接求出某块板的荷载横向分布系数 m。模型简图如图 2-76 所示。

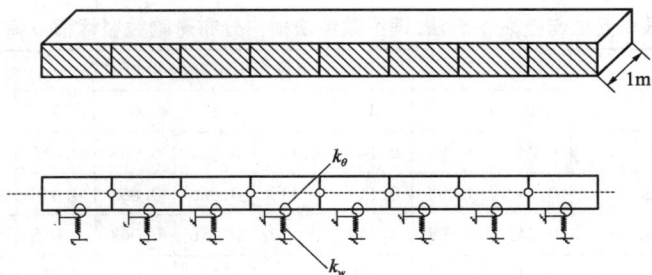

图 2-76 平面杆系有限元模型示意

以下结合例 2-6 的计算实例来说明该法的应用，为了便于比较，这里仅求 1 号、3 号、5 号板在汽车荷载作用下的跨中荷载横向分布系数。

有限元模型如图 2-77 所示，其中共有 27 个单元、28 个结点，采用水平梁单元模拟板块，每个单元沿桥面纵向的宽度取单位长度，且板块间采用铰接方式；另设置竖直刚性杆单元，则其轴力影响线即为各板反力影响线（便于查看），各板中支承处的竖向约束反力即代表该板所分配到的荷载。

在本例中，由于铰接板法的基本假定之一就是忽略不计板在横桥向的弯曲变形，故在有限元模型中对于各块板在跨中的单位宽度横向抗弯惯性矩可以近似地按实心板计算，也可以假定为刚性。

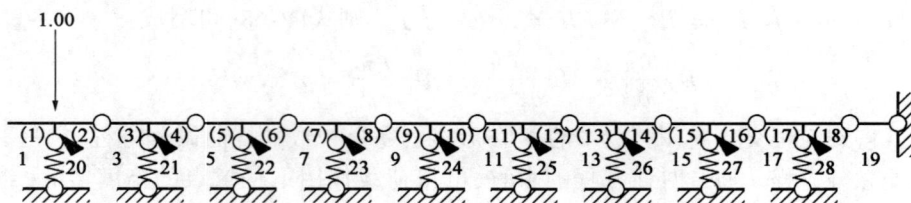

图 2-77　平面杆系有限元模型——横向分布影响线加载模型

模型中竖向弹性支撑刚度和扭转弹簧支撑刚度按下式计算：

$$k_w = \frac{\pi^4 EI}{l^4}, k_\theta = \frac{\pi^2 GI_T}{l^2}$$

本例中，各简支板为等截面，计算跨径为 $l = 12.6\text{m}$，抗弯惯性矩和抗扭惯性矩计算同前（也可通过 MIDAS_CIVIL 附带截面特性计算器计算），结果如下：

$$I = 1.391 \times 10^6 \text{cm}^4 = 1.391 \times 10^{-2} \text{m}^2$$
$$I_T = 2.37 \times 10^6 \text{cm}^4 = 2.37 \times 10^{-2} \text{m}^4$$

设混凝土弹性模量为 $E = 3.15 \times 10^7 \text{kN/m}^2$，剪切模量为 $G = 0.425E$，代入上式中计算得到：

$$k_w = \frac{\pi^4 EI}{l^4} = 1\,693.38\text{kN/m}^2, k_\theta = \frac{\pi^2 GI_T}{l^2} = 19\,724.52\text{kN} \cdot \text{m/(rad} \cdot \text{m)}$$

将单位荷载 $P = 1$ 分别作用于模型的 2 号、6 号、10 号结点上，经计算得到各竖向集中弹簧的支撑反力，即为 1 号、3 号、5 号板的荷载横向分布影响线竖标值。"有限单元法"与"查表手算法""理论数值法"计算结果对比如表 2-12 所示。

有限单元法与查表手算法、理论数值法横向分布影响线竖标值 η_{ki} 对比　　　表 2-12

板号	计 算 方 法	单位荷载作用位置（i 号板中心）									$\sum \eta_{ki}$
		1	2	3	4	5	6	7	8	9	
1	查表手算法	0.241	0.197	0.148	0.112	0.087	0.068	0.055	0.047	0.044	0.999
	理论数值法	0.242	0.198	0.149	0.113	0.086	0.068	0.055	0.047	0.043	1.001
	有限单元法	0.242	0.198	0.149	0.112	0.086	0.068	0.055	0.047	0.043	1.000
3	查表手算法	0.148	0.161	0.166	0.142	0.110	0.071	0.060	0.055		0.999
	理论数值法	0.149	0.162	0.167	0.143	0.110	0.086	0.070	0.060	0.055	1.002
	有限单元法	0.149	0.162	0.167	0.143	0.110		0.070	0.060	0.055	1.002
5	查表手算法	0.087	0.094	0.110	0.135	0.150	0.135	0.110	0.094	0.087	1.002
	理论数值法	0.086	0.094	0.110	0.135	0.150	0.135	0.110	0.094	0.086	1.000
	有限单元法	0.086	0.094	0.110	0.135	0.150	0.135	0.110	0.094	0.086	1.000

从表 2-12 可以看出，三种方法所得各板横向分布影响线竖标值计算结果比较吻合，若分别采用如图 2-78 及图 2-79 的有限元横向加载模型（集中荷载代表虚拟车轮荷载，严格按照横向最不利荷载位置加载），则很容易求出 1 号、3 号、5 号板的横向分布系数如下。

1 号板：汽车荷载　　$m_{cq} = 0.228(0.229)$

3 号板:汽车荷载　　m_{cq} = 0.245(0.245)

5 号板:汽车荷载　　m_{cq} = 0.246(0.243)

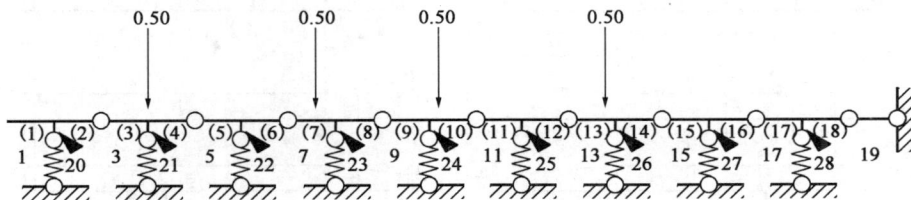

图 2-78　平面杆系有限元模型——1 号、3 号板横向分布系数加载模型

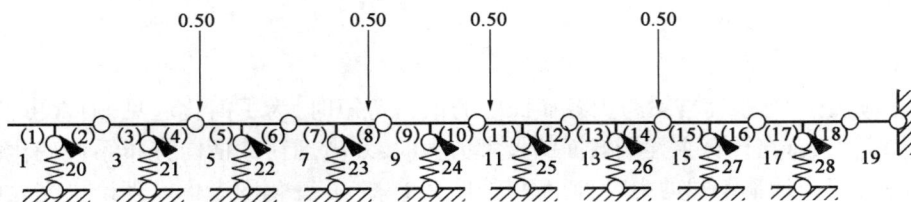

图 2-79　平面杆系有限元模型——5 号板横向分布系数加载模型

括弧内数值表示采用"查表手算法"的计算结果,可见两种计算方法所得各板横向分布系数也相当吻合,表明平面杆系有限方法具有较高的精度。

其他如杠杆法、偏心压力法(含修正)、铰接梁法、刚接梁法、GM(宽桥)法等,都可以采用类似的平面杆系有限单元法来计算荷载的横向分布。各种方法计算模型各不相同,表现为对横向刚度和约束条件处理方式的不同。

(八) 荷载横向分布系数 m 沿桥跨的变化

通过前面的分析计算可以清楚地知道,荷载位于桥跨中间部分时,由于桥梁横向结构(桥面板和横隔梁)的传力作用,所有主梁都不同程度地参与受力。但当荷载在支点处作用在某主梁上时,如果不考虑支座弹性变形的影响,荷载就直接由该主梁传至支座,其他主梁基本上不参与受力。因此,随荷载作用在桥跨纵向的位置不同,对某一主梁产生的横向分布系数也各不相同。

在以上所介绍的计算荷载横向分布系数的方法中,通常用"杠杆原理法"来计算荷载位于支点处的横向分布系数,以 m_0 表示,其他方法均适用于计算荷载位于跨中的横向分布系数,以 m_c 表示。那么荷载位于桥跨其他位置时应该怎样确定横向分布系数 m 呢？显然,要精确计算 m 值沿桥长的变化规律是相当冗繁的,而且内力计算很复杂,因此在设计中常采用图 2-80所示的近似处理方法。

对于无中间横隔梁或仅有一根中横隔梁的情况,跨中部分须用不变的 m_c,从离支点 $l/4$ 处起至支点的区段内,m_x 呈直线形过渡至 m_0 [图 2-80a)];对于有多根内横隔梁的情况,m_c 从第一根内横隔梁起向支点处 m_0 直线形过渡[图 2-80b)]。这样,主梁上的活载因其纵向位置不同,应有不同的横向分布系数。

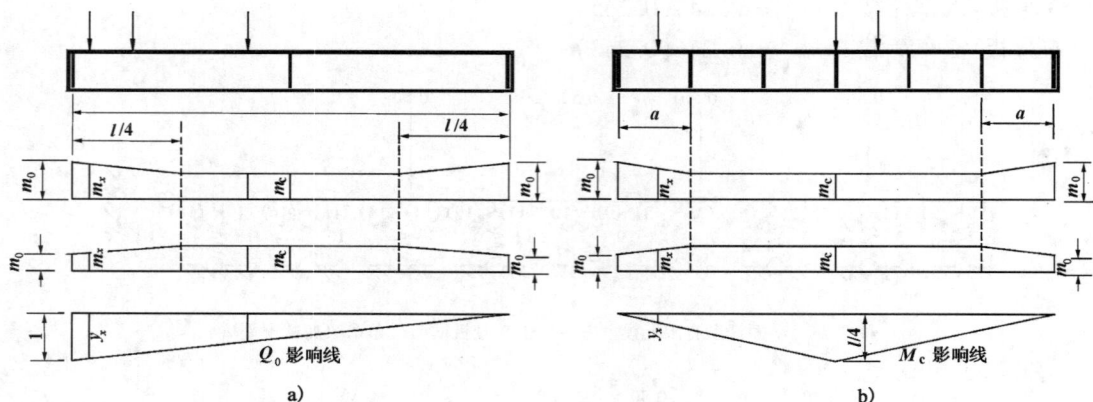

图 2-80　m 沿跨长变化图

在实际应用中，当求简支梁跨内各截面中的最大弯矩时，为了简化起见，通常可按不变化的 m_c 来计算。只有在计算主梁端截面的最大剪力时，才考虑荷载横向分布系数变化的影响，见图 2-80a）。但在计算梁端剪力时，通常仅按图 2-81 的 m 变化图考虑。理论研究表明，当集中荷载作用于梁的一端时，通过若干道横梁的传递，另一端的剪力已经很小，可以忽略不计。对于跨内其他截面的主梁剪力，也可视具体情况计及 m 沿桥跨变化的影响。

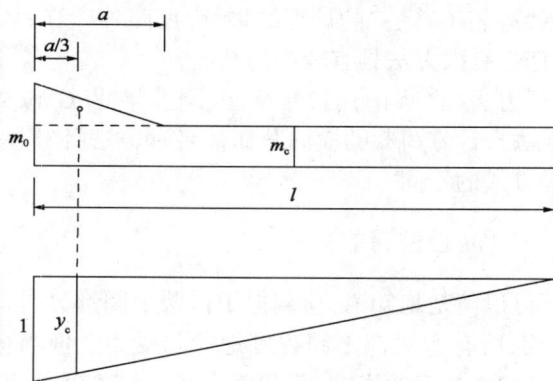

图 2-81　支点剪力计算图示

三、主梁内力计算

对于跨径在 10m 以内的简支梁，通常只需计算跨中截面的最大弯矩和支点截面及跨中截面的剪力；跨中与支点之间各截面的剪力可以近似假定按直线规律变化，弯矩可假设按二次抛物线规律变化。对于较大跨径的简支梁，一般还应计算四分之一跨径截面的弯矩和剪力。如果主梁沿桥轴方向截面有变化，例如梁肋宽或梁高变化，则还应计算变化处截面的内力。有了截面内力，就可按钢筋混凝土和预应力混凝土结构的计算原理进行主梁各截面的配筋设计和验算。

1. 恒载内力计算

混凝土公路桥梁的恒载，往往占全部设计荷载很大的比重（通常占 60% ~ 90%），梁的跨径愈大,恒载所占的比重也愈大。

在计算恒载内力时,为了简化起见,往往将横梁、铺装层、人行道和栏杆等重力均匀分摊给各主梁承受。因此,对于等截面梁桥的主梁,其计算恒载是简单的均布荷载。为了更精确,也可根据施工安装的情况,分阶段按后面所述的荷载横向分布的规律进行分配计算。

如图 2-82 所示,计算出恒载值 g 之后,则梁内各截面的弯矩 M 和剪力 Q 计算公式为:

$$M_x = \frac{gl}{2} \cdot x - gx \cdot \frac{x}{2} = \frac{gx}{2}(l - x)$$

$$Q_x = \frac{gl}{2} - gx = \frac{g}{2}(l - 2x) \tag{2-70}$$

式中:l——简支梁的计算跨径;

x——计算截面到支点的距离。

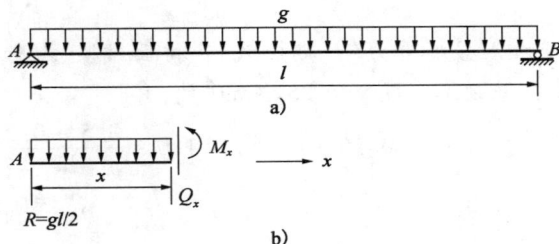

图 2-82　恒载内力计算图示

2. 活载内力计算

当荷载的横向分布系数求出后,就可具体确定作用在一根主梁上的作用力的量值,这样就不难采用一般工程力学方法计算作用效应。

(1)汽车荷载作用下的内力计算:

$$S_q = (1 + \mu)\xi m_{cq}(q_k w + P_k y_i) \tag{2-71}$$

式中:S_q——汽车荷载作用下截面的弯矩或剪力;

$(1 + \mu)$——汽车荷载的冲击系数;

ξ——汽车荷载的横向车道布载系数,按表 1-11 取用;

m_{cq}——汽车荷载的横向分布系数;

q_k——车道荷载的均布荷载标准值,按《桥规》取用;

P_k——车道荷载的集中荷载标准值,按《桥规》或表 1-8 取用;

w——弯矩或剪力影响线的面积;

y_i——沿桥跨纵向与车道荷载的集中荷载位置对应的内力影响线竖标值。

(2)人群荷载作用下的内力计算:

$$S_r = m_{cr}q_r w = m_{cr}b p_r w \tag{2-72}$$

式中:S_r——人群荷载作用下截面的弯矩或剪力;

m_{cr}——汽车荷载的横向分布系数;

q_r——计入人行道宽度后的人群荷载值;

p_r——人群荷载标准值;

b ——人行道宽度。

注意,利用式(2-71)或式(2-72)计算支点截面剪力或靠近支点截面的剪力时,应另外计及支点附近各个荷载的荷载横向分布系数变化而引起的内力增(或减)值,按图2-81所示,有:

$$Q = (1 + \mu)\xi\left[m_c qw + 1.2m_0 P_k y_i + \frac{1}{2}q(m_0 - m_c)ay_c\right] \tag{2-73}$$

式中:a ——横向分布系数变化段长度;

其余符号意义同前。

【例2-8】 如例2-4(5)所示,某简支T形梁桥,计算跨径为$l = 28.9\text{m}$,计算其1号边梁在恒载及公路—Ⅰ级荷载、人群荷载作用下的跨中截面最大设计弯矩M_d及支点最大设计剪力Q_d。已知桥面铺装等二期恒载集度为$q_2 = 7.67\text{kN/m}$,人群荷载标准值为$p_r = 3.0\text{kN/m}^2$。

解:(1)计算恒载内力

①结构恒载集度

分别考虑预制梁自重和湿接缝重力(一期恒载)和桥面铺装、人行道栏杆等重力(二期恒载),其中,一期恒载集度按混凝土重度$\gamma = 26\text{kN/m}^3$计,有

$$q_1 = \gamma A = 26.0 \times \left[0.2 \times 1.8 + (0.16 + 0.25) \times 1.0 + \frac{0.5 + 0.2}{2} \times 0.2 + 0.5 \times 0.2\right]$$

$$= 24.44(\text{kN/m})$$

二期恒载集度

$$q_2 = 7.67(\text{kN/m})$$

总恒载集度

$$q_g = q_1 + q_2 = 32.11(\text{kN/m})$$

②恒载产生的内力

跨中弯矩

$$M_g = \frac{q_g l^2}{8} = \frac{1}{8} \times 32.11 \times 28.9^2 = 3\,352.32(\text{kN} \cdot \text{m})$$

支点剪力

$$Q_g = \frac{1}{2}q_g l = \frac{1}{2} \times 32.11 \times 28.9 = 463.99(\text{kN})$$

(2)汽车、人群活载内力

①冲击系数计算

简支梁结构基频

$$f = \frac{\pi}{2l^2}\sqrt{\frac{EI_c}{m_c}}, m_c = \frac{q_g}{g}$$

本例中,$I = 5.575 \times 10^7 \text{cm}^4$(例2-5计算结果),$q_g = 32.11\text{kN/m}$,$E = 3.45 \times 10^{10}\text{Pa}$(C50混凝土),则

$$m_c = \frac{q_g}{g} = \frac{32.11 \times 10^3}{9.81} = 3\,273.19(\text{N} \cdot \text{s}^2/\text{m}^2)$$

$$f = \frac{\pi}{2l^2}\sqrt{\frac{EI_c}{m_c}} = \frac{\pi}{2 \times 28.9^2}\sqrt{\frac{3.45 \times 10^{10} \times 5.575 \times 10^7 \times 10^{-8}}{3\,273.19}} = 4.56(\text{Hz})$$

根据《桥规》，$1.5\text{Hz} < f < 14\text{Hz}$，有

$$1 + \mu = 1 + 0.176\,7\ln f - 0.051\,7 = 1.252$$

②车道荷载取值

由《桥规》，对于公路—Ⅰ级荷载，车道荷载的均布荷载标准值为 $q_k = 10.5\text{kN/m}$；集中荷载的标准值 P_k 与计算跨径有关。对于本例，$5\text{m} < l < 50\text{m}$，按下式计算

$$P_k = 2(l + 130) = 2 \times (28.9 + 130) = 317.8\ (\text{kN})$$

③汽车荷载的横向车道布载系数

本例桥面净宽为 9.0m，应考虑双车道布载，则横向车道布载系数 $\xi = 1.0$。

④荷载横向分布系数

跨中

$$m_{cq} = 0.663, m_{cr} = 0.645(\text{由例 2-5 修正偏心压力法计算结果})$$

支点

$$m_{0q} = 0.409, m_{0r} = 1.386(\text{由例 2-3 杠杆法计算结果})$$

⑤计算汽车、人群荷载内力

在内力计算时，对于荷载横向分布系数的取值作如下考虑：计算弯矩时，全跨均采用统一的横向分布系数 m_c；计算支点剪力时，由于主要荷载集中在支点附近，应考虑横向分布系数沿桥跨变化的影响（即从支点到第一根内横梁之间，设该变化长度为 4.85m）。沿桥纵向具体布载如图 2-83 所示。

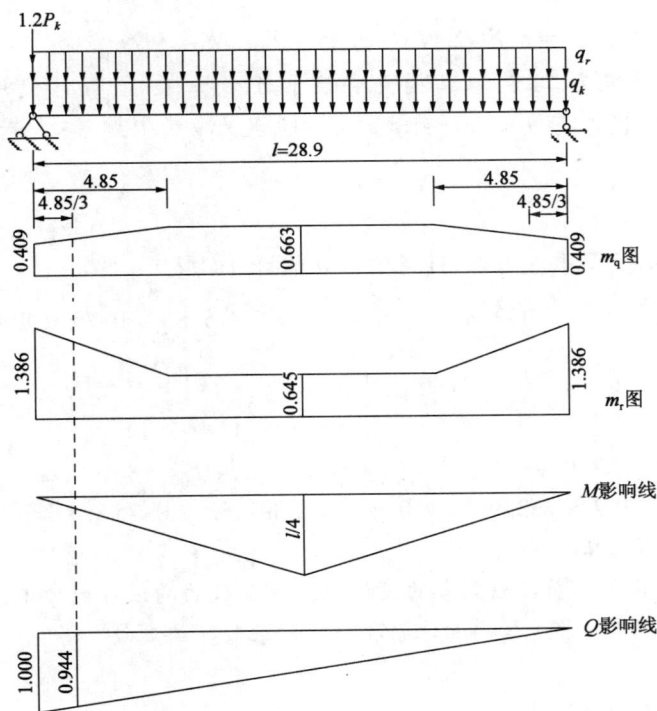

图 2-83 沿桥纵向恒载布置(尺寸单位:m)

跨中弯矩

$$M_q = (1 + \mu)\xi m_{cq}(q_k w + P_k y_i)$$

$$= 1.252 \times 1.0 \times 0.663 \times \left(10.5 \times \frac{1}{8} \times 28.9^2 + 317.8 \times \frac{1}{4} \times 28.9\right)$$

$$= 2\,815.88(\text{kN} \cdot \text{m})$$

$$M_r = m_{cr} q_r w = 0.645 \times 3.0 \times 1.5 \times \frac{1}{8} \times 28.9^2 = 303.02(\text{kN} \cdot \text{m})$$

支点剪力

$$Q_q = (1 + \mu)\xi \left[m_{cq}q_k w + 1.2 m_{0q} P_k y_i + \frac{1}{2} q_k (m_{0q} - m_c) a y_c\right]$$

$$= 1.252 \times 1.0 \times \left[0.663 \times 10.5 \times \frac{1}{2} \times 28.9 \times 1 + 1.2 \times 0.409 \times 317.8 \times \right.$$

$$\left. 1.0 + \frac{1}{2} \times 10.5 \times (0.409 - 0.663) \times 4.85 \times 0.944\right] = 307.88(\text{kN})$$

$$Q_r = m_{0r} q_r w + \frac{1}{2} a (m_{0r} - m_{cr}) y_i q_r = 0.645 \times 3.0 \times 1.5 \times \frac{1}{2} \times 28.9 \times 1.0 +$$

$$\frac{1}{2} \times 4.85 \times (1.386 - 0.645) \times 0.944 \times 3.0 \times 1.5 = 49.57(\text{kN})$$

(3)作用效应组合

本例仅考虑承载能力极限状态下作用基本组合效应设计值，根据《桥规》有：

$$S_{ud} = \gamma_0 S\left(\sum_{i=1}^{m} \gamma_{Gi} G_{ik}, \gamma_{L1} \gamma_{Q1} Q_{Q1K}, \Psi_C \sum_{j=2}^{n} \gamma_{Lj} \gamma_{Qj} Q_{jk}\right)$$

假定结构安全等级为二级，取结构重要性系数 $\gamma_0 = 1.0$，设计使用年限荷载调整系数统一取 $\gamma_{Lj} = 1.0$，汽车荷载及人群荷载的分项系数为 $\gamma_Q = 1.4$，人群荷载组合系数取 $\psi = 0.75$，则有

跨中弯矩

$$M_d = 1.0 \times \left[1.2 M_g + 1.0 \times 1.4 M_q + 0.75 \times 1.4 M_r\right]$$

$$= 1.0 \times \left[1.2 \times 3\,352.32 + 1.0 \times 1.4 \times 2\,815.88 + 0.75 \times 1.4 \times 303.02\right]$$

$$= 8\,283.2(\text{kN} \cdot \text{m})$$

支点剪力

$$Q_d = 1.0 \times \left[1.2 Q_g + 1.0 \times 1.4 Q_q + 0.75 \times 1.4 Q_r\right]$$

$$= 1.0 \times \left[1.2 \times 463.99 + 1.0 \times 1.4 \times 307.88 + 0.75 \times 1.4 \times 49.57\right]$$

$$= 1\,039.9(\text{kN})$$

同理，可以求出其他不同效应组合的设计值。有了截面的设计内力值，即可对截面进行配筋设计与计算，相关内容参见《结构设计原理》一书，此处不再赘述。

四、横隔梁内力计算

为了保证各主梁共同受力和加强结构的整体性，横隔梁本身或其装配式接头应具有足够

的强度。对于具有多根内力横隔梁的桥梁,通常只要计算受力最大的跨中横隔梁的内力,其他横隔梁可偏安全地仿此设计。

下面将介绍按偏心压力法原理来计算横隔梁内力的实用方法。

1. 横隔梁的内力影响线

将桥梁的中横隔梁近似地视作竖向支承在多根弹性主梁上的多跨弹性支承连续梁,如图 2-84 所示。当桥梁在跨中有单位荷载 $P=1$ 作用时,各主梁所受的荷载将为 $R_1,R_2,R_3\cdots R_n$,这也就是横隔梁的弹性支承反力。因此,取 r 截面左侧为隔离体,如图 2-84c)所示,由力的平衡条件就可写出横隔梁任意截面 r 的内力计算公式。

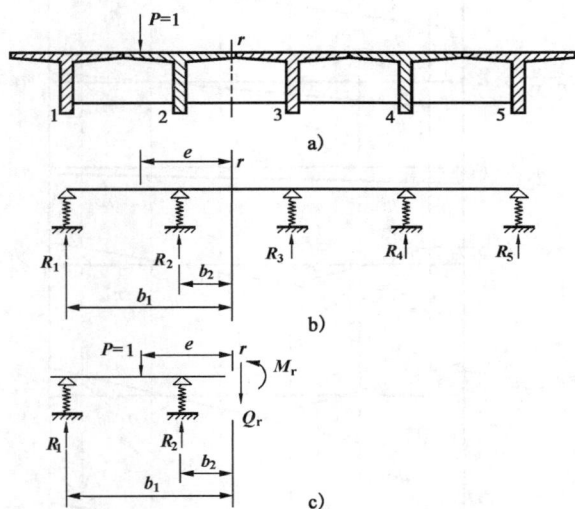

图 2-84 横隔梁计算图示

(1)当荷载 $P=1$ 位于截面的 r 左侧:

$$\left.\begin{aligned} M_r &= R_1 b_1 + R_2 b_2 - 1 \cdot e = \overset{\text{左}}{\sum} R_i b_i - e \\ Q_r &= R_1 + R_2 - 1 = \overset{\text{左}}{\sum} R_i - 1 \end{aligned}\right\} \tag{2-74}$$

(2)当荷载 $P=1$ 位于截面的 r 右侧:

$$\left.\begin{aligned} M_r &= R_1 b_1 + R_2 b_2 = \overset{\text{左}}{\sum} R_i b_i \\ Q_r &= R_1 + R_2 = \overset{\text{左}}{\sum} R_i \end{aligned}\right\} \tag{2-75}$$

式中:M_r、Q_r——横隔梁任意截面 r 的弯矩和剪力;

   e——荷载 $P=1$ 至所求截面的距离;

   b_i——支承反力 R_i 至所求截面的距离。

以上公式中,对于确定的计算截面 r 而言,所有的 b_i 为已知的,而 R_i 则因承受荷载 $P=1$ 位置 e 而变化。因此,可以直接利用已经求得的 R_i 横向影响线来绘制横隔梁的内力影响线。

通常,横隔梁弯矩在靠近桥中线截面处较大,剪力则在靠近桥两侧边缘的截面处较大。因此，以图 2-84 为例，一般可以只求 3 号梁处和 2 号与 3 号主梁之间（对于装配式桥即横隔板接头处）截面的弯矩，以及 1 号梁右侧和 2 号梁右侧等截面的剪力。

图 2-85 示出了按偏心压力法计算的横隔梁支承反力 R、弯矩 M 和剪力 Q 的影响线。

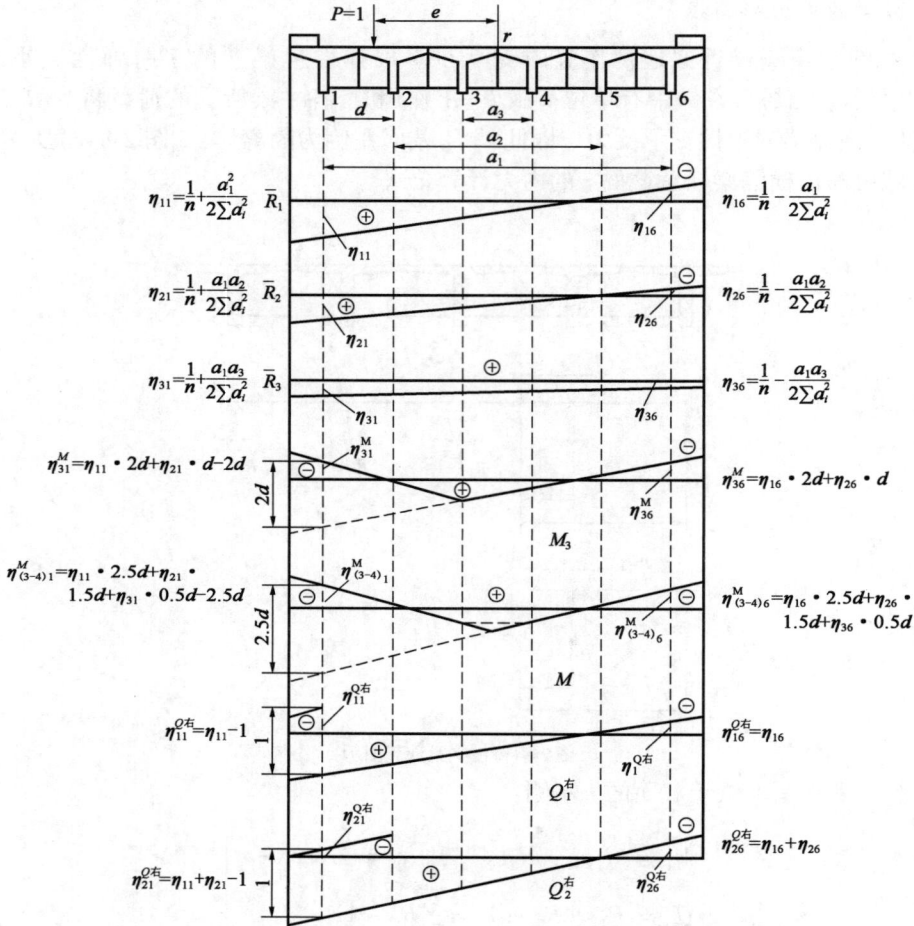

图 2-85　按偏心压力法计算横隔梁的 R、M、Q 影响线

鉴于 R_i 影响线呈直线规律变化，故绘制内力影响线时只需要示出几个控制点的竖坐标值（例如对于 M_3 影响线只要算出 $P=1$ 作用在 1 号梁和 6 号梁上时相应的坐标 η^M_{31} 和 η^M_{36}），如图 2-85 中所示。另外，对于非直接作用于横隔梁上的荷载，在计算内力时应考虑间接传力的影响，例如图 2-85 中 M_{3-4} 影响线在 3 号梁和 4 号梁之间区段应取虚线之值。但鉴于计算中主要荷载作用于横隔梁上，仍可偏安全地忽略间接传力的影响。

也可以按修正偏心压力法来计算横隔梁的内力影响线，这时仅 R_i 影响线的竖坐标稍有变化，计算方法与上述完全相同。

2. 作用在横梁上的计算荷载

有了横隔梁的内力影响线，就可直接在其上加载来计算截面内力。对于跨中一根横隔梁来说，除了直接作用在其上的轮重外，前后的轮重对它也产生影响，计算时可假设荷载在相邻

横隔梁之间按杠杆原理法传布,如图 2-86 所示。因此,车辆纵向轮重分布给该横隔梁的计算荷载为:

$$P_{oq} = \frac{1}{2}\sum P_i \cdot y_i \qquad (2\text{-}76)$$

式中:P_i——轴重,应注意将加重车的重轴布置在欲计算的横隔梁上;

$\quad\quad y_i$——对于所计算的横隔梁,按杠杆原理计算的纵向荷载影响线竖坐标值。

人群荷载为:

$$q_{or} = q_r w_r \qquad (2\text{-}77)$$

式中:q_r——一侧人行道每延米的人群荷载;

$\quad\quad w_r$——所计算的横隔梁在人群荷载范围内的面积,$w_r = \frac{1}{2} \times 2l_a = l_a$;

$\quad\quad l_a$——横隔梁间距。

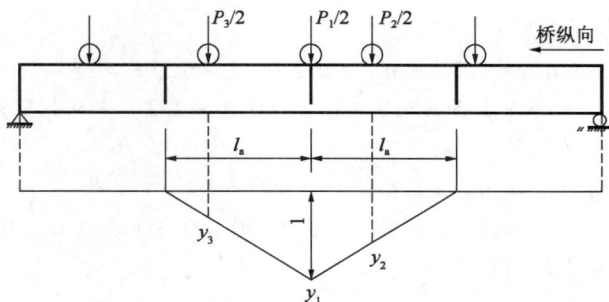

图 2-86　横隔梁上计算荷载的计算图示

3. 横隔梁内力计算

用上述的计算荷载在横隔梁某截面的内力影响线上按最不利位置加载,就可求得横隔梁在该截面上的最大(或最小)内力值。

$$S = (1 + \mu)\xi P_{0q} \sum \eta_i \qquad (2\text{-}78)$$

式中:η_i——横隔梁内力影响线竖标;

$(1 + \mu)$、ξ——通常可近似地取用主梁的冲击系数$(1 + \mu)$和ξ值。

【例 2-9】 采用偏心压力法计算例 2-4 中所示装配式钢筋混凝土简支 T 梁桥跨中横隔梁在汽车荷载作用下的弯矩 $M_{2\text{-}3}$ 和剪力 $Q_1^{\text{右}}$;横梁纵向间距近似取 $l_a = 4.8\text{m}$。

解:(1)确定作用在中横隔梁上的荷载

对于跨中横隔梁的最不利布载位置如图 2-87 所示。

纵向一行车轮对中横隔梁的计算荷载为:

$$P_{oq} = \frac{1}{2}\sum P_i \cdot y_i = \frac{1}{2}(140 \times 1.0 + 140 \times 0.708) = 119.56(\text{kN})$$

(2)绘制中横隔梁的内力影响线

在例 2-4 中已经计算出 1 号梁的横向影响线竖标值为:

$$\eta_{11} = 0.6, \eta_{16} = -0.2$$

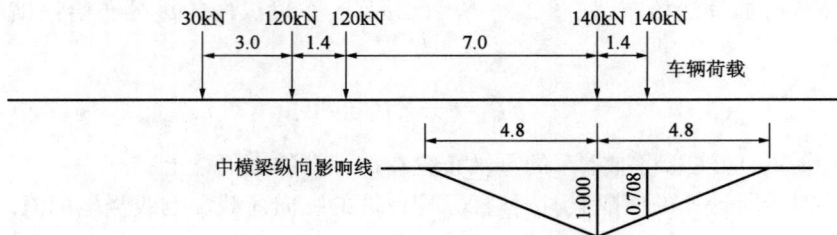

图 2-87 跨中横隔梁纵向受载图示(尺寸单位:m)

同理可计算出 2 号梁和 3 号梁的横向影响线竖标值为:

$$\eta_{21} = 0.4, \eta_{25} = 0.0$$
$$\eta_{31} = \eta_{32} = \eta_{33} = \eta_{34} = \eta_{35} = 0.2$$

①绘制弯矩 M_{2-3} 横向影响线

相关计算如下:

$P = 1$ 作用在 1 号梁轴时:

$$\eta^M_{(2-3)1} = \eta_{11} \times 1.5d + \eta_{21} \times 0.5d - 1 \times 1.5d$$
$$= 0.6 \times 1.5 \times 2.2 + 0.4 \times 0.5 \times 2.2 - 1 \times 1.5 \times 2.2 = -0.88$$

$P = 1$ 作用在 5 号梁轴时:

$$\eta^M_{(2-3)5} = \eta_{15} \times 1.5d + \eta_{25} \times 0.5d$$
$$= -0.2 \times 1.5 \times 2.2 + 0 \times 0.5 \times 2.2 = -0.66$$

$P = 1$ 作用在 3 号梁轴时:

$$\eta^M_{(2-3)3} = \eta_{13} \times 1.5d + \eta_{23} \times 0.5d$$
$$= 0.2 \times 1.5 \times 2.2 + 0.2 \times 0.5 \times 2.2 = 0.88$$

根据比例关系,不难求得 $P = 1$ 作用在 2-3 位置时:

$$\frac{\eta^M_{(2-3)-23} + 0.66}{2.5d} = \frac{\eta^M_{(2-3)-3} + 0.66}{2d}, \eta^M_{(2-3)-23} = 1.265$$

绘制 M_{2-3} 影响线如图 2-88b)所示。

②绘制剪力 $Q^{右}_1$ 影响线

当 $P = 1$ 作用在计算截面以右时: $\eta^{Q右}_1 = R_1 = \eta_{1i}$,即为 1 号梁荷载横向分布影响线;

当 $P = 1$ 作用在计算截面以左时: $\eta^{Q右}_1 = R_1 - 1 = \eta_{1i} - 1$,即为 1 号梁荷载横向分布影响线。

绘制 $Q^{右}_1$ 影响线如图 2-88c)所示。

(3)截面内力计算

将求得的计算荷载 P_{oq} 在相应的影响线上按最不利荷载位置加载,对于汽车荷载并计入冲击影响 $(1 + \mu)$,则得

弯矩 $M_{2-3} = (1 + \mu)\xi P_{0q}\sum\eta_i = 1.252 \times 1 \times 119.56(0.095 + 1.265 + 0.810 + 0.178)$
$$= 351.47(\text{kN} \cdot \text{m})$$

剪力 $Q^{右}_1 = (1 + \mu)\xi P_{0q}\sum\eta_i = 1.252 \times 1 \times 119.56(0.564 + 0.400 + 0.282 + 0.118)$
$$= 204.18(\text{kN})$$

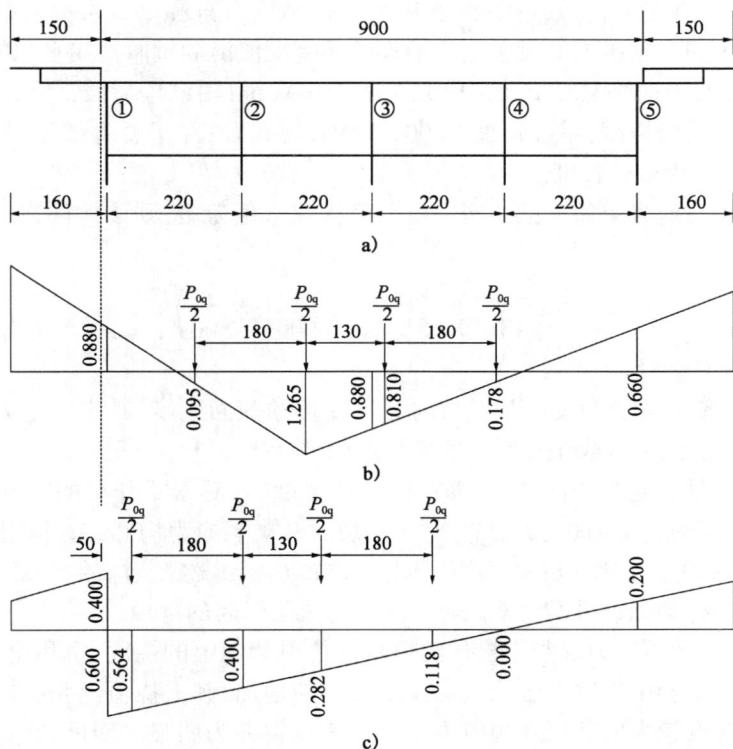

图 2-88 跨中横隔梁内力影响线(尺寸单位:cm)

a)桥梁横断面布置;b)$M_{2\text{-}3}$ 影响线;c)$Q_1^{右}$ 影响线

五、挠度、预拱度

桥梁上部结构在荷载作用下将产生挠曲变形,使桥面呈凹形或凸形,多孔桥梁甚至呈波浪形。因此设计钢筋混凝土受弯构件时,应使其具有足够的刚度,以避免产生过大的变形,将影响结构的正常使用。过大的变形将影响车辆高速平稳的运行,并将导致桥面铺装的破坏。同时,车辆行驶时会引起颠簸和冲击,并伴随有较大的噪声和对桥梁结构加载的不利影响。另外,构件变形过大,也会给人们带来不安全感。因此,对受弯构件产生的挠度值必须加以限制,以保证结构正常使用。

变形验算是指钢筋混凝土桥梁以汽车荷载(不计冲击力)计算的上部结构最大竖向挠度,不应超过规定的允许值。钢筋混凝土和预应力混凝土受弯构件,在正常使用极限状态下的挠度,可根据给定的构件刚度用结构力学的方法计算。其长期挠度值,在消除结构自重产生的长期挠度后,梁式桥主梁的最大挠度不应超过计算跨径的 1/600;梁式桥主梁的悬臂端不应超过悬臂长度的 1/300。

钢筋混凝土受弯构件预拱度可按下列规定设置:

(1)荷载短期效应组合并考虑荷载长期效应影响产生的长期挠度不超过计算跨径的 1/1 600 时,可不设预拱度。

（2）不符合上述规定则应设预拱度，预拱度值按结构自重和1/2可变荷载频遇值计算的长期挠度值之和采用。预拱度的设置应按最大的预拱度值沿顺桥向做成平顺的曲线。

《桥规》规定，对于钢筋混凝土及预应力混凝土梁式桥，用汽车荷载（不计冲击力）计算的上部结构跨中最大竖向挠度，不应超过 $l/600$，l 为计算跨径；对于悬臂体系，悬臂端点的挠度不应超过 $l'/300$，l' 为悬臂长度。

如果已知某钢筋混凝土简支梁的跨中最大静活载弯矩为 M，则该构件在短期荷载作用下的挠度为：

$$f = \frac{5}{48} \cdot \frac{Ml^2}{0.85E_hI_{ol}} \leq \frac{l}{600}\left(或\frac{l}{500}\right) \tag{2-79}$$

式中：　　l——计算跨径；

$0.85E_hI_{ol}$——钢筋混凝土简支梁桥受弯时计算变形的截面刚度，其中，E_h 为混凝土的弹性模量，I_{ol} 为截面开裂后的换算截面惯性矩。

对于预应力混凝土受弯构件，当计算短期弹性挠度时，对于不开裂的全预应力和A类部分预应力构件，截面刚度采用 $0.85E_hI_0$。对于开裂的B类预应力构件，M_f 作用时，截面刚度采用 $0.85E_hI_0$；$(M - M_f)$ 作用时，截面刚度采用 $0.85E_hI_{ol}$。上述 E_h、I_{ol} 的含义同前，I_0 为构件换算截面的惯性矩，M_f 为截面开裂弯矩，M 为由使用荷载引起的弯矩。

值得注意的是，全预应力混凝土构件的恒载往往引起向上的挠度，也称上挠度，如图2-89所示。这种挠度甚至会由于混凝土徐变的作用而不断增加，其上挠值随张拉龄期的不同有较大的差异。这在跨度较大的装配式预应力T梁中表现得尤为明显。因此，在设计和施工时必须慎重，严格控制各片梁的初张拉龄期，结合荷载产生的向下挠度和合理控制预加应力来避免产生过大的上拱度。

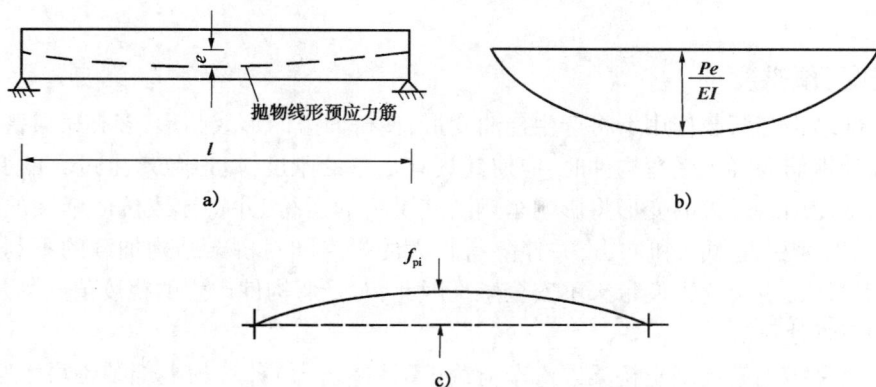

图 2-89　预张拉产生的挠度

混凝土简支梁长期恒载挠度值 f_c 可按下式计算：

$$f_c = (f_{g1} + f_{g2} - f_y)[1 + \varphi(t_\infty, \tau)] \tag{2-80}$$

式中：f_{g1}、f_{g2}——分别为一期恒载、二期恒载引起的初始弹性挠度；

　　　　f_y——预应力引起的反向挠度（向上为正）；

　　$\varphi(t_\infty, \tau)$——混凝土徐变系数终值。

复习思考题

1. 试论述整体浇筑式梁桥和预制装配式梁桥的优缺点。

2. 装配式简支梁桥按主梁的横截面形式可分为哪几种类型?

3. 装配式 T 形梁桥的横向连接有几种形式? 各自的特点如何?

4. 装配式钢筋混凝土简支梁桥的主梁、横隔梁及翼缘板内钢筋的配筋特点如何?

5. 简述钢筋混凝土梁桥和预应力混凝土梁桥各有什么特点?

6. 装配式预应力混凝土简支梁内纵向预应力主筋的布置形式有哪几种? 各有何特点?

7. 简述斜交板桥的主要受力特点。

8. 简述桥面板的力学计算模型。

9. 何谓板的有效工作宽度?《桥规》中对板的有效工作宽度是如何规定的?

10. 何谓单向板? 何谓双向板?

11. 简述荷载横向分布系数的含义及其影响因素。

12. 简支梁常用的荷载横向分布系数计算方法有哪些? 各自基本假定与适用条件如何?

13. 简支梁桥荷载横向分布系数沿桥跨方向是如何变化的? 在桥梁活载内力计算中如何考虑?

14. 论述简支梁桥主梁恒载与活载内力的计算特点。

15. 论述简支梁桥横隔梁恒载与活载内力的计算特点。

16. 简述简支梁桥挠度、预拱度计算要点。

第三章
CHAPTER THREE

悬臂体系和连续体系混凝土梁桥

【本章提要】

本章主要介绍悬臂体系混凝土梁桥的受力特点、构造要求及适用条件；连续体系混凝土梁桥的受力特点、构造要求及适用条件；悬臂体系和连续体系混凝土梁桥恒载、活载内力计算的基本方法；梁式桥常用支座的形式与计算；混凝土梁式桥的主要施工方法与施工工艺。

【知识目标】

通过本章学习，熟悉悬臂体系和连续体系的类型、构造特点以及恒、活载内力计算方法；掌握梁式桥支座的类型、布置原则、设计计算方法；熟悉各类梁式桥施工方法的适用条件、施工工艺和施工设备。

【能力目标】

了解悬臂体系和连续体系的受力特点与构造要求；能够对梁式桥支座进行设计计算；熟悉混凝土梁式桥的主要施工方法与施工工艺。

【重点难点】

本章的重点是悬臂体系和连续体系的受力特点及构造要求、梁式桥常用支座的形式与计算、混凝土梁式桥的主要施工方法与施工工艺；难点是悬臂体系和连续体系的内力计算。

第一节　悬臂体系梁桥

普通钢筋混凝土和预应力混凝土简支梁桥的经济跨径分别为 20m 和 40m 左右，当跨径超出此范围时，跨中恒载弯矩和活载弯矩将会迅速增大，从而导致梁的截面尺寸和自重显著增加,这样不但因材料用量大而不经济,而且由于安装质量大给装配式施工造成很大的困难。因此,为了降低材料用量指标,对于较大跨径的桥梁,宜采用能减小跨中弯矩值的其他体系桥梁,例如悬臂体系、连续体系的梁桥等。

一、悬臂梁桥

(一) 结构类型

悬臂体系梁桥的布置方式主要分为以下两大类。

1. 不带挂梁的单孔双悬臂梁桥

这类悬臂梁桥在桥头两端不设置桥台,而仅设置搭板与路堤相衔接,由于行车时搭板容易损坏,故多用在跨干线的人行桥梁上。

2. 带挂梁的多孔悬臂梁桥

仅在跨中设置挂梁的称为单悬臂梁桥[图 3-1c)],一般做成三跨,其边孔称锚孔;如需设计成多孔悬臂梁桥,就可采用双悬臂梁桥,即从简支梁的两端向外对称各伸出一个悬臂,挂梁每间隔一孔设置。[图 3-1b)]所示为三跨双悬臂梁桥,[图 3-1d)]为带挂梁的三跨 T 形刚构桥。

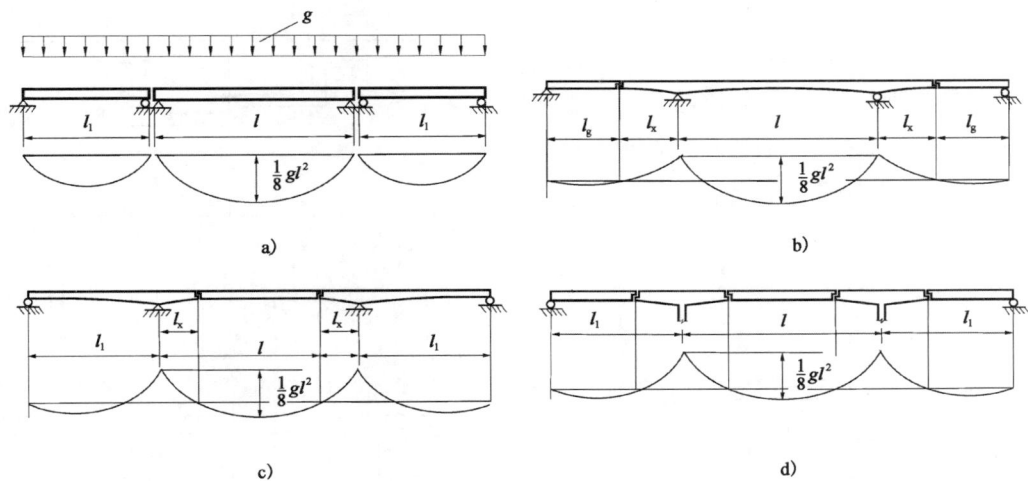

图 3-1 恒载弯矩图
a)简支梁桥;b)、c)悬臂梁桥;d)T 形刚构桥

(二) 力学特点

为了深入理解悬臂梁桥的力学特征,我们可通过荷载作用下梁体截面产生的内力来与简支梁桥进行比较,如图 3-1 所示。在跨径 l 和恒载集度 g 均相同的情况下,简支梁的跨中弯矩值最大[图 3-1a)],悬臂梁桥则由于支点负弯矩的存在,使跨中正弯矩值显著减小[图 3-1b)~ d)]。

从表征材料用量的弯矩图面积大小（绝对值）而言,悬臂梁桥也比简支梁小得多。若以[图3-1c)]的中跨弯矩图形为例,当$l_x = l/4$时,正、负弯矩图面积的总和仅为同跨径简支梁桥的1/3.2。

再从活载方面来看,如果只在[图3-1b)]的中孔布载,则其跨中最大正弯矩仍然与简支梁一样。但对于带有挂梁的多孔悬臂梁桥[图3-1c)],活载作用于中间孔上时,只有较小跨径（通常只有桥孔跨径的0.4～0.6倍）的简支挂梁才产生正弯矩,相比简支梁桥要小得多。

由此可见,与简支梁桥相比较,悬臂梁桥由于支点负弯矩的存在,使跨中正弯矩显著减小,故可以减小跨度内主梁的高度,从而可降低钢筋混凝土数量和结构自重,而这本身又导致了恒载内力的减小。

(三)构造特点

1. 截面形式

由于悬臂体系梁桥的主梁除了跨中部分承受正弯矩外,在支点附近还要承受较大的负弯矩,因此在进行截面设计时,支点截面的底部受压区往往需要加强。常用的截面形式如图3-2和图3-3所示。图3-2a)为带马蹄形的T形截面,适用于跨径在30m以内的钢筋混凝土桥梁。图3-2b)为底部加宽的T形截面,适用于跨径在30～50m的预应力混凝土桥梁。当跨径在50m以上时,一般使用箱形截面,如图3-3所示。

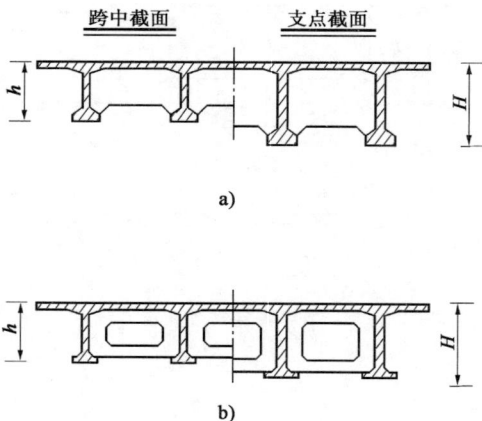

图3-2 底部加强的截面形式

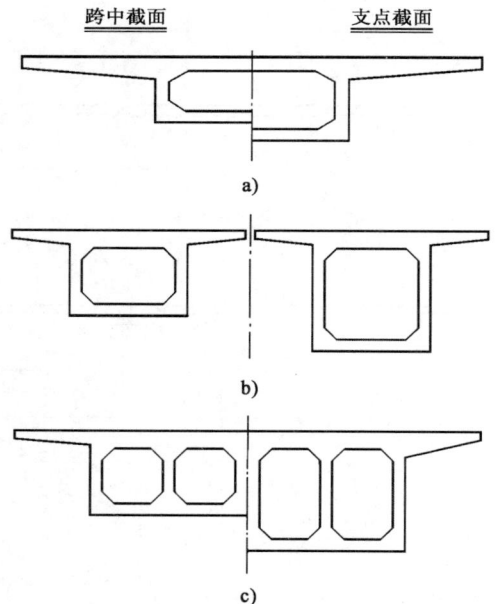

图3-3 箱形截面形式
a)单箱单室;b)分离式双箱单室;c)单箱多室

箱形截面由顶板、底板、腹板等组成,它的细部尺寸拟定既要满足箱梁纵、横向的受力要求,又要满足结构构造及施工上的需要。悬臂梁、T形刚构因接近悬臂端的截面承受负弯矩较小,因此底板厚度主要由构造要求决定。

2. 跨径布置和梁高尺寸

各种悬臂梁桥的跨径布置和梁高尺寸见图 3-4。

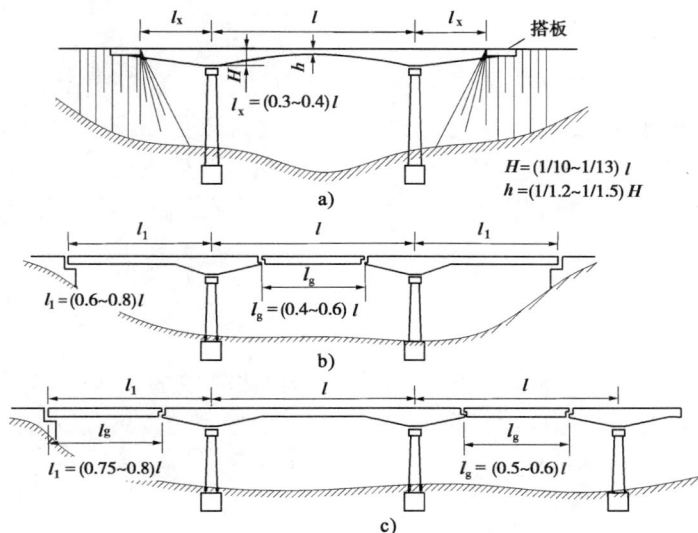

图 3-4　钢筋混凝土悬臂梁桥的主要尺寸

用于跨线桥上的单孔双悬臂梁桥,其中孔跨径由桥下的行车净空要求确定。当主梁为 T 形截面时,由于中支点处 T 形梁下缘的受压面积小,故其悬臂长度不宜过长,一般取中跨长度的 0.3 ~ 0.4 倍。当采用箱形截面时,为了使中跨跨中最大正弯矩和支点最大负弯矩的绝对值大致相等,以充分发挥材料的受压作用,悬臂长度可适当加大,但最大不能超过中跨长度的 0.5 倍。尤其是当它用作行车的桥梁时,过长会使活载挠度增大,跳车现象加剧,使桥与路堤的连接构造易遭破坏。

跨河的单孔悬臂梁桥及多孔悬臂梁桥的主孔通常由通航净空确定,或与边孔一起由河床泄洪、地形和地质等条件综合考虑来确定。当不受上述这些条件限制时,就可按照使梁的弯矩包络图面积最小为原则来确定边孔与中孔跨径的划分,以达到节省材料的目的。

多跨悬臂梁桥[图 3-4c)]的两个悬臂一般做成相同的尺寸,其挂梁高度为 $h_g = (1/12 \sim 1/20)l_g$。在特殊情况下必须进一步减小锚孔的跨径时,应考虑活载作用在中孔时锚孔边支点可能出现负反力的情况,为此应采取加设平衡重或设置拉力支座等特殊措施。

表 3-1 列出了单孔双悬臂梁桥梁高拟定的常用尺寸。

单孔双悬臂梁桥梁高拟定　　　　　　　　　　　　　　　　　　　　表 3-1

桥　型	跨　径	高跨比(h、H 分别为跨中和支点梁高)		
普通钢筋混凝土	$L_x = (0.3 \sim 0.4)l$	T 形截面	$H = (1/10 \sim 1/13)l$	$h = (1/1.2 \sim 1.5)H$
		箱形截面	$H = (1/12 \sim 1/15)l$	$h = (1/2 \sim 1/2.5)H$
预应力钢筋混凝土	$L_x = (0.3 \sim 0.50)l$	T 形截面	$H = (1/12 \sim 1/15)l$	$h = (1/1.2 \sim 1/1.5)H$
		箱形截面	$H = (1/15 \sim 1/18)l$	$h = (1/2 \sim 1/2.5)H$

　　悬臂梁桥与多孔简支梁桥相比较具有另一个重要特点：从桥的立面上看，在桥墩上只需设置一排沿墩中心布置的支座，从而可相应地减小桥墩的尺寸。

（四）适用情况

　　悬臂梁桥在施工阶段和成桥运营阶段的受力状态是一致的，非常适宜采用悬臂施工方法。钢筋混凝土悬臂梁桥在支点附近负弯矩区段内，梁的上翼缘受拉，不可避免要出现裂缝，雨水易于浸入梁体。从运营条件来看，悬臂梁桥和简支梁桥均不甚理想。悬臂梁桥在悬臂端与挂梁衔接处的挠曲线都会发生不利于行车的折点，并且伸缩缝装置需经常更换，故这种桥型在目前我国已较少采用。

二、T形刚构桥

　　将悬臂梁桥的墩柱与梁体固结后便形成了带挂梁或带铰的结构，称为T形刚构桥，是具有悬臂受力特点的梁式桥。同样，与简支梁桥相比较，T形刚构桥具有较大的跨越能力。若采用预应力混凝土结构，则结构的跨越能力可进一步得到提高。

（一）分类及力学特点

　　T形刚构桥又可分为两种类型：两T构之间带挂梁和两T构之间带铰，如图3-5所示。

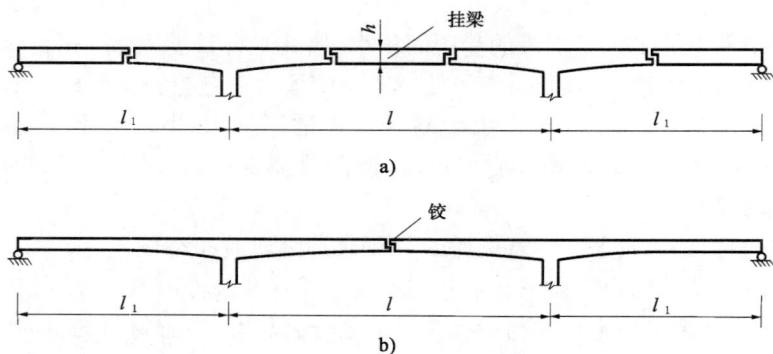

图3-5　T形刚构桥的分类
a)带挂梁的T形刚构；b)带铰的T形刚构

1. 带挂梁的T构

　　带挂梁的T形刚构属于静定结构。与连续梁相比，其具有悬臂法施工阶段的受力状态与运营阶段一致，无须进行体系转换，省掉设置大吨位支座装置及更换支座的麻烦等优点，当挂梁与两岸引桥的简支跨尺寸和构造相同时，更能加快全桥施工进度，以获得经济效益；与带剪力铰的T形刚构桥相比，其受力和变形性能均略差一些，但受力明确，对施工阶段高程的控制精度可以稍放宽些，没有为设置剪力铰而进行强迫合龙的可能以及更换剪力铰处支座的麻烦；与连续刚构桥相比，其不受温度及基础沉降产生次内力的影响。

2.带铰的 T 构

带铰的 T 形刚构属超静定结构,两个大悬臂在端部借所谓"剪力铰"相连接。剪力铰是一种只能传递竖向剪力而不传递水平力和弯矩的连接构造。当在一个 T 形刚构桥面上作用有竖向荷载时,相邻的 T 形刚构通过剪力铰而共同受力。因而,从结构受力和牵制悬臂端变形来看,剪力铰起到了有利的作用。

(二)构造特点

带挂梁的 T 构桥型结构布置,以每个 T 构单元与两侧配等跨长的挂梁最为简单合理,在此情况下,刚构两侧恒载是对称的,墩柱中无不平衡的恒载弯矩。对于钢筋混凝土 T 构桥,挂梁的经济长度一般在跨径的 0.5 ~ 0.7 倍范围内,而预应力混凝土 T 构的挂梁经济长度一般在跨径的 0.22 ~ 0.5 倍范围内。主孔跨径大时,取较小比值,并应使挂梁跨径不超过 35 ~ 40m,以利安装。悬臂受力的 T 构承受的全是负弯矩,上缘受拉,因而配筋比较简单。

T 形刚构桥的悬臂梁,可以采用箱形截面,也可以做成桁架结构。当在墩柱一侧的桥跨上布载时,墩柱将承受较大的不平衡力矩,因此墩柱尺寸一般较大,墩宽可取(0.7 ~ 1.0)H。

(三)适用情况

此种桥型结合了刚架桥和多孔静定悬臂梁桥的特点,是我国 20 世纪 70 ~ 80 年代修建较多的一种桥型。同悬臂梁桥一样,T 形刚构桥也非常适宜采用悬臂法施工。预应力技术的进步与悬臂施工工艺相结合以及受力简单明确是其发展的一个主要原因。钢筋混凝土 T 形刚构常用跨径为 40 ~ 50m,预应力混凝土 T 形刚构的常用跨径为 60 ~ 120m。目前最大跨径为 174m(重庆长江大桥,跨径布置为 86.5m + 4 × 138m + 156m + 174m + 104.5m)。

但是几十年来的实践证明:T 构带挂梁的桥型在混凝土的长期收缩徐变和汽车荷载的冲击力作用下,T 构悬臂梁端会发生下挠,从而导致悬臂端与挂梁之间易形成折角,增大冲击作用,使伸缩缝的处理和养护较困难;各 T 构之间不能共同工作,使其跨径受到限制。而在 T 构带铰的桥型中,由于铰的存在,使铰的左右两侧主梁变形不一致,难于调整,引起行车不平顺;施工过程中有时还需强迫合龙;当 T 构的两边温度变化不同时,易产生不均匀变形,引起较大次内力;加上剪力铰的构造与计算图式中的理想铰尚存在差异,难以准确地计算出各种因素产生的次内力。因此,带挂梁和带铰的 T 形刚构目前均已较少采用。

三、预应力筋的布置

一般来说,预应力混凝土梁桥的布束应遵循以下原则:

(1)应选择适当的预应力束筋形式和锚具形式。

(2)应考虑施工的方便,尽可能少地切断预应力钢筋。

(3)符合结构受力的特点,既要满足施工阶段的受力要求,又要满足成桥后使用阶段各种荷载组合下的受力要求;既要考虑结构在使用阶段的弹性受力状态的需要,也要考虑到结构在破坏阶段时的需要;并注意避免在超静定结构体系中引起过大的结构次内力。

(4)考虑材料经济指标的先进性,预应力束筋在结构横断面上布置要考虑剪力滞效应。

(5)避免使用多次反向曲率的连续束,以降低摩阻损失。

悬臂体系梁中连续预应力束筋的布置形式如图 3-6 和图 3-7 所示,常用于有支架的现浇预应力混凝土结构中。

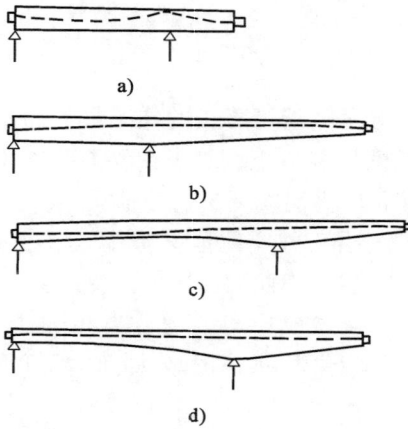

图 3-6　单悬臂梁布束方式
a)短跨;b)长悬臂;c)长锚跨;d)直线力筋

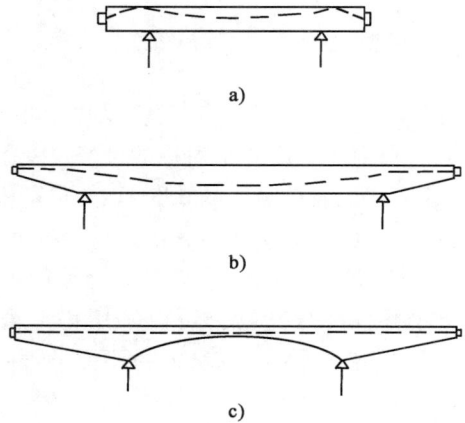

图 3-7　双悬臂梁布束方式
a)短跨;b)锥形状短悬臂;c)直线力筋

四、牛腿构造和计算

(一)牛腿的受力特点

悬臂梁桥的悬臂端和挂梁端结合部的局部构造称为牛腿,如图 3-8 所示。在这里由于梁端的相互搭接,中间还要设置传力支座来传递较大的竖向力,因此牛腿的高度被缩小至不到悬臂梁高和挂梁梁高的一半,却又要传递较大的竖向力,这就使其成为上部结构中的薄弱部位。鉴于牛腿处梁高的骤然减小,在凹角处应力集中现象严重[图 3-9a)],因此设计时除了将此处梁肋加宽并设置端横梁加强外,还应适当改变牛腿的形状,避免尖的凹角[图 3-9b)],同时还需配置密集的钢筋网或预应力筋[图 3-9c)]。此外,为改善牛腿的受力状况,还应尽量减小支座的高度,如采用橡胶支座等。

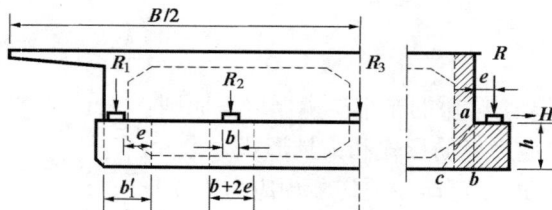

图 3-8　悬臂端横梁

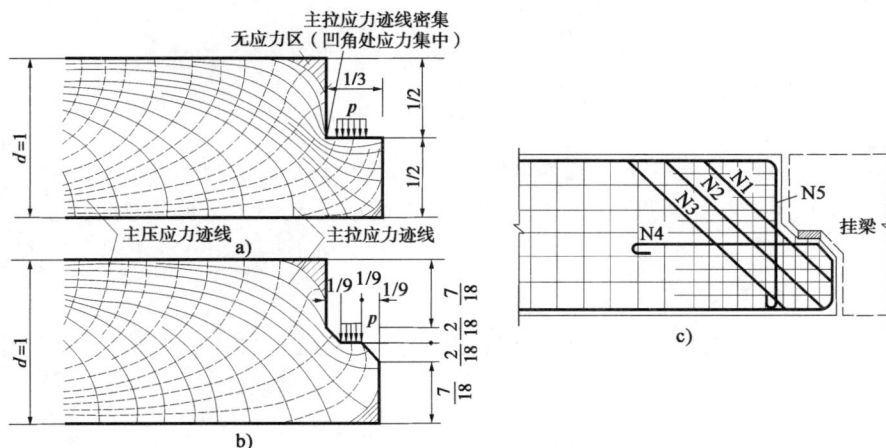

图 3-9　牛腿的构造及受力

(二) 牛腿的计算

计算的主要内容即为对预先设计好的牛腿进行配筋和应力、强度验算。

1. 牛腿截面内力的确定

如图 3-10 所示，在外力 R 和 H 作用下，沿任意斜截面 $a-c$ 截取脱离体，考察脱离体的平衡：

$$\left.\begin{aligned}
N_\theta &= R\sin\theta + H\cos\theta \\
Q_\theta &= R\cos\theta - H\sin\theta \\
M_\theta &= R\left(e + \frac{h}{2}\tan\theta\right) + H\left(\frac{h}{2} + \varepsilon\right)
\end{aligned}\right\} \qquad (3-1)$$

式中：R——恒载和活载支点反力 (对于汽车活载应计入冲击力)；

　　　H——活载制动力或温度变化引起的支座摩阻力，取其大者，当不计附加荷载时，$H = 0$；

　　　θ——斜截面对竖直面的倾斜角，对于竖直面，则 $\theta = 0$；

　　　ε——支座垫板高出牛腿底面的高度。

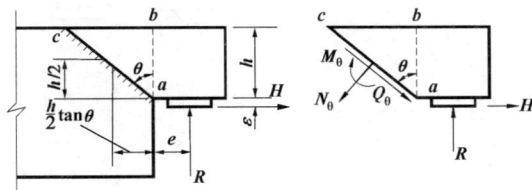

图 3-10　牛腿受力图

2. 竖截面 $a-b$ 的验算

作用于竖截面 $a-b$ 上的内力为：

$$\left.\begin{array}{rl} N_{\theta=0} & = H \\ Q_{\theta=0} & = R \\ M_{\theta=0} & = Re + H\left(\dfrac{h}{2} + \varepsilon\right) \end{array}\right\} \tag{3-2}$$

据此可按钢筋混凝土偏心受拉构件验算抗弯和抗剪强度。当不计附加荷载时，$N_{\theta=0}=0$，就按受弯构件验算强度。对于有预应力筋的牛腿，应按预应力混凝土构件验算其强度。

3. 最弱斜截面验算

最弱斜截面是指按纯混凝土截面计算时拉应力 σ_l 为最大的一个截面。相应于该斜截面倾斜角 θ 的正切表达式为：

$$\tan 2\theta = \frac{2Rh}{3Re + 3H\varepsilon + 2Hh} \tag{3-3}$$

对于预应力混凝土牛腿，最弱斜截面的倾角 θ，其值为：

$$\tan 2\theta = \frac{2Rh - 2N_y h \sin\alpha}{3Re + 3H\varepsilon + 2Hh - N_y(2h - 3m)\cos\alpha} \tag{3-4}$$

式中：N_y——牛腿部位预压力的合力；

$\quad\alpha$——牛腿部位预压力合力 N_y 对水位线的倾角；

$\quad m$——牛腿部位预压力合力 N_y 与内角竖直线 $a-b$ 的交点至内角点 a 的距离；

其余符号意义同前。

4. 45°斜截面的抗拉验算

在牛腿钢筋设计中，为了确保钢筋具有足够的抗拉强度，尚需验算假设混凝土沿 45°斜截面开裂后的受力状态，此时全部斜拉力将由钢筋承受（对于预应力混凝土牛腿，则包括预应力筋）。此时近似按轴心受拉构件验算，如图 3-11 所示。

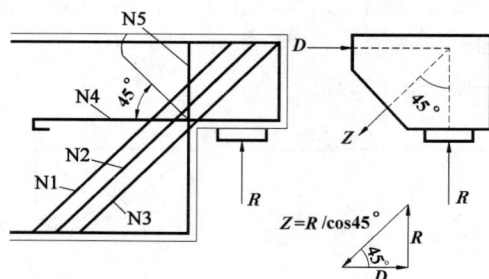

图 3-11 45°斜截面抗拉验算图式

$$KZ \leqslant R_g\left(\sum A_{gw} + \sum A_{gH}\cos 45° + \sum A_{gv}\cos 45°\right) \tag{3-5}$$

式中：$\quad K$——钢筋混凝土轴心受拉构件强度安全系数；

$\quad\quad Z$——外力作用下斜截面上总斜拉力；

R_g——钢筋抗拉设计强度；

$\sum A_{gw}$——裂缝截面上所有斜筋的截面积，如图 3-11 中 N1、N2 和 N3 钢筋的总截面积；

$\sum A_{gH}\cos45°$——裂缝截面上所有水平钢筋（图中 N4）的有效截面积；

$\sum A_{gv}\cos45°$——裂缝截面上所有竖向钢筋（图中 N5）的有效截面积。

第二节　连续体系梁桥

一、预应力混凝土连续梁桥

（一）等截面连续梁桥

1. 力学特点

除了按简支-连续法施工的连续梁桥，超静定结构的连续梁在恒载和活载作用下，支点截面负弯矩一般比跨中截面正弯矩大，但跨径不大时这个差值不是很大，可以考虑采用等截面形式，并采取一定的构造措施予以调节，从而简化了主梁的构造。

2. 构造特点

等截面连续梁桥可选用等跨和不等跨两种布置方式，见图 3-12。

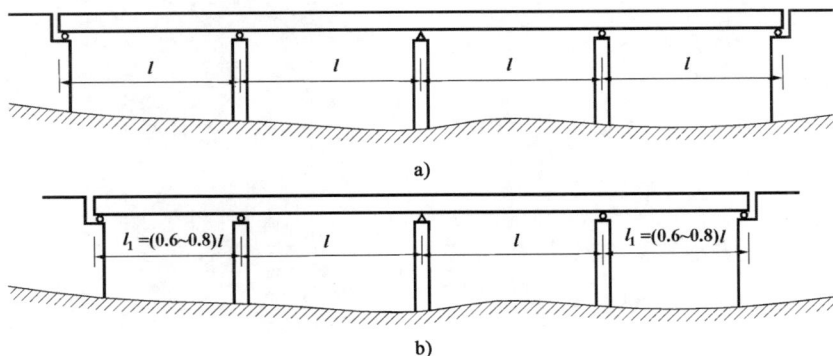

图 3-12　等截面连续梁桥的立面布置
a）等跨等截面连续梁；b）不等跨等截面连续梁

等跨布置的跨径大小主要取决于经济分孔和施工的设备条件。高跨比一般为 1/15 ~ 1/25；在顶推施工的等截面连续梁桥中，梁高 H 与顶推跨径 L_0 之比一般为 1/12 ~ 1/17。当标准跨径较大时，有时为减小边跨正弯矩，将边跨跨径取小于中跨的结构布置，一般边跨与中跨跨径之比为 0.6 ~ 0.8。

3. 适用范围

等截面连续梁一般适应以下情况：

（1）桥梁一般采用中等跨径，以 40～60m 为宜，这样可以使主梁构造简单，施工快捷。

（2）立面布置以等跨径为宜，也可以采用不等跨布置。

（3）适应于有支架施工、逐孔架设施工、移动模架施工及顶推法施工。

（二）变截面连续梁桥

1. 力学特点

当连续梁的主跨跨径接近或大于 70m 时，若主梁仍采用等截面布置，在恒载和活载作用下，主梁支点截面的负弯矩将比跨中截面的正弯矩大得多，从受力上讲就显得不太合理且不经济，这时，采用变截面连续梁桥更符合受力要求，高度变化基本上与内力变化相适应。

从图 3-13 中分析可以得知：当加大靠近支点附近的梁高（即加大了截面惯矩）做成变截面梁时，还能进一步降低跨中的设计弯矩。从图中可见，在满布均布荷载 $g = 10kN/m$ 的作用下，三种不同的支点梁高（1.50m、2.50m 和 3.50m）所对应的跨中弯矩分别为 800kN·m、460kN·m 和 330kN·m。也就是说，将支点梁高局部地从 1.50m 加大至 3.50m 时，跨中最大弯矩比等高梁降低一半多。一般地说，加大支点附近梁高是合理的，因为这样做既对恒载引起的截面内力影响不大，也与桥下通航的净空要求无甚妨碍，并且还能适应抵抗支点处较大剪力的要求。这也是连续体系梁桥比简支梁桥，甚至比悬臂梁，能跨越更大跨度的原因。可见，连续梁采用变截面结构不仅外形美观，还可节省材料并增大桥下净空高度。

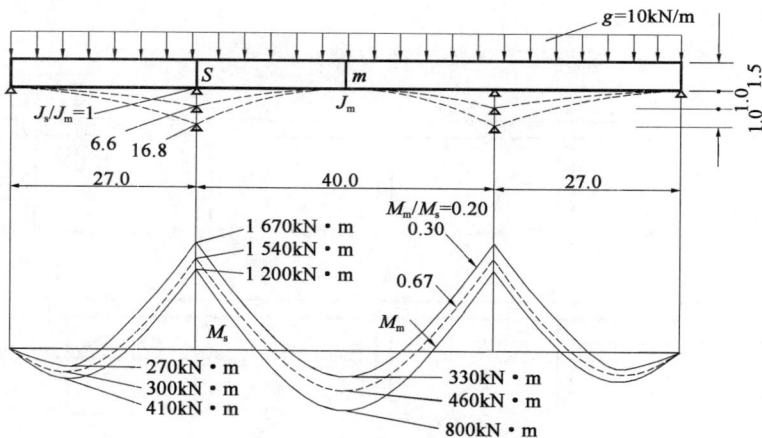

图 3-13　三跨连续梁弯变化影响（尺寸单位：m）

同时，采用变截面布置适合悬臂法施工（悬臂浇筑和悬臂拼装），施工阶段主梁的刚度大，且内力与运营阶段的主梁内力基本一致。

2. 构造特点

连续梁桥连续超过 5 跨时的内力情况虽然与 5 跨的相差不大，但连续过长会增大温度变化的附加影响，造成梁端伸缩量很大，需设置大位移量的伸缩缝，因此连续孔数一般不超过 5 跨，但也有为减少伸缩缝而采用多于 5 跨的情形。当需要在宽阔的河流或旱谷上修建多孔连续梁时，通常可按 3～7 孔为一联分联布置，联与联的衔接处，通过两排支座支承在一个桥墩上。

变截面形式的大跨径预应力混凝土梁桥,立面一般采用不等跨布置。但多于三跨的连续梁桥,除边跨外,其中间各跨一般采用等跨布置,以方便悬臂施工。对于多于两跨的连续梁桥,其边跨跨径一般为中跨的 0.6 ~ 0.8 倍,见图 3-14a)。当采用箱形截面的三跨连续梁时,边孔跨径甚至可减少至中孔的 0.5 ~ 0.7 倍。有时为了满足城市桥梁或跨线桥的交通要求而需增大中跨跨径时,可将边跨跨径设计成仅为中跨的 0.5 倍以下,在此情况下,端支点上将出现较大的负反力,故必须在该位置设置能抵抗拉力的支座或压重以消除负反力,如图 3-14b)所示。

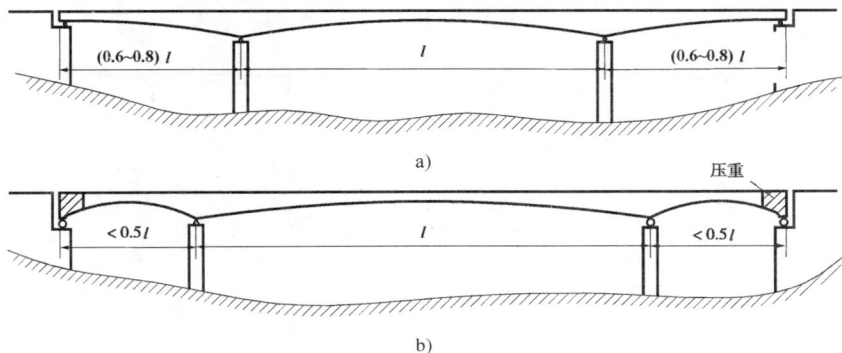

图 3-14　变截面连续梁桥的立面布置

在不受总体设计中建筑高度限制的前提下,连续箱梁的梁高宜采用变高度的,其底曲线可采用二次抛物线、折线和介于折线与二次抛物线之间的 1.5 ~ 1.8 次抛物线变化形式。抛物线的变化规律应与连续梁的弯矩变化规律基本接近,采用折线形截面变化布置,可使桥梁的构造简单,施工方便。具体的选用形式应按照各截面上下缘受力均匀、容易布束确定。在大跨度预应力混凝土连续梁桥中,除截面高度变化外,还可将截面的底板、顶板和腹板做成变厚度的,以满足主梁内各截面的不同受力要求。

3.适用范围

(1)当连续梁的主跨跨径达到 70m 及以上。

(2)适合悬臂浇筑和悬臂拼装两种施工。

大跨度预应力混凝土连续梁桥采用悬臂法施工时,存在墩梁临时固结和体系转换的工序,结构稳定性应予以重视,施工较为复杂;此外,主墩需要布置大型橡胶支座,存在养护上甚至更换上的麻烦。

二、连续刚构桥

预应力混凝土连续刚构桥是连续梁桥与 T 形刚构桥的组合体系,也称墩梁固结的连续梁桥,如图 3-15 所示。

(一)力学特点

大跨度连续刚构桥结构的受力特点主要为:梁体连续,墩、梁、基础三者固结为一个整体共同受力。在恒载作用下,连续刚构桥与连续梁桥的跨中弯矩和竖向位移基本一致,但在采用双肢薄壁墩的连续刚构桥[图 3-15a)]中,墩顶截面的恒载负弯矩较相同跨径连续梁桥的要小;

其次,由于墩梁固结和共同参与工作,连续刚构桥由活载引起的跨中正弯矩较连续梁的要小,因而可以降低跨中区域的梁高,并使恒载内力进一步降低。因此,连续刚构桥的主跨径可以比连续梁桥设计得大一些。

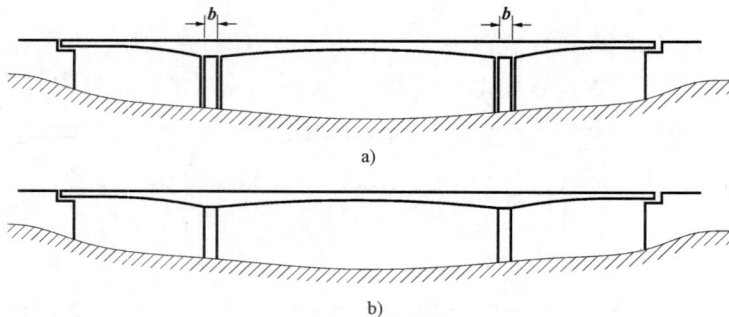

图 3-15　连续刚构桥

（二）构造特点

1. 主梁及高度

连续刚构桥的主梁在纵桥向大都采用不等跨变截面的结构布置形式,以适应主梁内力的变化。主梁底部的线形基本上与变截面连续梁桥相类似,可以是曲线形、折线形、曲线加直线形等,具体应根据主梁内力的分布情况,按等载强比原则选定。

国内外已建成的连续刚构桥,边跨和主跨的跨径比值在 0.5 ~ 0.692 之间,大部分比值在 0.55 ~ 0.58 之间。这说明变截面连续刚构桥的边跨比值要比变截面连续梁桥的比值范围 0.6 ~ 0.8 要小。这是由于墩梁固结,边跨的长短对中跨恒载弯矩调整的影响很小,而边、主跨径之比在 0.54 ~ 0.56 时,不仅可以使中墩内基本没有恒载偏心弯矩,而且由于边跨合龙段长度小,可以在边跨悬臂端用导梁支承于边墩上,进行边跨合龙,从而取消落地支架,施工也十分方便和经济。

预应力混凝土连续刚构桥主要适用于高桥墩的情况,此时桥墩作用如同摆柱,以适应预应力、混凝土收缩徐变和温度变化等引起的纵向位移。

大跨连续刚构桥主梁一般采用箱形截面,箱梁根部截面的高跨比一般为 1/16 ~ 1/20,其中大部分为 1/18 左右,也有少数桥梁达到或低于 1/20。跨中截面梁高通常为支点截面梁高的 1/2.5 ~ 1/3.5,略小于连续梁的跨中梁高,这是由于连续刚构桥墩梁固结,活载作用于中跨时,与相同跨径的连续梁相比,连续刚构跨中正弯矩较小的缘故。

2. 墩身及尺寸

大跨度连续刚构桥的桥墩不仅应满足施工、运营等各阶段支承上部结构重力和稳定性等方面的要求,而且桥墩的柔度应适应由于温度变化、混凝土收缩、徐变以及制动力等因素引起的水平位移,以尽量减小这些因素对结构产生的次内力。

连续刚构桥一般用在长大跨径的桥梁上,如果桥墩的水平抗推刚度较大,则因主梁的预应力张拉、收缩、徐变、温度变化等因素所引起的变形受到桥墩的约束后,将会在主梁内产生较大的次拉力,并对桥墩也产生较大的水平推力,从而会在结构混凝土上产生裂缝,降低结构的使用功能。由此可见,连续刚构桥桥墩的水平抗推刚度宜在满足桥梁施工、运行稳定性要求的前提下尽可能的小。相反地,大跨连续刚构桥在横桥向的约束很弱,桥梁在横向不平衡荷载或风载作用下,易产生扭曲、变位,为了增大其横向稳定性,桥墩在横向的刚度应设计得大一些。

连续刚构桥柔性墩柱的立面形式主要有以下三种。

(1)竖直双肢薄壁墩

用两个相互平行的薄壁与主梁固结作为桥墩[图3-15a)]。这是在连续刚构桥中应用较多的一种形式,适用于桥墩不是很高的情形。竖直双肢薄壁墩可增加桥墩纵桥向竖向荷载作用下的刚度,同时其水平抗推刚度小,在桥梁纵向允许的变位大,这不仅可以减小主梁附加内力,而且由于主梁的负弯矩峰值出现在两肢墩的墩顶,且较单壁墩小一些,故可减小主梁在墩顶截面处的尺寸,增加桥梁美感。因此,在大跨度预应力混凝土连续刚构桥中是理想的墩身形式。但是双肢薄壁墩占据的宽度较大,防撞设施需保护的范围也较大,这部分增加的费用可能较多。偶然的船撞力往往是作用在其中一肢的薄壁墩上,当一肢薄壁墩遭到破坏后,另一肢薄壁墩很容易因承载力和稳定性不够而随之破坏,这一点需引起足够的重视。

每肢薄壁墩又有空心和实心之分。实心双壁墩施工方便、抗撞能力强,空心双壁墩可以节约混凝土40%左右,设计中应根据具体条件通过分析后选用。

(2)竖直单薄壁墩

在深谷和深水河流的高桥墩上经常采用竖直单薄壁墩[图3-15b)]。它在外观上呈一字形,其截面形式一般为箱梁截面的空心桥墩,具体尺寸需根据对柔性的要求确定。

一般说来,单薄壁墩特别是箱形截面单薄壁墩的抗扭性能好,稳定性强,能增大通航孔的有效跨径,但其柔性不如双肢薄壁墩大,随着墩身高度的不断增加,单薄壁墩的柔性逐渐增加,允许的纵向变位增大。因此,对于墩身很高的大跨度连续刚构或中等跨径的连续刚构来说,箱形单薄壁墩也是理想的墩身形式。

(3)V形墩(或Y形柱式墩)

在刚架桥中为了减小内支点处的负弯矩峰值,可将墩柱做成V形墩形式,V形托架可使主梁的负弯矩峰值降低一半以上,见图3-16。

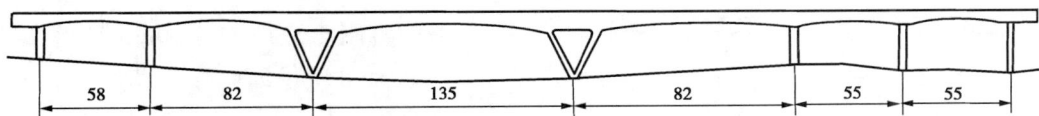

图3-16 V形墩连续刚构桥(尺寸单位:m)

Y形柱式墩是上部为V形托架,下部为单柱式,两者在立面上构成Y字形。下部的单柱具有一定的柔性,可满足纵向变形的要求。

(三)适用范围

连续刚构桥常用于大跨、高墩的结构中,桥墩纵向刚度较小,在竖向荷载作用下,基本上属于一种无推力的结构,而上部结构具有连续梁施工的一般特点,有较好的技术经济性。由于预应力技术在近年来发展迅速,连续刚构这种结构近年来得到了较快的发展,可以说连续刚构桥是大跨度桥梁选型中具有竞争力的桥型之一。我国跨径在180m以上的梁桥，均采用连续刚构桥。

连续刚构桥的另一个特点是主梁保持连续，这样既保持了连续梁无伸缩缝、行车平顺的优点，又保持了T构不需设大吨位支座的优点，同时避免了连续梁（存在临时固结和体系转换）和T构（设伸缩缝）两者的缺点，养护工作量小。此外，连续刚构施工稳固性好，减少或避免边跨梁端搭架合龙的难度。

但连续刚构桥对地基承载力的要求更高，若地基发生过大的不均匀沉降，连续梁可通过调整墩顶支座的高程抵消下沉来补救，而连续刚构则做不到。对于大跨度连续刚构，当其主墩刚度过大时，中跨梁体因产生过大的温降拉力而对结构受力不利。此外，梁墩联结处应力复杂也是连续刚构的一个缺点。

三、横截面形式和尺寸

预应力混凝土连续梁体系桥的截面形式很多，一般应根据桥梁的总体布置、跨径、宽度、梁高、支承形式和施工方法等方面综合确定。合理地选择主梁的截面形式对减轻桥梁自重、节约材料、简化施工和改善截面受力性能是十分重要的。

预应力连续梁桥横截面形式主要有板式、肋梁式和箱形截面。其中，板式、肋梁式截面构造简单，施工方便；箱形截面具有良好的抗弯和抗扭性能，是预应力混凝土连续体系梁桥的主要截面形式。

（一）板式和T形截面

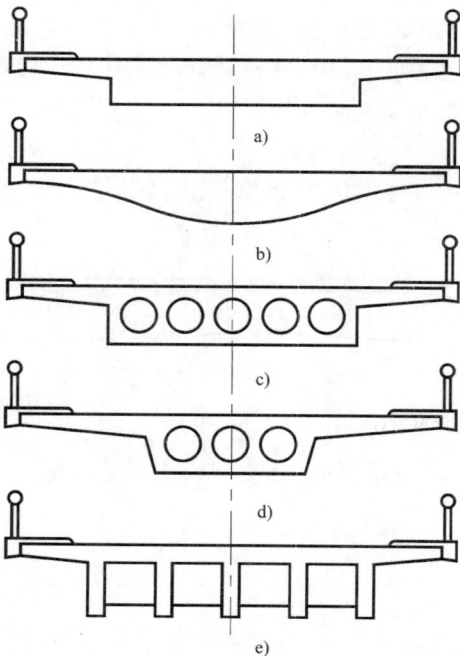

图3-17　板式、肋梁式截面形式
a)、b)实体截面；c)、d)空心截面；e)肋式截面

板式截面分实体截面[图3-17a)、b)]和空心截面[图3-17c)、d)]。

矩形实体截面使用较少，曲线形整体截面近年来相对使用较多，实体截面多用于中小跨径，且多配以有支架现浇施工，此时支点处板厚为(1/16～1/20)l，变截面板跨中板厚为支点处板厚的1/1.2～1/1.5倍。

空心截面常用于跨径15～30m的连续梁桥，板厚一般为0.8～1.5m，亦以有支架现浇为主。

肋梁式截面[图3-17e)]常用于预制架设施工，并在梁段安装后经体系转换为连续梁桥。其常用跨径为25～50m，梁高取1.3～2.6m。

（二）箱形截面

当连续体系梁桥的跨径为40～60m或更大时，主梁多采用箱形截面，因其构造布置灵活，适用于有支架现浇施工、逐孔施工、悬臂施工等多种施工方式。常用的箱形截面有单箱单室、单箱双室和分离式双箱单室等几种,以第一种应用得较多。单箱单室截面的顶板宽度一般小于20m[图3-18a)];单箱双室的约为25m[图3-18b)];双箱单室的可达40m左右[图3-18c)]。一般地,等高度箱梁可采用直腹板或斜腹板,变高度箱梁宜采用直腹板。单箱单室截面 $b:a$ 为1:(2.5~3.0)时,横向受力状态较好。

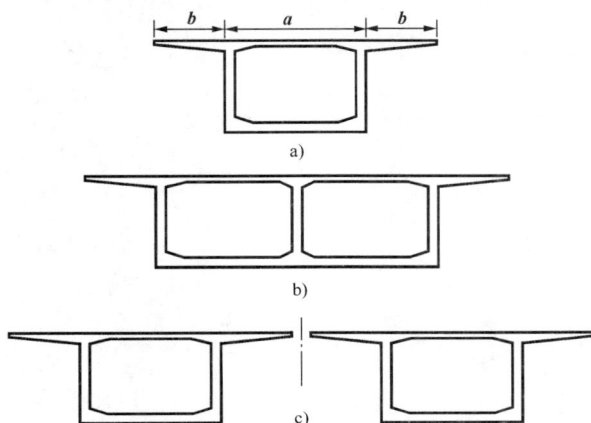

图3-18　箱形截面形式
a)单箱单室;b)单箱双室;c)双箱单室

1. 顶板

确定箱梁截面顶板厚度一般需考虑两个因素,即满足桥面板横向弯矩的要求(恒载、活载、日照温差等),满足布置纵、横向预应力钢束的要求。

顶板两侧悬臂板的长度对活载弯矩数值影响不大,但恒载及人群荷载弯矩随悬臂长度增加几乎成平方关系增加,故悬臂长度一般不大于5m,当长度超过3m后,宜布置横向预应力束筋。悬臂端部厚度不小于10cm,如设置防撞墙或需锚固横向预应力束筋时,端部厚度不小于20cm。

2. 底板

纵向负弯矩区受压底板的厚度对改善全桥受力状态、减小徐变下挠十分重要,因而大跨度连续体系梁桥中,应确保承受负弯矩的内支点区域的箱梁底板有足够的厚度。箱梁底板厚度随箱梁负弯矩的增大而逐渐加厚至墩顶,以适应箱梁下缘受压的要求。墩顶区域底板不宜过薄,否则压应力过大,由此产生的徐变将使跨中区域梁体下挠度较大。

底板厚度与主跨之比宜为1/140~1/170,跨中区域底板厚度则可按构造要求设计,一般为0.22~0.28m。

3. 腹板

箱梁腹板的主要功能是承受结构的弯曲剪应力和扭转剪应力所引起的主拉应力,墩顶区域剪力大,因而腹板较厚;跨中区域的腹板较薄,但腹板的最小厚度应考虑钢束管道布置、钢筋布置和混凝土浇筑的要求。一般的设计经验为:

(1)腹板内无预应力束筋管道布置时,其最小厚度可采用 $t_{min}=20cm$;

（2）腹板内有预应力束筋管道布置时，可采用 $t_{min} = 25 \sim 30cm$；

（3）腹板内有预应力束筋锚固头时，则采用 $t_{min} = 35cm$。

顶板与腹板接头处设置梗腋，可提高截面的抗扭刚度和抗弯刚度，减小扭转剪应力和畸变应力。加腋有竖加腋和水平加腋两种。如图 3-19 所示，图中 a）为一般箱梁上的常用形式；b）、c）常用于箱梁截面较小的情形；d）、e）常用于斜腹板与顶板之间；f）、g）常用于底板与腹板之间的下梗腋，以便于底板混凝土的浇筑。

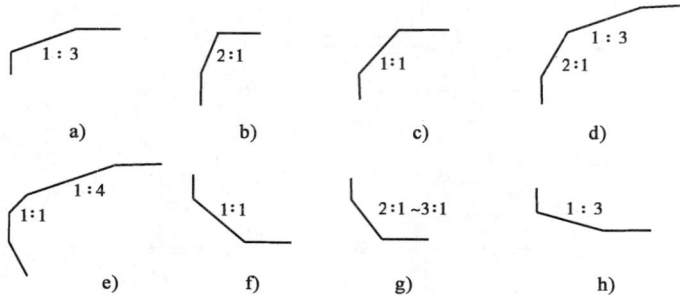

图 3-19　梗腋形式

四、预应力筋布置

连续梁主梁的内力主要有三个：即纵向受弯、受剪以及横向受弯。通常所说的三向预应力就是为了抵抗上述三个内力。纵向预应力抵抗纵向受弯和部分受剪，竖向预应力抵抗受剪，横向预应力则抵抗横向受弯。预应力筋数量和布筋位置都需要根据结构在使用阶段的受力状态予以确定，同时，也要满足施工各阶段的受力需要。根据施工方法不同，施工阶段的受力状态差别很大，因此，结构配筋必须结合施工方法考虑。

（一）纵向预应力筋

沿桥跨方向的纵向力筋又称为主筋，是用以保证桥梁在恒、活载作用下纵向跨越能力的主要受力钢筋，可布置在顶板、底板和腹板中。

预应力混凝土连续梁桥中纵向预应力筋的布置方式有多种多样，与所采用的施工方法以及预应力筋的种类等有密切的关系。

图 3-20a）示出采用顶推法施工的直线形预应力筋布置方式。上、下的通束使截面接近轴心受压，以抵抗顶推过程中各截面承受的正负弯矩的交替变化。待顶推完成后，再在跨中的底部和支点的顶部增加局部预应力筋，用来满足运营荷载下相应的内力要求。有时按设计，还在跨中的顶部和支点附近的底部设置局部的施工临时束，待顶推完成后即予卸除。

图 3-20b）示出采用先简支后连续施工方法的预应力筋布置方式。待墩上接缝混凝土达到强度后，用设置在接缝顶部的局部预应力筋来建立结构的连续性。

图 3-20c）和 d）所示为采用悬臂施工方法的预应力筋布置方式。梁中除了正弯矩区和负弯矩区各需布置顶部和底部预应力筋外，在有正、负弯矩的区段内，顶、底板中均需设置预应力筋。图 c）所示为直线布束方式，即顶板预应力筋沿水平布置并锚固在梗肋处，此种布束方式

可减少预应力筋的摩阻损失,并且穿束方便,也改善了腹板的混凝土浇筑条件。水平预应力筋的设计和构造仅由弯曲应力决定,而抗剪强度则由竖向预应力筋来提供。图 d)所示为顶板预应力筋在腹板内弯曲并下弯锚固在腹板上,以减小外荷载所产生的剪力。此时,腹板应具有足够的厚度以承受集中的锚固力。

图 3-20e)表示整根曲线形通束锚固于梁端的布置方式,一般用于整联现浇的情形。在此情况下,若预应力筋既长且弯曲次数又多,就显著加大了预应力筋的摩阻损失,因而联长或力筋不宜过长。

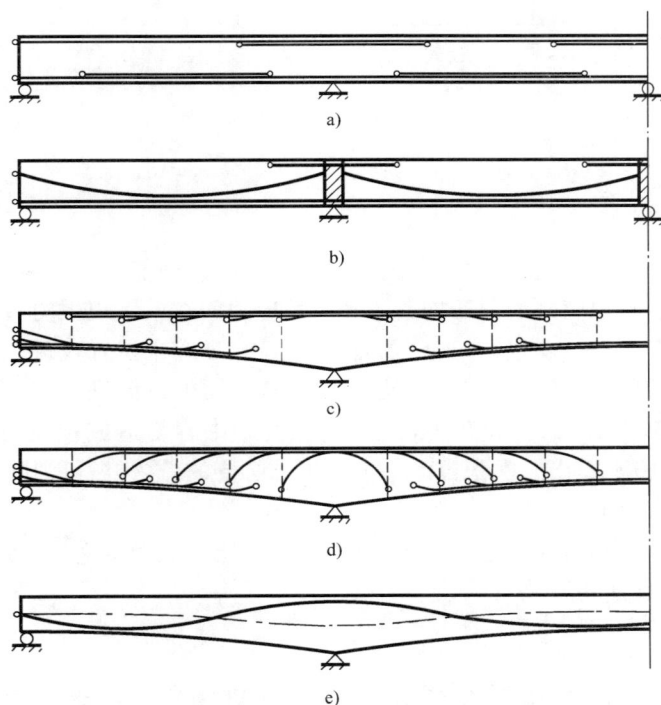

图 3-20 预应力混凝土连续梁配筋方式

a)顶推施工法;b)先简支后连续施工法;c)、d)悬臂施工法;e)支架现浇施工法

预应力筋的布置要考虑到张拉操作的方便。当需要在梁内、梁顶或梁底锚固预应力筋时,应根据预应力筋锚固区的受力特点给予局部加强,以防开裂损坏。

(二)横向预应力筋

横向预应力筋是用以保证桥梁的横向整体性、桥面板及横隔板横向抗弯能力的主要受力钢筋,一般布置在横隔板和顶板中。图 3-21 示出了对箱梁截面的顶板施加横向预应力的力筋构造。由于目前大跨度梁式桥主梁大都采用箱形截面,顶板厚度一般在 25～35cm,在保证大量纵向预应力筋穿过的前提下,所剩的空间位置有限,此时横向预应力筋趋向于采用扁锚体系,以减少布筋所需空间。

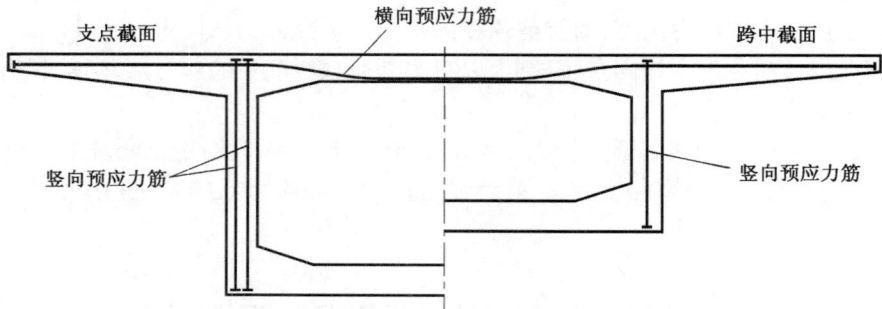

图 3-21　箱梁横向及竖向配筋布置方式

(三)竖向预应力筋

　　竖向预应力筋布置在腹板中,主要作用是提高截面的抗剪能力。图 3-21 中还示出了对箱梁截面的腹板施加竖向预应力的力筋构造。竖向预应力筋在梁体腹板内沿纵向的布置间距可根据竖向剪力的分布而进行调整,靠支点截面位置较密,靠跨中位置较疏。竖向预应力筋比较短,故常采用高强粗钢筋以减少力筋张拉锚固时的回缩损失。但是由于粗钢筋强度较低(小于 1 000MPa),长度较短,因而张拉延伸长量小,在使用中容易造成预应力损失过大或失效。为克服这一问题,对施工提出二次张拉的要求是十分必要的,这样做可消除大部分由混凝土弹塑性压缩引起的预应力损失。

　　预应力张拉后应及时对管道进行压浆处理并封锚,压浆应密实饱满,否则预应力筋可能锈蚀断裂,从而造成灾难性的后果。

第三节　悬臂体系和连续体系梁桥计算简介

一、结构恒载内力计算

(一)恒载内力计算特点

　　前面所讨论的简支梁桥恒载内力计算,是按照成桥以后的结构图示进行分析的。然而对于连续梁桥等超静定结构,结构自重所产生的内力应根据它所采用的施工方法来确定其计算图示。对于桥面铺装等二期恒载的计算,也是如此。如果它是在成桥以后开始施工的话,那么就可按照整桥结构的图示进行分析,否则,也应按其相应施工阶段的计算图示单独计算,然后进行内力或应力叠加。

　　以连续梁为例,综合国内外关于连续梁桥的施工方法,大体有以下几种:

（1）有支架施工法。

（2）逐孔施工法。

（3）悬臂施工法。

（4）顶推施工法等。

上述几种方法中，除有支架施工一次落梁法的连续梁桥可按成桥结构进行分析之外，其余几种方法施工的连续梁桥，都存在一个所谓的结构体系的转换和内力（或应力）叠加的问题，这就是连续梁桥恒载内力计算的一个重要特点。

本小节着重介绍如何结合施工程序来确定计算图式和进行内力分析以及内力叠加等问题，并且仅以大跨径连续梁桥中的后两种施工方法——悬臂浇筑法和顶推施工法作为典型例子进行介绍。

（二）悬臂浇筑施工时连续梁的恒载内力计算

为了便于理解，现取一座三孔连续梁例子进行阐明，如图 3-22 ~ 图 3-26 所示。该桥上部结构采用挂篮对称平衡悬臂浇筑法施工，为了便于讨论，从大的方面可归纳为五个主要阶段，现按图分述如下。

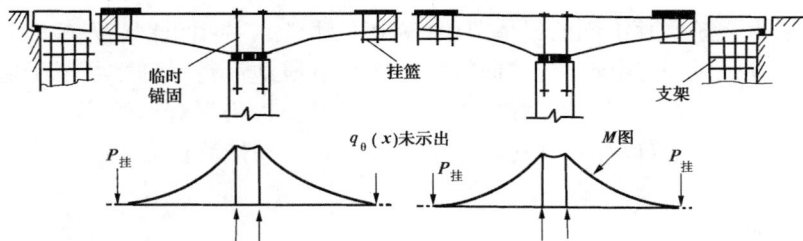

图 3-22　阶段 1：在主墩上悬臂浇筑混凝土梁段

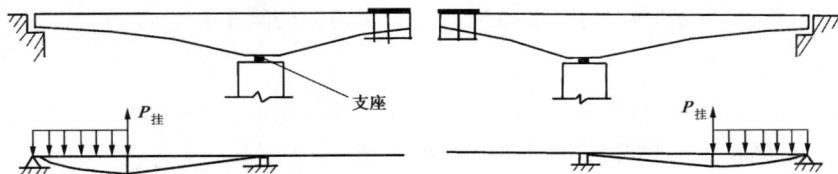

图 3-23　阶段 2：边跨合龙

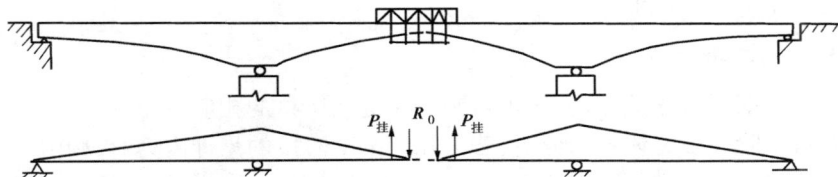

图 3-24　阶段 3：中跨合龙

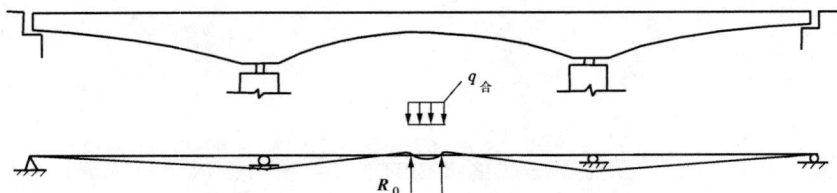

图 3-25　阶段 4：拆除合龙段挂篮

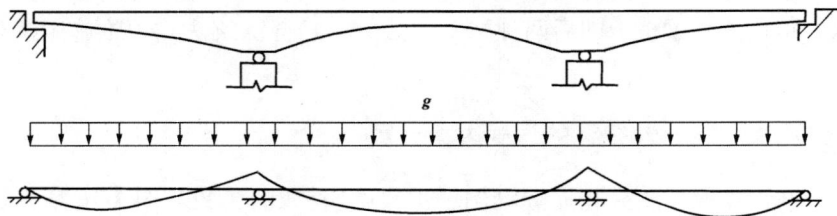

图 3-26　阶段 5：均布二期恒载

1. 阶段 1：在主墩上悬臂浇筑混凝土

首先在主墩上浇筑墩顶上面的梁体节段（称 0 号块件），并用粗钢筋及临时垫块将梁体与墩身进行临时锚固，然后采用施工挂篮向桥墩两侧分节段地进行对称平衡悬臂施工。此时桥墩上支座暂不受力，结构的工作性能犹如 T 形刚构。对于边跨不对称的部分梁段则采用有支架施工。此时结构体系是静定的，外荷载为梁体自重 $q_{\theta(x)}$ 和挂篮重力 $P_{挂}$，其弯矩图与一般悬臂梁无异。

2. 阶段 2：边跨合龙

当边跨梁体合龙以后，先拆除中墩临时锚固，然后便可拆除支架和边跨的挂篮。此时由于结构体系发生了变化，边跨接近于一单悬臂梁，原来由支架承担的边段梁体重力便转移到边跨梁体上。由于边跨挂篮的拆除，相当于结构承受一个向上的集中力 $P_{挂}$。

3. 阶段 3：中跨合龙

当中跨合龙段上的混凝土尚未达到设计强度时，该段混凝土的自重 q 及挂篮重力 $2P_{挂}$ 将以 2 个集中力 R_0 的形式分别作用于两侧悬臂梁端部。

4. 阶段 4：拆除合龙段的挂篮

此时全桥已经形成整体结构（超静定结构），拆除合龙段挂篮后，原先由挂篮承担的合龙段自重转而作用于整体结构上。

5. 阶段 5：均布二期恒载

在桥面均布二期恒载 g 的作用下，可得到三跨连续梁桥的相应弯矩图。

以上是对每个阶段受力体系的分析，若需知道某个阶段的累计内力时，则将该阶段的内力与它之前几个阶段的内力进行叠加便得。成桥后的总恒载内力，将是这五个主要阶段内力叠加的结果。

(三)顶推法施工时连续梁桥的恒载内力计算

1. 受力特点

用逐段顶推施工法完成的连续梁桥(简称顶推连续梁),一般将结构设计成等跨度和等高度截面的形式。当全桥顶推就位后,其恒载内力的计算与有支架施工法的连续梁完全相同。顶推连续梁的主要受力特点反映在顶推施工的过程中,随着主梁节段逐段地向对岸推进,将使全桥每个截面的内力不断由负弯矩→正弯矩→负弯矩……呈反复性的变化,图 3-27b)是这种结构在施工过程中的恒载弯矩包络图。

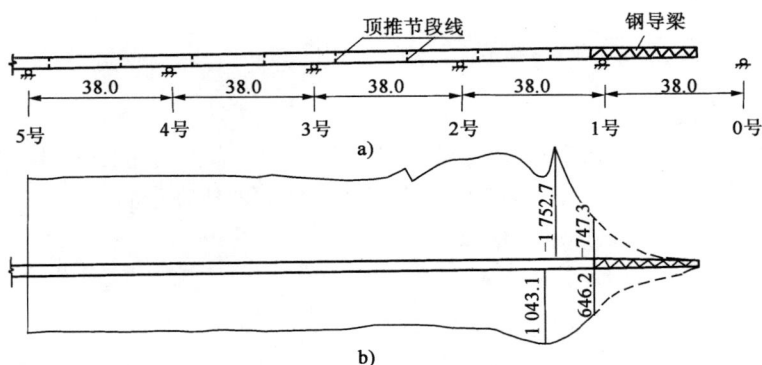

图 3-27　顶推连续梁的布置与恒载弯矩包络图(尺寸单位:m)

为了改善这种施工方法带来的负面影响,一般采取以下的措施:

(1)在顶推梁的最前端设置自重较轻且具有一定刚度的临时钢导梁(又称鼻梁),导梁长度约为主梁跨径的 65%,以降低主梁截面的悬臂负弯矩。

(2)当主梁跨径较大(一般≥60m)时,可在每个桥孔的中央设置临时桥墩,或者在永久墩沿桥纵向的两侧增设三角形临时钢斜托,以减小顶推跨径。

(3)对于在成桥以后不需要布置正或负弯矩的钢束区,则根据顶推过程中的受力需要,配置适量的临时预应力钢束。

2. 施工中恒载内力计算

(1)计算假定

顶推连续梁通常是在岸边专门搭设的台座上逐段预制、逐段向对岸推进的。它的形成是先由悬臂梁到简支梁再到连续梁,先由双跨连续梁再到多跨连续梁直至达到设计要求的跨数。为了简化计算,一般有以下假定:

①放在台座上的部分梁段不参与计算,也就是说,在计算图式中,在靠近台座的桥台处可以取作一个完全铰,如图 3-28 所示。

②每个顶推阶段均按该阶段全桥所处的实际跨径布置和荷载图示进行整体内力分析,而不是对同一截面的内力按若干不同阶段的计算内力进行叠加。

③暂不考虑施工阶段中徐变次内力的影响。

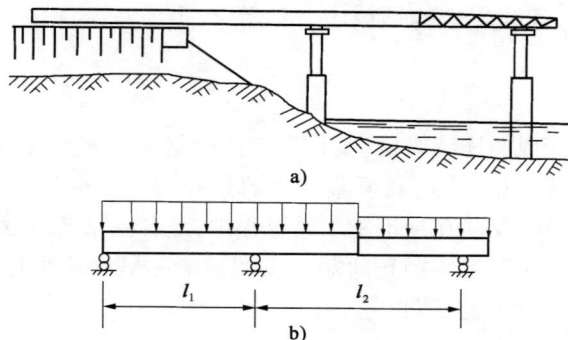

图 3-28 顶推连续梁计算图示

（2）最大正弯矩截面的计算

顶推连续梁的内力呈动态型，其内力值与主梁及导梁二者的自重比、跨长比和刚度比等因素有关，很难用某个公式来确定图 3-27 中最大正弯矩截面的所在位置，因此，宜借助有限元计算程序和通过试算来确定，具体过程详见有关文献。

二、活载内力计算

计算悬臂体系和连续体系（统称非简支体系）梁桥活载内力的计算公式如下：

$$S_q = (1 + \mu)\xi m_{cq}(q_k w + P_k y_i)$$

其中的冲击系数 μ、荷载横向分配系数 ξ 等均已在前面章节做了详细介绍，故本节仅就非简支体系梁桥的荷载横向分布系数 m 和内力影响线竖标 y_i 分别做一些补充介绍。

（一）荷载横向分布计算的等代简支梁法

非简支体系梁桥与简支梁桥除了存在受力体系的差别外，还存在结构构造上的差别。简支梁桥一般设计成等高度的开口截面（T 形、I 字形等）形式，而这两类梁桥除了小跨径的以外，一般设计成变高度的、抗扭刚度较大的箱形截面形式，因此，使得它们的荷载横向分布问题变得更复杂。为了工程设计上的需要，国内外学者从各种途径探索了许多近似分析方法，但通过实践，其中易为人们掌握且偏于安全的方法是等代简支梁法。因为它只要将其中某些参数进行修正后，就可以完全按照求简支梁荷载横向分布系数的方法来完成计算。本节主要介绍这个方法的原理和计算。

1. 基本原理

等代简支梁法的原理主要有以下三个要点：

（1）将多室箱梁假想地从各室底板中点断开，使之变为具有 n 片 T 形梁（或 I 字形梁）组成的桥跨结构，然后应用第三章所介绍的修正偏压法公式计算其荷载横向分布系数 m，如图 3-29所示。

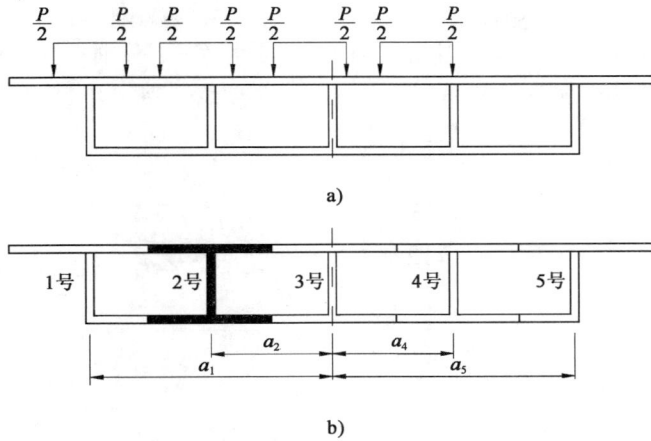

图 3-29　闭口截面向开口截面的变换

（2）按照在同等集中荷载 $P=1$ 作用下跨中挠度 w 相等的原理来反算抗弯惯性矩换算系数 C_w。现以图 3-30 中三跨变截面连续梁的中跨为例进行说明，设该跨梁跨中截面的抗弯惯性矩为 I_c，在 $P=1$ 作用下，跨中挠度为 w_l。现用同等跨径的等截面简支梁来代替该跨，当该等代梁的抗弯惯性矩调整到 $C_w I_c$ 值时，便可以达到与实际梁相等的跨中挠度，即 $w_{代}=w_{连}$，如图 3-30b）、d）所示。

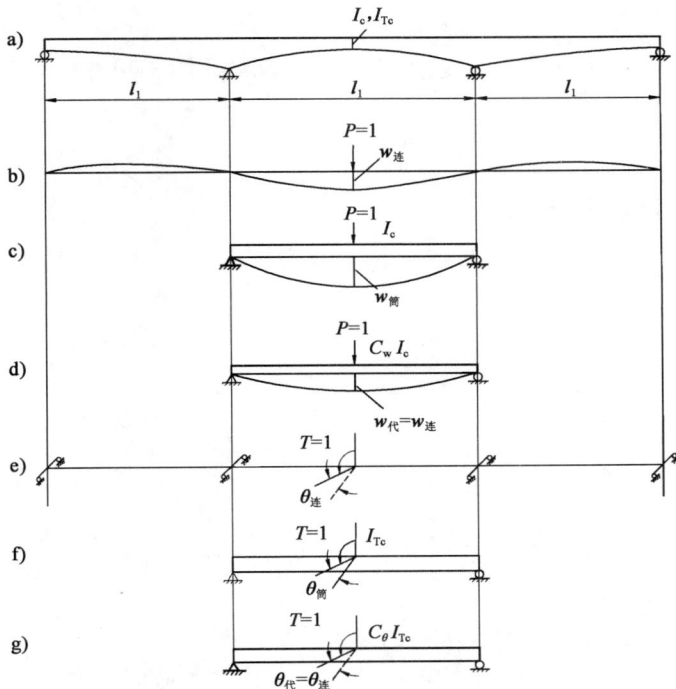

图 3-30　等代简支梁的原理示意图

（3）按照相类似的原理，令实际梁与等代梁在集中扭矩 $T=1$ 作用下扭转（自由扭转）角相等（$\theta_{代}=\theta_{连}$），来反求连续梁中跨的抗扭惯性矩换算系数 C_θ，此处实际梁的跨中截面抗扭惯性

矩为 I_{Tc}，如图 3-30a)、e)、g)所示。

同理,对于连续梁的边跨也是在其中点施加 $P=1$ 和 $T=1$ 分别来反算该跨的换算系数 C_w 和 C_θ。当求出各跨的这些换算系数后,代入到上一章的式(2-45)中,则抗扭修正系数 β 可以改写成如下的形式:

$$\beta = \cfrac{1}{1 + \cfrac{l^2}{12} \cdot \cfrac{G}{E} \cdot \cfrac{C_\theta I_{Tc}}{(C_w I_c / n) \cdot \sum a_i^2}}$$

或

$$\beta = \cfrac{1}{1 + \cfrac{nl^2}{12} \cdot \cfrac{G}{E} \cdot \cfrac{C_\theta}{C_w} \cdot \cfrac{I_{Tc}}{I_c} \cdot \cfrac{1}{\sum a_i^2}} \qquad (3\text{-}6)$$

式中: I_c、I_{Tc}——分别为整个箱梁截面的抗弯惯性矩和抗扭惯性矩;

其余各个符号意义同前, a_i 可参见图 3-29b)。

2. C_w 的计算

(1) C_w 的表达式

这里仍然用图 3-30d)所示的中跨等代梁来阐明。它的跨中挠度 $w_代$ 为:

$$w_代 = \frac{Pl^3}{48E(C_w I_c)} \qquad (3\text{-}7)$$

令截面抗弯刚度为 EI_c 的普通简支梁,跨中挠度为 $w_简$ [图 3-30c)],则有

$$w_简 = \frac{Pl^3}{48EI_c} \qquad (3\text{-}8)$$

将它与式(3-7)比较后,得:

$$w_代 = \frac{w_简}{C_w}$$

或

$$C_w = \frac{w_简}{w_连}$$

若写成一般的形式,便为:

$$C_w = \frac{w_简}{w_非} \qquad (3\text{-}9)$$

式中: $w_非$——非简支体系梁桥中需要考察的某跨跨中挠度;

$w_简$——具有与实际梁跨中截面抗弯惯性矩 I_c 相同的等截面简支梁跨中挠度。

(2)悬臂体系梁桥悬臂跨的 C_w 的计算

悬臂体系梁桥的共同特点是具有一个悬臂端,因此它们的等代简支梁的跨长应取悬臂跨长 l_1 的两倍,并且作用于跨中的集中力不是 $P=1$,而是 $P=2$,如图 3-31 和图 3-32 所示。这

里,除了带剪力铰的 T 形刚构桥外,它们均属静定结构。实际变截面悬臂梁在端部的挠度 $w_\text{非}$ 图 3-31b)和图 3-32b)可以应用力学中的各种近似方法(例如共轭梁法、纽玛克法等)或者应用平面杆系有限元法程序求解,等代简支梁的跨中挠度 $w_\text{简}$ 可以很容易地按式(3-8)得出。再将求得的 $w_\text{非}$ 和 $w_\text{简}$ 值代入式(3-9)后,便可确定出等代简支梁抗弯惯性矩换算系数 C_w。

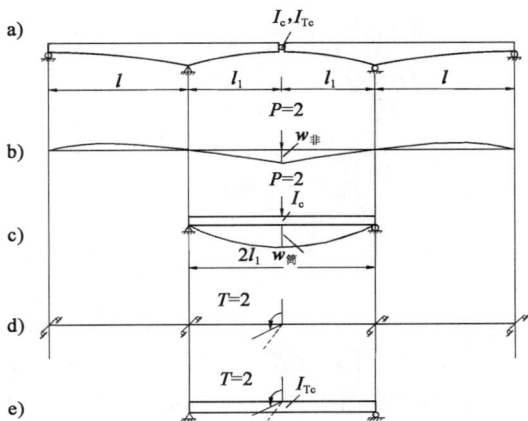

图 3-31　单悬臂梁桥的等代简支梁计算图示

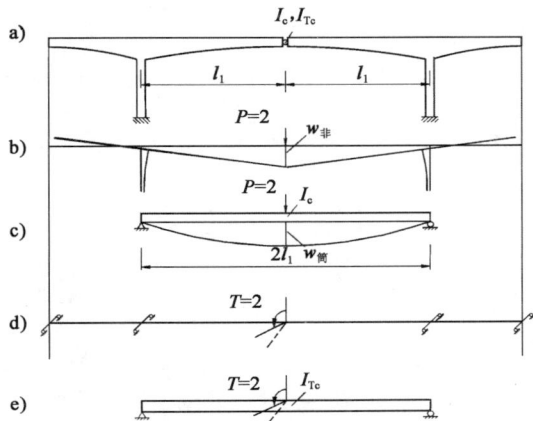

图 3-32　T 形刚构桥的等代简支梁计算图示

(3)连续体系梁桥的 C_w 的计算

连续体系梁桥包括连续梁桥和连续刚构桥,它们都是超静定结构,其截面多为变截面,故其 $w_\text{非}$ 只能借助平面杆系有限元法计算程序来完成。$w_\text{简}$ 仍按式(3-8)求算,再由式(3-9)得出相应的换算系数 C_w。

3. C_θ 的计算

(1)C_θ 的表达式

根据上述推导 C_w 的原理并参考图 3-30e)、f)、g)的图式,可以直接写出 C_θ 的表达式如下:

$$C_\theta = \frac{\theta_\text{简}}{\theta_\text{非}} \tag{3-10}$$

其中:

$$\theta_\text{简} = \frac{Tl}{4GI_\text{Tc}} \tag{3-11}$$

上两式中:$\theta_\text{非}$——非简支体系梁桥中欲考察的某跨在做自由扭转时的跨中截面扭转角;

T——外力扭矩;

其余符号意义同前。

(2)悬臂体系梁桥悬臂跨的 C_θ 计算公式

根据杆件自由扭转的特点,如果悬臂梁的支点截面无横向转动,则锚跨对悬臂梁自由端的扭转角 θ 不产生影响,这样就可以简化计算。显然,当全梁为等截面时,其抗扭惯矩换算系数 $C_\theta = 1$。对于变截面悬臂梁则可应用总和法进行近似计算。现以图 3-31 和图 3-32 中的两种悬臂梁为例进行具体推导。它们的等代梁结构形式基本相同,如图 3-33 所示。由于结构与荷载均为对称的,故可取其半结构进行分析。

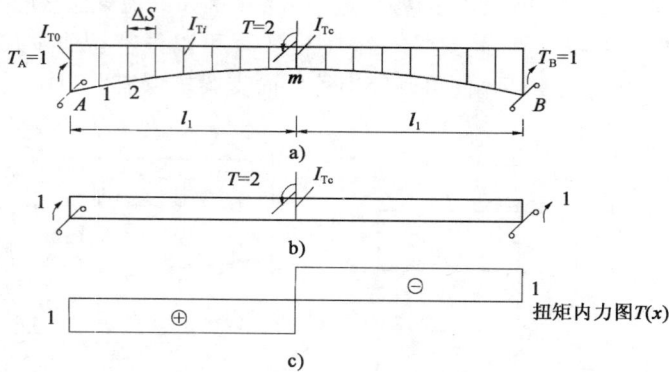

图 3-33 变截面悬臂梁的节段划分与内力图

无论是实际的梁结构还是等直梁结构,它们的支点反力扭矩均等于 1,其扭矩内力分布图也是相同的,如图 3-33c)所示。对于等截面简支梁[图 3-33b)]的跨中扭转角 $\theta_简$ 可由下式得出:

$$\theta_简 = \frac{2 \times 2l_1}{4GI_{Tc}} = \frac{l_1}{GI_{Tc}}$$

对于实际的变截面结构[图 3-33a)],可以根据精度的要求,将左半跨等分为 m 段,共有 $m+1$ 个节点截面。然后逐一计算这些节点截面的抗扭惯性矩 $I_{Ti}(i = 0,1,2\cdots m)$,每个节段的长度 $\Delta S = l_1/m$。于是,跨中扭转角 θ_c 为:

$$\theta_c = \theta_非 = \int_0^{l_1} \frac{T(x)\,\mathrm{d}x}{GI_T(x)} \approx \frac{\Delta S}{G}\left[\frac{1}{2}\left(\frac{1}{I_{T0}} + \frac{1}{I_{Tc}}\right) + \sum_{i=1}^{m-1}\frac{1}{I_{Ti}}\right]$$

式中,$T(x)$ 为杆件的扭转内力分布,而不是外力扭矩。对于本例 $T(x) = 1$,以上两式代入式(3-10)便得悬臂梁抗扭惯性矩换算系数的具体计算公式:

$$C_\theta = \frac{2m}{\left(\dfrac{1}{I_{Ti}} + \dfrac{1}{I_{Tc}} + 2\sum_{i=1}^{m-1}\dfrac{1}{I_{Ti}}\right) \cdot I_{Tc}} \tag{3-12}$$

不难看出,当它为等截面梁时,I_{Ti} 为常数,则 $C_\theta = 1$。

(3)连续梁桥的 C_θ 计算公式

连续梁中跨一般为对称于跨径中点的截面形式,故它的 C_θ 计算公式与式(3-12)完全相同。对于其他非对称形式的中跨或者边跨,其计算公式则应另作推导,并应将全跨等分为偶数的 n 个节段,而且它们的支点反力扭矩也不相等($T_A \neq T_B$),如图 3-34 所示。对于其中的等截面简支梁[图 3-34b)],跨中扭转角 $\theta_简$ 可直接由式(3-12)写出:

$$\theta_简 = \frac{l}{4GI_{Tc}} \tag{a}$$

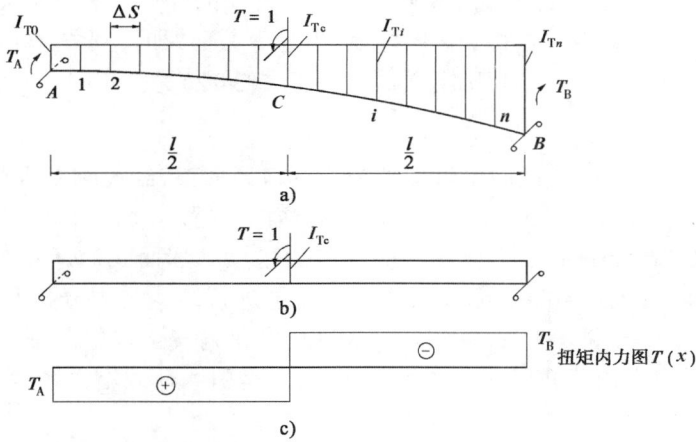

图 3-34　非对称变截面边跨梁的节段划分与内力图

对于图 3-34a)的结构,由于截面是连续的,故自 A 端起算至中点的扭转角 θ_{CA} 应等于自 B 端起算至中点的扭转角 θ_{CB},即 $\theta_{CA} = \theta_{CB}$。计算公式如下:

$$\theta_{CA} = \int_0^{l/2} \frac{T(x)}{GI_T(x)} dx \approx \frac{\Delta S}{G} \Big[\frac{1}{2} \Big(\frac{1}{I_{T0}} + \frac{1}{I_{Tc}} \Big) + \sum_{i=1}^{\frac{n}{2}-1} \frac{1}{I_{Ti}} \Big] \cdot T_A \tag{b}$$

$$\theta_{CB} = \int_{l/2}^{l} \frac{T(x)}{GI_T(x)} dx \approx \frac{\Delta S}{G} \Big[\frac{1}{2} \Big(\frac{1}{I_{Tc}} + \frac{1}{I_{Tn}} \Big) + \sum_{i=\frac{n}{2}+1}^{n-1} \frac{1}{I_{Ti}} \Big] \cdot T_B \tag{c}$$

利用以下的关系式

$$\theta_{CA} = \theta_{CB} = \theta_C \tag{d}$$

和

$$T_A + T_B = 1 \tag{e}$$

联立求解并化简后,可以得到

$$\theta_C = \theta_{\text{非}} = \frac{\Delta S \Big(\dfrac{1}{I_{T0}} + \dfrac{1}{I_{Tc}} + 2\sum\limits_{i=1}^{\frac{n}{2}-1} \dfrac{1}{I_{Ti}} \Big) \Big(\dfrac{1}{I_{Tc}} + \dfrac{1}{I_{Tn}} + 2\sum\limits_{i=\frac{n}{2}+1}^{n-1} \dfrac{1}{I_{Ti}} \Big)}{2G \Big(\dfrac{1}{I_{T0}} + \dfrac{1}{I_{Tn}} + 2\sum\limits_{i=1}^{n-1} \dfrac{1}{I_{Ti}} \Big)} \tag{3-13}$$

于是便得到截面呈任意形式变化的桥跨结构抗扭惯性矩换算系数 C_θ,即

$$C_\theta = \frac{n}{2I_{Tc}} \cdot \frac{\Big(\dfrac{1}{I_{T0}} + \dfrac{1}{I_{Tn}} + 2\sum\limits_{i=1}^{n-1} \dfrac{1}{I_{Ti}} \Big)}{\Big(\dfrac{1}{I_{T0}} + \dfrac{1}{I_{Tc}} + 2\sum\limits_{i=1}^{\frac{n}{2}-1} \dfrac{1}{I_{Ti}} \Big) \Big(\dfrac{1}{I_{Tc}} + \dfrac{1}{I_{Tn}} + 2\sum\limits_{i=\frac{n}{2}+1}^{n-1} \dfrac{1}{I_{Ti}} \Big)} \tag{3-14}$$

以上各式的符号意义同前,其中任意截面抗扭惯矩 I_{Ti} 的计算公式均可从《桥梁设计手册》和《桥梁结构力学》等参考书中查找到。同样地,当为等截面梁时,则 $C_\theta = 1$;当边跨的截面变化也对称于边跨跨中,且 $n = 2m$ 时,则上式的结果与式(3-12)完全相同。

4.荷载增大系数

上面的公式推导是把箱形截面梁近似地视作开口截面梁,经过刚度等效和修正后,再应用前面的修正偏压法公式(2-45)和活载的最不利横向布置,分别计算每根主梁的荷载横向分布系数 m_i,一般情况下具有最大值 m_{max} 的应是边主梁。然而我们从图 3-29a)可以看出,箱形截面是一个整体构造,若将它分开为若干单片梁进行结构受力分析和截面配筋设计就不合理了,而且也比较麻烦。工程中为了计算的简化和偏安全取值起见,便假定图 3-29b)中每片梁均达到了边梁的荷载横向分布系数 m_{max},于是引入荷载增大系数 ζ 的概念,它可表示为:

$$\zeta = n \cdot m_{max} \tag{3-15}$$

式中: n——腹板数。

在对非简支体系桥跨结构进行受力分析时,便用相应桥跨的荷载增大系数 ζ 直接乘以各跨上的活载标准值,如图 3-35 所示。按此图示计算出来的内力值便是箱形截面梁由全截面承担的内力。

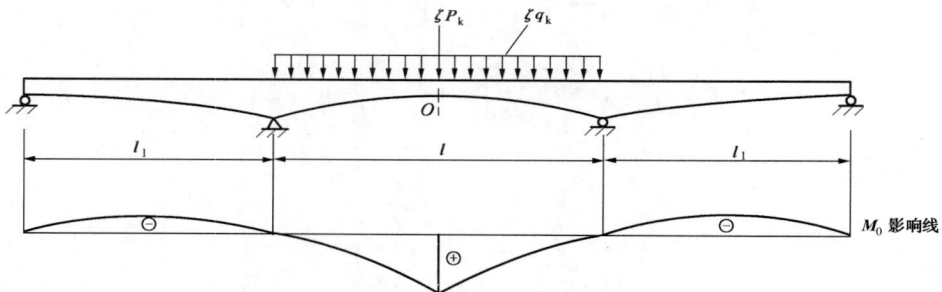

图 3-35　变截面连续梁的内力计算图示

(二)非简支体系梁桥的内力影响线

关于非简支体系梁桥内力(弯矩、剪力、支反力)影响线的计算原理和方法已在结构力学课程中作过详细的阐述,本节不打算重复这些内容,而仅列出几种不同类型非简支体系梁桥的内力影响线示意图,对比它们与简支梁影响线的差异,以便设计者合理地布置桥梁纵向车辆荷载,绘出全梁的内力包络图。

1.双悬臂梁桥

如图 3-36 所示的双悬臂梁桥,它属于静定结构,因此,无论其主梁截面采用等高度的还是变高度的,其内力影响线都很容易绘出,而且均呈线性变化。但就其主要的两个控制截面来说,它与简支梁相比有以下的差异。

(1)跨中 O 截面除存在正弯矩影响线区段外,还存在负弯矩影响线区段,直至两侧挂梁的

最外支点 C 和 D。

（2）支点 A 存在负弯矩影响线区段，其受影响的范围仅局限在相邻的挂梁及悬臂段。

（3）支点 A 内、外（左、右）侧的剪力影响线的分布规律是截然不同的，其左侧的影响线 $Q_A^{左}$ 亦仅限于相邻的挂梁和悬臂段。

（4）支点 A 的反力影响线均受两侧悬臂及挂梁段的影响，但它们的符号相反，影响线竖标值的大小也不同。

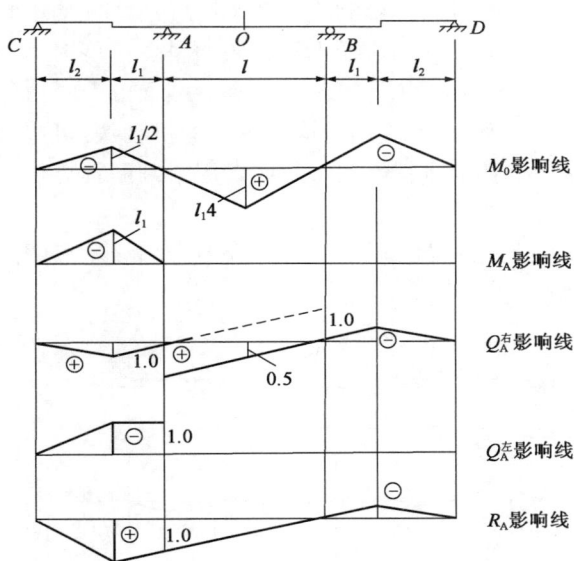

图 3-36　双悬臂梁桥内力影响线

2. T 形刚构桥

如图 3-37 所示的多跨 T 形刚构桥，它的控制截面主要是悬臂根部截面。它与上述双悬臂梁的影响线具有许多共同点，这些共同点是：

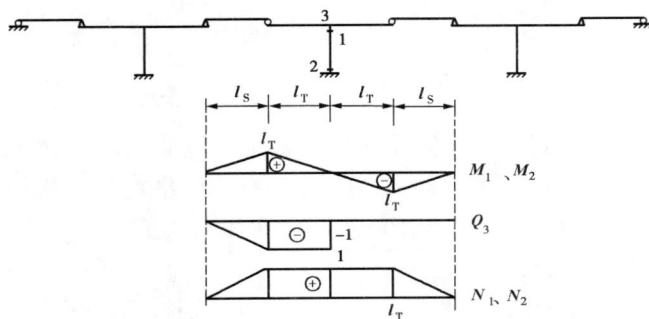

图 3-37　T 形刚构桥内力影响线

（1）影响线均呈线性分布；

（2）每个 T 构受荷载影响的区段仅局限在两侧挂梁的外支点以内。

但两者也存在如下的差异：

（1）T 构上无正弯矩影响线区段；

（2）T 构的墩身截面也受桥面荷载影响，其影响线分布规律与 T 构根部截面相同。

3.连续梁桥

连续梁桥属超静定结构，各种内力影响线的基本特点是呈曲线分布的形式，其计算公式要比上述的两种桥型复杂得多，尤其是当跨径不等且截面呈变高度时，手算十分困难，此时只能应用计算机方法求数值解。但是，不论是等截面还是变截面的，在跨径相同的情况下，其内力影响线的分布形式大体上是相似的。应用结构力学中的机动法，可以很快地得到各种内力影响线分布规律，据此可以考虑如何进行纵向布载或者用来判断计算机程序所给出的结果有无差错。

图 3-38 所示是一座四跨连续梁的几个截面的内力影响线示意图。参考此图不难勾绘出更多跨连续梁的内力影响线示意图。

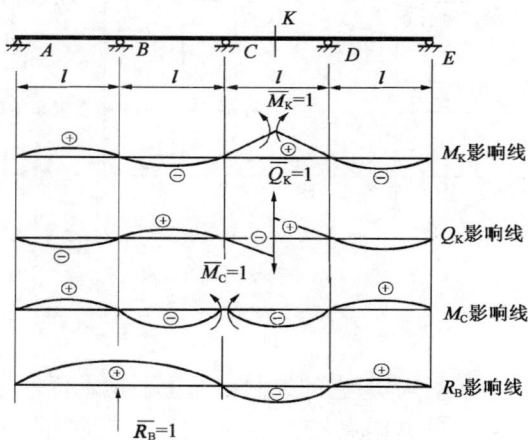

图 3-38　连续梁内力影响线示意图（机动法）

4.连续刚构桥

连续刚构桥内力影响线要比连续梁桥更复杂，这是因为它的墩与梁是固结的，共同参与受力，应用机动法很难准确地得到它的影响线示意图，故只能借助计算机程序来完成。图 3-39 是一座连续刚构桥在三个截面上的弯矩影响线，其中有的影响线在同一跨内出现反号，这在相同跨径的连续梁桥中就不会出现。

有了内力影响线后，便可按最不利的纵向荷载位置分别将车辆荷载布置在同号的内力影响线区段内，并求得各控制截面的最大或最小活载内力值，然后根据《桥规》规定，将恒载内力、活载内力以及其他附加次内力进行荷载组合，便得到全梁的内力包络图。

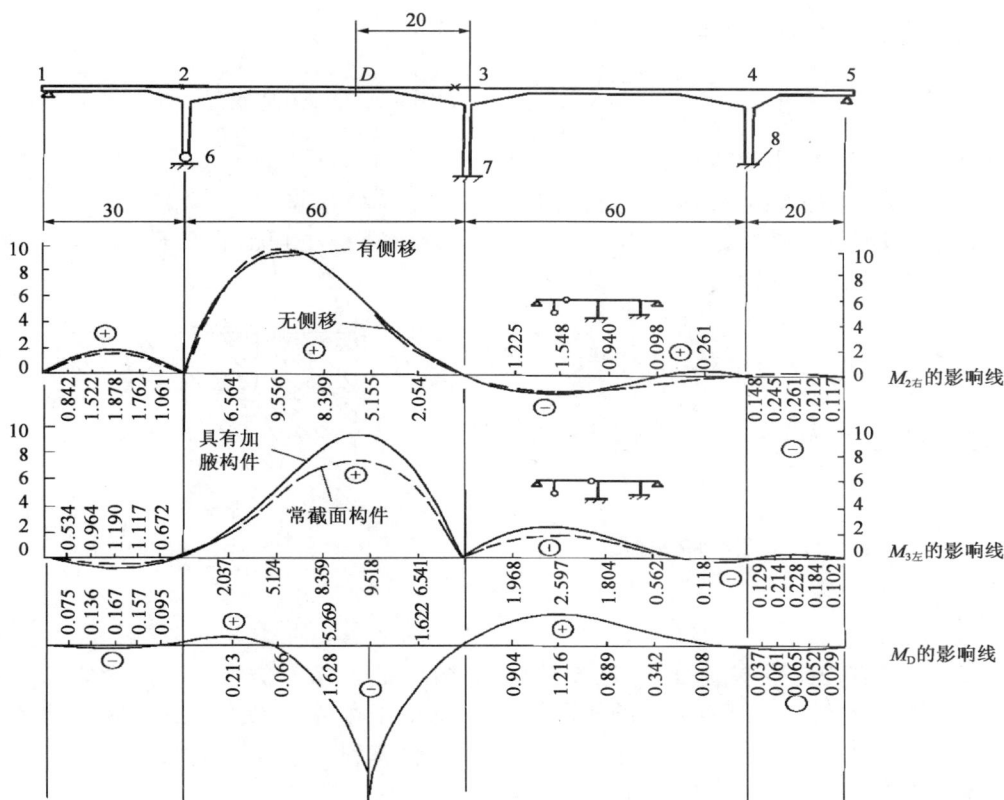

图 3-39　某连续刚构桥内力影响线(尺寸单位:m)

第四节　梁式桥的支座

　　按照梁式桥受力的要求,在桥跨结构和墩台之间常需设置支座,其主要作用是将上部结构的支承反力(包括恒载和活载引起的竖向力和水平力)传递到桥梁墩台,同时保证结构在活载、温度变化、混凝土收缩和徐变等因素作用下能自由变形,以使上、下部结构的实际受力情况符合结构的静力图式,参见图 3-40。

　　按支座变形的可能性,梁式桥的支座一般分成固定支座和活动支座两种。固定支座既要固定主梁在墩台上的位置并传递竖向压力,又要保证主梁发生挠曲时在支承处能自由转动,如图 3-40 左端所示。活动支座只传递竖向压力,但要保证主梁在支承处既能自由转动又能水平移动,如图 3-40 右端所示。

一、常用支座的类型和构造

（一）简易垫层支座

跨径小于10m的板桥或梁桥，可不设专门的支座结构，而采用由几层油毛毡或石棉做成的简易支座。为了防止墩、台顶部前缘与上部结构相抵，通常应将墩、台顶部的前缘削成斜角（图3-41），并且最好在板或梁端底部以及墩、台顶部内增设1~2层钢筋网予以加强。实践表明，这种简易垫层的变形性能较差。

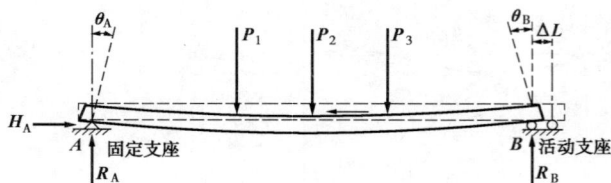

图3-40　简支梁的静力图式

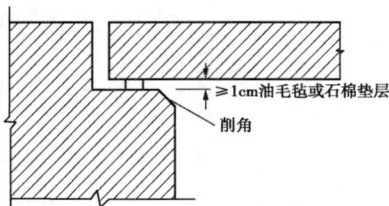

图3-41　简易垫层支座

（二）橡胶支座

橡胶支座具有构造简单、加工方便、造价低、结构高度小、安装方便和使用性能良好的优点。此外，它能方便地适应任意方向的变形，故特别适应于宽桥、曲线桥和斜交桥。橡胶的弹性还能削减上、下部结构所受的动力作用，对于抗震十分有利。在当前，橡胶支座已经得到越来越广泛的使用。

橡胶支座一般可分为板式橡胶支座、聚四氟乙烯滑板式橡胶支座、球冠圆板式橡胶支座和盆式橡胶支座四类。

1. 板式橡胶支座

板式橡胶支座由几层橡胶和薄钢片叠合而成，如图3-42所示。它的活动机理是：利用橡胶的不均匀弹性压缩实现转角 θ；利用其剪切变形实现微量水平位移 Δ。

我国行业标准规定支座成品的物理力学性能应满足表3-2的要求。

支座成品的物理力学性能　　表3-2

项　目	指　标	项　目	指　标
极限抗压强度（MPa）	≥70	橡胶片容许剪切正切值	≥0.7
抗压弹性模量 E（MPa）	$53 \times S - 41.8$	支座与混凝土表面摩擦系数 μ	≥0.3
抗剪弹性模量 G（MPa）	1.1	支座与钢板摩擦系数 μ	≥0.2

注：表中形状系数 $S = \dfrac{a \times b}{2(a+b)\delta_1}$，其中 δ_1 为中间层橡胶片厚度，a 为支座短边尺寸（顺桥向），b 为支座长边尺寸（横桥向）。

板式橡胶支座一般不分固定支座和活动支座，这样能将水平力均匀地传递给各个支座且便于施工，如有必要设置固定支座可采用不同厚度的橡胶支座来实现。目前我国生产的板式橡胶支座的竖向支承反力为100~10 000kN，可选择氯丁胶、天然胶、三元乙丙胶三种胶种，最

高适宜温度为 +60℃,最低达 -45℃(三元乙丙胶种)。

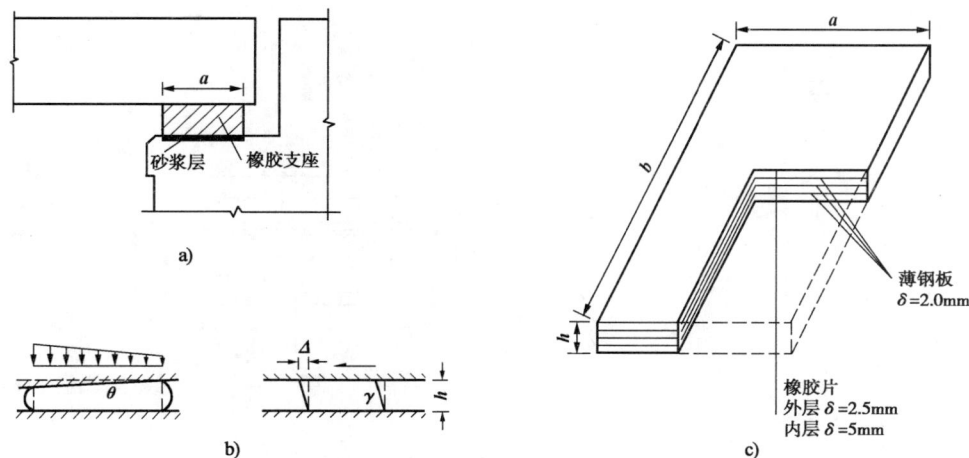

图 3-42　板式橡胶支座

　　矩形板式橡胶支座的平面尺寸,目前常用的有 0.12m × 0.14m、0.14m × 0.18m、0.15m × 0.20m 等。橡胶片的厚度为 5mm,薄钢板厚为 2mm,支座厚度可根据橡胶支座的剪切位移而采用不同层数组合而成,一般从 14mm(两层钢板)开始,以 7mm 为一个台阶递增。对于斜桥或圆形柱墩的桥梁可采用圆形板式橡胶支座。

　　安装橡胶支座时,支座中心尽可能对准上部构造的计算支点。为防止支座受力不均匀,应使上部结构底面及墩台顶面不仅保持表面清洁和粗糙,而且都能与支座接触面保持水平和紧密贴合,以增加接触面的摩阻力而避免相对滑动,必要时可先铺一薄层水灰比不大于 0.5 的 1:3 水泥砂浆垫层。

　　2. 聚四氟乙烯滑板式橡胶支座

　　聚四氟乙烯滑板式橡胶支座是按照支座平面尺寸大小,在普通板式橡胶支座上粘一层聚四氟乙烯板(厚 2~4mm)而成。它除具有普通板式橡胶支座的优点外,还能利用聚四氟乙烯板与梁底不锈钢板之间的低摩擦系数($\mu \leqslant 0.08$),使得桥梁上部构造的水平位移不受限制。

　　聚四氟乙烯滑板式橡胶支座适应于较大跨度的简支梁桥、桥面连续的桥梁和连续桥梁;此外,还可用作连续梁顶推施工的滑块。

　　3. 球冠圆板式橡胶支座

　　球冠圆板式橡胶支座是一种改进后的圆形板式支座,其中间层橡胶和钢板布置与圆形板式橡胶支座完全相同,而在支座顶面用纯橡胶制成球形表面,球面中心橡胶最大厚度为 4~10mm,如图 3-43 所示。

　　球冠圆板橡胶支座具有传力均匀,可明显改善或避免支座底面产生偏压、脱空等不良现象,特别适用于纵横坡度较大(3% ~5%)的立交桥及高架桥。

　　4. 盆式橡胶支座

　　当竖向力较大时则应使用盆式橡胶支座(图 3-44)。它由不锈钢滑板、聚四氟乙烯板、盆环、氯丁橡胶块、钢密封圈、钢盆塞及橡胶防水圈等组成。它是利用设置在钢盆中的橡胶板达到对上部结构承压和转动的功能，利用聚四氟乙烯板和不锈钢板之间的平面滑动来适应桥梁的水平位移要求。

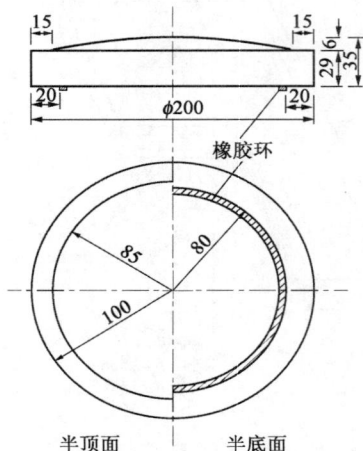

图 3-43　球冠圆板式橡胶支座(尺寸单位:mm)

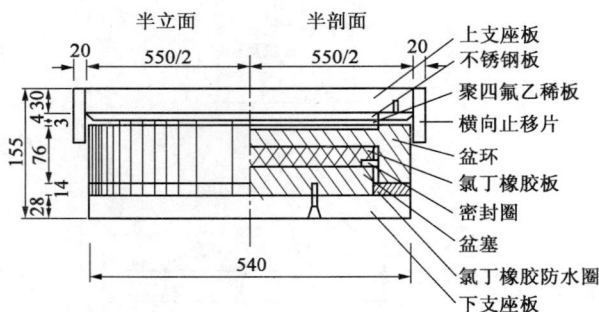

图 3-44　盆式橡胶支座构造(尺寸单位:mm)

盆式橡胶支座按其工作特征可以分为固定支座、多向活动支座和单向活动支座三种。与板式橡胶支座相比，盆式橡胶支座具有承载能力大、水平位移量大、转动灵活等优点，因此特别适宜在大跨度桥梁上使用。

我国目前生产的盆式橡胶支座竖向承载力为 1 000～50 000kN，有效水平位移量从 ±40mm 至 ±250mm，支座的容许转角为 40′，设计摩阻系数为 0.05，可依据不同情况选用。

(三) 特殊功能的支座

1. 球形钢支座

为了适应多向转动且转动量较大的情况，还可选择使用球形钢支座，如图 3-45 所示。它具有受力均匀、转动量大(设计转角可达 0.05rad 以上)且各向转动性能一致等优点，特别适用于曲线桥和宽桥。由于球形支座不再使用橡胶承压，不存在橡胶变硬或老化等不良影响，因此特别适用于低温地区。

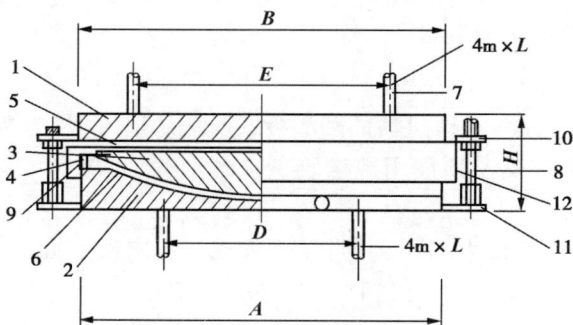

图 3-45　球形支座构造示意

1-支座板；2-下支座板；3-钢衬板；4-钢挡圈；5-平面聚四氟乙烯板；6-球面聚四氟乙烯板；7-锚固螺栓；8-连接螺栓；9-橡胶防尘条；10-上支座连接板；11-下支座连接板；12-防尘板

球形支座有固定支座、单向活动支座和多向活动支座之分。活动支座主要由下支座凹板、中间球形钢衬板、上支座滑板、不锈钢位移板、聚四氟乙烯滑板(平面和球面各一块,简称四氟板)及橡胶密封圈和防尘罩等部件组成。

目前球形支座已在国内独柱支承连续弯板结构、独柱支承的连续弯箱梁结构、双柱支承的连续 T 构及大跨度斜拉桥中获得广泛应用。

2.拉力支座

在连续梁桥、悬臂梁桥、斜桥、宽悬臂翼缘箱梁桥以及小半径曲线桥上,在某些会出现拉力的支点处,必须设置拉力支座,以便抗拉且承受相应的转动和水平位移。

球形支座、盆式和板式橡胶支座都能变更功能作为拉力支座。板式橡胶拉压支座(图 3-46)适用于拉力较小的桥梁,对于反力较大的桥梁,则用球形抗拉钢支座或盆式拉力支座更适合。

3.抗振支座

地震地区的桥梁应使用具有抗振和减振功能的支座。减、隔振支座的作用是尽可能地将结构或部件与可能引起破坏的地震地面运动分离开来,以大大减小传递到上部结构的地震力和能量。目前国内主要的减隔振支座、抗振支座的类型有抗振型球形钢支座(图 3-47)、铅芯橡胶支座和高阻尼橡胶支座等。

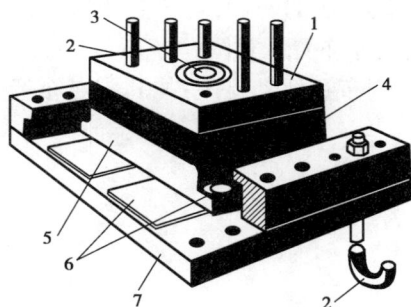

图 3-46 板式橡胶拉压支座
1-上支座板;2-锚筋;3-受拉螺栓;4-承压橡胶块;5-滑板;6-奥氏体钢;7-下支座板

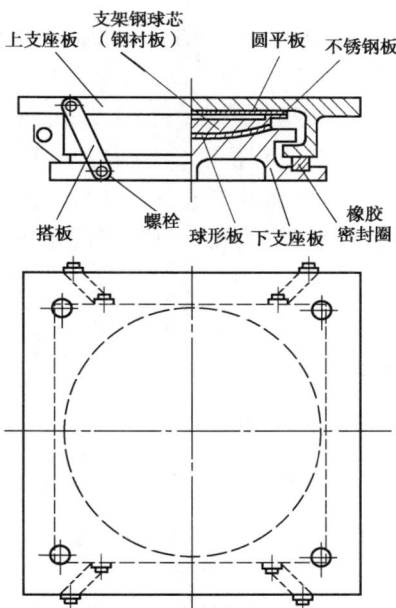

图 3-47 KQGZ 抗振型球形钢支座结构

二、支座的布置

支座的布置,应以有利于墩台传递纵向水平力、有利于梁体的自由变形为原则。根据梁桥

的结构体系以及桥宽,支座在纵、横桥向的布置方式主要有以下几种:

(1)对于坡桥,宜将固定支座布置在高程低的墩台上。同时,为了避免整个桥跨下滑,影响车辆的行驶,通常在设置支座的梁底面,增设局部的楔形构造,如图3-48所示。

(2)对于简支梁桥,每跨宜布置一个固定支座,一个活动支座;对于多跨简支梁,一般把固定支座布置在桥台上,每个桥墩上布置一个(组)活动支座与一个(组)固定支座。若个别墩较高,也可在高墩上布置两个(组)活动支座。图3-49a)为地震区单跨简支梁常用布置,也称"浮动"支座布置;图3-49b)为整体简支板桥或箱梁桥常用支座布置。

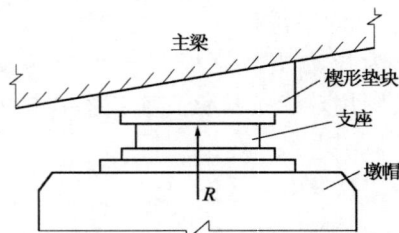

图 3-48　坡桥楔形垫块

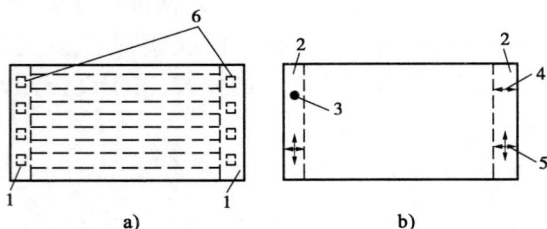

图 3-49　单跨简支梁桥支座布置
1、2-桥台;3-固定支座;4-单向活动支座;5-多向活动支座;6-橡胶支座

(3)对于连续梁桥及桥面连续的简支梁桥,一般在每一联设置一个固定支座,并宜将固定支座设置在靠近温度中心,以使全梁的纵向变形分散在梁的两端,其余墩台上均设置活动支座。在设置固定支座的桥墩(台)上,一般采用一个固定支座,其余为横桥向的单向活动支座;在设置活动支座的所有桥墩(台)上,一般沿设置固定支座的一侧,均布置顺桥向的单向活动支座,其余均为双向活动支座。图3-50为连续结构支座布置示意图。

对于悬臂梁桥,锚固孔一侧布置固定支座,另一侧布置活动支座;挂孔支座布置与简支梁相同。

三、支座的计算

(一)支座反力的确定

在进行桥梁支座尺寸的选定和稳定性验算时,必须先求得每个支座上所承受的竖向力和水平力。

1. 竖向力

支座上的竖向力有结构自重的反力、活载的支点反力及其影响力。在计算活载的支点反力时,应按照最不利的状态布置荷载计算,对于汽车荷载的作用,应计入冲击影响力;在可能出现拉拔力的支点,应分别计算支座的最大竖向力和最大上拔力;对于上部结构可能被风力掀离的桥梁,应计算其支座锚栓及有关部件的支承力。

2. 水平力

正交直线桥梁的支座,一般仅需计算纵向水平力。斜桥和弯桥,还需要计算由于汽车荷载

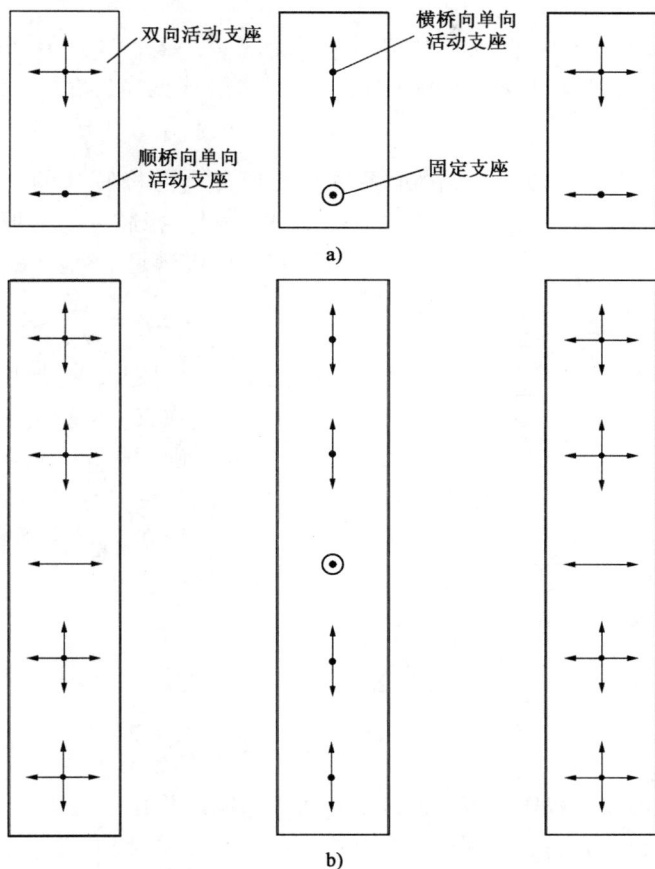

图 3-50　连续结构支座布置
a) 双支座桥梁; b) 多支座宽桥

的离心力或风力所产生的横向水平力。

支座上的纵向水平力,包括由于汽车荷载的制动力、风力、支座摩阻力或温度变化、支座变形等引起的水平力,以及桥梁纵坡等产生的水平力。

(二) 板式橡胶支座的设计计算

板式橡胶支座的设计与计算包括确定支座尺寸、验算支座受压偏转情况以及验算支座的抗滑稳定性。

1. 确定支座的平面尺寸

橡胶支座的平面尺寸 $a \times b$ 要由橡胶板本身的抗压强度以及梁部、墩台顶混凝土的局部承压强度等三方面因素全面考虑后来确定。在一般情况下,尺寸 $a \times b$ 多由橡胶支座的强度来控制,即按式(3-16)来控制。

对于橡胶板

$$\sigma = \frac{N}{A} = \frac{N}{a \times b} \leqslant [\sigma_j] \tag{3-16}$$

式中:N——最大支点反力(最大使用荷载);

$[\sigma_j]$——橡胶支座的平均容许压应力,当支座形状系数 $S > 8$ 时,$[\sigma_j] = 10\ 000\text{kPa}$;当 $5 \leqslant S \leqslant 8$ 时,$[\sigma_j] = 7\ 000 \sim 9\ 000\text{kPa}$。$S$ 的计算公式见表3-2。

2. 确定支座的厚度

板式橡胶支座的重要特点是:梁的水平位移要通过全部橡胶片的剪切变形来实现,见图 3-51。显然,橡胶片的总厚度 $\sum t$ 与梁体水平位移 Δ 之间应满足下列关系:

$$\tan\gamma = \frac{\Delta}{\sum t} \leqslant [\tan\gamma] \tag{3-17}$$

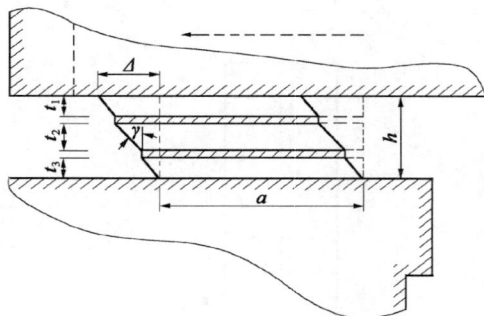

图 3-51 支座厚度的计算图式

式中:$\sum t$——橡胶片的总厚度;

$[\tan\gamma]$——橡胶片的容许剪切角正切值,对于硬度为 $55° \sim 60°$ 的氯丁橡胶,规范规定,当不计活载制动力作用时采用 0.5,计及活载制动力时可采用 0.7。

由此,上式可写成:

$$\sum t \geqslant 2\Delta_g \tag{3-18}$$

以及

$$\sum t \geqslant 1.43(\Delta_g + \Delta_p) \tag{3-19}$$

式中:Δ_g——上部结构在恒载作用下由温度变化等因素引起作用于一个支座上的水平位移;

Δ_p——由活载制动力引起作用于一个支座上的水平位移,按下式计算:

$$\Delta_p = \frac{H_T \sum t}{2G \cdot ab} \tag{3-20}$$

式中:H_T——作用于一个支座上的活载制动力;

G——橡胶的抗剪弹性模量,见表3-2。

确定了橡胶片总厚度 $\sum t$,再加上金属加劲薄板的总厚度,就可得到所需支座的总厚度 h。

3. 验算支座的偏转情况

主梁受荷后发生挠曲变形时,梁端将引起转角 θ,如图3-40所示。此时支座伴随出现线性的压缩变形,梁端一侧的压缩变形量为 δ_1,梁体另一侧的为 δ_2。为了确保支座偏转时橡胶与梁底不发生脱空而出现局部承压的现象,则必须满足条件:

$$\delta_1 \geqslant 0 \tag{3-21}$$

即

$$\delta = \frac{N \sum t}{abE_j} \geqslant \frac{a\theta}{2} \tag{3-22}$$

式中:δ——平均压缩变形(忽略薄钢板的变形);

θ——梁端转角。

此外,《桥规》还规定橡胶支座的竖向平均压缩变形 δ 应不超过 $0.05\sum t$。

4. 验算支座的抗滑稳定性

为了保证橡胶支座与梁底或墩台顶面之间不发生相对滑动,则应满足以下条件:

$$\mu(N_G + N_{p,\min}) \geqslant 1.4H_t + H_T \tag{3-23}$$

以及

$$\mu N_G \geqslant 1.4H_t \tag{3-24}$$

式中: N_G——恒载产生的支座反力;

$N_{p,\min}$——与计算制动力相对应的汽车活载产生的最小支座反力;

H_t——由温度变化等因素引起作用于一个支座上的纵向水平力,可由下式确定:

$$H_t = abG\frac{\Delta_g}{\sum t} \tag{3-25}$$

H_T——由活载制动力引起作用于一个支座上的纵向水平力;

μ——橡胶与混凝土间的摩擦系数采用 $\mu = 0.3$,与钢板间的摩擦系数采用 $\mu = 0.2$。

5. 成品板式橡胶支座的选配

板式橡胶支座早已有系列成品可供选择,例如:GJZ300×400×47(CR),表示公路桥梁矩形、平面尺寸300mm×400mm、厚度为47mm的氯丁橡胶支座;GYZF4300×54(NR),表示公路桥梁圆形、直径300mm、厚度为54mm、带聚四氟乙烯滑板的天然橡胶支座。只需根据标准成品支座的目录,选配合适的产品。

当用成品目录进行选型时,先根据支座反力、梁肋宽度和梁体水平位移初选出支座,再通过偏转验算和抗滑性能的验算,最终确定支座类型。

(三) 盆式橡胶支座的选用

盆式橡胶支座的设计验算内容有:确定聚四氟乙烯板和氯丁橡胶板的尺寸;确定钢盆环的直径;盆塞的计算(包括底面积尺寸、盆塞厚度、盆塞的抗滑验算等);钢密封环的设计;橡胶密封圈的设计;盆环顶偏转的控制;钢盆环与顶板之间的焊缝应力验算等。而实际工程中,设计人员主要是根据支座反力和变形直接在成品目录上选配适合的支座,同时考虑温度和地震两个因素,以确定适配常温型和耐寒型支座和采用何种抗震型支座或抗震措施。

我国成品盆式橡胶支座系列主要有中交公路规划设计院设计的GPZ系列,以及铁道部科学研究院设计的TPZ-1系列等,支座竖向承载力一般为1 000～50 000kN,最多分为近40个级,并有DX(单向)、SX(双向活动)及GD(固定)之分,有效水平位移量从±40mm至±250mm,支座的容许转角为40′,GDZ则为抗震型固定支座的代号。

合适的支座不仅应满足结构变形的需要,其最大支撑反力一般不超过支座容许承载能力的5%,最小反力不低于容许承载力的80%,以确证支座具有良好的抗滑移性能。例如计算得到一个支座的最大反力为4 100kN,最小反力为3 700kN,则宜选择承载力为4 000kN的盆式支座,而不宜选用承载力为5 000kN的支座。这是因为4 000kN的支座允许反力变化范围是3 200～4 200kN,而5 000kN的支座允许反力变化范围是4 000～5 200kN。

第五节　混凝土梁桥的施工

当桥墩及其基础施工完毕后,为了将梁体结构落在设计位置,通常采用两种主要的施工方法,即就地浇筑法和预制安装法。

1. 就地浇筑法

它是通过直接在桥跨下面搭设支架,作为工作平台,然后在其上面立模浇筑梁体结构。这种方法适用于两岸桥墩不太高的引桥和城市高架桥,或靠岸边水不太深且无通航要求的中小跨径桥梁。其主要优缺点是:

(1)优点:它不需要大型的吊装设备和开辟专门的预制场地,梁体结构中横桥向的主筋不用中断,故其结构的整体性能好。

(2)缺点:支架需要多次转移,使工期加长,如全桥多跨一次性立架,则投入的支架费用又将大大增高。

2. 预制安装法

当同类桥梁跨数较多、桥墩较高、河水较深且有通航要求时,通常便将桥跨结构用纵向竖缝划分成若干个独立的构件,放在桥位附近专门的预制场地或者工厂进行成批制作,然后将这些构件适时地运到桥孔处进行安装就位,通常把这种施工方法称作预制安装法。它的优缺点恰与上一种方法相反,即:

(1)优点:桥梁的上、下部结构可以平行施工,使工期大大缩短;无须在高空进行构件制作,质量容易控制,且可以集中在一处成批生产,从而降低工程成本。

(2)缺点:需要大型的起吊运输设备,此项费用较高。由于在构件与构件之间存在拼接纵缝,例如简支 T 形梁之间的横隔板接头,施工时需搭设吊架才能操作,故比较麻烦;此外,拼接构件的整体工作性能显然不如就地浇筑的构件。

无论采用哪一种施工方法进行施工,对于混凝土简支梁结构本身来说,都必须经过下列的基本施工工艺流程(图 3-52)才能成型,即

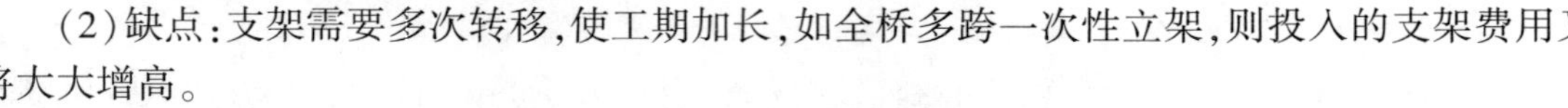

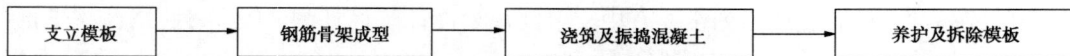

支立模板	→	钢筋骨架成型	→	浇筑及振捣混凝土	→	养护及拆除模板

图 3-52　混凝土构件基本施工工艺流程

一、就地现浇的钢筋混凝土简支梁桥施工

(一) 支架

1. 常用的支架形式

为了完成钢筋混凝土简支梁桥的就地现浇施工,首先应根据桥孔跨径、桥孔下面覆盖土层

的地质条件、水的深浅等因素,合理地选择支架形式。

支架按其构造分为立柱式支架、梁式支架和梁-柱式支架;按材料可分为木支架、钢支架、钢木混合结构和万能杆件拼装的支架等。图 3-53 示出了按构造分类的几种支架构造图。其中 a)、b) 为立柱式支架,可用于旱桥、不通航河道以及桥墩不高的小桥施工;c)、d) 为梁式支架,钢板梁适用于跨径小于 20m,钢桁梁适用于跨径大于 20m 的情况;e)、f) 为梁-柱式支架,适用于桥墩较高、跨径较大且支架下需要排洪的情况。

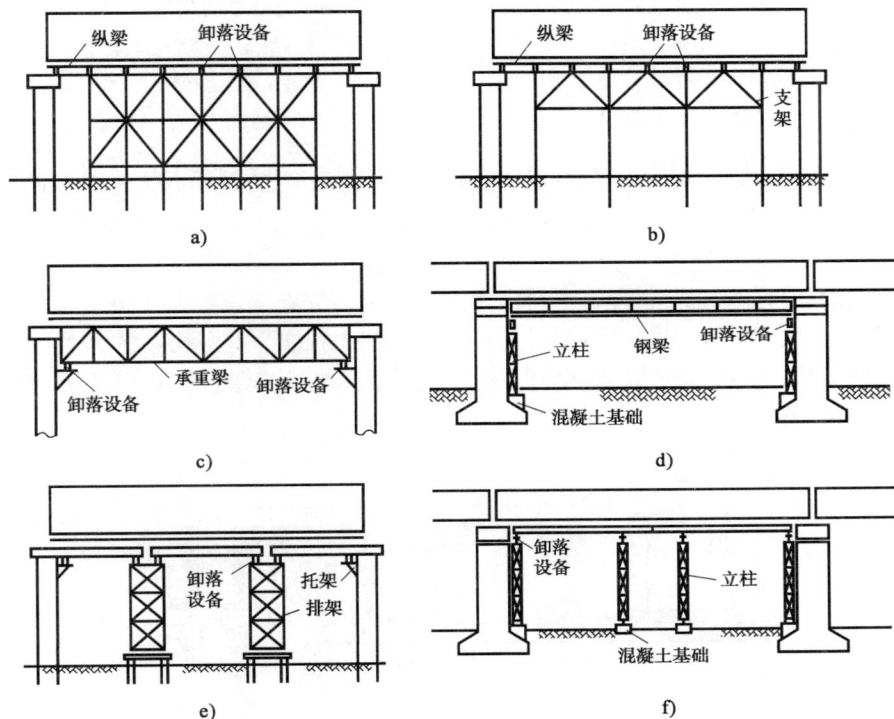

图 3-53　常用支架的主要构造
a)、b)立柱式支架;c)、d)梁式支架;e)、f)梁-柱式支架

2. 支架的基础

为了保证现浇的梁体不产生大的变形,除了要求支架本身具有足够的强度、刚度以及具有足够的纵、横、斜三个方向的连接杆件来保证支架的整体性能外,支架的基础必须坚实可靠,以保证其沉陷值不超过施工规范的规定。对于跨径不大且采用满布式的木支架排架[图 3-53a)],可以将基脚设置在枕木上,枕木下的垫基层必须夯实;对于梁-柱式支架,因其荷载较集中,故其基脚宜支承在临时桩基础上[图 3-53e)、f)];也可直接支承在永久结构的墩身或基础的上面[图 3-53c)、d)]。

3. 支架的预拱度

为了使上部结构在卸架后能较好地获得设计规定的外形,必须在施工时设置一定数值的预拱度。在确定预拱度时应考虑以下的因素:

(1)卸架后由上部结构自重及活载一半所产生的挠度 δ_1。

(2)施工期间支架结构在恒载及施工荷载(施工人员、机具、设备等)作用下的弹性压缩δ_2和非弹性变形δ_3。

(3)支架基底土在荷载作用下的非弹性沉陷δ_4。

(4)由混凝土收缩及温度变化而引起的挠度δ_5等。

第(2)、(3)项引起的变形可通过对支架用同等荷载预压得到。根据梁的挠度和支架的变形所计算出来的预拱度之和,就是简支梁预拱度的最高值,它应设置在跨径的中点。其他各点的预拱度,则按直线或二次抛物线比例进行分配,在两端的支点处则为零。

(二)模板

1.模板的支立

钢筋混凝土空心板结构较少采用现场整体浇筑的施工工艺,其原因之一是板的高度较矮,从板孔中拆除内模很是不便。钢筋混凝土实心板结构的模板比较简单,故这里着重介绍肋板梁的模板。

跨径不大的肋板梁模板,一般用木料制作,安装时,首先在支架纵梁上安装横木,横木上钉底板,然后在其上安装肋梁的侧模板和桥面板底板,见图3-54a)。当肋梁的高度较高时,其模板一般采用框架式,这时,梁的侧模及桥面板的底膜可用木板或镶板钉在框架上,框架式模板底构造示于图3-54b)。

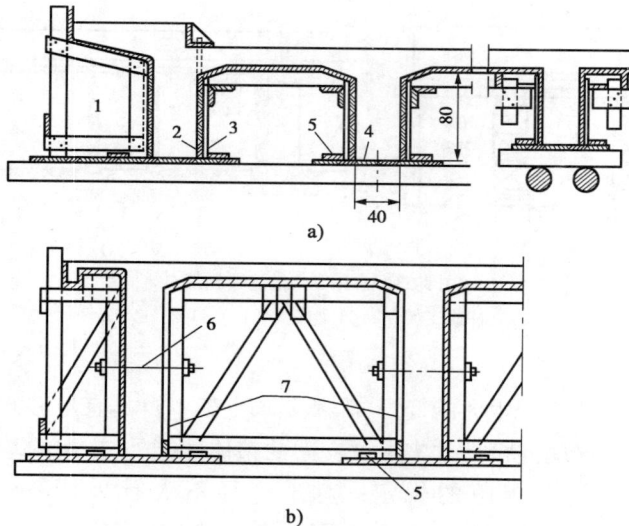

图3-54　肋板梁模板(尺寸单位:cm)
1-小柱架;2-侧面镶板;3-肋木;4-底板;5-压板;6-拉杆;7-填板

2.模板的卸落

梁桥模板的卸落,应对称、均匀和有顺序地进行。卸架设备应放在适当的位置,当为满布式支架时应放在立柱处,当为梁式支架时应放在支架梁支点处(参见图3-53)。

卸架设备一般采用木楔和砂筒,其构造见后文中的介绍。

(三) 钢筋骨架

1. 钢筋骨架的组成

混凝土内的钢筋骨架是由纵向钢筋(主筋)、架立筋、箍筋、弯起钢筋(斜筋)、分布钢筋以及附加钢筋构成。关于这些钢筋的作用及截面的计算详见《结构设计原理》一书。图 3-55 示出了普通矩形截面梁的钢筋骨架构造。

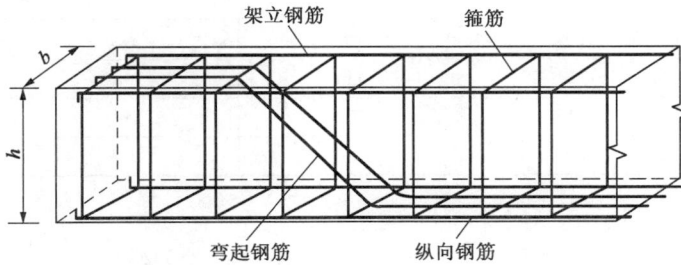

图 3-55　简支梁的钢筋构造

图 3-56 所示是计算跨径为 $l = 8.45\text{m}$ 整体现浇肋板梁桥的钢筋细部构造。其中的 a)图为主梁的钢筋布置,其基本构造与图 3-55 中的相似;b)图为连续桥面板的钢筋布置。

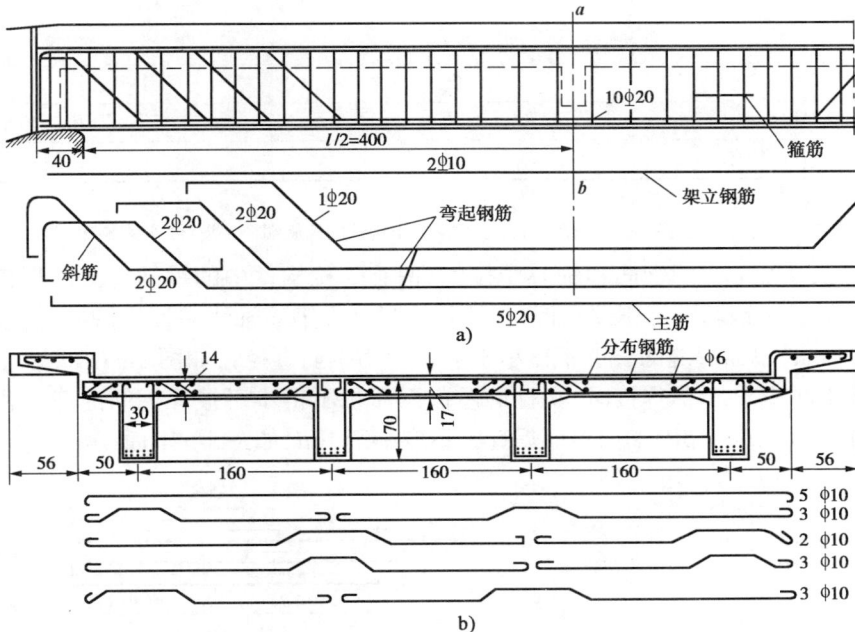

图 3-56　整体现浇肋板梁桥的钢筋构造示例(尺寸单位:cm,钢筋直径:mm)
a)梁的纵剖面;b)$a-b$ 断面

2. 钢筋骨架的成型

钢筋骨架都要通过钢筋整直→切断→除锈→弯曲→焊接或者绑扎等工序以后才能成型。除绑扎工序外,每个工序都可应用相应的机械设备来完成。对于就地现浇的结构,焊接或者绑扎的工序多放在现场支架上来完成,其余均可在工地附近的钢筋加工车间来完成。下面着重叙述一下最后一道工序所应遵循的技术要求。

(1)对直径不大于 25mm 的钢筋,可以采用搭接绑扎的方法,但钢筋之间的搭接长度不应小于表 3-3 中的规定。

表 3-3

钢筋搭接长度

钢 筋 种 类	混凝土强度等级			
	15		≥20	
	受拉	受压	受拉	受压
Ⅰ级钢,5 号钢筋	$35d$	$25d$	$30d$	$20d$
Ⅱ级钢,5 号钢筋	$40d$	$30d$	$35d$	$25d$
Ⅲ级钢	$45d$	$35d$	$40d$	$30d$

注:1. d 为钢筋直径。

　　2. R235 级钢筋末端须设弯钩。

　　3. 位于受拉区的搭接长度不应小于 25cm,位于受压区的搭接长度不应小于 20cm。

(2)受力钢筋接头应设置在内力较小处,并应错开布置。在任一搭接长的区段内,有接头的受力钢筋截面面积占总截面面积的百分率不应超过表 3-4 中的规定。

表 3-4

搭接长度区段内受力钢筋接头面积的最大百分率

接 头 形 式	接头面积最大百分率(%)	
	受拉区	受压区
主钢筋绑扎接头	25	50
主钢筋焊接接头	50	不限制
预应力钢筋对焊接头	25	不限制

注:1. 在同一根钢筋上应尽量少设接头。

　　2. 装配式构件连接处的受力钢筋焊接接头和预应力混凝土构件的螺旋端杆接头,可不受本条限制。

(3)直径大于 25mm 的钢筋和轴心受拉、小偏心受拉构件中的钢筋宜采用焊接。当采用搭叠式电弧焊接时,钢筋端都应预先折向一侧,使两接合钢筋轴线一致。搭接时,双面焊缝的长度不得小于 $5d$,单面焊缝的长度不得小于 $10d$(d 为钢筋直径),如图 3-57a)所示。

(4)当采用夹杆式电弧焊接时,夹杆的总截面面积不得小于被焊钢筋的截面积。夹杆长度,如用双面焊缝不小于 $5d$,如用单面焊缝则不应小于 $10d$,如图 3-57b)所示。

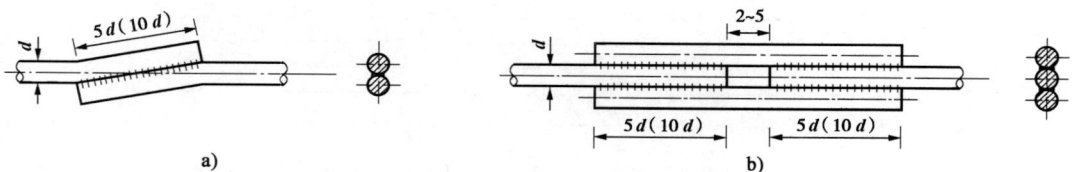

图 3-57　钢筋接头焊缝形式(括号内数字为单面焊缝)(尺寸单位:mm)
a)搭叠式电弧焊;b)夹杆式电弧焊

(四) 浇筑及振捣混凝土

该施工过程包括混凝土搅拌→混凝土运输→浇筑混凝土→振捣密实等四个工序。混凝土的砂、石配合比及水灰比均应通过设计和试验来确定,拌制一般采用搅拌机。混凝土的振捣一般采用插入式振捣器、附着式振捣器、平板式振捣器或振动台等设备,这需依据不同构件和不同部位的需要来选用,目的是达到模板内的混凝土密实,使混凝土内不存在大的空洞、蜂窝和麻面。这里着重介绍混凝土的运输及浇筑的技术要求。

1. 混凝土的运输

(1)混凝土的运输能力应满足混凝土凝结速度和浇筑速度的要求,使混凝土在运到浇筑地点时仍保持均匀性和规定的坍落度。无论采用汽车运输还是搅拌车运输,其运输时间不宜超过表 3-5 中的规定。

混凝土拌和物运输时间限制　　　　　　　　　　　　表 3-5

气温(℃)	一般汽车运输(min)	搅拌车运输(min)
20 ~ 30	30	60
10 ~ 19	45	75
5 ~ 9	60	90

注:表列时间系指从加水搅拌至入模时间。

(2)采用泵送混凝土应符合下列规定:

①混凝土的供应必须保证输送混凝土泵能连续工作。

②输送管线宜直,转弯宜缓,接头应严密,如管道向下倾斜,应防止混入空气,产生阻塞。

③泵送前应先用水泥浆润滑输送管道内壁。混凝土出现离析现象时,应立即用压力水或其他方法冲洗管内混凝土,泵送间歇时间不宜超过 15min。

④在泵送过程中,受料斗内应具有足够的混凝土,以防止吸入空气产生阻塞。

2. 混凝土的浇筑

跨径不大的简支梁桥,可在钢筋全部扎好以后,将梁与桥面板沿一跨全部长度用水平分层法浇筑,或者用斜层法从梁的两端对称地向跨中浇筑,在跨中合龙。

较大跨径的梁桥,可用水平分层法或用斜层法先浇筑纵横梁,如图 3-58a)所示;然后沿桥的全宽浇筑桥面板混凝土。此时桥面板与纵横梁之间应设置工作缝,如图 3-58b)中的虚线所示。采用斜层浇筑时,混凝土的适宜倾斜角与混凝土的稠度有关,一般可为 20°~25°,如图 3-58b)所示。

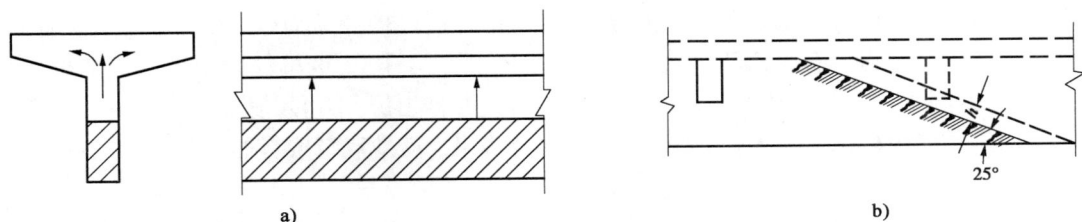

图 3-58　混凝土的浇筑方法

当桥面较宽且混凝土数量较大时,可分成若干条纵向单元分别浇筑,每个单元的纵横梁也应沿其全长采用水平分层法或斜层法浇筑。当分成纵向单元浇筑时,也应在纵梁之间的横梁处按照单元的划分留置工作缝,待各纵向单元浇筑完成后,再填接缝混凝土。最后对于桥面板按全面积一次浇筑完成,不设工作缝。

当采用水平分层法浇筑和插入式振捣器时,其分层厚度不宜超过0.3m,并且必须在前一层混凝土开始凝结之前,将次一层混凝土浇筑完毕。当气温在30℃以上时,前后两层浇筑时间相隔不宜超过1h,当气温在30℃以下时,不宜相隔1.5h,或由试验资料来确定相隔时间。当无法满足上述规定的间隔时间时,就必须预先确定施工缝预留的位置。一般将它选择在受剪力和弯矩较小且便于施工的部位,并应按下列要求进行处理:

(1)在浇筑接缝混凝土之前,先凿除老混凝土表层的水泥浆和较弱层。

(2)经凿毛的混凝土表面,应用水洗干净,在浇筑次层混凝土之前,对垂直施工缝宜刷一层净水泥浆,对于水平缝宜铺一层厚为10~20mm的1:2的水泥砂浆。

(3)对于斜面施工缝应凿成台阶状再进行浇筑。

(4)接缝位置处在重要部位或者结构物处在地震区时,则在灌筑之前应增设锚固钢筋,以防开裂。

(五)养护及拆除模板

混凝土浇筑完毕后,应在收浆后尽快用草袋、麻袋或稻草等物予以覆盖和洒水养护。洒水持续时间,随水泥品种的不同和是否掺用塑化剂而异,对于用硅酸盐水泥拌制的混凝土构件,不少于7昼夜;对于用矿渣水泥、火山灰水泥或在施工中掺用塑化剂的混凝土构件,不少于14昼夜。

混凝土构件经过养护后,达到了设计强度的25%~50%时,即可拆除侧模;达到了设计吊装强度并不低于设计强度等级的70%时,就可起吊主梁。

桥梁施工混凝土养护及拆除模板相关事项见本页数字资源。

二、预制钢筋混凝土及预应力混凝土简支梁桥施工

(一)预制钢筋混凝土简支梁的制作工艺

预制钢筋混凝土简支梁结构在工程上的应用比较广泛,它多属于标准设计的构件,便于成批生产,保证质量,降低成本。制作的场地可以是桥梁工地附近的地面上,也可以是专门的构件制造厂。不论采用哪种方式预制好的成品构件,都得通过构件运输(场内或场外)和构件安装两个重要施工过程。有关这两个施工过程后面还要专门介绍,这里仅介绍关于支立模板的内容,其余的施工流程与上一节中就地浇筑法的相关内容相仿,不再重复。

常用的构件模板材料有木模和钢模两种,前者多用于就地浇筑或者非等跨结构的场合,后者多用于预先制作的装配式标准构件。

图3-59是目前常用于空心板的木制模板构造。除了构成截面形状的外模(侧模和底模)和内模壳板外,还要沿构件的纵向每隔一定间距设置竖肋衬挡和螺栓等来固定外模板,而固定内模则用骨架、活动撑板、拉杆和铁铰链等。脱模时,只要抽动拉杆将撑板从顶部拉脱,并借助铁铰链,便可拆除内模板。现在工程上更多地采用充气橡胶管来代替木制内模,因为它更容易被拆除,不过,在充气时,所施气压的大小要根据橡胶管管径、新筑混凝土的压力以及气温等因

素计算确定;在浇灌混凝土之前要事先用定位钢筋或压块将橡胶管的位置加以固定,防止上浮和偏位;何时泄气抽出橡胶管,也要根据试验来确定,因为混凝土的强度与气温有关。

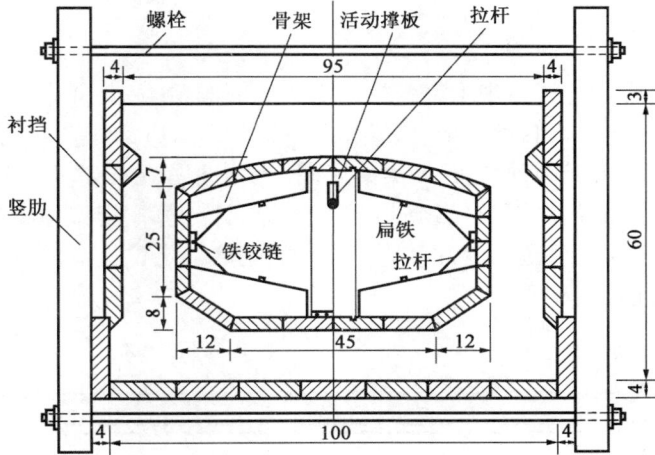

图 3-59　空心板梁芯模构造(尺寸单位:cm)

图 3-60 是用于制造 T 形梁的装拆式钢模板构造,它同样是除了用于截面成型的钢壳板以外,还要用角钢做成水平肋、竖向肋、斜撑、直撑、固定侧模用的顶部和底部拉杆等部件来固定模板位置。不论采用何种模板,均需在浇筑混凝土之前,在模板的内表面涂以隔离剂,如石灰乳浆、肥皂水或废机油等,以防止壳板与混凝土粘连。

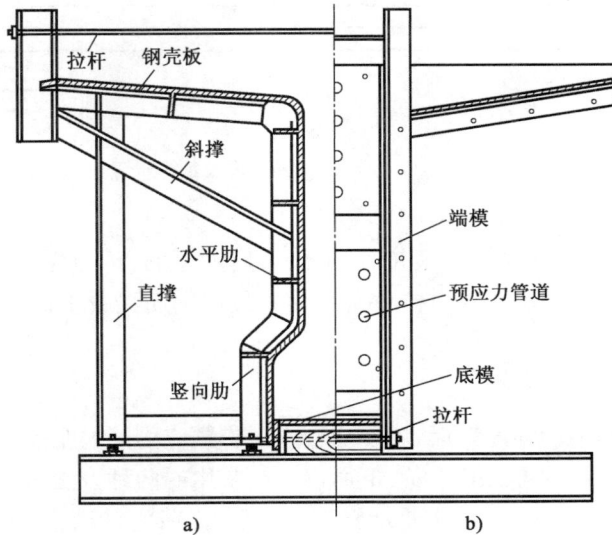

图 3-60　钢模板的组成

(二)先张法预应力混凝土简支板的制作工艺

先张法预制板梁的制作工艺是在浇筑混凝土之前先进行预应力筋的张拉,并将其临时固定在张拉台座上,然后完成图 3-52 中的基本施工工艺流程,待混凝土达到规定强度(但不得低于设计强度等级的70%)时,逐渐将预应力筋松弛,利用力筋回缩和与混凝土之间的黏结作用,使构件获得预应力。下面仅介绍它的制造工艺特点。

1.台座

(1)墩式台座

墩式台座是靠自重和土压力来平衡张拉力所产生的倾覆力矩,并靠土壤的反力和摩擦力来抵抗水平位移。台座由台面、承力架、横梁和定位钢板等组成,如图3-61所示。台面有整体式混凝土台面和装配式台面两种,它是制梁的底模。承力架承受全部的张拉力,横梁是将预应力筋张拉力传给承力架的构件,它们都须进行专门的设计计算。定位钢板是用来固定预应力筋的位置,其厚度必须保证承受张拉力后具有足够的刚度。定位板上的圆孔位置则按构件中预应力筋的设计位置确定。

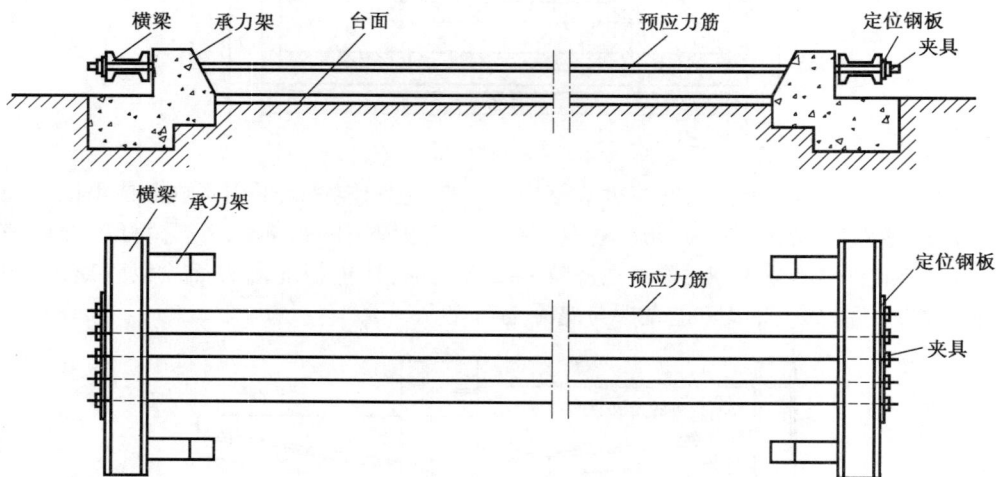

图3-61　重力式台座构造示意图

(2)槽式台座

当现场地质条件较差,台座又不很长时,可以采用由台面、传力柱、横梁、横系梁等构件组成的槽式台座,如图3-62所示。传力柱和横系梁一般用钢筋混凝土做成,其他部分与墩式台座相同。

2.预应力筋的放松

当混凝土达到了预期的强度以后,就要从台座上将预应力筋的张拉力放松,逐渐将此力传递到混凝土构件上。放松的方法有多种,下面仅介绍常用的两种方法。

(1)千斤顶放松:首先要在台座上重新安装千斤顶,先将力筋稍张拉至能够逐步扭松端部固定螺母的程度,然后逐渐放松千斤顶,让钢筋慢慢回缩完毕为止(图3-63)。

(2)砂筒放松:在张拉预应力之前,在承力架和横梁之间各放一个灌满被烘干过的细砂子砂筒(图3-64)。张拉时筒内砂子被压实。当需要放松预应力筋时,可将出砂口打开,使砂子慢慢流出,活塞徐徐顶入,直至张拉力全部放松为止。本法易于控制放松速度,故应用较广。

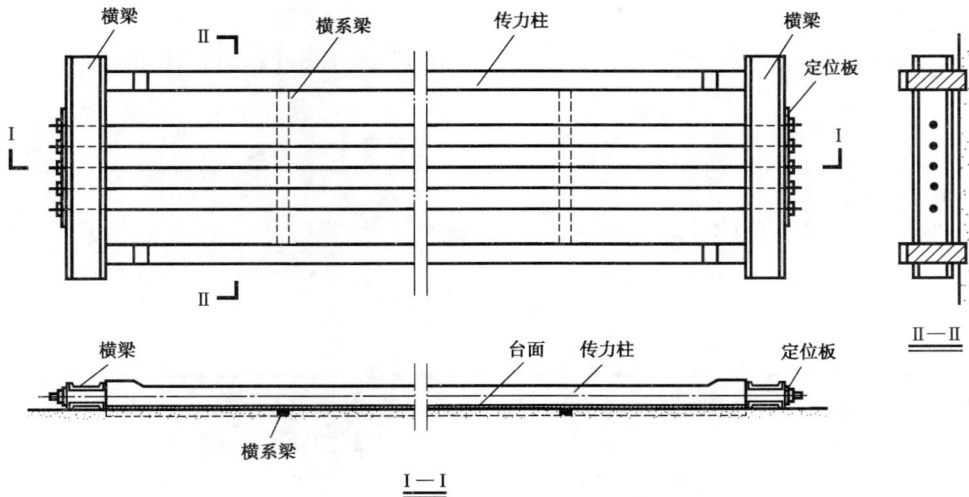

图 3-62　槽式台座

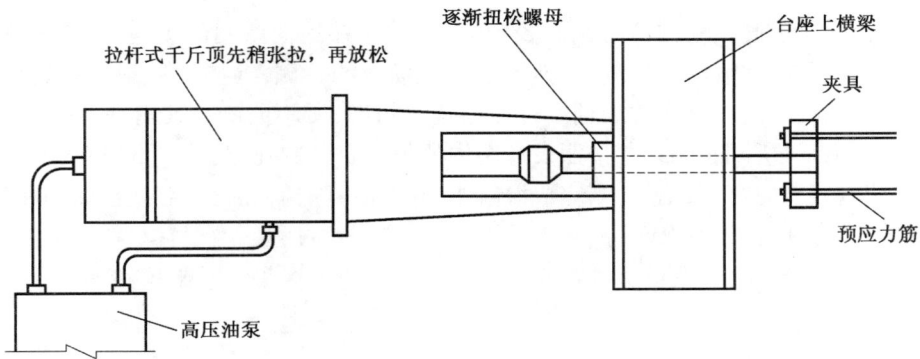

图 3-63　千斤顶放松示意图

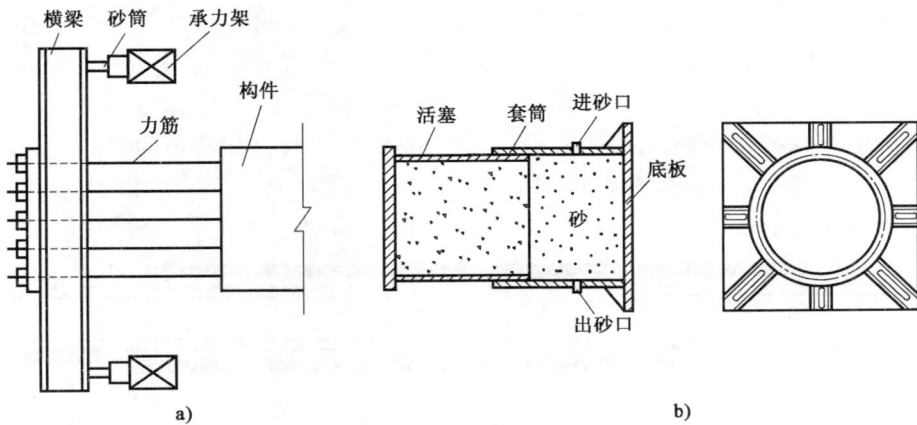

图 3-64　砂筒放松示意图

3. 张拉程序

先张法预应力筋的张拉应符合设计要求，若设计无规定时，其张拉程序可按表3-6中的规定进行。

先张法预应力筋张拉程序 表3-6

预应力筋种类	张拉程序
钢筋	$0\rightarrow$初应力$\rightarrow 1.05\sigma_k$（持荷2_{min}）$\rightarrow 0.9\sigma_k\rightarrow\sigma_k$（锚固）
钢丝、钢绞线	对于夹片式具有自锚性能的锚具： 普通松弛力筋：$0\rightarrow$初应力$\rightarrow 1.03\sigma_k$（锚固） 低松弛力筋：$0\rightarrow$初应力$\rightarrow\sigma_k$（持荷2_{min}锚固）

注：表中σ_k为张拉时的锚下控制应力。

为了避免台座承受过大的偏心力，应先张拉靠近台座截面重心处的预应力筋。

先张法详细施工讲解见本页数字资源。

（三）后张法预应力混凝土简支梁的制作工艺

普通钢筋混凝土简支梁构件的预制较为简单，就是在地面专门的场地上，按照图3-52的基本施工工艺流程来完成构件的制作，然后堆放在场地的一侧，等待被运到桥孔处进行安装。后张法预应力混凝土简支梁构件的预制过程也基本相同，所不同的主要有两点：第一，在绑扎钢筋成型这个施工过程的同时，要按照设计图中的位置布设制孔器，即在混凝土构件中预留孔道，供以后预应力筋的穿入；第二，当完成混凝土养护和拆除模板后，按照设计图中所规定的混凝土龄期强度，将制备好的预应力筋穿入孔道中，完成张拉过程。由于它是在完成混凝土构件的制作之后再施加预应力，故把这种构件称作后张法预应力混凝土预制构件。

1. 预应力筋孔道的成型

在梁体内预留预应力筋孔道所用的制孔器目前主要有三种，即铁皮管、金属波纹管和橡胶管。前两种制孔器按预应力筋设计位置和形状固定在钢筋骨架中，本身便是孔道。橡胶管制孔器也按设计位置固定在钢筋骨架中，待混凝土抗压强度达到4~8MPa时，再将制孔器抽拔出以形成孔道。为了增加橡胶管的刚度和控制位置的准确，需在橡胶管内设置圆钢筋（又称芯棒），以便在先抽出芯棒之后，橡胶管易于从梁体内拔出。对于曲线束筋的孔道，则用两段胶管在跨中对接，对接接头处套一段长为0.3~0.5m的铁皮管，如图3-65所示。抽拔时，该段铁皮管留在梁内，橡胶管则从梁的两端抽拔出来。

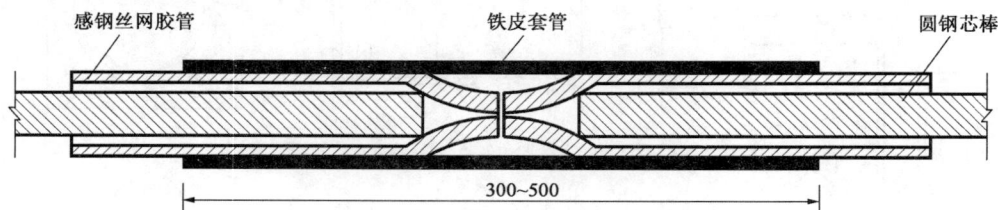

图3-65 橡胶制孔器的接头（尺寸单位：mm）

2. 预应力筋的张拉

这一施工过程包括孔道检查与清洗→穿预应力筋→张拉力筋→孔道压浆→封锚固端混凝土等几道工序。到此地步才能算完成了装配式构件的制作。孔道压浆的目的是保护预应力筋不受锈蚀,并使力筋与梁体的混凝土黏结成整体,共同受力,从而也减轻了锚具的受力。用混凝土封固端部锚头除了达到防止锈蚀的目的外,还有为了保持锚塞或者夹片在汽车运营中不发生松动,以免造成滑丝的危险。这里简单地介绍一下张拉预应力筋所使用的几种设备。

(1) 锥锚式千斤顶

图 3-66 所示的是 TD-60 型锥锚式三作用千斤顶的构造和张拉装置简图。这种千斤顶具有张拉、顶锚和退楔块三种功能,适用于锥形锚具的钢丝束。千斤顶的工作靠高压油泵的进油与回油来控制,施加预应力的大小靠油表读值及力筋延伸率大小来控制。

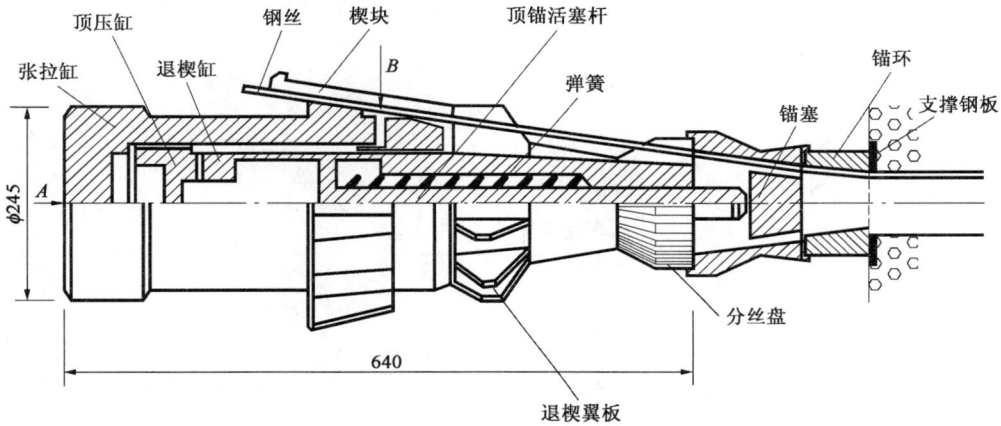

图 3-66 TD-60 型锥锚式三作用千斤顶的构造和张拉装置(尺寸单位:mm)

(2) 拉杆式千斤顶

拉杆式千斤顶构造简单,操作方便,适用于张拉常用螺杆式和墩头式锚、夹具的单根粗钢筋、钢筋束或碳素钢丝束。图 3-67 为常用的 $GJ_z Y$-60A 型拉杆式千斤顶的构造示意。张拉前先用连接器将预应力筋和张拉杆连接。

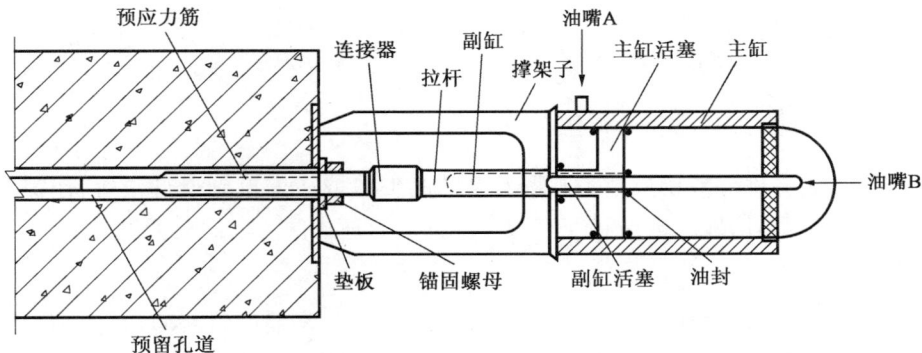

图 3-67 $GJ_z Y$-60A 型千斤顶构造示意

（3）穿心式千斤顶

这种千斤顶主要用于张拉带有夹片式锚、夹具的单根钢筋、钢绞线或钢筋束和钢绞线束。图 3-68 示出 GJ_zY-60 型穿心式千斤顶的构造简图。张拉前先将预应力筋穿过千斤顶，在其后端用锥销式工具锚将力筋锚住，然后借助高压油泵完成张拉工作。

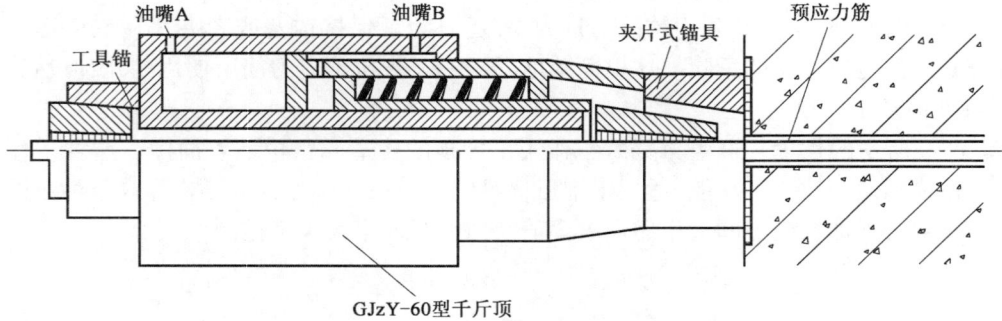

图 3-68　GJ_zY-60 型穿心式千斤顶构造简图

3. 张拉程序

不同预应力筋的构件所采用的张拉程序见表 3-7。

后张法预应力筋张拉程序　　表 3-7

预应力筋		张拉程序
钢筋、钢筋束		$0\rightarrow$初应力$\rightarrow 1.05\sigma_k$（持荷 2_{min}）$\rightarrow \sigma_k$（锚固）
钢绞线束	对于夹片式等具有自锚性能的锚具	普通松弛力筋：$0\rightarrow$初应力$\rightarrow 1.03\sigma_k$（锚固）
		低松弛力筋：$0\rightarrow$初应力$\rightarrow \sigma_k$（持荷 2_{min}锚固）
	其他锚具	$0\rightarrow$初应力$\rightarrow 1.05\sigma_k$（持荷 2_{min}）$\rightarrow \sigma_k$（锚固）
钢丝束	对于夹片式等具有自锚性能的锚具	普通松弛力筋：$0\rightarrow$初应力$\rightarrow 1.03\sigma_k$（锚固）
		低松弛力筋：$0\rightarrow$初应力$\rightarrow \sigma_k$（持荷 2_{min}锚固）
	其他锚具	$0\rightarrow$初应力$\rightarrow 1.05\sigma_k$（持荷 2_{min}）$\rightarrow 0\rightarrow \sigma_k$（锚固）
精轧螺纹钢筋	直线配筋时	$0\rightarrow$初应力$\rightarrow \sigma_k$（持荷 2_{min}锚固）
	曲线配筋时	$0\rightarrow \sigma_k$（持荷 2_{min}）$\rightarrow 0$（上述程序可反复几次）$\rightarrow$ 初应力 $\rightarrow \sigma_k$（持荷 2min 锚固）

注：表中 σ_k 为张拉时的锚下控制应力。

后张法施工图片见本页数字资源。

（四）装配式简支梁构件的运输和安装

为了把在预制构件厂或桥梁施工现场预制的简支梁或板安放到设计位置，还需要完成两个重要的施工过程，即构件的运输和安装。下面分别叙述这两个方面的问题。

1. 预制构件的运输

从工地预制场至桥头处的运输，称为场内运输，通常需要铺设钢轨便道，由预制场地用龙门吊机或木扒杆将预制构件装上平车后，再用绞车牵引运抵桥头。当采用水上浮吊架梁时，还需要在河岸适当位置修建临时栈桥（码头），再将钢轨便道延伸到这里，以便将预制构件运上驳船,再开往桥孔下面进行架设。

从预制构件厂至施工现场的运输称场外运输,通常用大型平板车、驳船或火车等运输工具。不论采用哪类运输方式,在运输过程中,构件的放置都要符合受力方向,并在构件的两侧采用斜撑和木楔加以临时固定,防止构件发生倾倒、滑动或跳动造成构件的损坏。

例如当运输道路坑洼不平、行车颠簸比较厉害时,可采用图 3-69 所示的措施,防止构件产生负弯矩而断裂。构件装上平板拖车的垫木上后,在构件的中部设一立柱,用钢丝绳穿过两端吊环,中间搁在立柱上,并以花篮螺栓将钢绳拉紧,只有这样,构件在运输途中才不致发生负弯矩。

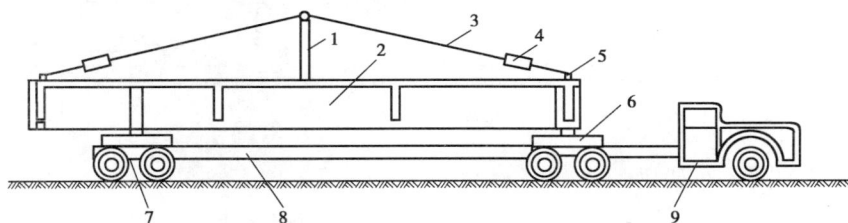

图 3-69　防止构件产生负弯矩措施

1-立柱;2-构件;3-钢丝绳;4-花篮螺栓;5-吊环;6、7-转盘装置;8-连接杆(可伸缩);9-主车

装配式构件运输及安装见本页数字资源。

2. 预制构件的安装

安装预制简支梁构件的机械设备和方法较多,这里不一一介绍,现仅就几种常见的架梁方法略加说明。

(1)自行式吊车架梁

当桥梁跨径不大、质量较小时,可以采用自行式吊车(汽车吊车或履带吊车)架梁。如果是岸上的引桥或者桥墩不高时,可以视吊装质量的不同,用一台或两台(抬)吊车直接在桥下进行吊装[图 3-70a)];如果桥下是河道或桥墩较高时,则将吊车直接开到桥上,利用吊机的伸臂边架梁、边前进[图 3-70b)]。不过,此时对于已经架好了的桥孔主梁,当横向尚未连成整体时,必须核算主梁是否能够承受吊车、被吊构件、机具以及施工人员重力。

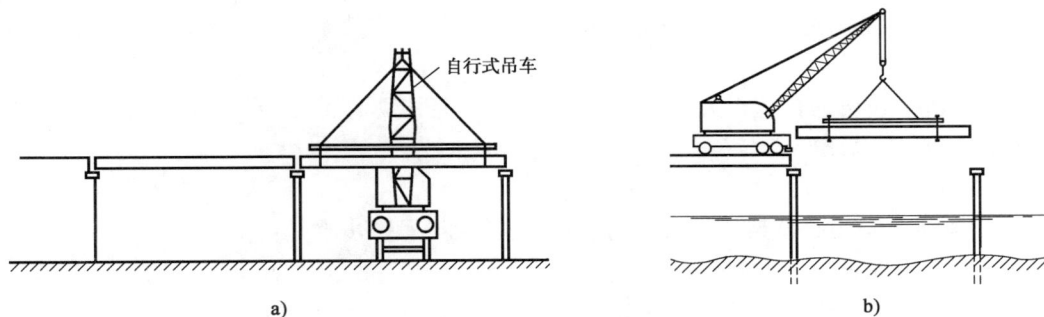

图 3-70　小跨径梁的架设

(2)浮吊船架梁

浮吊船实际是吊车与驳船的联合体,它可在通航河道上的桥孔下面架桥,而装有成批预制构件的装梁船,则停靠在浮吊船的一旁,随时供浮吊船起吊,如图 3-71 所示。浮吊船宜逆流而

上，先远后近地安装。吊装前应先下锚定位，航道要临时封锁。

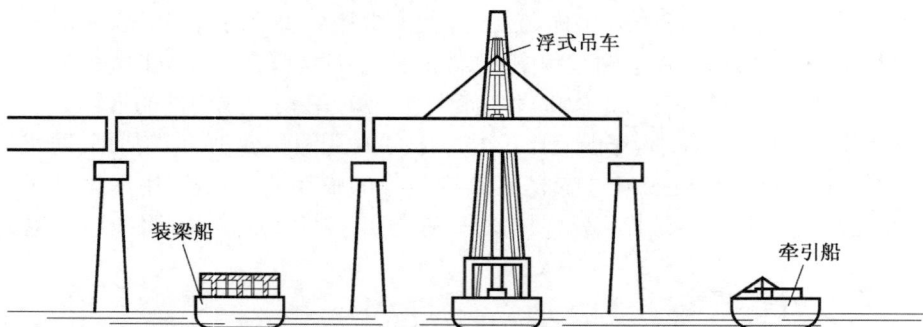

图 3-71　浮吊架设法

（3）跨墩龙门式吊车架梁

当桥不太高，架桥孔数又多，且沿桥墩两侧铺设轨道不困难时，可以采用跨墩的龙门式吊车梁（图 3-72）。此时，尚应在龙门式吊车的内侧铺设运梁轨道，或者设便道用拖车运梁。

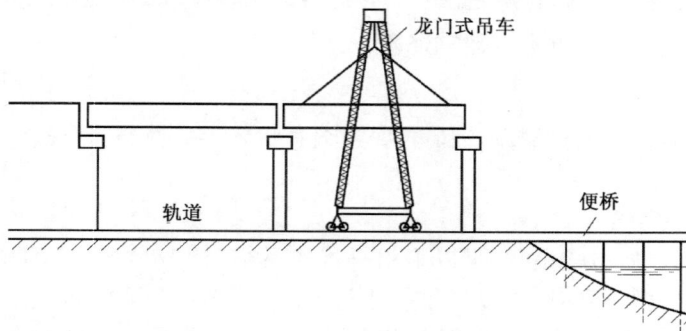

图 3-72　跨墩龙门吊机架梁法

（4）宽穿巷式架桥机架梁

图 3-73 所示是用宽穿巷式架桥机架梁的步骤。其中，安装梁可用贝雷钢架或万能杆件拼组而成。

由于这种架桥机的自重很大，所以当它沿桥面纵向移动时，一定要保持慢速，并须注意前支点下的挠度，以保证安全。

（5）联合架桥机架梁

图 3-74 所示是用联合架桥机架梁的示意图，其架梁操作步骤是：

①用绞车纵向拖拉导梁就位；

②用托架将两个门式吊机移至待架桥孔两端的桥墩上；

③由平车轨道运预制梁至架梁孔位，再由门式吊机将它起吊、横移并落至梁位［图 3-74b）］。

④将被导梁临时占住位置的预制梁暂放在已架好的梁上；

⑤待用绞车将导梁移至下一桥孔后，再将暂放一侧的预制梁架设完毕。

如此反复，直到将各孔主梁全部架好为止。此法适用于孔数较多和较长的桥梁。

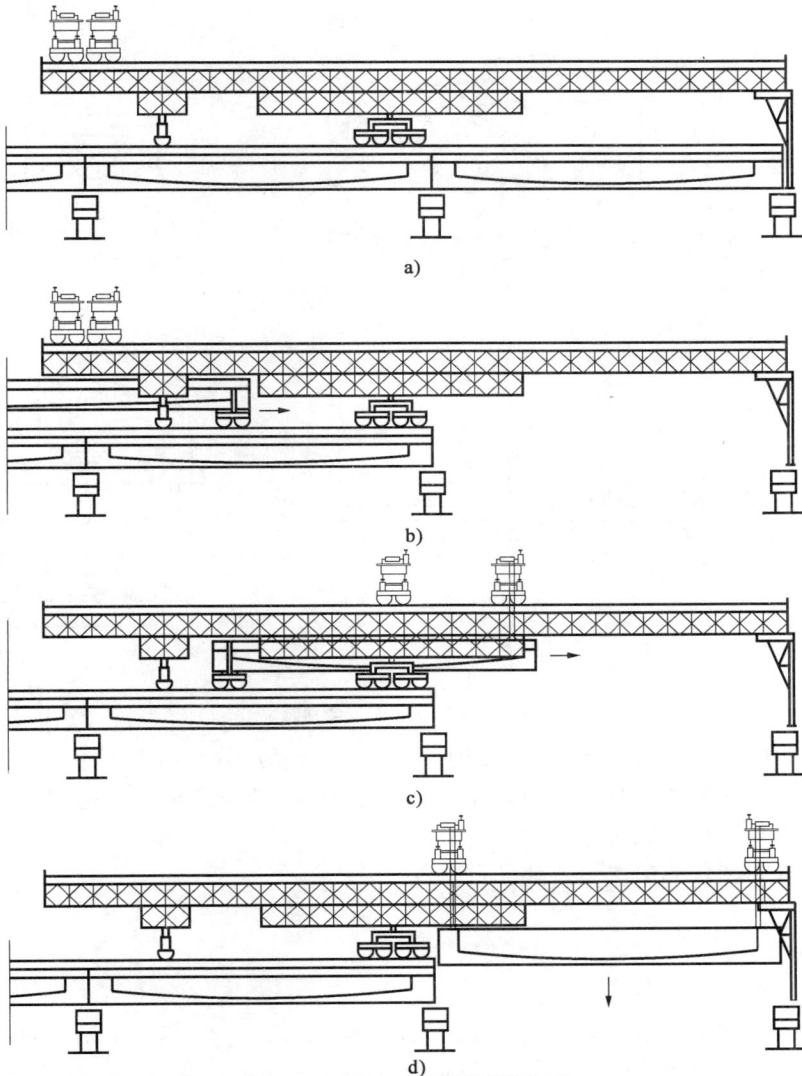

图 3-73 宽穿巷式架桥机架梁步骤

a)一孔架完后,前后横梁移至尾部作平衡重;b)穿巷式架桥机向前移动一孔位置,并使前支腿支承在墩顶上;c)架桥机前横梁吊起 T 梁,梁的后端仍放在运梁平车上,继续前移;d)架桥机后横梁也吊起 T 梁,缓慢前移,对准纵向梁位后,先固定前后横梁,再用横梁上的吊梁小车横移落梁就位

三、悬臂体系和连续体系梁桥的施工

悬臂体系和连续体系梁桥的最大特点是,桥跨结构上除了有承受正弯矩的截面以外,还有能承受负弯矩的支点截面,这也是它们与简支梁体系的最大差别。因此,它们的施工方式与简支梁大不相同。目前所用的施工方法大致可分为三类:

(1)逐孔施工法:它又可分为落地支架施工和移动模架施工两种。

(2)节段施工法:它是将每一跨结构划分成若干个节段,采用悬臂浇筑或者悬臂拼装(预制节段)两种方法逐段地接长,然后进行体系转换。

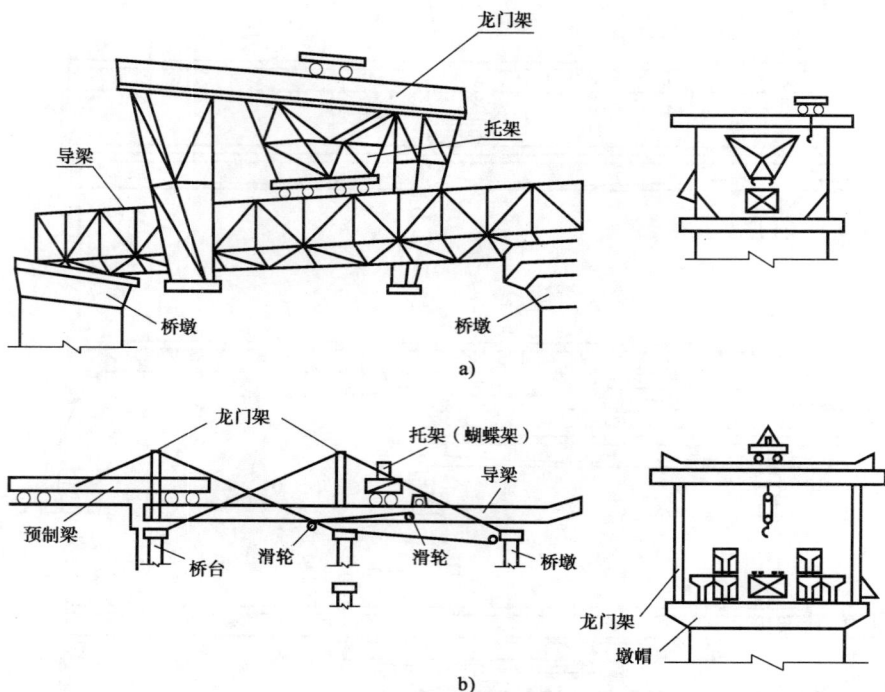

图 3-74　联合架桥机安装预制梁

（3）顶推施工法：它是在桥的一岸或两岸开辟预制场地，分节段的预制梁身，并用纵向预应力筋将各节段连成整体，然后应用水平液压千斤顶施力，将梁段向对岸推边。若依顶推施力的方法又可分为单点顶推和多点顶推两类。

下面将分别介绍这些施工方法的各自特点。

（一）逐孔施工法

1.落地支架施工

落地支架施工方法与第一节中关于简支梁桥的就地浇筑法基本上是相同的。所不同的是悬臂梁桥和连续桥在中墩处的截面是连续的，而且承担较大的负弯矩，需要混凝土截面连续通过。因此，必须充分重视以下两个方面的影响。

（1）不均匀沉降的影响。桥墩的刚度比临时支架的刚度大得多，加之支架一般立在未经精心处理的土基上，因此，难以预见的不均匀沉陷往往导致主梁在支点截面处开裂。

（2）混凝土收缩的影响。由于每次浇筑的梁段较长，混凝土的收缩又受到桥墩、支座摩阻力和先浇部分混凝土的阻碍，也是容易引起主梁开裂的另一个原因。

鉴于上述原因，一般采用留工作缝或者分段浇筑的方法。图 3-75a）所示的连续梁，仅在几个支点处设置工作缝，宽 0.8~1.0m，待沉降和收缩完成以后，再对接缝截面进行凿毛和清洗，然后浇灌接缝混凝土。当梁的跨径较大时，临时支架也会因受力不均产生挠曲线，例如图3-75b）悬臂梁中跨的临时桥下过道处，将有明显的折曲，故在这些部位也预留工作缝。

有时为了避免设置工作缝的麻烦而采用图3-75c）所示的分段浇筑方法。其中的4、5段须待1、2、3段达到足够强度后才能浇筑。

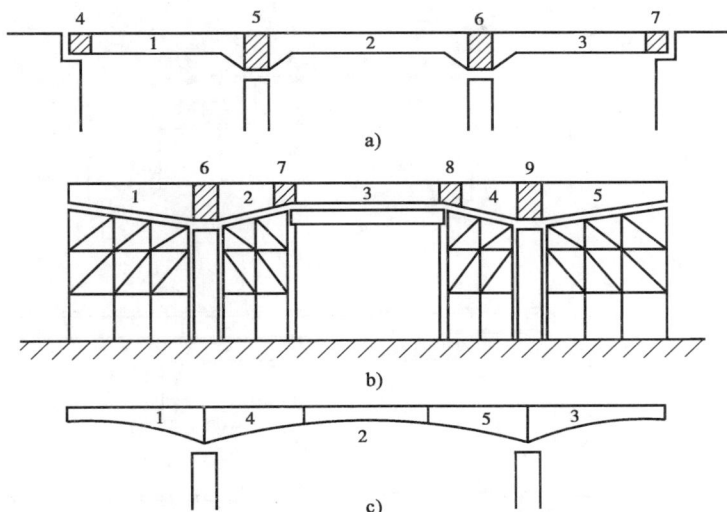

图 3-75　浇筑次序和工作缝设置
注:图中数字为分段编号。

2. 移动模架施工

移动模架施工法是使用移动式的脚手架和装配式的模板,在桥上逐孔浇筑施工。它像一座设在桥孔上的活动预制场,随着施工进程不断移动连续现浇施工。图 3-76 所示是上承式移动模架构造图的一种,它由承重梁、导梁、台车、桥墩托架和模架等构件组成。在箱形梁两侧各设置一根承重梁,用来支承模架和承受施工重力。承重梁的长度要大于桥梁跨径,浇筑混凝土时承重梁支承在桥墩托架上。导梁主要用于运送承重梁和活动模架,因此,需要有大于两倍桥梁跨径的长度。当一孔梁的施工完成后便进行脱模卸架,由前方台车和后方台车在导梁和已完成的桥梁上面,将承重梁和活动模架运送至下一桥孔。承重梁就位后,再将导梁向前移动。

当采用移动模架施工时,连续梁分段时的接头部位应放在弯矩最小的部位。若无详细计算时,可以取离桥墩 $l/5$ 处。

(二) 节段施工法

1. 悬臂浇筑法

悬臂浇筑法一般采用移动式挂篮作为主要施工设备,以桥墩为中心,对称地向两岸利用挂篮浇筑梁节段的混凝土(图 3-77),待混凝土达到要求强度后,便张拉预应力筋束,然后移动挂篮,进行下一节段的施工。悬臂浇筑的节段长度要根据主梁的截面变化情况和挂篮设备的承载能力来确定,一般可取 2~8m。每个节段可以全截面一次浇筑,也可以先浇筑梁底板和腹板,再安装顶板钢筋及预应力管道,最后浇筑顶板混凝土,但需注意由混凝土龄期差而产生收缩、徐变的次内力。悬臂浇筑施工和周期一般为 6~10d,依节段混凝土的数量和结构复杂的程度而定。合龙段是悬臂施工的关键部位,为了控制合龙段的准确位置,除了需要预先设计好预拱度和进行严密的施工监控外,还要在合龙段中设置劲性钢筋定位,采用超早强水泥,选择最合适的梁的合龙温度(宜在低温)及合龙时间(夏季宜在晚上),以提高施工质量。

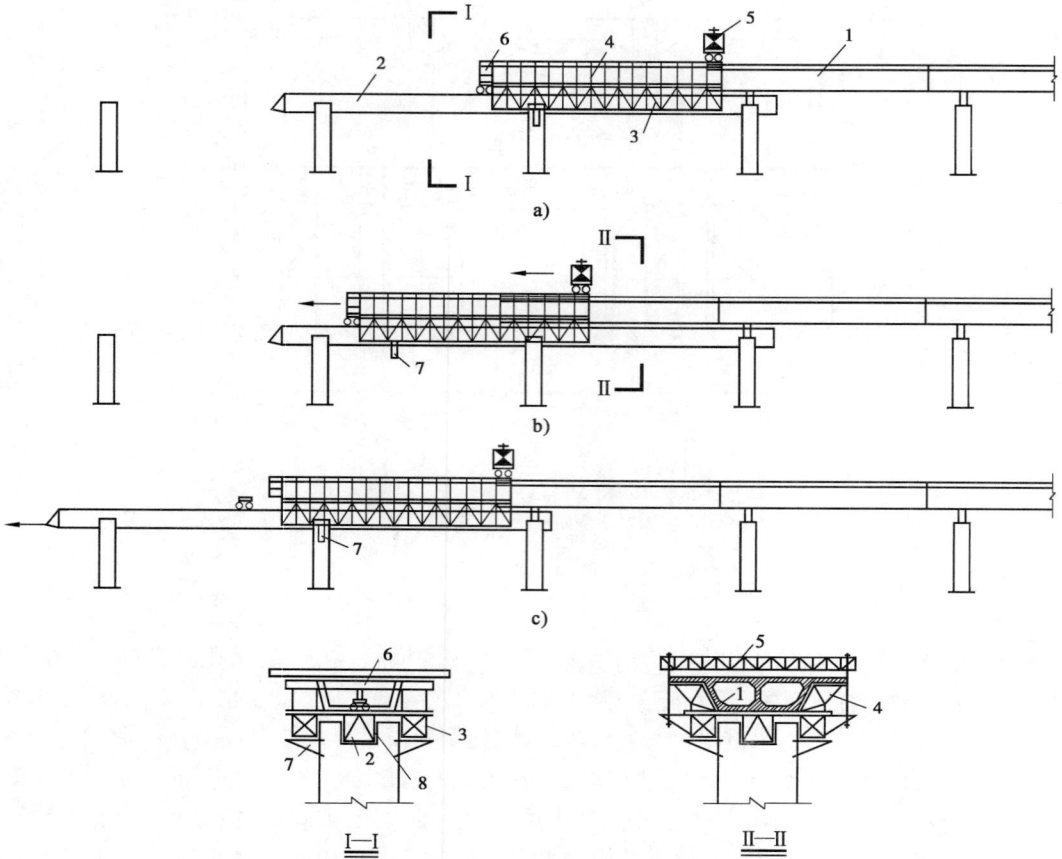

图 3-76 移动式模架逐孔施工法

a)浇筑混凝土,施加预应力;b)脱模移动模架梁;c)模架梁就位后,移动导梁,浇筑混凝土前准备工作

1-已完成的梁;2-导梁;3-承重梁;4-模架;5-后端横梁和悬吊台车;6-前端横梁和支承台车;7-桥墩支承托架;8-墩台留槽

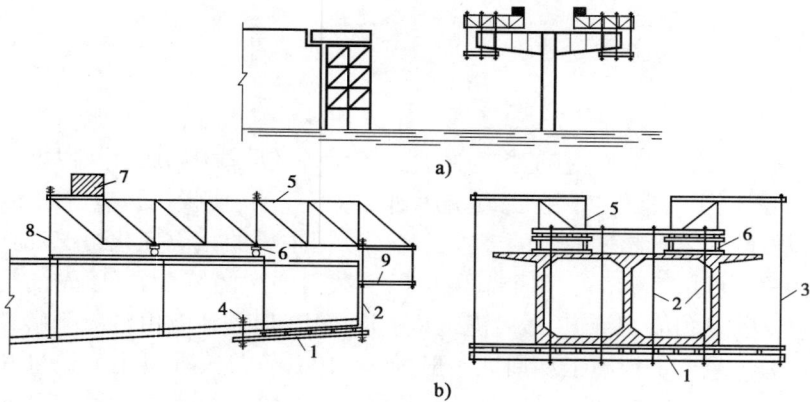

图 3-77 悬臂浇筑法施工

a)悬臂施工法概貌;b)挂篮结构简图

1-底模架;2~4-悬吊系统;5-承重结构;6-行走系统;7-平衡重;8-锚固系统;9-工作平台

2. 悬臂拼装法

悬臂拼装法是将预制好的梁段,用驳船运到桥墩的两侧,然后通过悬臂梁上(先建好的梁段)的一对起吊机械,对称吊装梁段,待就位后再施加预应力,如此下去,逐渐接长,如图 3-78 所示。用作悬臂拼装的机具很多,有移动式吊车、桁架式吊车、缆式起重机、汽车吊和浮吊等。图 3-78c)是桁架式悬臂吊机构造示意图,它由纵向主桁架、横向起重桁架、锚固装置、平衡重、起重系统、行走系统和工作吊篮等部分组成。起重系统是由电动卷扬机、吊梁扁担及滑车组等组成。吊机的整体纵移可采用钢管滚筒在临时轨道上滚移,由电动卷扬机牵引。工作吊篮挂于主桁前端的吊篮横梁上,供施工人员施加预应力和压浆等操作之用。这种吊机结构最简单,故使用最普遍。

图 3-78b)是菱形挂篮吊机构造示意图。它由菱形主体构架、支承与锚固装置、起吊系统、自行走系统和工作平台等部分组成。与桁架式吊机的最大不同点是它具有自行前移的动能,可以加快施工速度。

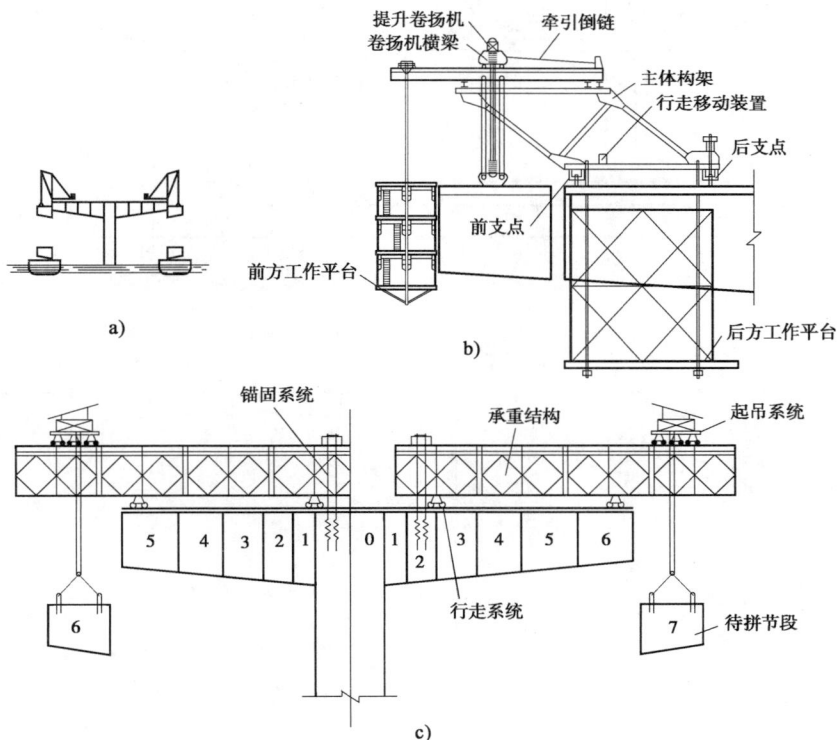

图 3-78　悬臂拼装法施工

a)悬臂拼装概貌;b)菱形挂篮安装系统;c)桁架式悬臂吊机构造图

预制节段之间的接缝可采用湿接缝和胶接缝。湿接缝宽度为 0.1~0.2m,拼装时下面设临时托架,梁段位置调准以后,便用高强度等级砂浆或小石子混凝土填实,待接缝混凝土达到设计强度以后再施加预应力。胶接缝是用环氧树脂加水泥在节段接缝面涂上约厚 0.8mm 的薄层,它在施工中可使接缝易于密贴,完工以后可提高结构的抗剪能力、整体刚度和不透水性,故应用较普遍。但胶接缝要求梁段接缝有很高的制造精度。

3. 悬臂施工法中的梁墩临时固结

对于 T 形刚构桥和连续刚构桥梁,因墩梁本身就是固结着的,所以不存在梁墩临时固结的问题。但对于悬臂梁桥和连续梁桥来说,采用悬臂施工法时,就必须在 0 号块节段将梁体与桥墩临时固结或支承。图 3-79 是 0 号块体与桥墩临时固结的构造示意,只要切断预应力筋后,便解除了临时固结,完成了结构体系的转换。图 3-80 是几种不同的临时支承措施示意图。临时支承可用硫黄水泥砂浆块、砂筒或混凝土块等卸落设备,以便于体系转换和拆除临时支承。

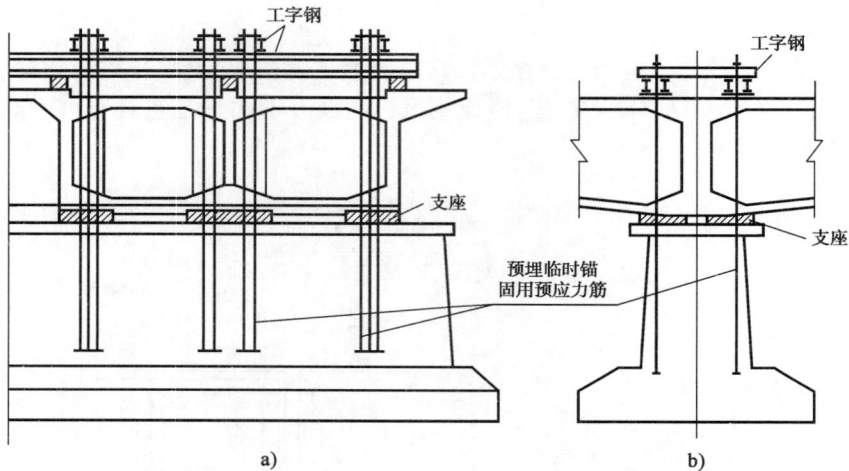

图 3-79　0 号块件与桥墩的临时固结构造

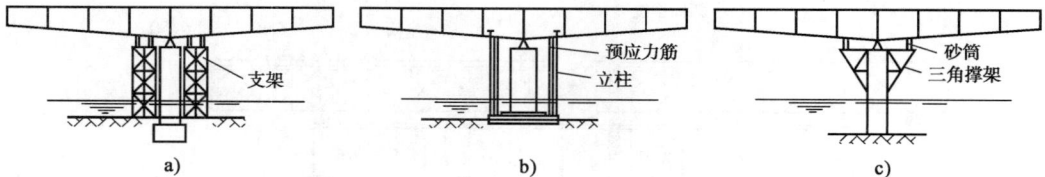

图 3-80　临时支架示意图

(三) 顶推施工法

1. 单点顶推

单点顶推又可分为单向单点顶推和双向单点顶推两种方式。只在一岸桥台处设置制作场地和顶推设备的称单向单点顶推[图 3-81a)];为了加快施工进度,也可在河两岸的桥台处设置制作场地和顶推设备,从两岸向河中顶推,这样的方法称为双向单点顶推[图 3-81c)]。

在顶推中为了减少悬臂梁的负弯矩,一般要在梁的前端安装长度为顶推跨径 0.6 ~ 0.7 倍的钢导梁,导梁应自重轻而刚度大。顶推装置由水平千斤顶和竖直千斤顶组合而成,可以联合作用,其工序是顶升梁→向前推移→落下竖直千斤顶→收回水平千斤顶,如图 3-82 所示。

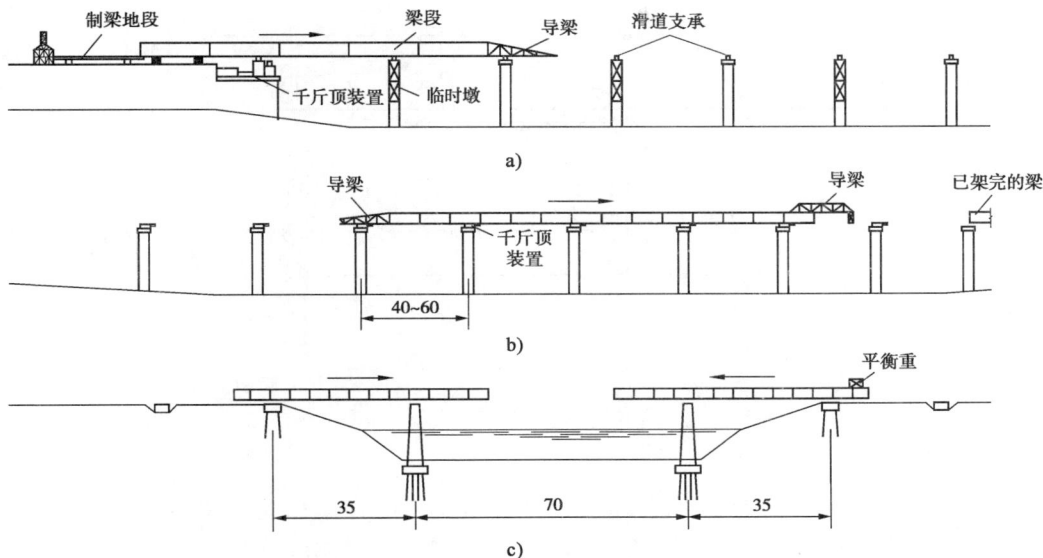

图 3-81　连续梁顶推法施工示意图(尺寸单位:m)
a) 单向单点顶推;b) 按每联多点顶推;c) 双向单点顶推

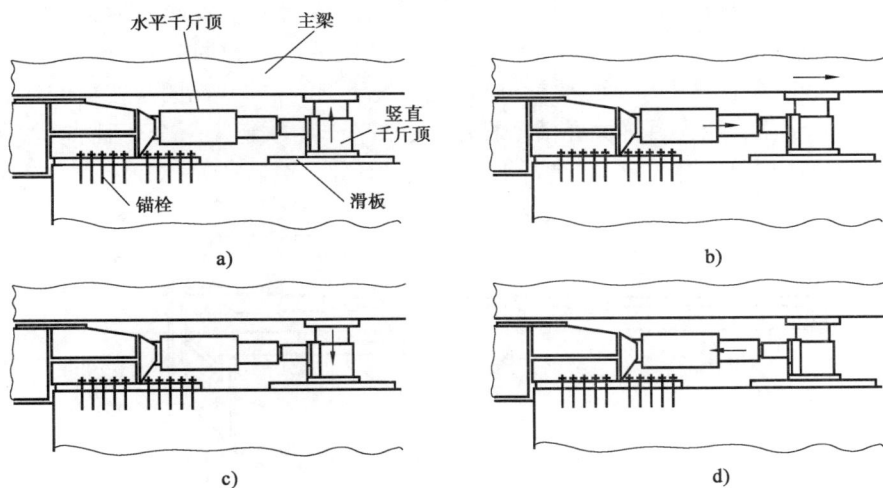

图 3-82　水平千斤顶与垂直千斤顶联用顶推
a) 升顶;b) 滑移;c) 落下;d) 复原

　　在顶推的过程中,各个桥墩墩顶均需布设滑道装置,它由混凝土滑台、不锈钢板和滑板组成。滑板则由上层氯丁橡胶和下层聚四氟乙烯板镶制而成,橡胶板与梁体接触使摩擦力增大,而四氟板与不锈钢板接触使摩擦力减至最小,借此就可使梁前进。图 3-83 是滑板从后一侧滑移到前一侧,落下后再转运到后侧供继续喂入的示意图。

　　每个节段的顶推周期为 6 ~ 8d,全梁顶推完毕后,便可解除临时预应力筋,调整、张拉和锚固后期预应力筋,再进行灌浆、封端、安装永久性支座,至此主体结构即告完成。

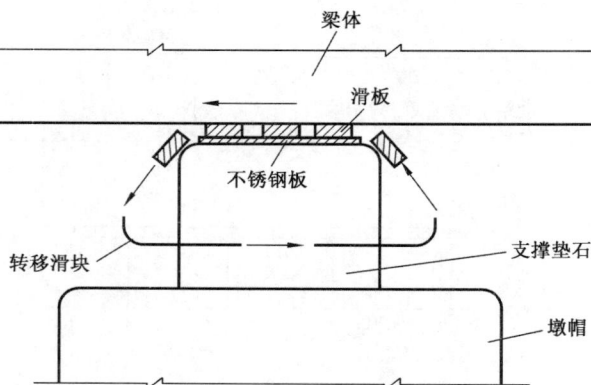

图 3-83　滑道构造示意

2. 多点顶推

它是在每个墩台上设置一对小吨位的水平千斤顶,将集中的顶推力分散到各墩上[图 3-81b)]。由于利用水平千斤顶传给墩台的反力来平衡梁体滑移时在桥墩上产生的摩阻力,从而使桥墩在顶推过程中只承受较小的水平力,因此,可以在柔性墩上采用多点顶推施工。多点顶推采用拉杆式顶推装置(图 3-84)。其中图 a)的顶推工艺为:水平千斤顶通过传力架固定在桥墩(台)靠近主梁的外侧,装配式的拉杆用连接器接长后与埋固在箱梁腹板上的锚固器相连接,驱动水平千斤顶后活塞杆拉动拉杆,使梁借助梁底滑板装置向前滑移,水平千斤顶走完一个行程后,就卸下一节拉杆,然后水平千斤顶回油使活塞杆退回,再连接拉杆进行下一顶推循环。图 b)是用穿心式千斤顶拉梁前进,在此情况下,拉杆的一端固定在梁的锚固器上,另一端穿过水平千斤顶后用夹具锚固在活塞杆尾端,水平千斤顶走完一个行程,松去夹具,活塞杆退回,然后重新用夹具锚固拉杆并进行下一顶推循环。

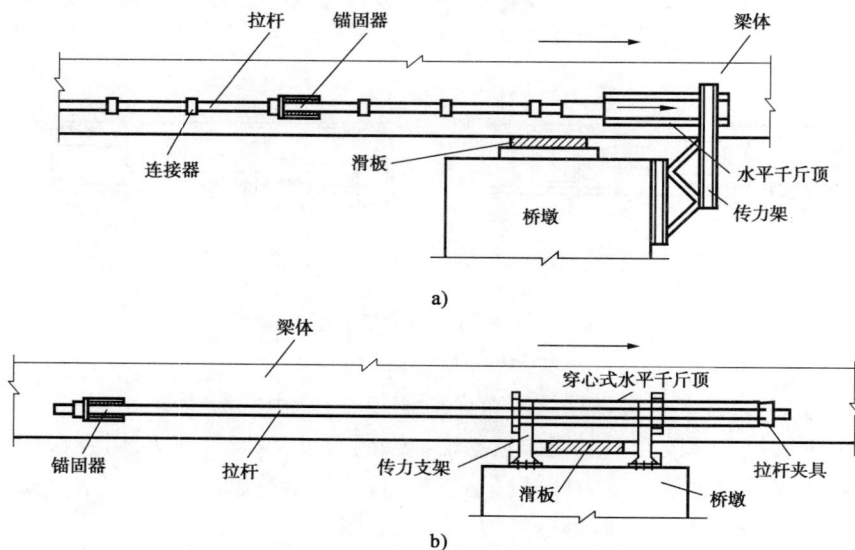

a)

b)

图 3-84　拉杆式顶推装置

必须注意,在顶推过程中要严格控制梁体两侧的千斤顶同步运行。为了防止梁体在平面内发生偏移,通常在墩顶上梁体的旁边设置横向导向装置,如图 3-85 所示。

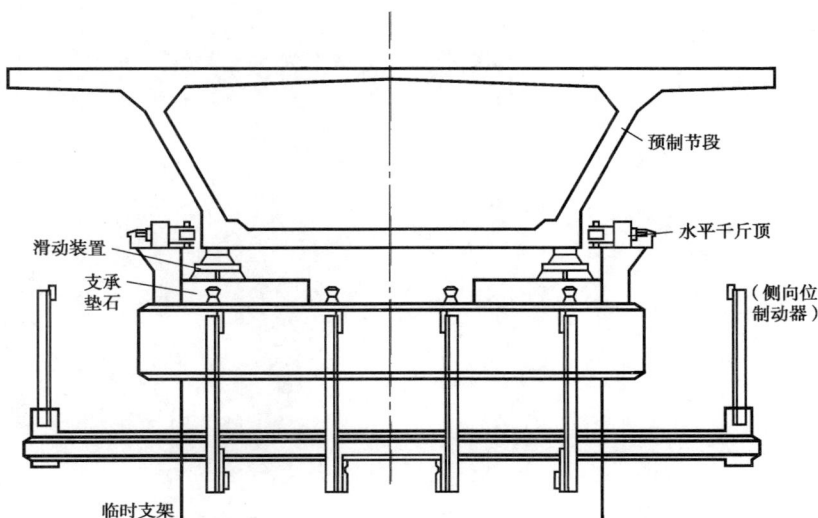

图 3-85　顶推施工的横向导向设施

顶推施工法适宜于建造跨度为 40～60m 的多跨等高度连续梁桥,当跨度更大时就需要在桥跨间设置临时支承墩,国外已用顶推法修建成跨度达 168m 的桥梁。多点顶推与单点顶推比较,可以免用大规模的顶推设备,并能有效地控制顶推梁的偏心。当顶推曲梁桥时,由于各墩均匀施加顶推力,能顺利施工,因此,目前此法在曲线梁施工中被广泛采用。多点顶推法也可以同时从两岸向跨中方向顶推,但需增加更多的设备,使工程造价提高,因此较少采用。

复习思考题

1. 简述悬臂体系梁桥的主要桥跨布置方式。
2. 与同跨径布置的简支梁桥相比,悬臂体系梁桥受力上的优点如何?
3. 大跨径预应力混凝土梁桥的布束应遵循的原则是什么?
4. 试简述连续梁桥的主要受力特点。
5. 简述等截面与变截面连续梁桥的适用范围。
6. 大跨度连续刚构桥结构的主要受力特点如何?
7. 连续刚构桥柔性墩柱的立面形式主要有哪几种?
8. 简述预应力混凝土连续梁桥中预应力钢筋的布置方式。
9. 试简述悬臂体系与连续体系梁桥恒载内力计算特点。
10. 简述悬臂体系与连续体系梁桥活载内力计算特点。
11. 常用的梁式桥支座类型有哪些?
12. 就地现浇的梁桥施工中支架的主要形式有哪些?
13. 就地现浇的钢筋混凝土简支梁桥施工中对支架有何要求?

14. 论述确定支架预拱度时应考虑的主要因素。

15. 悬臂体系和连续体系梁桥的主要施工方法有哪些？

16. 悬臂浇筑法施工工程有哪些？

17. 顶推法施工中的临时设施主要有哪些？其作用分别是什么？

第四章
CHAPTER FOUR

拱　桥

【本章提要】

本章主要介绍拱桥的基本特点、应用范围；拱桥的基本组成、分类、构造特点；拱桥的主拱圈、拱上建筑及其他细部构造；中、下承式拱桥的构造和其他类型拱桥的构造；拱桥的总体布置要求；拱轴线的选择和拱上建筑的布置；拱圈截面的变化规律和截面尺寸的拟定；悬链线的几何性质及弹性中心；恒载、活载作用下拱的内力计算；拱圈强度及稳定性验算；拱圈内力调整。

【知识目标】

通过本章的学习，熟悉各类拱桥的构造与设计，了解各类拱桥的使用条件，掌握悬链线无铰拱设计及计算方法。

【能力目标】

能够熟悉各类拱桥的构造和设计要求及其适用条件，掌握各类拱桥主要构件结构尺寸拟定及结构受力特点，了解悬链线无铰拱在设计验算时的各种荷载的内力计算以及拱圈强度及稳定性验算，为各类拱桥的设计与计算奠定基础。

【重点难点】

本章的重点是各类拱桥的结构布置、适用条件、拱圈截面尺寸的拟定、恒载和活载作用下拱的内力计算以及拱圈强度、稳定性的验算方法；难点是拱轴线的选择和拱圈在各种荷载作用下的内力计算。

第一节　概述

一、拱桥的主要特点

拱桥是我国公路上使用较广泛的一种桥型。拱桥与梁桥的区别，不仅在于外形不同，更重要的是两者受力性能有较大差别。由力学知，梁式结构在竖向荷载作用下，支承处仅产生竖向支承反力,而拱式结构在竖向荷载作用下,两端支承除了有竖向反力外,还将产生水平推力。正是这个水平推力,使拱内产生轴向压力,从而大大减小了拱圈的截面弯矩,使之成为偏心受压构件,截面上的应力分布[图 4-1a)]与受弯梁的应力[图 4-1b)]相比,较为均匀。因此,可以充分利用主拱截面材料强度,使跨越能力增大。

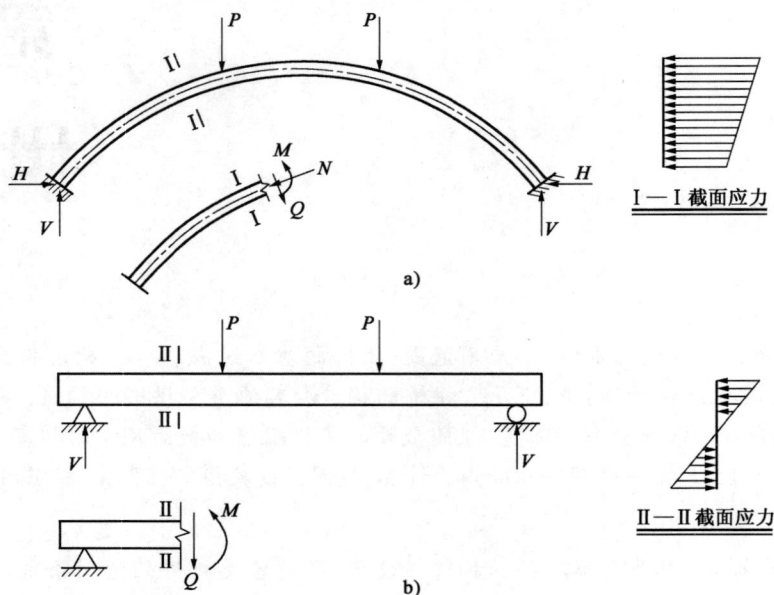

图 4-1 拱和梁的应力分布

拱桥的主要优点是:

(1)跨越能力较大,抗风稳定性强,整体性好。

(2)能充分就地取材,与混凝土梁式桥相比,可以节省大量的钢材和水泥。

(3)耐久性能好,维修、养护费用少。

(4)外形美观。

(5)构造较简单。

但拱桥也有缺点,主要为:

(1)自重较大,相应的水平推力也较大,增加了墩台等下部结构的工程量,当采用无铰拱或两铰拱时,对地基条件(承载力)要求高。

(2)拱桥(尤其是圬工拱桥)一般都采用有支架施工的方法修建,随着跨径和桥高的增大,支架或其他辅助设备的费用也大大增加,从而增加了拱桥的总造价。

(3)由于拱桥水平推力较大,在连续多孔的大、中桥梁中,为防止一孔破坏而影响全桥的安全,需要采用较复杂的措施,例如设置单向推力墩,也会增加造价。

(4)与梁式桥相比,上承式拱桥的建筑高度较高,当用于城市立交及平原地区时,因桥面高程提高,使两岸接线长度增长,或者使桥面纵坡增大,既增加了造价,又对行车不利。因此,也使拱桥的使用范围受到一定的限制。

二、拱桥的组成及主要类型

(一) 拱桥的主要组成

拱桥的上部结构和下部结构各主要组成部分的名称如图 4-2 所示。

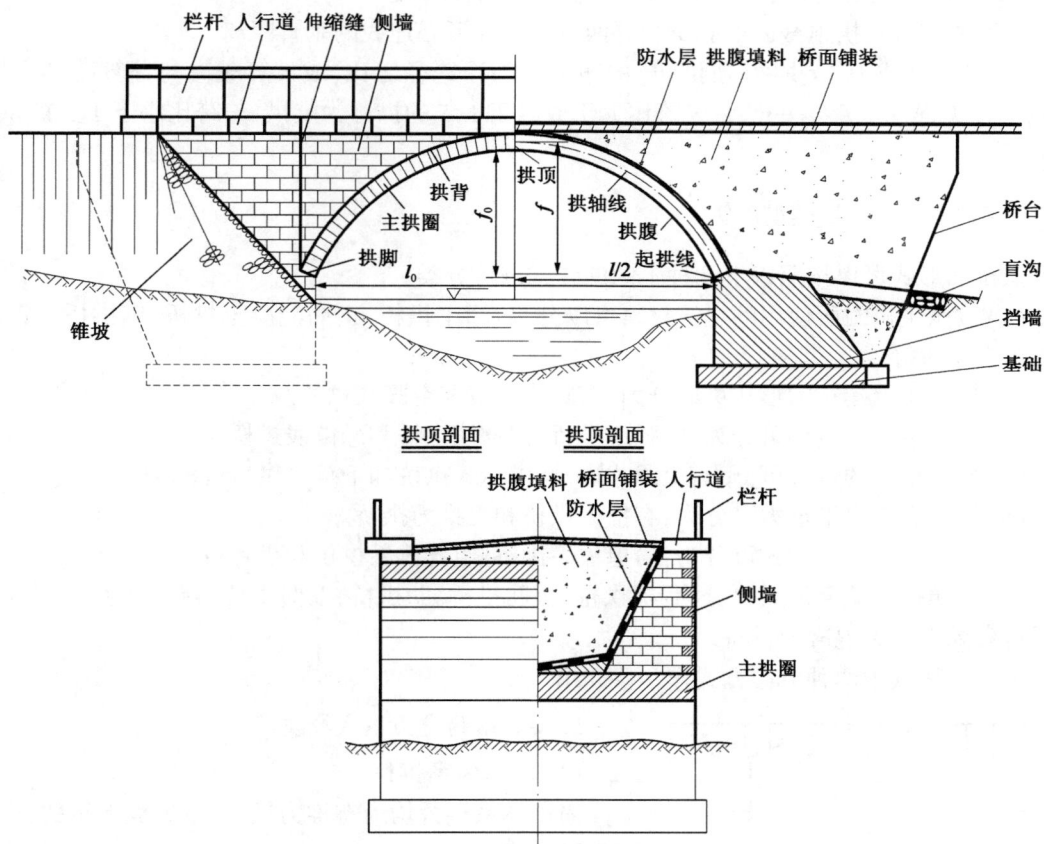

图 4-2　拱桥的主要组成部分

l_0-净跨径；l-计算跨径；f_0-净矢高；f-计算矢高；$D = \dfrac{f}{l}\left(\text{或 } D_0 = \dfrac{f_0}{l_0}\right)$矢跨比

　　拱桥上部结构由主拱圈和拱上建筑组成。主拱圈是拱桥的主要承重结构。由于拱圈是曲线形,一般情况下车辆无法直接在弧面上行驶,所以在桥面与主拱圈之间需要有传递压力的构件或填充物,以使车辆能在平顺的桥道上行驶。桥面系和这些传力构件或填充物统称为拱上结构或拱上建筑。

　　拱桥的下部结构由桥墩、桥台及基础等组成,用以支承桥跨结构,将桥跨结构的荷载传至地基。桥台还起到与两岸路堤相连接的作用,使路桥形成一个协调的整体。

　　拱圈最高处称为拱顶,拱圈和墩台连接处称为拱脚(或起拱面)。拱圈各横向截面(或换算截面)的形心连线称为拱轴线。拱圈的上曲面称为拱背,下曲面称为拱腹。起拱面与拱腹相交的直线称为起拱线。

下面介绍拱桥的几个主要技术名称。

净跨径(l_0)：每孔拱跨两个起拱线之间的水平距离。

计算跨径(l)：相邻两拱脚截面形心点之间的水平距离。因为拱圈（或拱肋）各截面形心点的连线称为拱轴线，故也就是拱轴线两端点之间的水平距离。

净矢高(f_0)：拱顶截面下缘至起拱线连线的垂直距离。

计算矢高(f)：拱顶截面形心至相邻两拱脚截面形心连线的垂直距离。

矢跨比(D 或 D_0)：拱圈（或拱肋）的净矢高与净跨径之比，或计算矢高与计算跨径之比，即 $D_0 = f_0/l_0$ 或 $D = f/l$。一般将矢跨比大于或等于 1/5 的拱称为陡拱；矢跨比小于 1/5 的拱称为坦拱。

（二）拱桥的主要类型

拱桥的形式可以按照以下几种不同的方式进行分类。

（1）按照主拱圈所使用的建筑材料可以分为：圬工拱桥、钢筋混凝土拱桥、钢拱桥和钢-混凝土组合拱桥等。

（2）按照拱上建筑的形式可以分为：实腹式拱桥和空腹式拱桥。

（3）按照主拱圈线形可分为：圆弧线拱桥、抛物线拱桥和悬链线拱桥。

（4）按照桥面的位置可分为：上承式拱桥、中承式拱桥和下承式拱桥（图 4-3）。

（5）按照有无水平推力可分为：有推力拱桥和无推力拱桥。

（6）按照结构受力图式可分为：简单体系拱桥、组合体系拱桥和拱片桥。

（7）按照拱圈截面形式可分为：板拱桥、板肋拱桥、肋拱桥、双曲拱桥、箱形拱桥、钢管混凝土拱桥和劲性骨架混凝土拱桥。

下面仅按其中两种分类方式作一些介绍。

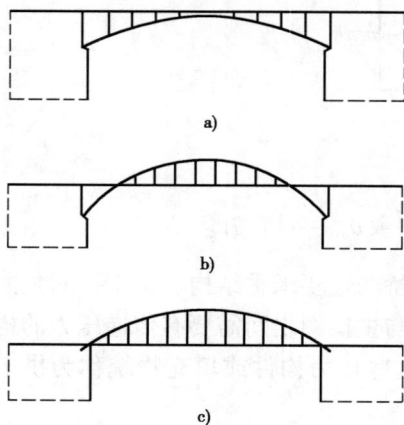

图 4-3　拱桥按照桥面位置的分类
a)上承式；b)中承式；c)下承式

1. 按照结构受力图式分类

（1）简单体系拱桥

简单体系拱桥均为有推力拱，可以做成上承式、中承式和下承式。

在简单体系拱桥中，上承式拱桥的拱上结构或中、下承式拱桥的拱下悬吊结构（统称为行车道系结构），一般都不考虑它与主拱的联合作用来共同承受桥面荷载，主拱将以裸拱的形式作为主要承重结构，拱的水平推力直接由墩台或基础承受。

按照主拱的静力体系，简单体系拱桥又可以分成三种（图 4-4）：三铰拱、两铰拱和无铰拱。

①三铰拱[图 4-4a)]。

三铰拱属外部静定结构。由温度变化、混凝土收缩徐变、支座沉陷等因素引起的变形不会对它产生附加内力，故计算时无须考虑体系变形对内力

的影响。它适合于在地基条件很差的地区修建,但铰
的存在使其构造复杂,施工困难,维护费用增高,而且
减小了结构的整体刚度,降低了抗震能力,又由于拱的
挠度曲线在顶铰处有转折,对行车不利。因此,三铰拱
一般较少采用。

②两铰拱[图4-4b)]。

两铰拱属外部一次超静定结构。由于取消了拱顶
铰,使结构整体刚度较相应三铰拱大。由基础位移、温
度变化、混凝土收缩和徐变等引起的附加内力比对无
铰拱的影响要小,故可在地基条件较差时或坦拱中
采用。

③无铰拱[图4-4c)]。

无铰拱属外部三次超静定结构。在自重及外荷载

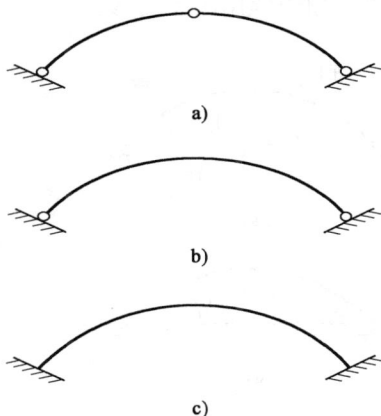

图 4-4　简单体系拱桥按主拱静力体系的分类

作用下,拱内的弯矩分布比两铰拱均匀,材料用量省。由于没有设铰,结构的整体刚度大,构造
简单,施工方便,维护费用少,因此在实际中使用最广泛。但由于无铰拱的超静定次数高,温度
变化、收缩徐变,特别是墩台位移,会在拱内产生较大的附加内力。所以无铰拱一般修建在地
基良好的条件下,这使得它的使用范围受到一定限制。

（2）组合体系拱桥

拱式组合体系桥一般由拱肋、系杆、吊杆（或立柱）、行车道梁（板）及桥面系等组成。

拱式组合体系桥将梁和拱两种基本结构组合起来,共同承受桥面荷载和水平推力,充分发
挥梁受弯、拱受压的结构特性及其组合作用,达到节省材料的目的。拱式组合体系桥一般可划
分为有推力的和无推力的两种类型。

①无推力的组合体系拱。

无推力组合体系拱桥（也称系杆拱桥）是外部静定结构,兼有拱桥的较大跨越能力和简支
梁桥对地基适应能力强的两大特点。拱的推力由系杆承受,系杆的含义就是一个将两拱脚相
互联系在一起的水平构件,因而墩台不承受水平推力。根据拱肋和系杆（梁）相对刚度的大小
及吊杆的布置形式可以分为:具有竖直吊杆的柔性系杆刚性拱——系杆拱[图4-5a)];具有竖
直吊杆的刚性系杆柔性拱——蓝格尔拱[图4-5b)];具有竖直吊杆的刚性系杆刚性拱——洛
泽拱[图4-5c)]。

以上三种拱,当用斜吊杆来代替竖直吊杆时,称为尼尔森拱[图4-5d)~f)]。

②有推力的组合体系拱。

此种组合体系拱没有系杆,由单独的梁和拱共同受力,拱的推力仍由墩台承受。图4-5g)是
刚性梁柔性拱（倒蓝格尔拱）;图4-5h)是刚性梁刚性拱（倒洛泽拱）。

（3）拱片桥

上边缘与桥面纵向平行,下边缘是拱形的有推力结构,称为拱片,如图4-6所示。在拱片
中,行车道系与拱肋刚性连成一整体,共同承受荷载,故它仅能用于上承式拱桥。拱片的立面
一般被挖空做成桁架的形式。根据桥梁宽度的不同,拱片桥可由两片以上的拱片组成,并用横
向连接系将各拱片连成整体,行车道板支承在拱片上。拱片桥可以做成无铰、两铰或三铰结

构,它的推力均由墩台承受。

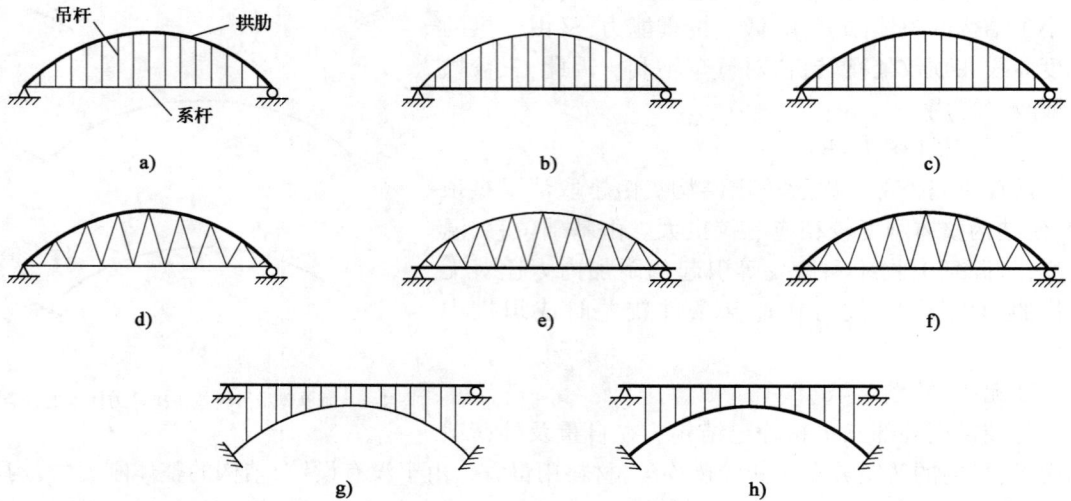

图 4-5　组合体系拱

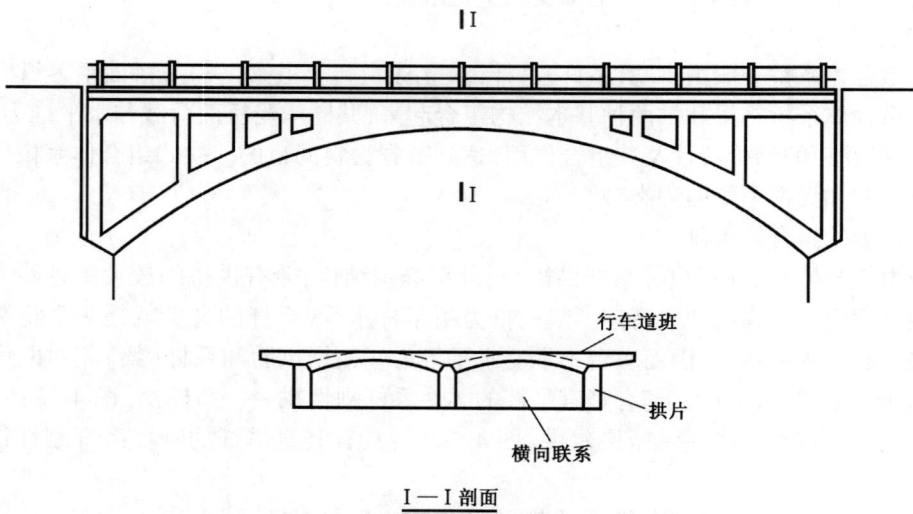

图 4-6　拱片桥

2. 按主拱圈截面形式分类

拱桥的主拱圈,沿拱轴线可以做成等截面或变截面的形式。所谓等截面拱[图 4-7a)],是指沿桥跨方向主拱圈的横截面尺寸是相同的。而变截面拱[图 4-7b)]的主拱圈横截面,从拱顶到拱脚是逐渐变化的。变截面拱圈的做法通常有两种,一种是拱圈宽度方向不变而只变厚度[图 4-7c)],另一种是厚度不变而改变拱圈宽度[图 4-7d)]。由于等截面拱的构造简单,施工方便,因此它是目前采用最普遍的形式。随着桥梁跨径的增大,为了使结构受力更合理,截面形式更经济,也有同时采用变宽度和变高度的截面形式。

主拱圈所使用的建筑材料主要有圬工、钢筋混凝土、钢材和钢-混凝土组合结构等。根据材料的特性,圬工拱桥主要用于跨径小,并且能就地取材的情况,目前使用较少;钢拱桥主要用于大跨径,由于材料、价格等原因目前在我国的应用不是很广泛;我国大部分拱桥都采用钢筋混凝土结构,随着设计理论和施工工艺的完善,钢筋混凝土拱桥目前已是最具有竞争力的桥型之一;钢-混凝土组合结构是近几十年来发展起来的,主要有钢管混凝土拱桥和劲性骨架混凝土拱桥两种,下面分别作简要介绍。

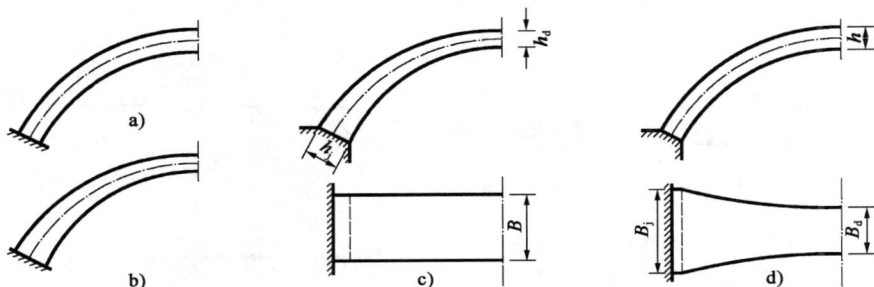

图4-7 主拱圈立面和平面形式

（1）板拱桥

主拱圈采用矩形实体截面的拱桥称为板拱桥[图4-8a)]。它的构造简单、施工方便,但在相同截面面积的条件下,实体矩形截面比其他形式截面的抵抗矩小。如果为了获得较大的截面抵抗矩,必须加大截面尺寸,这就相应地增加了材料用量和结构自重,从而加重了下部结构的负担,这是不经济的。因此,通常只在地基条件较好的中、小跨径圬工拱桥中才采用这种形式。

如果在较薄的拱板上增加几条纵向肋,以提高拱圈的抗弯刚度,就构成板拱的另外一种形式,即板肋拱[图4-8b)],它的拱圈截面由板和肋组成。根据主拱圈弯矩的分布情况,在跨径中部,肋可布置在下面,而在拱脚区段,肋布置在上面较为合理。但实际应用时,为了简化模板和钢筋工作,往往沿整个拱跨将肋布置在主拱圈截面的上面或下面。

（2）混凝土肋拱桥[图4-8c)]

肋拱桥是在板拱桥的基础上发展形成的,它是将板拱划分成两条或多条分离的、高度较大的拱肋,肋与肋间用横系梁相连。这样就可以用较小的截面面积获得较大的截面抵抗矩,从而节省材料,减轻拱桥的自重,因此多用于大、中跨径的拱桥。

（3）双曲拱桥[图4-8d)]

其主拱圈横截面由一个或数个横向小拱单元组成,由于主拱圈的纵向及横向均呈曲线形,故称为双曲拱桥。这种截面抵抗矩较相同材料用量的板拱大,故可节省材料。施工中可采用预制拼装,较之板拱有较大的优越性,但存在着施工工序多、组合截面整体性较差和易开裂等缺点,目前基本很少采用。

（4）箱形拱桥[图4-8e)]

这类拱桥外形与板拱相似,由于截面挖空,使箱形拱的截面抵抗矩较相同材料用量的板拱大很多,所以能节省材料,减轻自重,相应地也减少下部结构材料用量,对于大跨径拱桥则效果更为显著。又因它是闭口箱形截面,截面抗扭刚度大,横向整体性和结构稳定性均较双曲拱好,故特别适用于无支架施工。但箱形截面施工制作较复杂,因此,大跨径拱桥采用箱形截面才是合适的。

（5）钢管混凝土拱桥[图4-8f)]

钢管混凝土属于钢-混凝土组合构件中的一种,主要用于以受压为主的结构。它一方面借助内填混凝土增强钢管壁的稳定性,同时又利用钢管对核心混凝土的套箍作用,使核心混凝土处于三向受压状态,从而使其具有更高的抗压强度和抗变形能力。

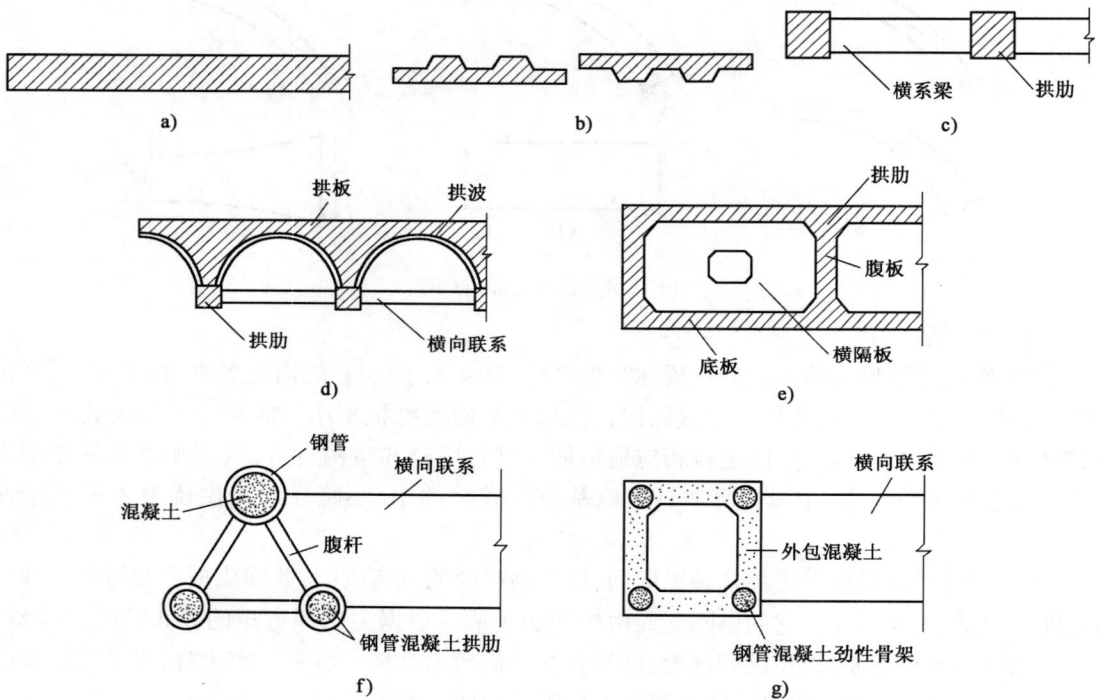

图4-8　主拱圈横截面形式
a)板拱;b)板肋拱;c)肋拱;d)双曲拱;e)箱形拱;f)钢管混凝土拱;g)劲性骨架混凝土拱

由于钢管混凝土承载能力大,正常使用状态是以应力控制设计,外表不存在混凝土裂缝问题,因而可以使主拱圈截面及其宽度相对地减小,这样便可以减小桥面上由承重结构所占的宽度,提高了中、下承式拱桥面宽度的使用效率。钢管本身相当于混凝土的外模板,它具有强度高、质量轻、易于吊装或转体的特点,可以先将空管拱肋合龙,再压注管内混凝土,从而大大降低了大跨径拱桥施工的难度,省去了支模、拆模等工序,并可适应先进的泵送混凝土工艺。

与所有材料一样,钢管混凝土材料也有它自身的缺点。对于管壁外露的钢管混凝土,在阳光照射下,钢管膨胀,容易造成钢管与内填混凝土之间出现脱空现象;泵送管内混凝土也常出现不能完全饱满的情况,这都将引起拱圈受力不够明确,从而降低钢管混凝土结构的安全度,这些问题都需要予以解决。

（6）劲性骨架混凝土拱桥

劲性骨架拱桥与普通钢筋混凝土拱桥的区别在于，前者以钢骨拱桁架作为受力筋，它可以是型钢，也可以是钢管，采用钢管作劲性骨架的混凝土拱又可称为内填外包型钢管混凝土拱，如图4-8g）所示。它主要用在大跨度拱桥中，同时也解决了大跨度拱桥施工的"自架设问题"，即首先架设自重轻、刚度和强度均较大的钢管骨架，然后在空钢管内压注混凝土，形成钢管混凝土，使骨架进一步硬化，再在钢管混凝土骨架上外挂模板浇筑外包混凝土，形成钢筋混凝土结构。在这种结构中，钢管和随后形成的钢管混凝土主要是作为施工的劲性骨架来考虑的。成桥后，它也可以参与受力，但其用量通常是由施工设计控制。目前，世界最大跨径的钢筋混凝土拱桥——万州长江大桥即为用钢管作劲性骨架的拱桥。劲性骨架混凝土拱桥跨越能力大、超载潜力大、施工方便，是一种极具发展前途的拱桥结构形式。

第二节 拱桥的构造及设计

一、上承式拱桥的构造与设计

上承式拱桥分为两大类：一类是普通型上承式拱桥，这类拱桥由主拱（圈）、拱上传载构件、桥面系组成，主拱（圈）是主要承重结构；另一类是整体型上承式拱桥，这类拱桥则是由主拱片（指由拱圈与拱上传载构件组成的整体结构）和桥面系组成，主拱片是主要承重结构。

（一）主拱的构造与尺寸拟定

1.普通型上承式拱桥主拱圈的构造

1）板拱

根据拱轴线形，板拱可以是等截面圆弧拱，等截面或变截面悬链线拱以及其他拱轴形式；按照静力图式，也可分为无铰拱、双铰拱、三铰拱以及平铰拱；按照主拱所用的建筑材料划分，板拱又可分为石板拱、混凝土板拱和钢筋混凝土板拱等。

（1）石板拱。

砌筑石板拱主拱圈的石料主要有料石、块石和砖石等。用粗料石砌筑拱圈时，拱石需要随拱轴线和截面形式不同而分别进行编号，以便加工。等截面圆弧拱[图4-9a）]的拱石规格少，编号简单；变截面圆弧拱圈[图4-9b）]的拱石类型较多，编号较复杂，施工不便。有的石拱桥也采用等截面或变截面的悬链线作为拱轴线，这时，拱石的编号更为复杂（图4-10）。因此，目前大多采用等截面拱桥。

用于拱圈砌筑的石料要求石质均匀、不易风化和无裂纹，强度等级不得低于C30。砌筑拱石用的砂浆，对大、中跨径拱桥不得低于C7.5，对于小跨径拱桥不得低于C5。在必要时也可用小石子混凝土进行砌筑,小石子粒径一般不得大于2cm。采用小石子混凝土砌筑的片石板拱,其砌体强度比用同强度的水泥砂浆的砌体强度要高,而且可以节约水泥1/4~1/3。

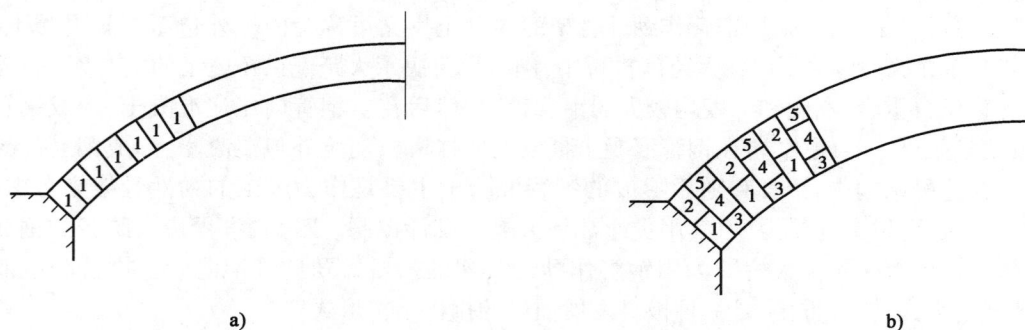

图 4-9　等截面圆弧拱的拱石编号

注:图中数字为拱石编号

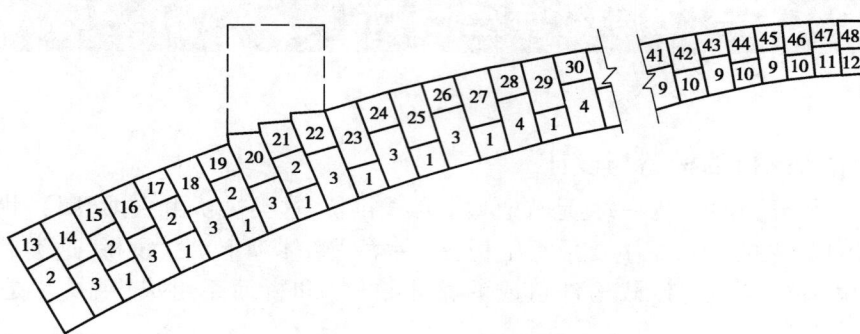

图 4-10　变截面拱圈的拱石编号

根据拱圈的受力特点和需要,拱圈砌筑应满足下列构造要求。

①错缝。

对料石拱,拱石受压面的砌缝应与拱轴线垂直,可以不错缝;当拱圈厚度不大时,可采用单层砌筑[图 4-9a)],但其横向砌缝必须错开且不小于 10cm;当拱圈厚度较大时,采用多层砌筑[图 4-9b)、图 4-10],但其垂直于受压面的顺桥向砌缝[图 4-11a)],拱圈横截面内拱石竖向砌缝[图 4-11b)、c)]以及各层横向砌缝必须错开且不小于 10cm,以免因存在通缝而降低砌体的抗剪强度和削弱其整体性。对于块石拱,应选择较大平面与拱轴线垂直,拱石大头在上,小头在下,砌缝错开且不小于 8cm。对于片石拱,拱石较大面与拱轴线垂直,大头在上,砌缝交错。

②限制砌缝宽度。

拱石砌缝宽度不能太大,因砂浆强度比拱石低得多,缝太宽必将影响砌体强度和整体性。通常,对料石拱不大于 2cm,对块石拱不大于 3cm,对片石拱不大于 4cm。采用小石子混凝土砌筑时,块石砌缝宽不大于 5cm,片石砌缝宽为 4~7cm。

③设五角石。

拱圈与墩台以及拱圈与空腹式拱上建筑的腹孔墩连接处,应采用特别的五角石

[图 4-12a)],以改善该处的受力状况。为避免施工时损坏或被压碎,五角石不得带有锐角。为了简化施工,目前常用现浇混凝土拱座及腹孔墩底梁[图 4-12b)]代替石质五角石。

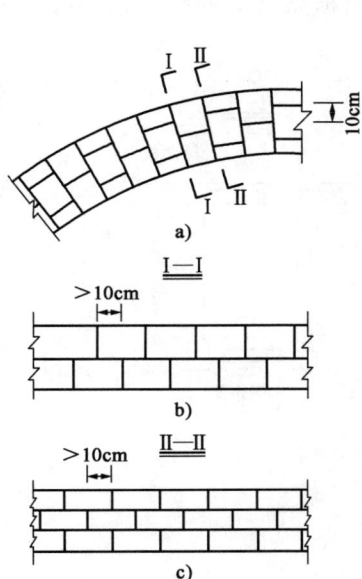

图 4-11 拱石的错缝要求

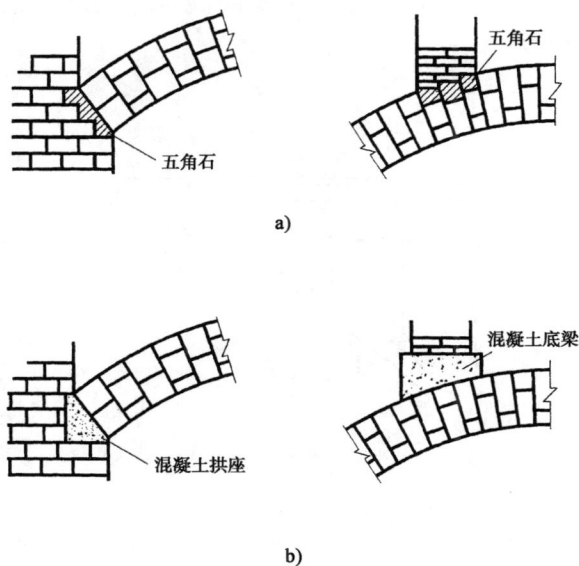

图 4-12 拱圈与墩台及腹孔墩连接

（2）混凝土板拱。

①素混凝土板拱。

这类拱桥主要用于缺乏合格天然石料的地区,可以采用整体现浇,也可以预制砌筑。整体现浇混凝土拱圈,拱内收缩应力大,受力不利,同时,拱架、模板木材用量大,工期长,质量不易控制,故较少采用。预制砌筑就是将混凝土板拱划分成若干块件,然后预制混凝土块件,最后进行块件砌筑成拱。预制砌块在砌筑前应有足够的养护期,以消除或减少混凝土收缩的影响。

②钢筋混凝土板拱。

较之于混凝土板拱,这类拱桥可以设计成较小的板厚,其构造简单、外表整齐、轻巧美观,如图 4-13 所示。根据桥宽需要可做成单条整体拱圈或多条平行板(肋)拱圈,施工时可反复利用一套较窄的拱架与模板来完成,大大节省材料。

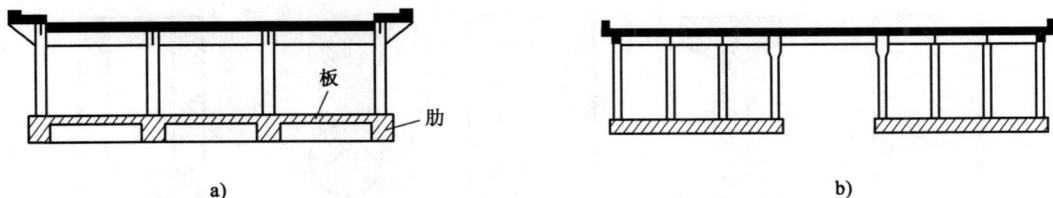

图 4-13 钢筋混凝土板拱的横断面
a)肋形板拱;b)分离式板拱

钢筋混凝土等截面板拱的拱圈高度可按跨径的 $1/70 \sim 1/60$ 初步拟定,跨径大时取小者。

2)肋拱

肋拱桥是由两条或多条分离的拱肋、横系梁、立柱和由横梁支承的行车道部分组成,如图4-14所示。

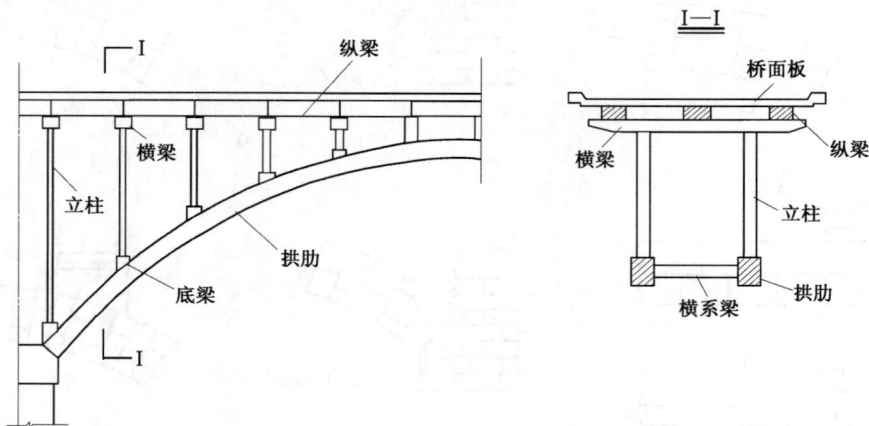

图4-14 肋拱桥立面布置图

拱肋是主要承重结构,可由混凝土、钢筋混凝土、钢管混凝土、劲性骨架混凝土做成。拱肋的数目和间距以及截面形式主要根据桥梁宽度、肋形、材料性能、荷载等级、施工条件、拱上结构等各方面综合考虑决定。为了简化构造,一般在吊装能力满足要求的情况下,宜采用少肋形式。通常,桥宽在 20m 以内时均可考虑采用双肋式,当桥宽在 20m 以上时,宜采用分离的双幅双肋拱,以避免由于肋中距增大而使肋间横系梁、拱上结构横向跨度与尺寸增大太多。上下游拱肋最外缘的间距一般不宜小于跨径的 $1/20$,以保证肋拱的横向整体稳定性。

拱肋的截面形式分为实体矩形、工字形、箱形、管形和劲性骨架混凝土箱形等,如图4-15所示。矩形截面构造简单、施工方便,一般仅用于中小跨径的肋拱。肋高可取跨径的 $1/60 \sim 1/40$,肋宽可为肋高的 $0.5 \sim 2.0$ 倍。工字形截面,常用于大、中跨径的肋拱桥,肋高一般为跨径的 $1/35 \sim 1/25$,肋宽为肋高的 $0.4 \sim 0.5$ 倍,腹板厚度常为 $30 \sim 50cm$。管形肋拱是指采用钢管混凝土结构作为拱肋的拱桥,其肋高与跨径之比常在 $1/65 \sim 1/45$ 之间。当肋拱桥的跨径大、桥面宽时,拱肋还可采用箱形截面,这样可减少更多的圬工体积。

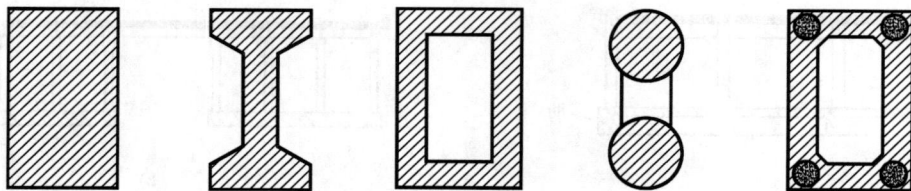

图4-15 肋拱拱肋截面形式

箱形肋拱由双肋或多肋组成,肋间设置系梁使之形成整体。对于拱肋,可由单箱肋构成,也可由多箱肋构成,见图4-16。

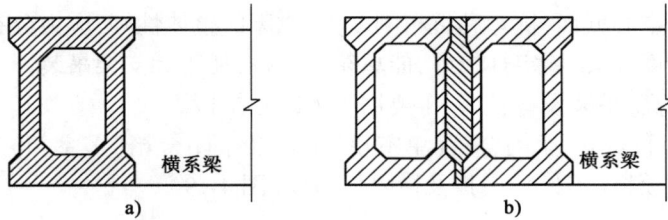

图4-16　箱肋拱断面形式
a)单箱拱肋;b)双箱拱肋

箱形肋拱拱肋尺寸根据受力需要确定,初拟时一般肋高取为跨径的$1/70 \sim 1/50$。肋宽取为肋高的$1.0 \sim 2.0$倍。箱形肋之间的系梁除具有增强肋拱横向整体稳定性外,还可起到横向分布荷载的作用,要求具有足够的强度和刚度,并与拱肋固结。肋间系梁常用钢筋混凝土材料,目前有三种断面类型,如图4-17所示。

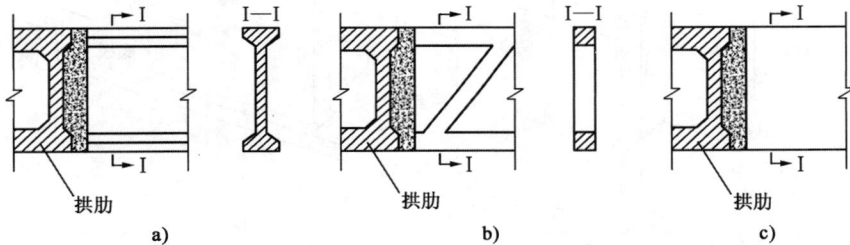

图4-17　箱肋拱横系梁
a)工字形;b)桁片;c)箱形

箱形肋拱通常采用等截面形式,以方便施工。对于特大跨径的箱形肋拱也可采用受力更为合理的变截面形式。

3)箱形拱

主拱圈截面由多室箱构成的拱称为箱形拱,如图4-18所示。

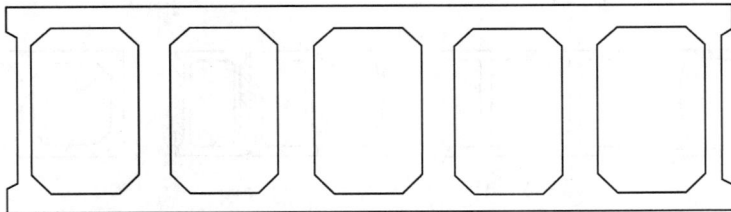

图4-18　箱形拱拱圈断面示意

箱形拱的主要特点是:

(1)截面挖空率大,挖空率可达全截面的$50\% \sim 60\%$,与板拱相比,可节省大量圬工体积,减轻重量。

（2）箱形截面的中性轴大致居中,对于抵抗正负弯矩具有几乎相等的能力,能较好地适应主拱圈各截面正负弯矩变化的需要。

（3）由于是闭合空心截面,抗弯和抗扭刚度大,拱圈的整体性好,应力分布较均匀。

（4）单条箱肋刚度较大,稳定性较好,能单箱肋成拱,便于无支架吊装。

（5）制作要求较高,吊装设备较多,主要用于大跨径拱桥。

箱形拱的拱圈,可以由一个闭合箱(单室箱)或由几个闭合箱(多室箱)组成,每一个闭合箱又由箱壁(侧板)、顶板(盖板)、底板及横隔板组成(图 4-19)。

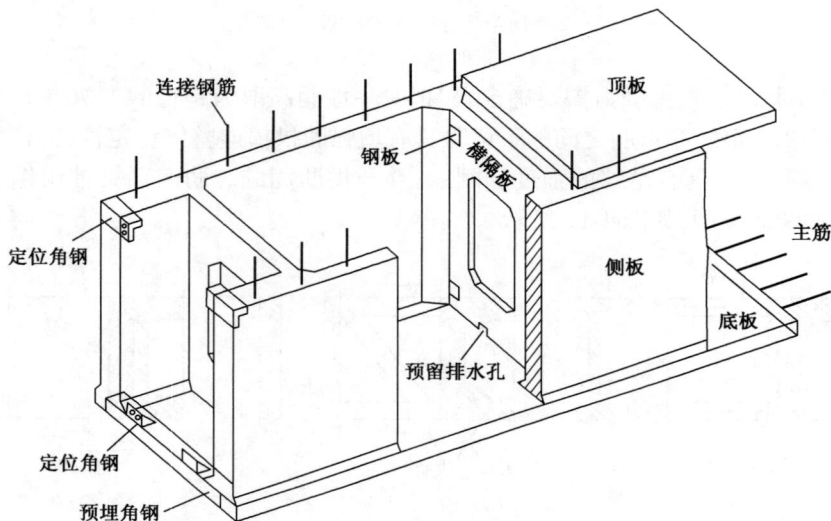

图 4-19　箱形拱闭合箱的构造

箱形拱截面的组成方式有以下几种:

（1）由多条 U 形肋组成的多室箱形截面[图 4-20a)]。

（2）由多条工字形肋组成的多室箱形截面[图 4-20b)]。

（3）由多条闭合箱肋组成的多室箱形截面[图 4-20c)]。

（4）整体式单箱多室截面[图 4-20d)]。

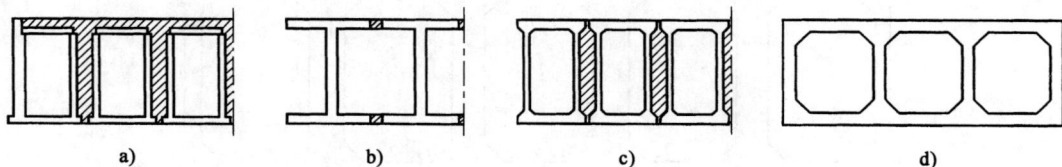

图 4-20　箱形截面组成方式

拟定箱形拱截面尺寸主要包括拱圈的高度、宽度、箱肋的宽度以及顶底板及腹板尺寸。

拱圈的高度主要取决于拱的跨度,还与拱圈所用混凝土强度有很大关系。初拟拱圈的高度时,拱圈高度可取跨径的 1/75 ~ 1/55。

提高混凝土的强度,可以减少截面尺寸,从而减轻拱体本身的自重或加大跨径。目前常用C40~C50混凝土,对特大跨径拱桥应尽量采用强度等级更高的混凝土。

拟定拱圈的宽度时,可考虑采用悬挑桥面,减小拱圈宽度,即采用窄拱圈形式。拱圈宽度一般可为桥宽的0.6~1.0倍,桥面悬挑可达到4.0m,但为保证其横向稳定性,一般希望拱宽不小于跨径的1/20,但特大跨径桥的拱圈宽度常难以满足该条件,只要横向稳定性能得到保证即可。

箱肋是组成预制吊装施工的箱形拱桥的基本构件。拱圈宽度确定后,根据(缆索)吊装能力,在横向划分为几个箱肋,即可确定箱肋的宽度。

4)双曲拱桥

双曲拱桥主拱圈通常由拱肋、拱波、拱板和横向联结系等几部分组成,如图4-21所示。双曲拱桥的主要特点是将主拱圈以"化整为零"的方法按先后顺序进行施工,再以"集零为整"的组合式整体结构承重。施工时,先将拱圈划分成拱肋、拱波、拱板及横向联结系四部分,并预制拱肋、拱波和横向联结系,即"化整为零";然后吊装钢筋混凝土拱肋成拱并与横向联结系构件组成拱形框架,在拱肋间安装拱波,随后浇筑拱板混凝土,形成主拱圈,即"集零为整"。双曲拱桥是我国于20世纪70年代提出的,当时的主要目的是减轻吊装重量。

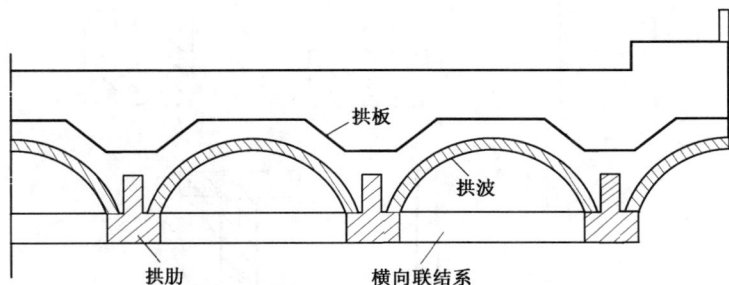

图4-21 双曲拱桥主拱圈横断面

双曲拱桥主拱圈截面,根据桥梁的跨径、宽度、设计荷载的大小、材料类型和施工工艺等各种情况,可以采用不同的形式(图4-22)。采用最多的是多肋多波的截面形式[图4-22a)~c)]。一般来说,肋间距不宜过小,以免限制拱波的矢高,减小拱圈的截面刚度,但同时受吊装机械控制肋间距又不宜过大,以免拱肋数量少而过分加大拱肋截面尺寸,增加吊装质量,给施工带来不便。在小跨径的双曲拱桥中,还可采用单波的形式[图4-22d)]。

拱肋是双曲拱桥主拱圈的骨架,它不仅参与拱圈共同承受全部恒载和活载,对主拱圈质量有重大影响,而且在施工过程中,又要起砌筑拱波和浇筑拱板的支架作用,当拱波、拱板完成后,拱肋成为主拱圈的重要组成部分。因此,拱肋的设计,必须保证具有足够的强度和刚度。特别是采用无支架施工的双曲拱,除应满足吊装阶段的强度和纵横向稳定性以外,还需满足截面在组合过程中各阶段荷载作用下的强度要求。

常用的拱肋截面形式有矩形、倒T形(凸形)、槽形和工字形等(图4-23)。一般根据跨径大小、受力性能、施工难易等条件综合选择合理的截面形式,要求所选拱肋截面有利于增强主拱圈的整体性,制作简单且能保证施工安全。

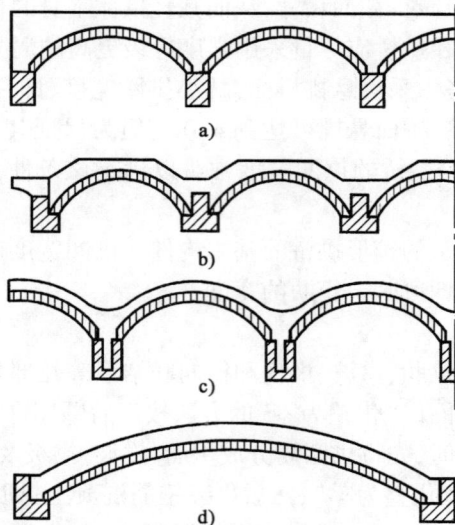

图4-22　双曲拱桥主拱圈截面形式

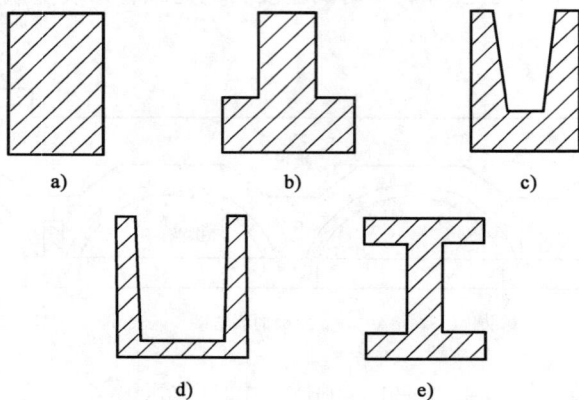

图4-23　拱肋截面形式

a)矩形拱肋；b)凸形拱肋；c)槽形拱肋；d)槽形拱肋；e)I字形拱肋

　　拱肋一般为钢筋混凝土构件，常采用预制安装的方法施工。预制的拱肋，如果长度太大，不便于预制、运输和吊装，则常常分成几段。分段数目和长度应根据桥梁跨径大小、运输设备和吊装能力等条件来考虑。由于拱顶往往是受力最不利的截面，因此拱肋分段时，接头不宜布置在拱顶。接头宜设置在拱肋自重作用下弯矩最小的地方，一般在跨径的0.3倍附近，故拱肋一般均可分为三段。当跨径超过80m时，可以分为5段。

　　拱波一般都用混凝土预制，常做成圆弧形，矢跨比一般为1/5～1/3，单波的矢跨比为1/6～1/3。拱波跨度由拱肋间距确定，以1.3～2.0m为宜，单波截面以3～5m为宜。拱波厚一般为6～8cm，拱波的宽度为0.3～0.5m。拱波不仅是参与主拱圈共同承受荷载的组成部分，在浇筑拱板混凝土时，它又起模板的作用。

　　拱板在拱圈截面占有最大比重，而且现浇混凝土拱板又将拱肋、拱波连成整体，使拱圈能实现"集零为整"。因此，拱板在加强拱圈整体性方面起着重要的作用。

　　双曲拱桥主拱圈截面高度一般为跨径的 1/55～1/40,跨径大者取小值。

　　为使拱肋的变形在横桥方向均匀,避免拱波顶可能出现纵向裂缝,需在拱肋间设置横向联结系。常用的形式有横系梁和横隔板,通常布置在拱顶、腹孔墩下面、分段吊装的拱肋接头处等,间距一般为 3～5m,拱顶部分可适当加密。

　　2. 整体型上承式拱桥

　　整体型上承式拱桥包括桁架拱桥和刚架拱桥。这些桥型进一步减轻了拱桥自重,增强了桥梁结构的整体性,充分发挥了装配式结构工业化程度高、施工进度快等优点,扩大了拱桥的使用范围。

　　1)桁架拱桥

　　桁架拱桥又称拱形桁架桥。桁架拱桥是一种有水平推力的桁架结构,其上部结构由桁架拱片、横向连接系和桥面组成。桁架拱片是主要承重结构,由上弦杆、下弦杆、腹杆和实腹段组成,其立面布置如图 4-24 所示。

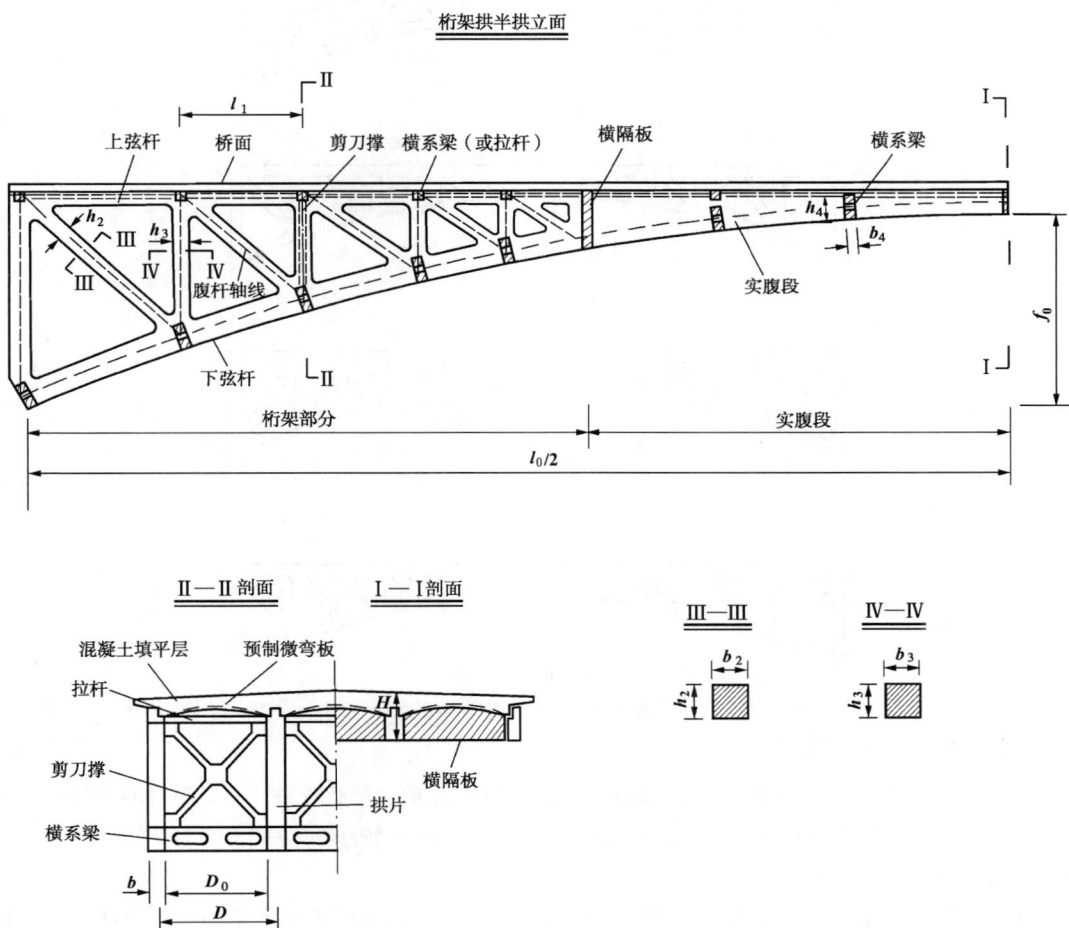

图 4-24　桁架拱桥的主要组成部分

（1）结构形式

根据其构造不同可以分为斜（腹）杆式、竖（腹）杆式、桁肋式和组合式四种。

①斜（腹）杆式。

斜（腹）杆式，如图4-25a)所示。三角形腹杆的桁架拱片，腹杆根数少，杆件的总长度最短，因此腹杆用料省，整体刚度较大。但是当拱跨较大，矢高较高时，三角形体系的节间就过大。为了承受桥面荷载，就要增加桥面构件钢筋用量。因此宜增设竖杆来减少节间长度，成为带竖杆的三角形桁架拱[图4-25b)]。根据斜杆倾斜方向不同，可以分为斜压杆[图4-25c)]和斜拉杆[图4-25d)]两种。当斜杆为压杆时，斜杆受压，竖杆受拉，且斜杆的长度随矢高和节间长度的增大而显著增大，尤其是第一个节间内的斜杆长度更大。为了防止斜杆失稳而需增大截面尺寸。同时，这种斜压杆式桁架拱桥的外形不太美观，故目前较少采用。当斜杆为拉杆时，斜杆受拉而竖杆受压，为避免拉杆及节点开裂，并减小截面尺寸、节省材料，可采用预应力混凝土斜拉杆，外形也较美观，是常用的一种形式。

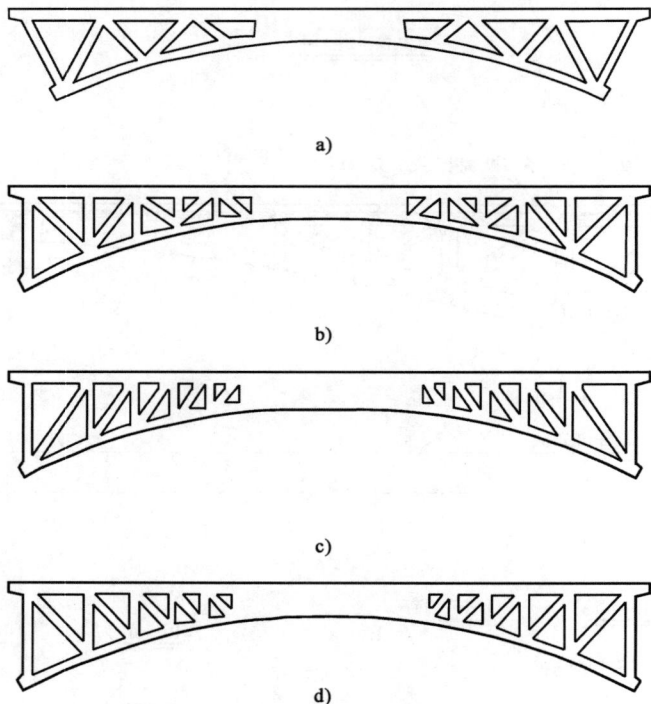

a)

b)

c)

d)

图4-25 斜杆式桁架拱桥

②竖（腹）杆式。

竖杆式桁架拱片[图4-26a)]外形美观，节点构造简单，施工较方便，但整体刚度较小，竖杆与上、下弦杆连接的节点处易开裂，故适用于荷载小、跨径较小的桥梁。

③桁肋式。

桁肋式形式拱桥[图4-26b)]实质上为普通型上承式拱桥，仅是将主拱圈改为桁架结构。桁肋自重轻，吊装方便，适宜于无支架施工。但由于桁架在拱脚处固结，基础变位、温度变化和混凝土收缩徐变引起的附加内力较大，拱脚上弦杆易开裂。

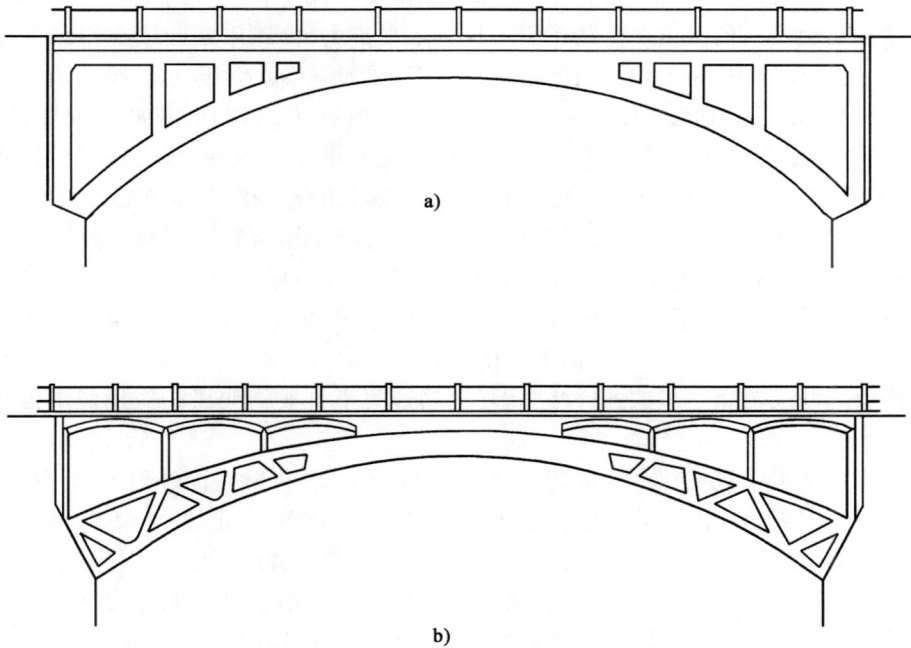

图 4-26　竖杆式和桁肋式拱片
a）竖杆式；b）桁肋式

④组合式。

桁式组合拱与前面三种桁架拱的主要区别在于上弦杆断点位置不同。普通桁架拱的上弦杆简支于墩（台）上，上弦杆在墩（台）之间没有断缝（即断点），而桁式组合拱上弦杆却是在墩（台）顶部至拱顶之间适当位置断开，形成一条断缝（即断点），从断点至墩（台）顶部形成一个悬臂桁架[与墩（台）固结]，跨间两断点之间为一普通桁架拱，全桥下弦杆保持连续，如图 4-27 所示。桁式组合拱常用于 100m 以上的特大型预应力混凝土拱桥，设置断缝对减小由于日照温差引起的附加内力有好处。

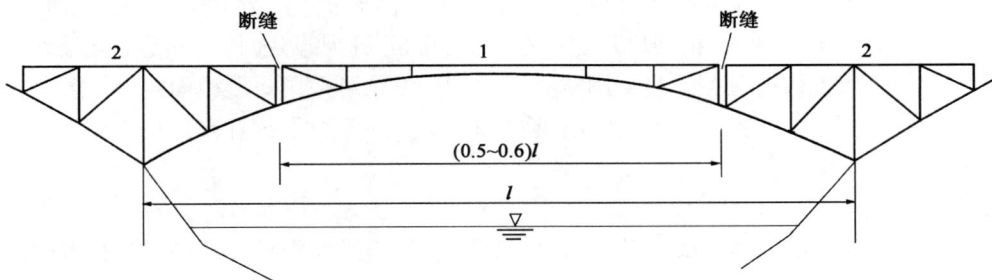

图 4-27　桁式组合拱桥的组成
1-桁架拱部分；2-悬臂桁梁部分

（2）结构特点

作为主要承重结构的桁架拱片在施工期间单独受力，在竣工后与桥面板共同受力。其中，下弦杆为拱形,上弦杆一般与桥道结构组合成一整体而共同工作。在跨中部分,因上、下弦杆很靠近而做成实腹段。桁架拱在荷载作用下具有水平推力,使跨中实腹段在恒载作用下弯矩减小,主要承受轴向压力,在活载作用下将承受弯矩,成为一偏心受压构件,即具有拱的受力特点。同时,由于它相当于把普通型上承式拱的传载构件(拱上结构)与拱肋连成整体,拱与拱上结构共同受力,相当于加大了拱圈高度,各杆件又主要承受轴力,所以又具有桁架的受力特点。由于桁架拱兼备了桁架和拱式结构的有利因素,因此能充分发挥材料的受力性能。

根据已经建成桁架拱桥的分析比较,桁架拱桥的混凝土用量较轻型双曲拱桥还要节省三分之一左右,仅与钢筋混凝土 T 形梁相当或稍多。而钢材用量与轻型双曲拱桥接近,比梁式桥则节省较多。另外,由于桁架拱外部通常采用两铰结构,因而基础位移、温度变化等产生的附加内力较小,适合软弱地基需要。桁架拱桥毕竟是有推力结构,跨径过大,支点反力也大,对地基承载能力的要求较高。考虑到这些原因,钢筋混凝土普通桁架拱的应用范围以 20 ~ 50m 的中等跨径为宜。

桁架拱桥在施工中具有整体性好的优点。桁架拱桥的构件除桥面外绝大部分在施工中采用预制装配。其安装块件的尺寸和质量随运输和安装能力而定。通常,中等跨径的桁架拱片可分为二至三段。当起重能力较大时,分段还可减少,或者跨径还可增大。桁架拱桥的预制构件品种少,因此施工工序少,工期短,并且质量易于控制。但桁架拱桥的杆件纤细,模板复杂,对浇筑和吊运的要求高。钢筋混凝土桁架的桁架节点是刚性连接,交会于节点的竖杆、斜杆易开裂,影响到结构的整体性和耐久性,难以维修养护。

（3）结构构造

①桁架拱片。

从结构布置来看,上弦杆和实腹段构成桁架拱片的上边缘,上弦杆轴线平行于桥面,考虑到桥面板参与受力,上弦杆和实腹段轴线应是包括桥面板在内的截面重心之连线。下弦杆相当于桁架拱的拱肋。由于桁架拱为有推力体系,腹杆内力与桁架拱下弦杆轴线有关,下弦杆的轴线可以采用圆弧线、二次抛物线和悬链线等。通常是恒载压力线越接近下弦轴线,腹杆内力越小。

a. 桁架段。

桁架拱片中下弦杆为主要受压构件,应有足够的截面面积,下弦杆多用矩形截面,其高度可为净跨径的 1/100 ~ 1/80。桁架拱片宽度在 25 ~ 50cm,可为等截面,也可是变截面。上弦杆的断面形式与桥面板构造有关。当采用空心板时,上、下弦可采用矩形截面;当采用微弯板时,则需采用凸形(边肋为 L 形)。腹杆常用矩形截面,高度一般为下弦杆高度的 1/2 ~ 1/1.5,对受压腹杆宜用工字形截面。

b. 实腹段。

实腹段长度与拱底曲线有关。陡拱时,实腹段就短,坦拱时则长。在确定其长度时还应考虑实腹段与桁架段之间强度和刚度的差别、外观上的协调以及要便于施工的要求。通常,实腹段长度在计算跨径的 0.3 ~ 0.5 倍,实腹段跨中截面高度(包括桥面板在内)与跨径、矢跨比、拱片数(或间距)等有关,初拟时可取为净跨径的 1/50 ~ 1/40。

c. 节间大小。

桁架拱片的节间大小与上弦杆局部受力有关。节间大,节点就少,结构简化,但上弦杆需增大截面和自重,所以,节间长度一般不大于计算跨径的 $1/12 \sim 1/8$。对斜杆式桁架拱,还应使其与上弦杆的夹角在 $30° \sim 50°$,以避免产生过大的内力和变形,这就要求节间长度自端部向拱顶递减。

d. 节点。

桁架拱片杆件的节点是一个很重要的部位,其构造和形式随拱跨大小、腹杆布置方式等有所不同。节点的构造应保证足够的强度和符合构造要求。桁架拱片各杆件的轴线应于节点处相交,以免产生附加弯矩;相邻杆件外缘交角应以圆弧或曲线过渡,过渡段内不得出现锐角与直角,避免应力集中。

e. 片数及间距。

桁架拱片的片数及间距与桥宽、跨径、荷载、材料、施工以及桥面板构造有关。一般来说,片数越多,材料越多,但桥面板跨径减小。反之,桁片用材减少,但桥面板跨度增大。在跨径较大时,采用较少片数较为经济,且外形美观,同时可减少预制安装工程量,但需考虑到桥面板的跨越能力。采用微弯板桥面时,双车道可采用 $3 \sim 4$ 片;采用空心板桥面时,可采用 $2 \sim 3$ 片。

f. 矢跨比。

与一般拱桥相同,矢跨比也是桁架拱片需要确定的重要因素。桁架拱片矢跨比的确定应从桥址情况、桥下净空、桥面高程、构造形式、受力与施工诸方面综合考虑确定。当矢跨比小时,立面外形轻巧美观,腹杆较短,刚度大,吊装质量轻,节省材料。但矢跨比越小水平推力就越大,造成墩台负担增大。当矢跨比大时,情况相反。一般其净矢跨比在 $1/10 \sim 1/6$ 之间选用。

②横向联结系。

为把桁架拱片连成整体,使之共同受力,并保证其横向稳定,需在桁架拱片之间设置横向联结系。横向联结系根据设置部位不同,分为拉杆、横系梁、横隔板和剪刀撑等,如图 4-24 所示。

拉杆和横系梁分别设置在上、下弦杆节点处,拱顶实腹段每隔 $3 \sim 5m$ 也应设置横系梁。拉杆常用矩形截面,高度与上弦杆根部(翼缘)相同,宽为 $12 \sim 20cm$。横系梁也用矩形截面,高度同下弦杆,并不小于其长度的 $1/15$,宽 $12 \sim 20cm$。横隔板一般设在实腹段与桁架部分连接处及跨中,它在高度方向直抵桥面板,与横系梁同厚。横桥向的剪刀撑一般设在四分之一跨径附近的上、下节点之间及跨径端部,剪刀撑杆件常用边长为 $10 \sim 18cm$ 的正方形截面。

③桥面系。

桁架拱桥桥面板既承受局部荷载,又与桁架拱片形成整体,共同受力。桥面结构形式很多,有横向微弯板、纵向微弯板和预应力混凝土空心板等。

④桁架拱片与墩台的连接。

桁架拱片与墩台的连接形式包括上、下弦杆与墩(台)的连接和多孔桁架拱桥桥跨之间的连接。连接构造随上、下部结构的形式,施工方法,美观要求等而异。下弦杆与墩(台)的连接一般是在墩(台)帽上预留深 $10cm$ 左右(或与肋高相同)的槽孔,将下弦杆插入并封以砂浆。在跨径较大时,由于墩(台)位移等原因,往往造成支承面局部承压,引起反力偏心和结构内力变化,故宜采用较完善的铰接。桁架拱上部在墩台处的连接以及多跨拱间的连接分为悬臂式 [图 4-28a)、b)]、过梁式 [图 4-28c)、d)] 和伸入式 [图 4-28e)、f)] 三种,一般以受力明确的过梁式为好。与桥台的连接分为过梁式和伸入式两种。

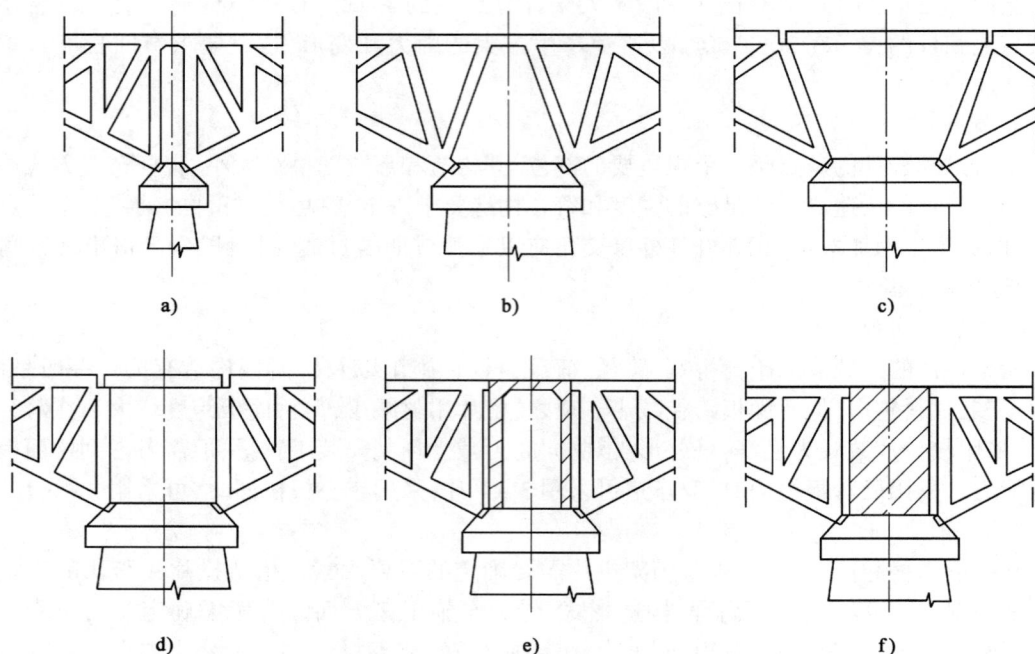

图 4-28　桁架拱与墩（台）的连接形式

2）刚架拱桥

刚架拱桥的上部结构由刚架拱片、横向连接系和桥面等部分组成（图 4-29）。

拱片是刚架拱桥的主要承重结构，一般由跨中实腹段的主梁、空腹段的次梁、主拱腿（主斜撑）、次拱腿（次斜撑）等构成，与桥面板一起形成刚架拱的主拱片。主梁和主拱腿的交接处称为主节点，次梁和次拱腿的交接处称为次节点。节点构造一般均按固结设计。

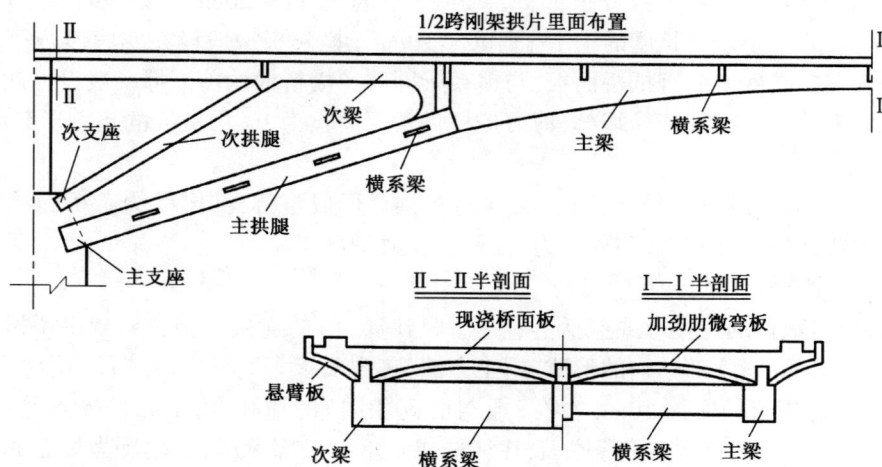

图 4-29　刚架拱桥的主要组成部分

主梁和主拱腿构成的拱形结构的几何形状是否合理，对全桥结构的受力有显著的影响，其设计原则是在恒载作用下弯矩最小。主梁和次梁的梁肋上缘线一般与桥面纵向平行,主梁下边缘线一般可采用二次抛物线、圆弧线或悬链线,使主梁成为变截面构件。主拱腿可根据跨径大小和施工方法等不同,设计成等截面直杆或微曲杆。有时从美观考虑,也可采用与主梁同一曲线的弧形杆,但需注意其受压稳定性。

横向联结系的作用是将刚架拱片连成整体共同受力,并保证其横向稳定。为了简化构造,横向联结系可采用预制装配式的横系梁或横隔板形式,其间距视跨径大小酌情布置。一般在拱片的跨中、主次梁端部等处设置横系梁。当跨径较大或者跨径小但桥面很宽时,为了加强跨中实腹段刚架拱片间的横向整体性,有利于荷载的横向分布,可增设直抵桥面板的横隔板。

桥面系可由预制微弯板、现浇混凝土填平层、桥面铺装等部分组成,也可采用预制空心板、现浇混凝土层及桥面铺装组合形式。

刚架拱桥的总体布置形式主要与桥梁跨径、荷载大小等有关。当跨径小于30m时,可采用只设主拱腿,不设次拱腿的最简单形式[图4-30a)]。当跨径在30~50m时,为了减小腹孔段次梁和斜撑的内力,可以设置一根次拱腿[图4-30b)]。随着跨径增大,为减小次梁和斜撑的内力,可设置多根斜撑。这些斜撑都可以直接支承在桥梁墩(台)上,也可以将次拱腿支承在主拱腿上,以减小次拱腿的长度[图4-30c)]。

刚架拱片可以采用现浇或预制安装的方法施工,应根据运输条件和安装能力具体确定,目前大多数采用后者。为了减轻吊装质量,可将主梁和次梁、斜撑等分别预制,用现浇混凝土接头连接。当跨径较大时,次梁还可分段预制。

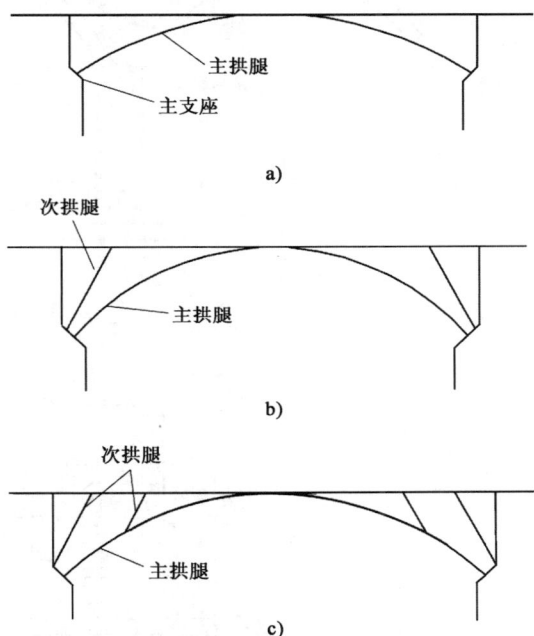

图4-30 刚架拱桥的基本图式

(二)拱上建筑构造

拱上建筑是拱桥的一部分,按照拱上建筑采用的不同构造方式,可将拱桥分为实腹式和空腹式两种。

1.实腹式拱上建筑

实腹式拱上建筑构造简单,施工方便,填料数量较多,恒载较重,所以,一般用于小跨径的拱桥。实腹式拱上建筑由拱腹填料、侧墙、护拱、变形缝、防水层、泄水管以及桥面系组成(图4-31)。

拱腹填料分为填充式和砌筑式两种。填充式拱腹填料应尽量做到就地取材,通常采用透水性好、土侧压力小的砾石、碎石、粗砂或卵石类黏土等材料,分层夯实,还可采用其他轻质材料,如炉渣与黏土的混合物、陶粒混凝土等以减轻拱上建筑质量,使其适用于地质条件较差地区。砌筑式拱腹填料是在散粒料不易取得时才采用的一种干砌圬工方式。侧墙是围护拱腹上的散粒填料,设置在拱圈两侧,通常采用浆砌块、片石,若有特殊的美观要求,可用料石镶面。

对混凝土或钢筋混凝土板拱,也可用钢筋混凝土护壁式侧墙。这种侧墙可以与主拱浇筑为一体。侧墙一般要求承受填料土侧压力和车辆作用下的土侧压力,故按挡土墙进行设计。对浆砌圬工侧墙,顶面厚度一般为 $50 \sim 70$ cm,向下逐渐增厚,墙脚厚度取用该处墙高的 0.4 倍。护拱设于拱脚段,以便加强拱脚段的拱圈,同时,便于在多孔拱桥上设置防水层和泄水管,通常采用浆砌块、片石结构。

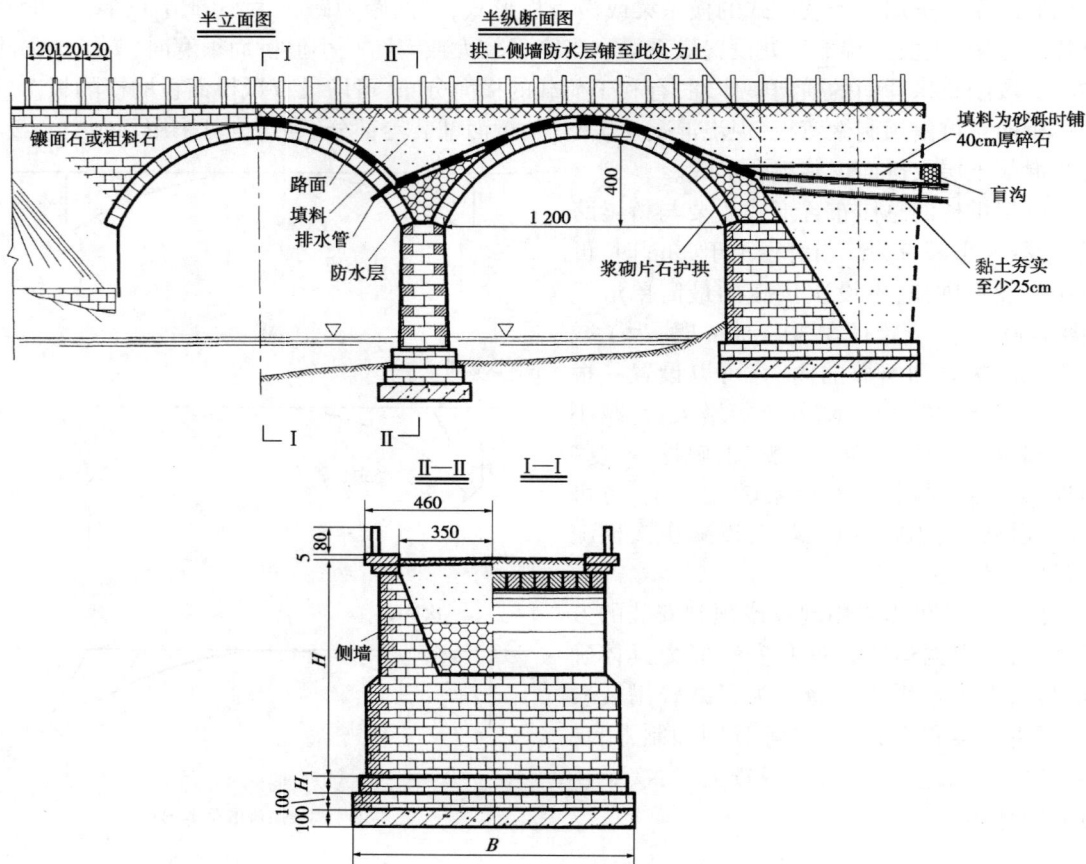

图 4-31　实腹式拱桥构造图(尺寸单位:cm)

2. 空腹式拱上建筑

大、中跨径的拱桥,特别是当矢高较大时,应以空腹式拱上建筑为宜。空腹式拱上建筑除具有与实腹式拱上建筑相同的构造外,还具有腹孔和腹孔墩。

(1)腹孔

根据腹孔构造,可分为拱式拱上建筑和梁式拱上建筑两种。

①拱式拱上建筑。

拱式拱上建筑构造简单,外形美观,但质量较大,一般用于圬工拱桥。腹孔的形式和跨径的选择,要既能减轻拱上建筑的质量,又不致因荷载过分集中于腹孔墩处,给主拱圈受力状况造成不利影响,同时还要使拱桥外形协调美观。

　　腹孔一般对称布置在靠拱脚侧的一定区段内,其长度为跨径的 1/4 ~ 1/3[图 4-32a)],此时,跨中存在一实腹段。对于中小跨径拱桥,腹孔跨数以 3 ~ 6 孔为宜。目前也有采用全空腹形式[图 4-32b)],一般以奇数孔为宜。腹孔跨径,对中小跨径拱桥一般选用 2.5 ~ 5.5m,对大跨径拱桥则控制在主拱跨径的 1/15 ~ 1/8 之间。腹孔构造宜统一,以便于施工和有利于腹孔墩的受力。

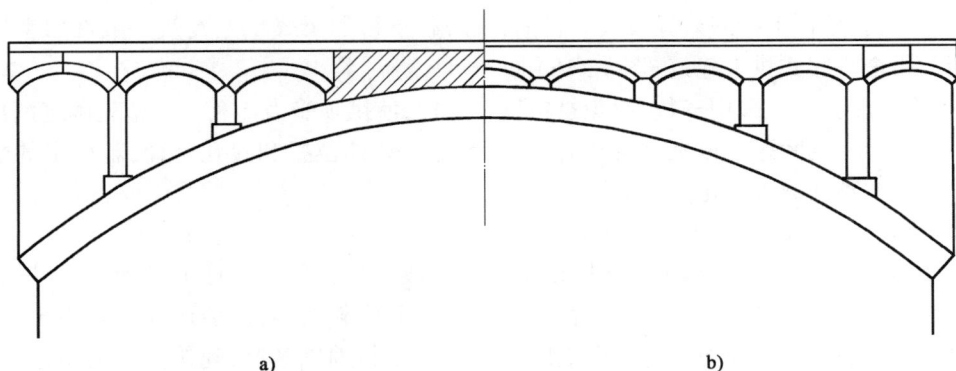

图 4-32　拱式拱上建筑
a)带实腹段的空腹拱;b)全空腹拱

　　腹拱圈一般采用矢跨比为 1/5 ~ 1/2 的圆弧线板式结构,或矢跨比为 1/12 ~ 1/10 的微弯板或扁壳结构。腹拱圈的厚度与它的构造形式有关,当跨径小于 4m 时,石板拱为 30cm,混凝土板拱为 15cm,微弯板为 14cm(其中预制 6cm,现浇 8cm);当跨径大于 4m 时,腹拱圈厚度则可按板拱厚度经验公式拟定或参考已成桥的资料确定。腹拱拱腹填料与实腹拱相同。

　　紧靠桥墩(台)的第一个腹拱,目前较多的有两种做法:一种是将腹拱的拱脚直接支承在墩(台)上[图 4-33a)、b)];另一种是跨越桥墩,使桥墩两侧的腹拱圈相连[图 4-33c)],由于拱圈受力后变形较大,而墩台变形较小,容易造成第一个腹拱因拱脚变位而开裂,因而靠近墩台的第一个腹拱应做成三铰拱。

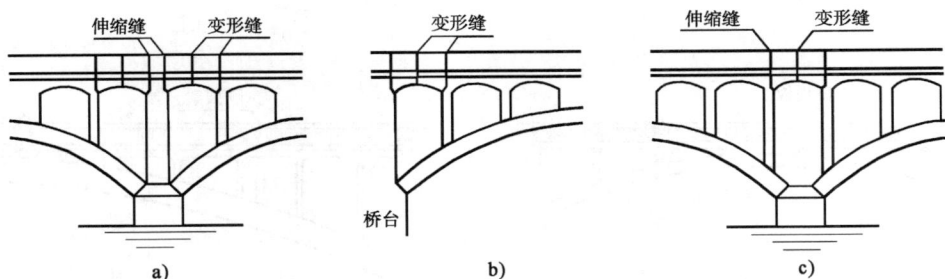

图 4-33　桥墩(台)上腹拱的布置方式

　　②梁式拱上建筑。

　　梁式腹孔拱上建筑,可减轻拱上质量,降低拱轴系数(使拱上建筑的恒载分布接近于均布荷载),改善拱圈在施工过程中的受力状况,获得更好的经济效果。腹孔的布置与上述拱式拱上建筑的腹拱布置要求基本相同。

　　梁式腹孔结构有简支、连续和框架式等多种形式。

a.简支腹孔(纵铺桥道板梁)[图4-34a)、b)]。

简支腹孔由底梁(座)、立柱、盖梁和纵向简支桥道板(梁)组成。这种形式的结构体系简单,基本上不存在拱与拱上结构的联合作用,受力明确,是大跨径拱桥拱上建筑主要采用的形式。

腹孔布置的范围及实腹段的构造与拱式腹拱相同[图4-34a)]。由于拱顶段上面全部被覆盖,空腹、实腹段拱上荷载差异较大。目前,大跨径拱桥的梁式拱上建筑一般都取消拱顶实腹段,而采用全空腹式拱上建筑[图4-34b)]。

全空腹式腹孔数宜采用奇数,避免拱顶设有立柱,使拱顶受力不利。通常先确定两拱脚的立柱位置,然后将其间距除以某个奇数后,即可确定各立柱位置和腹孔跨径,若得出的腹孔跨径不恰当,可调整孔数以满足受力需要。

b.连续腹孔(横铺桥道板梁)[图4-34c)]。

连续腹孔由立柱、纵梁、实腹段垫墙及桥道板组成。先在拱上立柱上设置连续纵梁,然后再在纵梁上和拱顶段垫墙上铺设横向桥道板,形成拱上传载结构,这种形式主要用于肋拱桥。其特点是桥面板横置,拱顶上只有一个板厚(含垫墙)及桥面铺装厚,建筑高度很小,适合于建筑高度受限制的拱桥。

c.框架腹孔[图4-34d)]。

框架腹孔在横桥向根据需要需设置多片,每片通过系梁形成整体。

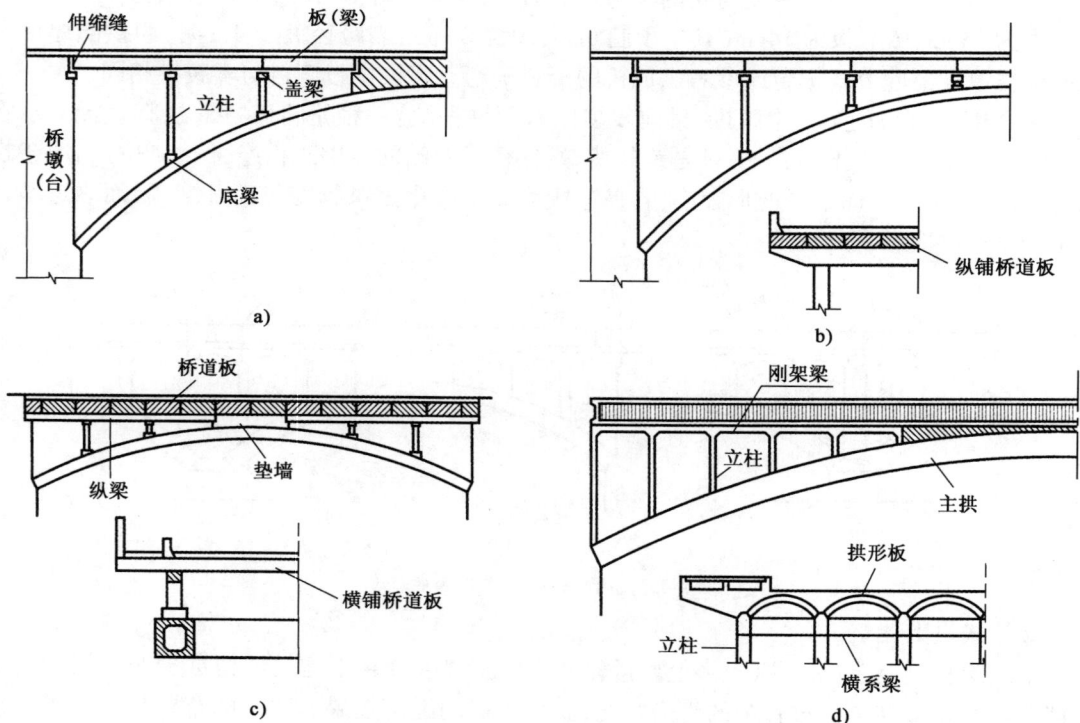

图4-34　梁式空腹式拱上建筑
a)带实腹段的简支腹孔;b)全空腹式的简支腹孔;c)连续腹孔;d)框架式腹孔

（2）腹孔墩

腹孔墩可分为横墙式或排架式两种。

①横墙式［图4-35a）］。

这种腹孔墩采用横墙式墩身，一般用圬工材料砌筑或现浇混凝土形成，施工简便。为了便于维修、减轻质量，可在横向挖一个或几个孔。横墙式腹孔墩，自重较大，但节省钢材，多用于砖、石拱桥中。腹孔墩的厚度，用浆砌片、块石时，不宜小于0.60m；用混凝土砌筑时，一般应大于腹拱圈厚度的一倍。底梁能使横墙传下来的压力较均匀地分布到主拱圈全宽上，其每边尺寸较横墙宽5cm，其高度则以使较矮一侧为5~10cm来确定。底梁常采用素混凝土结构。墩帽宽度宜大于墙宽5cm，也采用素混凝土。

②排架式［图4-35b）］。

排架式腹孔墩是由立柱和盖梁组成的钢筋混凝土排架结构。为了使立柱传递给主拱圈的压力不至于过分集中，通常在立柱下面设置底梁。立柱和盖梁常采用矩形截面。截面尺寸及钢筋配置除了满足结构受力需要外，应考虑与拱桥的外形及构造相协调。腹孔墩的侧面一般做成竖直的，以方便施工。

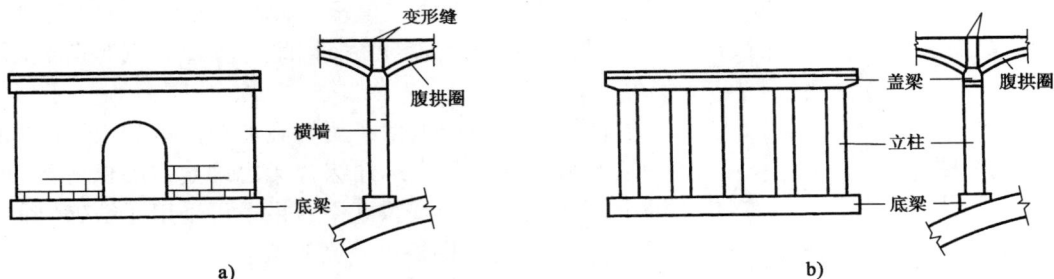

图4-35　腹孔墩构造形式

对于拱上结构与主拱联结成整体的钢筋混凝土空腹式拱桥，活载或温度变化等因素将引起拱上结构变形（图4-36），在腹孔墩中产生附加弯矩，从而导致节点附近产生裂缝。为了使拱上结构不参与主拱受力，可以在腹孔墩的上下端设铰，使它成为仅受轴向压力的受力构件，以改善拱上建筑腹孔墩的受力情况。由力学知识可知，当腹孔墩的截面尺寸相同时，高度较大的腹孔墩的相对刚度要比矮腹孔墩小，因此附加内力的影响也较小。为了简化构造和方便施工，一般高立柱仍可采用固结形式，而只对靠近拱顶处的1~2根高度较小的矮立柱上、下端设铰。

（三）其他细部构造

1. 拱上填料、桥面及人行道

拱上建筑中的填料，一方面可以扩大车辆荷载作用的面积，另一方面还可以减小车辆荷载对拱圈的冲击，但也增加了拱桥的恒载质量。无论是实腹拱，还是空腹拱（除去无拱上填料的轻型拱桥），在拱顶截面上缘以上都做了拱腹填充处理。填充后，通常还需设置一层填料，即拱顶填料，在该填料以上才是桥面铺装（图4-37）。主拱圈及腹拱圈的拱顶处，填料厚度（包括路面厚度）均不宜小于30cm，根据《桥规》的规定，当拱上填料厚度（包括桥面铺装厚度）等于或大于50cm时，设计计算中不计汽车荷载的冲击力。

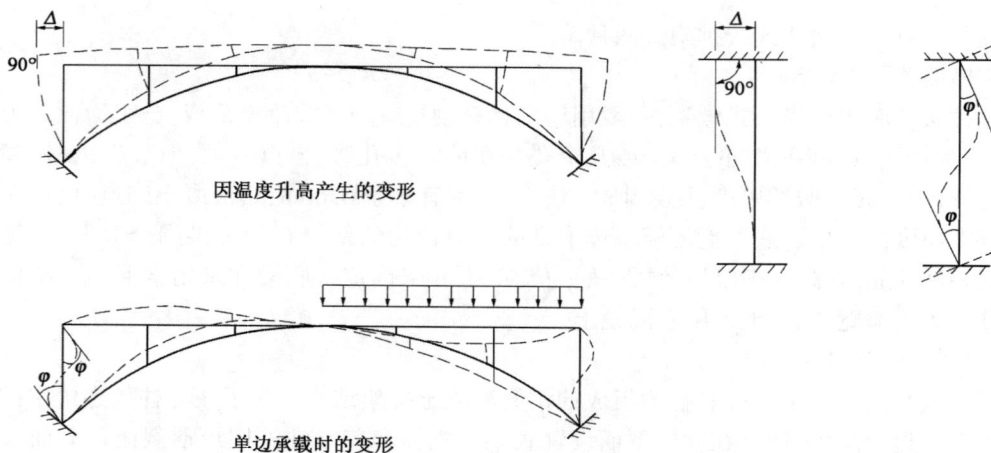

因温度升高产生的变形

单边承载时的变形

图 4-36　拱上结构变形示意

在地基条件很差的情况下，为了进一步减轻拱上建筑重量，可减薄拱上填料厚度，甚至可以不要拱上填料，直接在拱顶截面上缘以上铺筑混凝土桥面，此时应计入汽车荷载的冲击力。

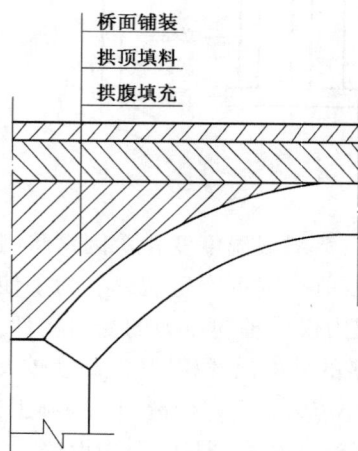

图 4-37　拱上填料图式

拱桥桥面铺装应根据桥梁所在的公路等级、使用要求、交通量大小以及桥型等条件综合考虑确定。除低等级公路上的中、小跨径实腹拱或拱式空腹拱桥可采用泥结碎（砾）石桥面外，其他大跨径拱桥以及高等级公路上的拱桥均采用沥青混凝土或设有钢筋网的混凝土桥面。桥面应根据需要设 1.5%～3.0% 的横坡（单幅桥为双向，双幅桥为单向）以便排水。

2. 伸缩缝与变形缝

由于拱上建筑与主拱圈的共同作用，一方面拱上建筑能够提高主拱圈的承载能力，但另一方面，它对主拱圈的变形又起约束作用，在主拱圈和拱上建筑内均产生附加内力，使结构受力复杂。

为了使结构的计算图式尽量与实际的受力情况相符合，避免拱上建筑的不规则开裂，以保证结构的安全使用和耐久性，除在设计计算上应作充分的考虑外，还需在构造上采取必要的措施。通常是在相对变形（位移或转角）较大的位置设置伸缩缝，而在相对变形较小处设置变形缝。

对小跨径实腹拱，伸缩缝设在两拱脚的上方［图 4-38a）］，并在横桥方向贯通全宽和侧墙的全高及至人行道。伸缩缝多做成直线形，以使构造简单，施工方便。对拱式空腹拱桥［图 4-38b）］，通常将紧靠墩（台）的第一个腹拱做成三铰拱，并在紧靠墩（台）的拱铰上方设置伸缩缝，且应贯通全桥宽，而在其余两拱铰上方设置变形缝。在大跨径拱桥中，还应将靠拱顶的腹拱做成两铰拱或三铰拱，并在拱铰上方也设置变形缝，以使拱上建筑更好地适应主拱的变形。对梁式腹孔，通常是在桥台和墩顶立柱处设置标准伸缩缝，而在其余立柱处采用桥面连续。

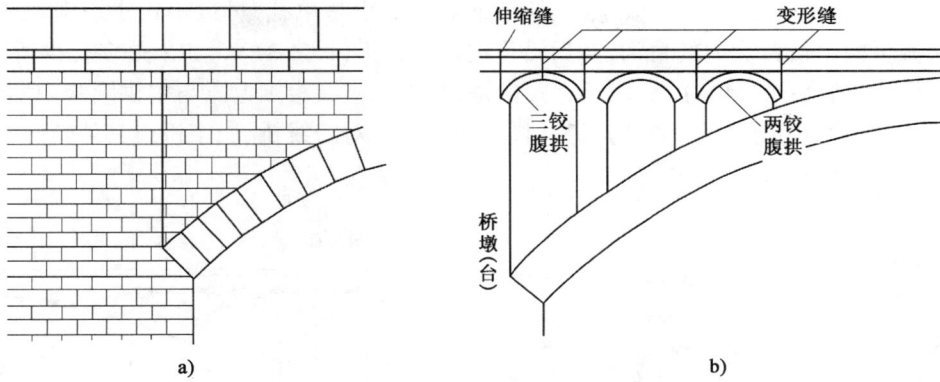

图 4-38　拱桥伸缩缝及变形缝的布置

　　伸缩缝宽 2～3cm,其缝内填料可用锯末屑与沥青按 1:1 的比例制成预制板,在施工时嵌入,并在上缘设置能活动而不透水的覆盖层,另外,也可采用沥青砂等其他材料填塞伸缩缝。变形缝不留缝宽,其缝可干砌、用油毛毡隔开或用低强度等级的砂浆砌筑。

　　3. 排水与防水层

　　对于拱桥,不仅要求将桥面雨水及时排除,而且要求将透过桥面铺装渗入拱腹的雨水及时排除。桥面雨水的排除,除了桥梁设置纵坡和桥面设置横坡外,一般还沿桥面两侧缘石边缘设置泄水管(图 4-39)。通过桥面铺装渗入拱腹内的雨水,应由防水层汇集于预埋在拱腹内的泄水管排出,防水层和泄水管的设置方式,与上部结构的形式有关。

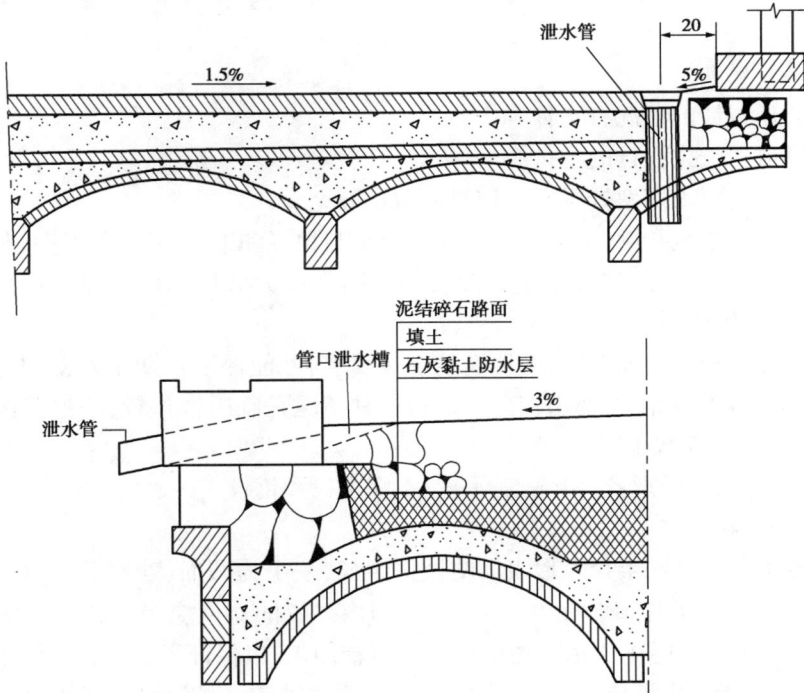

图 4-39　拱桥桥面排水装置(尺寸单位:cm)

实腹式拱桥防水层应沿拱背护拱、侧墙铺设。如果是单孔,可以不设拱腹泄水管,积水沿防水层流至两个桥台后面的盲沟,然后沿盲沟排出路堤(图4-31)。如果是多孔拱桥,可在1/4跨径处设泄水管[图4-40a)]。对于空腹拱桥,防水层应沿腹拱上方与主拱圈跨中实腹段的拱背设置,泄水管也宜布置在1/4跨径处[图4-40b)]。对跨线桥、城市桥或其他特殊桥梁,需设置全封闭式排水系统。

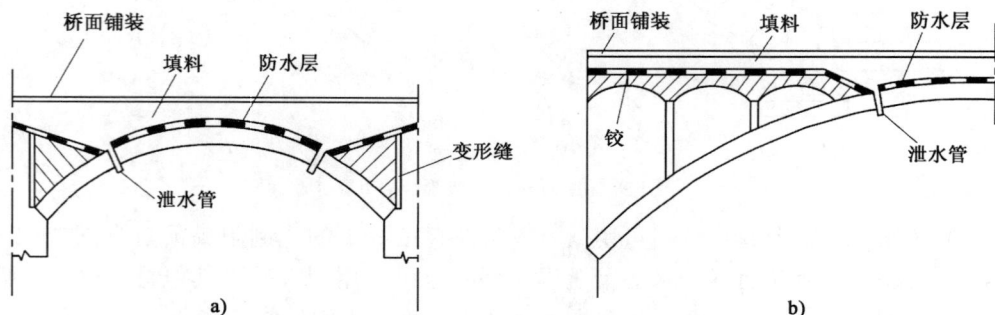

图4-40　防水层与拱腹泄水管的布置

泄水管可以采用铸铁管、混凝土管或陶瓷(瓦)管以及塑料管。泄水管的内径一般为6~10cm,在严寒地区需适当加大(但宜小于15cm)。泄水管应伸出结构表面5~10cm,以免雨水顺着结构物的表面流下。为了便于泄水,泄水管尽可能采用直管,并减少管节的长度。

防水层在全桥范围内不宜断开,在通过伸缩缝或变形缝处应妥善处理,使其既能防水又可以适应变形。

4.拱桥中铰的设置

拱桥中需要设置铰的情况有4种:

①按两铰拱或三铰拱设计的主拱圈。

②按构造要求需要采用两铰拱或三铰拱的腹拱圈。

③需设置铰的矮小腹孔墩,即将铰设置在墩上端与顶梁和下端与底梁的连接处。

④在施工过程中,为消除或减小主拱圈的部分附加内力,以及对主拱圈内力作适当调整时,需要在拱脚处设置临时铰。

前面三种情况属于永久性拱铰,必须满足设计要求,并能保证长期正常使用,故对其要求较高,构造较复杂,需经常养护,费用较高。最后一种情况是临时性拱铰,一般待施工结束时,就将其封固,故构造较简单,但必须可靠。

常用的拱铰形式有:弧形铰、铅垫铰、平铰、不完全铰和钢铰。

(1)弧形铰(图4-41)

弧形铰由两个具有不同半径弧形表面的块件组成,一个为凹面(半径为 R_2),一个为凸面(半径为 R_1)。 R_2 与 R_1 的比值常在1.2~1.5范围内。铰的宽度应等于构件的宽度,沿拱轴线的长度取为拱厚的1.15~1.2倍。铰的接触面应精加工,以保证紧密结合。由于构造复杂,加工铰面既费工,又难以保证质量,故主要用于主拱圈的拱铰。弧形铰一般用钢筋混凝土、混凝土或石料等做成。

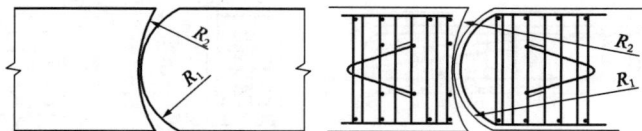

图 4-41 弧形铰

（2）铅垫铰（图 4-42）

铅垫铰主要用于中小跨径的板拱或肋拱，此外，也可用作临时铰。铅垫铰一般由厚度 1.5 ~ 2.0cm 的铅垫板外包以锌、铜薄片（1.0 ~ 2.0cm）构成。垫板宽度为拱圈厚度的 1/4 ~ 3/4，在主拱圈的全部宽度上分段设置。铅垫板铰是利用铅的塑性变形达到支承面的自由转动，从而实现铰的功能。

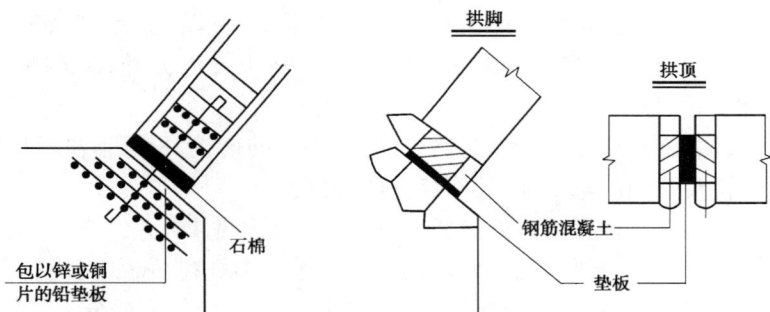

图 4-42 铅垫铰

（3）平铰（图 4-43）

平铰就是构件两端面（平面）直接抵承，其接缝可铺一层低强度等级砂浆，也可垫衬油毛毡或直接干砌，一般用在空腹式的腹拱圈上。

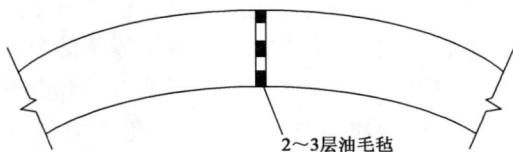

图 4-43 平铰

（4）不完全铰[图 4-44a) ~ c)]

不完全铰多用在小跨径或轻型的拱圈以及空腹式拱桥的腹孔墩柱上，其构造是将拱截面突然减小（一般为全截面的 1/3 ~ 2/5），以保证该截面的转动功能。在施工时拱圈不断开，使用时又能起铰的作用。由于截面突然变小而使其应力很大，容易开裂，故必须配以斜钢筋。

（5）钢铰

钢铰[图 4-44d)]通常做成理想铰。钢铰除用于少数有铰钢拱桥的永久性铰结构外，更多地用于施工需要的临时铰。

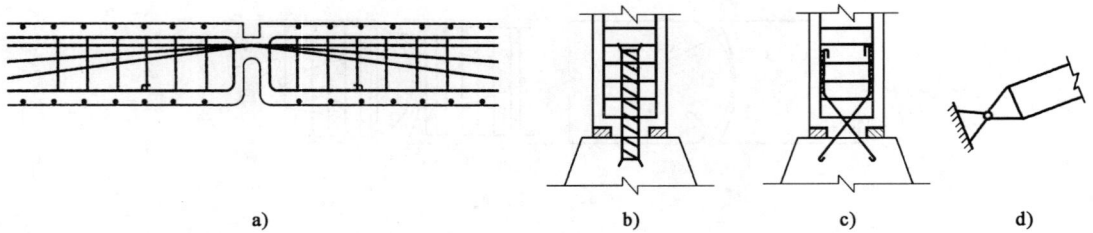

图 4-44　其他类型铰
a)、b)、c)不完全铰；d)钢铰

(四)拱桥的设计

1.拱桥的总体布置

拱桥总体布置应包括：拟定结构体系及结构形式；拟定桥梁的长度、跨径、孔数、拱的主要几何尺寸、桥梁的高度、墩台及其基础形式和埋置深度、桥上及桥头引道的纵坡等。

(1)确定桥梁长度及分孔

首先在平、纵、横三个方向综合考虑桥梁与两头路线的衔接，根据泄洪总跨径及其他方面的要求，确定两岸桥台之间的总长度，并确定桥台的位置。

在桥梁全长拟定后，再根据桥址处的通航、地形、地质等情况，并结合选用的结构体系、结构形式和施工条件，进一步选择单孔或是多孔。如果采用多孔拱桥，如何进行分孔，是总体布置中一个比较重要的问题。对于通航河流，在确定孔数与跨径时，一般分为通航孔和不通航孔两部分。通航孔跨径和通航高程的大小应满足航道等级规定的要求，通航孔的位置多半布置在常水位时的河床最深处或航行最方便的地方。对于航道可能变迁的河流，必须设置几个通航的桥跨。对于不通航孔或非通航河段，桥孔划分可按经济原则考虑。

在分孔中，有时为了避开深水区或不良的地质地段(如软土层、溶洞、岩石破碎带等)而可能将跨径加大或减小。在水下基础结构复杂、施工困难的地方，为减少基础工程，可考虑采用较大跨径；对跨越高山峡谷、水流湍急的河道，建造大跨径桥梁常常更为经济合理。分孔中，还应考虑施工的方便和可能。通常，全桥宜采用等跨或分组等跨的分孔方案，并尽量采用标准跨径，以便于施工和修复。此外，分孔中，还需注意整座桥的造型和美观。

对于跨河桥梁，分孔完成后，应再次检查泄洪总跨径是否满足要求，否则应适当调整墩台位置。

(2)确定桥梁的设计高程和矢跨比

拱桥的高程主要有 4 个，即桥面高程、拱顶底面高程、起拱线高程和基础底面高程(图 4-45)。这几项高程的合理确定，是拱桥总体布置中的另一个重要问题。

桥面高程一般由两岸线路的纵断面设计控制。对跨越平原区河流的拱桥，其桥面最小高度一般由桥下净空控制，并且还需满足宣泄设计洪水流量或不同航道等级所规定的桥下净空界限的要求。当桥面高程确定之后，由桥面高程减去拱顶处的建筑高度(拱顶填料厚度和主拱圈厚度)，就可得到拱顶底面的高程。起拱线高程由矢跨比的要求确定。基础底面的高程，应根据冲刷深度、地基承载能力等因素确定。

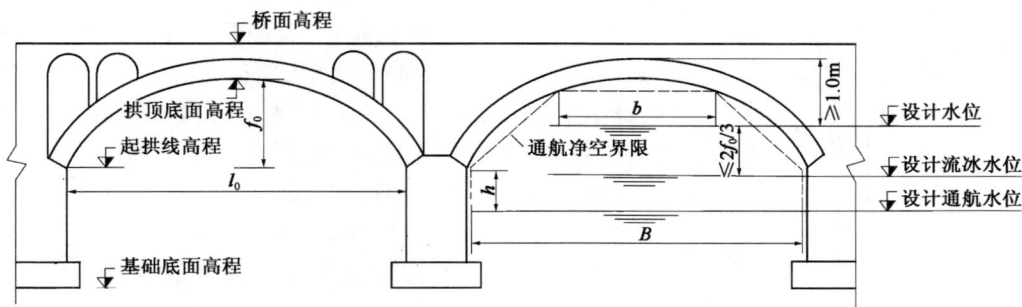

图 4-45　拱桥的主要高程示意

主拱圈矢跨比是拱桥的主要设计参数之一。它不但影响主拱圈内力,还影响拱桥的构造形式和施工方法的选择,应综合考虑上、下部结构受力,通航,泄洪等因素确定矢跨比。

拱桥的水平推力 H_g 与垂直反力 V_g 之比值,随矢跨比的减小而增大。当矢跨比减小时,拱的推力增大,反之,则推力减小。通常,对于砖、石、混凝土板拱桥及双曲拱桥,矢跨比一般为 $1/6 \sim 1/4$,不宜超过 $1/8$;箱形拱桥的矢跨比一般为 $1/8 \sim 1/6$,钢筋混凝土拱桥的矢跨比一般为 $1/10 \sim 1/6$,或者再小一些,但也不宜小于 $1/12$。

2. 不等跨连续拱桥的处理方法

多孔连续拱桥最好选用等跨或分组等跨的分孔方案,但当受地形、地质、通航等条件的限制,或引桥很长,考虑与桥面纵坡协调一致,或对桥梁的美观有特殊要求时,可以考虑采用不等跨的分孔(图 4-46)。

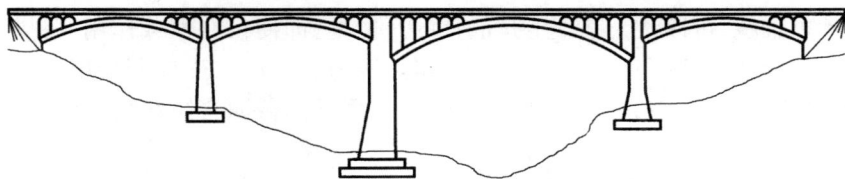

图 4-46　不等跨分孔的拱桥桥型图

不等跨拱桥,由于相邻孔的恒载推力不相等,使桥墩和基础增加了恒载的不平衡推力。在采用柔性墩的多孔连续拱桥中,还需考虑恒载不平衡推力产生的连拱作用,使计算和构造复杂。为了减小这个不平衡推力,改善桥墩、基础的受力状况,节省材料和造价,可采用以下措施。

(1)采用不同的矢跨比

利用矢跨比与推力大小成反比的关系,在相邻两孔中,大跨径用较陡的拱(矢跨比较大),小跨径用较坦的拱(矢跨比较小),使两相邻孔在恒载作用下的不平衡推力尽量减小。

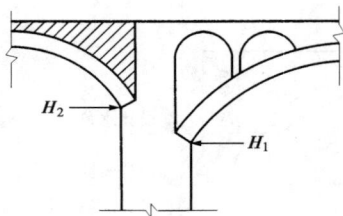

图 4-47　大跨与小跨的拱脚高程

（2）采用不同的拱脚高程

由于采用了不同的矢跨比，致使两相邻孔的拱脚高程不在同一水平线上（图 4-47）。因大跨径孔的矢跨比大，拱脚降低，减小了拱脚水平推力对基底的力臂，这样可使大跨与小跨的恒载水平推力对基底产生的弯矩得到平衡。

（3）调整拱上建筑的恒载质量

当必须使相邻孔的拱脚放置在相同（或相接近）的高程上时，也可用调整拱上建筑的质量来减小相邻孔间的不平衡推力。大跨径可用轻质的拱上填料或采用空腹式拱上建筑，小跨径用重质的拱上填料或采用实腹式拱上建筑，用增加小跨径拱的恒载重力来增大恒载的水平推力。

（4）采用不同类型的拱跨结构

常常是小跨径用板拱或厚壁箱拱结构，大跨径用分离式肋拱或薄壁箱拱结构，以减轻大跨径的恒载质量来减小恒载的水平推力。有时，为了进一步减小大跨径拱的恒载水平推力，可以将大跨径部分做成中承式肋拱。

在具体设计时，也可以同时采用以上几种措施。从美观的角度看，第 4 种方案最优。如果不能达到平衡推力的目的，可加大桥墩和基础的尺寸，或将其做成不对称的形式。

3. 拱轴线的选择和拱上建筑的布置

选择拱轴线的原则，就是要尽可能降低由于荷载产生的拱圈内弯矩数值。理想的拱轴线是在各种荷载作用下拱圈截面只受轴向压力，而无弯矩作用，这就能充分利用圬工材料的抗压性能。但事实上是不可能获得这种拱轴线的，因为除恒载外，拱圈还要受到活载、温度变化和材料弹塑性变形等因素的作用。当恒载压力线与拱轴线吻合时，在活载作用下就不再吻合。然而我们知道，公路拱桥的恒载占全部荷载的比重较大。如一座 30m 跨径的双车道公路拱桥，活载大约只是恒载的 20%，随着跨径的增大，恒载所占的比重还将增大。因此，以恒载压力线作为设计拱轴线，可以认为基本上是适宜的。但是，即使仅在恒载作用下，拱圈本身的轴线还将因材料的弹性压缩而变形，致使拱圈的实际压力线与原来设计所采用的拱轴线发生偏离。因此，在拱桥设计时，要选择一条能够使恒载作用下的截面弯矩都为零的拱轴线，是不可能的。

一般来说，拱桥设计中所选择的拱轴线应满足几方面的要求，即要求尽量减小拱圈截面的弯矩，使主拱圈在计入弹性压缩、温升温降、混凝土收缩徐变等影响后，各主要截面的应力较为均匀，且最大限度地减小截面拉应力，最好是不出现拉应力；对于无支架施工的拱桥，尚应满足各施工阶段的要求，并尽可能少用或不用临时性施工措施，以便于施工。

拱桥常用的拱轴线形有以下几种：

（1）圆弧线

在均布径向荷载作用下（如水压力），拱的合理拱轴线为一圆弧线［图 4-48a）］。这类拱桥，线形简单，施工方便。但在一般情况下，圆弧形拱轴线与恒载压力线偏离较大，使拱圈各截面受力不够均匀。因此，圆弧线常用于 20m 以下的小跨径拱桥。对于较大跨径的预制装配式钢筋混凝土拱桥，有时为了简化施工，也可采用圆弧形拱轴线。

（2）悬链线

实腹式拱桥的恒载集度，从拱顶向拱脚是均匀增加的（均变荷载），这种荷载分布图式的拱圈的压力线是一条悬链线[图4-48b]。因此，实腹式拱桥采用悬链线作拱轴线。在恒载作用下，当不计拱圈由恒载弹性压缩产生的影响时，拱圈截面将只承受轴力而无弯矩。

（3）抛物线

在竖向均布荷载作用下，拱的合理拱轴线是二次抛物线[图4-48c]。对于恒载集度比较接近均布的拱桥，往往可以采用二次抛物线作为拱轴线。

在某些大跨径拱桥中，由于拱上建筑布置的特殊性，为了使拱轴线尽可能与恒载压力线相吻合，也可采用高次抛物线（如四次或六次抛物线）作为拱轴线。

综上所述，拱上建筑的形式及其布置，对于合理选择拱轴线形是有密切联系的。在一般情况下，小跨径拱桥可采用实腹式圆弧拱或实腹式悬链线拱；大、中跨径拱桥可采用空腹式悬链线拱；轻型拱桥或全透空的大跨径拱桥可以采用抛物线拱。

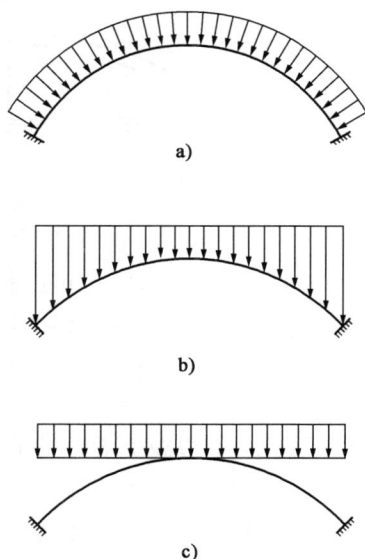

图 4-48　拱桥拱轴线形

二、中、下承式钢筋混凝土拱桥的设计与构造

（一）概述

中承式拱桥的行车道位于拱肋的中部，桥面系（行车道、人行道、栏杆等）一部分用吊杆悬挂在拱肋下，另一部分用刚架立柱支承在拱肋上，如图4-49所示。

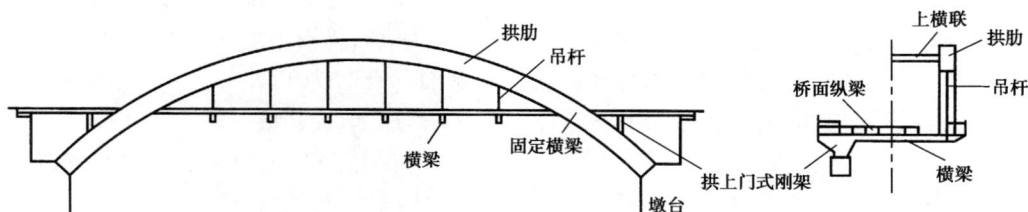

图 4-49　中承式钢筋混凝土拱桥的总体布置

下承式拱桥的桥跨结构由拱肋、悬吊结构和横向连接系三部分组成，如图4-50所示。由于车辆在两片拱肋之间行驶，所以，需要用吊杆将纵、横梁系统悬挂在拱肋下，在纵、横梁系统上支承车道板，组成桥面系（行车道、人行道、栏杆等）。桥面系和这些传力构件统称为悬吊结构。

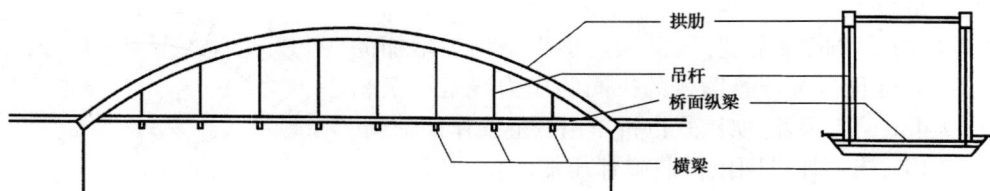

图 4-50　下承式钢筋混凝土拱桥的总体布置

从图 4-49、图 4-50 中可以看出，中、下承式拱桥仍保持了上承式拱桥的基本力学特性，可以充分发挥拱圈混凝土材料的抗压性能。更重要的一点是，当桥梁的建筑高度受到严格限制时，若采用上承式拱桥有困难或矢跨比过小时，可采用中、下承式拱桥满足桥下净空要求；在不等跨的多孔连续拱桥中，为了平衡左右桥墩的水平推力，可将较大跨径一孔的矢跨比加大，做成中承式拱桥，以减小大跨的水平推力；在平坦地形的河流上，采用中、下承式拱桥可以降低桥面高度，有利于改善桥梁两端引道的纵面线形，减少引道的工程数量；有时为了满足当地景观和美学的需要，特别是多孔连续的中、下承式拱桥，以其波浪形起伏、构件轻巧给人以美感。

（二）中、下承式拱桥的基本组成和构造

1. 拱肋

中、下承式拱桥的主要承重构件是两个分离式的拱肋，组成拱肋的材料可以是钢筋混凝土、钢管混凝土、劲性骨架混凝土或纯钢材，两片拱肋一般在两个相互平行的平面内。有时也可使两拱肋顶部互相内倾，使之在水平面上的投影呈"X"形（即提篮式拱），以提高拱肋的横向稳定性和承载力。

中、下承式拱桥由于行车道布置在两拱肋之间，因此，在相同桥面净宽的条件下，拱肋的间距比上承式拱桥的大。因为两拱肋间距增大，拱肋之间设置横向联结系困难，往往将人行道设于吊杆外侧。中、下承式拱桥的拱肋一般采用无铰拱形式，以保证其刚度。其恒载分布比较均匀，因此拱轴线形可采用二次抛物线，也可采用悬链线。钢筋混凝土拱肋的截面形状根据跨径的大小、荷载等级和结构的总体尺寸，可以选用矩形、工字形、箱形或管形（即构成钢管混凝土拱肋）。截面沿拱轴的变化规律可以为等截面或变截面。有时为了增强肋拱的横向刚度和稳定，可将拱脚段的肋宽增大。其截面尺寸的拟定及配筋与上承式肋拱一样。

矩形截面的拱肋施工简单，一般用于中、小跨径的拱桥，拱肋的高度为跨径的 $1/70 \sim 1/40$，肋宽为肋高的 $0.5 \sim 1.0$ 倍；工字形和箱形截面常用于大跨径的拱桥。

2. 横向联结系

为了保证两片拱肋的横向刚度和稳定以承受作用在拱肋、桥面及吊杆上的横向水平力，一般须在两片分离的拱肋间设置横向联结系。横向联结系可做成横撑、对角撑或空格式构造等形式（图 4-51），横撑的宽度不应小于其长度的 1/15。横向联结系的设置往往受桥面净空高度的限制，横向联结系构件只容许设置在桥面净空高度范围之外的拱段（对于中承式拱桥，还可以设置在桥面系以下的肋段），有时为了满足规定的桥面净空高度要求，而不得不将拱肋矢高加大来设置横向构件。高悬在桥面以上的横向构件，对结构物的外观和行车都是不利的，横撑一般由钢筋混凝土做成,当拱肋间距较大时,为减轻质量,横撑可由钢结构做成。有时为了满足桥面净空要求和改善桥上的视野而取消行车道以上的横向构件,做成敞口式拱桥。

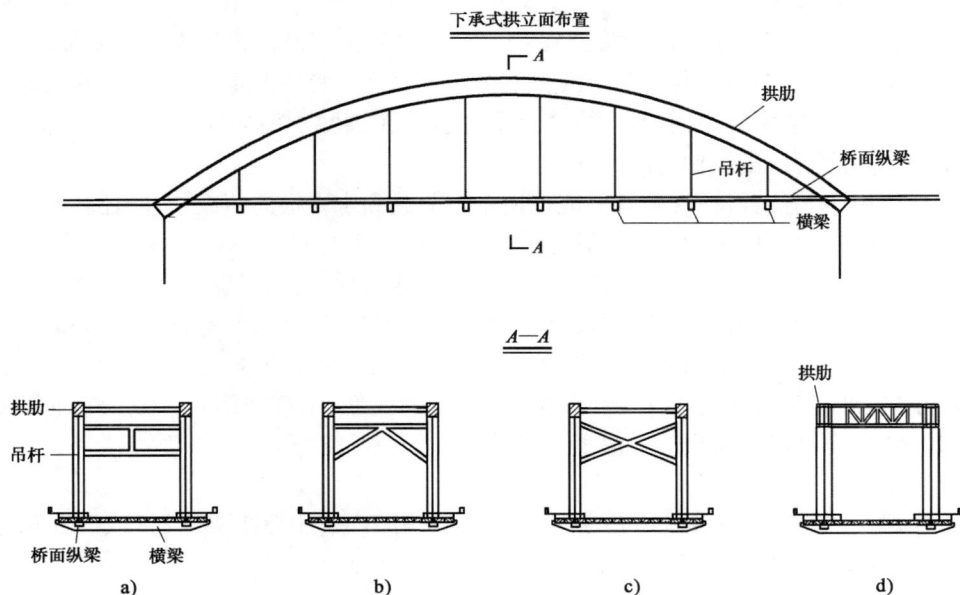

图 4-51 横向联结系类型

a)一字形和 H 形横撑;b)K 形对角撑;c)X 形对角撑;d)空格式构造

3. 悬挂结构

悬挂结构包括吊杆和桥面系等,吊杆将纵梁和横梁系统悬挂在拱肋下,桥面荷载通过吊杆和桥面系将作用力传递到拱肋上。

(1)吊杆

桥面系悬挂在吊杆上,受拉吊杆根据其构造分为刚性吊杆和柔性吊杆两类。

刚性吊杆是用钢筋混凝土或预应力混凝土制作,刚性吊杆可以增强拱肋的横向刚度,但用钢量较大,施工程序多,工艺复杂。采用刚性吊杆时,吊杆两端的钢筋应扣牢在拱肋与横梁中。刚性吊杆一般设计为矩形,它除了承担轴向拉力之外,还须抵抗上下节点处的局部弯曲。为了减小刚性吊杆承受的弯矩,其截面尺寸在顺桥向应设计得小一些,但为了增强拱肋面外的稳定性,横桥向尺寸应该设计得大一些。

柔性吊杆一般用冷轧粗钢筋、高强钢丝或钢绞线等高强钢材制作。高强钢丝束做的吊杆通常采用镦头锚,而粗钢筋则采用轧丝锚与拱肋、横梁相连。

为了提高钢索的耐久性,必须防止钢索锈蚀,为此要求防护层有足够的强度、韧性、抗老化性和附着性,确保使用周期内防护层不开裂或脱落。钢索的防护方法很多,主要有缠包法和套管法等。目前主要用 PE 热挤索套防护工艺,直接在工厂制成成品索,简单可靠,且较经济。

吊杆的间距一般根据构造要求和经济美观等因素决定。吊杆的间距即为行车道纵梁的跨长。间距大时,吊杆的数目减少,但纵、横梁的用料增多;反之,吊杆数目增多,纵、横梁的用料减少。一般吊杆的间距为 4～10m,通常吊杆取等间距。

(2)横梁

中承式拱桥的桥面横梁可以分为固定横梁、普通横梁和刚架横梁三类。根据横梁间距的不同,横梁高度可取拱肋间距(横梁跨径)的 1/15～1/10,为满足搁置和连接桥面板的需要,横梁上缘宽度不宜小于60cm。桥面系与拱肋相交处的横梁一般与拱肋刚性连接,其截面尺寸与刚度比其他横梁大,通常称为固定横梁;通过吊杆悬挂在拱肋下面的横梁称为普通横梁;通过立柱支承在拱肋之上的横梁称为刚架横梁。

固定横梁由于其位置特殊,它既要能传递垂直荷载和水平横向荷载,有时还要传递纵向制动力以及从拱肋和桥面传来的弯矩、扭矩和剪力,因此必须与拱肋刚性连接,且其外形须与拱肋和桥面系相适应。因为在此处,主拱占去了一定宽度的桥面,为了保证人行道宽度不在此处颈缩,故固定横梁一般比普通横梁要长,常用的截面形式有工字形、不对称工字形和三角形等。

普通横梁其截面形式常用的有矩形、工字形和土字形;大型横梁也可以采用箱形截面,其尺寸取决于横梁的跨度(拱肋中距)和承担桥面荷载的长度(吊杆间距),一般为钢筋混凝土构件,跨度较大时,也可以采用预应力混凝土构件。

(3)纵梁

由于横梁的间距一般在 4～10m 之间,纵梁多采用 T 形、П 形小梁,设计成简支梁结构或连续梁结构,或直接在横梁上满铺空心板、实心板形成桥面板。

(4)行车道系

行车道系由纵梁、横梁和车道板组成。车道板上铺桥面铺装,安设人行道和栏杆等。桥面板有时可与纵梁连成整体,形成 T 梁或 H 梁,也可在预制的纵梁上现浇桥面板形成组合梁。另一种方案是采用在横梁上密铺预制空心板或实心板来取代桥面板和纵梁两者的作用。桥面板一般为普通钢筋混凝土结构,也可采用预应力或部分预应力结构。

为减小横梁和横向连接系的跨度,通常将人行道布置在吊杆的外侧。为确保安全,须在吊杆位于行车道一侧的桥面上设置防撞栏杆,以避免吊杆遭到车辆碰撞破坏,导致桥面垮塌的严重事故。

在布置行车道时,必须注意在适当位置设横向断缝,以避免由于拱肋的变形而桥面被拉坏。行车道的断缝可设于跨度中部,也可设于边上。

三、拱式组合体系桥的设计和构造

(一)概述

拱式组合体系桥是将梁和拱两种基本结构组合起来,共同承受荷载,充分发挥梁受弯、拱受压的结构特性及其组合作用,达到节省材料的目的。根据拱肋和行车道梁的联结方式不同,拱式组合体系桥一般可划分为有推力的和无推力两种类型。

无推力拱式组合体系桥(也称系杆拱桥)是外部静定结构,兼有拱桥的较大跨越能力和梁桥对地基适应能力强的两大特点,故使用较多。当桥面高程受到严格限制而桥下又要求保证较大的净空,或当墩台基础地质条件不良,易发生沉降,但又要保证较大跨径时,无推力拱式组合体系桥梁是较优越的桥型。

拱式组合体系桥的基本形式分为简支梁拱组合式桥梁和连续梁拱组合式桥梁。

1. 简支梁拱组合式桥梁(图 4-52)

这类桥梁只用于下承式,均为无推力的组合体系拱。拱肋结构一般为钢管混凝土和钢筋混凝土,桥面上常设置风撑,简支梁拱组合式桥梁,外部为静定结构,内部为高次超静定结构,主要承重构件除拱肋外,还有加劲纵梁,它与横梁组成平面框架,由吊杆上下联系以达到共同受力的目的。

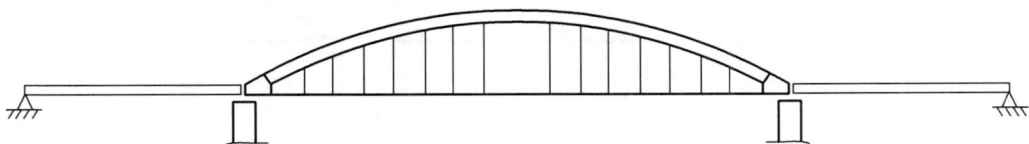

图 4-52 简支梁拱组合体系示意

根据拱肋和系杆(梁)相对刚度的大小,无推力拱式组合体系可划分为:柔性系杆刚性拱、刚性系杆柔性拱和刚性系杆刚性拱三种基本组合体系(图 4-53)。

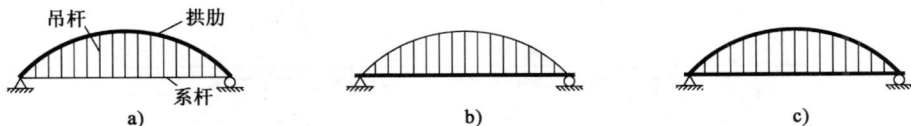

图 4-53 简支梁拱组合体系类型

(1)柔性系杆刚性拱[图 4-53a)]

在这种体系中,系杆和吊杆均为柔性杆件,只承受轴向拉力,基本不承受弯矩,拱肋按普通拱桥的拱肋一样考虑,拱肋尺寸也与普通肋拱桥相同。当系杆的刚度远小于拱肋的刚度时,组合体系中的荷载基本上由拱肋承受。系杆平衡了拱的推力,从而减轻墩台负担,使这种体系能应用于软土地基上。钢筋混凝土柔性系杆刚性拱组合体系桥梁适用跨径为 20~90m。

(2)刚性系杆柔性拱[图 4-53b)]

在这种组合体系中,拱肋与系杆的刚度比相对小得多,拱肋只起到小部分分担荷载的作用,而刚性系杆不仅承受拱的推力,还要承受弯矩,成为拉弯组合的梁式构件。

这种体系以梁为主要承重结构,也称朗格尔梁。它相当于把桁架弦杆与梁组合起来,以梁为受力主体,曲线桁架对梁加劲,形成刚性梁的曲线桁架。刚性系杆与吊杆、横撑组成了刚度较大的桁架,拱肋不会发生面内"S"形变形,在适用跨度内拱的稳定性有充分保证。刚性系杆柔性拱的适用跨径可达 100m。

该体系一般按先梁后拱的方法施工,由梁单独承担自重,而后加的二期恒载和活载则由组合体系共同承担。

(3)刚性系杆刚性拱[图 4-53c)]

这种体系介于上述两种体系之间。拱肋和系杆都有一定的抗弯刚度,荷载引起的内力在拱肋和系杆之间按刚度分配。由于拱肋和系杆是刚性的，拱肋和系杆的端部是刚性连接，故这种体系刚度较大，适合于设计荷载较大的桥梁采用。这种体系中，拱肋的尺寸也介于上述两种体系之间。实用跨径为 20 ~ 100m。

在上述三种组合体系中，当用斜吊杆来代替竖吊杆时，又称尼尔森体系（图 4-54）。斜吊杆与拱肋和系杆的联结构造稍显复杂，但这种体系与桁架结构相似，与竖吊杆相比，内力分配更均匀，整体刚度更大，可节省材料 10% ~ 15%。

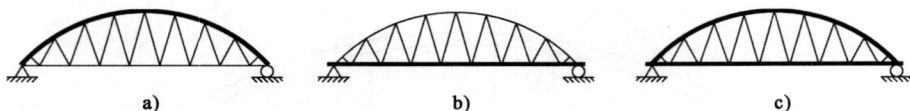

图 4-54　尼尔森体系

2. 连续梁拱组合式桥梁（图 4-55）

这种体系可以是上承式、中承式及下承式，也可以是多肋拱、双肋拱或单肋拱与加劲梁组合。多肋拱及双肋拱的加劲梁的截面形式可类似于简支梁拱组合式桥梁布置；而单片拱肋必须配置有箱形加劲梁，以加劲梁强大的抗扭刚度抵消偏载影响。这种桥型本身刚度大，跨越能力大，造型美观。

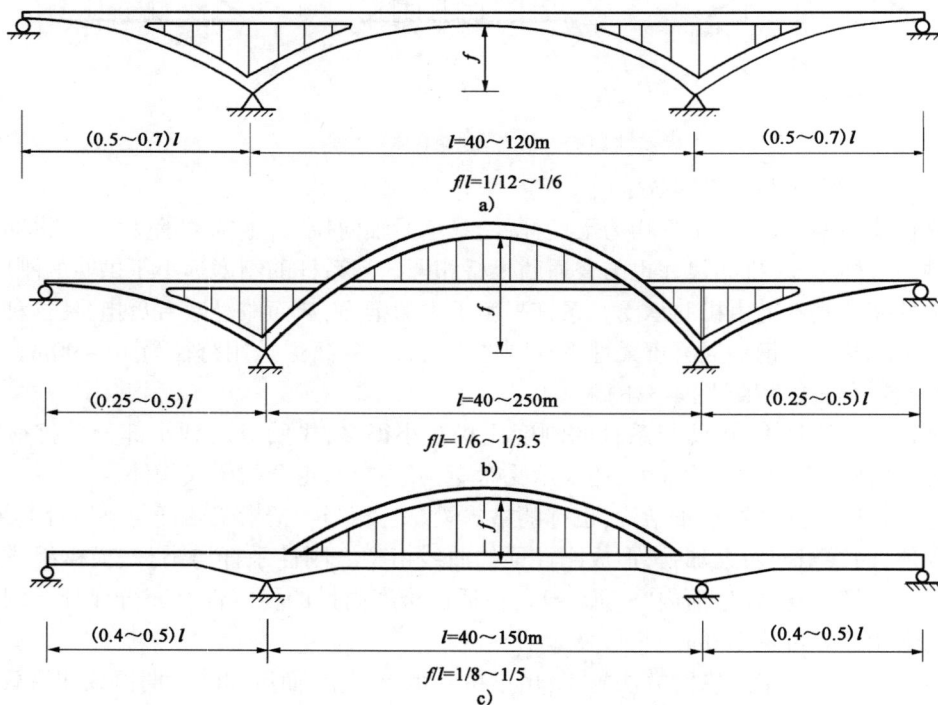

图 4-55　连续梁拱组合体系示意
a) 上承式；b) 中承式；c) 下承式

3. 单悬臂组合式桥梁（图 4-56）

单悬臂组合式桥梁只适用于上承式,采用转体施工特别方便。单悬臂梁拱组合式桥梁实际上是将实腹梁挖空,用立柱代替梁腹板,原腹板剪力主要由拱肋竖向分力及加劲梁剪力平衡。这样的结构加劲梁受拉弯作用,加劲梁采用预应力混凝土,拱肋为钢筋混凝土。

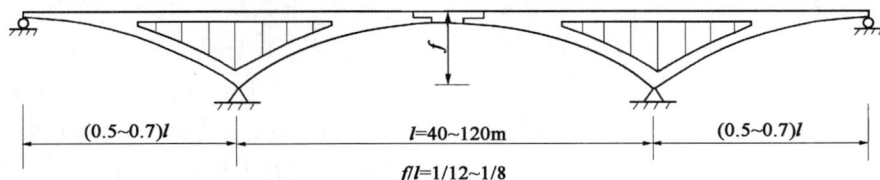

图 4-56 悬臂梁拱组合体系示意

(二) 拱式组合体系桥的基本力学特征

1. 简支梁拱组合体系

简支梁拱组合体系相当于在简支梁上设置加强拱,梁拱端节点刚结,其间布置吊杆,通过调整吊杆张拉力,可使纵梁的受力状态处于最有利状态。可先按吊杆刚性无限大的假设进行计算,得到恒载状态下的弯矩、剪力和轴力图（图 4-57）。从图 4-57 中可以看出,体系中拱肋主要承担轴压力,梁内主要承担轴拉力,而弯矩及剪力主要受节间荷载的影响。

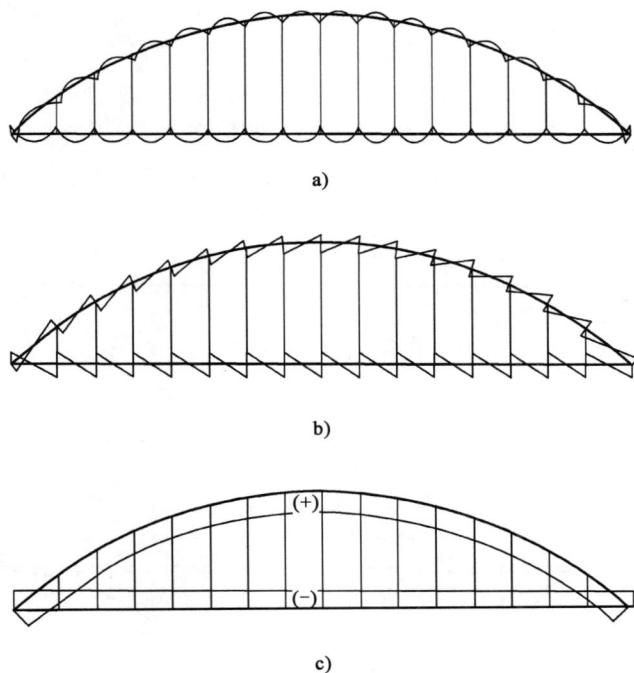

图 4-57 恒载状态下的弯矩、轴力及剪力图
a)弯矩;b)剪力;c)轴力（"+"为压,"-"为拉）

　　了解了上述基本受力规律之后,通过模拟施工和运营过程,调整索力,使拱和梁处于均匀受力状态。

　　2.连续梁拱组合体系

　　(1)上承式连续梁拱组合体系

　　上承式连续梁拱组合结构,上弦加劲梁承受拉弯作用,下弦拱肋承受压弯作用。这类桥梁是一种用拱肋来加强的连续梁,由空腹范围内上弦产生的拉力,与拱内水平推力组成力矩来平衡截面内连续梁的弯矩;同时连续梁中墩附近的高度依靠拱来加大,使跨中弯矩减少。中墩位置处的较大负弯矩则靠梁内预应力来平衡。在跨径布置中,应尽可能减少边跨长度,使边跨上基本不出现正弯矩,以避免下弦出现拉应力。为了避免负反力出现,可在端部设置平衡重,或将边跨连续地向外延伸形成五跨连续的梁拱组合体系。预应力索可采用直索,通长布置,不仅可靠,而且可以减少锚头的用量及预应力沿管道损失。拱内剪力一般很小,不控制断面设计;同样加劲梁的剪力也很小,不再是控制腹板厚度的因素。

　　(2)中承式连续梁拱组合体系

　　中承式连续梁拱组合桥梁是目前我国在梁拱组合式桥梁的设计与建造中采用得较多的一种桥型,它的特点是结构布置合理、造型美观、施工方便。这类桥梁一般由三跨组成,它包括两个边跨的半拱和中跨全拱以及通长的加劲纵梁,其间设置立柱及吊杆,亦即由两个半拱与中间简支梁拱相组合。一般根据连续梁的弯矩图来布置加劲梁的拱肋,在负弯矩区用桥面以下两组拱腿来加强,在中跨正弯矩区用一组拱肋来加强,连续梁不仅承担弯矩与剪力,而且还需以轴向拉力来平衡拱的轴向压力,如图4-58所示。由于连续梁的弯矩图是根据梁的刚度变化而变化的,随着拱的加强,总的结构由梁拱所组合的连续梁刚度已非原来的连续梁,其弯矩零点位置必然有所调整。但是梁与拱的弯矩,剪力与轴力的内部分配仍然服从同类上承式连续梁拱组合桥梁的基本原则。这类桥型一般用较大的矢跨比,对施工不会带来多大的困难,但可减少水平推力,也可以减少梁内的水平拉力。桥上、桥下矢高的分配,从美观的角度,桥上约占$2f/3$,桥下约占$f/3$。

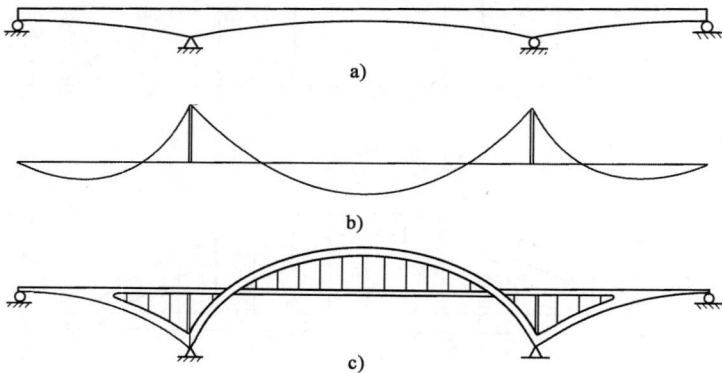

图4-58　中承式连续梁拱组合体系
a)连续梁;b)连续梁恒载弯矩示意;c)中承式连续梁拱组合体系示意

（3）下承式连续梁拱组合体系

三跨下承式连续梁拱组合桥梁实际上属三跨变截面连续梁，如图4-59所示。当中孔用全拱加强后，通过张拉吊杆，显著地减小了中跨主梁的正负弯矩，使得主梁的建筑高度可以大幅度减小。两个边跨由于受到中跨拱的刚度影响，虽减小了负弯矩的负担，但边跨正弯矩比原来的有所增大，因而宜将边跨跨径适当减小。

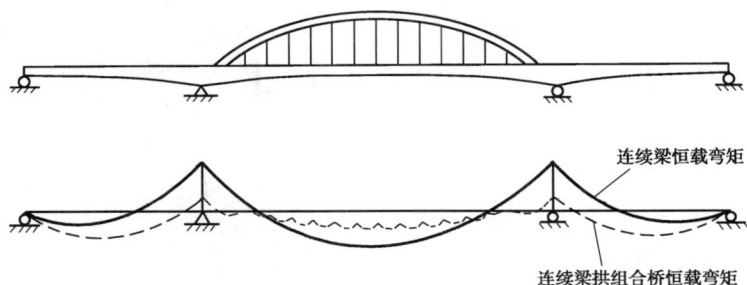

连续梁恒载弯矩

连续梁拱组合桥恒载弯矩

图4-59　下承式连续梁拱组合体系

第三节　　拱桥的计算

一、上承式拱桥的计算

本节所要讨论的是普通型上承式拱桥的计算问题，这类拱桥为多次超静定的空间结构。实际上存在"拱上建筑与主拱的联合作用"，但为了简化分析，在计算主拱圈内力时，一般偏安全地不去考虑它。在横桥方向，无论活载是否作用在桥面的中心，在桥梁的横断面上都会出现应力的不均匀分布，这种现象称为"活载的横向分布"。目前我国在设计石拱桥、箱形拱桥及拱上建筑为立墙的双曲拱桥时，一般不考虑这个影响。

（一）拱轴方程的建立

1. 实腹式悬链线拱

实腹式悬链线拱采用恒载压力线（不计弹性压缩）作为拱轴线。实腹式拱的恒载包括拱圈、拱上填料和桥面的自重[图4-60a)]，它的分布规律如图4-60b)所示。实腹式悬链线拱的拱轴方程就是在图4-60b)所示的恒载作用下，根据拱轴线与压力线完全吻合的条件推导出来的。

取图4-60所示的坐标系，设拱轴线即为恒载压力线，故在恒载作用下，拱顶截面的弯矩 $M_d = 0$，由于对称性，剪力 $Q_d = 0$，于是，拱顶截面仅有恒载推力 H_d。对拱脚截面取矩，则有

$$H_g = \frac{\sum M_j}{f} \tag{4-1}$$

式中：$\sum M_j$——半拱恒载对拱脚截面的弯矩；

H_g——拱的恒载水平推力（不考虑弹性压缩）；

f——拱的计算矢高。

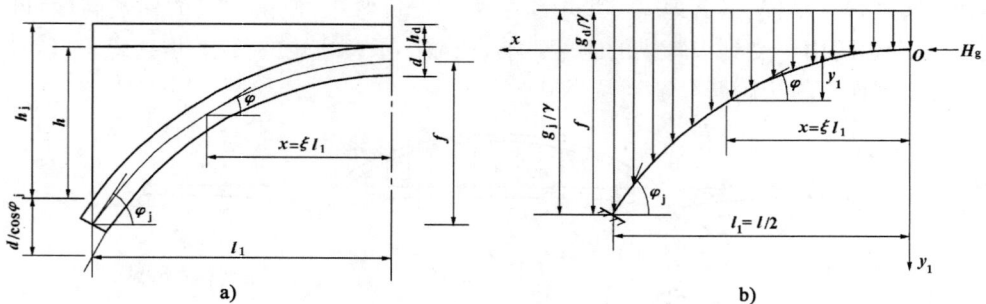

图 4-60　悬链线拱轴计算图式

对任意截面取矩，可得：

$$y_1 = \frac{M_x}{H_g} \tag{4-2}$$

式中：M_x——任意截面以右的全部恒载对该截面的弯矩值；

y_1——以拱顶为坐标原点，拱轴上任意点的坐标。

式（4-2）即为求算恒载压力线的基本方程。将该式两边对 x 求二阶导数得：

$$\frac{\mathrm{d}^2 y_1}{\mathrm{d}x^2} = \frac{1}{H_g} \cdot \frac{\mathrm{d}^2 M_x}{\mathrm{d}x^2} = \frac{g_x}{H_g} \tag{4-3}$$

式（4-3）即为求算恒载压力线的基本微分方程式。为了得到拱轴线（即恒载压力线）的一般方程，必须知道恒载的分布规律。由图 4-60b）可知，任意点的恒载集度 g_x 可以用式（4-4）表示：

$$g_x = g_d + \gamma y_1 \tag{4-4}$$

式中：g_d——拱顶处恒载集度；

γ——拱上材料重度。

令

$$m = \frac{g_j}{g_d} \tag{4-5}$$

由式（4-4）、式（4-5）得：

$$g_j = g_d + \gamma f = m g_d \tag{4-6}$$

式中：m——拱轴系数（或称拱轴曲线系数）；

g_j——拱脚处恒载集度。

由式（4-6）得：

$$\gamma = (m-1)\frac{g_d}{f} \tag{4-7}$$

将式（4-7）代入式（4-4）可得：

$$g_x = g_d + (m-1)\frac{g_d}{f} y_1 = g_d \left[1 + (m-1)\frac{y_1}{f} \right] \tag{4-8}$$

再将式（4-8）代入基本微分方程[式（4-3）]，引入参数 $x = \xi l_1$，则

$$\mathrm{d}x = l_1 \mathrm{d}\xi$$

可得：

$$\frac{\mathrm{d}^2 y_1}{\mathrm{d}\xi^2} = \frac{l_1^2}{H_g} g_d \left[1 + (m-1)\frac{y_1}{f} \right]$$

令

$$k^2 = \frac{l_1^2 g_d}{H_g f}(m-1) \tag{4-9}$$

则

$$\frac{\mathrm{d}^2 y_1}{\mathrm{d}\xi^2} = \frac{l_1^2 g_d}{H_g} + k^2 y_1 \tag{4-10}$$

式（4-10）为二阶非齐次常系数线性微分方程。解此方程，得拱轴线方程为：

$$y_1 = \frac{f}{m-1}(\mathrm{ch}k\xi - 1) \tag{4-11}$$

式（4-11）即为悬链线方程。对于拱脚截面 $\xi = 1$，$y_1 = f$，代入式（4-11）得：

$$\mathrm{ch}k = m$$

通常，m 为已知值，则 k 值可由式（4-12）求得：

$$k = \mathrm{ch}^{-1} m = \ln(m + \sqrt{m^2 - 1}) \tag{4-12}$$

当 $m = 1$ 时，则 $g_x = g_d$，表示恒载是均布荷载。

将 $m = 1$ 代入式（4-9），解式（4-10）微分方程后可知，在均布荷载作用下的压力线为二次抛物线，其方程为：

$$y_1 = f\xi^2$$

由悬链线方程[式（4-11）]可以看出，当拱的矢跨比确定后，拱轴线各点的纵坐标将取决于拱轴系数 m，而 m 则取决于拱脚与拱顶的恒载集度比。各种 m 值的拱轴线坐标 y_1 值可直接由《拱桥》附录（Ⅲ）表（Ⅲ）-1 查出。

以下介绍实腹式悬链线拱拱轴系数的确定。

由于 $m = \frac{g_j}{g_d}$，由图 4-60 知，拱顶处恒载集度为：

$$g_d = h_d \gamma_1 + \gamma d \tag{4-13}$$

在拱脚处 $h_j = h_d + h$，则其恒载集度为：

$$g_j = h_d \gamma_1 + h\gamma_2 + \frac{d}{\cos\varphi_j}\gamma \tag{4-14}$$

式中：h_d——拱顶填料厚度；

d——拱圈厚度；

γ——拱圈材料重度；

γ_1——拱顶填料及路面的平均重度；

γ_2——拱腹填料平均重度；

φ_j——拱脚处拱轴线的水平倾角。

$$h = f + \frac{d}{2} - \frac{d}{2\cos\varphi_j} \tag{4-15}$$

从式(4-13)和式(4-14)可以看出,这两式中除了 φ_j 为未知数外,其余均为已知数。由于 φ_j 为未知,故不能直接算出 m 值,需用逐次逼近法确定:即先根据跨径和矢高假定 m 值,由《拱桥》表(Ⅲ)-20 查得拱脚处的 $\cos\varphi_j$ 值,代入式(4-14)求得 g_j 后,再连同 g_d 一起代入式(4-5)算得 m 值。然后与假定的 m 值相比较,如算得的 m 值与假定的 m 值相符,则假定的 m 值即为真实值;如两者不符,则应以算得的 m 值作为假定值(为了计算的方便,m 值应按表 4-1 所列数值假定),重新进行计算,直至两者接近为止。这个过程也可以方便地采用电子表格进行计算,经过几次迭代(一般 5~6 次)后可以获得较高精度的 m 值(小数点后面 4 位),具体过程详见本教材教学资源库。

当拱的跨径和矢高确定之后,悬链线的形状取决于拱轴系数 m,其线形特征可用 $\frac{l}{4}$ 点纵坐标 $y_{l/4}$ 的大小表示(图 4-61)。

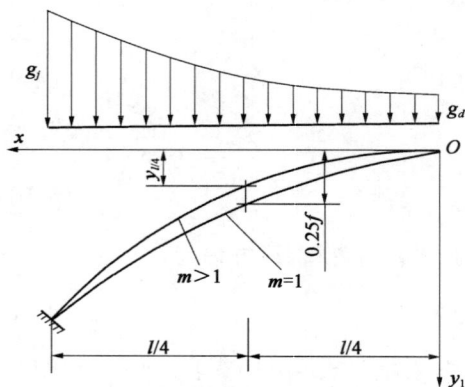

图 4-61 拱跨 $l/4$ 点纵坐标与 m 的关系

拱跨 $\frac{l}{4}$ 点的纵坐标 $y_{l/4}$ 与 m 有下述关系:

当 $\xi = \frac{1}{2}$ 时,$y_1 = y_{l/4}$,代入式(4-11)得:

$$y_{l/4} = \frac{1}{m-1}\left(\mathrm{ch}\,\frac{k}{2} - 1\right)$$

$$\because \ \mathrm{ch}\,\frac{k}{2} = \sqrt{\frac{\mathrm{ch}\,k+1}{2}} = \sqrt{\frac{m+1}{2}}$$

$$\therefore \ \frac{y_{l/4}}{f} = \frac{\sqrt{\dfrac{m+1}{2}}-1}{m-1} - \frac{1}{\sqrt{2(m+1)}+2} \tag{4-16}$$

由式(4-16)可见,$y_{l/4}$ 随 m 的增大而减小,随 m 的减小而增大。当 m 增大时,拱轴线抬高;反之,当 m 减小时,拱轴线降低(图 4-61)。在一般的悬链线拱桥中,恒载从拱顶向拱脚增加,$g_j > g_d$,因而 $m > 1$。只有在均布荷载作用下,$g_j = g_d$ 时,方能出现 $m = 1$ 的情况。由式(4-16)可得,在这种情况下 $y_{l/4} = 0.25f$(图 4-61)。

g_j、g_d、m 与拱轴线(压力线)坐标的关系如图 4-62 所示;$y_{l/4}/f$ 与 m 的对应关系见表 4-1。

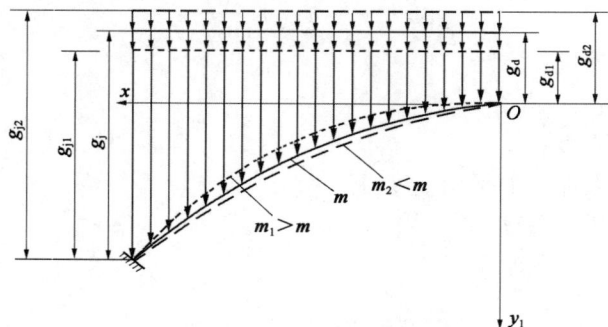

图 4-62 g_j、g_d、m 与拱轴线坐标的关系

拱轴系数 m 与 $y_{l/4}/f$ 的关系表　　　　表 4-1

m	1.000	1.167	1.347	1.543	1.756	1.988	2.240	2.514	2.814	3.142	3.500	…	5.321
$y_{l/4}/f$	0.250	0.245	0.240	0.235	0.230	0.225	0.220	0.215	0.210	0.205	0.200	…	0.180

2. 空腹式悬链线拱

空腹式拱桥中,桥跨结构的恒载可视为由两部分组成,即主拱圈与实腹段自重的分布力以及空腹部分通过腹孔墩传下的集中力[图 4-63a)]。由于集中力的存在,拱的恒载压力线是一条在集中力下有转折的曲线,它不是悬链线,甚至不是一条光滑的曲线。在设计空腹式拱桥时,由于悬链线拱的受力情况较好,又有完整的计算表格可供利用,亦多用悬链线作为拱轴线。为使悬链线拱轴线与其恒载压力线接近,一般采用"五点重合法"确定悬链线拱轴线的 m 值,即要求拱轴线在全拱有五点(拱顶、两 $l/4$ 点和两拱脚)与其相应三铰拱恒载压力线重合[图 4-63b)]。

由此,可以根据上述五点弯矩为零的条件确定 m 值。

由拱顶弯矩为零及恒载的对称条件知,拱顶仅有通过截面重心的恒载推力 H_g,相应弯矩 $M_g = 0$,剪力 $Q_d = 0$。

在图 4-63a)、b)中,由 $\sum M_A = 0$,得:

$$H_g = \frac{\sum M_j}{f} \tag{4-17}$$

由 $\sum M_B = 0$,得:

$$H_g y_{l/4} - \sum M_{l/4} = 0$$

$$H_g = \frac{\sum M_{l/4}}{y_{l/4}}$$

将式(4-17)之 H_g 代入上式,可得:

$$\frac{y_{l/4}}{f} = \frac{\sum M_{l/4}}{\sum M_j} \tag{4-18}$$

式中:$\sum M_j$——半拱恒载对拱脚截面的弯矩;

$\sum M_{l/4}$——拱顶至拱跨 $l/4$ 点区域的恒载对 $l/4$ 截面的弯矩。

等截面悬链线拱主拱圈恒载对 $l/4$ 及拱脚截面的弯矩 $\sum M_{l/4}$、$\sum M_j$ 可由《拱桥》表(Ⅲ)-19 查得。求得 $y_{l/4}/f$ 之后,可由(4-16)反求 m,即

$$m = \frac{1}{2}\left(\frac{f}{y_{l/4}} - 2\right)^2 - 1 \tag{4-19}$$

空腹式拱桥的 m 值,仍按逐次逼近法确定。即先假定一个 m 值,定出拱轴线,作图布置拱上建筑,然后计算拱圈和拱上建筑的恒载对 $l/4$ 和拱脚截面

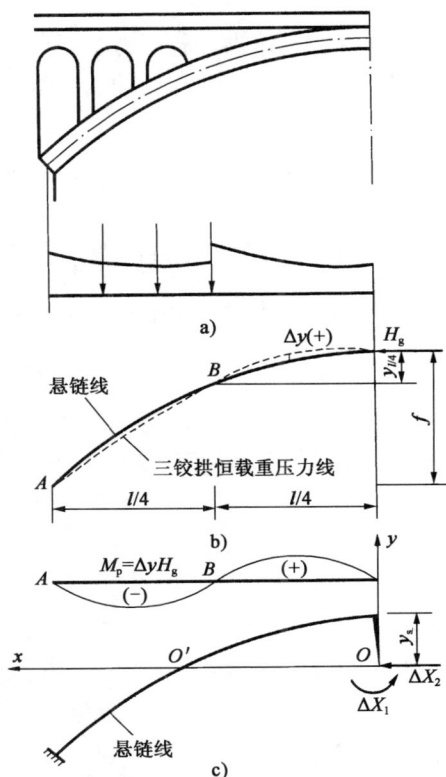

图 4-63 空腹式悬链线拱轴计算图式

的力矩 $\sum M_{l/4}$ 和 $\sum M_j$，根据式(4-18)求出 $y_{l/4}f$，然后利用式(4-19)算出 m 值，如与假定的 m 值不符，则应以求得的 m 值作为新假定值，重新计算，直至两者接近为止。

应当注意，用上述方法确定空腹拱的拱轴线，仅与其三铰拱恒载压力线保持五点重合，其他截面，拱轴线与三铰拱恒载压力线都有不同程度的偏离。计算证明，从拱顶到 $l/4$ 点，一般压力线在拱轴线之上；而从 $l/4$ 点到拱脚，压力线则大多在拱轴线之下。拱轴线与相应三铰拱恒载压力线的偏离类似于一个正弦波[图 4-63b)]。

由结构力学可知，压力线与拱轴线的偏离会在拱中产生附加内力。对于静定三铰拱，各截面的偏离弯矩值 M_p 可以三铰拱压力线与拱轴线在该截面的偏离值 Δy 表示($M_p = H_g \cdot \Delta y$)；对于无铰拱，偏离弯矩的大小，不能以三铰拱压力线与拱轴线的偏离值表示，而应以该偏离值 M_p 作为荷载，算出无铰拱的偏离弯矩值。

由结构力学知，荷载作用在基本结构上引起弹性中心的赘余力为：

$$\Delta X_1 = -\frac{\Delta_{1p}}{\delta_{11}} = -\frac{\int_s \frac{\overline{M}_1 M_p}{EI}ds}{\int_s \frac{\overline{M}_1^2 ds}{EI}} = -\frac{\int_s \frac{M_p}{I}ds}{\int_s \frac{ds}{I}} = -H_g \frac{\int_s \frac{\Delta y}{I}ds}{\int_s \frac{ds}{I}} \tag{4-20}$$

$$\Delta X_2 = -\frac{\Delta_{2p}}{\delta_{22}} = -\frac{\int_s \frac{\overline{M}_2 M_p}{EI}ds}{\int_s \frac{\overline{M}_2^2 ds}{EI}} = H_g \frac{\int_s \frac{y\Delta y}{I}ds}{\int_s \frac{y^2 ds}{I}} \tag{4-21}$$

式中：M_p——三铰拱恒载压力线偏离拱轴线所产生的弯矩，$M_p = H_g \cdot \Delta y$，其中 Δy 为三铰拱恒载压力线与拱轴线的偏离值[图 4-63b)]；

$\overline{M}_1 = 1, \overline{M}_2 = -y$。

由图 4-63b)可见，Δy 有正有负，沿全拱积分 $\int_s \frac{\Delta y ds}{I}$ 的数值不大，由式(4-20)知，ΔX_1 数值较小。若 $\int_s \frac{\Delta y ds}{I}$，则 $\Delta X_1 = 0$；通过计算得知，由式(4-21)决定的 ΔX_2 恒为正值(压力)。

任意截面之偏离弯矩[图 4-63c)]为：

$$\Delta M = \Delta X_1 - \Delta X_2 \cdot y + M_p \tag{4-22}$$

式中：y——以弹性中心为原点(向上为正)的拱轴纵坐标。

对于拱顶、拱脚截面，$M_p = 0$，偏离弯矩为：

$$\left. \begin{aligned} \Delta M_d = \Delta X_1 - \Delta X_2 \cdot y_s < 0 \\ \Delta M_j = \Delta X_1 + \Delta X_2(f - y_s) > 0 \end{aligned} \right\} \tag{4-23}$$

式中：y_s——弹性中心至拱顶的距离。

空腹式无铰拱桥，采用"五点重合法"确定的拱轴线，与相应三铰拱的恒载压力线在拱顶、两 $l/4$ 点和两拱脚五点重合，而与无铰拱的恒载压力线(简称恒载压力线)实际上并不存在五点重合的关系。由式(4-23)可见，由于拱轴线与恒载压力线有偏离，在拱顶、拱脚都产生了偏离弯矩。研究证明，拱顶的偏离弯矩 ΔM_d 为负，而拱脚的偏离弯矩 ΔM_j 为正，恰好与这两截面控制弯矩的符号相反。这一事实说明,在空腹式拱桥中,用"五点重合法"确定的悬链线拱轴,偏离弯矩对拱顶、拱脚都是有利的。因而,空腹式无铰拱的拱轴线,用悬链线比用恒载压力线更加合理。

3. 拱轴线的水平倾角 φ

将式(4-11)对 ξ 取导数得:

$$\frac{dy_1}{d\xi} = \frac{fk}{m-1}shk\xi \tag{4-24}$$

$$\because \tan\varphi = \frac{dy_1}{dx} = \frac{dy_1}{l_1 d\xi} = \frac{2dy_1}{ld\xi}$$

将式(4-24)代入上式得:

$$\tan\varphi = \frac{2fk \cdot shk\xi}{l(m-1)} = \eta shk\xi \tag{4-25}$$

式中: $\eta = \dfrac{2kf}{l(m-1)}$。

由式(4-25)可见,拱轴水平倾角与拱轴系数 m 有关。拱轴线上各点的水平倾角 $\tan\varphi$ 值,可直接由《拱桥》表(Ⅲ)-2 查出。

4. 悬链线无铰拱的弹性中心

在计算无铰拱的内力(恒载、活载、温度变化、混凝土收缩和拱脚变位等)时,为了简化计算工作,常利用拱的弹性中心的概念,目的是将求解三个赘余力的联立方程的问题解耦,从而变为解三个独立的一元一次方程的问题。

如图 4-64 所示,在荷载作用下,以半拱悬臂为基本结构,在拱顶处会产生三个赘余力 X_1、X_2、X_3,典型方程为:

$$\left.\begin{aligned}
\delta_{11}X_1 + \delta_{12}X_2 + \delta_{13}X_3 + \Delta_{1p} = 0 \\
\delta_{21}X_1 + \delta_{22}X_2 + \delta_{23}X_3 + \Delta_{2p} = 0 \\
\delta_{31}X_1 + \delta_{32}X_2 + \delta_{33}X_3 + \Delta_{3p} = 0
\end{aligned}\right\} \tag{4-26}$$

赘余力中弯矩 X_1 和轴力 X_2 是正对称的,剪力 X_3 是反对称的,故知副系数为:

$$\left.\begin{aligned}
\delta_{13} = \delta_{31} = 0 \\
\delta_{23} = \delta_{32} = 0
\end{aligned}\right\}$$

但仍有 $\xi_{12} = \xi_{21} \neq 0$。

如果能设法使 $\delta_{12} = \delta_{21}$ 也等于零,则典型方程中的全部副系数都为零,那么求解联立方程的问题变为解三个独立的一元一次方程的问题,从而简化计算。

我们讨论的是对称拱,弹性中心在对称轴上。基本结构的取法有两种:图 4-65a)为以悬臂曲梁为基本结构,图 4-65b)为以简支曲梁为基本结构。

以悬臂曲梁为基本结构[图 4-65a)],由计算得知,作用于弹性中心的三个赘余力以单位力分别作用时引起的内力为:

$$\left.\begin{aligned}
\overline{M}_1 = 1, \overline{Q}_1 = 0, \overline{N}_1 = 0 \\
\overline{M}_2 = y, \overline{Q}_2 = -\sin\varphi, \overline{N}_2 = \cos\varphi \\
\overline{M}_3 = x, \overline{Q}_3 = \cos\varphi, \overline{N}_3 = \sin\varphi
\end{aligned}\right\} \tag{4-27}$$

x 轴向左为正，y 轴向下为正，弯矩以使拱下缘受拉为正，剪力以绕隔离体逆时针方向为正，轴力以压力为正，式(4-27)中 φ 在右半拱取正，左半拱取负。

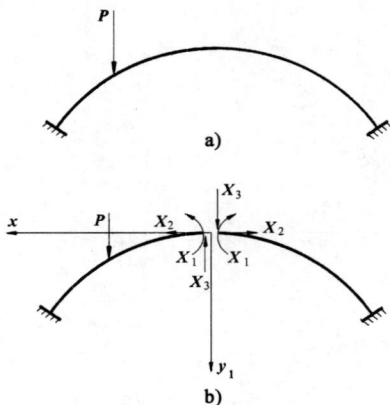

图 4-64　悬臂曲梁基本体系

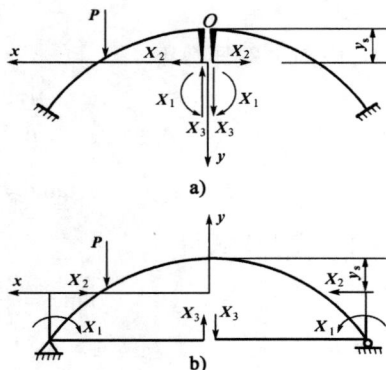

图 4-65　拱的弹性中心

因此，

$$\delta_{12} = \delta_{21} = \int_s \frac{\overline{M}_1 \cdot \overline{M}_2 \mathrm{d}s}{EI} + \int_s \frac{\overline{N}_1 \cdot \overline{N}_2 \mathrm{d}s}{EA} + \int_s k \frac{\overline{Q}_1 \cdot \overline{Q}_2 \mathrm{d}s}{GA}$$

$$= \int_s \frac{\overline{M}_1 \cdot \overline{M}_2 \mathrm{d}s}{EI} + 0 + 0$$

$$= \int_s y \frac{\mathrm{d}s}{EI} = \int_s (y_1 - y_s) \frac{\mathrm{d}s}{EI} = \int_s y_1 \frac{\mathrm{d}s}{EI} - \int_s y_s \frac{\mathrm{d}s}{EI}$$

令 $\delta_{12} = \delta_{21} = 0$，便可得到弹性中心距拱顶之距离为：

$$y_s = \frac{\displaystyle\int_s \frac{y_1 \mathrm{d}s}{EI}}{\displaystyle\int_s \frac{\mathrm{d}s}{EI}} \tag{4-28}$$

式中：$y_1 = \dfrac{f}{m-1}(\mathrm{ch}k\xi - 1)$；

$\mathrm{d}s = \dfrac{\mathrm{d}x}{\cos\varphi} = \dfrac{l}{2} \cdot \dfrac{1}{\cos\varphi}\mathrm{d}\xi$。

其中：$\cos\varphi = \dfrac{1}{\sqrt{1 + \tan^2\varphi}} = \dfrac{1}{\sqrt{1 + \eta^2 \mathrm{sh}^2 k\xi}}$

则

$$\mathrm{d}s = \frac{l}{2}\sqrt{1 + \eta^2 \mathrm{sh}^2 k\xi}\,\mathrm{d}\xi \tag{4-29}$$

将 y_1 及 $\mathrm{d}s$ 代入式(4-28)，注意到等截面拱中 I 为常数，则：

$$y_s = \frac{\displaystyle\int_s y_1 \mathrm{d}s}{\displaystyle\int_s \mathrm{d}s} = \frac{f}{m-1} \cdot \frac{\displaystyle\int_0^1 (\mathrm{ch}k\xi - 1)\sqrt{1 + \eta^2 \mathrm{sh}^2 k\xi}\,\mathrm{d}\xi}{\displaystyle\int_0^1 \sqrt{1 + \eta^2 \mathrm{sh}^2 k\xi}\,\mathrm{d}\xi} = \alpha_1 \cdot f \tag{4-30}$$

系数 α_1 可由《拱桥》表(Ⅲ)-3 查得。

【例题 4-1】 某无铰拱桥,计算跨径 $l=80\text{m}$,主拱圈及拱上建筑恒载简化为图 4-66 中所示的荷载作用,主拱圈截面面积 $A=5.0\text{m}^2$,重度为 $\gamma=25\text{kN/m}^3$,试应用"五点重合法"确定拱桥拱轴系数 m,并计算拱脚竖向力 V_g、水平推力 H_g 以及恒载轴力 N_g。

解: 根据结构对称性,取取半结构悬臂曲梁为基本结构,如图 4-67 所示。

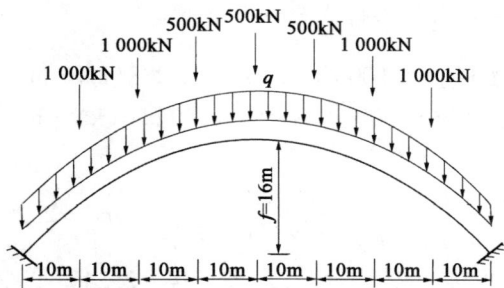

图 4-66 例题 4-1 图(一)

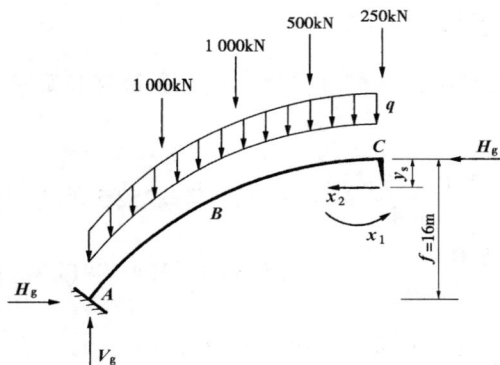

图 4-67 例题 4-1 图(二)

因结构正对称,荷载也是正对称的,故在弹性中心的赘余力 $x_3=0$,仅有正对称的赘余力 x_1、x_2。

由式(4-16)、式(4-18)联立解得:

$$\frac{1}{\sqrt{2(m+1)}+2}=\frac{y_{l/4}}{f}=\frac{\sum M_{l/4}}{\sum M_j}$$

由图 4-67 可以得到,半拱悬臂集中力荷载对拱跨 $\frac{l}{4}$ 截面和拱脚截面的弯矩为:

$$M_{l/4}=500\times10+250\times20=10\ 000(\text{kN}\cdot\text{m})$$
$$M_j=1\ 000\times10+1\ 000\times20+500\times30+250\times40=55\ 000(\text{kN}\cdot\text{m})$$

(1)假定拱轴系数 $m=2.514$

因 $\frac{f}{l}=\frac{16}{80}=\frac{1}{5}$,由《拱桥》表(Ⅲ)-19 查得半拱悬臂自重对 $\frac{l}{4}$ 截面和拱脚截面的弯矩为:

$$M_K=\frac{A\gamma l^2}{4}\times[\text{表值}]$$

故

$$M_{l/4} = \frac{5.0 \times 25 \times 80^2}{4} \times 0.126\,19 = 25\,238\,(\text{kN} \cdot \text{m})$$

$$M_{\text{j}} = \frac{5.0 \times 25 \times 80^2}{4} \times 0.523\,28 = 104\,656\,(\text{kN} \cdot \text{m})$$

所有半拱悬臂荷载对 $\frac{l}{4}$ 截面和拱脚截面的弯矩为：

$$\sum M_{l/4} = 10\,000 + 25\,238 = 35\,238\,(\text{kN} \cdot \text{m})$$

$$\sum M_{\text{j}} = 55\,000 + 104\,656 = 159\,656\,(\text{kN} \cdot \text{m})$$

故

$$\frac{1}{\sqrt{2(m'+1)} + 2} = \frac{35\,238}{159\,656} = \frac{1}{4.531} \Rightarrow m' = 2.202$$

$$|m - m'| = 0.312 > 半级\left(= \frac{2.514 - 2.240}{2} = 0.137 \right)$$

所以 m 与 m' 不符，需重新计算。

（2）假定拱轴系数 $m = 2.24$

由《拱桥》表（Ⅲ）-19 查得半拱悬臂自重对 $\frac{l}{4}$ 截面和拱脚截面的弯矩为：

故

$$M_{l/4} = \frac{5.0 \times 25 \times 80^2}{4} \times 0.126\,25 = 252\,50\,(\text{kN} \cdot \text{m})$$

$$M_{\text{j}} = \frac{5.0 \times 25 \times 80^2}{4} \times 0.523\,54 = 104\,708\,(\text{kN} \cdot \text{m})$$

所有半拱悬臂荷载对 $\frac{l}{4}$ 截面和拱脚截面的弯矩为：

$$\sum M_{l/4} = 10\,000 + 25\,250 = 35\,250\,(\text{kN} \cdot \text{m})$$

$$\sum M_{\text{j}} = 55\,000 + 104\,708 = 159\,708\,(\text{kN} \cdot \text{m})$$

所以

$$\frac{1}{\sqrt{2(m'+1)} + 2} = \frac{35\,250}{159\,708} = \frac{1}{4.531} \Rightarrow m' = 2.202$$

$$|m - m'| = 0.038$$

m 与 m' 之差小于半级，因此取拱轴系数 $m = 2.24$。

（3）由《拱桥》表（Ⅲ）-19 查得半拱悬臂自重对拱脚截面的竖向剪力为：

$$P_{\text{j}} = A\gamma l\,[表值] = 5.0 \times 25 \times 80 \times 0.551\,84 = 5\,518.4\,(\text{kN})$$

半拱悬臂集中力对拱脚截面的竖向剪力为：

$$P_{\text{j}} = 1\,000 + 1\,000 + 500 + 250 = 2\,750\,(\text{kN})$$

半拱悬臂荷载对拱脚截面的竖向总剪力为：

$$\sum P_{\text{j}} = 5\,518.4 + 2\,750 = 8\,268.4\,(\text{kN})$$

由前式可得：

$$\frac{1}{\sqrt{2(m+1)}+2}=\frac{y_{l/4}}{f}=\frac{1}{4.531}\Rightarrow y_{l/4}=\frac{1}{4.531}\cdot f=3.531(\text{m})$$

故

$$H_g=\frac{\sum M_j}{f}=\frac{159\,708}{16}=9\,981.8(\text{kN})$$

$$V_g=\sum P=5\,518.4+2\,750=8\,268.4(\text{kN})$$

拱脚截面恒载轴力为：

$$N_g=\sqrt{H_g^2+V_g^2}=\sqrt{9\,981.8^2+8\,268.4^2}=12\,961.6(\text{kN})$$

（二）恒载作用下拱的内力计算

当采用恒载压力线作拱轴线而不考虑拱圈变形的影响时，拱圈各截面的恒载内力均只有轴向压力，即拱圈处于纯压状态。实际上拱圈在恒载作用下会产生弹性压缩，使拱轴长度缩短。由于无铰拱是超静定结构，它将会在拱中产生附加内力。但是，在设计中，为了计算的方便，往往将恒载内力分为两部分，即不考虑弹性压缩影响的内力与仅因弹性压缩引起的内力。然后将两者相加，便得到恒载作用下的总内力。

1. 不考虑弹性压缩的恒载内力

（1）实腹拱

如前所述，实腹式悬链线拱的拱轴线与恒载压力线完全吻合，所以，在恒载作用下，拱圈任何截面上都只存在轴向压力。此时，拱中的内力可按纯压拱的公式计算。

由式（4-9），可得恒载水平推力为：

$$H_g=\frac{m-1}{4k^2}\times\frac{g_d l^2}{f}=k_g\frac{g_d l^2}{f} \tag{4-31}$$

式中：$k_g=\frac{m-1}{4k^2}$。

在恒载作用下，拱脚的竖向反力为半拱的恒载重力，即

$$V_g=\int_0^{l_1}g_x dx=\int_0^1 g_x l_1 d\xi$$

将式（4-8）、式（4-11）代入上式积分得：

$$V_g=\frac{\sqrt{m^2-1}}{2[\ln(m+\sqrt{m^2-1})]}g_d l=k'_g g_d l \tag{4-32}$$

式中：$k'_g=\frac{\sqrt{m^2-1}}{2[\ln(m+\sqrt{m^2-1})]}$。

系数 k_g、k'_g 可自《拱桥》表（Ⅲ）-4 查得。

因为恒载弯矩和剪力均为零，拱圈各截面的轴向力 N 按式（4-33）计算：

$$N=\frac{H_g}{\cos\varphi} \tag{4-33}$$

（2）空腹拱

空腹式悬链线无铰拱，由于拱轴线与恒载压力线有偏离，拱顶、拱脚和 $l/4$ 点都有恒载弯矩。在设计中，为了计算的方便，空腹式无铰拱桥的恒载内力又可分为两部分，即先不考虑偏离的影响，将拱轴线视为与恒载压力线完全吻合，然后再考虑偏离的影响，计算由偏离引起的恒载内力。两者叠加，即得空腹式无铰拱不考虑弹性压缩时的恒载内力。

不考虑偏离的影响时，空腹拱的恒载内力亦按纯压拱计算。此时，拱的恒载推力 H_g 和拱脚竖向反力 V_g，可直接由静力平衡条件写出：

$$H_g = \frac{\sum M_j}{f}$$

$$V_g = \sum P（半拱恒载重）$$

因为此时拱中的弯矩和剪力均为零，所以轴力可由下式计算：

$$N = \frac{H_g}{\cos\varphi}$$

在设计中、小跨径的空腹式拱桥时，可偏安全地不考虑偏离弯矩的影响。大跨径空腹式拱桥，恒载压力线与拱轴线的偏离一般比中、小跨径大，恒载偏离弯矩是一种可供利用的有利因素。此时，应当计入偏离弯矩的影响。

2. 弹性压缩引起的内力

在恒载轴力作用下，拱圈的弹性压缩表现为拱轴长度的缩短。拱圈的这种变形，会在拱中产生相应的内力。取悬臂曲梁为基本结构，弹性压缩会使拱轴在跨径方向缩短 Δl。由于实际结构中，拱顶并没有相对水平变位，则在弹性中心必有一个水平拉力 S[图 4-68a）]，使拱顶的相对水平变位变为零。

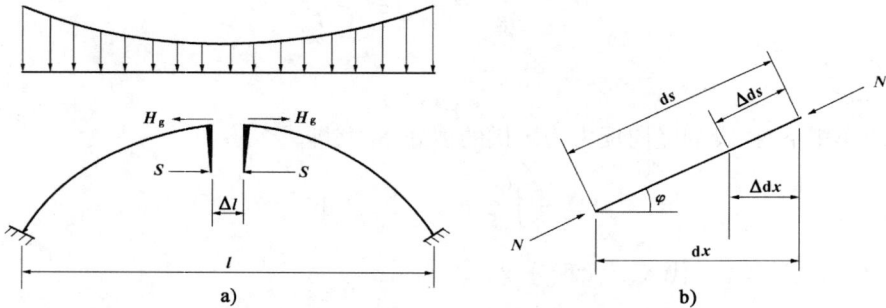

图 4-68　拱圈弹性压缩

弹性压缩产生的赘余力 S，可由拱顶的变形协调条件求得，即

$$S\delta'_{22} - \Delta l = 0$$

$$\therefore S = \frac{\Delta l}{\delta'_{22}} \tag{4-34}$$

从拱中取出一微段 ds[图 4-68b）]，则 $dx = ds \cdot \cos\varphi$，在轴向力 N 作用下缩短 Δds，其水平分量为 $\Delta dx = \Delta ds \cdot \cos\varphi$，则整个拱轴缩短的水平分量为：

$$\Delta l = \int_0^l \Delta dx = \int_s \Delta ds \cdot \cos\varphi = \int_s \frac{Nds}{EA}\cos\varphi \tag{4-35}$$

将式(4-33)代入式(4-35)得:

$$\Delta l = \int_0^l \frac{H_g \mathrm{d}x}{EA \cdot \cos\varphi} = H_g \int_0^l \frac{\mathrm{d}x}{EA \cdot \cos\varphi} \tag{4-36}$$

由单位水平力作用在弹性中心产生的水平位移(考虑轴向力影响)为:

$$\delta_{22}' = \int_s \frac{\overline{M_2^2}\mathrm{d}s}{EA} + \int_s \frac{\overline{N_2^2}\mathrm{d}s}{EA} = \int_s \frac{y^2\mathrm{d}s}{EI} + \int_s \frac{\cos^2\varphi\mathrm{d}s}{EA} = (1+\mu)\int_s \frac{y_2\mathrm{d}s}{EI} \tag{4-37}$$

式中:

$$\mu = \frac{\displaystyle\int_s \frac{\cos^2\varphi\mathrm{d}s}{EI}}{\displaystyle\int_s \frac{y_2\mathrm{d}s}{EI}} \tag{4-38}$$

以式(4-36)、式(4-37)代入式(4-34)得:

$$S = H_g \frac{1}{1+\mu} \cdot \frac{\displaystyle\int_0^l \frac{\mathrm{d}x}{EA\cos\varphi}}{\displaystyle\int_s \frac{y_2\mathrm{d}s}{EI}} = H_g \cdot \frac{\mu_1}{1+\mu} \tag{4-39}$$

式中:

$$\mu_1 = \frac{\displaystyle\int_0^l \frac{\mathrm{d}x}{EA\cos\varphi}}{\displaystyle\int_s \frac{y^2\mathrm{d}s}{EI}} \tag{4-40}$$

为了便于制表计算,对于等截面拱,可将式(3-38)、式(3-40)的分子项改写为:

$$\int_s \frac{\cos^2\varphi\mathrm{d}s}{EA} = \frac{l}{EA}\int_0^1 \cos\varphi \frac{\mathrm{d}x}{l} = \frac{l}{EA}\int_0^1 \frac{\mathrm{d}\xi}{\sqrt{1+\eta^2\mathrm{sh}^2k\xi}} = \frac{1}{EvA} \tag{4-41}$$

$$\int_s \frac{\mathrm{d}x}{EA\cos\varphi} = \frac{l}{EA}\int_0^1 \frac{1}{\cos\varphi} \cdot \frac{\mathrm{d}x}{l} = \frac{l}{EA}\int_0^1 \sqrt{1+\eta^2\mathrm{sh}^2k\xi}\,\mathrm{d}\xi = \frac{1}{Ev_1A} \tag{4-42}$$

于是,

$$\mu = \frac{1}{EvA\displaystyle\int_s \frac{y^2\mathrm{d}s}{EI}} \tag{4-43}$$

$$\mu_1 = \frac{1}{Ev_1A\displaystyle\int_s \frac{y^2\mathrm{d}s}{EI}} \tag{4-44}$$

以上诸式中, $\displaystyle\int_s \frac{y^2\mathrm{d}s}{EI}$ 可自《拱桥》附录(Ⅲ)表(Ⅲ)-5 查得, v_1、v 可自表(Ⅲ)-8、表(Ⅲ)-10 查得。等截面拱的 μ_1 和 μ,也可直接由表(Ⅲ)-9、表(Ⅲ)-11 查出。

3. 恒载作用下拱圈各截面的总内力

在拱桥计算中,拱中内力的符号,采用下述规定:拱中弯矩以使拱圈下缘受拉为正,拱中剪力以绕脱离体逆时针转为正,轴向力则使拱圈受压为正。图4-69中所示 M、N、Q 均为正。

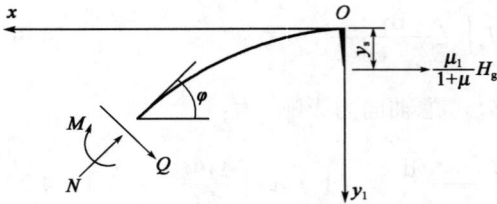

当不考虑空腹拱恒载压力线偏离拱轴线的影响时,拱圈各截面的恒载内力为:不考虑弹性压缩的恒载内力[仅有按式(4-33)计算的轴向力 N)]加上弹性压缩产生的内力(图4-69)。

图 4-69　弹性压缩产生的内力

轴向力

$$N = \frac{H_g}{\cos\varphi} - \frac{\mu_1}{1+\mu}H_g\cos\varphi \qquad (4\text{-}45)$$

弯矩

$$M = \frac{\mu_1}{1+\mu}H_g(y_s - y_1) \qquad (4\text{-}46)$$

剪力

$$Q = \mp\frac{\mu_1}{1+\mu}H_g\sin\varphi \qquad (4\text{-}47)$$

式(4-45)~式(4-47)中,上边符号适用于左半拱,下边符号适用于右半拱。

从以上各式可见,考虑了恒载弹性压缩之后,拱中便有恒载弯矩和剪力,这就说明,不论是空腹式拱还是实腹式拱,考虑弹性压缩后的恒载压力线,将无法与拱轴线重合。

按式(4-20)~式(4-22)计入偏离的影响之后,各截面的恒载总内力为:

$$\left.\begin{aligned}
N &= \frac{H_g}{\cos\varphi} + \Delta X_2\cos\varphi - \frac{\mu_1}{1+\mu}(H_g + \Delta X_2)\cos\varphi \\[2mm]
M &= \frac{\mu_1}{1+\mu}(H_g + \Delta X_2)(y_s - y_1) + \Delta M \\[2mm]
Q &= \mp\frac{\mu_1}{1+\mu}(H_g + \Delta X_2)\sin\varphi \pm \Delta X_2\sin\varphi
\end{aligned}\right\} \qquad (4\text{-}48)$$

式(4-38)中的 ΔX_2、ΔM 按式(4-21)、式(4-22)计算。

【**例题 4-2**】　续例题4-1,截面抗弯惯矩 $I = 1.0\text{m}^4$,计算考虑弹性压缩影响后,拱脚竖向力 V_g、水平推力 H_g、恒载轴力 N_g 以及弹性压缩引起的拱脚截面弯矩。

解:由例题4-1可知,拱轴系数 $m = 2.24$。

(1)不考虑弹性压缩时的 V_g、H_g 和 N_g

由例题4-1可知:

$$H_g = \frac{\sum M_j}{f} = \frac{159\,708}{16} = 9\,981.2(\text{kN})$$

$$V_g = \sum P = 5\,518.4 + 2\,750 = 8\,268.4(\text{kN})$$

$$N_g = \sqrt{H_g^2 + V_g^2} = 12\,961.6(\text{kN})$$

(2)由弹性压缩引起的 V_g、H_g 和 N_g

拱圈在恒载轴力作用下产生弹性压缩,会使拱轴缩短,在弹性中心必有一个水平拉力 S。

由式(4-30)可知：

$$y_s = \alpha_1 \cdot f$$

由《拱桥》表(Ⅲ)-3 查得 $\alpha_1 = 0.339\,193$。

故

$$y_s = 0.339\,193 \times 16 = 5.427(\text{m})$$

由式(4-39)可知：

$$S = H_g \cdot \frac{\mu_1}{1+\mu}$$

由《拱桥》表(Ⅲ)-9 和表(Ⅲ)-11 查得：

$$\mu_1 = [表值] \times \left(\frac{r}{f}\right)^2$$

$$\mu = [表值] \times \left(\frac{r}{f}\right)^2$$

因为

$$r = \sqrt{\frac{I}{A}} = \sqrt{\frac{1}{5}} = 0.447\,2(\text{m})$$

故

$$\mu_1 = 11.050\,1 \times \left(\frac{0.447\,2}{16}\right)^2 = 0.008\,632$$

$$\mu = 9.147\,19 \times \left(\frac{0.447\,2}{16}\right)^2 = 0.007\,146$$

所以

$$S = 9\,981.8 \times \frac{0.008\,632}{1+0.007\,146} = 85.55(\text{kN})$$

$$H_g = -S = -85.55\text{kN}$$

$$V_g = 0$$

$$N_g = -\sqrt{H_g^2 + V_g^2} = -85.55\text{kN}$$

$$M_j = -S \times (f - y_s) = -85.55 \times (16 - 5.427) = -904.5(\text{kN}\cdot\text{m})$$

$$M_d = -S \times y_s = 85.55 \times 5.427 = 464.3(\text{kN}\cdot\text{m})$$

(3)考虑弹性压缩后的 H_g、V_g 和 N_g

考虑弹性压缩后的值为不考虑弹性压缩的内力值与弹性压缩引起的内力值的总和。

$$H_g = 9\,981.8 - 85.55 = 9\,896.25(\text{kN})$$

$$V_g = 8\,268.4\text{kN}$$

$$N_g = \sqrt{H_g^2 + V_g^2} = \sqrt{9\,896.25^2 + 8\,268.4^2} = 12\,895.8(\text{kN})$$

(三)活载作用下拱的内力计算

拱桥的桥跨结构属于空间结构，为了简化计算，在实际设计中，像梁桥的计算一样引入荷载横向分布系数，将空间结构简化成平面结构(必须进行空间分析的拱桥除外)。同时，由于活载在拱桥上作用位置不同，主拱圈(肋)各截面的内力也不一样，故计算活载内力最简单的方法是采用影响线加载法,拱的活载内力计算(手算法)利用了《拱桥》中的影响线特征值表以简化计算工作。活载内力计算仍分两步进行:先计算不考虑弹性压缩的活载内力,然后再计入弹性压缩对活载内力的影响。

1. 荷载横向分布系数

(1)石板拱桥及混凝土箱形拱桥

石板拱桥由于主拱圈的横向刚度较大,可以假定荷载均匀分布在主拱圈全宽上。对于矩形截面主拱圈,常取单位宽度拱圈计算,则单位宽度主拱圈的荷载横向分布系数为:

$$m = \frac{C}{B} \tag{4-49}$$

对于混凝土箱形拱桥,一般取单个拱箱进行计算,其横向分布系数为:

$$m = \frac{C}{n} \tag{4-50}$$

式中:m——荷载横向分布系数;

C——车列数(车道数);

B——主拱圈宽度;

n——箱形拱主拱圈的拱箱个数。

(2)肋拱桥

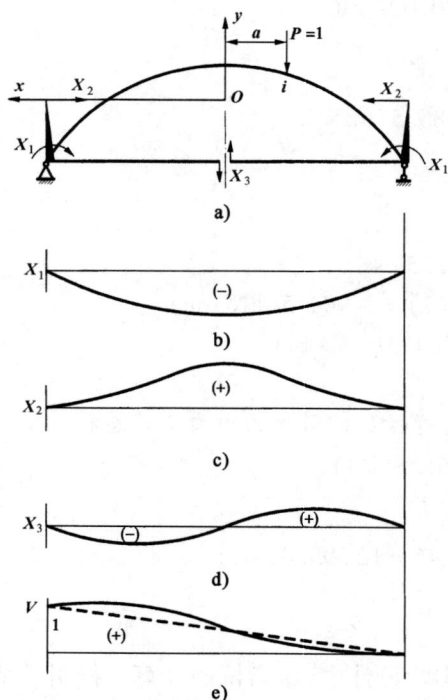

图4-70 拱中赘余力的影响线

对于双肋拱桥,一般可以偏安全地采用杠杆原理法计算;对于多肋拱桥,由于拱上建筑一般为排架式,则拱肋的荷载横向分布系数可按照梁式桥的方法计算。

2. 不考虑弹性压缩影响的活载内力

这里简要介绍拱桥影响线的编制步骤和原理。超静定无铰拱桥影响线表格编制的办法是:先计算赘余力影响线,然后用叠加的办法计算内力影响线,最后,根据内力影响线按最不利情况布载,求得最不利内力值,并编制相关计算表格。

(1)绘制赘余力影响线

①以简支曲梁为基本结构[图4-70a)]。

为了便于编制影响线表,在求拱中内力影响线时,常采用简支曲梁为基本结构。根据结构力学知识和弹性中心的特性可求出单位荷载$P=1$在图示位置时结构的赘余力X_1、X_2、X_3。

②计算赘余力影响线。

为了计算赘余力的影响线,一般将拱圈沿跨径方向分成48(或24)等分。相邻两分点的水平距离为

$\Delta l = \dfrac{l}{48}\left(\text{或} \dfrac{l}{24}\right)$，当 $P = 1$ 从图 4-70a）中的左拱脚向右拱脚以 Δl 步长移动时，即可利用结构力学知识计算出 P 在各个分点上 X_1、X_2、X_3 的影响线竖标。三个赘余力影响线之图形见图 4-70b）~ d）。

（2）内力影响线

有了赘余力的影响线之后，拱中任何截面的内力影响线，均可利用静力平衡条件建立计算公式并借助叠加的办法求得。

①任意截面的弯矩影响线。

图 4-71 可得任意截面 i 的弯矩为：

$$M = M_0 - H_1 y \pm X_3 x + X_1 \tag{4-51}$$

式中：M_0——相应简支梁弯矩。

现以拱顶弯矩 M_d 影响线为例，说明利用已知影响线相叠加求解未知影响线的方法。

因拱顶截面 $x = 0$，故 $X_3 x = 0$。拱顶截面的弯矩 M_d 为：

$$M_d = M_0 - H_1 y + X_1$$

由 $\Sigma X = 0$ 知，拱中任意截面的水平推力 $H_1 = X_2$；因此，H_1 的影响线与赘余力 X_2 的影响线是完全一致的。H_1 影响线的图形见图 4-71c），各点的影响线竖标可由《拱桥》附录（Ⅲ）表（Ⅲ）-12 查得。

先绘出简支梁影响线 M_0，减去 X_1 影响线，得 $M_0 - X_1$ 影响线［图 4-71b）有竖线的部分］。在图 4-71c）中，以水平线为基线绘出 $M_0 - X_1$ 影响线，在此图上再与 $H_1 y$ 影响线相叠加，图中有竖线部分即为拱顶弯矩影响线。最后以水平线为基线，即得 M_d 影响线如图 4-71d）所示。

同理可得，拱中任意截面 i 的弯矩影响线 M_i［图 4-3-12e）］。

拱中各截面不考虑弹性压缩的弯矩影响线坐标由《拱桥》附录（Ⅲ）表（Ⅲ）-13 查得。

②任意截面的轴向力 N 和剪力 Q 影响线。

截面 i 的轴向力 N_i 及剪力 Q_i 的影响线，在截面 i 处均有突变［图 4-71f）、g）］。故当集中荷载作用在 i 截面的左、右两边时，轴向力 N 及剪力 Q 均有较大的差异，不便于编制等代荷载，一般也不利用 N、Q 的影响线计算其内力。通常，先算出该截面的水平力 H_1 和拱脚的竖向反力 V，再按

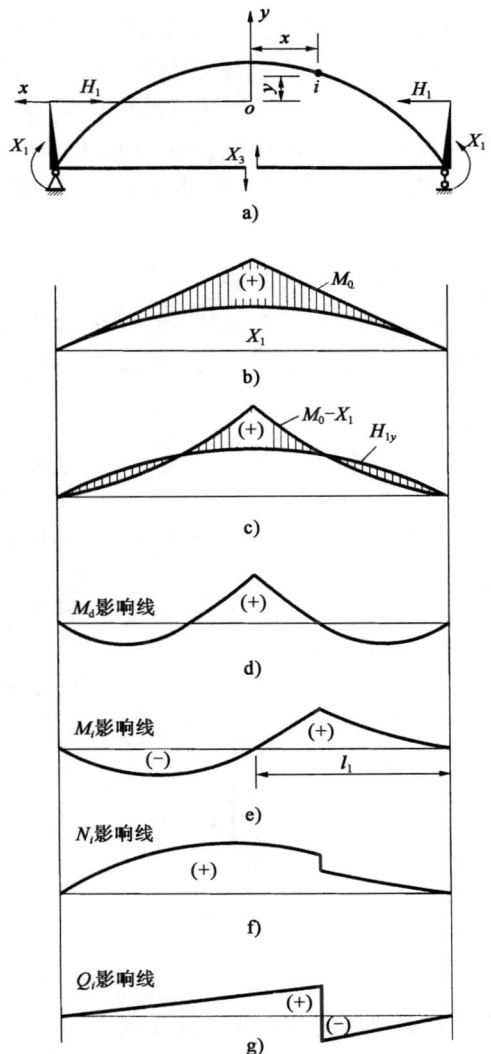

图 4-71 拱中内力影响线

式(4-52)、式(4-53)计算轴力 N 和剪力 Q：

$$\text{轴向力}\begin{cases}\text{拱顶}: N = H_1 \\ \text{拱脚}: N = H_1\cos\varphi_j + V\sin\varphi_j \\ \text{其他截面}: N \approx \dfrac{H_1}{\cos\varphi}\end{cases} \qquad (4\text{-}52)$$

$$\text{剪力}\begin{cases}\text{拱顶}: \text{数值很小，一般不计算} \\ \text{拱脚}: Q = H_1\sin\varphi_j - V\cos\varphi_j \\ \text{其他截面}: \text{数值很小，一般不计算}\end{cases} \qquad (4\text{-}53)$$

拱脚竖向反力 V 的影响线如下。

将 X_3 移至两支点后，由 $\sum Y = 0$ 得：

$$V = V_0 \mp X_3 \qquad (4\text{-}54)$$

式中：V_0——简支梁的反力影响线。

式(4-54)中上边符号适用于左拱脚，下边符合适用于右拱脚。

由 V_0 与 X_3 两条影响线叠加而成的竖向反力影响线 V，具有图 4-70e)的形式(图中为左拱脚的竖向反力影响线)，显而易见，拱脚竖向反力 V 影响线的总面积 $\omega = l/2$。

《拱桥》附录(Ⅲ)表(Ⅲ)-14 列有不计弹性压缩的弯矩 M 及相应的 H、V 影响线面积表，供计算活载内力时选用。

3. 活载作用下弹性压缩引起的内力

活载弹性压缩与恒载弹性压缩相似，它是考虑由活载产生的轴向力对变位的影响，亦在弹性中心产生赘余水平力 ΔH(拉力)。由典型方程得

$$\Delta H = \frac{\Delta l}{\delta'_{22}} = \frac{\displaystyle\int_s \frac{N\mathrm{d}s}{EA}\cos\varphi}{\delta'_{22}} \qquad (4\text{-}55)$$

取脱离体如图 4-72 所示，拱脚作用有三个已知力：弯矩 M、竖向反力 V 和通过弹性中心的水平力 H_1。

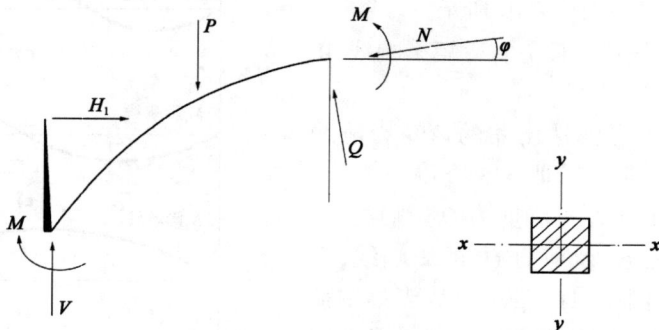

图 4-72　活载弹性压缩引起的内力

将各力投影到水平方向上得：

$$N = \frac{H_1 - Q\sin\varphi}{\cos\varphi} = \frac{H_1}{\cos\varphi}\left(1 - \frac{Q}{H_1}\sin\varphi\right) \tag{4-56}$$

在式(4-56)中,第二项的数值常比第一项小很多,近似地略去一项,则得:

$$N = \frac{H_1}{\cos\varphi}$$

于是:

$$\Delta l = \int_s \frac{N\mathrm{d}s}{EA}\cos\varphi = H_1\int_l \frac{\mathrm{d}x}{EA\cos\varphi}$$

将上式代入式(4-56)得:

$$\Delta H = -\frac{H_1\int_l \dfrac{\mathrm{d}x}{EA\cos\varphi}}{\delta'_{22}} = -\frac{H_1\int_l \dfrac{\mathrm{d}x}{EA\cos\varphi}}{(1+\mu)\int_s \dfrac{y^2\mathrm{d}s}{EI}} = -H_1\frac{\mu_1}{1+\mu} \tag{4-57}$$

考虑弹性压缩后的活载推力(总推力)为:

$$H = H_1 + \Delta H = H_1 - H_1\frac{\mu}{1+\mu} = H_1\frac{1+\mu-\mu_1}{1+\mu} \tag{4-58}$$

考虑到 $\Delta\mu = \mu_1 - \mu$ 远比 μ_1 小,实际应用时尚可将式(4-58)进一步简化为:

$$H = H_1\frac{1+\mu-\mu_1}{1+\mu} = H_1\frac{1-\Delta\mu}{1+\mu_1-\Delta\mu} \approx \frac{H_1}{1+\mu_1} \tag{4-59}$$

活载弹性压缩引起的内力为:

$$\left.\begin{aligned}
\text{弯矩 } \Delta M &= -\Delta H \cdot y = \frac{\mu_1}{1+\mu}H_1 \cdot y \\
\text{轴向力 } \Delta N &= -\Delta H\cos\varphi = -\frac{\mu_1}{1+\mu}H_1\cos\varphi \\
\text{剪力 } \Delta Q &= \pm\Delta H\sin\varphi = \mp\frac{\mu_1}{1+\mu}H_1\sin\varphi
\end{aligned}\right\} \tag{4-60}$$

4. 活载作用下内力计算要点

主拱圈是偏心受压构件,其最大正压应力是由截面弯矩 M 和轴向力 N 共同产生的,严格来说,应绘制截面核心弯矩影响线,求出最大和最小核心弯矩,但是计算核心弯矩影响线的工作非常烦琐。在实际计算中,由于荷载布置往往不可能使得 M 和 N 同时达到最大值,考虑到拱桥的抗弯性能远差于其抗压性能的特点,一般可在弯矩影响线上按最不利情况加载,求得最大(或最小)弯矩,然后求出与这种加载情况对应的水平推力 H_1 和竖向反力 V 的数值,以求得与最大(或最小)弯矩相应的轴向力。

影响线加载时应分别考虑《桥规》中的集中荷载和均布荷载。

(1)集中荷载加载

集中荷载加载就是以最不利布载位置的集中力乘以相应位置的内力影响线坐标求得的(还需考虑荷载横向分布系数、车道横向分布系数等因素的影响)。计算步骤如下:

①首先绘制出计算截面的弯矩、水平推力和支座竖向反力影响线。

②根据弯矩影响线确定集中荷载最不利(最大、最小)加载位置。

③以荷载值乘以弯矩影响线竖标值及相应的水平推力和竖向反力的影响线竖标值，求得最大(最小)弯矩及相应的水平推力和支座竖向反力。

（2）均布荷载加载

均布荷载加载则是以均布荷载值乘以相应位置内力影响线面积求得的。以某等截面无铰拱拱脚截面最大正弯矩及其相应的水平推力和支座竖向反力为例，具体计算步骤如下：

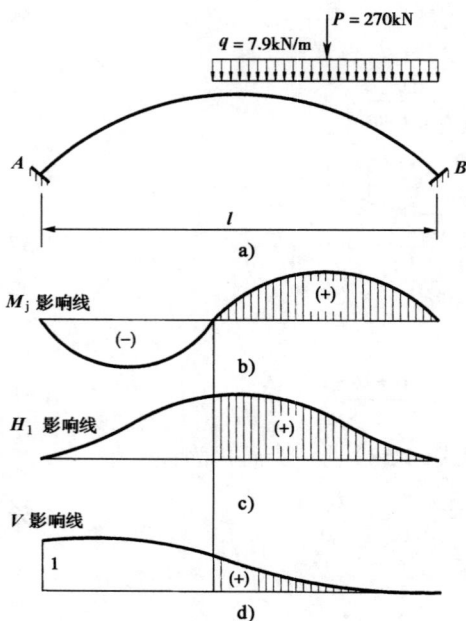

①图4-73为某等截面无铰拱拱脚截面弯矩 M 及水平推力 H_1 和支座竖向反力 V 的影响线，首先将均布荷载布置在影响线的正弯矩区段。

②可由《拱桥》手册的局部荷载表查得最大弯矩及相应水平推力和竖向反力的面积 w_M、w_H、w_V。

③再以均布荷载值分别乘以最大弯矩及相应水平推力和竖向反力的面积 w_M、w_H、w_V，即可求得拱脚截面的内力。

其他截面的内力可以按照同样类似的方法计算。

《公路圬工桥涵设计规范》（JTG D61—2005）规定：计算由汽车荷载产生的拱的各截面正弯矩时，拱顶至拱跨 1/4 点应乘以折减系数 0.7，拱脚乘以 0.9，拱跨 1/4 点至拱脚，用直线内插法确定。

图 4-73　求拱脚 M_{max} 及相应 H 的布载图式

【例题 4-3】　等截面悬链线无铰拱，$l = 80m$，$f = 16m$，$m = 2.814$，$y_s = 5.335m$，活载为双车道公路—Ⅰ级荷载，且自振频率为 $f_1 = 0.8Hz$，求拱脚截面最大正弯矩及相应的轴力。

解：（1）活载取值计算

按《桥规》：当 $f_1 = 0.8Hz < 1.5Hz$，冲击系数 $\mu = 0.05$，对应于公路—Ⅰ级车道荷载的均布荷载为 $q = 1.05 \times 2 \times 1.0 \times 10.5 = 22.05(kN/m)$，集中荷载为 $P = 1.05 \times 2 \times 1.0 \times 360 = 756$（kN）。

（2）拱脚截面最大正弯矩及相应的轴力计算

根据 $m = 2.814$，$\dfrac{f}{l} = \dfrac{1}{5}$，查《拱桥》手册附录表（Ⅲ）-20(8)，查得拱脚处水平倾角的正弦和余弦为：

$$\sin\varphi_j = 0.7010, \cos\varphi_j = 0.7132$$

相应的弹性压缩系数为：

$$\frac{\mu_1}{1+\mu} = 0.010389$$

①为了加载公路—Ⅰ级均布荷载，拱脚截面考虑弹性压缩的弯矩和相应的水平推力与拱脚竖向反力影响线面积，可由《拱桥》手册附录表（Ⅲ）-14(59)查取。

弯矩影响线面积：

$$w_{\mathrm{M}} = [\text{表值}] \times l^2 = [\text{表值}] \times 80^2$$

最大正弯矩影响线面积：

$$0.019\,94 \times 80^2 = 127.616$$

相应的水平推力(考虑弹性压缩)影响线面积：

$$w_{\mathrm{H}} = [\text{表值}] \times \frac{l^2}{f} = [\text{表值}] \times \frac{80^2}{16} = 400 = 0.092\,42 \times 400 = 36.968$$

相应的拱脚竖向反力影响线面积：

$$w_{\mathrm{V}} = [\text{表值}] \times l = 0.170\,67 \times 80 = 13.654$$

均布荷载作用下考虑弹性压缩的弯矩：

$$M_{\max} = 22.05 \times 127.616 = 2\,813.933(\mathrm{kN \cdot m})$$

相应的考虑弹性压缩的水平推力：

$$H = 22.05 \times 36.968 = 815.144(\mathrm{kN})$$

相应的拱脚竖向反力：

$$V = 22.05 \times 13.654 = 301.071(\mathrm{kN})$$

轴向力：

$$N = H\cos\varphi_{\mathrm{j}} + V\sin\varphi_{\mathrm{j}} = 815.144 \times 0.173\,2 + 301.071 \times 0.701\,0 = 792.412(\mathrm{kN})$$

②为了加载公路—Ⅰ级集中荷载，拱脚截面不考虑弹性压缩影响线竖标和相应的水平推力与拱脚竖向反力影响线竖标(拱脚竖向反力不受弹性压缩的影响，无弹性压缩附加力)，可由《拱桥》手册附录表(Ⅲ)-14(40)、表(Ⅲ)-12(8)和表(Ⅲ)-7(8)查取。

最大正弯矩影响线竖标：

$$y_{\mathrm{M}} = [\text{表值}] \times l = [\text{表值}] \times 80 = 0.054\,01 \times 80 = 4.321$$

相应的水平推力影响线竖标：

$$y_{\mathrm{H}} = [\text{表值}] \times l/f = [\text{表值}] \times 5 = 0.198\,46 \times 5 = 0.992\,3$$

相应的拱脚竖向反力影响线竖标：

$$y_{\mathrm{V}} = [\text{表值}] = 0.293\,51$$

不考虑弹性压缩的弯矩：

$$M'_{\max} = 756 \times 4.321 = 3\,266.676(\mathrm{kN \cdot m})$$

相应的不考虑弹性压缩的水平推力：

$$H_1 = 756 \times 0.992\,3 = 750.179(\mathrm{kN})$$

弹性压缩附加水平推力：

$$\Delta H = -\frac{\mu_1}{1+\mu}H_1 = -0.010\,389 \times 750.179 = -7.794(\mathrm{kN})$$

考虑弹性压缩的水平推力：

$$H = H_1 + \Delta H = 750.179 - 7.794 = 742.385(\mathrm{kN})$$

弹性压缩附加弯矩：

$$\Delta M = (y_1 - y_{\mathrm{s}}) \cdot \Delta H = (16 - 5.335) \times (-7.794) = -83.123\,4(\mathrm{kN \cdot m})$$

考虑弹性压缩的弯矩：

$$M_{\max} = M'_{\max} + \Delta M = 3\,266.676 - 83.123 = 3\,183.553(\mathrm{kN \cdot m})$$

相应的拱脚竖向反力:

$V_j = 1.2 \times 756 \times 0.293\,51 = 266.272 (kN)$[《桥规》规定:集中荷载计算剪力(反力)时,乘以 1.2 的系数]

轴向力

$$N = H\cos\varphi_j + V\sin\varphi_j = 742.385 \times 0.173\,2 + 266.272 \times 0.701\,0 = 716.126 (kN)$$

③活载总效应。

弯矩

$$M_{max} = 0.9 \times (2\,813.933 + 3\,183.533) = 5\,397.737 (kN \cdot m)$$

对应的轴向力

$$N = 792.412 + 716.126 = 1\,508.538 (kN \cdot m)$$

(四)裸拱内力计算

采用早脱架施工(拱圈合龙达到一定强度后就卸落拱架)及无支架施工的拱桥,须计算裸拱自重产生的内力,以便进行裸拱强度和稳定性的验算。

取悬臂曲梁为基本结构(图 4-74)。

对于等截面拱,任意截面 i 的恒载集度 g_i 为:

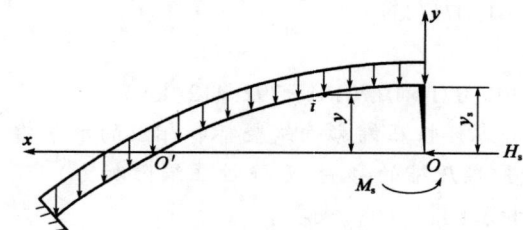

图 4-74 拱圈自重作用下内力计算图式

$$g_i = \frac{g_d}{\cos\varphi_j} \tag{4-61}$$

由于结构和荷载均为正对称,故在弹性中心仅有两个正对称的赘余力:弯矩 M_s 和水平力 H_s。由典型方程得:

$$M_s = -\frac{\Delta_{1p}}{\delta'_{11}} = -\frac{\int_s \dfrac{\overline{M}_1 M_p \mathrm{d}s}{EI}}{\int_s \dfrac{\overline{M}_1^2 \mathrm{d}s}{EI}} = -\frac{\int_s \dfrac{M_p \mathrm{d}s}{EI}}{\int_s \dfrac{\mathrm{d}s}{EI}} \tag{4-62}$$

$$H_s = -\frac{\Delta_{2p}}{\delta'_{22}} = -\frac{\int_s \dfrac{\overline{M}_2 M_p \mathrm{d}s}{EI}}{\int_s \dfrac{\overline{M}_2^2 \mathrm{d}s}{EI} + \int_s \dfrac{\overline{N}^2 \mathrm{d}s}{EA}} = \frac{\int_s \dfrac{M_p y}{EI} \mathrm{d}s}{(1+\mu)\int_s \dfrac{y^2 \mathrm{d}s}{EI}} \tag{4-63}$$

积分后可得:

$$\left.\begin{aligned} M_s &= \frac{A\gamma l^2}{4} V_1 \\ H_s &= \frac{A\gamma l^2}{4(1+\mu)f} V_2 \end{aligned}\right\} \tag{4-64}$$

式中:γ——拱圈材料平均重度;

A——拱圈截面面积(净面积或实际面积);

V_1、V_2——系数,可自《拱桥》表(Ⅲ)-15、表(Ⅲ)-16查得。

由静力平衡条件得任意截面 i 的弯矩和轴向力为:

$$\left. \begin{array}{l} M_i = M_s - H_s y - \sum_n^i M \\ N_i = H_s \cos\varphi + \sum_n^i P \cdot \sin\varphi_i \end{array} \right\} \tag{4-3-65}$$

式中: $\sum_n^i M$——拱顶至 i 截面间裸拱自重对该截面的弯矩;

$\sum_n^i P$——拱顶至 i 截面间裸拱自重的总和。

$\sum_n^i M$、$\sum_n^i P$ 均可由《拱桥》表(Ⅲ)-19查得。其中,n 为拱顶截面的编号,在设计中 n 常采用12或24。

当拱的矢跨比为 1/10~1/5 时,裸拱恒载压力线的拱轴系数 $m_0 = 1.305 \sim 1.079$,通常比拱轴线采用的 m 值小。计算表明,在裸拱的自重作用下,拱顶、拱脚一般都产生正弯矩。拱轴线的 m 与裸拱的 m_0 差得越多,拱顶、拱脚的正弯矩就越大。因而,采用无支架施工或早脱架施工的拱桥,宜适当降低拱轴系数。

(五)温度变化、混凝土收缩和拱脚变位的内力计算

在超静定拱中,温度变化、混凝土收缩和拱脚变位都会产生附加内力。特别是就地浇筑的混凝土在结硬过程中的收缩变形,会产生较大的附加内力,可使拱桥开裂。在软土地基上建造圬工拱桥,墩台发生变位,尤其是水平变位,对拱桥产生较大的影响,引起较大的附加内力。

1. 温度变化产生的附加内力计算

根据热胀冷缩的道理,当大气温度比成拱时的温度(即主拱圈施工合龙时温度,称为合龙温度)高时,称为温度上升,引起拱体膨胀;反之,当大气温度比合龙温度低时,称为温度下降,引起拱体收缩。无论是拱体膨胀(拱轴伸长)还是拱体收缩(拱轴缩短)都会在拱中产生内力。

在图 4-75a)中,设温度变化引起拱轴在水平方向的变位为 Δl_t,与弹性压缩道理相同,必然在弹性中心产生一对水平力 H_t。由典型方程得:

$$H_t = \frac{\Delta l_t}{\delta_{22}} \tag{4-66}$$

$$\Delta l_t = a \cdot l \cdot \Delta t$$

式中:Δt——温度变化值,即最高(或最低)温度与合龙温度之差,温度上升时,Δt 和 H_t 均为正;温度下降时,Δt 及 H_t 均为负;

a——材料的线膨胀系数,混凝土或钢筋混凝土结构 $a = 1 \times 10^{-5}$,混凝土预制块砌体 $a = 0.9 \times 10^{-5}$,石砌体 $a = 0.8 \times 10^{-5}$。

由温度变化引起拱中任意截面的附加内力为[图 4-75b)]:

$$\left. \begin{array}{l} \text{弯矩 } M_t = -H_t y = -H_t(y_s - y_1) \\ \text{轴向力 } N_t = H_t \cos\varphi \\ \text{剪力 } Q_t = \pm H_t \sin\varphi \end{array} \right\} \tag{4-67}$$

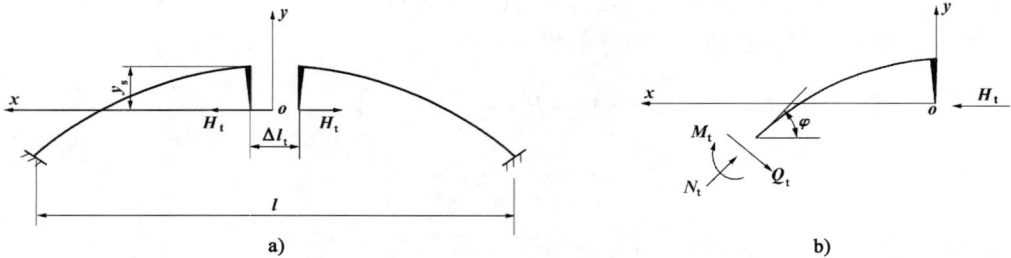

图 4-75

a）温度变化引起赘余力计算图式；b）温度变化引起拱中的内力

2. 混凝土收缩、徐变引起的内力

混凝土在结硬过程中的收缩变形，其作用与温度下降相似。通常将混凝土收缩的影响，折算为温度的额外降低。《桥规》建议：

（1）整体浇筑的混凝土结构的收缩影响力，对于一般地区相当于降低温度 20℃，干燥地区为 30℃；整体浇筑的钢筋混凝土结构的收缩影响力，相当于降低温度 15～20℃。

（2）分段浇筑的混凝土或钢筋混凝土结构的收缩影响力，相当于降低温度 10～15℃。

（3）装配式钢筋混凝土结构的收缩影响力，相当于降低温度 5～10℃。

由于温度变化和混凝土收缩在拱圈内引起的内力变化是一个缓慢的过程，在此期间，当某截面（如拱脚）边缘应力增加较多时，混凝土徐变作用将使该截面边缘应力削峰，因而计算拱圈的温度变化和混凝土收缩影响时，可根据实际资料考虑混凝土徐变的影响，如缺乏实际资料，计算内力可乘以下列系数：

温度变化影响力：0.7；

混凝土收缩影响力：0.45。

但是，虽然徐变对上述温变、收缩引起的内力有调整作用，但徐变本身亦引起拱轴线缩短，因而应按有关规定计算徐变引起的附加内力。

3. 拱脚变位引起的内力计算

在软土地基上修建的拱桥以及桥墩较柔的多孔拱桥，拱脚变位是难以避免的。拱脚的变位包括拱脚的水平位移、垂直位移（沉降）和转动（角变），每一种变位都会在拱中产生内力。

（1）拱脚相对水平位移引起的内力

在图 4-76 中，两拱脚发生相对水平位移为：

$$\Delta_h = \Delta_{hB} - \Delta_{hA}$$

式中：Δ_{hA}、Δ_{hB}——左、右拱脚的水平位移，自原位置右移为正、左移为负。

由于两拱脚发生相对水平位移 Δ_h，在弹性中心产生的赘余力为：

$$X_2 = -\frac{\Delta_h}{\delta_{22}} = -\frac{\Delta_h}{\displaystyle\int_s \frac{y^2 \mathrm{d}s}{EI}} \tag{4-68}$$

如两拱脚相对靠拢（Δ_h 为负），则 X_2 为正。反之，相反。

（2）拱脚相对垂直位移引起的内力

在图 4-77 中，拱脚相对垂直位移为：

$$\Delta_V = \Delta_{VB} - \Delta_{VA}$$

式中：Δ_{VA}、Δ_{VB}——左、右拱脚的垂直位移，均以自原位置下移为正，向上移为负。

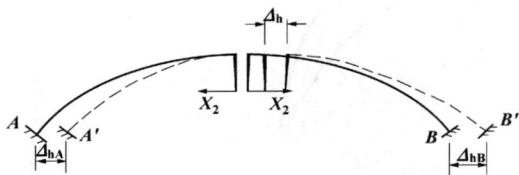

图 4-76　拱脚水平位移引起内力计算图式　　　　图 4-77　拱脚竖向位移引起内力计算图式

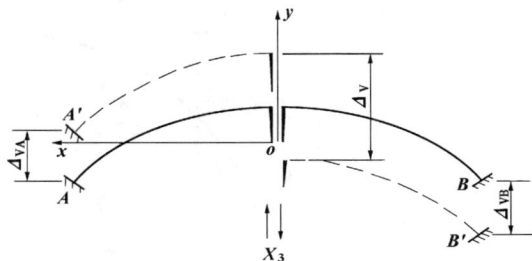

由两拱脚相对垂直位移引起弹性中心的赘余力为：

$$X_3 = -\frac{\Delta_V}{\delta_{33}} = -\frac{\Delta_V}{\displaystyle\int_s \frac{x^2 \mathrm{d}s}{EI}} \tag{4-69}$$

等截面悬链线拱的 $\displaystyle\int_s \frac{x^2 \mathrm{d}s}{EI}$ 可由《拱桥》表（Ⅲ）-6 查得。

（3）拱脚相对角变引起的内力

在图 4-78a）中，拱脚 B 发生转角 θ_B（θ_B 顺时针为正）之后，在弹性中心除产生相同的转角 θ_B 之外，还引起相对水平位移 Δ_h 和垂直位移 Δ_V。因此，在弹性中心会产生三个赘余力 X_1、X_2、X_3。

由典型方程得：

$$\left.\begin{array}{l} X_1 \delta_{11} + \theta_B = 0 \\ X_2 \delta_{22} + \Delta_h = 0 \\ X_3 \delta_{33} - \Delta_V = 0 \end{array}\right\} \tag{4-70}$$

式（4-70）中 θ_B 为已知，Δ_h、Δ_V 不难根据图 4-78b）的几何关系求出。

$$\Delta_h = \theta_B(f - y_s)$$

$$\Delta_V = \frac{\theta_B \cdot l}{2}$$

将 Δ_h 及 Δ_V 代入式（4-70）得：

$$\left.\begin{array}{l} X_1 = -\dfrac{\theta_B}{\delta_{11}} \\[4mm] X_2 = -\dfrac{\theta_B(f - y_s)}{\displaystyle\int_s \frac{y^2 \mathrm{d}s}{EI}} \\[4mm] X_3 = -\dfrac{\theta_B \cdot l}{2\displaystyle\int_s \frac{x^2 \mathrm{d}s}{EI}} \end{array}\right\}$$

式中：

$$\delta_{11} = \int_s \frac{\overline{M_1^2}\mathrm{d}s}{EI} = \int_s \frac{\mathrm{d}s}{EI} = \frac{L}{EI}\int_0^1 \frac{\mathrm{d}\xi}{\cos\varphi} = \frac{l}{EI} \times \frac{1}{v_1}$$

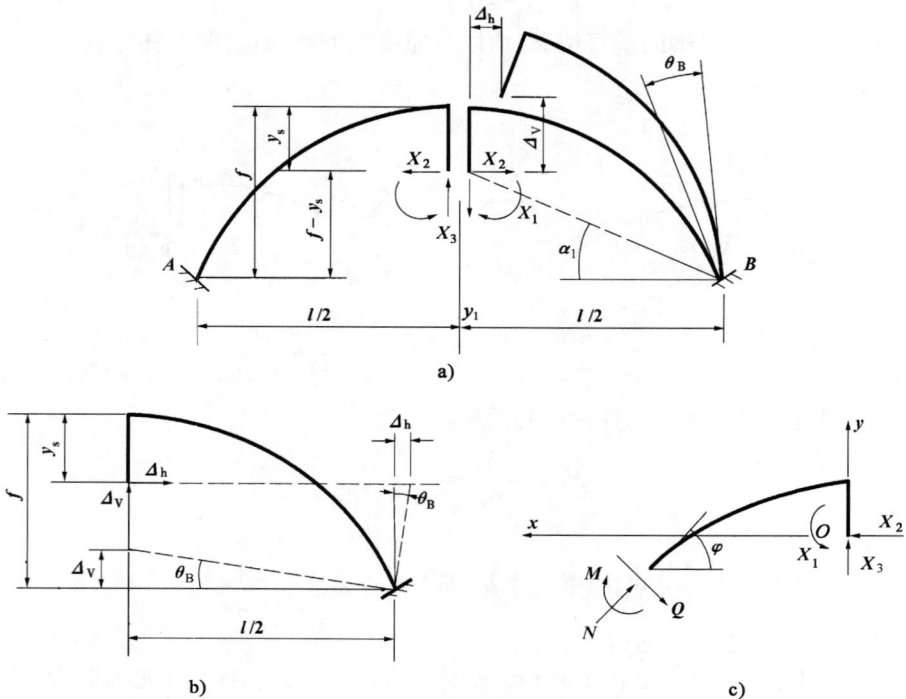

图 4-78　拱脚相对角变引起的赘余力及各截面的内力图

$\dfrac{l}{v_1}$ 可自《拱桥》表（Ⅲ）-8 查得。

拱脚相对角变位引起各截面的内力为［图 4-78c）］：

$$
\left.
\begin{array}{l}
M = X_1 - X_2 y \pm X_3 x \\[4pt]
N = \mp X_3 \sin\varphi + X_2 \cos\varphi \\[4pt]
Q = X_3 \cos\varphi \pm X_2 \sin\varphi
\end{array}
\right\}
\tag{4-71}
$$

（六）主拱验算

单跨无铰拱的验算包括强度验算和稳定验算这两项主要内容。

1. 承载力验算

1）荷载组合

当求出了各种荷载作用下的内力后，便可进行最不利情况下的荷载组合，找出验算控制截面的强度（承载力）及拱的稳定性。对于一般无铰拱桥，拱脚和拱顶是控制截面。中、小跨径的无铰拱桥，只验算拱顶、拱脚就行了。大、中跨径无铰拱桥，常验算拱顶、拱脚和拱跨 $l/4$ 三个截面，采用无支架施工的大跨径拱桥，必要时需加算 $l/8$ 和 $3l/8$ 截面。

2）截面承载力验算

主拱圈的截面形式虽然各异，但它们都属于偏心受压构件。对于不同材料的截面承载力，应遵循不同桥梁设计规范中的规定，分别按极限状态法进行验算。

（1）圬工拱桥

拱圈按分项安全系数的极限状态法设计，其设计原则是：荷载效应不利组合的设计值小于或等于结构抗力效应的设计值。以方程式表示为：

$$\gamma_0 S \leqslant R(f_d, a_d) \tag{4-72}$$

式中：　γ_0——结构重要性系数，按桥涵结构设计安全等级规定的一级、二级、三级分别取 1.1、1.0 和 0.9；

　　　　S——作用组合效应的设计值，按《桥规》有关规定计算；

　$R(f_d, a_d)$——构件承载能力效应函数值；

　　　　f_d——材料强度的设计值；

　　　　a_d——构件几何参数设计值。

①正截面抗压承载力验算。

a. 轴向力偏心距不超过规定的偏心距限值。

a）砌体截面承载力验算。

主拱圈偏心受压时，当轴向力偏心距不超过规定的偏心距限值（表4-2）时，主拱圈正截面承载力计算公式为：

$$\gamma_0 N_d \leqslant \varphi A f_{cd} \tag{4-73}$$

式中：N_d——轴向力设计值；

　　　A——构件（主拱圈）的截面面积，对于组合截面可按照强度比换算，即有 $A = A_0 + \eta_1 A_1 + \eta_2 A_2 + \cdots$，其中 A_0 为标准层的截面面积，A_1、$A_2 \cdots$ 为其他层的截面面积；$\eta_1 = \dfrac{f_{cd1}}{f_{cd0}}$、$\eta_2 = \dfrac{f_{cd2}}{f_{cd0}}\cdots$，其中 f_{cd0} 为标准层的轴心抗压强度的设计值，f_{cd1}、$f_{cd2}\cdots$ 为其他层的轴心抗压强度的设计值；

　　　f_{cd}——砌体或混凝土材料的轴心抗压强度设计值，对于组合截面为 $f_{cd} = f_{cd0}$；

　　　φ——构件轴向力的偏心距 e 和细长比 β 对受压构件的承载力影响系数，即

$$\varphi = \frac{1}{\dfrac{1}{\varphi_x} + \dfrac{1}{\varphi_y} - 1} \tag{4-74}$$

$$\varphi_x = \frac{1 - \left(\dfrac{e_x}{x}\right)^2}{1 + \left(\dfrac{e_x}{i_y}\right)^2} \cdot \frac{1}{1 + \alpha \cdot \beta_x (\beta_x - 3)\left[1 + 1.33\left(\dfrac{e_x}{i_y}\right)^2\right]} \tag{4-75}$$

$$\varphi_y = \frac{1 - \left(\dfrac{e_y}{y}\right)^2}{1 + \left(\dfrac{e_y}{i_x}\right)^2} \cdot \frac{1}{1 + \alpha \cdot \beta_y (\beta_y - 3)\left[1 + 1.33\left(\dfrac{e_y}{i_x}\right)^2\right]} \tag{4-76}$$

$$\beta_x = \frac{\gamma_\beta l_0}{3.5 i_y} \tag{4-77}$$

$$\beta_y = \frac{\gamma_\beta l_0}{3.5 i_x} \tag{4-78}$$

式中:φ_x、φ_y——分别为 x 方向和 y 方向偏心受压构件承载力影响系数;

$\quad\quad x$、y——分别为 x 方向和 y 方向截面(或换算截面)重心至偏心方向截面边缘的距离;

$\quad\quad e_x$、e_y——分别为轴向力在 x 方向和 y 方向的偏心距;

$\quad\quad i_x$、i_y——分别为弯曲平面内的截面回转半径;

$\quad\quad \alpha$——与砂浆强度等级有关的系数,当砂浆的强度等级大于或等于 M5 或为组合截面时,$\alpha = 0.002$;当砂浆强度为 0 时,$\alpha = 0.013$;

$\quad\quad \beta_x$、β_y——分别为构件在 x 方向和 y 方向的长细比,当 β_x、β_y 小于 3.0 时取为 3.0;

$\quad\quad \gamma_\beta$——不同砌体材料构件的长细比修正系数,按表4-3 选用;

$\quad\quad l_0$——构件的计算长度,按表4-4 选用。

受压构件偏心距限值　　　　　　　　　　　　　表 4-2

作 用 组 合	偏心距限值 e	作 用 组 合	偏心距限值 e
基本组合	$\leq 0.6s$	偶然组合	$\leq 0.7s$

注:表中 s 值为截面或换算截面重心轴至偏心方向截面边缘的距离。

长细比修正系数　　　　　　　　　　　　　表 4-3

砌体材料类别	γ_β	砌体材料类别	γ_β
混凝土预制块砌体或组合构件	1.0	粗料石、块石、片石砌体	1.3
细料石、半细料石砌体	1.1		

构件的计算长度　　　　　　　　　　　　　表 4-4

直杆构件及其约束情况	计算长度 l_0	直杆构件及其约束情况	计算长度 l_0
两端固结	$0.5l$	两端均为不移动的铰	$1.0l$
一端固结,一端为不移动的铰	$0.7l$	一端固定,一端自由	$2.0l$

b)混凝土截面承载力验算。

主拱圈正截面受压承载力计算公式为:

$$\gamma_0 N_d \leq \varphi A_a f_{cd} \tag{4-79}$$

式中:N_d——轴向力设计值;

$\quad\quad A_c$——混凝土受压区面积,当单向偏心受压时,$A_c = b(h - 2e)$;当双向偏心受压时,$A_c = (b - 2e_y)\cdot(h - 2e_x)$,其中 e 为轴向力偏心距;

$\quad\quad b$——矩形截面宽度;

$\quad\quad h$——矩形截面高度;

$\quad\quad \varphi$——弯矩平面内轴向受压构件弯曲系数,按表4-5 选用。

混凝土轴心受压构件弯曲系数　　　　　　　　表 4-5

l_0/b	<4	4	6	8	10	12	14	16	18	20	22	24	26	28	30
l_0/i	<14	14	21	28	35	42	49	56	63	70	76	83	90	97	104
φ	1	0.98	0.96	0.91	0.86	0.82	0.77	0.72	0.68	0.63	0.59	0.55	0.51	0.47	0.44

注:1. l_0 为构件的计算长度,按表4-4 规定采用。

2. 在计算 l_0/b 或 l_0/i 时,b 或 i 的取值:对于单项偏心受压构件,取弯曲平面内截面高度或回转半径;对于轴心受压构件及双向偏心受压构件,取截面短边尺寸或截面最小回转半径。

b. 轴向力偏心距超过规定的偏心距限值。

当砌体或混凝土的轴向力偏心距超过规定的偏心距限值(表4-2)时,主拱圈正截面承载力计算公式如下:

单向偏心受压

$$\gamma_0 N_{\mathrm{d}} \leqslant \varphi \, \frac{A f_{\mathrm{tmd}}}{\dfrac{Ae}{W} - 1} \tag{4-80}$$

双向偏心受压

$$\gamma_0 N_{\mathrm{d}} \leqslant \varphi \, \frac{A f_{\mathrm{tmd}}}{\dfrac{Ae_x}{W_y} + \dfrac{Ae_y}{W_x} - 1} \tag{4-81}$$

式中:W——单向偏心受压时,构件受拉边缘的截面弹性抵抗矩;

W_x、W_y——双向偏心受压时,构件 x 方向受拉边缘绕 y 轴的截面弹性抵抗矩和构件 y 方向受拉边缘绕 x 轴的截面弹性抵抗矩;

f_{tmd}——构件受拉边层的弯曲抗拉强度设计值;

e_x、e_y——分别为轴向力在 x 方向和 y 方向的偏心距;

φ——砌体偏心受压构件承载力影响系数[式(4-74)]或混凝土轴心受压构件弯曲系数(表4-5)。

c. 规范要求。

a)砌体截面在承载力验算时,可以不考虑长细比 β_x、β_y 对受压构件承载力的影响,即式(4-75)、式(4-76)中的 β_x、β_y 值小于3.0时取3.0。

b)混凝土截面在承载力验算时,可令式(4-79)中的混凝土轴心受压构件弯曲系数 $\varphi = 1.0$。

②砌体或混凝土构件抗剪承载力验算。

按式(4-82)进行验算:

$$\gamma_0 V_{\mathrm{d}} \leqslant A f_{\mathrm{vd}} + \frac{1}{1.4} \mu_{\mathrm{f}} N_{\mathrm{k}} \tag{4-82}$$

式中:V_{d}——剪力设计值;

A——受剪截面面积;

f_{vd}——砌体或混凝土抗剪强度设计值;

μ_{f}——摩擦系数,取0.7;

N_{k}——与受剪截面相垂直的压力标准值。

(2)钢筋混凝土拱桥

根据《桥规》并结合《公路钢筋混凝土及预应力混凝土桥涵设计规范》(JTG 3362—2018)规定,当构件按承载能力极限状态设计时,其计算以塑性理论为基础,其设计的原则与圬工拱桥是一致的,以方程式表示为:

$$S_{\mathrm{ud}} = \gamma_0 S \left(\sum_{i=1}^{m} \gamma_{\mathrm{G}i} G_{ik}, \gamma_{\mathrm{L}1} \gamma_{\mathrm{Q}1} Q_{\mathrm{Q}1k}, \psi_{\mathrm{C}} \sum_{j=2}^{n} \gamma_{\mathrm{L}j} \gamma_{\mathrm{Q}j} Q_{jk} \right) \leqslant R(f_{\mathrm{d}}, a_{\mathrm{d}}) \tag{4-83}$$

式中各符号含义见第一章式(1-9)。

按承载能力极限状态设计时,预加力不作为荷载考虑。预加力所采用的预应力钢筋作为结构抗力的一部分。

具体有关规定可查阅相应的《桥规》。

拱圈截面基本上是偏心受压构件,其具体计算方法已在《结构设计原理》一书中有详细阐述,这里不再重复。

对于构件局部承压,或拱圈截面出现偏心受拉或受弯的情况,可参考《桥规》中的有关内容。

（3）钢拱桥

对于钢拱桥,具体计算公式可参考《桥规》。

2. 稳定验算

主拱圈是以受压为主的构件,无论是施工过程中,还是成桥营运阶段,除了满足承载力（强度）要求外,还必须进行稳定性验算,主拱圈的稳定性验算分为纵向（面内）和横向（面外）两个方面。

实腹式拱桥,跨径一般较小,常采用有支架施工,可以不验算主拱圈的纵、横向稳定性。

大、中跨径拱桥是否验算纵、横向稳定性与施工过程等具体条件有关。采用有支架施工,其稳定性与落架时间有关,拱上建筑砌体砌筑完后落架,可不验算主拱圈的纵向稳定性。如果采用无支架施工或在拱上建筑合龙前就脱架的拱桥,其主拱圈的纵、横向稳定性均需验算。

随着材料性能的改善和施工技术的提高,拱桥的跨径不断增大,主拱圈的长细比也越来越大,其施工阶段和成桥运营阶段的稳定问题变得非常突出,这已经成为控制拱桥设计的重要问题。

《公路圬工桥涵设计规范》（JTG D61—2005）规定的主拱圈的整体"强度—稳定"验算的主要思想为:将主拱圈（或拱肋）换算为相当长度的压杆（图4-79）,以各截面的平均轴力来计算,同时考虑偏心距和长细比的双重影响,按直杆承载力计算公式来验算拱的承载力,即以承载力（强度）校核的形式来控制稳定性。由于模拟杆为直杆,全拱只能取用同一个轴力、偏心距和截面来验算拱的承载力。此方法本质上间接验算了主拱圈的纵向和横向稳定性。

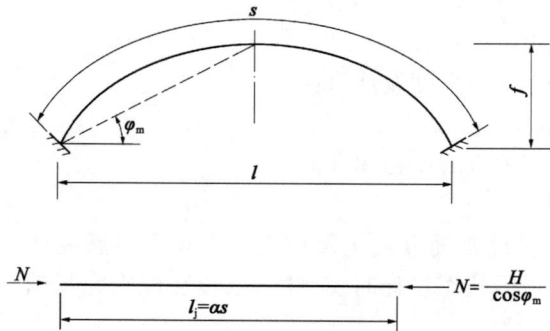

图 4-79　拱圈纵向稳定验算

主拱圈按式(4-73)~式(4-79)进行拱的整体"强度稳定性"验算。其中,主拱圈的轴向力设计值为:

$$N_d = \frac{H_d}{\cos\varphi_m} \tag{4-84}$$

式中:H_d——为拱圈的水平推力设计值;

φ_m——为拱顶与拱脚连线与水平线的夹角,即

$$\cos\varphi_m = \frac{1}{\sqrt{1 + 4\left(\dfrac{f}{l}\right)^2}}$$

轴向力偏心距可取与水平力计算时统一荷载布置的拱跨 $l/4$ 处弯矩设计值除以拱的轴向力的设计值,即

$$e = \frac{M_{d(l/4)}}{N_d}$$

砌体拱值考虑拱上建筑与主拱圈的联合作用时,纵向细长比 β_y 对构件承载力的影响系数 φ_y 可以不考虑,即令 β_y 小于 3.0 时取为 3.0;混凝土拱在考虑拱上建筑与主拱圈的联合作用时,纵向稳定可不考虑,即可取纵向轴心受压构件弯曲系数 $\varphi = 1.0$。

当板拱主拱圈宽度 B 等于或大于计算跨径 l 的 1/20 时,砌体拱可不考虑横向长细比 β_x 对构件承载力的影响,即令 β_x 小于 3.0 时取为 3.0;混凝土拱可不考虑横向稳定性,即可取横向轴心受压构件弯曲系数 $\varphi = 1.0$。

将主拱圈换算为直杆时,主拱圈的纵向与横向的换算系数不同,其换算为直杆的计算长度可以按以下两种情况进行。

(1)主拱圈的纵向稳定计算长度

$$l_0 = \pi\sqrt{\frac{8f}{kl} \cdot l} \tag{4-85}$$

式中:l_0——主拱圈的纵向稳定计算长度(换算为直杆的只有长度);

l——主拱圈的计算跨径;

f——主拱圈的计算矢高;

k——系数,取值可参阅《公路圬工桥涵设计规范》(JTG D61—2005)。

此公式是按照抛物线拱受均布荷载的临界力水平推力公式推导出来的。由于公路桥梁线形、截面多样,荷载也非均布,所以偏安全地将此公式用于平均轴向力作用下的主拱圈纵向稳定验算。为了便于计算,《公路圬工桥涵设计规范》(JTG D61—2005)规定:

无铰拱:$l_0 = 0.36S$;两铰拱:$l_0 = 0.54S$;三铰拱:$l_0 = 0.58S$。其中,S 为拱圈拱轴弧长,如图4-78所示。

(2)主拱圈的横向稳定计算长度

$$l_0 = r\pi\sqrt{\frac{1}{k}} \tag{4-86}$$

式中:k——系数,其值与圆弧拱的圆心角 α(以弧度计)有关,见表4-6;

　　r——主拱圈圆曲线半径,当为其他曲线时,可近似取为:

$$r = \frac{1}{2}l\left(\frac{1}{4\beta} + \beta\right)$$

其中:$\beta = \dfrac{f}{l}$——计算矢跨比。

此公式是按圆无铰拱在均布径向荷载作用下的横向稳定临界力公式推导出来的。各种矢跨比的无铰板拱横向稳定计算长度值见表4-7。

系　数　k　　　　　　　　　　　　　　　　表4-6

α/π	0.25	0.50	1.00
k	60.1	12.6	1.85

无铰板拱横向稳定计算长度　　　　　　表4-7

f/l	1/3	1/4	1/5	1/6	1/7	1/8	1/9	1/10
l_0	1.167r	0.962r	0.797r	0.577r	0.495r	0.452r	0.425r	0.406r

主拱圈的稳定性分析和验算,对于简单结构可以通过手算完成,对于复杂结构的稳定性以及主拱圈是逐步形成的施工过程中的稳定性,则必须采用结构有限元方法进行分析;此外,以上验算没有考虑拱轴在荷载作用下变形的影响。对于具有一般矢跨比的中小跨径拱桥,其变形相对来说不大,忽略变形的影响是可以的,但对于坦拱和大跨径拱桥,尤其是主拱圈采用高强度材料时,拱轴变形的影响不容忽视;再者,材料非线性对主拱圈的稳定性也有影响,故在分析稳定性时,应该同时考虑几何和材料双重非线性的影响,通常采用结构有限元程序来进行计算。

二、中、下承式钢筋混凝土拱桥及其他形式拱桥的计算简述

中、下承式钢筋混凝土拱桥计算的主要内容有:

(1)主拱内力计算及截面强度验算。

(2)主拱纵、横向稳定性验算。

(3)吊杆计算。

(4)桥面系计算等。

主拱截面强度验算的具体方法与普通型上承式拱桥的并无大的差别,只是在进行内力计算和荷载组合时,在车辆荷载的内力中应计入荷载横向分布系数,这是因为在它们上面没有拱上结构联合作用的有利影响。荷载横向分布系数的计算方法一般采用杠杆法或者偏心压力法。对于验算内容的其余项也是如此,都应考虑荷载横向分布系数,这也是与上承式拱桥计算的一个最大差别。

其次,由于没有拱上联合作用,中、下承式拱肋的稳定性验算要比上承式拱肋显得更为重要,尤其是无横向风撑连接的敞口式拱桥,其横向稳定性验算更不容忽视。不过,目前关于中、下承式拱桥的纵向稳定性验算,基本上与上承式拱桥的验算方法相同,故本节不再

重复。

对于其他形式的拱桥,如桁架拱桥、刚架拱桥、组合体系拱桥等,鉴于结构的复杂性,宜采用有限元通用软件程序进行结构分析与计算。限于篇幅,具体内容不再详述,可参阅相关文献。

三、主拱圈的内力调整

悬链线无铰拱桥在最不利荷载组合时,常出现拱脚负弯矩或拱顶正弯矩过大的情况。为了减小拱脚、拱顶过大的弯矩,可以从设计或施工方面采取一些措施来调整主拱圈的内力,这就是拱圈的内力调整。常用的方法有:假载法调整内力、用临时铰调整内力、改变拱轴线调整内力。

(一)假载法调整内力

假载法主要是通过调整拱轴系数 m 来改变拱轴形状,使得拱顶、拱脚两截面的控制内力接近相等,以达到改变主拱圈受力性能的目的。m 的调整幅度,一般为半级或一级($y_{1/4}/f$ 相差 0.01 为一级)。

1. 实腹式拱桥

设调整前的拱轴系数 $m = g_j/g_d$,而调整后的拱轴系数为 $m' = g'_j/g'_d$(这时的拱轴线与压力线已经不重合)。若忽略尺寸变化的影响,在计算时可假设 m' 是从调整前的荷载强度减去或者增加一层均布的虚荷载 q_x(图4-80),则称 q_x 为假载(m' 相应于 $q \mp q_x$ 时的拱轴线与压力线是重合的)。于是有

$$m' = \frac{g'_j}{g'_d} = \frac{g_j \mp q_x}{g_d \mp q_x} \tag{4-87}$$

由于 m'、g_j、g_d 均已知,由式(4-87)可求得假载 q_x。应当注意:采用假载法调整内力后,调整后的拱轴线与实际结构的恒载压力线是不重合的。

采用假载法调整内力的具体步骤如下:

(1)首先计算 $q \mp q_x$(将 q_x 视为实际荷载),这时拱轴线与压力线重合,再根据 m' 计算拱圈内力(包括弹性压缩),此时拱顶产生正弯矩,拱脚产生负弯矩。

(2)然后加上($m' < m$)或减去($m' > m$)用均布荷载 q_x 乘以采用 m' 绘制的影响线绘制面积所得到的内力(包括弹性压缩),即得到实际结构的恒载内力。

(3)最后再根据 m' 计算活载、温度变化等产生的内力。

调整时需注意,当 $m' > m$ 时,q_x 在拱顶、拱脚处产生的弯矩为正值(因为拱顶、拱脚的影响线面积和均为正值),可以抵消拱脚负弯矩,但加大了拱顶正弯矩;$m' < m$ 时,q_x 在拱顶、拱脚处产生的弯矩为负值,可以抵消拱顶正弯矩,但加大了拱脚负弯矩(图4-81)。

2. 空腹式拱桥

空腹式拱轴线的变化是通过改变 $l/4$ 截面处的纵坐标 $y_{l/4}$ 来实现的。设拱轴系数为 m' 时,$l/4$ 截面处的纵坐标 $y'_{l/4}$,则有

$$\frac{y'_{l/4}}{f} = \frac{\sum M_{l/4} \mp \dfrac{q_x^2}{32}}{\sum M_j \mp \dfrac{q_x^2}{8}} \qquad (4\text{-}88)$$

q_x 前的符号为：当 $m' < m$ 时，为正；当 $m' > m$ 时，为负。

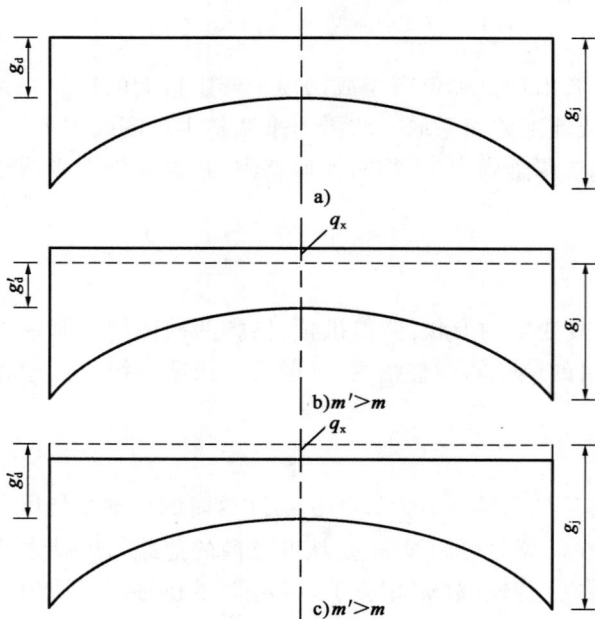

图 4-80　实腹拱假载内力计算

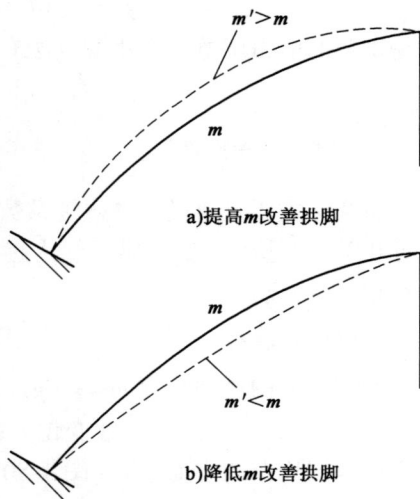

图 4-81　拱轴随 m 变化的情况

拱轴系数调整后，拱的几何尺寸和内力计算应根据 m' 确定，内力计算方法同实腹式拱，即先计算结构重力和假载 q_x 共同作用下的水平推力 H_g。

不计弹性压缩时：

$$H_g = \frac{\sum M_j \mp \dfrac{q_x^2}{8}}{f} \qquad (4\text{-}89)$$

计入弹性压缩时：

$$H'_g = \left(1 - \frac{\mu_1}{1+\mu}\right) H_g \qquad (4\text{-}90)$$

然后减去或加上在 m' 时假载 q_x 作用下的内力（包括弹性压缩），即可得到调整拱轴系数后的实际结构的拱圈截面恒载内力。最后再计算活载、温度变化等产生的内力。

与实腹式拱一样，采用假载法调整拱轴线不能同时改善拱顶、拱脚两个控制截面的内力，且对其他截面的内力也产生影响，调整时应该全面考虑。

（二）用临时铰调整内力

用临时铰调整内力，就是在主拱圈施工时，于拱顶、拱脚处用铅垫板做成临时铰，拱架拆除之后，由于临时铰的存在，主拱圈成为静定的三铰拱，待拱上建筑完成后，再用高强度等级水泥砂浆封固,成为无铰拱。由于在恒载作用下,主拱圈是静定的三铰拱,在恒载弹性压缩以及封铰前已经发生墩台变位时,均不产生附加内力,从而减小了拱中的弯矩。

如果将临时铰偏心布置,还可以进一步消除日后由于混凝土的收缩产生的附加内力。设混凝土收缩,在拱顶处引起正弯矩 M_d,在拱脚引起负弯矩 M_j,为了消除此项弯矩,可将临时铰偏心布置(图 4-82),在拱顶截面的临时铰布置在拱轴线以下处 e_d,在拱脚截面的临时铰布置在距离拱轴线以上处 e_j。当恒载作用下拱顶截面产生负弯矩 M_d、拱脚截面产生正弯矩 M_j 时,则偏心距 e_d 和 e_j 可按以下方法确定。

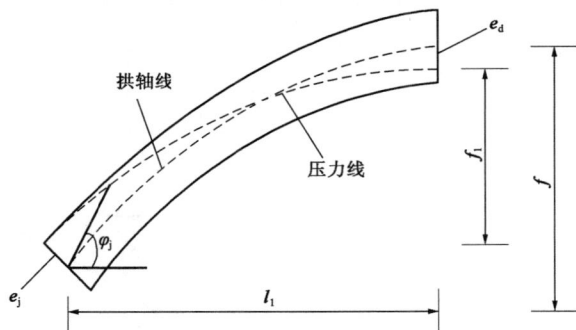

图 4-82 临时铰调整内力

设置临时铰后,压力线的矢高为:

$$f_1 = f - e_d - e_j \cos\varphi_j$$

此时,拱的恒载水平推力变为:

$$H'_g = H_g \frac{f}{f_1} \tag{4-91}$$

式中: H_g——不设临时铰时拱的恒载内力。

根据需要调整弯矩 M_d 和 M_j,可求偏心距:

$$e_d = \frac{M_d}{H'_g} = \frac{M_d}{H_g} \cdot \frac{f_1}{f} \tag{4-92}$$

$$e_j = \frac{M_j}{H'_g} \cos\varphi_j = \frac{M_j}{H_g} \cdot \frac{f_1}{f} \cos\varphi_j \tag{4-93}$$

所以

$$f_1 = f - \frac{1}{H_g} \cdot \frac{f_1}{f}(M_d + M_j) = \frac{H_g f^2}{H_g f + M_d + M_j \cos^2\varphi_j} \tag{4-94}$$

大跨度钢筋混凝土拱桥还可以采用千斤顶调整内力,即在砌筑拱上建筑之前,在拱顶预留接头处设置上、下两排千斤顶,形成偏心力,使拱顶产生负弯矩,拱脚产生正弯矩,达到消除弹性压缩、收缩徐变产生的内力的效果。对于采用支架施工的拱桥,设置千斤顶还能起到脱架作用。总之,采用临时铰或千斤顶调整主拱圈内力,效果显著,但施工复杂。

(三)改变拱轴线调整内力

在空腹式拱桥中,由于悬链线与压力线之间的偏离,可以不同程度地减小拱顶和拱脚的过大弯矩。所以,可以在三铰拱恒载压力线的基础上,根据桥的实际需要叠加一个正弦波的调整曲线来作为拱轴线,采用逐次渐进法来调整,即通过适当地选取调整曲线竖标来抵消恒载、弹性压缩和混凝土收缩等因素在拱顶和拱脚产生的弯矩值,逐渐使得拱顶、拱脚两截面的总弯矩趋近于零。为了达到上述目的,要求调整的拱轴线通过 O' 点,并使拱轴线与压力线具有相同的弹性中心（图4-83），这样做起到类似临时铰调整内力的作用。所以，改变拱轴线调整拱圈内力，就是人为地改变拱轴线，使拱轴线与恒载压力线造成有利的偏离，使得其在拱顶、拱脚截面产生有利的恒载弯矩，以消除这两个截面过大的弯矩，达到调整主拱圈内力的目的。

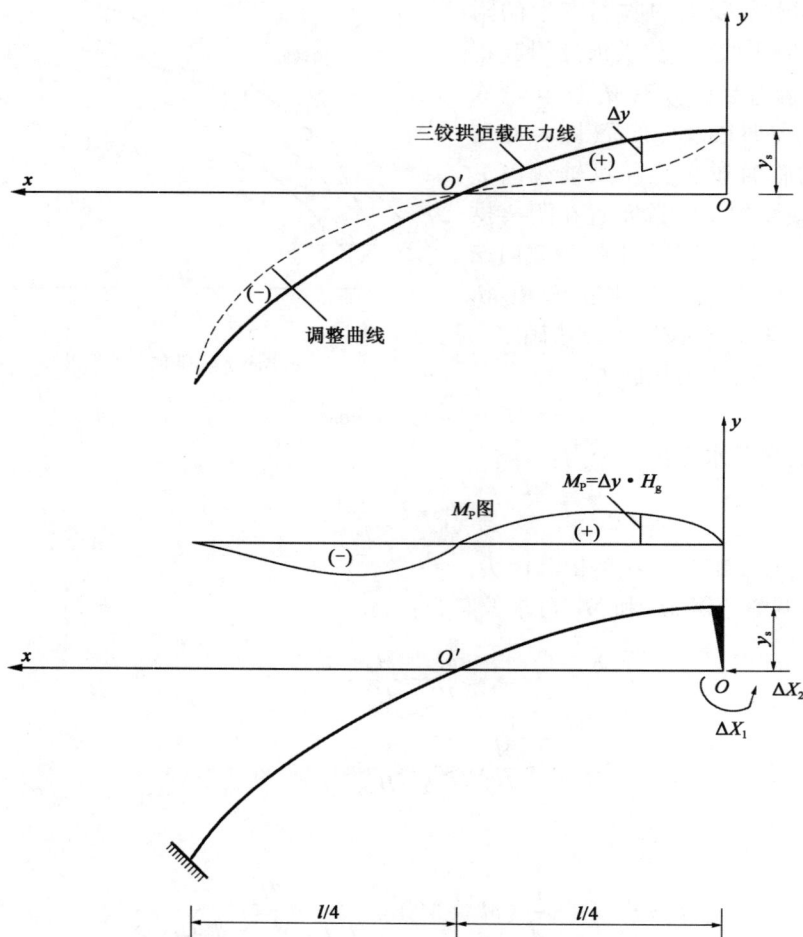

图 4-83　改变拱轴线调整内力

第四节　拱桥的施工

一、拱桥施工方法简介

混凝土拱桥的施工按其主拱圈成型的方法可以分为以下三大类。

（一）就地浇筑法

就地浇筑法就是把拱桥主拱圈混凝土的基本施工工艺流程（立模、扎筋、浇筑混凝土、养护及拆模等）直接在桥孔位置来完成。按照所使用的设备来划分，包括以下两种：

（1）有支架施工法

这和梁式桥的有支架施工相类似，有关支架的类型、主拱圈混凝土浇筑的技术要求以及卸架方式等，后面还要专门介绍。

（2）悬臂浇筑法

图 4-84 是采用悬臂浇筑法浇筑箱形截面主拱圈的示意图。它把主拱圈划分成若干个节段，并用专门设计的钢桁托架结构作为现浇混凝土的工作平台。托架的后端铰接在已完成的悬臂结构上，其前端则用刚性组合斜拉杆经过临时支柱和塔架，再由尾索锚固在岸边的锚碇上。由于钢桁托架本身较重，它的转移必须借助起重量大的浮吊船，而钢筋骨架和混凝土的运输则借助缆索吊装设备，施工比较麻烦，拱轴线上各点的高程也较难控制，故目前较少采用这种施工方法。

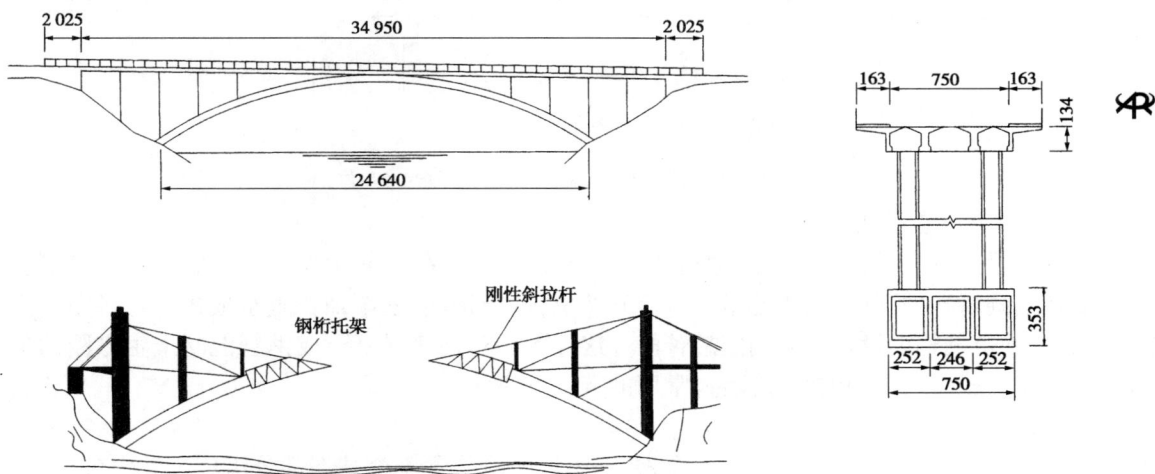

图 4-84　悬臂浇筑箱形拱示意（尺寸单位：cm）

（二）预制安装法

预制安装法按主拱圈结构所采用的材料可以分为整体安装法和节段悬拼法两种。

（1）整体安装法

这种施工方法适合于钢管混凝土系杆拱的整片起吊安装，因为钢管混凝土拱肋在未灌混凝土之前具有质量轻的优点。例如图 4-85 中，跨径为 45m 的系杆拱片，经组合后，其吊装质量仅为 18.7t，用起重量为 20t 的浮吊，仅用了一天就把两片拱片全部安装完毕。但被起吊的拱片应作以下三点验算：

①拱肋从平卧到竖立的翻转过程中,形若一根简支曲梁,因此,应将此两个起吊点视为作用于其上的垂直集中力,来验算此曲梁的强度和刚度。

②在竖向吊运过程中,需验算吊点截面的强度。

③当两吊点间距较近时,需验算系杆是否出现轴向压力及其面外的稳定性。

其次,应该科学地设计其施工顺序,使设计中对全桥横向稳定有利的杆件先安装或浇筑,例如先安装肋间横撑,浇筑支承节点和端横梁混凝土,再安装内横梁和沿系杆纵向分条合龙安装桥面板等。

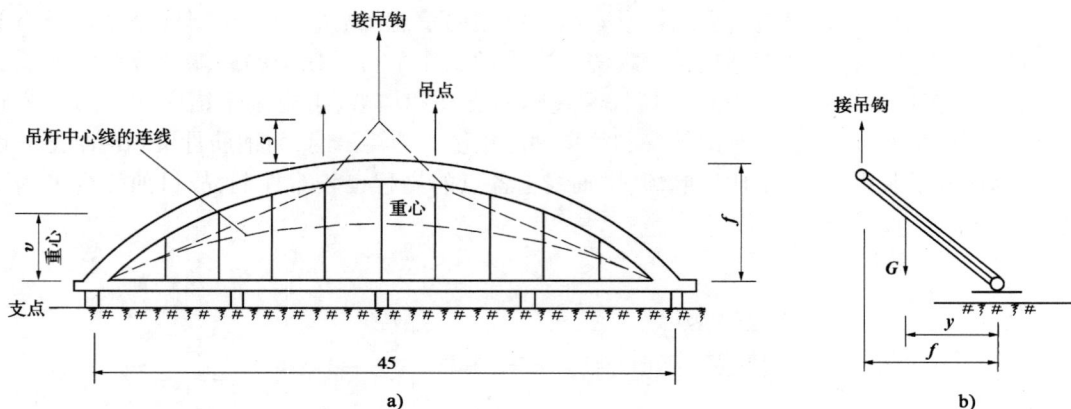

图4-85 钢管混凝土系杆拱整体起吊(尺寸单位:m)

(2)节段悬拼法

节段悬拼法是将主拱圈结构划分成若干节段,先放在现场的地面或场外工厂进行预制,然后运送到桥孔的下面,利用起吊设备提升就位,进行拼接,逐渐加长直至成拱。每拼完一个节段,必须借助辅助设备临时固定悬臂段。这种方法对钢筋混凝土或钢管混凝土主拱圈的施工都适用。根据所采用的起重设备,常用的有以下两种:

①缆索吊装设备。

缆索吊装设备主要由主索、工作索、塔架和锚固装置4个基本部分组成。其中包括主索、起重索、牵引索、结索、扣索、缆风索、塔架及索鞍、地锚、滑车、电动卷扬机等设备和机具。有关施工的具体内容,后面还将专门介绍。

②伸臂式起重机。

图4-86是利用伸臂式起重机在已拼接好了的悬臂端逐次起吊和拼接下一节段的施工示意图。每拼接好一个节段,即用辅助钢索临时拉住,每拼完三节,便改用更粗的主钢索拉住,然后拆除辅助钢索,供重复使用。这种方法,适用于特大跨径的拱桥施工。

(三)转体施工法

转体施工法的特点是将主拱圈从拱顶截面分开,把主拱圈混凝土高空浇筑作业改为放在桥孔下面或者两岸进行,并预先设置好旋转装置,待主拱圈混凝土达到设计强度后,再将它就地旋转就位成拱。按照旋转的几何平面又可分为以下三种。

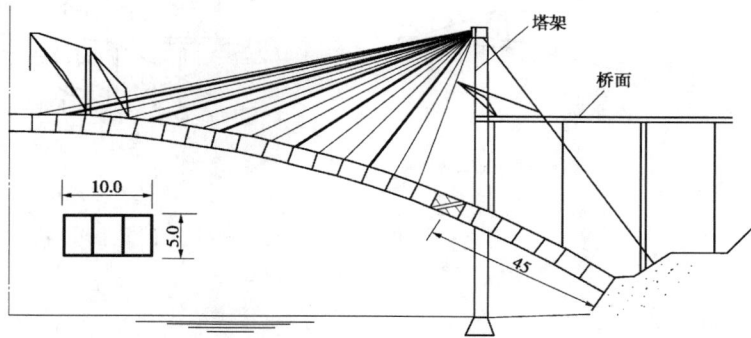

图 4-86 悬臂拼装示意(尺寸单位:m)

（1）平面转体施工法

图 4-87 是主拱圈正处在平面旋转过程中的示意图。这种施工方法特点是:将主拱圈分为两个半跨,分别在两岸利用地形作简单支架(或土牛拱胎),现浇或者拼装拱肋,再安装拱肋间横向联系(横隔板、横系梁等),把扣索的一端锚固在拱肋的端部(靠拱顶)附近,经引桥桥墩延伸至埋入岩体内的锚碇中,最后用液压千斤顶收紧扣索,使拱肋脱模,借助环形滑道和手摇卷扬机牵引,慢速地将拱肋转体 180°(或小于 180°),最后再进行主拱圈合龙段和拱上建筑的施工。图 4-88 示出了拱桥转动体系的一般构造。其中,图 4-88a)是在转盘上放置平衡重来抵抗悬臂拱肋的倾覆力矩,转动装置是利用摩阻系数特别小的聚四氟乙烯材料和不锈钢板制造,以利转动;图 4-88b)是无平衡重的转动体系,它是把有平衡重转体施工中的扣索直接锚固在两岸岩体中,这种方法仅适合于在山区地质条件好或跨越深谷的地形条件下采用。

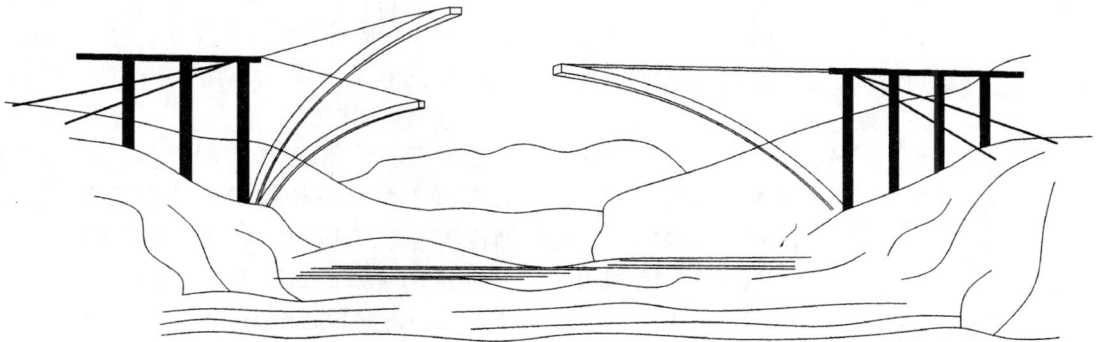

图 4-87 平面转体施工示意

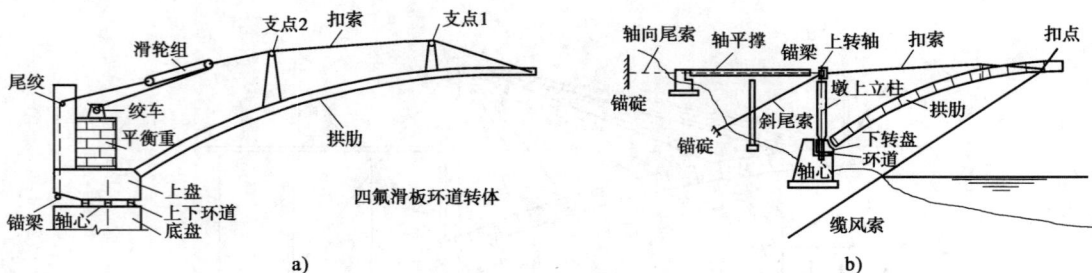

图 4-88　转动体系的一般构造

（2）竖向转体施工法

当桥位处无水或水很浅时，可以将拱肋分成两个半跨放在桥孔下面预制。如果桥位处水较深时，可以在桥位附近预制，然后浮运至桥轴线处，再用起吊设备和旋转装置进行竖向转体施工。这种方法最适合于钢管混凝土拱桥的施工。因为钢管混凝土拱桥的主拱圈必须先让空心钢管成拱以后再灌筑混凝土，故在旋转起吊时，不但钢管自重相对较轻，而且钢管本身强度也高，易于操作。图 4-89 是应用扒杆吊装系统对钢管拱肋进行竖向转体施工的示意图。它的主要施工过程是，将主拱圈从拱顶分成两个半拱在地面胎架上完成，对焊接质量、几何尺寸、拱轴线形等验收合格后，由竖立在两个主墩顶部的两套扒杆分别将其旋转拉起，在空中对接合龙。拱脚旋转装置是采用厚度为 36mm 的钢板在工厂进行配对冲压而成，使两个弧形钢板密贴，两弧形钢板之间涂上黄油，以减小摩阻力，如图 4-90 所示。

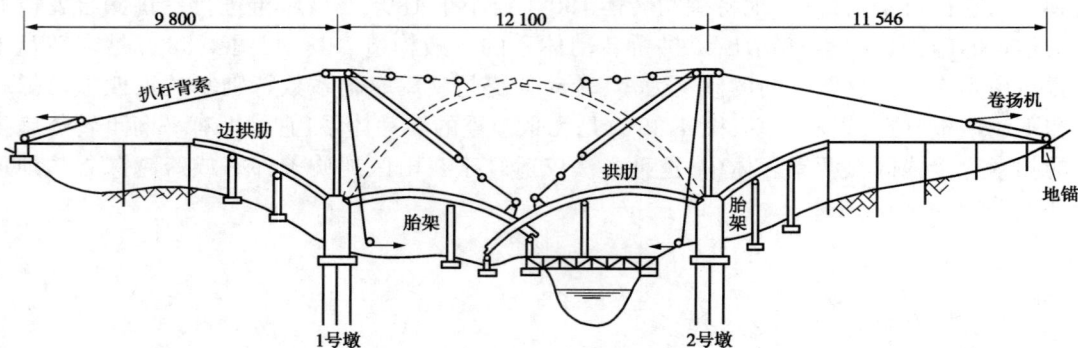

图 4-89　扒杆吊装系统总布置图（尺寸单位:cm）

（3）平—竖相结合的转体施工法

这种施工方法是在我国广州市丫髻沙大桥——三孔连续自锚中承式钢管混凝土系杆拱桥施工中首先采用。它综合吸收了上述两种转体施工方法的优点，具体体现在:

①利用竖向转体法的优点，变高空作业为地上作业，避免了长、大、重安装单元的运输和起吊。

②利用平面转体法的优点，将全桥三孔分为两段，放在主河道的两岸进行预制和拼装，将桥跨结构的施工对主航道航运的影响降到最低程度。

③利用边孔作为中孔半拱的平衡重，使整个转体施工形

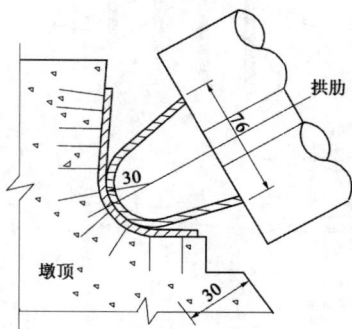

图 4-90　拱脚旋转装置（尺寸单位:cm）

成自平衡体系,免除了在岸边设置锚碇构造。

图 4-91a)是桥转体施工的平面布置,图 4-91b)是它的半结构在岸边制作后竖向转体的示意图。

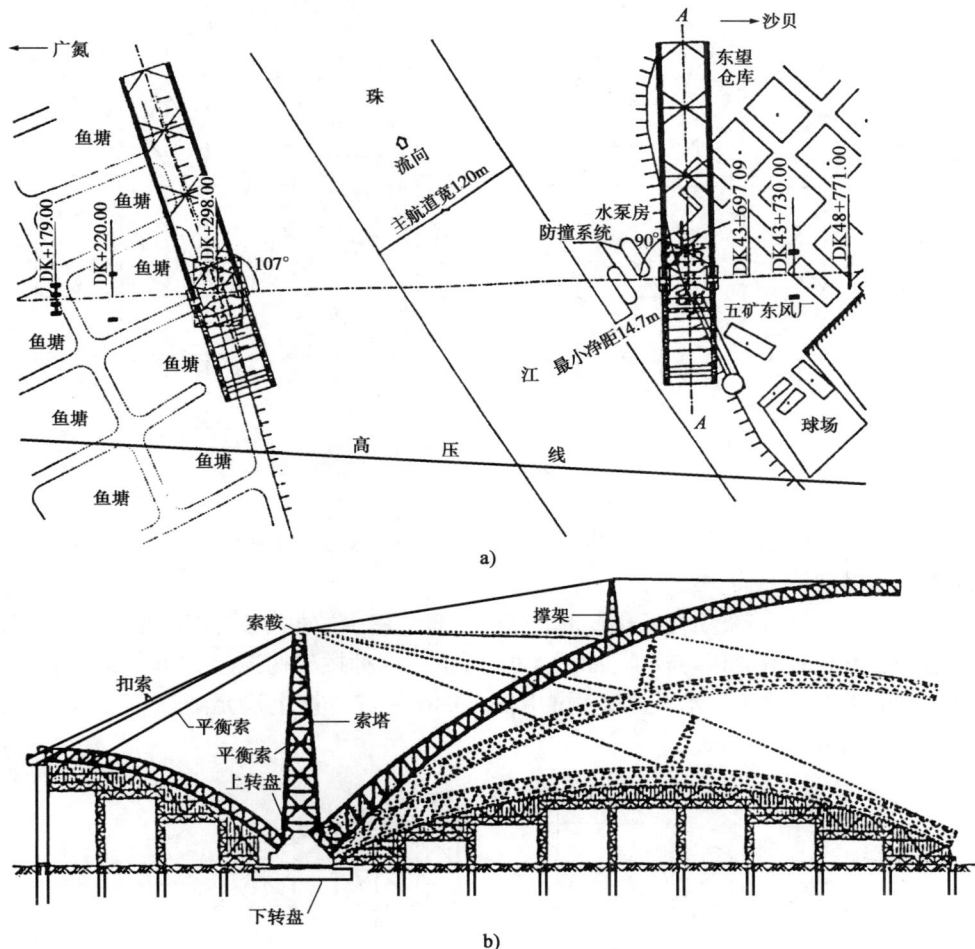

a)

b)

图 4-91 丫髻沙大桥转体施工示意

a)施工平面布置;b)半结构的施工台座及竖转

二、上承式拱桥的有支架施工

(一)拱架

拱架是有支架施工建造拱桥必不可少的辅助结构,在整个施工期间,用以支承全部或部分拱圈和拱上建筑的重量,并保证拱圈的形状符合设计要求。因此,要求拱架具有足够的强度、刚度和稳定性。常用的拱架有以下几种。

(1)满布立柱式拱架

满布立柱式拱架一般采用木材制作,图 4-92 是这种拱架的一般构造示意图。它的上部由斜梁、立柱、斜撑和拉杆组成拱形桁架,又称拱盔,它的下部由立柱和横向联系(斜夹木和水平夹木）组成支架，上下部之间放置卸架设备（木楔或砂筒等）。这种支架的立柱数目很多，只适合于桥不太高、跨度不大且无通航要求的拱桥施工。

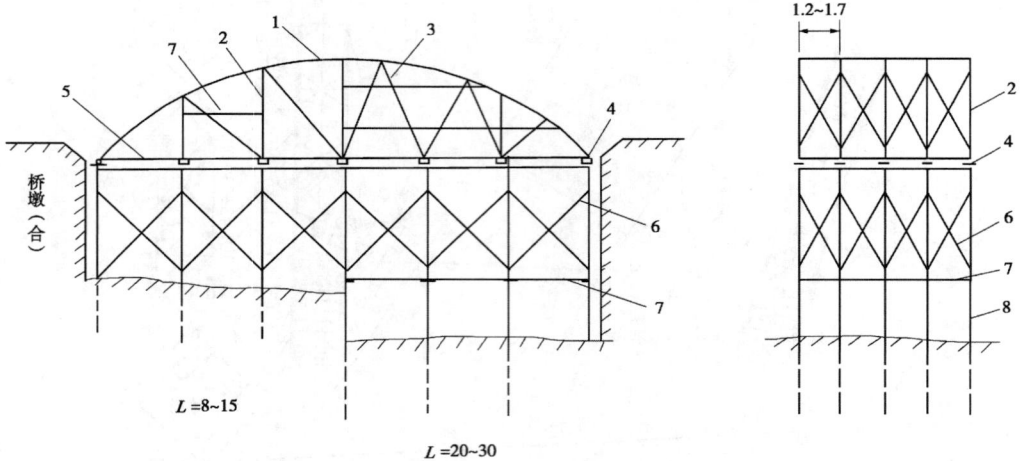

图4-92　立柱式木拱架（尺寸单位：m）

1-弓形木；2-立柱；3-斜撑；4-卸架设备；5-水平拉杆；6-斜夹木；7-水平夹木；8-桩木

（2）撑架式拱架

这种拱架的上部与满布立柱式拱架相同，其下部是用少数框架式支架加斜撑来代替众多数目的立柱，因此木材用量相对较少，如图4-93所示。这种拱架构造上并不复杂，而且能在桥孔下留出适当的空间，减小洪水及漂流物的威胁，并在一定程度上满足通航的要求。因此，它是实际中采用较多的一种形式。

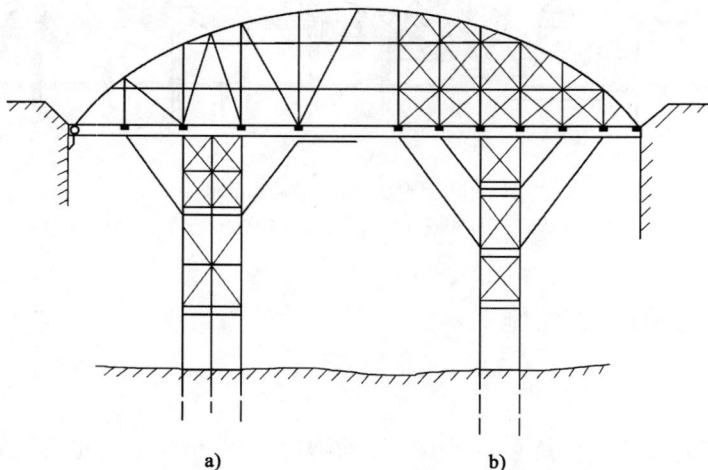

图4-93　撑架式拱架

（3）三铰桁式木拱架

三铰桁式木拱架是由两片对称弓形桁架在拱顶处拼装而成，其两端直接支承在墩台所挑出的牛腿上或者紧贴墩台的临时排架上，跨中一般不另设支架，如图4-94所示。

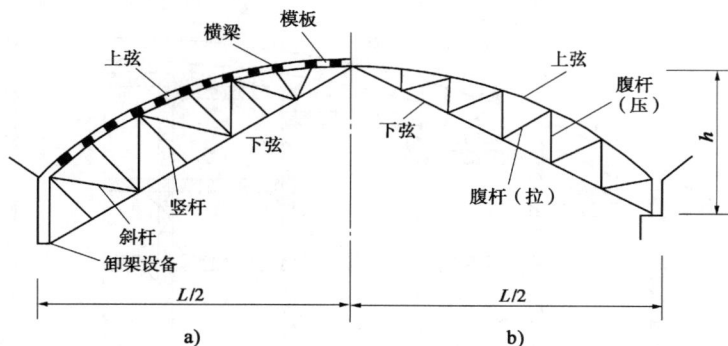

图 4-94　三铰桁式木拱架
a) N 式；d) V 式

这种拱架不受洪水、漂流物的影响，在施工期间能维持通航，适用于墩高、水深、流急或要求通航的河流。与满布立柱式拱架相比，木材用量少，可重复使用，损耗率低。但对木材规格和质量要求较高，同时要求有较高的制作水平和架设能力。由于在拱铰处结合较弱，因此，除在结构构造上须加强纵横向联系外，还需设抗风缆索，以加强拱架的整体稳定性。在施工中应注意对称均匀浇筑混凝土，并加强观测。

（4）钢拱架

钢拱架一般采用桁架式，由单片拱形桁架构成。拱片之间的距离可为 0.4m 或 1.9m。它们可以被拼接成三铰、两铰或无铰拱架。当跨径小于 80m 时多用三铰拱架，跨径小于 100m 时多用两铰拱架，跨径大于 100m 时多用无铰拱架。图 4-95 是两铰钢拱架构造示意图。由于钢拱架多用在大跨径拱桥的建造上，它本身具有很大的质量，故在安装时，还需借助临时墩和起吊设备，将它分为若干节段后再拼装而成。施工时再拆除临时墩与钢拱架的联系，施工完毕后，又借助临时墩逐段将它拆除。图 4-95b）是这类拱架的安装示意图。

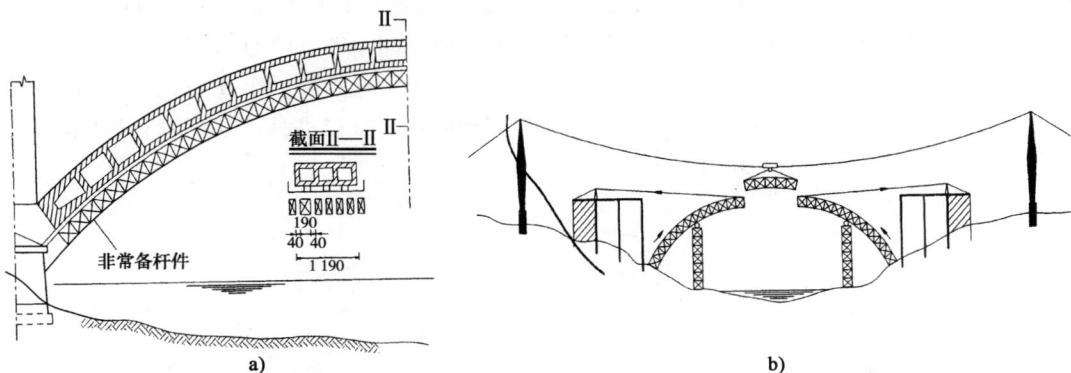

图 4-95　钢拱架构造形式（尺寸单位：cm）

（5）可移动式钢拱架

当桥位处的常水位较小，且河床较平坦时，也可采用着地式的钢拱架。图 4-96 所示是在修建河南省义马市许沟大桥时采用的可移动式钢拱架构造。该桥主跨为 220m，箱形截面主拱圈的箱宽为 9m，分上、下两幅进行现浇混凝土施工。整个拱架由万能杆件拼装而成，待上游半幅拱箱合龙后，再通过滑轨平移至下游半幅处重复使用，从而大大节省人工和材料，缩短了工期。

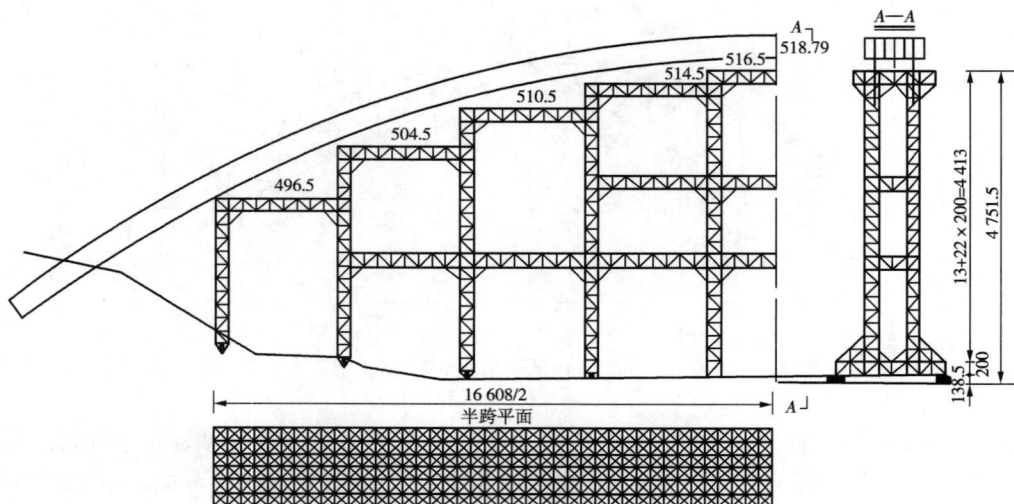

图4-96　可移动式钢拱架(尺寸单位:cm)

(二) 拱圈混凝土的浇筑

在浇筑拱圈混凝土之前,必须在拱架上立好模板,绑扎或焊接好钢筋骨架。为了保证在整个施工过程中拱架受力均匀和变形最小,必须选择合适的浇筑方法和顺序,并应注意以下几点:

(1)跨径小于16m的拱圈或拱肋混凝土,应按拱圈全宽从两端拱脚向拱顶对称地连续浇筑,并在拱脚混凝土的初凝前全部完成,如果预计不能在限定时间内完成,则应在拱脚预留一个隔缝并最后浇筑混凝土。

(2)跨度大于或等于16m的拱圈或拱肋,应沿拱跨方向分段浇筑。分段位置应以能使拱架受力对称、均匀和变形小为原则,对于拱式拱架,宜将分段位置设置在拱架受力反弯点、拱架节点、拱顶及拱脚处;对满布式拱架,宜将它设置在拱顶、$L/4$部位、拱脚及拱架节点处。各段的接缝面应与拱轴线垂直,各分段点应预留间隔槽,其宽度一般为$0.5 \sim 1.0\text{m}$,当安排有钢筋接头时,其宽度尚应满足钢筋接头的要求。如果预计拱架变形较小,则可减少或不设间隔槽,而采取分段间隔浇筑,如图4-97所示。

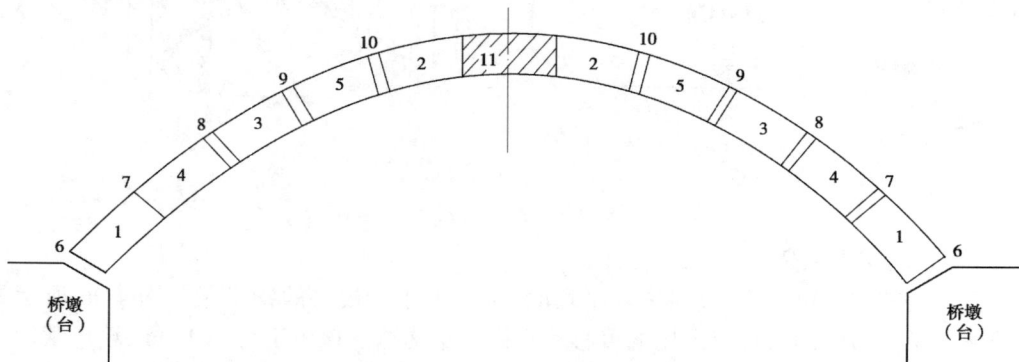

图4-97　拱圈灌筑顺序

（3）间隔槽混凝土，应在拱圈分段浇筑完成后，待其强度达到 75% 以上设计强度，并且接缝按施工缝经过处理后，再由拱脚向拱顶对称进行浇筑。拱顶及两拱脚间隔槽混凝土应在最后封拱时浇筑。由于温降对拱圈受力不利，封拱合龙温度宜尽可能在低温时进行，一般最高不超过 15℃，否则需采取一定的措施调整拱圈内力。封拱合龙前当用千斤顶施加压力的方法调整拱圈应力时，拱圈（包括已浇间隔槽）内的混凝土强度应达到设计强度。

（4）浇筑大跨径拱圈时，纵向钢筋接头应安排在设计规定的最后浇筑的几个间隔槽内，并应在浇筑这些间隔槽时再连接。

（5）浇筑大跨径拱圈（拱肋）混凝土时，宜采用分环（层）分段法浇筑，也可沿纵向分成若干条幅，中间条幅先行浇筑合龙，达到设计要求后，再按横向对称，分层浇筑合龙其他条幅。其浇筑顺序和养护时间应根据拱架荷载和各环负荷条件通过计算确定，并应符合设计要求。

（6）大跨径钢筋混凝土箱形拱圈（拱肋）可采取在拱架上组装并现浇的施工方法。先将预制好的腹板、横隔板和底板放在拱架上组装，在焊接腹板、横隔板的接头钢筋形成拱片后，立即浇筑接头和拱箱底板混凝土。组装和现浇混凝土时应从两拱脚向拱顶对称进行，浇底板混凝土时应按拱架变形情况设置少量间隔缝并于底板合龙时填筑，待接头和底板混凝土达到设计强度的 75% 以上后，安装预制盖板，最后铺设钢筋，现浇顶板混凝土。

（7）在多孔连续拱桥中，当桥墩不是按单向推力墩设计时，就应注意相邻孔间对称均匀施工。

（三）拱上建筑的施工

拱上建筑的施工，应在拱圈合龙、混凝土强度达到要求强度后进行，如设计无规定，可按达到设计强度的 30% 以上控制，一般不少于合龙后的三昼夜。

对于实腹式拱上建筑，应由拱脚向拱顶对称地浇筑。当侧墙浇筑好以后，再填筑拱腹填料。对空腹式拱桥，一般是在腹拱墩浇筑完后就卸落主拱圈的拱架，然后再对称均匀地砌筑腹拱圈，以免由于主拱圈不均匀下沉导致腹拱圈开裂。

（四）拱架的卸落

1. 卸架程序设计

卸架时间必须待拱圈混凝土达到一定强度后才能进行，为了保证拱圈或整个上部结构逐渐均匀降落，使拱架所支承的桥跨结构重量逐渐转移给拱圈自身来承担，因此拱架不能突然卸除，而应按照一定的卸架程序进行。

一般卸架的程序是：对于满布式拱架的中小跨径拱桥，可从拱顶开始，逐渐向拱脚对称卸落；对于大跨径拱圈，为了避免拱圈发生 "M" 形的变形，也有从两边 $L/4$ 处逐次对称地向拱脚和拱顶均匀地卸落。卸架宜在白天气温较高时进行，这样的条件便于卸落拱架。

2. 卸架设备

卸架设备，一般采用木楔和砂筒两种，木楔又可分为三种。

（1）简单木楔［图 4-98a］

它由两块 1:6 ~ 1:10 的斜面硬木楔块件组成。落架时，用铁锤轻敲木楔小头，将木楔取出后,拱架随即下落。它的构造简单,但在敲出时振动较大,容易造成下落不匀。它仅适用于跨径小于 10m 的满布式拱架。

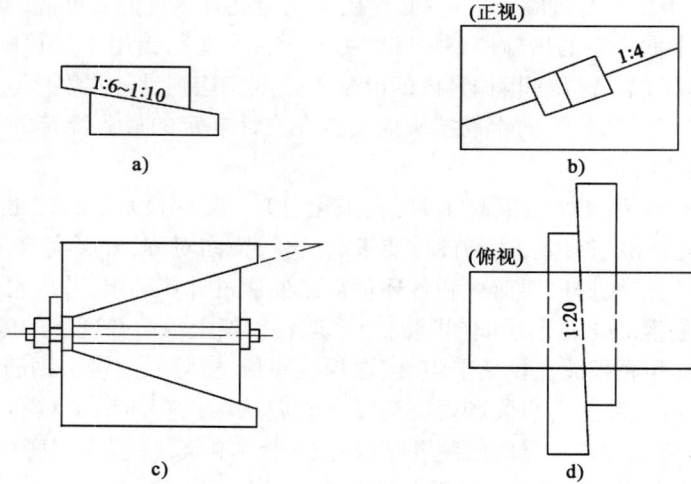

图 4-98　木楔

a)简单木楔;b)双向木楔(正视);c)组合木楔;d)双向木楔(俯视)

（2）双向木楔[图 4-98b)]

它由互相垂直的两对简单木楔构成。其优点是不用铁件,载重较大,卸模方便,适用于 30m 以内的满布式拱架。

（3）组合木楔[图 4-98c)]

它由三块楔形木和拉紧螺栓组成。卸载时只需扭松螺栓,则木楔徐徐下降。它的下落比较均匀,可用于 30m 以下的满布式拱架或 20m 以下的拱式拱架。

砂筒的承载力较大,可用于 50m 以上的满布式拱架和 30m 以上的拱式拱架,其构造及工作原理参见图 3-64。

三、上承式拱桥缆索吊装施工

缆索吊装施工工序为:在预制场预制拱肋(或拱箱)节段和拱上结构,通过平车或其他运输设备将它们移运到缆索吊装设备下的合适位置,由起重索和牵引索将预制节段吊运至待拼桥孔处安装就位,立即用扣索将它们临时固定,最后吊合龙段的拱肋(或拱箱)节段,并进行轴线调整后做接头固结处理,所有拱肋(或拱箱)安装完毕,横系梁或纵向接缝均处理结束以后,再进行拱上结构的安装,缆索吊装施工的工地布置如图 4-99 所示。缆索吊装施工与前面图 4-86的施工方法实质上同属悬臂拼装法,所不同的是后者直接在已完成的悬臂节段上设置伸臂式起吊设备,但由于受到伸臂外伸长度和起重量的限制,使拼装节段划分得比较多,因而施工工期较长;而缆索吊装采用架空起吊设备,可以把主拱圈的节段划分得少一些,一般划分成 3 段、5 段或 7 段,极个别情况按偶数划分成 28 段(例如 $l = 180m$ 的广西来宾桥),这要视拱桥跨径的大小而定,因而加快了施工进度。下面仅介绍这种施工方法的一些特点。

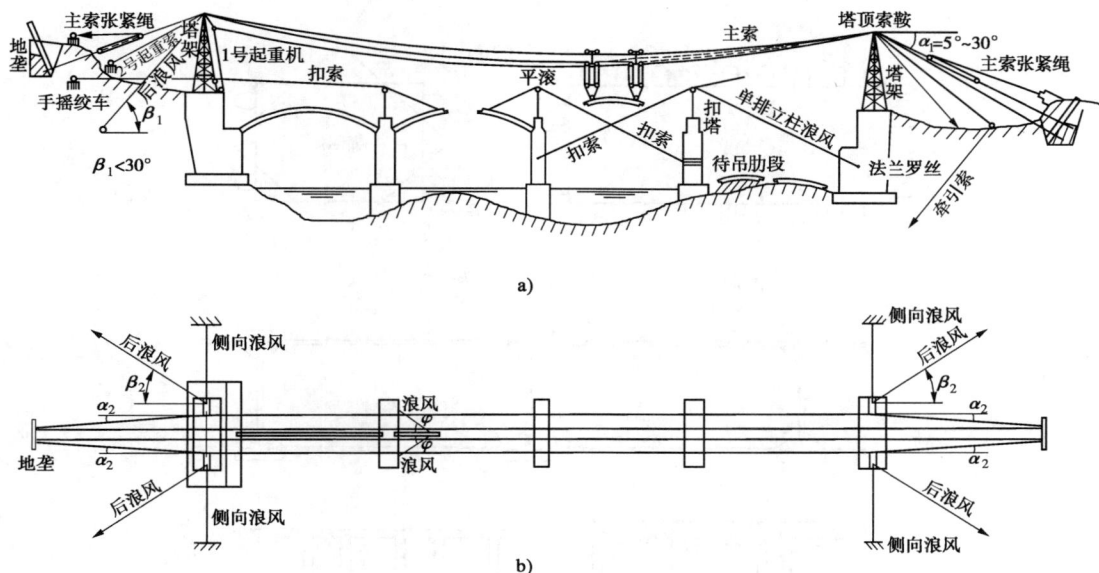

图 4-99　缆索吊装布置示意

　　板拱、肋拱和双曲拱桥的拱肋多为开口截面,其制作工艺相对简单,这里不作介绍。此处着重介绍箱形拱桥的箱肋制作工艺。为了预制安装的方便,通常将箱形截面主拱圈从横方向上划分成若干根箱肋,再从纵方向上划分为数段,待拱肋拼装成拱后,再在箱壁间用现浇混凝土把各箱肋连成整体,形成主拱圈截面。就每一个箱肋节段而言,其预制多采用组装预制的方法,施工主要步骤如下。

（一）拱圈节段的预制

　　(1)先在样台上按设计图的尺寸对每个节段进行坐标放样,然后分别预制箱肋的侧板(箱壁)和横隔板[图 4-100a]。

　　(2)在拱箱节段的底模上,将侧板(箱壁)和横隔板安放就位,并绑扎好接头钢筋,然后浇底板混凝土及接缝混凝土,组成开口箱[图 4-100b)、c)]。

　　(3)若采用闭口箱时,便在开口箱内立顶板的底模,绑扎底板的钢筋,浇筑顶板混凝土,组成闭口箱[图 4-100d)]。待节段箱肋混凝土达到设计强度后即可移运拱箱,以便进行下一节段拱箱的预制。

（二）拱肋的吊装

　　为了保证拱肋吊装的稳定和安全,必须遵循以下规定:
　　(1)拱肋的吊装,除拱顶节段外,其余节段均应设置一组扣索悬挂。
　　(2)拱肋分 3 段或 5 段拼装时,至少应保持两根基肋设置固定风缆,拱肋接头处应横向连接。
　　(3)对于中小跨径的箱形拱桥,当其拱肋高度大于 0.009 ~ 0.012 倍跨径,拱肋底面宽度为肋高的 0.6 ~ 1.0 倍,且横向稳定安全系数大于或等于 4 时,可采用单肋合龙,嵌紧拱脚后,松索成拱,如图 4-101a)所示。

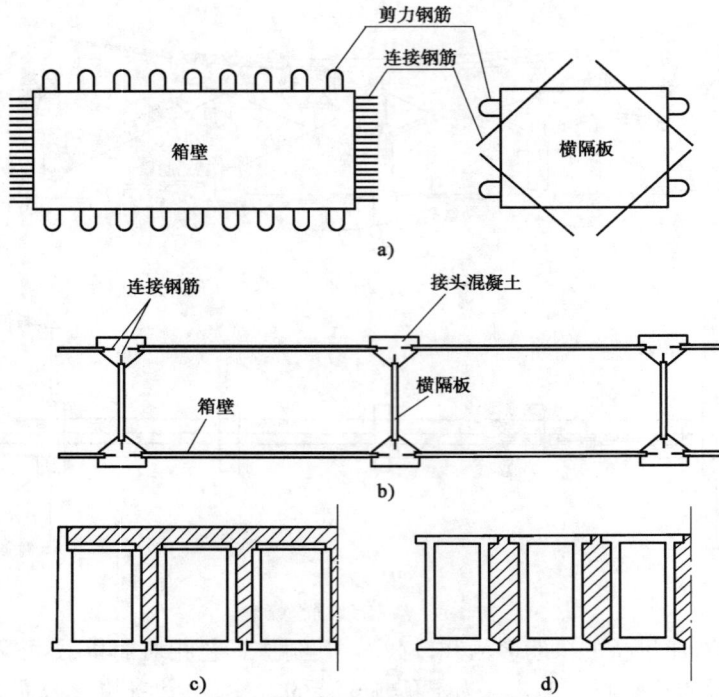

图 4-100 箱壁横隔板连接示意

a)箱壁和横隔板预制板件;b)箱壁与横隔板的拼接(俯视图);c)U形肋组合箱形截面;d)闭合箱肋组合截面

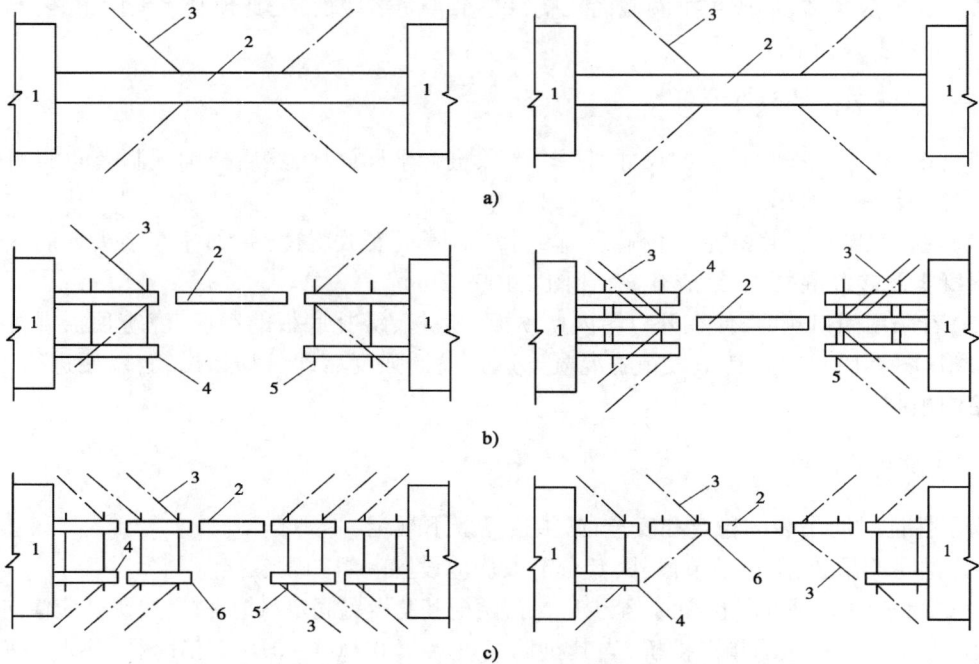

图 4-101 拱肋合龙方式示意

a)单基肋合龙;b)3 段吊装单肋合龙;c)5 段吊装单肋合龙

1-墩台;2-基肋;3-风缆;4-拱脚段;5-横夹木;6-次拱脚段

（4）大、中跨径的箱形拱，其单肋合龙横向稳定安全系数小于 4 时，可先悬扣多段拱脚段或次拱脚拱肋，然后用横夹木临时将相邻两肋联结后，安装拱顶单根肋合龙，松索成拱，如图 4-101b)、c)所示。

（5）当拱肋跨径在 80m 以上或横向稳定安全系数小于 4 时，应采用双基肋合龙松索成拱的方式，即当第一根拱肋合龙并校正拱轴线，楔紧拱肋接头缝后，稍松扣索和起重索，压紧接头缝，但不卸掉扣索和起重索，待第二根拱肋合龙，两根拱肋横向连接固定好并接好缆风后，再同时松卸两根拱肋的扣索和起重索。

（6）当拱肋分 3 段吊装，采用阶梯形搭接头时，宜先准确扣挂两拱脚段，调整扣索使其上端头较设计值抬高 30～50mm，再安装拱顶段使之与拱脚段合龙。采用对接接头，宜先悬扣拱脚段初步定位，使其上端头高程比设计值抬高 50～100mm，然后准确悬扣拱顶段，使其两端头比设计值高出 10～20mm，最后放松两拱脚段扣索使其两端均匀下降与拱顶段合龙。

（7）当拱肋分 5 段吊装时，宜先从拱脚开始，依次向拱顶分段吊装就位，每段的上端头不得扭斜。首先使拱脚段的上端较设计高程抬高 150～200mm，次边段定位后，使拱脚段的上端头抬高值下降为 50mm 左右，并应保持次边段的上端抬高值约为拱脚段上端头抬高值 2 倍的关系，否则应及时调整，以防拱肋接头开裂。

（8）当采用 7 段和 7 段以上拱肋吊装时，应通过施工控制的方法，准确计算每段吊装后各扣索的索力、各接头的高程位置，并对风缆系统进行专门设计，确保拱肋横向稳定安全系数不小于 4，拱肋（包括接头）在各阶段承受的应力也应包含在控制计算中。

（9）拱肋合龙温度应符合设计规定，如设计无规定，可在气温接近当地的年平均温度（一般在 5～15℃）时进行；天气炎热时可在夜间洒水降温条件下进行。

（10）大跨径箱形拱桥分 3 段或 5 段吊装合龙后，根据拱肋接头密合情况及拱肋的稳定度，可保留起重索和扣索部分受力，等拱肋接头的连接工序基本完成后再依序松索。

（三）施工加载程序设计

1. 目的

施工加载程序设计的目的，就是要在裸拱上加载时，使拱肋各个截面在整个施工过程中，都能满足应力、强度和稳定的要求，并在保证施工安全和工程质量的前提下，尽量减少施工工序，便于操作，加快施工进度。

2. 一般原则

（1）对于中、小跨径拱桥，当拱肋的截面尺寸满足一定的要求时，可不作施工加载程序设计。但应按有支架施工方法对拱上建筑进行对称、均匀地施工。

（2）对于大、中跨径的箱形拱桥或双曲拱桥，一般应按分环、分段、均匀对称加载的总原则进行设计。即在拱的两个半跨上，按需要分成若干段，并在相应部位同时进行相等数量的施工加载。但对于坡拱桥，一般应使低拱脚半跨的加载量稍大于高拱脚半跨的加载量。

（3）在多孔拱桥的两个相邻孔之间，也须均衡加载。两孔间的施工进度不能相差太远，以免桥墩承受过大的单向推力而产生过大的位移，造成施工快的一孔的拱顶下沉，邻孔的拱顶上冒，从而导致拱圈开裂。

3.示例

图4-102所示是一座跨径85m的箱形拱桥的施工加载程序,拱箱吊装节段采用闭合箱。图4-102中数字代表施工步骤,其加载程序简单叙述如下:

(1)先将各片拱箱逐一吊装合龙,形成一孔裸拱圈。然后将全都纵横接头处理完毕,以便浇筑接头混凝土,完成第一阶段加载。

(2)浇筑拱箱间的纵缝混凝土。纵缝应分为两层浇筑,先只浇筑到大约箱高的一半处,使其初凝后再浇满全高使与箱顶齐平,横桥向各缝齐头并进。注意下层纵缝应分段浇筑。图4-102中②、③、④、⑤各步骤为纵缝浇筑。

(3)拱上各横墙加载。先砌筑1号、2号横墙至3号横墙底面高度,再砌筑1号、2号、3号横墙至4号横墙底面高度,最后全部横墙(包括小拱拱座)同时砌筑完毕。工作按左、右两半拱对称、均匀地同时进行,见图4-102中⑥、⑦、⑧步骤。

(4)安砌腹拱圈及主拱圈拱顶实腹段侧墙。由于拱上横墙截面单薄,只能承受一片预制腹拱圈块件的单向推力,因此,安砌腹拱圈时,应沿纵向逐条对称安砌,直到完毕。见图4-102中⑨。

(5)以后各步骤,包括拱顶填料、腹拱填料、桥面系,可按常规工艺要求进行,无须作加载验算。

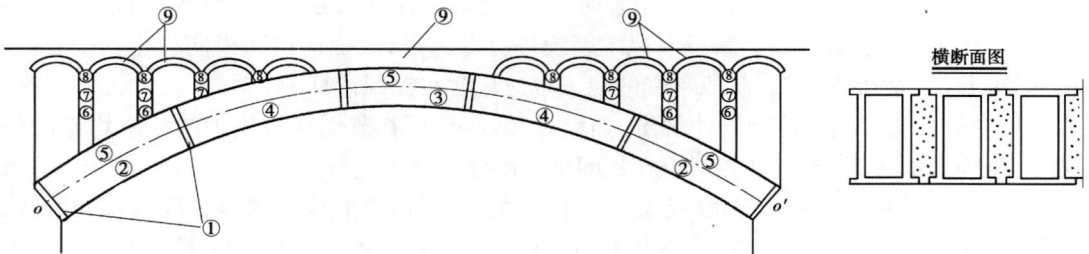

图4-102　加载程序

四、中、下承式拱桥的施工

(一)施工程序

中承式拱桥与下承式拱桥在构造上的唯一差别是前者在两端的桥面系以下是用门架代替吊杆,参见图4-103。因此,它们的施工程序基本上是相同的,即其中拱肋施工是整个过程的关键,下面仅介绍有关它的一些施工要点。

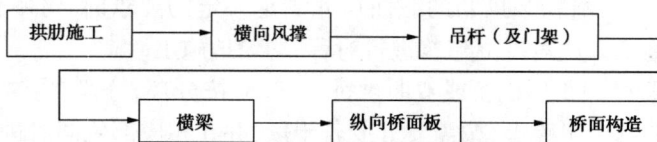

图4-103　中、下承式拱桥施工顺序

(二)钢筋混凝土箱形拱肋的施工

中、下承式箱形拱肋一般是在双铰钢拱架上采用就地浇筑法进行施工,其浇筑方法与前面的上承式箱形截面主拱圈的施工方法相似。当拱肋混凝土达到设计强度和设置好横向风撑以后,便可将贝雷拱架按照设计尺寸从中间拆除若干个单元,然后合龙,并在其上搭设浇筑横梁及安装吊杆的施工平台,完成以后的施工程序,如图4-104所示。

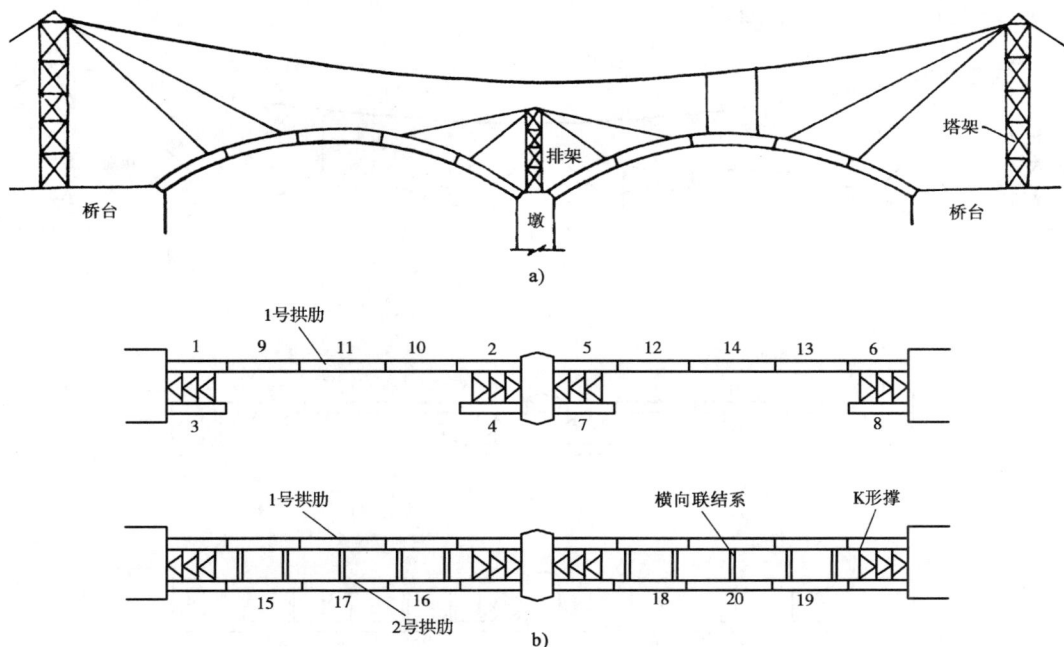

图4-104 中承式拱桥施工工艺流程
a)卸除部分拱架节段;b)塔设横梁工作平台

(三)钢管混凝土拱肋的施工

钢管混凝土拱肋一般分为两个步骤来完成,即先采用缆索起重机(或其他起重设备),分节段地安装钢管拱肋结构,待合龙并连接好两肋之间的 K 形撑之后,再向钢管内泵送微胀混凝土,以形成承重结构。因此,其中的拱肋吊装与前述的上承式拱肋缆索吊装方法完全相同,图4-105 示出了它的吊装合龙示意图。

钢管混凝土的浇筑应注意以下几点:

(1)当采用泵送顶升压注施工时,应从两拱脚向拱顶对称均衡地一次压注完成,除拱顶外不宜在其余部位设置横隔。

(2)钢管混凝土应具有低泡、大流动性、收缩补偿、延后初凝和早强的工作性能。

(3)钢管混凝土压注前应清洗管内污物,润湿管壁,泵入适当水泥浆后再压注混凝土,直到钢管顶端排气孔排出合格的混凝土时停止,完成以后应关闭设于压注口的倒流截止阀。

(4)钢管混凝土的质量检测应以超声波检测法为主,人工敲击为辅。

(5)钢管混凝土的泵送顺序应按设计要求进行,宜采用先钢管后腹箱的程序。

(四)劲性骨架钢管混凝土拱肋的施工

这类拱肋结构一般设计成箱形截面的形式。它是以钢管混凝土骨架代替钢筋骨架,又将钢管混凝土骨架当成浇筑混凝土的钢支架,直接在它的外面包上一定厚度的混凝土,从而提高截面的承载能力,同时又省掉了施工中的卸架工序。因此,其钢管拱本身的安装和向钢管中压注混凝土的方法及要求完全与上述的钢管混凝土拱肋相同。但是在浇筑外包混凝土的过程中特别要注意以下两个方面的问题。

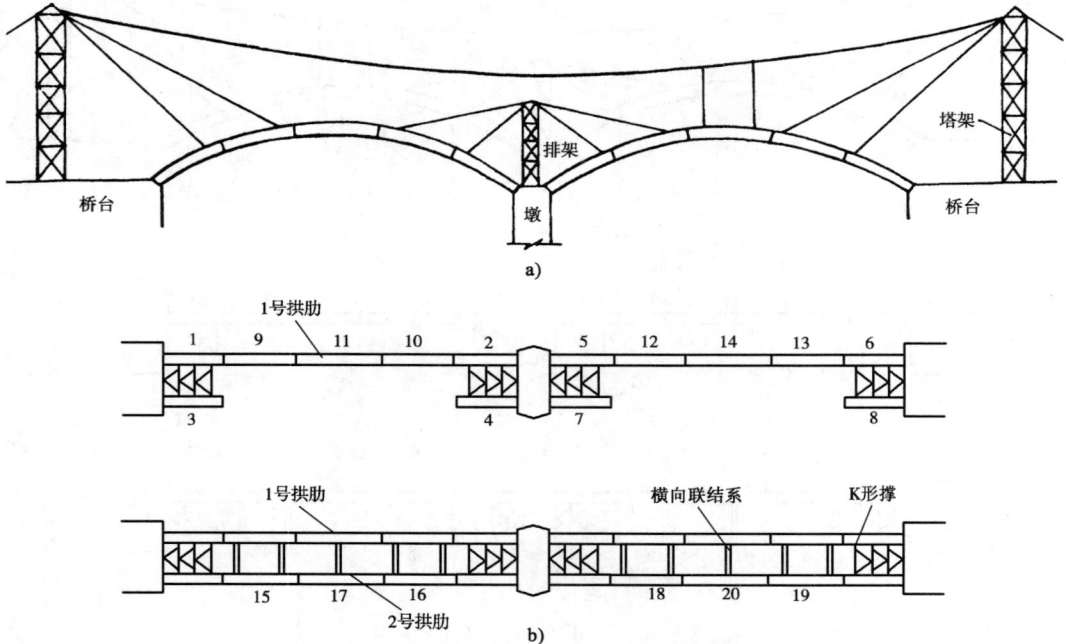

图 4-105　钢管拱肋吊装合龙顺序图

1. 准确地设置预拱度

拱肋的箱形结构是分层浇筑的,其先浇部分将参加承载,在施工的第 i 次加载时,承载结构便是第 $i-1$ 次加载之后的组合结构,而荷载是正在浇筑的混凝土与承载结构自重之和,这样,承载结构的刚度和荷载是不断地在变化着的。因此,在设置预拱度时,也应按照施工中拱圈各浇筑阶段的拱轴线下沉量分别计算,然后再与二期恒载作用下的下沉量以及成桥后的徐变收缩引起的下沉量相叠加,并计入一定的经验系数后作为应设置的预拱度值。

2. 保证拱肋在施工过程中的侧向稳定

中、下承式拱桥的拱肋一般为双肋,拱肋截面的宽高比一般比上承式箱形拱桥的要小得多,而且两肋之间的间距较大,因此在施工中应采用有效措施,保证拱肋侧向稳定的安全系数不得小于4。

下面通过一个实例来加以阐明。图 4-106 是广西邕宁邕江大桥的总体布置图,主跨为 $L=$ 312m,计算矢高 $f=52$m,桥宽 $B=18.9$m,主拱圈为箱形截面,它由4根钢管构成的钢管拱桁架作为劲性骨架,每侧的拱箱高度×宽度 $=5$m$\times3$m。该桥的施工要点如下:

（1）为了充分利用先浇混凝土对后浇混凝土具有的承载能力的贡献,并考虑混凝土的浇筑速度,将每个拱肋分为四环、自下而上地逐环灌注(图 4-107),并且上、下游拱肋应同时对称地进行。

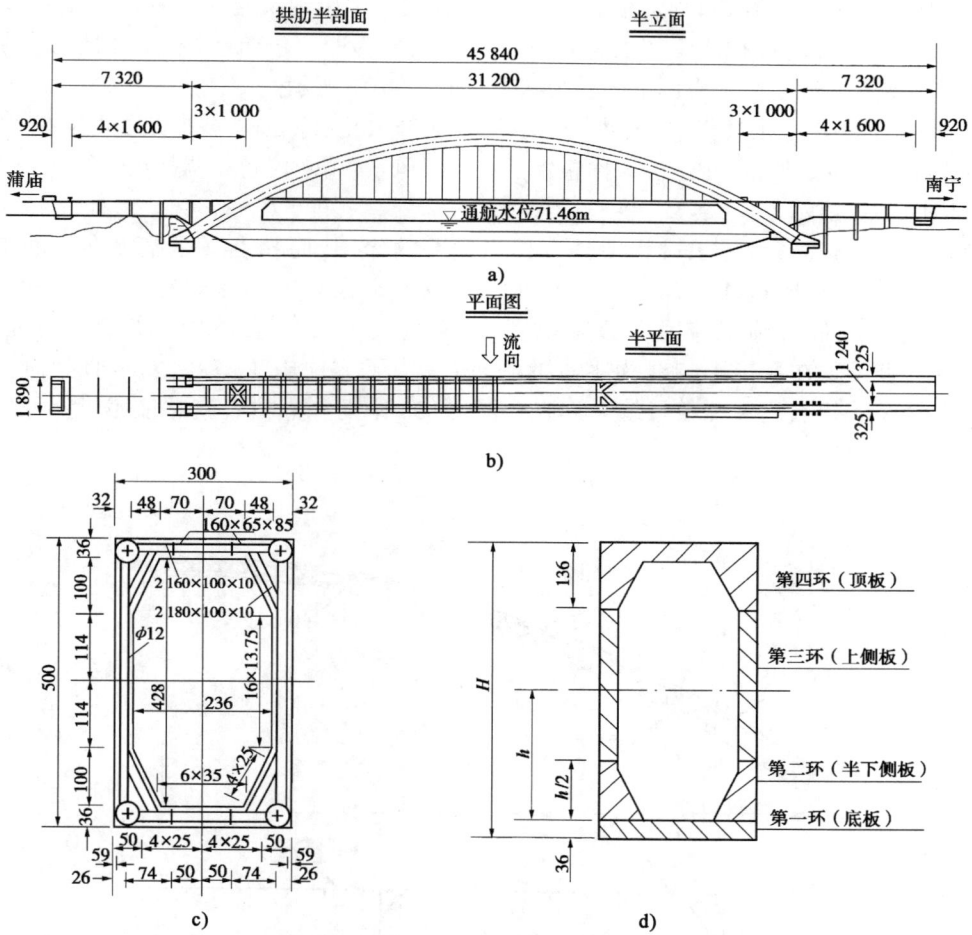

图 4-106 广西邕宁邕江大桥总体布置(尺寸单位:cm)
a)立面图;b)平面图;c)拱箱尺寸;d)混凝土浇筑分环

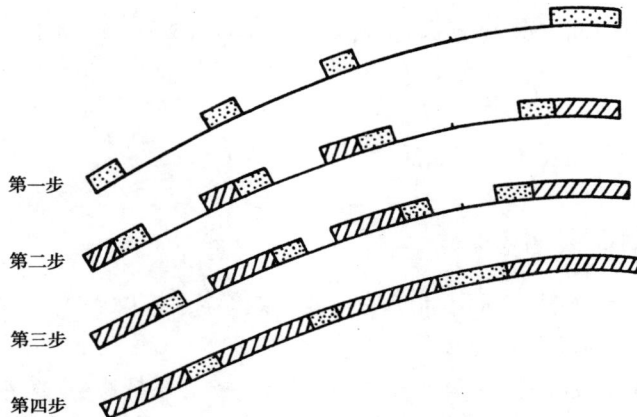

图 4-107 主拱各环八工作面浇筑示意

（2）为了保持拱轴线大致均匀下沉，避免拱肋在施工中出现拉应力或者过大压应力，便将每个拱肋分为八大段（又称八工作面），而每一大段又分为四个浇筑小段，这样使每个阶段的承重结构基本上接近于恒载作用下的受力状态，如图 4-107 所示。

（3）为了确保在施工过程中，拱肋结构不发生面外失稳，除在两条拱肋之间设置了 29 道临时横联和交叉拉索外，还在全桥对称布置了八对浪风索，用来控制和调整拱轴线在平面外的偏移，如图 4-108 所示。

（4）斜拉扣索在整个施工过程中具有相当重要的作用，而扣点又是施加在拱肋上拉力的作用点，该桥是按照这样的几条原则和通过计算分析来确定扣点位置的：①扣索的索力能最有效地降低最大施工应力和施工挠度，并限制其内力和应力以及挠度不出现异号；②扣点位置宜设置在弯矩影响线为零点的附近；③为了方便施工，宜将安装骨架阶段和浇筑混凝土阶段的扣点位置和数量统一起来。图 4-108 中的扣点位置就是依照以上原则确定出来的。

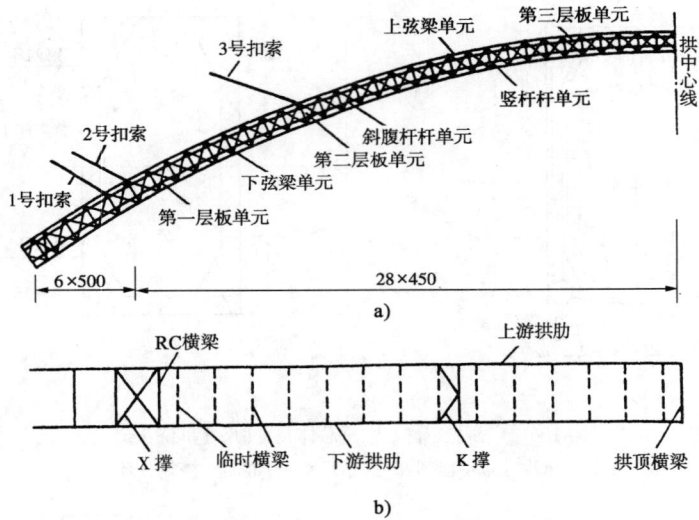

图 4-108　临时横梁及扣索布置图（浪风索未示出）（尺寸单位：cm）

五、拱式组合体系桥的施工要点

（一）柔性系杆刚性拱的施工

由于柔性系杆只能承受拉力而不能承受弯矩，故该体系桥梁多采用就地浇筑施工法。钢筋混凝土柔性系杆刚性拱桥的施工步骤如下：

（1）搭设临时支撑（或临时墩）至系杆底面高程处，支立系杆模板[图 4-109a）]。

（2）搭设拱肋、吊杆、系杆支架及支立模板，将钢筋骨架放入模板内，按拱的浇筑程序先浇筑拱肋混凝土[图 4-109b）]。

（3）待拱肋混凝土达到设计强度后，便拆除拱肋模板及支撑，然后在桥跨内施加临时荷载，使各吊杆内的钢筋拉力达到相当于桥梁恒载和活载下的强度，与此同时，系杆内的钢筋因受到拱肋自重及吊杆上临时荷载所产生的推力也将被拉紧[图4-109c)]。

（4）浇筑吊杆和系杆内的混凝土，待达到设计强度后，拆除吊杆和系杆的模架及临时荷载，系杆和吊杆均有一定的回缩，使混凝土得到一定的预压应力[图4-109d)]。

（5）完成桥面系的施工[图4-109e)]。

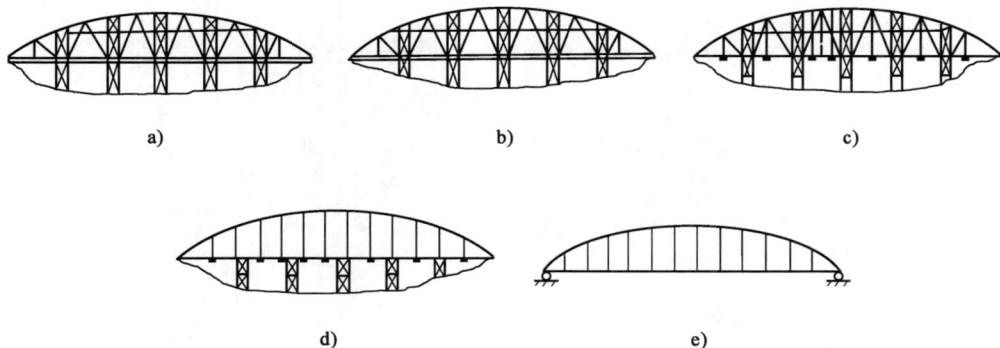

a) b) c)

d) e)

图4-109　柔性系杆刚性拱施工法

当采用预应力混凝土系杆时，预应力钢束的张拉应与施加临时荷载或恒载的过程相协调，其张拉应力应控制在允许范围内，使恒载下预应力筋的永存应力与张拉应力之比保持为0.85左右。

当采用预制预应力混凝土吊杆时，可视需要采用先张法或后张法，但应注意防止压杆的失稳破坏。

当采用柔性吊杆即高强钢丝束时，虽然杆件截面不存在开裂问题，但应注意吊杆的防腐处理及吊杆的疲劳强度问题。

（二）刚性系杆柔性拱的施工

由于该体系中的系杆一般为具有抵抗拉力或弯矩的主梁结构，故系杆的施工方法完全可以按照梁桥的施工方法进行，即就地浇筑法或预制安装法等，然后，在梁上采用搭架或者合适的机械吊装方法进行拱肋及吊杆的施工。下面给出一座连续拱梁组合体系桥梁的施工方法实例。其中跨河的正桥为35m + 120m + 35m三跨连续的拱梁组合体系桥梁，仅将其中孔设计成刚性系杆柔性拱的结构体系，拱肋为三管呈品字形的钢管混凝土结构，桥面全宽$B = 33m$，其横断面如图4-110所示。

每侧拱肋分别与相应的单箱单室连续梁相连接，肋与肋之间在拱顶区段内设置了两道钢横撑。该桥主梁采用顶推施工法，中孔设置两个临时墩，拱肋采用万能杆件提升架逐段提升加长。

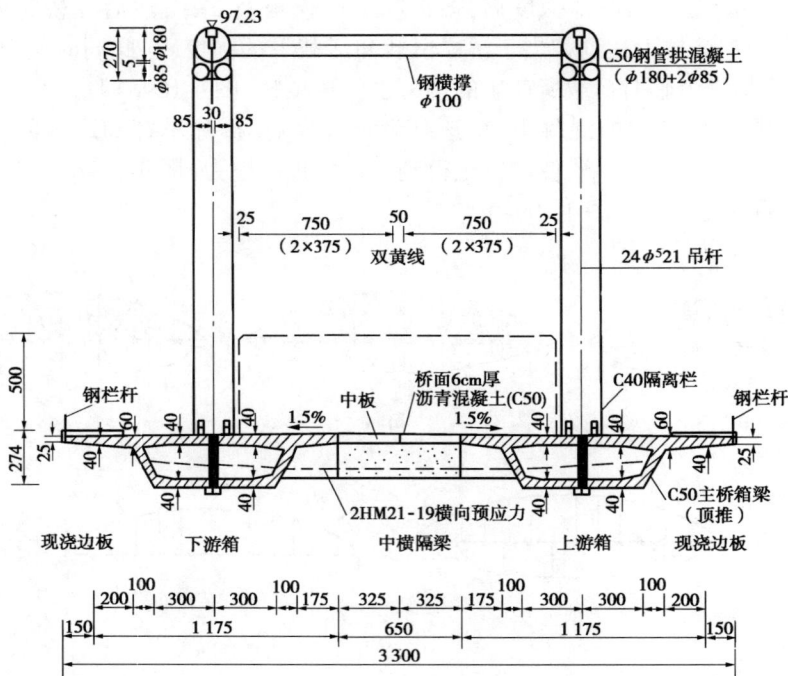

图 4-110　连续拱梁组合体系桥横断面布置(尺寸单位:mm)

(三)刚性系杆刚性拱的施工

由于刚性系杆刚性拱的刚度大,拱肋和系杆均能承受轴力和弯矩,故在施工中既可以采用刚性系杆柔性拱的施工方法(即满堂脚手架法),又可以采用整体拼装和整体顶推就位的方法,选择施工方案的余地较大,施工时的吊装和稳定性也易保证,这里不再重复。

复习思考题

1. 简述拱桥的主要特点。

2. 试简述拱桥按照受力体系和截面形式的分类特点。

3. 组合体系拱桥主要有哪些部分组成?

4. 试简述无推力和有推力组合体系拱桥的受力特点。

5. 拱上建筑的分类及主要构造有哪些?

6. 如何处理拱桥的不等跨布置问题?

7. 何为合理拱轴线? 选择拱轴线的原则是什么? 试述圆弧线、悬链线、抛物线的适用条件。

8. 简述中、下承式拱桥的基本组成和构造特点。

9. 试简述拱式组合体系桥的基本组成和构造特点。

10. 简述悬臂体系与连续体系梁桥活载内力计算特点。

11. 简述实腹式拱桥拱轴系数的计算方法。

12. 简述空腹式拱桥拱轴系数的计算方法。

13. 简述上承式悬链线无铰拱恒、活载内力的计算特点。

14. 论述假载法调整拱圈内力的基本原理。

15. 叙述常用拱架结构类型和构造特点。

16. 简述现浇混凝土拱桥的施工工序。

17. 简述钢管混凝土拱桥的特点。

18. 论述拱桥转体施工法的主要特点。

第五章
CHAPTER FIVE
斜拉桥和悬索桥简介

【本章提要】

本章主要介绍斜拉桥和悬索桥的基本组成、分类、构造及设计特点；斜拉桥和悬索桥的受力体系及设计计算要点。

【知识目标】

通过本章的学习，熟悉斜拉桥和悬索桥的基本组成、分类、构造及设计特点；了解斜拉桥和悬索桥的受力体系。

【能力目标】

能够熟悉斜拉桥和悬索桥的基本组成、分类、构造及设计特点。

【重点难点】

本章的重点是斜拉桥和悬索桥的基本组成、分类、构造及设计特点；难点是斜拉桥和悬索桥的受力体系。

第一节　斜拉桥简介

斜拉桥又称斜张桥，由斜索、塔柱、主梁三部分组成，是一种桥面体系受压，支承体系受拉的多次超静定结构。从塔柱上伸出并悬吊起主梁的高强度钢索起着主梁弹性支承的作用，从而大大减小梁内弯矩，使梁截面尺寸减小，减轻了主梁的重量，加大了桥的跨越能力。在这三者中，塔柱以承压为主，有时还要承受较大弯矩，主梁受弯的同时也受轴向压力或拉力。

斜拉桥起源于19世纪，但限于当时材料水平和复杂超静定结构的计算手段，建成不久即被淘汰。20世纪中叶，出现了高强钢丝、正交异性板、电子计算机，斜拉桥重新受到广泛关注。1956年，瑞典建成跨径75m+183m+75m的Stromdund桥，采用钢筋混凝土与钢板的组合梁，自此拉开了现代斜拉桥建设的序幕。斜拉桥的发展远比悬索桥晚，但发展非常迅速。与悬索桥相比，斜拉桥属于自锚体系，不需昂贵的地锚基础，防腐技术要求低，钢束即使受腐蚀，也可在通车情况下更换；具有刚度大，抗风能力好，采用悬臂施工，不妨碍通航，钢束用量少等特点。

中国的斜拉桥建设起步虽然较晚,但发展迅速,目前已跻身世界斜拉桥建设强国之列,苏通大桥主跨888m位居世界第一。

一、斜拉桥的分类

斜拉桥的主要组成部分为主梁、索塔和拉索;由于主要组成部分的构造不同,构成不同类型的斜拉桥。

1. 按索塔布置方式

(1)单塔式斜拉桥:当跨越宽度不大或基础、桥墩工程数量不是很大时,可采用单塔式斜拉桥,如图5-1所示。

(2)双塔式斜拉桥:桥下净空要求较大时多采用,如图5-2所示。

(3)多塔式斜拉桥:当跨越宽度大时,可采用多塔斜拉桥,如图5-3所示。

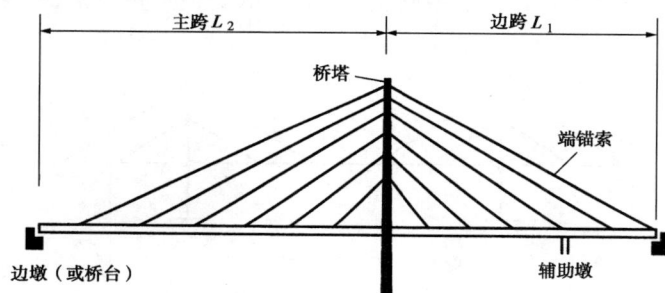

图5-1 单塔式斜拉桥

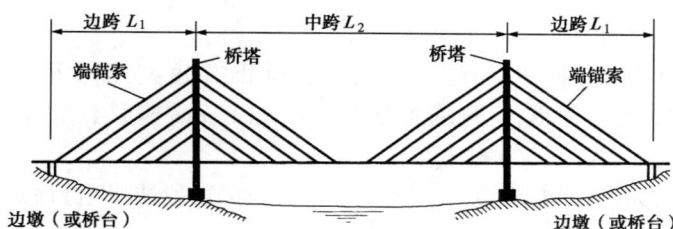

图5-2 双塔三跨式斜拉桥

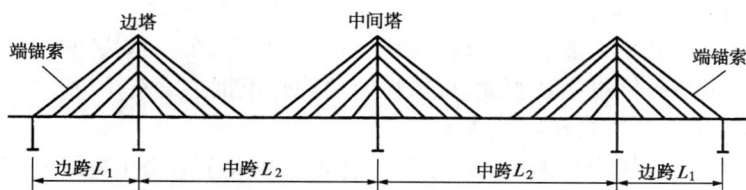

图5-3 多塔式斜拉桥

2. 按主梁支承条件

(1)连续梁式斜拉桥

墩台支撑处采用活动支座,温度变位均匀,水平变位由拉索约束,可采用连续梁的各种施工方法,如图5-1、图5-2所示。

(2)单悬臂式斜拉桥

跨中有一挂梁,边跨采用临时墩施工,中跨采用悬臂施工,如图5-4所示。

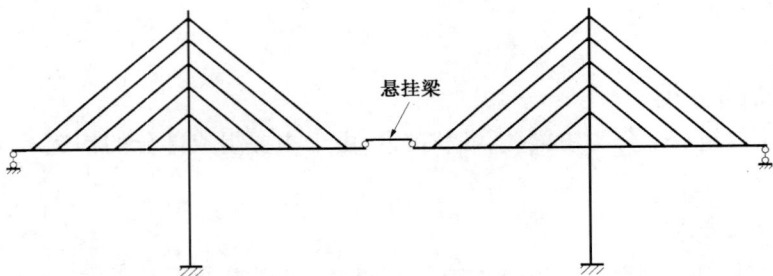

图 5-4　单悬臂式斜拉桥

（3）T 形刚架式斜拉桥

梁根部与墩、塔连成整体,形成十字固结,固结处承受很大负弯矩,主梁截面要求足够强度,构造复杂,便于平衡施工,如图 5-5 所示。

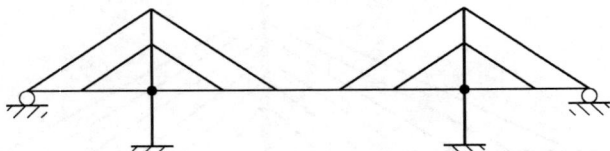

图 5-5　T 形刚架式斜拉桥

3.按主梁所用材料

（1）混凝土斜拉桥

主梁为钢筋混凝土和预应力混凝土。特点是造价低,刚度大,挠度小,抗风稳定性好,抗潮湿性能好,后期养护比钢桥简单,但跨越能力受限制,施工安装速度不如钢结构快。

（2）钢斜拉桥

主梁及桥面系均为钢结构。特点是跨越能力大,施工速度快,但价格昂费,后期养护工作量大,抗风稳定性较差。

（3）钢-混凝土叠合梁斜拉桥

主梁为钢结构、桥面系为混凝土结构,主梁与桥面系结合在一起共同受力。除具有钢主梁相同的特点外,还可节省钢材用量刚度,抗风稳定性均优于钢主梁斜拉桥。

（4）钢-混凝土混合梁斜拉桥

主跨采用钢主梁,两侧边跨采用混凝土梁。特点是加大了边跨主梁的刚度和重量,从而减小了主跨内力和变形减小或者避免了边跨端支点出现负反力,混凝土梁容易架设,造价比钢斜拉桥低。它特别适合于边跨与主跨比值较小的情况,但需要处理好钢与混凝土连接处的构造细节。

二、斜拉桥的结构体系

根据斜拉桥主要组成部分相互结合方式的不同,形成斜拉桥四种结构体系:悬浮体系、支承体系、塔梁固结体系和刚构体系。

1. 悬浮体系斜拉桥

悬浮体系斜拉桥也称漂浮体系斜拉桥,它是将主梁除两端外全部用缆索吊起,具有弹性支承的单跨梁,如图 5-6 所示。采用悬臂法施工,靠近塔柱处的梁段设置临时支点。

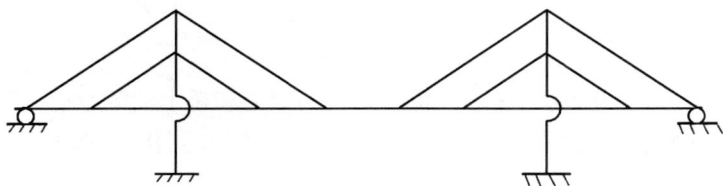

图 5-6 悬浮体系斜拉桥

2. 支承体系斜拉桥

支承体系斜拉桥也称为半漂浮体系,主梁在塔墩上设有支点,接近于具有弹性支承的三跨连续梁,如图 5-7 所示。主梁一般设置活动支座。采用悬臂施工时不需设置临时支点,比较方便。

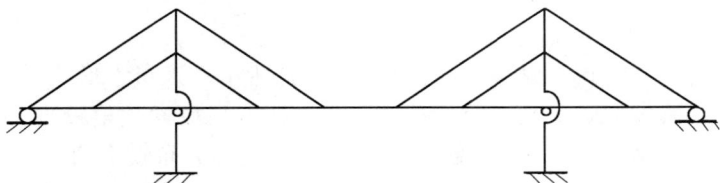

图 5-7 支承体系斜拉桥

3. 塔梁固结体系斜拉桥

塔梁固结体系斜拉桥相当于梁顶面用斜索加强的一根连续梁,如图 5-8 所示。上部结构的重量和活载由支座传给桥墩,需设置大吨位支座,支承力可能是万吨级的。

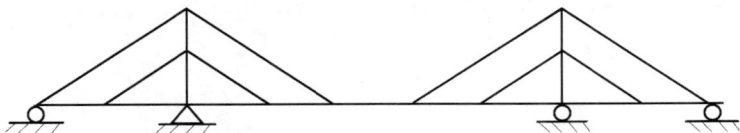

图 5-8 塔梁固结体系斜拉桥

4. 刚构体系斜拉桥

刚构体系斜拉桥塔柱、主梁和柱墩相互固结,形成具有弹性支承的刚构,刚度较大,主梁和塔柱的挠度较小,如图 5-9 所示。

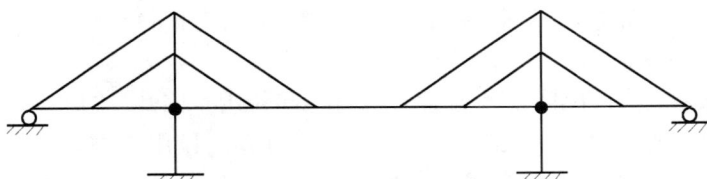

图 5-9 刚构体系斜拉桥

三、斜拉桥的构造

预应力混凝土斜拉桥的拉索布置、塔柱形式、主梁截面多种多样，在此介绍一些常见的斜拉桥构造。

1. 拉索

拉索是斜拉桥的一个重要组成部分，桥跨结构的重力和桥上活载，绝大多数或全部通过拉索传递到索塔上。拉索必须用高强度的钢筋、钢丝或钢绞线制作，根据拉索在立面的不同布置，有如下三种索面形式。

(1) 辐射式

将全部拉索汇集到塔顶，使各根拉索具有可能的最大倾角，如图 5-10a) 所示。索力主要由垂直力的需要确定，斜拉力较小，减少了拉索用钢量；外索以内的其他各索拉力较小，锚头及张拉易于处理；拉索能担负最大的荷载作用力。铰接的辐射索使结构形成几何不变体系，对变形及内力分布均有利。缺点是有较多拉索汇集塔顶，锚头拥挤，构造处理困难；塔身从顶到底受到最大压力，自由长度较大，塔身刚度要保证压曲稳定要求。

(2) 竖琴式

拉索与塔柱连接分散，拉索倾角相同，如图 5-10b) 所示。该布索形式易于处理，塔柱受力较有利，无辐射式斜索的视觉交叉，外形简洁、美观。缺点是拉索倾角较小，工作效率差，索的总拉力大，钢索用量较多，属于几何可变体系，对内力及变形分布较不利，但可在边跨内设辅助墩改善。

(3) 扇式

其特点介于辐射式与竖琴式之间，兼有上述两种优点，如图 5-10c) 所示，近年来长大跨径斜拉桥多半采用这种方式。

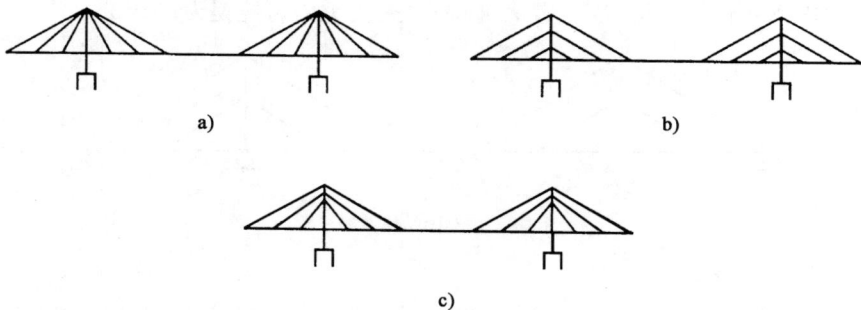

图 5-10　斜拉索立面布置方式
a) 辐射形；b) 竖琴形；c) 扇形

根据拉索在横截面布置的不同，有三种索面布置，即图 5-11a) 单索面、图 5-11b) 竖向双索面和图 5-11c) 斜向双索面。

从力学角度来看，采用单索面时，拉索对抗扭不起作用。因此，主梁应采用抗扭刚度较大的截面。单索面的优点是桥面上视野开阔。采用双索面时，作用于桥梁上的扭矩可由拉索的轴力来抵抗，主梁可采用较小抗扭刚度的截面。至于斜向双索面，它对桥面梁体抵抗风力扭振特别有利(斜向双索面限制了主梁的横向摆动)。倾斜的双索面应采用倒 Y 形、A 形或双柱式索塔。

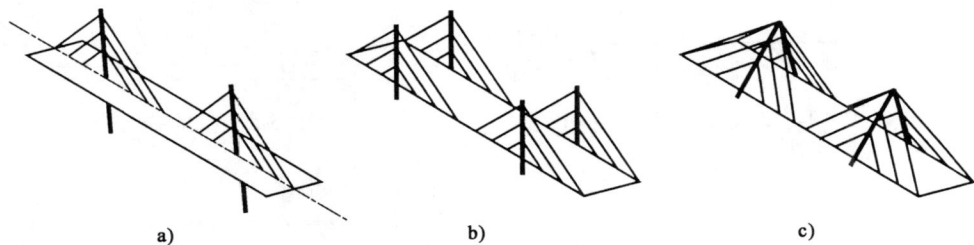
图 5-11　索面布置

2. 索塔

索塔是表达斜拉桥个性和视觉效果的主要结构物,因而对于索塔的美学设计应予足够的重视。索塔设计必须适合于拉索的布置,传力应简单明确,在恒载作用下,索塔应尽可能处于轴心受压状态。

单索面斜拉桥和双索面斜拉桥索塔塔架的纵、横向布置形式如图 5-12、图 5-13 所示。

索塔沿桥纵向的布置有独柱式、A 形、倒 Y 形等几种,单柱式主塔构造简单;A 形和倒 Y 形在顺桥向刚度大,有利于承受索塔两侧斜拉索的不平衡拉力;A 形还可减小主梁在该点处的负弯矩。

索塔横桥方向的布置方式,可分为独柱式、双柱式、门形或 H 形、A 形、宝石形或倒 Y 形等,如图 5-13 所示。

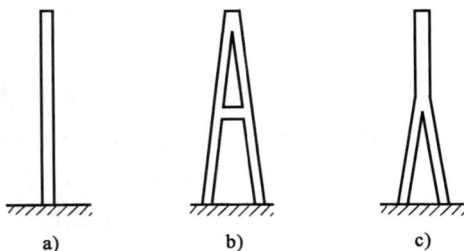
图 5-12　索塔的纵向布置形式

索塔纵横向布置均呈独柱式的索塔,仅适用于单索面斜拉桥。当需要加强横桥向抗风刚度时,则可以配合采用图 5-13g)或 h)的形式。图 5-13b) ~ d)一般适用于双平面索的情况;图 5-13e)、f)和 i)一般适用于双斜索面的斜拉桥。

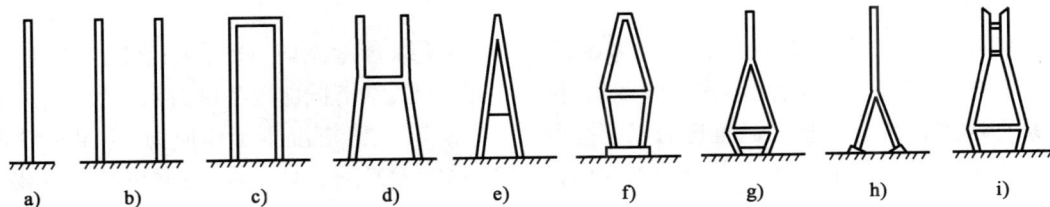
图 5-13　索塔的横向布置形式

3. 主梁

主梁是斜拉桥的主要承重构件之一,它和与其连接的桥面系共同承受桥上活载。混凝土主梁截面形式主要有板式截面(图 5-14)、闭合箱形截面(图 5-15)、分离式双箱截面(图 5-16)、分离式双肋截面(图 5-17)等。一般来说,适用于梁式桥的横截面形式均可用于斜拉桥。

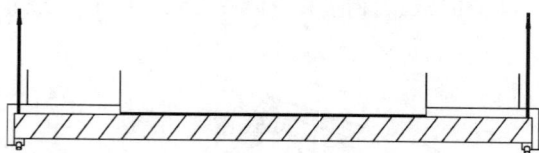

图 5-14　板式截面

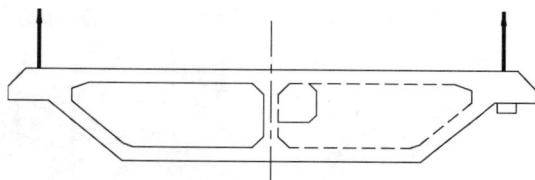

图 5-15　闭合箱形截面

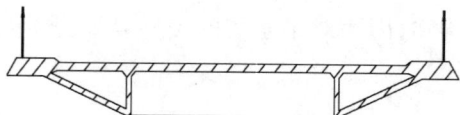

图 5-16　分离式双箱截面

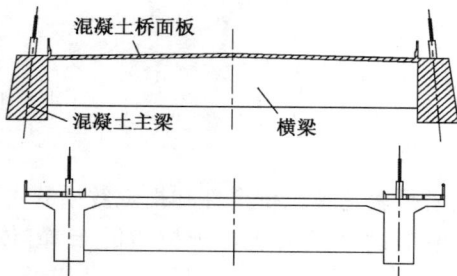

图 5-17　分离式双肋截面

钢主梁截面形式主要有双主梁、钢箱梁、桁架梁等。双主梁一般采用两根工字形钢主梁，上置桥面板，主梁之间用钢横梁连接。钢箱梁截面有单箱单室、多箱单室、多箱多室等布置。钢桁架梁主要是为了布置双层桥面需要。

拉索与主梁的连接指主梁上锚固拉索部位的构造，是斜拉桥的一个重要部位，要保证连接的可靠性，承担集中应力，将其分散到全截面，并且要有防锈蚀能力。拉索较大时，往往分散为小束锚固。拉索与主梁的连接有多种做法：一种是梁外侧伸出悬臂横梁来锚固拉索；另一种是在箱梁内设横隔板锚固或在梁底锚固，此种做法应使锚固处有足够张拉钢索的空间，并允许任何时候再次张拉以调整索力。

四、斜拉桥的设计要点

1. 结构几何尺寸确定

斜拉桥作为塔、梁索组成的组合体系，设计时必须综合考虑塔、梁、索三者之间的相互关系。在桥路布置、主梁断面形式等确定后，拟定主梁高度、索塔截面等各部分尺寸，然后用平面杆系程序进行试算调整。调整遵循以下原则：斜拉索应力、索塔混凝土压应力、主梁恒载弯矩都应根据桥梁实际情况控制在合适幅度内；结构体系刚度必须满足要求，主梁在汽车荷载作用下的挠度大于规范规定，并有一定富余；尽量减少梁段类型，方便施工等。

2. 整体静力分析

斜拉桥静力分析是先确定合理的成桥状态，再进行施工过程计算，通过控制施工中每根拉索的安装索力来确保实现预定的合理成桥状态。在确定成桥状态时，起控制作用的往往是主梁的应力。因此，成桥状态的确定应以主梁受力合理为目标，以应力平衡法来设计主梁恒载内力。主梁各截面一般以拉应力控制，当截面上下缘的最大应力满足拉压应力控制条件时最理想，用这种方法确定的预应力和主梁成桥恒载弯矩称为理想值，其成桥状态称为理想状态。但恒载弯矩在一些控制区域准确地为理想值实际很难实现,设计时一般允许恒载弯矩有一定的活动范围,并将由此确定的预应力和主梁成桥恒载弯矩称为合理值,其成桥状态称为"合理状态"。合理的成桥状态确定之后,就可以对结构进行详细的静力分析计算。静力分析的主要内容有:结构设计的施工流程在各阶段的应力和变形情况,以及成桥运营状态下各截面的应力和变形。

3. 索塔分析计算

索塔分析计算与斜拉桥整体分析计算密切相关,一般情况下,在斜拉桥合理成桥状态确定后,再对索塔进行平面和空间计算。

截面强度计算:计算各种可能的荷载组合下,索塔典型截面顺桥向和横桥向应力,以及角点方向顺桥向和横桥向可能同时出现的荷载组合,对其进行最大最小应力叠加。为保证塔身混凝土不产生压碎破坏,角点最大压应力控制在混凝土容许应力之内,允许角点出现拉应力,但塔身各计算截面顺桥向和横桥向均处于小偏心受压状态。

索塔稳定性计算:包括弹性稳定性计算和弯压稳定性计算。进行弹性稳定性计算时,应分别计算裸塔状态和成桥状态的纵横稳定性。裸塔状态按一端固定、一端自由的压杆计算。成桥状态按一端固定、一端铰支计算。

索塔锚固区局部应力计算:计算锚固区最大主压应力和最大主拉应力,并控制其值满足规范要求。

4. 桥面板受力计算

对桥面板进行配筋计算,控制配筋率符合相关规范规定。

五、工程实例

(一)铜陵长江公路大桥

1. 概况

铜陵长江公路大桥是国家"八五"重点建设项目,位于安徽省铜陵市西南约10km的羊山矶下游600m处,上游距九江大桥约230km,下游距南京长江大桥220km,是连接徐州—合肥—铜陵—黄山的南北公路咽喉,全桥总长2 592m,于1995年建成通车。

2. 主要技术标准

荷载等级:汽车—超20级,挂车—120;人群荷载3.5kN/m²。

桥面宽度:2.5m(人行道)+15m(行车道)+2.5m(人行道),总宽20m。

洪水频率:300年一遇,设计水位15.362m。

最高通航水位:14.262m。

通航净空:下行航道通航净宽不小于210m,上行航道通航净宽不小于182m,高24m。

3. 设计要点

(1)结构体系

采用半漂浮体系,塔墩固结,各墩都设盆式支座。孔跨布置为80m+90m+190m+432m+

190m＋90m＋80m 的 7 孔一联、总长为 1 152m 的双塔双索面 PC 斜拉桥,如图 5-18 所示,连续长度在我国罕见。

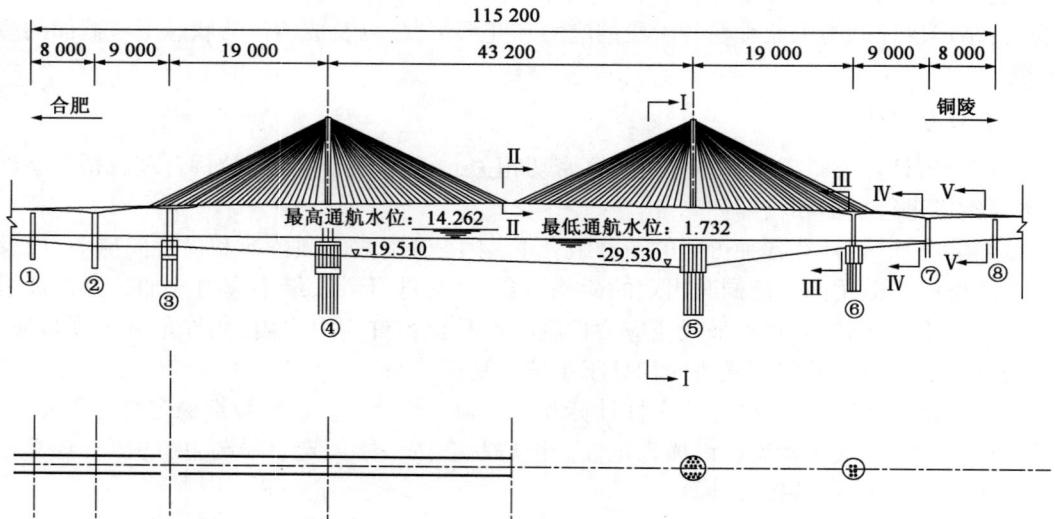

图 5-18　铜陵长江公路大桥总体布置(尺寸单位:cm)

(2)主梁

铜陵大桥主梁采用轻型肋板截面(图 5-19),边实心梁高 2m,顶宽 1.5m,底宽 1.7m,全宽 23m,板厚 0.32m。高跨比为 1/194。梁上索距 8m,每 8m 节段设一横梁。3 号、6 号墩由于悬臂施工每侧 28m 的需要,根部肋板式截面梁高度增大至 3.5m。河侧悬臂 28m 处,高度降至标准节段的 2m;岸侧悬臂 28m 处,高度降至 2.5m,并带底板,以便与 2 号、7 号墩悬臂施工的箱梁连接。

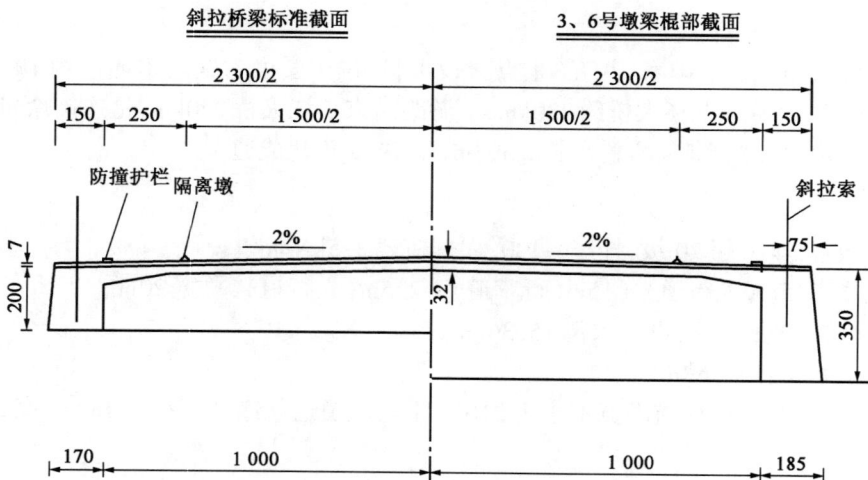

图 5-19　肋板式主梁横断面(尺寸单位:cm)

（3）索塔

如图 5-20 所示，采用 H 形塔，总高 153.03m，桥面以上塔高 105.5m，高跨比 0.244。下塔柱横桥向底宽 20.4m，逐步向上放宽，至中、下塔柱交界的下横梁处（放置梁处）最宽，为 33m。中塔柱向上略收窄，至上横梁处宽 26m，垂直至塔顶。顺桥向下塔柱底宽 13m，逐步缩小至 7m，直至塔顶。

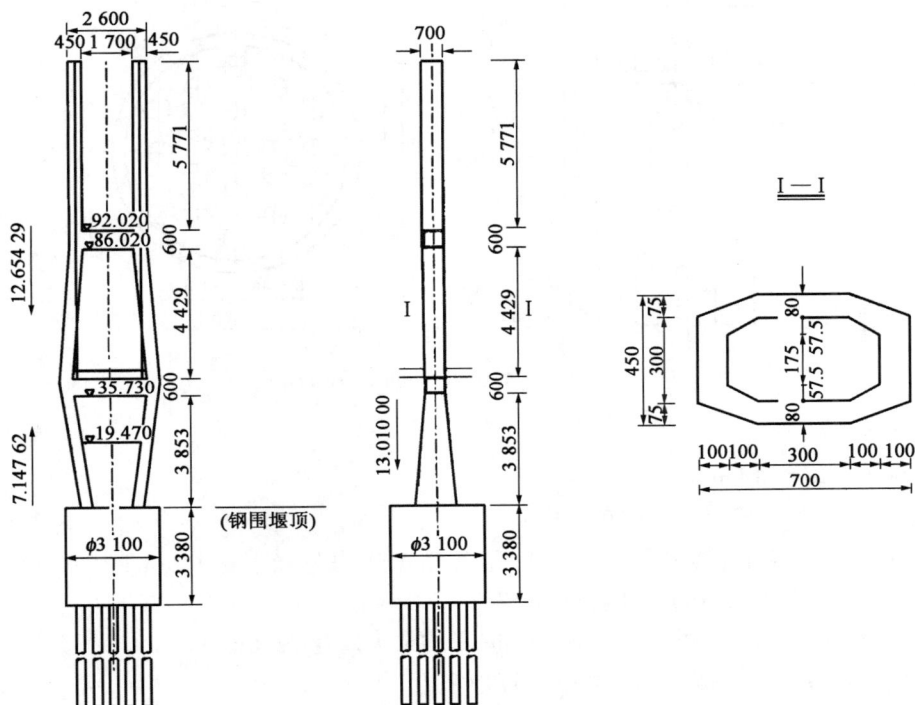

图 5-20　塔身构造（尺寸单位：cm）

塔截面呈八角形，在下塔柱中部以下为四室箱截面，外壁厚 1m，内壁厚 0.5m。下塔柱中部以上均为单室箱截面，外壁厚 1m。

索塔采用了环向预应力束来平衡斜拉索力产生的弯矩和轴力，为了方便施工，塔柱内设劲性骨架。

（4）主塔基础

如图 5-21 所示，采用灌注桩与钢围堰相结合的组合基础。

钢围堰直径 31m，井壁厚 1.5m（内浇筑水下混凝土）。围堰高，4 号主墩为 54.6m，5 号主墩为 49.6m，其上部 15.8m 在塔柱完成后切除。围堰沉至岩面后封底，封底厚 8m。围堰既作为围水结构，又作为桩的施工平台。

每墩有 19 根直径 2.8m 钻孔灌注桩，其护筒直径 3.1m，承台圆形，厚 4m。

（二）南京长江二桥南汊桥

1．概况

南京长江二桥位于南京长江大桥下游 11km 处，桥址处江段被八卦洲分隔成南北汊，南汊为长江主航道,北汊为辅航道。南京长江二桥包括八卦洲南汊主航道桥和北汊辅航道桥,两桥由穿过八卦洲长 5.6km 引道相连接,全长 12.517km。大桥于 1997 年 10 月 6 日开工建设,2001 年 3 月 26 日建成通车。

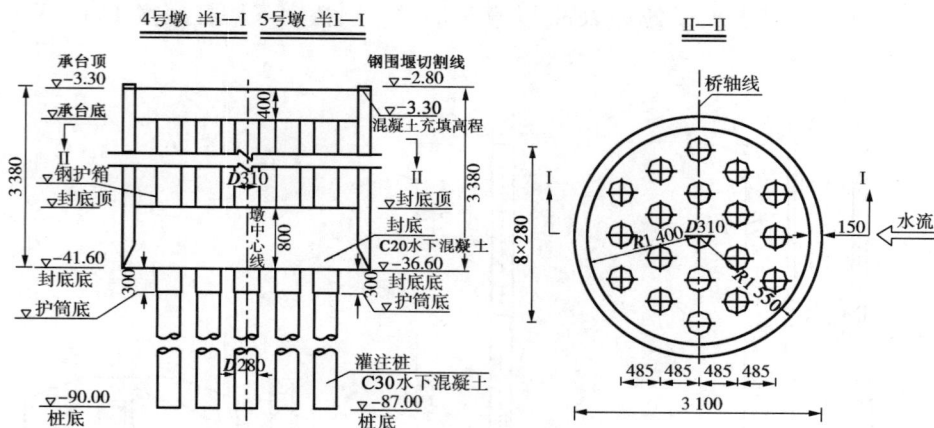

图 5-21 主塔基础(尺寸单位:cm)

2. 主要技术标准

设计行车速度:100km/h。

荷载等级:汽车—超 20 级,挂车—120。

桥面宽度:净宽 32m,其中行车道宽度 6×3.75m,中央分隔带宽 1.5m,左侧路缘带宽 2×0.5m,紧急停车带宽 2×3.0m,外侧护栏带宽 2×0.5m。

设计风速:桥位 20m 高处百年一遇 10min 平均最大风速 32.6m/s。

地震烈度:Ⅶ度,按实测地震动参数计算地震力。

通航净空:主航道通航净高为设计最高通航水位以上 24m,净宽不小于 380m(双向通航)。

船舶撞击力:采用 5 000t 海轮的撞击力,顺水流方向为 27 000kN,横水流方向为 13 500kN。

3. 设计要点

(1)结构体系

如图 5-22 所示,采用半漂浮体系,主桥为 58.5m + 246.5m + 628m + 246.5m + 58.5m = 1 238m 的双塔双索面钢箱梁斜拉桥。

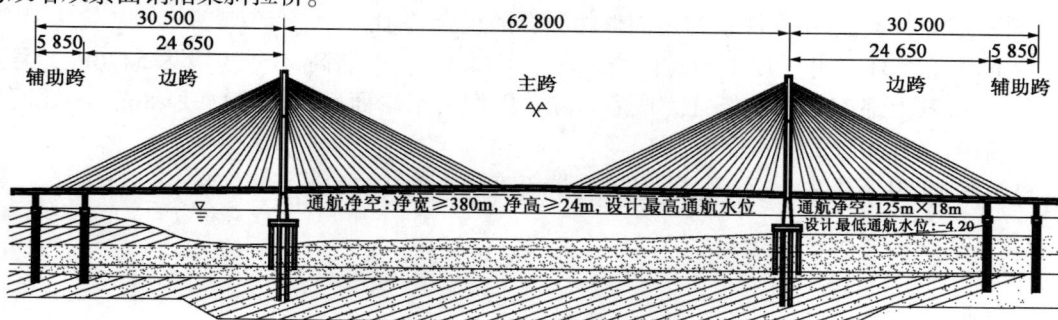

图 5-22 主桥立面布置(尺寸单位:cm)

（2）主梁

主梁为扁平流线型钢箱梁,如图 5-23 所示,梁高 3.5m,全宽 38.2m。顶板宽 33.6m,底板宽 34.588m,顶、底板厚 14～20mm,用 U 形肋加劲,腹板厚 30mm,横隔板厚 10mm,每 3 750mm 设一道。采用 16Mnq 钢。

梁上索距 15m(辅助跨索距 12m),最大块件吊装重 274t。钢箱梁为全焊结构。

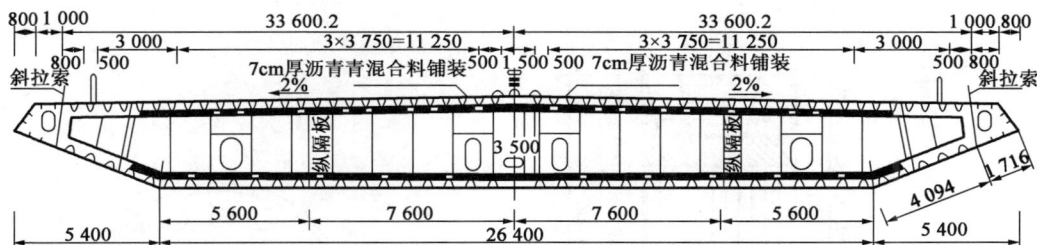

图 5-23　主梁构造示意(尺寸单位:cm)

（3）索塔

如图 5-24 所示,采用双子形塔,承台以上总高 190.55m,塔的横向通过三道横梁将两塔肢连为一体。塔柱均采用空心矩形断面,下塔柱在最高通航水位船撞线以下为单箱六室截面,外壁厚度 1m,船撞线以上为单箱单室截面,壁厚亦为 1m。中塔柱为单箱单室截面,壁厚短边 1.0m,长边 0.8m。上塔柱拉索锚固区配有预应力筋。

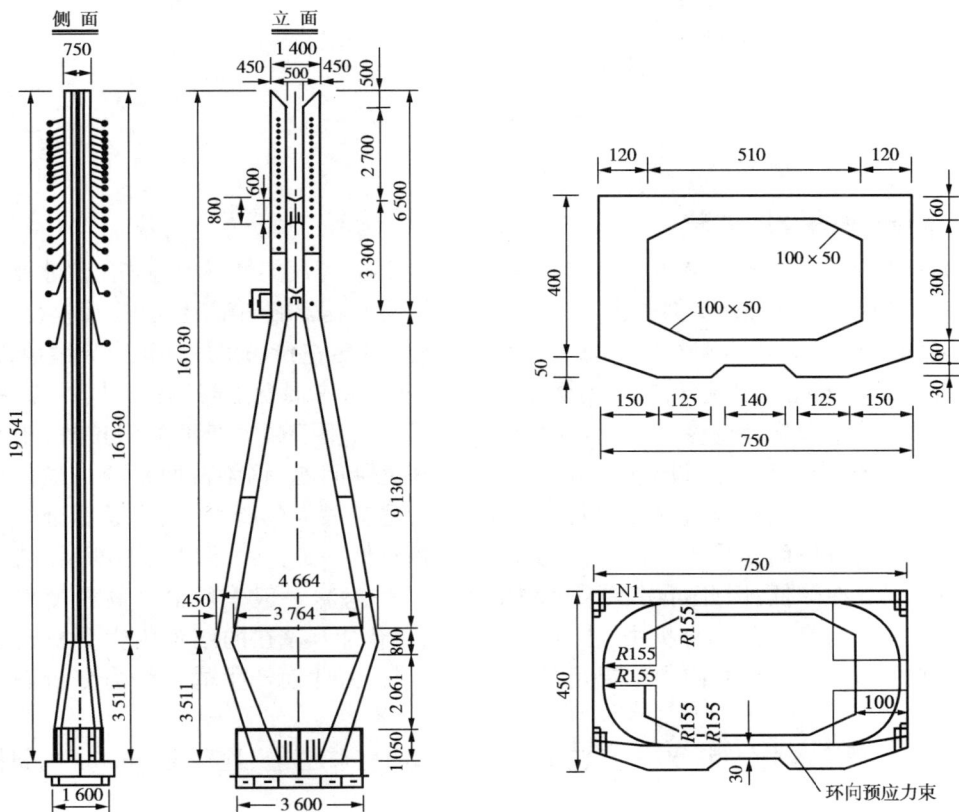

图 5-24　索塔构造(尺寸单位:cm)

（4）主塔基础

如图 5-25 所示，主塔基础为由承台、钻孔灌注桩、封底混凝土及钢围堰组成并共同受力的大型深水复合基础。每个塔基各有 21 根直径 3m 的钻孔桩，北塔基础桩长 102m，南塔基础桩长 83m，钢围堰封底混凝土厚 8m，承台厚度 6m。

斜拉桥施工图片见本页数字资源。

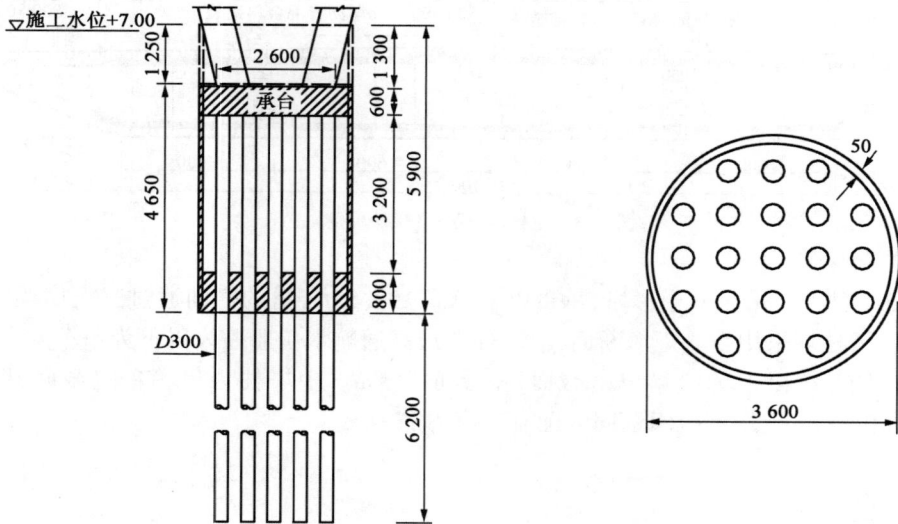

图 5-25　索塔基础构造（尺寸单位：cm）

六、斜拉桥的发展展望

斜拉桥的体系多以悬浮式或半悬浮式为主。半悬浮式可用柔性墩或在塔上设水平拉索阻止桥面过分的漂浮，所有这些都是为了抵抗温度变形及地震影响。混凝土桥面仍然是今后斜拉桥桥面的主要形式；叠合梁桥面的思想是用混凝土板代替造价昂贵的钢正交异性板，设计桥面系统时尽量增大混凝土成分，减少钢梁成分，并且充分考虑混凝土与钢梁之间的徐变、收缩应力重分配，慎重选择徐变参数；混合式桥面构造形式适用于超大跨度的斜拉桥，中孔用钢梁构造，边孔用混凝土构造，设计时要慎重研究地基沉降问题；钢梁桥面系统是最传统的方案，由正交异性板钢梁构成，价格最高，但施工最快，适应最大的跨度，今后朝着全焊的方向发展，因为斜拉桥桥面是受压结构，对疲劳的要求相对低一点。由于跨度不断增大，钢束重力也愈大，刚度在降低，因此可考虑采用辅助索。防护材料一般采用 PE（高密度聚乙烯护层）。目前在大跨度的结构分析中，古典的不考虑初始内力存在的结构内力分析已不能满足要求，考虑与不考虑初始内力结果可相差 50% 以上，由此而产生的动静力分析需要重新研究。

根据当代理论水平、材料水平、工艺水平，在不远的将来建造一座跨度 1 600m 的斜拉桥是非常现实的。

第二节　悬索桥简介

　　悬索桥又称吊桥,其构思据说来自猴桥,猴桥是由些猴子组成一条悬链让猴群通过的桥梁。人类祖先师之自然,利用竹子或藤条来制造悬索桥梁。现代悬索桥是指利用主缆和吊索作为加劲梁的悬挂体系,将桥跨所承受的荷载传递到桥塔、锚碇的桥梁。其主要结构由主缆、桥塔、锚碇、吊索、加劲梁等组成,如图5-26所示。在吊索的悬吊下,加劲梁相当于多个弹性支承连续梁,弯矩显著减小;悬索桥的活载和恒载通过吊索和索夹传递至主缆,再通过鞍座传至桥塔顶,经桥塔传递到下部的桥墩和基础;主缆除承受活载和加劲梁的恒载外,还分担一部分横向风荷载,并将它直接传到塔顶。悬索桥以高强度钢丝作为主要承重结构,跨越能力大,受力合理,充分发挥材料强度优势,造价经济,同时整体造型流畅美观,施工安全快捷。

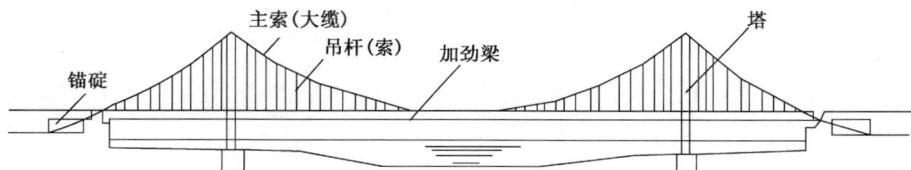

图5-26　悬索桥结构示意

　　我国四川省的灌县早在千年之前就出现了竹索桥。欧洲18世纪才开始出现用铁链作悬索的桥梁,进入20世纪后才出现利用钢缆绳、钢绞线和钢丝等现代钢材制造的悬索桥。1937年美国建成金门大桥,主跨1 280m,迎来世界悬索桥第一次发展高峰。1940年Tacoma Nrows Bridge建成,该桥主跨长853.4m,全长1 810.56m,桥宽1.9m而梁高仅1.3m,通车四个月之后,该桥在中等风速作用下产生大幅扭转振动,竖弯最大位移超过1m,扭转角度达到45°,这样的振动持续了约三个小时后,振动变得越来越强烈,最大振幅超过8.5m,最终导致该悬索桥在19m/s的风速下吊杆首先断裂,然后加劲梁整体跌入海峡。该风毁事故使得大跨度悬索桥的建设戛然而止,并引发研究者对悬索桥空气动力稳定问题的研究。1950年按原跨度重建塔科马新桥,加劲梁改为钢桁梁,梁的跨度比、宽跨比均有所提高,并在桥面开有若干带状孔隙,进一步改善抗风性能。此后在世界各地修建了为数众多的悬索桥,其中有代表性的有:1966年在英国布里斯托尔建成的主跨988m的塞文桥;1973年在土耳其伊斯坦布尔建成的主跨1 074m的博斯普鲁斯海峡第一大桥;1981年在英国建成的主跨1 410m的恒伯尔桥;1998年在日本建成的主跨1 990m的明石海峡大桥等。值得一提的是,自20世纪90年代开始,中国也进入发展悬索桥的队伍之中,已建成的主跨1 650m的西堠门大桥和主跨1 490m的润扬长江大桥位居世界大跨度桥梁前列。

一、悬索桥的分类

悬索桥可根据悬吊跨数、主缆锚固方式及悬吊方式等加以分类。

1. 按悬吊跨数

按悬吊跨数悬索桥可分为单跨悬索桥、三跨悬索桥、多跨悬索桥。

（1）单跨悬索桥

如图 5-27a）所示，用于两岸地势较高的高山峡谷地区，采用桥墩支撑边跨更为经济，或者道路接线受限制，平面曲线布置进入了大桥边跨，为常用形式。

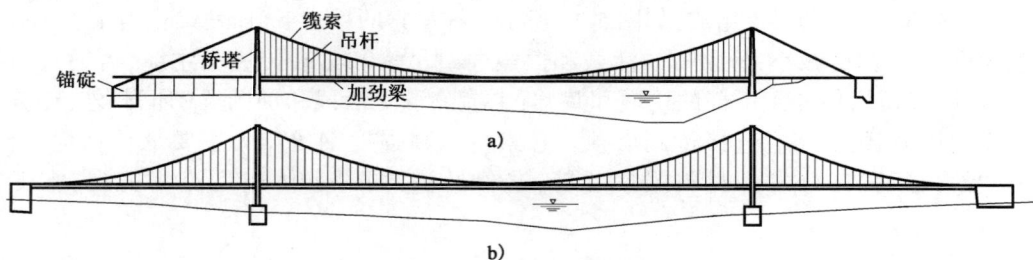

图 5-27　单跨及三跨悬索桥

（2）三跨悬索桥

如图 5-27b）所示，结构受力特征较为合理，流畅对称的建筑造型符合人们审美观点，为应用最多形式。

（3）多跨悬索桥

多跨悬索桥指四跨或五跨悬索桥，此类悬索桥结构柔性大，固有振动频率较低，难以满足特大跨度悬索桥的受力和刚度需要，不具备实用优势。目前几乎没有多跨悬索桥的工程实例。

2. 按主缆锚固方式

按主缆锚固方式悬索桥可分为地锚式悬索桥和自锚式悬索桥。

（1）地锚式悬索桥

如图 5-27 所示，主缆通过重力式锚碇或岩隧式锚碇将荷载产生的拉力传至地基达到全桥的受力平衡，这是大跨度悬索桥最佳的受力模式，绝大多数悬索桥采用地锚式主缆锚固方式。

（2）自锚式悬索桥（图 5-28）

在边跨两端将主缆直接锚固于加劲梁上，主缆的水平拉力由加劲梁提供轴压力自相平衡，不需另外设置锚碇。因加劲梁要先于主缆安装，施工困难、经济性差等原因极少采用。

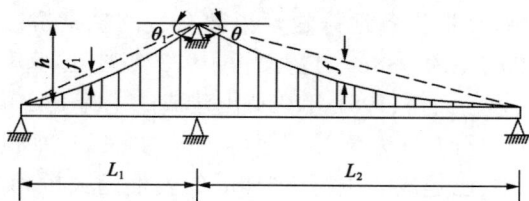

图 5-28　自锚式悬索桥简图

3. 按悬吊方式

按悬吊方式悬索桥可分为竖直悬吊式、斜索悬吊式和混合悬吊式。

（1）竖直悬吊式悬索桥

如图 5-27 所示，采用竖直吊索并以钢桁架作加劲梁。这种形式的悬索桥一般为三跨地锚式，加劲梁不是连续的，主塔处有伸缩缝，桥面为钢筋混凝土，主塔采用钢结构。其特点是可以通过增加桁架高度来保证梁有足够的刚度，并且便于实现双层通车。

（2）斜索悬吊式悬索桥

采用三角布置斜吊索，以高度较小的扁平流线型钢箱梁作加劲梁。这种形式的悬索桥桥塔处没有伸缩缝，用混凝土桥塔代替钢桥塔，有的还将主缆与加劲梁在主跨中点处固结。其特点是钢箱加劲梁可减轻恒载，且抗扭刚度大，三角布置的斜吊索提高了桥梁刚度，但在吊点处构造复杂。

（3）混合悬吊式悬索桥

采用竖直吊索和扁平流线型钢箱梁作加劲梁。它的出现显示出钢箱加劲梁的优越性，同时避免了采用有争议的斜吊索。我国目前修建的悬索桥很多属于这种形式。混合悬吊式悬索桥除了有一般悬索桥的缆索体系外，有的还设有若干加强用的斜拉索，如图 5-29 所示。

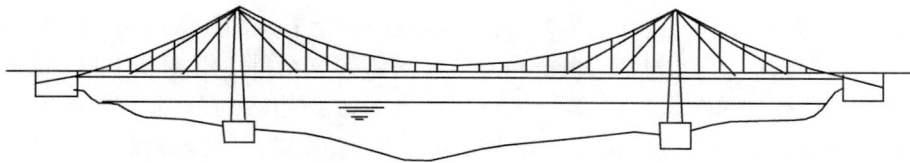

图 5-29　混合悬吊式悬索桥

二、悬索桥的构造

悬索桥上部结构由主缆、加劲梁和吊索组成，下部结构由塔、桥墩、锚碇组成。四大主体结构是主缆、主塔、锚碇与加劲梁，附属系统包括主索鞍、散索鞍座（或散索箍）、悬吊系统等。

1. 主缆

主缆是通过塔顶鞍座悬挂在主塔上并锚固于两端锚固体中的柔性承重构件，主缆本身又通过索夹和吊索承受活载和加劲梁的恒载，除此之外，还分担一部分横向风荷载，并将它直接传递到塔顶。主缆必须具有强度高、弹性模量大、耐腐蚀等性能，大多选用高强镀锌钢丝及镀锌钢丝绳。大多悬索桥都采用双面主缆，也有用单面主缆者。主缆的根数一般一侧布置一根，也有一侧用两根主缆的设计，称为复式主缆。

2. 吊索

吊索是将活载和加劲梁的恒载通过索夹传递到主缆的主要构件，它的上端与索夹相连，下端与加劲梁相连。吊索一般采用镀锌钢丝绳或镀锌高强平行钢丝制作，少数小跨悬索桥采用由圆钢或钢管制成的刚性吊杆。吊索可竖直布置，也可斜向布置，它与主缆的连接方式有骑跨式和铰接式，与加劲梁的连接方式有锚头承压方式和销接式。

3. 索夹

索夹位于每根吊索和主缆的连接节点上，是主缆和吊索的连接件。索夹以套箍的形式紧固在主缆上，它在主缆上夹紧后产生一定的摩阻力抵抗滑移，从而固定吊索与主缆的节点位置，同时也固定了主缆外形。

4. 索鞍

索鞍是塔顶上承受主缆的重要构件，可以使主缆中的拉力以垂直力和不平衡水平力的方式均匀地传给塔顶。除了主塔与副塔的鞍座之外，主缆在进入锚固体之前还必须通过散索鞍座将主缆分散后以索股作单位分散锚固。

5. 加劲梁

加劲梁的主要功能是提供桥面和防止桥面发生过大的挠曲变形和扭曲变形。桥面上的活载及加劲梁的恒载通过吊索和索夹传至主缆。加劲梁是悬索桥承受风荷载和其他横向水平力的主要构件。加劲梁结构形式有钢板梁、钢桁梁、钢箱梁和钢筋混凝土箱梁等。其中，钢板梁通常采用工字形截面，沿着跨径设计成等高度梁，仅在翼缘板层数上变化。为了保证腹板局部稳定，在腹板两侧设纵横加劲梁。桁架式加劲梁是最早应用于大跨度悬索桥的加劲梁形式，通常被称作第一代钢梁。桁架式加劲梁抗扭刚度大，竖向刚度大，透风性能好，颤振稳定性好。由于桁架加劲梁的上述优点，世界上早期建设的悬索桥以钢桁架加劲梁为主，美国早期所有的悬索桥均采用桁架式加劲梁，如金门大桥和乔治·华盛顿大桥等。学术和工程界在进行了相当长时间的理论研究和风洞模型试验后，发现用增大加劲梁刚度来提高悬索桥的气动稳定性，效率不高且耗材较多。而通过试验发现流线型箱梁作加劲梁抗风性能好，耗材量少，且轻柔美观。因此，近几十年的公路悬索桥采用钢桁架梁日趋减少，钢箱加劲梁日渐增多。但在双层桥面交通量大的多车道公路悬索桥、公铁两用悬索桥及长大型构件运输、架设困难的山区建设的悬索桥还是首选钢桁架作加劲梁。

6. 桥面

悬索桥桥面有钢桥面和混凝土加劲梁桥面两种。其中，钢桥面是多结构组合体，包括防锈和主体铺装两大体系。混凝土加劲梁桥面可采用混凝土桥面和沥青混凝土桥面，目前多用沥青混凝土铺装。

7. 主塔

主塔又称索塔，是支承主缆的重要构件，悬索桥的活载和恒载通过主塔传递到下部的塔墩和基础，同时主塔还承受风力和地震等作用。主塔的高度主要由垂跨比确定。主塔早期采用石砌材料，后来以美国为代表的大跨度悬索桥主塔基本采用钢结构。随着预应力混凝土和爬模技术的发展，近代欧洲各国及我国的悬索桥主塔多采用混凝土结构。

8. 锚碇

锚碇是地锚式悬索桥锚固主缆必不可少的重要结构物，可分为重力式锚碇及岩隧式锚碇。采用岩隧式锚碇的条件是要有坚固的山体岩壁可利用，大部分悬索桥由于无此条件而采用重力式锚碇。无论是重力式锚碇或岩隧式锚碇，主缆在进入锚固室或岩洞之前必须先经过散索鞍座或喇叭形散索套，将原来拥紧的主缆截面散开，变成一股一股的钢丝索股，逐股分开锚固。散索鞍座一般位于主缆锚固体之前，它具有能使主缆转角或分散索股的作用。如果主缆在进入散索室或岩洞之前不需转角，则可采用喇叭形散索套。喇叭形散索套的内表面适应主缆从捆紧状态逐渐变化到分散状态，喇叭形散索套的本身依靠设置在散索套一端的摩阻套箍来固定其位置。

三、悬索桥设计要点

悬索桥的设计一般分为两部分：先考虑主缆及加劲梁的设计，然后根据主缆及加劲梁体系来考虑主塔的设计。

1. 加劲梁

拟定悬索桥的形式，采用单跨悬吊还是三跨悬吊。根据桥位处地形及地质条件，选择边孔与主孔的跨度比，初步决定主缆垂跨比。加劲梁的恒载及刚度参照已有类似悬索桥假定。设计风力可根据桥位处的风力或风速观测资料来推算主缆及加劲梁处的设计风力。

2. 主缆

确定主缆的垂跨比，即主缆在主孔内的垂度与主孔跨度的比值。垂跨比的大小对主缆中的拉力有很大影响，在较大程度上决定着主缆所需截面面积与单位桥长的用钢量。参考已有类似跨度、规模、形式与垂跨比的悬索桥来初步假定主缆的钢丝索股数与每股的钢丝根数。

3. 主塔

首先确定主塔形式，一般有门架式、刚架式和桁架式。各部分截面尺寸可参考已有类似悬索桥来做初步假设。主塔计算应根据主缆与加劲梁结构体系进行，考虑纵向应力和横向应力影响，需验算主塔稳定性。

四、工程实例

以江阴长江公路大桥为例。该桥为双向六车道高速公路桥，如图 1-14 所示，设计使用年限 120 年，桥面净宽 29.5m，通航净高 50m。主桥桥跨布置成 336.5m + 1 385m + 309.4m，其中主跨为钢箱梁，两边跨为预应力混凝土连续箱梁。设计荷载汽车—超 20，挂车—120，检修道人群荷载 3.15kN/m。设计速度 100km/h，设计风速 40.8m/s，地震基本烈度 VI 级，按 VII 度进行抗震设计。主塔采用混凝土刚架式塔架，均由两个单箱双室钢筋混凝土塔柱和三道预应力混凝土横梁组成。南塔布设在岸边，塔高 186m，基础采用 24 根 ϕ3m 的嵌岩钻孔灌注桩；北塔布设在浅滩上，塔高 183m，基础采用 96 根 ϕ2m 嵌岩钻孔灌注桩。主缆由平行高强度镀锌钢丝组成，钢丝直径 5.35mm，抗拉强度 1 600MPa，每根主缆中跨由 169 股、每股 127 根钢丝组成，边跨各增加 8 股背索，中跨主缆直径 864mm，垂跨比为 1/10.5。两根主缆间距 32.5m。吊杆由平行高强镀锌钢丝束股和钢丝绳组成，间距 16m，上、下销接于索夹和钢箱梁上。钢箱梁采用扁平闭合箱形截面形式，选用 16 锰钢，梁高 3.0m，顶板水平宽度 29.5m，底板宽度 22.5m，每侧检修道宽度 1.5m，全桥总宽度 36.9m，箱梁顶（底）板与上（下）斜腹板厚度为 12mm（10mm）。桥面车行道铺装 50mm 厚沥青混凝土，检修道铺 30mm 厚沥青混凝土。

悬索桥施工图片见本页数字资源。

五、悬索桥的发展展望

21世纪全球范围内需要修建的跨海峡通道至少有：西班牙与摩洛哥之间的跨直布罗陀海峡通道；我国广东雷州半岛与海南岛之间跨琼州海峡通道等。以上这些海峡通道都需要修建跨度大于2 000m的悬索桥，因此研究特大跨度悬索桥是21世纪新一代悬索桥亟待进行的工作。从现代悬索桥最大跨度的日本明石海峡大桥来看，主缆用强度高达1 860MPa的钢丝，设计安全系数已降到2.2，主缆中活载所占的应力已经小到只有8%左右，如果没有新的高强轻质材料如碳纤维加劲塑料丝来代替钢丝，即使只从静力问题上来考虑，修建特大跨度悬索桥不太可能。应从以下几方面找出路：

（1）设置能自动控制桥梁气动稳定的装置。如翼板导流、增加阻尼器抑制振动等。

（2）将加劲梁一分为二以增大全桥的宽跨比。

（3）改变缆索体系来抵抗桥梁的气动失稳。

（4）采用悬索-斜拉协作体系兼顾两种桥型优点。

（5）超大跨度悬索桥施工工艺、设备、方法及施工控制技术的研究。

（6）耐久性及抗腐蚀性材料的研究。

1. 简述斜拉桥的主要组成部分。

2. 斜拉桥按主梁支承条件如何分类？各自受力特点如何？

3. 简述斜拉桥的结构体系特点。

4. 斜拉桥拉索索面布置有哪些形式？

5. 斜拉桥索塔布置有哪些形式？

6. 何谓斜拉桥的合力成桥状态？

7. 按主缆的锚固方式如何对悬索桥进行分类？

8. 简述悬索桥的主要组成部分。

第六章
CHAPTER SIX

桥梁墩台

【本章提要】

　　本章主要介绍桥梁墩台的结构形式及构造特点;不同类型的墩台对地基及基础的要求;墩台上的作用及效应组合、重力式桥墩的设计计算、重力式桥台的设计计算、桩柱式桥墩的计算;桥梁墩台施工的现场浇筑、预制拼装、现场砌筑、滑模等多种施工工艺以及施工质量的控制要点。

【知识目标】

　　通过本章的学习,能够初步了解桥梁的墩台设计计算,了解设计者的设计思路,读懂设计图纸,掌握墩台施工的主要施工工艺,并能够把握墩台施工的现场施工控制。

【能力目标】

　　掌握桥梁施工的主体施工工艺及控制要点,读懂墩台施工设计图纸,能够对简单常见的桥梁墩台进行尺寸拟定及设计计算。

【重点难点】

　　本章的重点是桥梁墩台的结构形式及构造特点、桥梁墩台的施工工艺;难点是桥梁墩台的设计计算。

第一节　桥梁墩台的设计和构造

一、概述

　　桥梁墩(台)主要由墩(台)帽、墩(台)身和基础三部分组成(图6-1)。

　　墩台是桥梁的重要结构,支承着桥梁上部结构的荷载,并将它传给地基基础。桥墩指多跨(两跨以上)桥梁的中间支承结构物,它除承受上部结构的荷载外,还要承受流水压力、风力,以及可能出现的冰荷载、船只、排筏或漂浮物的撞击力。桥台一般设置在桥梁的两端,除了支承桥跨结构之外，它又是衔接两岸接线路堤的构筑物，挡土护岸，承受台背填土及填土上车辆荷载所产生的附加侧压力。此外，桥梁墩台还要承受施工时的临时荷载，在某种情况下需要临时加固和补强。因此，桥梁墩、台不仅本身应具有足够的强度、刚度和稳定性，而且对地基的承载能力、沉降量，地基与基础之间的摩阻力等也都提出一定的要求，以避免在这些荷载作用下有过大的水平位移、转动或者沉降发生。因此，桥梁墩台的设计与结构受力、土质构造、地质条件、水文、流速以及河床内的埋置深度密切相关。

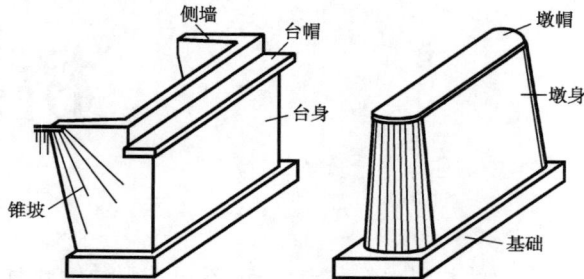

图 6-1　梁桥重力式墩台

确定桥梁下部结构应遵循满足交通要求、安全耐久、造价低、维修养护少、施工方便、工期短、与周围环境协调和造型美观等原则。在桥梁的总体设计中，下部结构的选型对整个设计方案有较大的影响。合理的选型将使上、下部结构的造型协调一致，轻巧美观。

对于城市立交桥，在桥梁下部结构的造型上，将比一般的公路桥梁有更高的要求。因此，在选型上，除了前述的总原则外，还应注意以下几点：首先要从整体造型着眼，力求形式优美，构造轻盈，线条明快，纹理有质；其次，各部分的形状尺寸要符合桥体结构受力的规律，结构匀称，比例适度，给人以稳重安全的感觉；最后，要与周围环境、文化、习俗相协调，使其色彩和谐，开阔明朗，令人舒适爽快。近年来，国内外的城市桥梁中，涌现出丰富多彩的各种构造形式，这些有：

（1）单柱式墩[图6-2a)]，其截面可以是圆形、矩形、多角形等，这种桥墩的外貌轻盈，视空开阔，造价经济。

（2）多柱式墩[图6-2b)]，其柱顶各自直接支撑在上部结构的箱梁底板上，柱间不设横系梁，显得挺拔有力，干净利落。

（3）矩形薄壁墩[图6-2d)、e)]，这种墩常将表面作成纹理（竖向或横向纹理），从而收到美观的效果。

（4）双叉形[图6-2g)]和四叉形[图6-2h)]。

（5）T形、V形和X形[图6-2c)、f)、i)]等。这些形式除满足结构受力的要求外，都是为了达到造型美观的目的。

公路桥梁上常用的墩、台形式大体上可以归纳为两大类：梁桥墩台和拱桥墩台。

二、梁桥墩台

梁桥墩台从总体上可分为两种：一种是重力式墩、台。这类墩、台的主要特点是靠自身重量来平衡外力而保持其稳定。因此，墩身、台身比较厚实，可以不用钢筋，而用天然石材或片石混凝土砌筑。它适用于地基良好的大、中型桥梁,或流冰、漂浮物较多的河流中。在砂石料方便的地区,小桥也往往采用重力式墩、台。其主要缺点是圬工体积较大,因而其自重和阻水面积也较大。另一种是轻型墩、台。一般来说,这类墩台的刚度小,受力后允许在一定的范围内发生弹性变形。所用的建筑材料大都以钢筋混凝土和少筋混凝土为主,但也有一些轻型墩台,通过验算后可以用石料砌筑。

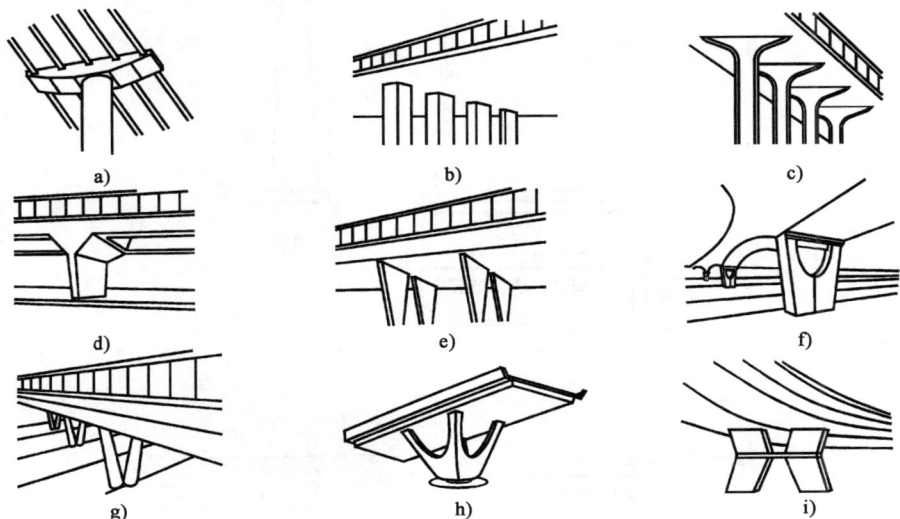

图 6-2　各种轻型桥墩形式

(一) 梁桥桥墩

桥墩按其构造可分为实体桥墩、空心桥墩、柱式排架桩墩、柔性墩和框架墩五种类型。按墩身横截面形状可分为矩形、圆形、圆端形、尖端形和各种空心墩,如图 6-3 所示。

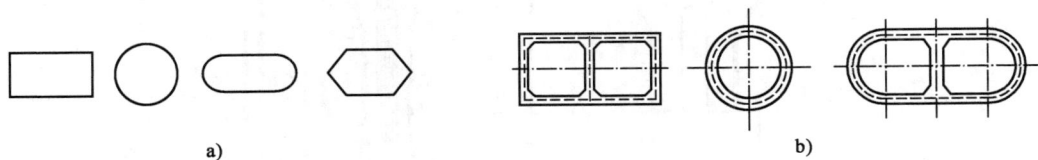

图 6-3　桥墩截面形式

墩身侧面可做成垂直的,亦可做成斜坡式或台阶式(图 6-4)。

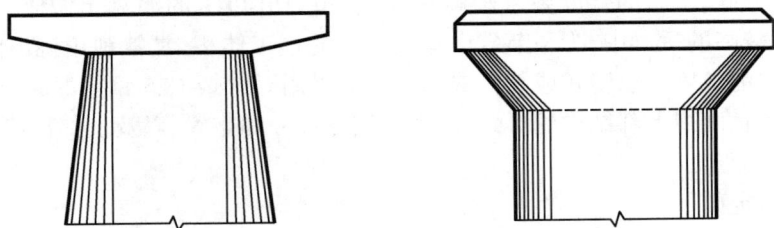

图 6-4　桥墩侧面的变化

1. 实体桥墩

实体桥墩是由一个实体结构组成。按其截面尺寸和桥墩重量的不同又可分为实体重力式桥墩(图6-5)和实体薄壁式桥墩(墙式桥墩)(图6-6)。它们由墩帽、墩身和基础构成。

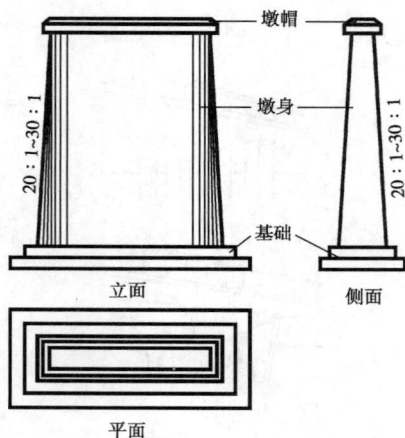

图6-5 实体重力式桥墩

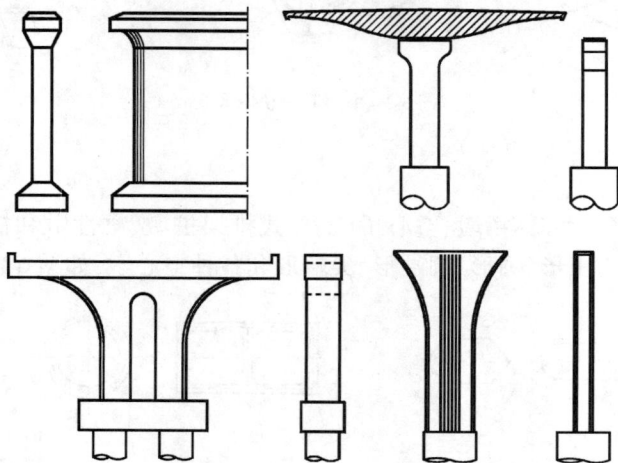

图6-6 实体薄壁桥墩

墩帽是桥墩顶端的传力部分,它通过支座承托着上部结构,并将相邻两孔桥上的恒载和活载传到墩身上,因此,墩帽的强度要求较高,一般都用 C20 以上的混凝土做成。另外,在一些桥面较宽,墩身较高的桥梁中,为了节省墩身及基础的圬工体积,常常利用挑出的悬臂或托盘来缩短墩身横向的长度。悬臂式或托盘式墩帽一般采用 C20 或 C25 钢筋混凝土。

墩帽长度和宽度视上部结构的形式和尺寸、支座尺寸和布置,以及上部构造中主梁的施工吊装要求等条件而定。

墩帽尺寸拟定如下:

(1)顺桥向墩帽最小宽度 b

①双排支座。

如图 6-7 所示，b 为：

$$b \geq f + \frac{a}{2} + \frac{a'}{2} + 2c_1 + 2c_2 \qquad (6-1)$$

式中：f——相邻两跨支座间的中心距，计算公式为：

$$f = e_0 + e_1 + e_1' \geq \frac{a}{2} + \frac{a'}{2} \qquad (6-2)$$

式中：e_0——伸缩缝宽，中小桥为 $2 \sim 5$cm，大跨径桥梁可按温度变化及施工放样、安装构件可能出现的误差等决定，温度变化引起的变位见式 (6-3)；

e_1、e_1'——桥跨结构过支座中心线的长度；

a、a'——桥跨结构支座垫板的顺桥向宽度；

c_1——顺桥向支座垫板至墩身边缘的最小距离，见表 6-1、图 6-8；

c_2——檐口宽度，$5 \sim 10$cm。

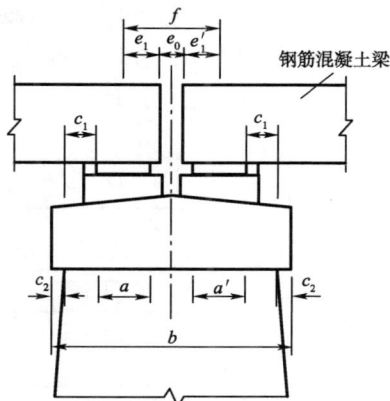

图 6-7 墩帽顺桥向尺寸

$$e_0 = l \times t \times \alpha \qquad (6-3)$$

式中：l——桥跨的计算长度（因桥梁的分孔、联长、固定支座与活动支座布置不同而不同）；

t——温度变化幅度值，可采用当地最高和最低月平均气温及桥跨浇筑完成时的温度计算决定；

α——材料的线膨胀系数，钢筋混凝土构造物为 1×10^{-5}。

支座边缘到台、墩身边缘的最小距离（单位:cm） 表 6-1

跨径	顺桥向	横 桥 向	
		圆弧形端头（自支座边角量起）	矩形端头
大桥	25	25	40
中桥	20	20	30
小桥	15	15	20

注：采用钢筋混凝土悬臂式墩帽时，可不受本表限值，应以便于施工、养护和更换支座而定。

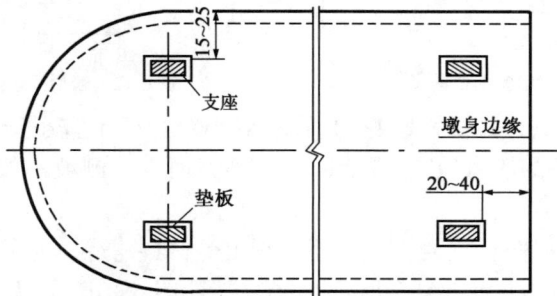

图 6-8 c 值的确定（尺寸单位:cm）

②单排支座。

当墩上仅有一排支座时（如连续梁桥），则 b 可由式(6-4)计算（图 6-8、图 6-9）：

$$b = a + 2c_1 + 2c_2 \qquad (6-4)$$

③不等高梁双排支座。

如图 6-10 所示,这时左边(低梁端)宽度应按单排支座墩宽进行设计,而右边(高梁端)应按桥台台帽宽度进行设计。

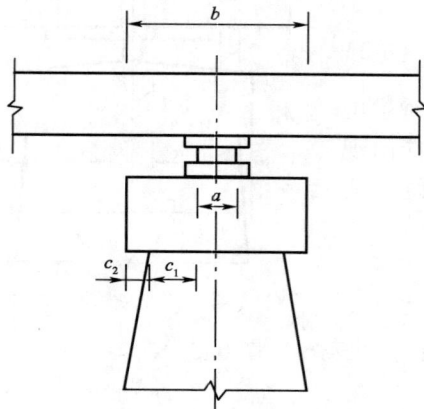

图 6-9　单排支座墩帽尺寸图

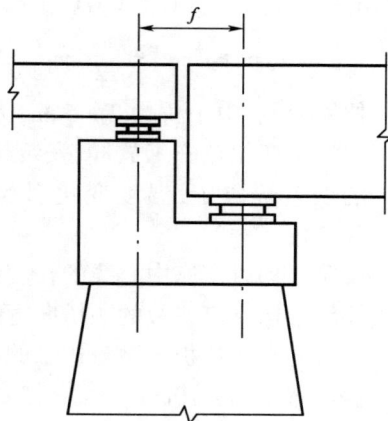

图 6-10　不等高梁桥墩帽尺寸

(2)横桥向墩帽最小宽度 B

①多片主梁(图 6-11)。

$$B = 桥跨结构两外侧主梁中心距(B_1) + 支座底板横向宽度(a_1) + 2c_2 + 2c_1 \qquad (6-5)$$

②箱形梁(图 6-12)。

$$B = B_1(两边支座中心距) + a_1 + 2c_1 + 2c_2 \qquad (6-6)$$

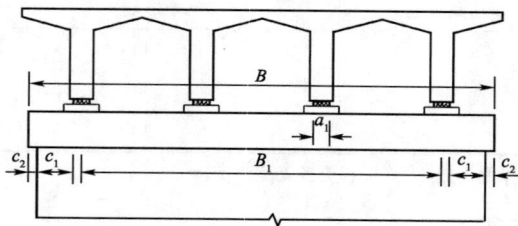

图 6-11　多片主梁墩帽横桥向尺寸

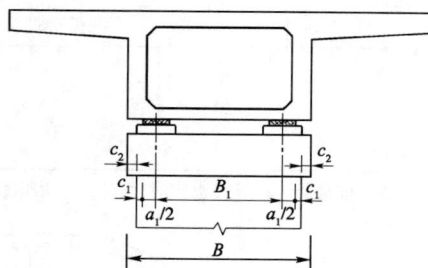

图 6-12　箱形梁墩帽横桥向尺寸

墩身是桥墩的主体。重力式桥墩墩身的顶宽,对小跨径桥不宜小于 80cm;对中跨径桥不宜小于 100cm;对大跨径桥的墩身顶宽,视上部构造类型而定。侧坡一般采用 20:1 ~ 30:1,小跨径桥的桥墩也可采用直坡。

墩身通常由块石、浆砌片石、混凝土或钢筋混凝土等材料建造。为了便于水流和漂浮物通过,墩身平面形状可以做成圆端形[图 6-13a)]或尖端形[图 6-13b)];无水的岸墩或高架桥墩可以做成矩形[图 6-5],在水流与桥梁斜交或流向不稳定时,宜做成圆形。在有强烈流水或大量漂浮物的河道(冰厚大于 0.5m,流冰速度大于 1m/s)上,桥墩的迎水端应做成破冰棱体[图 6-13c)],破冰棱可由强度较高的石料砌成,也可以用高强度等级的混凝土辅之以钢筋加固。

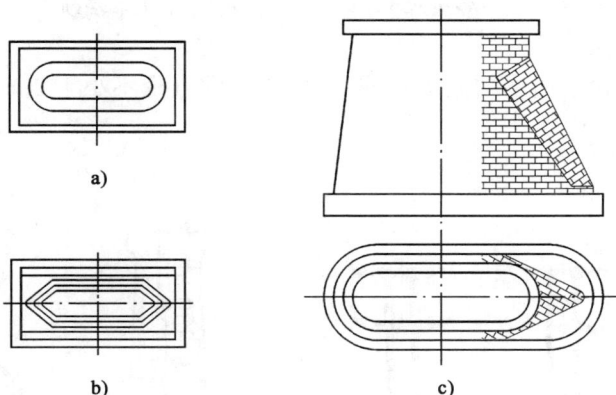

图 6-13
a) 圆端形桥墩；b) 尖端形桥墩；c) 破冰棱体

基础是介于墩身与地基之间的传力结构。基础的种类很多，这里仅简要介绍设置在天然地基上的刚性扩大基础。它一般采用 C15 以上的片石混凝土或用浆砌块石筑成。基础的平面尺寸较墩身底截面尺寸略大，四周放大的尺寸每边为 0.25~0.75m。基础可以做成单层的，也可以做成 2~3 层台阶式的。

为了保持美观和结构不受碰损，基础顶面一般应设置在最低水位以下不少于 0.5m；在季节性河流或旱地上，不宜高出地面。另外，为了保证持力层的稳定性和不受扰动，基础的埋置深度，除岩石地基外，应在天然地面或河底以下不少于 1m；如有冲刷，基底埋深应在设计洪水位冲刷线以下不少于 1m；对于上部结构为超静定结构的桥涵基础，除了非冻胀土外，均应将基底埋于冻结线以下不小于 0.25m。

实体式薄壁桥墩（图 6-6）可用钢筋混凝土材料做成，由于它可以显著减少圬工体积，因而被广泛使用于中小跨径的桥梁中，但其抗冲击力较差，不宜用在流速大并夹有大量泥沙的河流或可能有船舶、冰、漂浮物撞击的河流。

2. 空心桥墩

在一些高大的桥墩中，为了减少圬工体积，节约材料，减轻自重，减少软弱地基的负荷，也可将墩身内部做成空腔体、即所谓空心桥墩。这种桥墩在外形上与实体重力式桥墩并无大的差别，只是自重较实体重力式的轻，因此，它介于重力式桥墩和轻型桥墩之间。几种常见的空心桥墩如图 6-14~图 6-16 所示。

空心桥墩在构造尺寸上应符合下列规定：

（1）墩身最小壁厚，对于钢筋混凝土不宜小于 30cm，对于混凝土不宜小于 50cm。

（2）墩身内应设横隔板或纵、横隔板，以加强墩壁的抗撞能力。

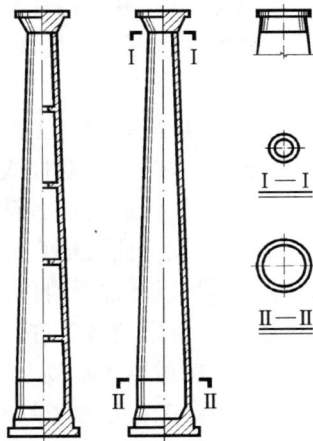

图 6-14　圆形空心桥墩

（3）墩帽下需有一定高度的实心部分以传递墩帽的压力,墩顶实体段以下应设置带门的进入洞或相应的检查设备。

（4）墩身周围应设置适当的通风孔或泄水孔,孔的直径不小于20cm,用以调节壁内外温差和平衡水压力。

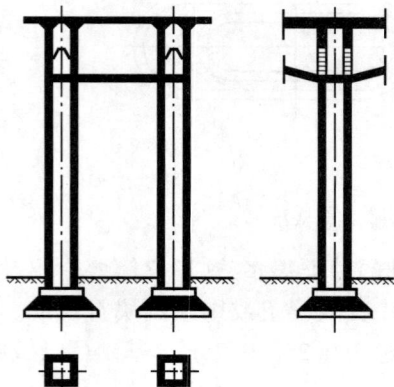

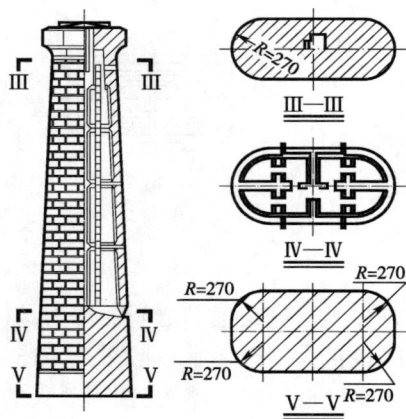

图 6-15　方形空心桥墩　　　　　　　图 6-16　格构形空心桥墩(尺寸单位:mm)

3.柱式桥墩

柱式桥墩的结构特点是由分离的两根或多根立柱(或桩柱)组成。它的外形美观,圬工体积少,因此是目前公路桥梁中广泛采用的桥墩形式之一,特别是在较宽较大的城市桥和立交桥中。

柱式桥墩的墩身沿桥横向常由 1 ~ 4 根立柱组成,柱身为 0.6 ~ 1.5m 的大直径圆柱或方形、六角形等形式,当墩身高度大于 6 ~ 7m 时,可设横系梁加强柱身横向联系。这种桥墩的刚度较大,适用性较广,并可与柱基配合使用,缺点是模板工程较复杂,柱间空间小,易于阻滞漂浮物,故一般多在水深不大的浅基础或高桩承台上采用,避免在深水、深基础及漂浮物多、有木筏的河道上采用。

柱式桥墩一般由基础之上的承台、柱式墩身和盖梁组成。双车道桥常用的形式有单柱式、双柱式和哑铃式以及混合双柱式四种(图 6-17)。

目前我国采用较多的还有钻孔灌注桩双柱式桥墩[图 6-17b)],它由钻孔灌注桩、柱与钢筋混凝土墩帽组成。柱与桩直接相连。当墩身桩的高度大于 1.5 倍的桩距时,通常就在桩柱之间布置横系梁,以增加墩身的侧向刚度。

钻孔桩柱式桥墩适合于许多场合和各种地质条件。通过增大桩径,桩长或用多排桩加建承台等措施,也能适用于更复杂的软弱地质条件以及较大跨径和较高的桥墩。它的施工方式较优越,全部墩台工程都可以在水上作业,避免了最繁重的水下作业,故目前应用较广。

4.柔性排架桩墩

柔性排架桩墩(图 6-18)是由单排或双排的钢筋混凝土桩与钢筋混凝土盖梁连接而成。

其主要特点是,可以通过一些构造措施,将上部结构传来的水平力(制动力、温度影响力等)传递到全桥的各个柔性墩台,或相邻的刚性墩台上,以减少单个柔性墩所受到的水平力,从而达到减小桩墩截面的目的。因此,柔性墩可以为单排桩墩、柱式墩或其他薄壁式桥墩。

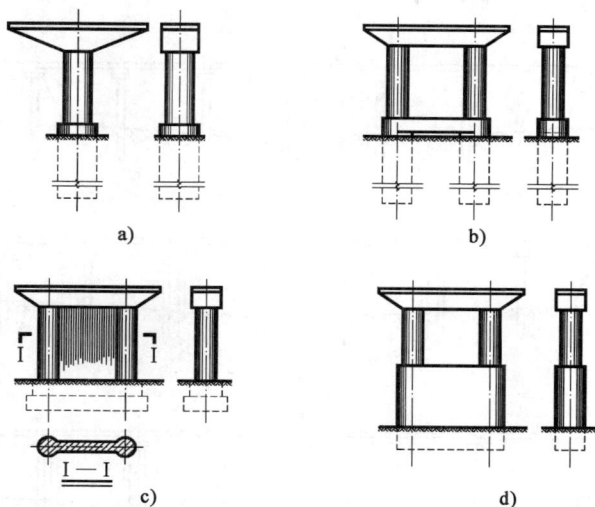

图 6-17　柱式桥墩
a)单柱式;b)双柱式;c)哑铃式;d)混合双柱式

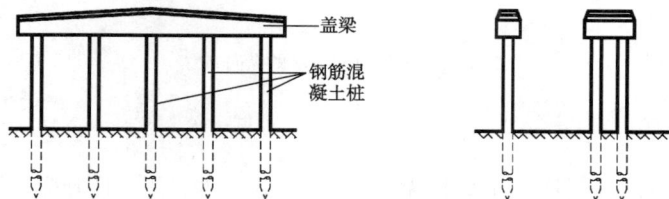

图 6-18　柔性排架桩墩

　　柔性排架桩墩适用的桥长,应根据温度变化幅度决定,一般为 50～80m。温差大的地区,桥长应短些,温差小的地区桥长可以适当长些。桥长超过 50～80m,受温度影响大,需要设置滑动支座或设置刚度较大的温度墩。

　　当桥梁孔数较多且桥较长时,柔性排架桩墩的墩顶会因位移过大而处于不利状态,这时宜将桥跨分成若干联,一联长度的划分视温度、地形、构造和受力情况确定。一般来讲,当墩的高度在 5m 以内时,可采用一段式、二段式和多段式桩墩,每段 1～4 孔,每段全长为 40～45m。对于多段式桩墩的中间段,由于不受土压力的影响,全长可以达到 50m[图 6-19a)～c)]。段与段之间设温度墩,即为两排互不联系的桩墩,为的是在温度变化的情况下,段与段之间互不影响。当墩的高度为 6～7m 时,也可组成上述的三种图式,但应在每段内设置一个由盖梁联成整体的双排墩,以增加结构的刚度[图 6-19d)]。此时每段长度可适当加长,中间段的孔数可以多达 6 孔。

　　双壁墩亦属于柔性墩的一种形式,它是在墩位上有两个相互平行的墩壁与主梁铰接或刚接的桥墩。钢筋混凝土双壁墩可增加桥墩刚度,减小主梁支点负弯矩,增加桥梁美观。

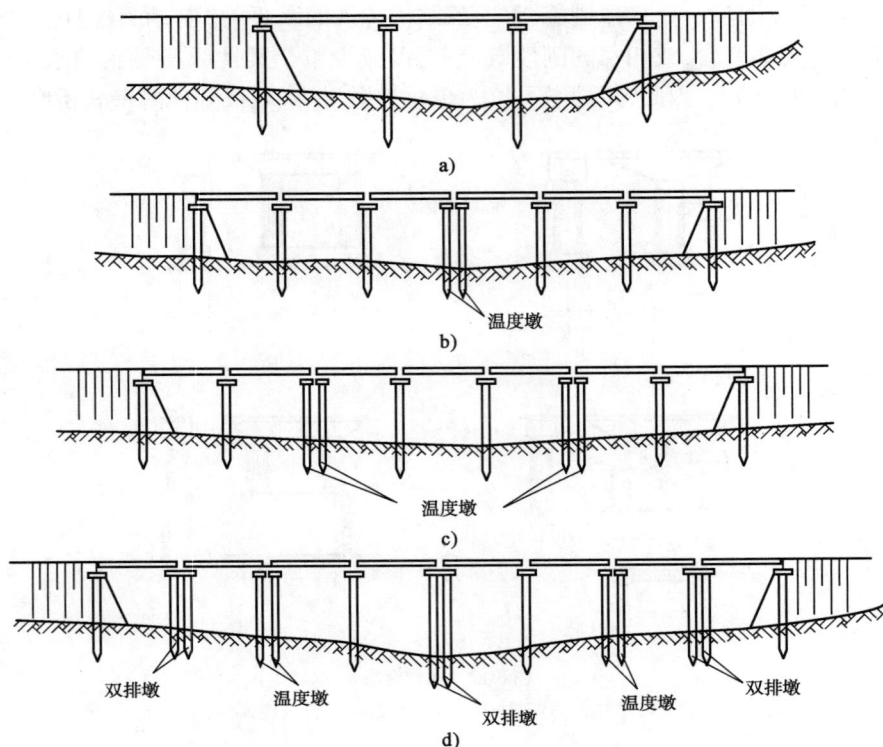

图 6-19　柔性排架桩墩的纵向布置

5. 框架墩

框架墩是采用由构件组成的平面框架代替墩身，以支承上部结构，必要时可做成双层或更多层的框架支承上部结构，这类较空心墩更进一步的轻型结构，是以钢筋混凝土和预应力混凝土建成受力体系。还可以适应建筑艺术需求，建成纵、横向 V 形、Y 形、X 形、倒梯形等墩身。这些桥墩在同样跨越能力的情况下缩短梁的跨径，降低梁高，使结构轻巧美观，但结构构造比较复杂，施工比较麻烦。图 6-20 示出了连续梁桥采用 V 形墩的构造，图 6-21 为一 V 形框架墩的横断面示意图。图 6-22 示出了连续梁桥采用 Y 形墩的构造。

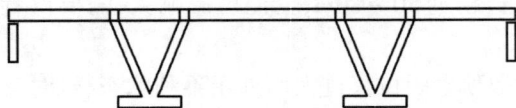

图 6-20　连续梁桥采用 V 形框架墩

V 形斜撑与水平面的夹角，需根据桥下净空要求和总体布置来确定，通常要大于 45°。斜撑的截面形式可采用矩形、I 形和箱形等。V 形墩的支座可布置在 V 形斜撑的顶部或底部。当支座布置在斜撑的顶部，斜撑是桥墩的一个组成部分；当支座布置在斜撑的底部，或采取斜撑与承台刚接而不设支座时，斜撑与主梁固结，斜撑成为上部结构的一个组成部分，斜撑的受力大小依据结构的图式和主梁与斜撑的刚度比确定。

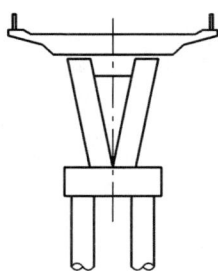

图 6-21　V 形框架
墩横断面

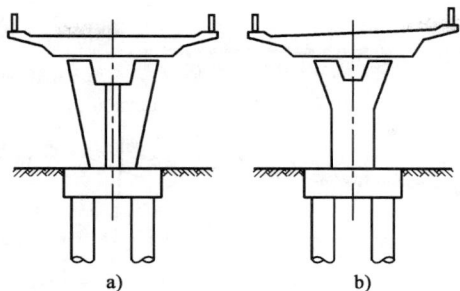

图 6-22　Y 形框架墩

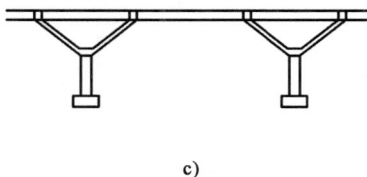

(二) 梁桥桥台

梁桥桥台可分为重力式桥台和轻型桥台。除了这两种外,还有组合式桥台和承拉桥台。

1. 重力式桥台

重力式桥台的常用形式是 U 形桥台,它由台帽、台身和基础三部分组成。台后的土压力主要靠自重来平衡,故桥台本身多数由石砌、片石混凝土或混凝土等圬工材料建造,并用就地浇筑的方法施工。

U 形桥台(图 6-23)因其台身是由前墙和两个侧墙构成的 U 字形结构而得名。其优点是构造简单,可以用混凝土或片、块石砌筑,适用于填土高度在 8 ~ 10m 以下或跨度稍大的桥梁;缺点是桥台体积和自重较大,增加了对地基的要求。此外,桥台的两个侧墙之间填土容易积水,结冰后冻胀,使侧墙产生裂缝。所以宜用渗水性较好的土夯填,并做好台后排水措施。

如图 6-24 所示,顺桥向台帽最小宽度为:

$$b = \frac{a}{2} + e_1 + \frac{e_0}{2} + c_1 + c_2 \tag{6-7}$$

横桥向台帽宽度一般应与路基同宽,台帽厚度一般不小于 40cm,中小桥梁也不应小于 30cm,并应有 $c_2 = 5 \sim 10cm$ 的檐口。台帽可用 C15、C20 钢筋混凝土或素混凝土做成,也可用 C25 石料圬工砌筑,所用砂浆不可低于 C5。

U 形桥台前墙正面多采用 10:1 或 20:1 的斜坡,侧墙与前墙结合成一体,兼有挡土墙和支撑墙的作用。侧墙正面一般是直立的,其长度视桥台高度和锥坡坡度而定。前墙的下缘一般与锥坡下缘相齐,因此,桥台越高,锥坡越坦,侧墙越长。侧墙尾端,应有不小于 0.75m 的长度伸入路堤内,以保证与路堤有良好的衔接。台身的宽度通常与路基的宽度相同。

《公路圬工桥涵设计规范》(JTG D61—2005)规定,无论是梁桥还是拱桥,桥台前墙的任一水平截面的宽度,不宜小于该截面至墙顶高度的 0.4 倍。侧墙的任一水平截面的宽度,对于片石砌体不小于该截面至墙顶高度的 0.4 倍;对于块石、料石砌体或混凝土则不小于 0.35 倍。如果桥台内填料为透水性良好的砂性土或砂砾,则上述两项可分别减为 0.35 倍和 0.3 倍。前墙及侧墙的顶宽,对于片石砌体不宜小于 50cm;对于块石、料石砌体和混凝土不宜小于 40cm (图 6-25)。

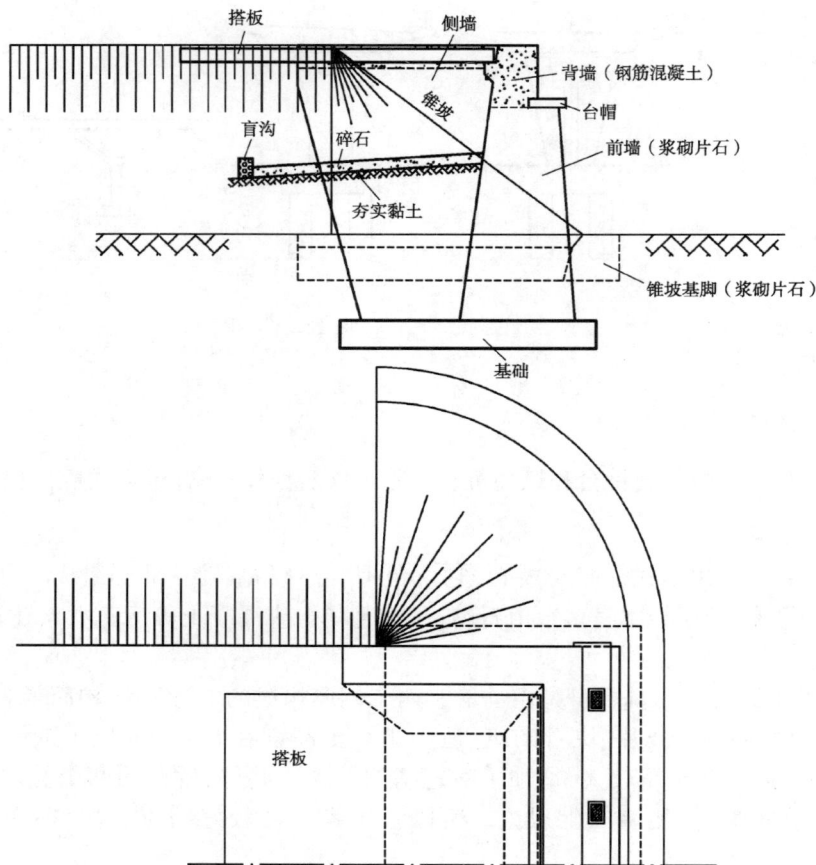

图 6-23　梁桥 U 形桥台

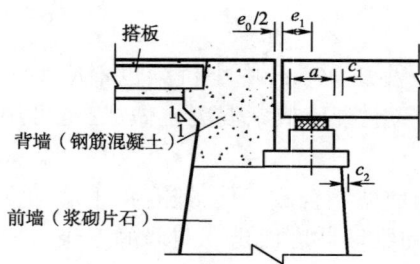

图 6-24　台帽顺桥向尺寸

2. 轻型桥台

轻型桥台的体积轻巧、自重较小，一般由钢筋混凝土材料建造，它借助结构物的整体刚度和材料强度承受外力，从而可节省材料，降低对地基强度的要求和扩大应用范围，为在软土地基上修建桥台开辟了经济可行的途径。

常用的轻型桥台分设有支撑梁的轻型桥台、钢筋混凝土薄壁桥台、加筋土桥台和埋置式桥台等几种类型。

（1）设有支撑梁的轻型桥台（图 6-26）

这种桥台的特点是，台身为直立的薄壁墙，台身两侧有翼墙（用于挡土）。在两桥台下部设置钢筋混凝土支撑梁，上部结构与桥台通过锚栓连接，于是便构成四铰框架结构系统，并借助两端台后的土压力来保持稳定。

按照翼墙（侧墙）的形式和布置方式，这种桥台又可分为一字形轻型桥台、八字形轻型桥台、耳墙式轻型桥台。如图 6-26 所示。

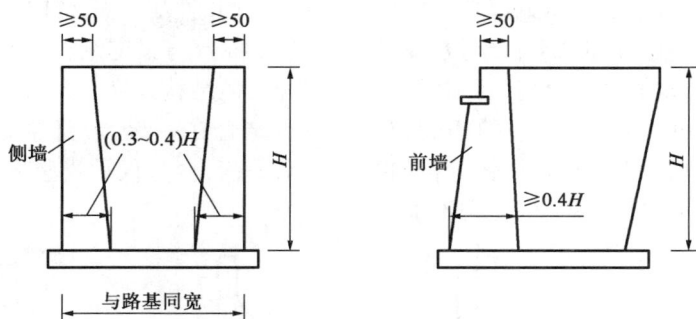

图 6-25　U 形桥台尺寸(尺寸单位:cm)

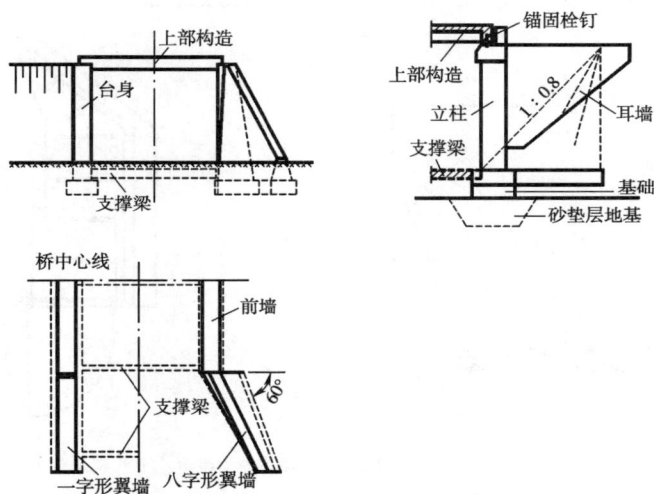

图 6-26　设置地下支撑梁的轻型桥台

（2）钢筋混凝土薄壁桥台

薄壁轻型桥台常用的形式有悬臂式、扶壁式、撑墙式及箱式等［图 6-27a）］。钢筋混凝土薄壁桥台是由扶壁式挡土墙和两侧的薄壁侧墙构成［图 6-27b）］。挡土墙由前墙和间距为 2.5～3.5m 的扶壁组成。台顶由竖直小墙和支于扶壁上的水平板构成,用以支承桥跨结构。两侧薄壁可以与前墙垂直,有时也做成与前墙斜交。前者称 U 形薄壁桥台,后者称八字形薄壁桥台［图 6-27c）］。这种桥台不仅可以减少圬工体积 40%～50%,同时因自重减轻而减小了对地基的压力,故适用于软弱地基的条件,但其构造和施工比较复杂,并且钢筋用量也较多。

（3）加筋土桥台

在台后路基填土不被冲刷的中、小跨径桥梁,台高在 3～5m 时,可采用加筋土桥台［图 6-28a）］。这类桥台一般由台帽和竖向面板、拉杆、锚定板及其间填料共同组合的台身组成。拉杆两端分别与竖向面板和锚定板连接,组成为加筋土的挡土结构。它的工作原理是,竖向面板后填料的主动土压力作用到面板上,再通过拉杆将该力传递给锚定板,而锚定板则依靠位于板前且具有一定抗剪能力的土体所产生的拉拔力来平衡拉杆拉力,使整个结构处于稳定状态。

如果上部结构的垂直反力直接由单独的桩柱承受,则加筋土墙体与桩柱便构成加筋土组合桥台。按照埋置情况,加筋土组合桥台又可分为分离式和结合式两种形式。分离式是台身与锚定结构分开,台身主要承受上部结构传来的竖向力和水平力,锚定结构承受土压力。锚定结构由锚定板、立柱、拉杆和挡土板组成,见图 6-28b）。桥台与锚定结构间留空隙,上端做伸缩缝,桥台与锚定结构的基础分离,互不影响,受力明确,但结构复杂,施工不方便。结合式锚定板式桥台的构造见图 6-28c），它的锚碇结构与台身结合在一起,台身兼做立柱或挡土板。作用在台身的所有水平力假定均由锚定板的抗拔力来平衡,台身仅承受竖向荷载。结构式结构简单,施工方便,工程量较省,但受力不很明确。

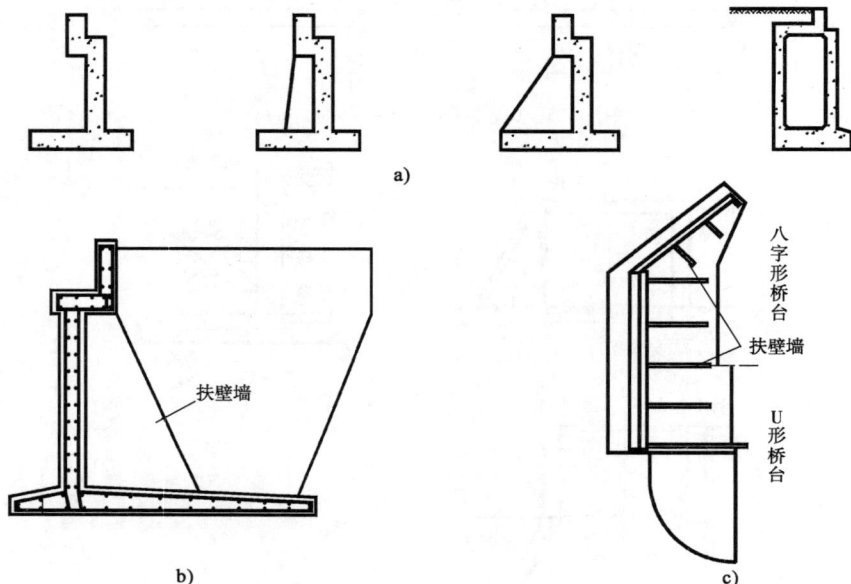

图 6-27 钢筋混凝土薄壁轻型桥台

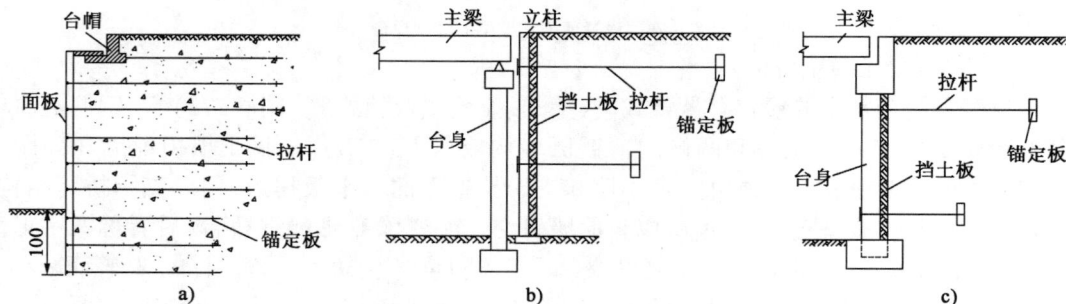

图 6-28 加筋土桥台和加筋土组合桥台（尺寸单位:cm）

（4）埋置式桥台

埋置式桥台是将台身埋在锥形护坡中,只露出台帽在外以安置支座及上部构造。这样,桥台所受的土压力大为减小,桥台的体积也就相应地减少。但是由于台前护坡是用片石作表面防护的一种永久性设施,存在着被洪水冲毁而使台身裸露的可能,故设计时必须进行强度和稳定性的验算。按台身的结构形式,又将其分为后倾式（图 6-29）、肋形埋置式（图 6-30）、双柱式（图 6-31）和框架式（图 6-32）等。

后倾式桥台实质上属于一种实体重力式桥台,它的工作原理是靠台身后倾,使重心落在基底截面的形心之后,以平衡台后填土的倾覆力矩。

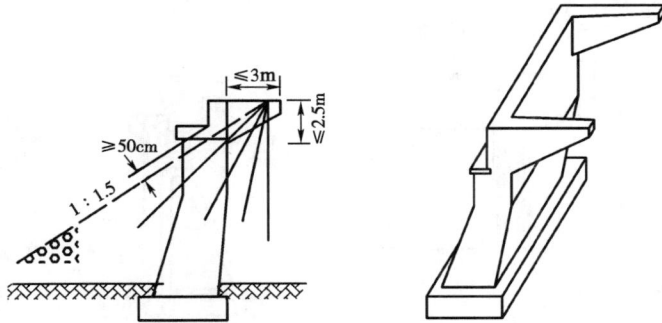

图 6-29　后倾式桥台

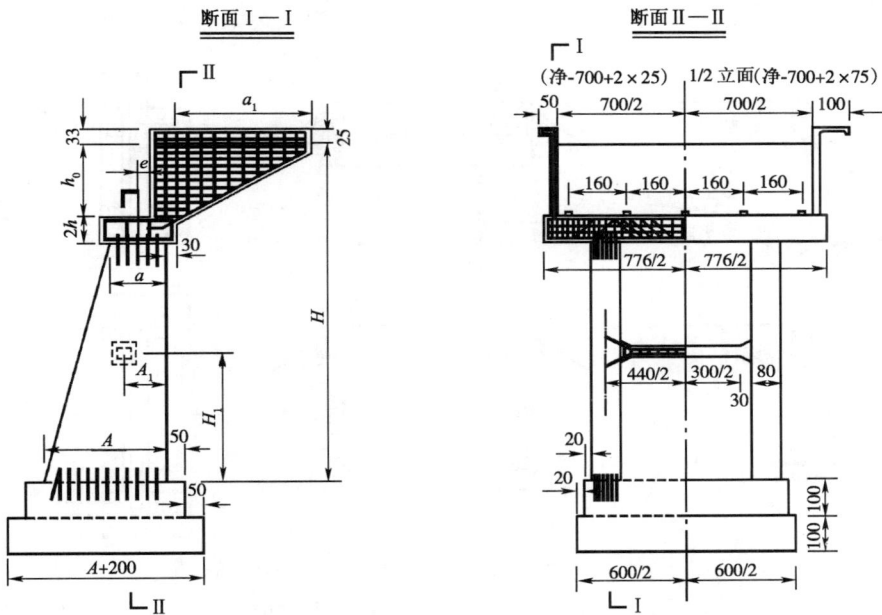

图 6-30　肋形埋置式桥台(尺寸单位:cm)

　　肋形埋置式桥台的台身由两块后倾式的肋板与顶面帽梁连接而成。台高在 10m 及 10m 以上者须设系梁。帽梁、系梁和耳墙均需配置钢筋,并采用 C20 混凝土。台身与帽梁、台身与基础之间只需布置少量接头钢筋,台身及基础可用 C15 混凝土。图 6-30 所示为配合后张法预应力混凝土简支梁使用的肋形埋置式桥台标准图示例,适用于净-7m + 2 ×0.25m 和净-7m + 2 ×0.75m 两种桥面净空。

　　桩柱式桥台对于各种土壤地基都适宜。根据桥宽和地基承载能力可以采用双柱、三柱或多柱的形式。柱与钻孔桩相连的称为桩柱式;柱子嵌固在普通扩大基础之上的称为立柱式;完全由一排钢筋混凝土桩和桩顶盖(或帽)梁连接而成的称为柔性柱台。

　　框架式桥台既比桩柱式桥台有更好的刚度,又比肋形埋置式桥台挖空率更高,更节约圬工体积。框架式桥台结构本身存在着斜杆,能够产生水平分力以平衡土压力,加之基底较宽,又通过系梁连成一个框架体,所以稳定性较好,可用于填土高度在 5m 以下的桥台,并与跨径为

16m 和 20m 的梁式上部结构配合应用,其不足之处是必须用双排桩基,钢筋水泥用量均比桩柱式多。当填土高度大于 5m 时,可采用肋墙式桥台(图 6-33)。

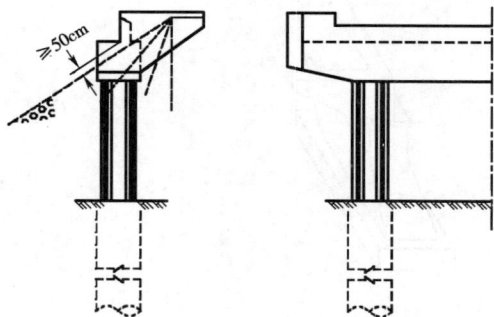

图 6-31　双柱式桥台

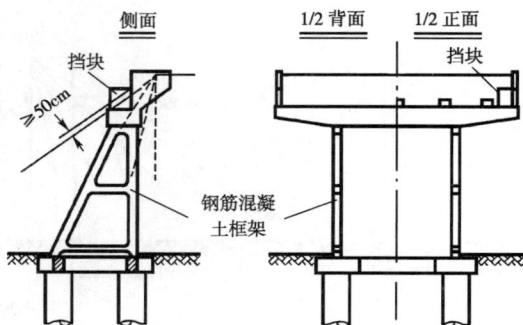

图 6-32　框架式桥台

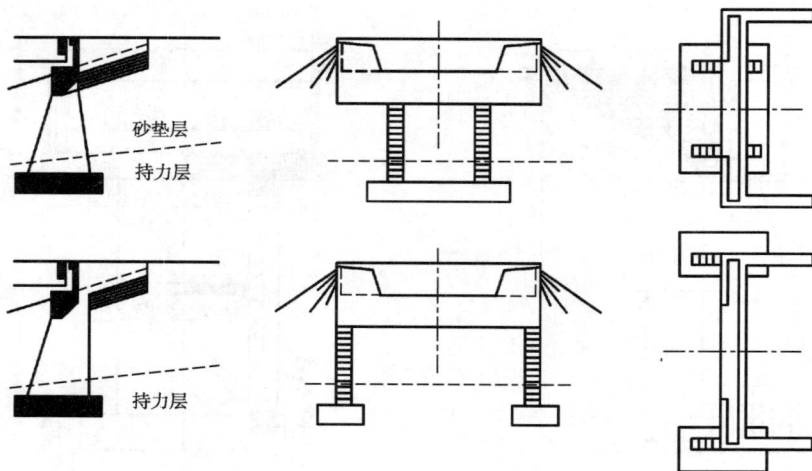

图 6-33　肋墙式桥台

埋置式桥台的共同缺点是:由于护坡伸入桥孔,压缩了河道,或者为了不压缩河道,就要适当增加桥长。

3. 组合式桥台

为使桥台轻型化,桥台本身主要承受桥跨结构传来的竖向力和水平力,而台后的土压力由其他结构来承受,形成组合式的桥台。除了前述的加筋土组合桥台外,还有过梁式-框架式组合桥台和桥台与挡土墙组合桥台等形式。

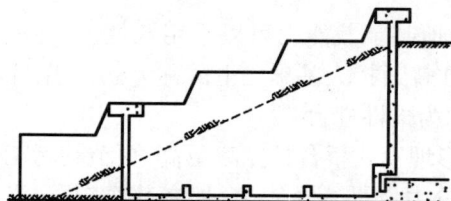

图 6-34　框架式组合桥台

(1)过梁式-框架式组合桥台

桥台与挡土墙用梁结合在一起的桥台为过梁式的组合桥台,使桥台与桥墩的受力相同。当梁与桥台、挡土墙刚结,则形成框架式组合桥台,见图 6-34。

(2)桥台与挡土墙组合桥台

这种桥台由轻型桥台支承上部结构,台后设挡土墙承受压力的组合式桥台。台身与挡土墙分离,上端做伸缩缝,使受力明确。当地基比较好时,也可将桥台与挡土墙放在同一个基础之上,见图6-35。这种组合式桥台可采用轻型桥台,而且可不压缩河床,但构造较复杂,是否经济需通过比较确定。

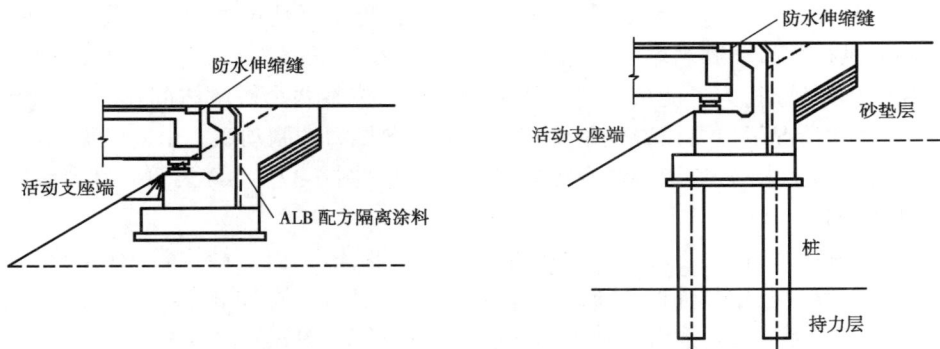

图6-35　桥台与挡土墙组合桥台

4.承拉桥台

在梁桥中,根据受力的需要,要求桥台具有承压和承拉的功能,在桥台构造和设计中,必须满足受力要求。图6-36a)示出了承拉桥台的构造。该桥上部结构为单箱单室截面,箱梁的两个腹板延伸至桥台形成悬臂腹板,它与桥台顶梁之间设氯丁橡胶支座受拉,悬臂腹板与台帽之间设置氯丁橡胶,支座支承上部结构,并可设置扁千斤顶,以备调整。

在预应力混凝土连续梁桥中,当边孔与中孔的跨径之比小于0.3时,其受力特性近似固端梁,在恒载和活载作用下,桥台支座可能受拉,因此除在结构构造上予以考虑以外,桥台应做成承拉桥台。图6-36b)示出了一座预应力混凝土连续梁桥的桥台构造。

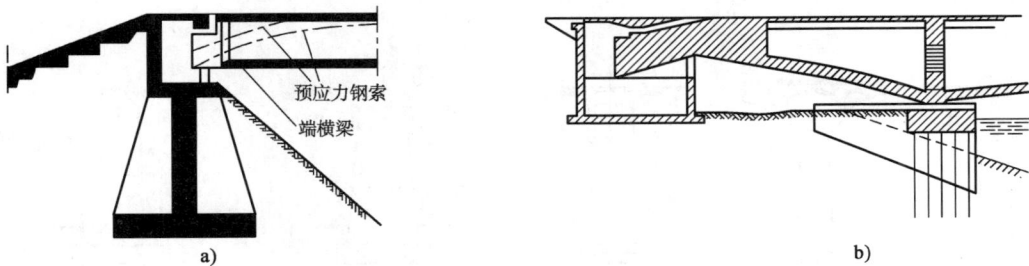

图6-36　承拉桥台示意

三、拱桥墩台

拱桥墩台同梁桥墩台一样,也分为两大类型,一类是重力式墩台,另一类是轻型墩台,其作用原理与梁桥墩台大致相同。

(一)拱桥桥墩

1.重力式桥墩

拱桥是一种有推力结构,拱圈传给桥墩上的力,除了垂直力以外,还有较大的水平推力,这是与梁桥的最大不同之处。从抵御恒载水平力的能力来看,拱桥桥墩又可以分为普通墩和单向推力墩两种。普通墩除了承受相邻两跨结构传来的垂直反力外,一般不承受恒载水平推力,或者当相邻孔不相同时只承受经过相互抵消后尚余的不平衡推力。单向推力墩又称制动墩,它的主要作用是在其一侧桥孔因某种原因遭到毁坏时,能承受住单侧拱的恒载水平推力,以保证其另一侧的拱桥不致遭到坍塌。而且当施工时为了拱架的多次周转,或者当缆索吊装设计的工作跨径受到限制时,为了能按桥台与某墩之间或者按某两个桥墩之间作为一个施工段进行分段施工,在此情况下也要设置能承受部分恒载单向推力的制动墩。由此可见,为了满足结构强度和稳定性的要求,普通墩的墩身可以做得薄一些[图6-37a)、b)],单向推力墩则要做得厚实一些[图6-37c)、d)]。

因为上承式拱桥的桥面与墩顶顶面相距有一段高度,墩顶以上结构常采用的有以下几种不同形式。对于空腹式拱桥的普通墩,常采用立墙式、立柱加盖梁式或者采用跨越式[图6-37a)、b)]。对于单向推力墩常采用立墙式和框架式[图6-37c)、d)]。

拱桥实体重力式桥墩也由墩帽、墩身及基础三部分组成,与梁桥桥墩不同的是,梁桥桥墩的顶面要设置传力的支座,且支座距顶面边缘保持一定的距离;而拱桥桥墩则在其顶面的边缘设置呈倾斜面的拱座[图6-37e)、f)],直接承受由拱圈传来的压力。故无铰拱的拱座总是设计成与拱轴线正交的斜面。由于拱座承受着较大的拱圈压力,故一般采用C20以上的整体式混凝土、混凝土预制块或C40以上的块石砌筑。

当桥墩两侧孔径相等时,拱座均设置在桥墩顶部的起拱线高程上,有时考虑到桥面的纵坡不同,两侧的起拱线高程可以略有不同。当桥墩两侧的孔径不等,恒载水平推力不平衡时,将两侧拱座设置在不同的起拱线高程上[图6-37f)]。此时,桥墩墩身可在推力小的一侧变坡或增大边坡,以减小不平衡推力引起的基底反力偏心距。从外形美观上考虑,变坡点一般设在常水位以下,墩身两侧边坡和梁桥的一样,一般为20:1～30:1。

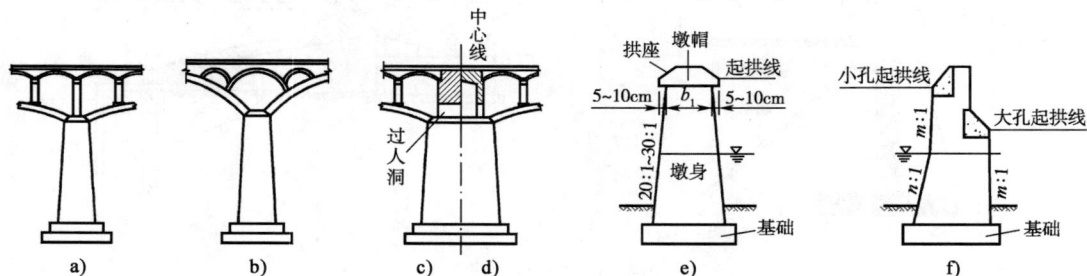

图6-37 拱桥重力式桥墩

2. 轻型桥墩

拱桥轻型桥墩按构造形式不同,主要有以下几种类型。

(1)柱式桥墩

拱桥桥墩上所用的轻型桥墩,一般为配合钻孔灌注桩基础而使用的桩柱式桥墩(图6-38)。从外形上看,它与梁桥上的桩柱式桥墩非常相似。其主要差别是:在梁桥墩帽上设置支座,而在拱桥墩顶部分设置拱座。当拱桥跨径在10m左右时,常采用两根直径为1m的钻孔灌注桩;跨径在20m左右时可采用两根直径为1.2m或三根直径为1m的钻孔灌注桩;跨径在 30m 左右时可采用三根直径为 $1.2 \sim 1.3m$ 的钻孔灌注桩。桩墩较高时,应在桩间设置横系梁以增强桩柱刚性。桩柱式桥墩一般采用单排桩,跨径在 $40 \sim 50m$ 以上的高墩可采用双排桩。在桩顶设置承台,与墩柱连成整体。如果柱与桩直接连接,则应在结合处设置横系梁。若柱高大于 $6 \sim 8m$,还应在柱的中部设置横系梁。

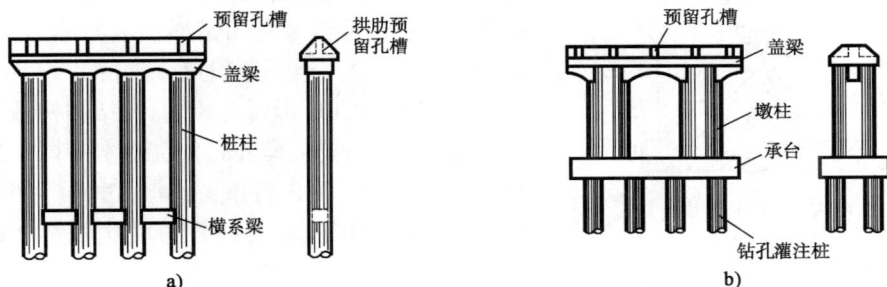

图 6-38   拱桥桩柱式桥墩

（2）斜撑墩[图 6-39a)]

在采用轻型桥墩的多孔拱桥中,每隔 $3 \sim 5$ 孔应设单向推力墩。当桥墩较矮或单向推力不大时,可采用轻型的单向推力墩。这种桥墩的特点是在普通墩的墩柱上,从两侧对称地增设钢筋混凝土斜撑和水平拉杆,用来提高抵抗水平推力的能力。其优点是阻水面积小,并可节约圬工体积。为了提高构件的抗裂性,可以采用预应力混凝土结构。这种桥墩只在桥不太高的旱地上采用。

（3）悬臂墩[图 6-39b)]

在桩柱式墩上加一对悬臂,拱脚支承在悬臂端。当一孔坍塌时,邻孔恒载单向推力对桩柱身产生的弯矩,被恒载竖直反力产生的反向弯矩抵消一部分,从而减小桩柱身的弯矩,使其能够承受拱的单向恒载推力。

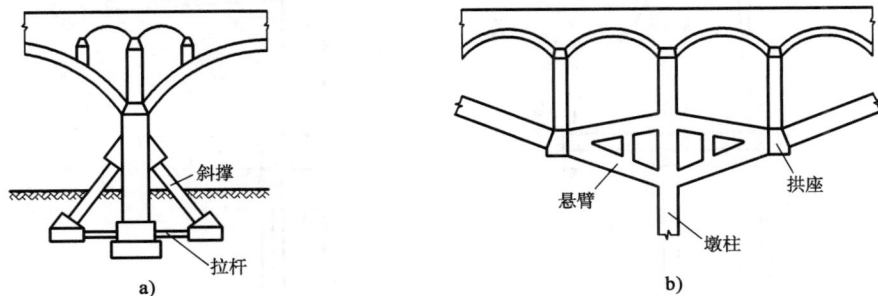

图 6-39   拱桥轻型单向推力墩

（二）拱桥桥台

拱桥桥台既要承受来自拱圈的推力、竖向力及弯矩,又要承受台后土的侧压力,从尺寸上看,拱桥桥台一般较梁桥要大。根据桥址具体条件可选用不同的构造形式,分为重力式桥台、轻型桥台、组合式桥台、齿槛式桥台和空腹式桥台等。

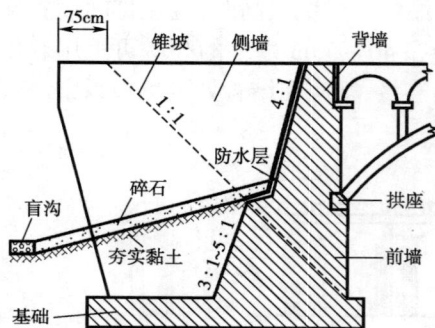

图 6-40　拱桥 U 形桥台

1. 重力式桥台

常用的重力式桥台为 U 形桥台（图 6-40），它由台帽、台身和基础三部分组成。U 形桥台的台身由前墙和平行于行车方向的两侧翼墙构成，其水平截面呈 U 字形。U 形桥台常采用锥形护坡与路堤连接，锥坡的坡度根据坡高、地形等确定。拱桥 U 形桥台的优缺点与梁式桥中的 U 形桥台相同，在结构构造上除在台帽部分有所差别外，其余部分也基本相同。拱桥桥台只在向河心的一侧设置拱座，其尺寸可参照相应拱桥桥墩的拱座拟定。其他部分的尺寸可参考相应梁桥 U 形桥台进行设计。

2. 轻型桥台

轻型桥台是相对于重力式桥台而言的。其工作原理是，当桥台受到拱的推力后，便发生绕基底形心轴而向路堤方向的转动，此时台后的土便产生抗力来平衡拱的推力，由于土参与提供部分抗力，从而使桥台的尺寸大大地小于实体重力式桥台，但此时必须验算由于拱脚位移而在拱圈内产生的不利附加内力的影响。采用轻型桥台时，要注意保证台后的填土质量，台后填土应严格按照规定分层夯实，并做好台后填土的防护工作，防止受水流的侵蚀和冲刷。常用的轻型桥台有八字形和 U 字形桥台，以及由此派生出来的 Π 形和 E 形等背撑式桥台。

（1）八字形桥台

八字形桥台的构造简单，台身由前墙和两侧的八字翼墙构成［图 6-41a）］。两者之间通常

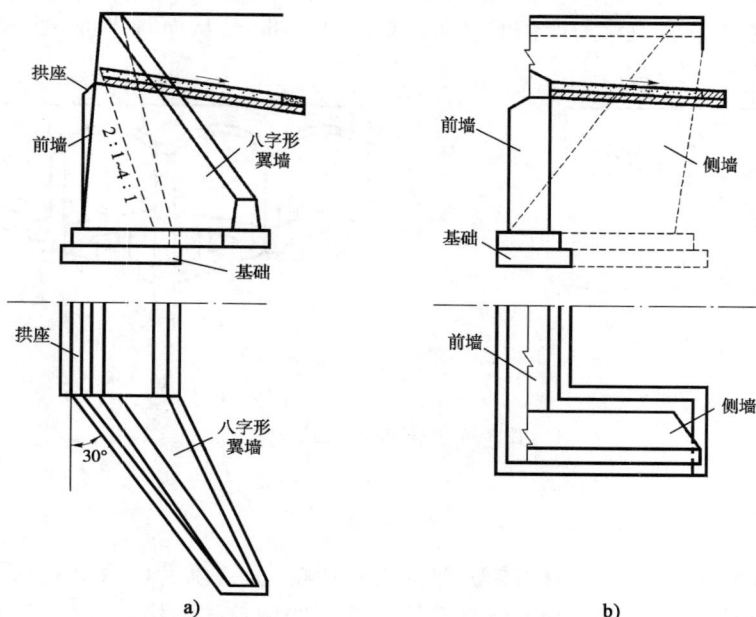

图 6-41　八字形和 U 字形轻型桥台

留沉降缝分砌。前墙可以是等厚度的,也可以是变厚度的。变厚度台身的背坡为2:1~4:1。翼墙的顶宽一般为40cm,前坡为10:1,后坡为5:1。为了防止基底向河心滑动,基础应有一定的埋置深度。

(2)U字形桥台

U字形轻型桥台由前墙和平行于车行方向的侧墙组成,构成U字形的水平截面[图6-41b)]。它与U形重力式桥台的差别是,后者是靠扩大桥台底面积,以减小基底压力,并利用基底与地基的摩阻力和适当利用台背侧土压力,以平衡拱的水平推力,因此基础底面积较轻型桥台的要大。U字形轻型桥台前墙的构造和八字形桥台相同,但侧墙却是拱上侧墙的延伸,它们之间应设变形缝,以适应桥可能发生的变位。

(3)背撑式桥台

当桥台较宽时,为了保证结构的强度和稳定性,可以在八字形或U字形桥台的前墙背后加一道或几道背撑,构成Ⅱ字形、E字形等水平截面形式的前墙(图6-42)。背撑顶宽为30~60cm,厚度也为30~60cm,背坡为3:1~5:1的梯形。这种桥台比八字形桥台稳定性要好,但土方开挖量及圬土体积都有增加。然而加背撑的U字形桥台却能适用于较大跨径的高桥和宽桥。

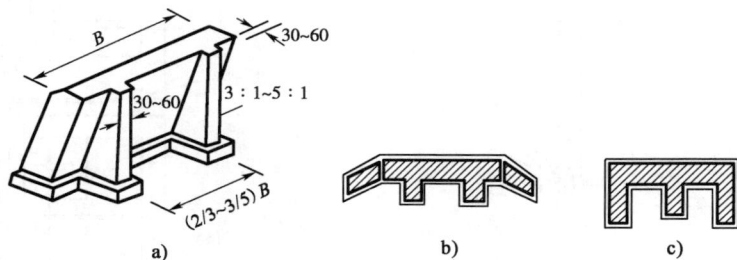

图6-42 背撑式桥台(尺寸单位:cm)

3. 组合式桥台

组合式桥台由台身和后座两部分组成(图6-43)。台身基础承受竖向力,一般采用桩基或沉井基础;拱的水平推力则主要由后座基底的摩阻力及台后的土侧压力来平衡。因此,后座基底高程应低于拱脚下缘的高程。台身与后座间应密切贴合,并设置沉降缝,以适应两者的不均匀沉降,在地基土质较差时,后座基础也应适当处理,以免后座向后倾斜,导致台身和拱圈的位移和变形。

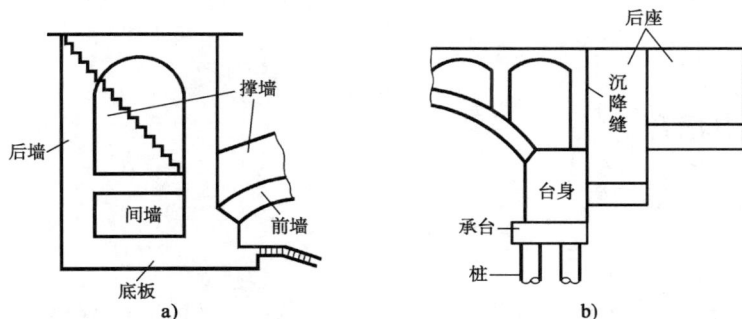

图6-43 组合式桥台

4.齿槛式桥台

齿槛式桥台由前墙、侧墙、底板和撑墙几个部分组成（图6-44）。其结构特点是：基底面积较大，可以支承一定的垂直压力；底板下的齿槛可以增加摩擦和抗滑的稳定性；台背做成斜挡板，利用它背面的原状土和前墙背面的新填土，共同平衡拱的水平推力；前墙与后墙板之间的撑墙可以提高结构的刚度。齿槛的宽度和深度一般不小于50cm。这种桥台适用于软土地基和路堤较低的中小跨径拱桥。

5.空腹式桥台

空腹式桥台是由前墙、后墙、基础板和撑墙等部分组成（图6-45）。前墙承受拱圈传来的荷载，后墙支承台后的土压力。在前后墙之间设置撑墙3～4道，作为传力构件，并对后墙起到扶壁作用，对基础板起到加劲作用。最外边的撑墙可以做成阶梯踏步，供人们上下河岸。空腹可以是敞口的，也可以是封闭的。如地基承载力许可时，也可在腹内填土。这种桥台一般是在软土地基、河床无冲刷或冲刷轻微、水位变化小的河道上采用。

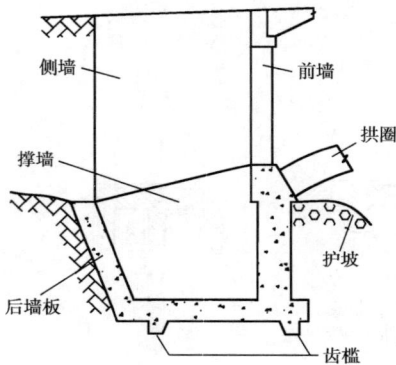

图6-44 齿槛式桥台

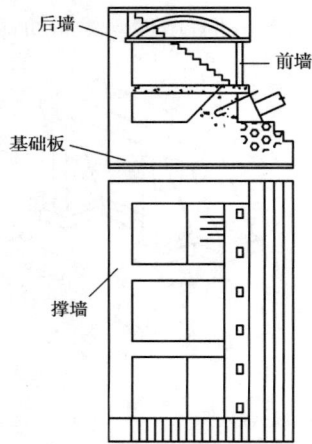

图6-45 空腹式桥台

第二节 桥墩计算

一、作用及其组合

（一）桥墩计算中的作用

1.永久作用

（1）上部构造的恒重对墩帽或拱座产生的支承反力，包括上部构造混凝土收缩、徐变影响。

（2）桥墩自重，包括在基础襟边上的土重。

（3）预应力，例如对装配式预应力空心桥墩所施加的预应力。

（4）基础变位影响力。对于奠基于非岩石地基上的超静定结构，应当考虑由于地基压密等引起的支座长期变位的影响，并根据最终位移量按弹性理论计算构件截面的附加内力。

（5）水的浮力。位于透水性地基上的桥梁墩台，当验算稳定时，应计算设计水位时水的不利浮力；当验算地基应力时，仅考虑低水位时的有利浮力；基础嵌入不透水性地基的墩台，可以不计水的浮力；当不能肯定是否透水时，分别按透水或不透水两种情况进行最不利的荷载组合。

2. 可变作用

（1）作用在上部结构上的汽车荷载，对于钢筋混凝土柱式墩应计入冲击力，对于重力式墩台则不计冲击力。

（2）人群荷载。

（3）作用在上部结构和墩身上的纵、横向风力。

（4）汽车荷载引起的制动力、离心力。

（5）作用在墩身上的流水压力。

（6）作用在墩身上的冰压力。

（7）上部结构因温度变化对桥墩产生的水平力。

（8）支座摩阻力。

3. 偶然作用

（1）作用在墩身上的船舶的撞击力（如通航河流上的桥）。

（2）作用在墩身上的漂浮物的撞击力（如泄洪河流上的桥）。

4. 地震作用

对于特大桥、抗震设防烈度高于Ⅵ度地区的桥梁需计算地震作用。

（二）作用组合

为了找到控制设计的最不利组合，通常需要对各种可能的作用组合分别进行计算，并且在计算时还需按纵向及横向的最不利位置布载。在桥墩计算中，一般需验算墩身截面的强度、墩身截面上的合力偏心距及其稳定性。为此需根据不同的验算内容选择各种可能的最不利作用组合。下面将分别叙述梁桥和拱桥桥墩可能出现的组合。

1. 梁桥重力式桥墩

（1）基本组合

①第一种组合：按桥墩各截面上可能产生的最大竖向力的情况进行组合。

此时将汽车荷载在纵向布置在相邻的两跨桥孔上，并且将重轴布置在计算墩处，这时得到桥墩上最大的汽车竖向荷载，但偏心较小。

它是用来验算墩身承载力和基底最大应力的。因此，除了有关的永久荷载外，应在相邻两跨满布可变荷载的一种或几种［图6-46a］。

②第二种组合：按桥墩各截面在顺桥方向上可能产生的最大偏心和最大弯矩的情况进行组合。

当汽车荷载只在一孔桥跨上布置时,同时有其他水平荷载,如风力、船撞力、水流压力和冰压力等作用在墩身上,这时竖向荷载最小,而水平荷载引起的弯矩作用大,可能使墩身截面产生很大的合力偏心距,此时,对桥墩的稳定性也是最不利的,它是用来验算墩身承载力、基底应力、偏心以及桥墩的稳定性的。属于这一组合的除了有关的永久作用外,应在相邻两孔的一孔上(当为不等跨桥梁时则在跨径较大的一孔上)布置可变作用的一种或几种,例如纵向风力、汽车制动力和支座摩阻力,如图6-46b)所示。

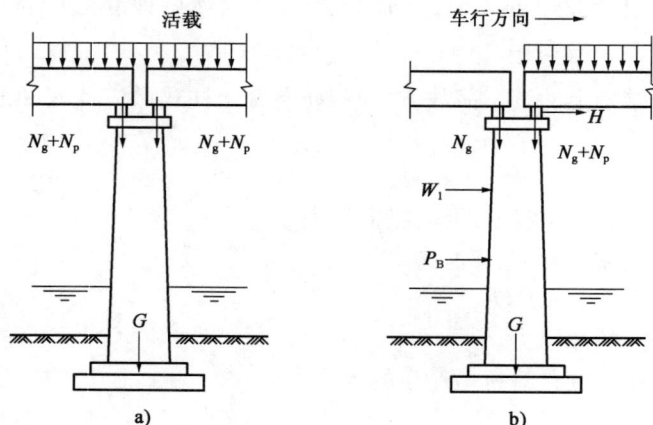

图6-46　桥墩上纵向布载情况

③第三种组合:按桥墩各截面在横桥方向可能产生最大偏心和最大弯矩的情况进行组合。

在横向计算时,桥跨上的汽车荷载可能是一列或几列靠边行驶,这时产生最大横向偏心距;也可能是多列满载,使竖向力较大,而横向偏心较小。

它是用来验算在横桥方向上的墩身承载力、基底应力、偏心以及桥墩的稳定性的。属于这一组合的除了有关的永久荷载外,要注意将可变荷载的一种或几种偏于桥面的一侧布置(图6-47)。

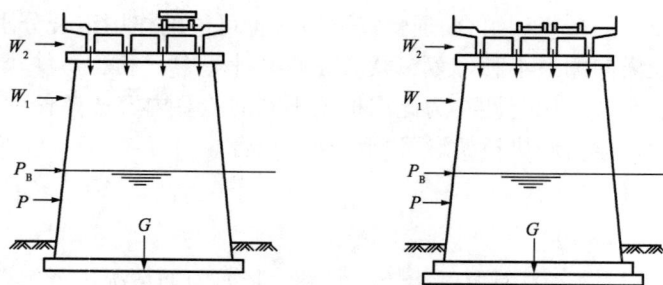

图6-47　桥墩上横向布载情况

(2)偶然组合

①通航河流上的桥墩:永久作用 + 汽车荷载或人群荷载的一种或两种(偏于桥面的一侧布置) + 流水压力 + 船舶的撞击作用。

②泄洪河流上的桥墩:永久作用 + 汽车荷载或人群荷载的一种或两种(偏于桥面的一侧布置) + 流水压力 + 漂流物的撞击作用。

对于有凌汛的河流(如黄河西北地区段)还应验算冰压力的作用组合,即永久作用 + 汽车荷载或人群荷载的一种或两种(偏于桥面的一侧布置) + 流水压力 + 冰压力。

③对于立交桥:永久作用 + 汽车荷载或人群荷载的一种或两种(偏于桥面的一侧布置) + 汽车撞击作用。

(3)地震组合

地震组合为永久作用 + 地震作用。

2.拱桥重力式桥墩

(1)基本组合

①顺桥方向的作用及其组合。

对于普通桥墩应为相邻两孔的永久荷载,在一孔或跨径较大的一孔满布可变作用的一种或几种,并由此对桥墩产生不平衡水平推力、竖向力和弯矩[图6-48a)]。

对于单向推力墩则只考虑相邻两孔中跨径较大一孔的永久荷载作用力。

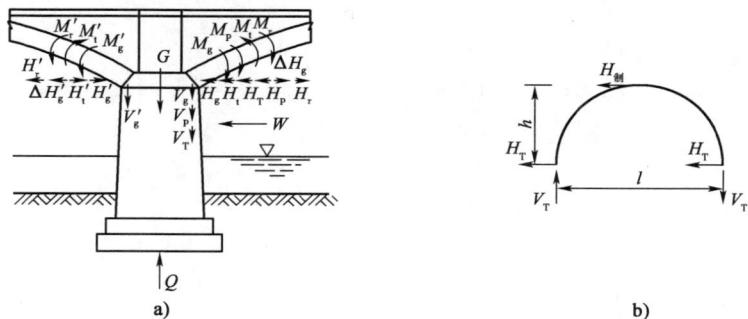

图6-48 不等跨拱桥桥墩受力情况

图 6-48 中的符号意义如下:

G——桥墩自重;

Q——水的浮力(仅在验算稳定时考虑);

V_g、V_g'——相邻两孔拱脚处因结构自重产生的竖向反力;

V_p——与车辆活载产生的 H_p 最大值相对应的拱脚竖向反力,可按支点反力影响线求得;

V_T——由桥面处制动力 $H_制$ 引起的拱脚竖向反力,即 $V_T = \dfrac{H_制 h}{l}$,其中 h 为桥面至拱脚的高度,l 为拱的计算跨径[图6-48b)];

H_g、H_g'——不计弹性压缩时在拱脚处由恒载引起的水平推力;

ΔH_g、$\Delta H_g'$——由恒载产生弹性压缩所引起的拱脚水平推力,方向与 H_g 和 H_g' 相反;

H_p——在相邻两孔中较大的一孔上由车辆活载所引起的拱脚最大水平推力;

H_T——制动力引起的在拱脚处的水平推力,按两个拱脚平均分配计算,即 $H_T = \dfrac{H_制}{2}$;

H_t、H_t'——温度变化引起的在拱脚处的水平推力;

H_r、H_r'——拱圈材料收缩引起的在拱脚处的水平拉力;

M_g、M_g'——由恒载引起的拱脚弯矩;

M_p——由车辆活载引起的拱脚弯矩，由于它是按 H_p 达到最大值时的活载布置计算，故产生的拱脚弯矩很小，可以忽略不计；

M_t、M_t'——温度变化引起的拱脚弯矩；

M_r、M_r'——拱圈材料收缩引起的拱脚弯矩；

W——墩身纵向风力。

②横桥向的荷载及其组合。

在横桥方向作用于桥墩上的外力有风力、流水压力、冰压力、船只或漂浮物撞击力，或地震力等。但是对于公路桥梁，横桥方向的受力验算一般不控制设计。

（2）偶然组合

同梁桥重力式桥墩计算。

3. 梁桥柱式桥墩

（1）基本组合

参照梁桥重力式桥墩计算。

（2）频遇组合和准永久组合

柱式桥墩一般采用钢筋混凝土或预应力混凝土结构形式，在结构计算中需对该梁和柱身进行抗裂计算，故应进行频遇组合和准永久组合计算。

（3）偶然组合

同梁桥重力式桥墩计算。

二、重力式桥墩计算

对于梁桥和拱桥重力式桥墩的计算，虽然在荷载组合的内容上稍有不同，但是就某个截面而言，这些外力都可以合成为竖向和水平方向的合力（用 $\sum N$ 和 $\sum H$ 表示）以及绕该截面 x—x 轴和 y—y 轴的弯矩（用 $\sum M_x$ 和 $\sum M_y$ 表示），如图 6-49 所示。因此，它们的验算内容和计算方法基本相同。下面将叙述重力式桥墩的一般计算程序。

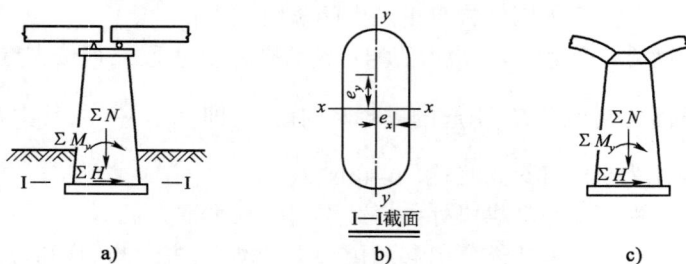

图 6-49 墩身底截面验算

重力式桥墩主要用圬工材料建造，一般为偏心受压构件，结构采用以概率论为基础的极限状态设计方法，采用分项系数的设计表达式进行计算，在最不利作用效应组合下，桥墩各控制截面的作用效应设计值应小于或等于结构的抗力效应设计值，以方程表示为：

$$\gamma_0 S \leqslant R(f_d, a_d) \qquad (6\text{-}8)$$

式中各符号的意义及取值见式（4-72）。

墩台截面的验算包括下列各项内容。

1. 验算截面的选取

验算截面通常选取墩身的基础顶面与墩身截面突变处。对于悬臂式墩帽的墩身,应对与墩帽交界的墩身截面进行验算。当桥墩较高时,由于危险截面不一定在墩身底部,需沿墩身每隔 2~3m 选取一个验算截面。

2. 验算截面的内力计算

按照各种组合分别对各验算截面计算其竖向力、水平力和弯矩(顺桥向和横桥向),得到相应的纵向力 $\sum N$、水平力 $\sum H$ 和弯矩 $\sum M$。

3. 截面承载力验算

按轴心或偏心受压构件验算墩身各截面的强度。如果不满足要求,就应修改墩身截面尺寸,重新验算。

《公路圬工桥涵设计规范》(JTG D61—2005)规定:

(1)砌体(包括砌体与混凝土组合)受压构件

$$\gamma_0 N_d \leqslant \varphi A f_{cd} \qquad [同式(4-73)]$$

(2)混凝土受压构件

$$\gamma_0 N_d \leqslant \varphi A_a f_{cd} \qquad [同式(4-79)]$$

4. 截面偏心验算

《公路圬工桥涵设计规范》(JTG D61—2005)规定,桥墩承受偏心受压荷载时,各验算截面在各种组合下的偏心距 $e = \sum M / \sum N$ 均不应超过表4-2的容许值。

当砌体或混凝土的轴向力偏心距超过规定的偏心距限值(表4-2)时,墩身截面承载力计算公式为:

单向偏心受压

$$\gamma_0 N_d \leqslant \varphi \frac{A f_{tmd}}{\frac{Ae}{W} - 1} \qquad [同式(4-80)]$$

双向偏心受压

$$\gamma_0 N_d \leqslant \varphi \frac{A f_{tmd}}{\frac{Ae_x}{W_y} + \frac{Ae_y}{W_x} - 1} \qquad [同式(4-81)]$$

式中各符号的意义及取值同前。

5. 抗剪强度的验算

当拱桥相邻两孔的推力不相等时,要验算拱座截面的抗剪强度,按下式计算:

$$\gamma_0 V_d \leqslant A f_{vd} + \frac{1}{1.4} \mu_f N_k \qquad [同式(4-82)]$$

式中各符号的意义及取值同前。

对于相邻墩台基础沉降、基地应力和桥墩的稳定性等验算内容,详见《公路桥涵地基与基础设计规范》(JTG D63—2007),限于篇幅,这里不再赘述。

重力式桥墩计算示例见本页数字资源。

三、桩柱式桥墩计算

桩柱式桥墩的计算包括盖梁计算和桩身计算两个部分。

（一）盖梁计算

1. 计算图式

桩柱式墩台通常采用钢筋混凝土构件。在构造上，桩柱的钢筋伸入盖梁内，与盖梁的钢筋绑扎成整体，因此盖梁与柱刚结，呈刚架结构。双柱式墩台，当盖梁的抗弯刚度与桩柱的抗弯刚度比大于5时，为简化计算可以忽略节点不均衡弯矩的分配及传递，一般可按简支梁或双悬臂梁进行计算和配筋；多根桩柱的盖梁可按连续梁计算。当盖梁计算跨径与梁高之比，对于简支梁小于2.0，对于连续梁小于2.5时，应按设计规范作为深梁计算。当刚度比小于5，或桥墩承受较大横向力时，盖梁和桩柱应作为横向刚架的一个整体予以验算。计算盖梁内力时，可考虑柱支承宽度的影响。

2. 外力计算

外力包括上部结构恒载支点反力、盖梁自重、活载和施工吊装荷载以及桥墩沿纵向的水平力。活载的布置要使各种组合为盖梁最不利情况，求出支点最大反力作为盖梁的活载。当活载对称布置时，按偏心压力法（或刚接板梁法、铰接板梁法）计算。当盖梁为多根柱支承时，其内力计算可考虑桩柱支承宽度对削减负弯矩尖峰的影响。桥墩沿纵向的水平力有制动力、温度力、支座摩阻力以及地震力等。

3. 内力计算

公路桥桩柱式墩台的帽梁通常采用双悬臂式，计算时的控制截面应选取支点和跨中截面。在计算支点负弯矩时，采用非对称布置活载与恒载的反力；在计算跨中正弯矩时，采用对称布置活载与恒载的反力。桥墩沿纵向的水平力以及当盖梁在沿桥纵向设置两排支座时，上部结构活载的偏心对盖梁将产生扭矩，应予以计入。

4. 配筋验算

盖梁的配筋验算方法与钢筋混凝土梁配筋类似，根据弯矩包络图配置受弯钢筋，根据剪力包络图配置弯起钢筋和箍筋。在配筋时，还应计算各控制截面抗扭所需要的箍筋及纵向钢筋。当采用预应力混凝土盖梁时，预应力钢筋的配置及普通钢筋的配置同预应力混凝土梁。

5. 抗裂验算

钢筋混凝土盖梁的最大裂缝宽度可按式(6-9)计算：

$$W_{fk} = C_1 C_2 C_3 \frac{\sigma_{ss}}{E_s}\left(\frac{30+d}{0.28+10\rho}\right) \quad (\text{mm}) \tag{6-9}$$

式中：C_1——钢筋表面形状系数，对光面钢筋 $C_1=1.4$，对带肋钢筋 $C_1=1.0$；

C_2——作用（或荷载）长期效应影响系数，$C_2=1+0.5\frac{N_1}{N_s}$，其中 S_1 和 S_s 分别按作用（或

荷载)长期效应组合和短期效应组合计算的弯矩或轴向力值;

C_3——与构件受力特征有关的系数,钢筋混凝土板式受弯构件,取 $C_3 = 1.15$;其他受弯构件,取 $C_3 = 1.0$;偏心受压构件,取 $C_3 = 0.9$;偏心受拉构件,取 $C_3 = 1.1$;轴心受拉构件,取 $C_3 = 1.2$;

d——纵向受拉钢筋直径(mm);

ρ——截面配筋率,对于钢筋混凝土构件,当 $\rho > 0.02$ 时,取 $\rho = 0.02$;当 $\rho < 0.006$ 时,取 $\rho = 0.006$;对轴心受压构件,ρ 按全部受拉钢筋截面面积 A_s 的一半计算;

σ_{ss}——短期荷载效应作用下,开裂截面纵向受拉钢筋应力。

(二)柱身计算

1. 外力计算

桥墩桩柱的外力有上部结构恒载与盖梁的恒载反力以及柱身自重;活载按设计荷载进行最不利布载,得到最不利的荷载组合。桥墩的水平力有支座摩阻力和汽车制动力等。

2. 内力计算

桩柱式墩按桩基础的有关内容计算桩柱的内力和桩的入土深度。对于单柱式墩,计算弯矩应考虑两个方向弯矩的合力。纵、横方向弯矩合力值为 $\sum M = \sqrt{M_x^2 + M_y^2}$。

3. 配筋验算

在最不利组合内力作用下,可先配筋,再按钢筋混凝土偏心受压构件进行验算。圆截面柱的截面配筋计算参照《规范》按钢筋混凝土偏心受压构件计算。

4. 抗裂验算

圆形截面钢筋混凝土偏心受压构件最大裂缝宽度可按式(6-10)计算:

$$W_{fk} = C_1 C_2 \left[0.03 + \frac{\sigma_{ss}}{E_s}(0.004d/\rho + 1.52c) \right] \quad \text{(mm)} \qquad (6\text{-}10)$$

式中:σ_{ss}——短期荷载效应组合作用下,截面受拉边缘钢筋的应力,其数值按式(6-11)计算,当按式(6-11)求得的 $\sigma_{ss} \leq 24\text{MPa}$ 时,可不必验算裂缝宽度;

ρ——截面配筋率,$\rho = A_s/\pi r^2$;

c——混凝土保护层厚度(mm);

其余符号意义同前。

$$\sigma_{ss} = \left[59.42 \frac{N_s}{\pi r^2 f_{cu,k}} \left(2.80 \frac{\eta_s e_0}{r} - 1.0 \right) - 1.65 \right] \rho^{-\frac{2}{3}} \quad \text{(MPa)} \qquad (6\text{-}11)$$

式中:r——构件截面的半径(mm);

$f_{cu,k}$——混凝土强度等级(MPa);

η_s——使用阶段的偏心距增大系数,计算公式见下式。

$$\eta_s = 1 + \frac{1}{4\,000 e_0/(r + r_s)} \left(\frac{l_0}{2r} \right)^2$$

式中:e_0——轴向力 N_s 的偏心距(mm);

r_s——构件截面纵向钢筋所在圆周的半径(mm)；

l_0——构件的计算长度，按《公路钢筋混凝土及预应力混凝土桥涵设计规范》(JTG
3362—2018)取值。

当 $l_0/2r \leqslant 14$，可取 $\eta_s = 1.0$。

四、柔性排架墩计算

梁桥的柔性墩多用于中、小跨径的桥梁上，当桥跨结构采用连续的构造和变形不够完善的
支座(如仅垫油毛毡数层)时，则可近似地按多跨铰接框架的图式计算[图6-50a)]。但目前我
国的公路桥梁中，比较多地采用较大摩阻力的板式橡胶支座。这种支座在水平力的作用下，将
发生较小的水平向剪切变形，故它可按在节点处设置水平弹簧支承的框架图式计算，如
图6-50b)所示。下面将着重对它的计算特点进行简要介绍。

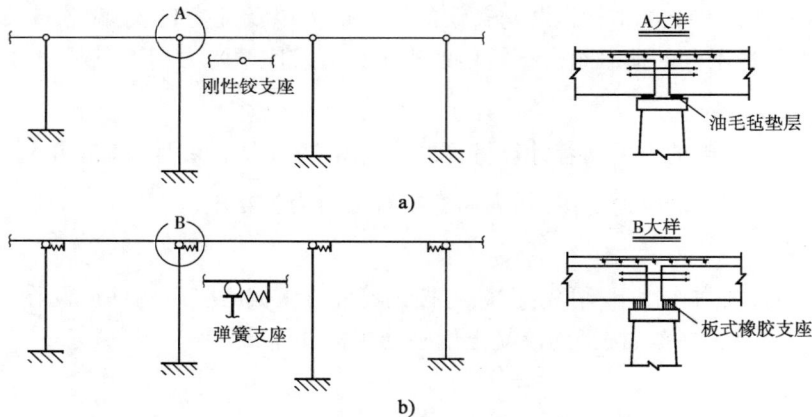

图6-50　梁桥柔性排架墩计算图

(一)基本假定

(1)外荷载除恒载、车辆活载外，还要计入汽车制动力、温度影响力，必要时还包括墩身受
到的风力，但梁身的混凝土收缩、徐变等次要因素可忽略不计。

(2)计算制动力时，各墩台受力按墩顶抗推刚度分配。在计算土压力时，如设有实体刚性
墩台，则全部由有关刚性墩台承受。如均为柔性墩，则由岸墩承受土压力，并假定此时各个墩
顶与上部构造之间不发生相对位移。

(3)计算温度变形时，墩对梁产生的竖向弹性拉伸或压缩影响忽略不计，而只计桩墩顶部
水平力对桩墩所引起的弯矩的影响。

(4)在计算梁墩之间橡胶支座的水平力剪切变形时，忽略因梁体的偏转角 θ 对它的影响。

(二)计算步骤

1. 桥墩抗推刚度 $k_{墩i}$ 的计算

抗推刚度 $k_{墩i}$ 是指使墩顶产生单位水平位移所需施加的水平反力。

$$k_{墩i} = \frac{1}{\delta_i} \tag{6-12}$$

（1）当墩柱下端固定在基础或承台顶面时：

$$\delta_i = \frac{l_i^3}{3EI} \tag{6-13}$$

式中：δ_i——单位水平力作用在第 i 个柔性墩顶产生的水平位移（m/kN）；

l_i——第 i 墩柱下端固结处到墩顶的高度（m）；

I——墩身横截面对形心轴的惯性矩（m⁴）。

（2）当考虑桩侧土的弹性抗力时，δ_i 则按桩基础的有关公式[式(6-13)]计算。

2.橡胶支座抗推刚度 $k_支$ 的计算

由材料力学知，剪应力 τ 与剪切角 γ 具有如下的关系，如图 6-51 所示。

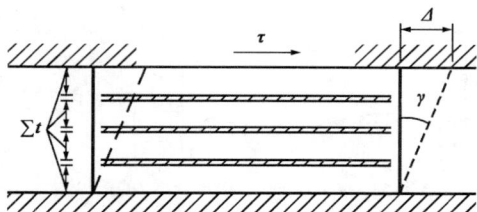

图6-51　板式橡胶支座的剪切变形

$$\tau = G\gamma \tag{6-14}$$

将式(6-14)两边各乘以 $\sum t \cdot \sum A_支$，并注意到

$$\sum A_支 \cdot \tau = H \tag{6-15}$$

$$\sum t \cdot \gamma = \sum t \cdot \tan\gamma = \Delta \tag{6-16}$$

经过整理简化后，则得支座的抗推刚度 $k_支$ 为：

$$k_支 = \frac{H}{\Delta} = \frac{G\sum A_支}{\sum t} \tag{6-17}$$

式中：G——橡胶材料的剪切模量；

$\sum t$——橡胶片的总厚度；

$\sum A_支$——支座承压面积的总和；

H、Δ——分别为水平力和相应剪切位移。

3.墩与支座的组合抗推刚度 k_{Zi}

$$k_{Zi} = \frac{1}{\delta_{Zi}} = \frac{1}{\delta_{墩i} + \delta_{支i}} = \frac{1}{\frac{1}{k_{墩i}} + \frac{1}{k_{支i}}} \tag{6-18}$$

4.墩顶制动力的计算

$$H_{iT} = \frac{k_{Zi}}{\sum k_{Zi}} T \tag{6-19}$$

式中：H_{iT}——作用在第 i 墩台的制动力（kN）；

T——全桥（或一联）承受的制动力（kN）。

于是墩顶水平位移 Δ_{iT} 为:

$$\Delta_{iT} = \frac{H_{iT}}{k_{Zi}} \tag{6-20}$$

5. 梁的温度变形引起的水平力

当温度下降时,桥梁上部结构将缩短,两岸边排架向河心偏移。当温度上升时,桥梁上部结构将伸长,两岸边排架向路堤偏移。因此,无论温度升高或降低,必然存在一个温度变化时偏移值等于零的位置 x_0(称为温度中心)。在求排架的偏移值时,需先求出这个位置。如图6-52所示。

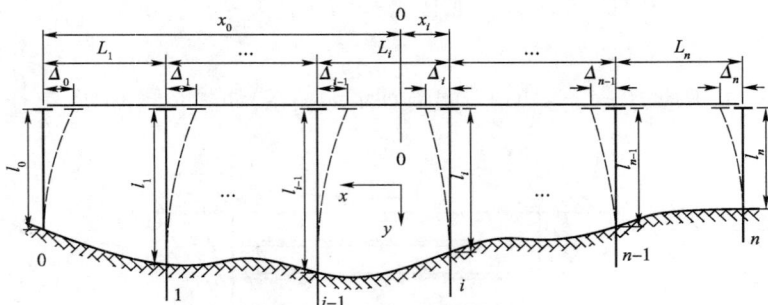

图6-52 温度变化时柔性排架墩的偏移图

图中:

x_0——温度中心0—0线至0号排架的距离;

i——桩的序号,$i = 0$、1、2、$\cdots$、n,n 为总排架数减1;

L_i——第 i 跨的跨径。

如果用 x_1、x_2、$\cdots$、x_i 表示自0—0线至1、2、$\cdots$、i 号排架的距离,则得各墩顶部由温度变化引起的水平位移为:

$$\Delta_{it} = \alpha \Delta t x_i \tag{6-21}$$

式中:α——上部结构的线膨胀系数;

Δt——温度升降的度数。

Δ_{it}、x_i 均带有正负号,以自0—0线指向 x 轴正轴为正。

$$x_i = x_0 - (L_1 + L_2 + \cdots + L_i) = x_0 - \sum_{j=1}^{i} L_j \tag{6-22}$$

各排架桩顶所受的温度力为:

$$H_{it} = k_{Zi}\Delta_{it} \tag{6-23}$$

在温变作用下,各墩顶水平力之和必为零,即

$$\sum_{i=0}^{n} H_{it} = 0 \tag{6-24}$$

联立式(6-21)~式(6-24),解得:

$$x_0 = \frac{\sum\limits_{i=1}^{n} k_{Zi}\left(\sum\limits_{j=1}^{i} L_j\right)}{\sum\limits_{i=0}^{n} k_{Zi}} \tag{6-25}$$

当各跨跨径相同都为 L 时:

$$x_0 = \frac{\sum_{i=1}^{n} k_{Zi}(iL)}{\sum_{i=0}^{n} k_{Zi}} = \frac{\sum_{i=1}^{n} ik_{Zi}}{\sum_{i=0}^{n} k_{Zi}} L \tag{6-26}$$

6. 由墩顶不平衡弯矩 M_0 产生的水平位移 Δ_{iM}

$$\Delta_{iM} = \frac{M_0 l_i^2}{2EI} \tag{6-27}$$

7. 计入 N 和墩身自重 $q_自$ 影响，但不计入支座约束影响的墩顶总水平位移 a

这是一个几何非线性分析的问题，可以应用瑞雷-里兹法和最小势能原理求其近似解，即首先假定此悬臂墩的近似变形曲线为（图 6-53）：

$$y = a\left(1 - \sin\frac{\pi x}{2l}\right) \tag{6-28}$$

式（6-28）中的 a 为待定的最终水平位移，它是一个常数。

设此结构由应变能 U 和外力势能 V_E 构成的总势能 $\Pi(= U + V_E)$ 为最小，经过变分运算，可以得到此 a 值，具体推演过程见有关文献，这里只写出其计算公式：

$$a = \frac{H + M_0 \dfrac{\pi}{2l}}{\dfrac{l}{8}\left[\dfrac{EI}{4}\left(\dfrac{\pi}{l}\right)^4 - \left(N + \dfrac{q_自 l}{3}\right)\left(\dfrac{\pi}{l}\right)^2\right]} \tag{6-29}$$

图 6-53　等直截面悬臂墩

式中：H——作用于墩顶处的水平力，其作用方向与 y 轴一致者为正，反之为负；

　　　M_0——作用于墩顶处的不平衡力矩，若由它引起的墩顶水平位移与 H 的效应相一致，则取与 H 同号，反之，取与 H 异号。

8. 计入板式橡胶支座约束影响后的桩墩计算

图 6-50b)中明确展示了每个桥墩的顶部并非完全自由，而是受到板式橡胶支座的弹性约束。梁体上的水平力是通过板式支座与墩、梁接触面的摩阻力传递至桥墩，它既使墩顶产生水平位移，又使板式支座产生剪切变形，如图 6-54b)所示。当梁体完成了这个水平力的传递以后，梁体便处于暂时的稳定状态。这时由于存在有轴力 N 和墩身自重 $q_自$ 的影响，将使墩顶产生附加变形 δ。于是，板式橡胶支座由原来传递水平力的功能转变为抵抗墩顶继续变形的功能，当墩身很柔时，有可能使支座原来的剪切变形先恢复到零，逐渐过渡到反向状态，如图 6-54c)所示。根据这个工作机理，便可将每座桥墩的受力状态[图 6-54a)]分解为两个工作状态的组合。

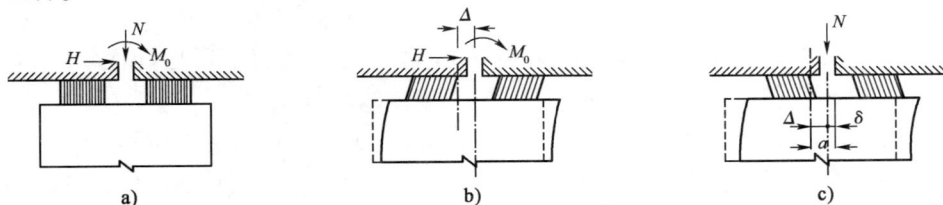

图 6-54　板式橡胶支座工作机理

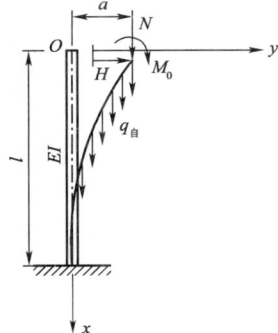

(1)不计几何非线性效应的普通悬臂墩[图6-55b)],它可按墩顶上的各个外力先分别计算,然后进行内力或变形的叠加。

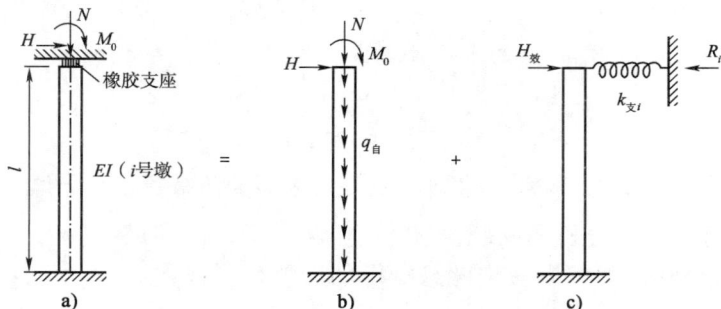

图6-55　考虑几何非线性效应的计算模型

(2)将支座模拟为具有刚度为 $k_{支i}$ 的弹簧支承,将引起几何非线性效应影响的轴力换算为由桥墩与支座共同来承担的等效附加水平力 $H_{效i}$,如图6-55c)所示。该等效附加水平力可按式(6-30)计算:

$$H_{效i} = k_{墩i}(a_i - \Delta_{iM}) - H_i \tag{6-30}$$

由此可以得到墩顶处的附加水平位移 δ,即

$$\delta = \frac{H_{效i}}{k_{墩i} + k_{支i}} \tag{6-31}$$

由墩顶分担的附加水平力 $H'_{效i}$ 为:

$$H'_{效i} = k_{墩i}\delta \tag{6-32}$$

由弹簧支承分担的附加水平力 $H''_{效i}$ 或支反力 R_i 为:

$$H''_{效i} = R_i = k_{支i}\delta \tag{6-33}$$

9. 几何非线性效应的整体分析

当确定出在一种工况下各个墩顶处的等效附加水平力 $H_{效i}$ 之后,便可将它们布置到图6-56b)所示的图式中进行整体分析。这里要考虑下列三种边界条件:

(1)当一联结构的两端为固定式桥台并设置板式橡胶支座时,按图6-56a)所示的图式分析。

(2)当其两端为柔性温度墩和板式橡胶支座时,按图6-56b)所示的图式分析。

(3)两端设置的是摩阻力甚小的聚四氟乙烯滑板支座时,按两端为活动铰支座的图式计算,如图6-56c)所示。

上述任何一种图式均可应用力法或者普通平面杆系有限元法的程序来完成分析,以求得各个水平弹簧支承中的反力。各个桥墩所得到的实际附加水平力应为 $H_{效i}$ 与弹簧支承反力的代数和;然后,将此实际附加水平力叠加到图6-55b)中的 H 中去,便可得到该桥墩在考虑几何非线性效应后的内力值。

以上是柔性排架墩的一般计算步骤和方法。对于不同的桥墩应分别按不同的工况进行最不利的组合,找到控制设计的截面内力进行设计。工程中有时为了简化分析,也可以偏安全地不考虑橡胶支座弹性抗力的有利影响,即按式(6-29)得到的结果来确定截面内力。

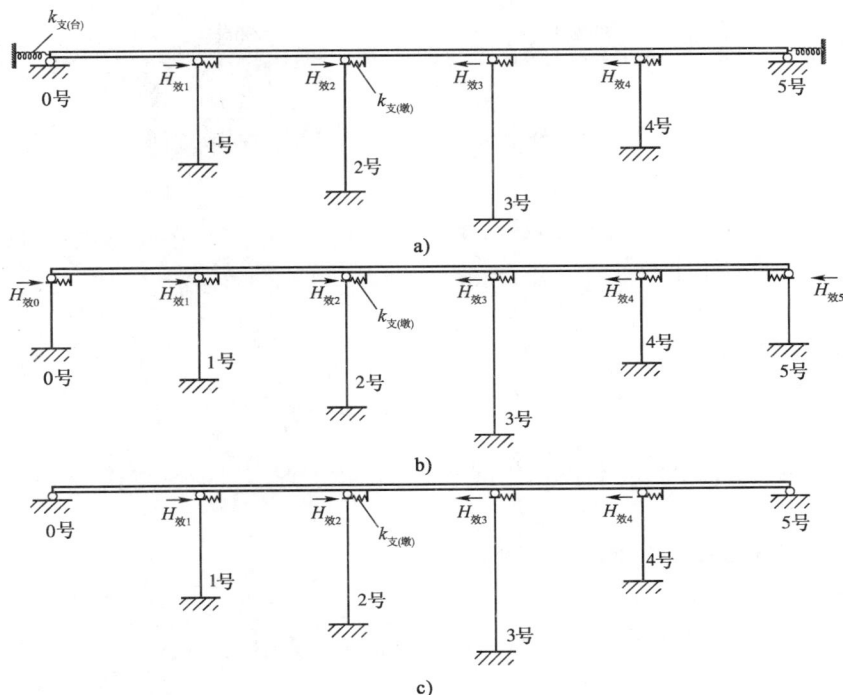

图 6-56 几何非线性效应的整体分析

顺便指出,上述的计算步骤和公式同样适用于设置板式橡胶支座的中、小跨径连续梁。由于连续梁的各个中墩均只有一排支座,理论上可以认为墩顶的不平衡力矩 $M_0 = 0$,并代入相应的公式即可。

第三节 桥台计算

一、作用及其组合

(一)桥台计算中的作用

1. 永久作用

(1)上部构造的恒重对台帽或拱座产生的支承反力,包括上部构造混凝土收缩、徐变影响。

(2)桥台自重。

(3)预应力,例如对预应力混凝土台帽等所施加的预应力。

（4）基础变位影响力。

（5）水的浮力，在计算水下部分桥台（一般为地下水位以下）时，水的浮力计算方法同桥台。

（6）土的侧压力，在计算桥台时，应考虑桥台台背主动土压力和台前静土压力的作用。

2. 可变作用

（1）作用在上部结构上的汽车荷载，对于钢筋混凝土柱式或排架式桥台，应计入冲击力，对于重力式墩台，则不计冲击力。

（2）人群荷载。

（3）汽车荷载引起的制动力、离心力。

（4）作用在墩身上的流水压力。

（5）作用在墩身上的冰压力。

（6）上部结构因温度变化对桥墩产生的水平力。

（7）支座摩阻力。

（8）作用于桥台上的汽车荷载引起的土侧压力。

3. 地震作用

对于特大桥、抗震设防烈度高于Ⅵ度地区的桥梁需计算地震作用。

（二）作用组合

对于桥台只需进行顺桥方向的验算，故桥台在进行荷载布置及组合时，只考虑顺桥方向。

1. 梁桥桥台的荷载布置及组合

为了求得重力式桥台在最不利荷载组合的受力情况，首先必须对车辆荷载作几种最不利的布置。

图6-57仅示出了车辆荷载沿顺桥向的三种布置方案：①仅在桥跨结构上布置荷载；②仅在台后破坏棱体上布置车辆荷载；③在桥跨结构上和台后破坏棱体上都布置车辆荷载。

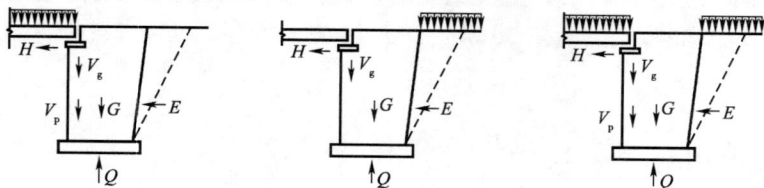

图6-57　作用在梁桥桥台上的荷载

具体是哪一种作用组合控制设计，要结合验算的具体内容经过分析比较后才能确定。

2. 拱桥桥台的荷载布置及组合

同梁桥重力式桥台一样，先取最不利荷载位置的布置方案，再拟定各种荷载组合。对于单跨无铰拱的顺桥向活载布置，一般取图6-58和图6-59两种方案：即活载布置在台背后破坏棱体上和活载布置在桥跨结构上。

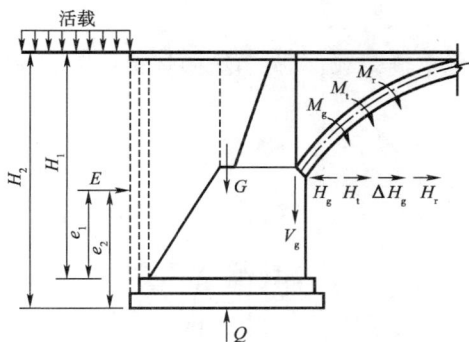

图 6-58　作用在拱桥桥台台后的荷载(第一种情况)

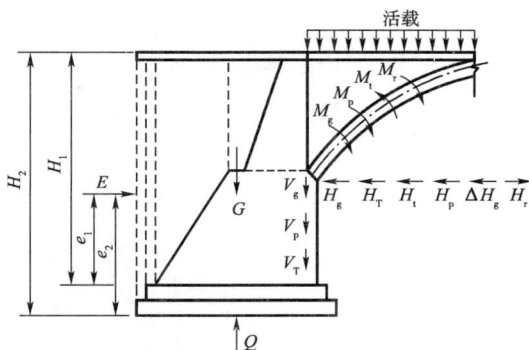

图 6-59　作用在拱桥桥跨结构上的荷载(第二种情况)

二、重力式桥台的计算特点

重力式桥台的计算与验算内容与重力式桥墩相似,包括验算台身截面强度、地基应力以及桥台稳定性等。

桥台台身承载力、基底承载力、偏心以及桥台稳定性验算和桥墩相同。如果 U 形桥台两侧墙宽度不小于同一水平截面前墙全长的 0.4 倍,桥台台身截面强度验算应把前墙和侧墙作为整体考虑其受力。否则,台身前墙应按独立的挡土墙进行验算。

三、梁桥轻型桥台的计算特点

前面介绍了设有支撑梁的梁桥薄壁轻型桥台的受力特点,它是利用桥跨结构和底部支撑梁作为桥台与桥台或者桥台与桥墩之间的支撑,以防止桥台受路堤的土侧压力而向河心方向移动,从而使结构构成为四铰框架的受力体系。因此,对于这类桥台(例如一字形桥台)的计算主要包括三项内容:

(1)桥台(顺桥向)在侧向土压力作用下,台身作为竖梁进行截面强度验算。

(2)桥台(包括基础)在竖向荷载作用下,横桥向作为一根弹性地基短梁进行截面强度验算。

(3)基础底面下地基应力验算。

(一)桥台作为竖梁时的强度计算

通常取单位桥台宽度进行验算,其步骤如下。

1. 验算截面处的竖直力 N

包括以下三项:

(1)桥跨结构恒载在单位宽度桥台上的支点反力 N_1。

(2)单位宽度台帽的自重力 N_2。

(3)验算截面以上单位宽度台身的自重力 N_3。

于是:

$$N = N_1 + N_2 + N_3$$

2.土压力计算

计算土压力时,对桥台的最不利荷载组合是桥上无车辆荷载,台背填土破坏棱体上有车辆荷载。其荷载分布如图6-60a)所示。

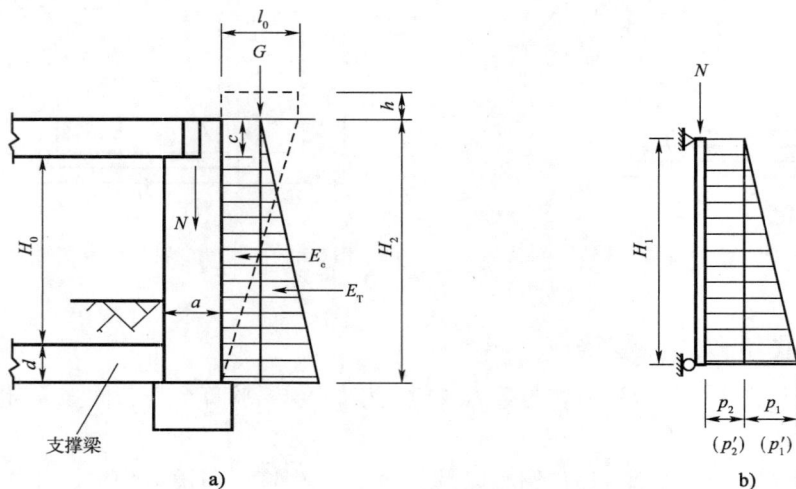

图6-60   土压力及计算图式

（1）单位台宽由填土本身引起的土压力 E_T

呈三角形分布,其计算公式为:

$$E_T = \frac{1}{2}\gamma H_2^2 \tan^2\left(45° - \frac{\varphi}{2}\right) \tag{6-34}$$

（2）单位台宽由车辆荷载引起的土压力 E_c

呈均匀分布,其计算公式为:

$$E_c = \gamma H_2 h \tan^2\left(45° - \frac{\varphi}{2}\right) \tag{6-35}$$

（3）单位台宽的总土压力 E

$$E = E_T + E_c \tag{6-36}$$

（4）等代土层厚度 h

$$h = \frac{\sum G}{B l_0 \gamma} \tag{6-37}$$

式中:γ——台后填土重度;

φ——土的摩擦角;

$\sum G$——布置在 $B \times l_0$ 面积内的车轮或履带重;

B——桥台计算宽度;

l_0——台后填土的破坏棱体长度,计算公式为:

$$l_0 = H_2 \tan\left(45° - \frac{\varphi}{2}\right) \tag{6-38}$$

3.台身内力计算

（1）计算图式

台身按上下铰接的简支梁计算,如图6-60b)所示。对于有台背的桥台,因上部构造与台

背间的缝隙已用砂浆或小石子混凝土填实,保证了有牢靠的支撑作用。因此,台身受弯的计算跨径为:

$$H_1 = H_0 + \frac{1}{2}d + \frac{1}{2}c \qquad (6-39)$$

式中:H_0——桥跨结构与支撑梁间的净距;

d——支撑梁的高度;

c——桥台背墙的高度。

对于受剪的计算跨径,取 H_0。

(2)内力计算

在计算截面弯矩 M 时,轴力 N 的影响忽略不计,而是放在强度验算中考虑。对于跨中截面其弯矩为:

$$M = \frac{1}{8}p_2H_1^2 + \frac{1}{16}p_1H_1^2 \qquad (6-40)$$

在台帽顶部截面的剪力为:

$$Q = \frac{1}{2}p_2'H_0 + \frac{1}{6}p_1'H_0 \qquad (6-41)$$

在支撑梁顶面处的剪力为:

$$Q = \frac{1}{2}p_2'H_0 + \frac{1}{3}p_1'H_0 \qquad (6-42)$$

式中:p_1、p_2——受弯计算跨径 H_1 处的土压力强度;

p_1'、p_2'——受剪计算跨径 H_0 处的土压力强度。

4. 截面强度验算

按《桥规》有关公式进行跨中截面抗压强度和支点截面抗剪强度的验算。

(二)桥台在本身平面内的弯曲验算

轻型桥台是一较长的平直薄墙,在竖向荷载作下,本身平面内发生弯曲,弯曲的程度与地基的变形系数 α 有关(图6-61)。

当桥台长度 $L > 4/\alpha$ 时,把桥台当作支承在弹性地基上的无限长梁计算;当 $L < 1.2/\alpha$ 时,把桥台当作支承在弹性地基上的刚性梁计算(即不考虑桥台在本身平面内发生弯曲);当 $4/\alpha > L > 1.2/\alpha$ 时,把桥台当作支承在弹性地基上的短梁计算。在一般情况下,轻型桥台的长度大多处于 $4/\alpha$ 和 $1.2/\alpha$ 之间,因此,这里仅介绍按短梁计算的公式。

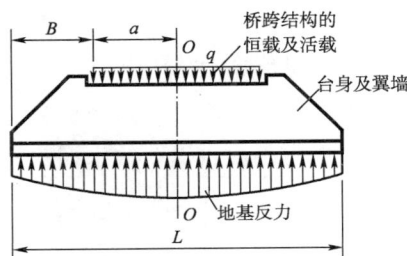

图6-61 桥台受力图式

设梁上作用着一段对称的均布荷载,则梁的最大弯矩产生在中点,其计算公式为:

$$M_{1/2} = \frac{q}{2\beta^2}\left[\frac{\mathrm{ch}\beta l - 1}{\mathrm{sh}\beta l + \sin\beta l}\mathrm{ch}\beta a\sin\beta a + \frac{1 - \cos\beta l}{\mathrm{sh}\beta l + \sin\beta l}\mathrm{sh}\beta a\cos\beta a - \mathrm{sh}\beta a\sin\beta a\right] \qquad (6-43)$$

式中:l——基础长度;

a——桥台中心线至分布荷载边缘的距离;

β——特征系数，其公式为：

$$\beta = \sqrt[4]{\frac{k}{4EI}} \tag{6-44}$$

其中：k——土的弹性抗力系数，若无试验资料，可按规范或手册采用；

E、I——桥台的弹性模量和截面惯性矩。

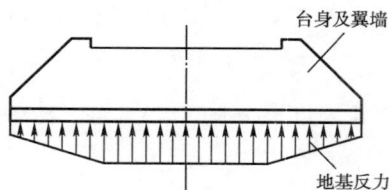

图6-62　桥台自重引起的基础应力分布图

（三）基底应力验算

桥台的基底应力为桥台本身自重引起的和桥跨结构的恒载及活载引起的应力之和。桥台自重引起的基底应力可按台墙因自重不致发生弯曲的假定（图6-62）计算。荷载引起的基底最大应力可按式（6-45）求得。

$$\sigma = \frac{q}{b}\left[\frac{\mathrm{ch}\beta l + 1}{\mathrm{sh}\beta l + \sin\beta l}\mathrm{sh}\beta a\cos\beta a + \frac{1 + \cos\beta l}{\mathrm{sh}\beta l + \sin\beta l}\mathrm{ch}\beta a\sin\beta a + 1 - \mathrm{ch}\beta a\cos\beta a\right] \tag{6-45}$$

式中：b——基础宽度；

其余符号意义同前。

第四节　墩台施工简介

一、砌筑墩台施工

石砌墩台具有可就地取材和经久耐用的优点，在石料丰富的地区且施工期限允许情况下可优先考虑砌墩台以节约水泥。

（一）石料、砂浆与脚手架

石砌墩台是由片石、块石及粗料石以水泥砂浆砌筑的。石料与砂浆的规格要符合有关的规定。浆砌片石一般适用于高度小于6m的墩台身、基础、镶面以及各式墩台填腹；浆砌粗料石则用于磨耗及冲击严重的分水体及破冰体的镶面工程以及有整齐美观要求的桥墩、台身等。

将石料吊运并安砌到正确位置是砌石工程中比较困难的工序。当质量小或距地面不高时，可用简单的马凳跳板直接送运；当质量较大或距地面较高时，可采用固定式动臂吊机或桅杆式吊机或井式吊机，将材料运到墩台上，然后再分运到安砌地点。用于砌石的脚手架应环绕墩台搭设用以堆放材料，并方便支撑施工人员砌筑镶面定位行列及勾缝。脚手架一般常用固定式轻型脚手架（适用于6m以下的墩台）、简易活动脚手架（适用于25m以下的墩台）以及悬吊式脚手架（用于较高墩台）。

(二)墩台砌筑施工要点

1.墩台放样

在砌筑前应按设计图放出实样,挂线砌筑。砌筑基础的第一层砌块时,如基底为土质,只在已砌石块的侧面铺上砂浆即可,不需坐浆;如基底为石质,应将其表面清洗、润湿后,先坐浆,再砌石。砌筑斜面墩台时,斜面应逐层放坡,保证规定的坡度。砌块间用砂浆黏结并保持一定的缝厚,所有砌缝要求砂浆饱满。形状比较复杂的工程,应先作出配料设计图(图6-63),注明块石尺寸;形状比较简单的,也要根据砌体高度、尺寸、错缝等,先行放样,配好料石再砌。

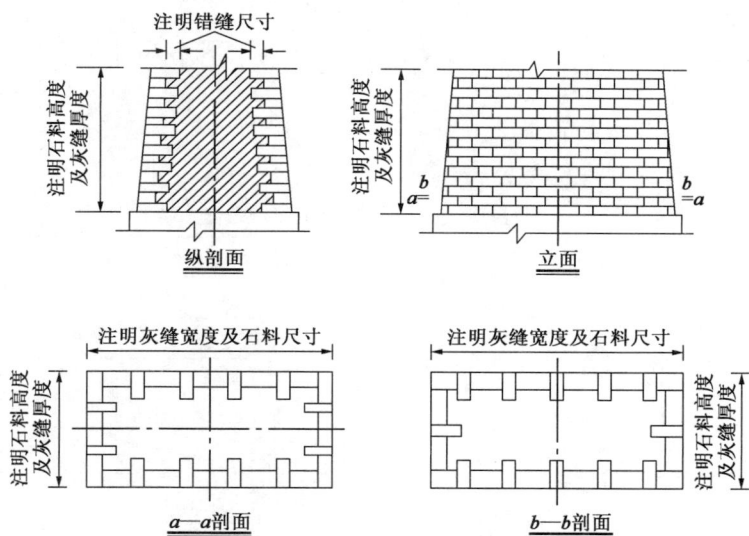

图6-63　桥墩配料大样图

2.砌筑方法

同一层石料及水平灰缝的厚度要均匀一致,每层按水平砌筑,丁顺相间,砌石灰缝互相垂直。灰缝宽度和错缝按表6-2规定办理。砌石顺序为先角石,再镶面,后填腹。填腹石的分层厚度应与镶面相同;圆端、尖端及转角形砌体的砌石顺序,应自顶点开始,按丁顺排列接砌镶石面。砌筑图例如图6-64所示,圆端形桥墩的圆端顶点不得有垂直灰缝,砌石应从顶端开始先砌石块①,然后应丁顺相间排列,安砌四周镶面石;尖端桥墩的尖端及转角处不得有垂直灰缝,砌石应从两端开始,先砌石块①,再砌侧面转角②,然后丁顺相间排列,安砌四周的镶面石。

浆砌铺面石灰缝规定　　　　　　　　　　　　　　　　　表6-2

种　　类	灰缝宽度(cm)	错缝(层间或行列间)(cm)	三块料石相接处空隙(cm)	砌筑行列高度
粗料石	1.5~2	≥10	1.5~2	每层石料厚度一致
半细料石	1~1.5	≥10	1~1.5	每层石料厚度一致
细料石	0.8~1	≥10	0.8~1	每层石料厚度一致

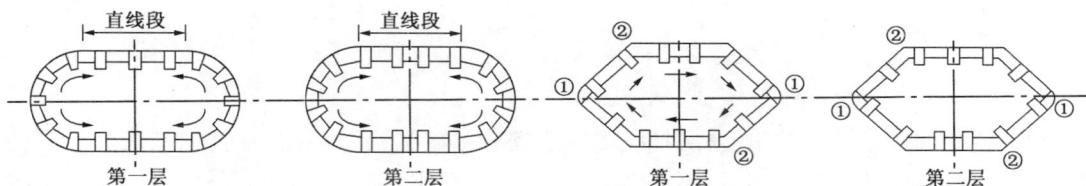

图 6-64　桥墩的砌筑

3. 砌体质量要求

（1）砌体所有各项材料类别、规格及质量符合要求。

（2）砌缝砂浆或小石子混凝土铺填饱满，强度符合要求。

（3）砌缝宽度、错缝距离符合规定，勾缝坚固、整齐，深度和形式符合要求。

（4）砌筑方法正确。

（5）砌体位置、尺寸不允许偏差。

墩台砌体位置及外形允许偏差见表 6-3。

墩台砌筑位置及外形允许偏差　　　　　　　　表 6-3

项　次	项 目 检 查	砌 体 类 别	允许偏差（mm）
1	跨径 L_0		± 20
			$\pm L_0 / 3\,000$
2	墩台宽度及长度	片石镶面	$+40, -10$
		块石镶面	$+30, -10$
		粗料石镶面	$+20, -10$
3	大面平整度 （2m 直尺检查）	片石镶面	50
		块石镶面	20
		粗料石镶面	10
4	竖直度或坡度	片石镶面	$0.5\% H$
		块石、粗料石镶面	$0.5\% H$
5	墩台顶面高程		± 10
6	轴线偏位		10

二、现浇墩台施工

现浇的混凝土施工有两个主要工序：制作与安装墩台模板、混凝土浇筑。

（一）墩台模板

1. 模板的基本要求

模板是使钢筋混凝土墩台按设计所要求的尺寸成型的模型板。一般用木材或钢材制成。木模板质量轻，便于加工成墩台所需的尺寸和形状，但较易损坏，使用次数少。对于大量或定型的混凝土结构物多采用钢模板。钢模板造价较高，但装拆方便，且可重复使用多次。

　　模板的设计与施工应符合《公路桥涵施工技术规范》(JTG/T F50—2011)的规定。钢筋混凝土对模板的基本要求与预制混凝土受压构件相同,其轮廓尺寸的准确性由制模和立模来保证。墩台模板形式复杂、数量多、消耗大,对桥梁工程的质量、进度、经济技术的可靠性均有直接影响。因此,模板应能保证墩台的设计尺寸,有足够的可靠度承受各种荷载并保证受力后不变形,结构应简单,制造方便,拆装容易。

　　2. 常用模板类型

　　(1)拼装式模板:各种尺寸的标准模板利用销钉连接,并与拉杆、加劲构件等组成墩台所需形状的模板,如图 6-65 所示。拼装式模板在厂内加工制造,板面平整,尺寸准确,体积小,质量轻,拆装快速,运输方便,应用广泛。

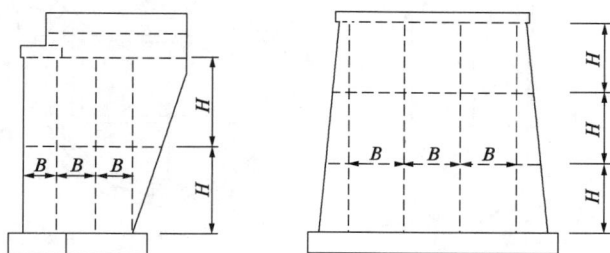

图 6-65　墩台模板划分示意

　　(2)整体式吊装模板:将墩台模板水平分成若干段,每段模板组成一个整体,在地面拼装后吊装就位,分段高度可视起吊能力而定。优点是安装时间短,无施工接缝,施工进度快,质量高,拆装方便,对建造较高的桥墩较为经济。

　　(3)组合型钢模板:以各种长度、宽度及转角标准构件,用定型的连接件将钢模拼成模板,有体积小、质量轻、拆装简单、运输方便、接缝紧密的优点,适用于地面拼装、整体吊装的结构。

　　(4)滑动钢模板:适用于各种类型的桥墩。各种模板在工程上的应用,可根据墩高、墩台形式、设备、期限等条件合理选用。

　　3. 模板制作与安装的技术标准

　　圆形桥墩整体模板如图 6-66 所示。

　　模板安装前应对模板尺寸进行检查;安装时要坚实牢固,以免振捣混凝土时引起跑模漏浆;安装位置要符合结构设计要求。模板制作与安装的允许偏差见表 6-4 ~ 表 6-6。

木模板制作的允许误差　　　　　　　　　　表 6-4

项　　次	偏差名称	允许偏差(mm)
1	拼合板的长度和宽度与设计尺寸的偏差	5
2	不刨光模板的拼合板,相邻两块板表面的高低差别	3
	刨光模板的拼合板,相邻两块板表面的高低差别	1
3	拼合板中木板间的缝隙宽度	2

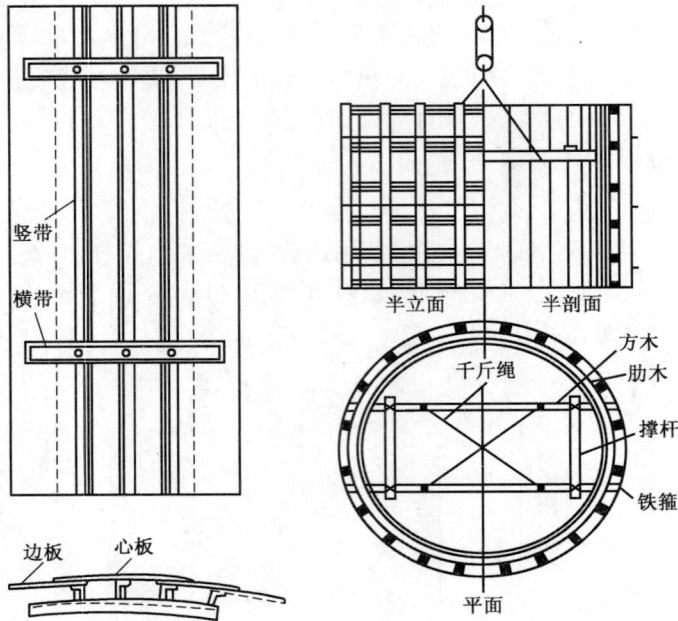

图 6-66　圆形桥墩整体模板

钢模板制作的允许误差　　　　　　　　　　　　　　表 6-5

项　次	偏　差　名　称	允许偏差（mm）
1	外形尺寸长和宽	0~1
2	外形尺寸肋高	5
3	面板端偏斜	0.5
4	连接配件的孔眼位置孔中心与板端间距	0.3
5	连接配件的孔眼位置板端孔中心与面板间距	0~0.5
6	连接配件的孔眼位置孔沿板长宽方向的孔	0.6
7	板眼局部不平，板面和板侧挠度	1

模板构件安装允许偏差表　　　　　　　　　　　　　表 6-6

项　次	偏　差　名　称		允许偏差（mm）
1	模板的立柱及撑杆间距与设计规定的偏差		75
2	模板竖向偏差	每1m 高度	3
3		在结构全高度内	30
4	模板轴线与设计位置的偏差		20
5	模板横截面与设计位置的偏差		20
6	平板表面的最大局部不平	刨光模板	5
7		不刨光模板	8

（二）墩、台混凝土浇筑

1. 质量控制要点

墩、台混凝土施工前应将基础顶面冲洗干净，凿除表面浮浆，整修连接钢筋。浇筑混凝土（图 6-67）过程中，应经常检查模板、钢筋、预埋件的位置和保护层的尺寸以确保不发生变形。施工过程中应确保混凝土的各项技术性能指标满足规范要求，材料选用低流动度的或半硬性的混凝土拌和料，分层分段对称灌注，并应同时灌完一层。灌注过程要连续，以保证施工质量。

图 6-67　浇筑墩、台混凝土

2. 施工注意事项

（1）在混凝土运送过程中，如混凝土数量大、浇筑捣固速度快时，可采用混凝土皮带运输机或混凝土运送泵，运输带速度不应大于 1.2m/s；当混凝土坍落度小于 40mm 时，向上传送最大倾斜角为 18°，向下传送最大倾斜角为 12°；当坍落度为 40~80mm 时，向上最大倾斜角和向下传送倾斜角则分别为 15°与 10°。

（2）墩台是大体积圬工，大体积混凝土浇筑中为避免水化热过高，引起裂缝，可采取如下措施：

①用改善集料级配、降低水灰比、掺混合材料与外加剂、掺入片石等方法减少水泥用量。

②采用 C_{3A}、C_{3S} 含量小、水化热低的水泥，如大坝水泥、矿渣水泥、粉煤灰水泥、低强度等级水泥等。

③采用较小浇筑层厚度，可加快混凝土散热速度。

④在混凝土内埋设冷却管通水冷却。

（3）在混凝土浇筑过程中为防止墩台基础第一层混凝土中的水分被基底吸收或基底水分渗入混凝土，对墩台基底处理除应符合天然地基的有关规定外，尚应满足以下要求：基底为非黏性土或干土时，应将其湿润；如为过湿土，应在基底设计高程下夯填一层 10~15cm 厚片石或碎(卵)石层;基底地面为岩石时,应加以润湿,铺一层厚2～3m水泥砂浆,然后在水泥砂浆凝结前浇筑一层混凝土。

墩台中钢筋的绑扎应和混凝土的浇筑配合进行。在配置第一层垂直钢筋时应有不同的长度,同一断面的钢筋接头应符合规范的规定,水平钢筋的接头也应内外、上下互相错开。

三、墩台顶帽施工

墩台顶帽是用来支撑桥跨结构的,其位置、高程及垫石表面平整度等,均应符合设计要求,以免桥跨结构安装困难,使顶帽、垫石等出现破裂或裂缝,影响墩台的正常使用功能和耐久性。墩台顶帽的主要施工顺序如下所述。

(一)墩台帽放样

墩台混凝土(或砌石)灌注至墩台帽底下30～50cm高度时,即需测出墩台纵横中心线,并开始竖立墩、台帽模板,安装锚栓孔或安装顶埋支座垫板、绑扎钢筋等。台帽放样时,应注意不要以基础中心线作为台帽背墙线,浇筑前应反复核实,以确保墩台帽中心、支座垫石等位置方向与水平高程等不出差错。

(二)墩台帽模板安装

墩台帽系支撑上部结构的重要部分,其尺寸位置和水平高程的准确度要求较严,浇筑混凝土应从墩台帽下30～50cm处至墩台帽顶面一次浇筑,以保证墩台帽底有足够厚度的紧密混凝土。图6-68为拱桥桥墩墩帽模板图,墩帽模板下面的一根拉杆可以利用墩帽下层的分布钢筋,以节省铁件。台帽背墙模板应特别注意纵向支撑或拉条的刚度,防止浇筑混凝土时发生"鼓肚",侵占梁端空隙。

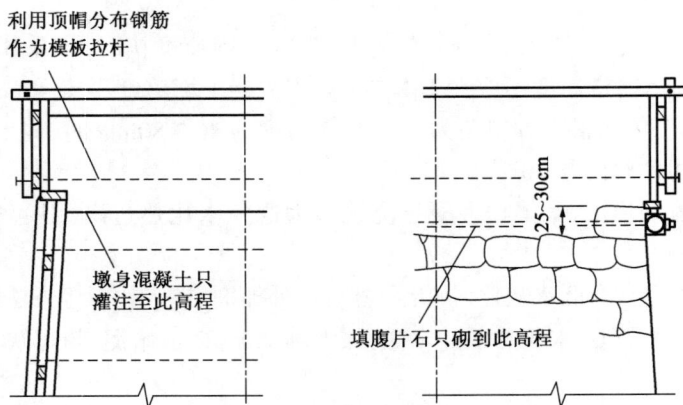

图6-68　拱桥桥墩墩帽模板图

(三)钢筋和支座垫板的安设

墩台帽钢筋绑扎应遵照《公路桥涵施工技术规范》(JTG/T F50—2011)有关钢筋工程的规

定。墩台帽上支座垫板的安设一般采用预埋支座垫板和预留锚栓孔的方法。前者需在绑扎墩台帽和支座垫石钢筋时将焊有锚固钢筋的钢垫板安设在支座的准确位置上,即将锚固钢筋和墩台帽骨架钢筋焊接固定,同时用木架将钢垫板固定在墩台帽模板上。此法在施工时垫板位置不易调准确,应经常校正。后者需在安装墩台帽模板时,安装好预留孔模板,在绑扎钢筋时注意将锚栓孔位置留出。此法安装支座施工方便,支座垫板位置准确。

四、支座安装

油毛毡或平板支座(石棉板或铅板支座)安设时,应先检查墩台支承面的平整度和横向坡度是否符合设计要求,否则应修凿平整并以水泥砂浆抹平,再铺垫油毛毡、石棉垫板或铅板支座。梁(板)就位后与支承面间不得有空隙和翘动现象,否则易发生局部应力集中的现象,使梁(板)受损,也不利于梁(板)的伸缩与滑动。

(一)板式橡胶支座的安装

板式橡胶支座在安装前应进行全面的检查和力学性能检验,包括支座长、宽、厚、硬度、容许荷载、容许最大温差以及外观检查等,如果不符合设计要求则不得使用。

支座安装时,支座中心应尽可能对准梁的计算支点,必须使整个橡胶支座的承压面上受力均匀,为此应注意以下几点:安装前应将墩台支座支垫处和梁底面清洗干净,除去油垢,用水灰比不大于 0.5 的 1:3 水泥砂浆仔细抹平,使其顶面高程符合设计要求;支座安装尽可能安排在接近年平均气温的季节里进行,以减小由于温度变化过大而引起的剪切变形;梁(板)安放时必须细致稳妥,使梁(板)就位准确且与支座密贴,勿使支座产生剪切变形,就位不准时必须吊起重新安放,不得用撬杠移动梁(板);当墩台两端高程不同,顺桥向或横桥向有坡度时,支座安装必须严格按设计规定办理;支座周围应设排水坡,防止积水,并注意及时清除支座附近的尘土、油脂和污垢等。

(二)盆式橡胶支座的安装

盆式橡胶支座的顶面、底面面积大,支座下埋设在桥墩顶的钢垫板面积也很大,浇筑墩顶混凝土时必须有特殊设施,使垫板下混凝土浇筑密实。盆式橡胶支座主要部分是聚四氟乙烯滑板与不锈钢板的滑动面和密封在钢盆内的橡胶垫块,两者都不能有污物和损伤,否则易增大摩擦因数,降低使用寿命。

盆式橡胶支座各部件的组装应满足的要求是:支座底面和顶面的钢垫板必须埋置牢固,垫板与支座间必须平整密贴,支座四周不得探测有 0.3mm 以上的缝隙;支座中线水平位置偏差不得大于 2mm;活动支座的聚四氟乙烯板不得有撞伤、刮伤;橡胶板块密封在钢盆内,安装时应排除空气,保持密封;支座组拼要保持清洁。

安装施工时应注意下列事项:安装前应将支座的各相对滑移面和其他部分用丙酮或酒精擦拭干净;支座的顶板和底板可用焊接或锚固螺栓栓接在梁体底面和墩台顶面的预埋钢板上,采用焊接时,应防止烧坏混凝土;安装锚固螺栓时,其外露螺杆不得大于螺母的厚度;上下支座安装顺序宜先将上座板固定在大梁上,然后根据其位置确定底盆在墩台上的位置,最后进行固定;安装支座的高程应符合设计要求,平面纵、横两个方向水平,支座承压不超过 5 000kN 时,其四角高差不得大于 1mm,支座承压超过 5 000kN 时,高差不得大于 2mm;安装固定支座时,上、下各个部件纵轴线必须对正,安装纵向活动支座时,上、下各部件纵轴线必须对正,横轴线应根据安装时的温度与年平均的最高、最低温差由计算确定其错位的距离,支座上下导向挡块必须平行。另外,桥梁施工期间,混凝土会因预应力和温差引起弹性压缩、徐变和伸缩而产生位移量,因此要在安装活动支座时对上下板预留偏移量,使桥梁建成后的支座位置符合设计要求。

复习思考题

1. 梁桥桥墩的主要类型有哪几种? 各适用于什么条件?

2. 埋置式桥台和轻型桥台在构造和受力上各有何特点? 比较各自的适用范围。

3. 简述重力式桥墩的计算步骤。

4. 如何布置作用(荷载)才可能使桥墩(台)各截面产生最大竖向反力?

5. 比较桥台和桥墩作用布置与作用效应组合有什么不同?

6. 桥梁墩台采用浆砌片石时,其砌筑工艺有哪些? 具体有哪些要求?

7. 现浇混凝土墩台时,为保证质量,应检查哪些内容?

第七章
CHAPTER SEVEN

涵　洞

【本章提要】

本章主要介绍常用公路涵洞的类型与构造;涵洞勘测设计的主要内容;常用涵洞施工工艺和涵洞施工的质量检验。

【知识目标】

通过本章的学习,掌握主要类型涵洞的构造及适用范围;熟悉涵洞工程量的计算;掌握常用涵洞施工的主要工艺。

【能力目标】

能合理选择涵洞的位置、类型并进行涵洞设计;能够识读涵洞设计文件并指导施工;能够解决涵洞施工中的实际问题。

【重点难点】

本章的重点是涵洞类型及适用范围、涵洞的构造、涵洞的测设、涵洞工程量的计算;难点是山坡涵洞的构造、涵洞位置选择、弯(斜、坡)道上的涵洞工程量计算。

第一节　涵洞的类型与构造

一、涵洞的分类

1.按建筑材料分类

(1)石涵:包括石盖板涵和石拱涵。石涵造价、养护费用低,节省钢材和水泥,在产石地区应优先考虑采用石涵。

(2)混凝土涵:可现场浇筑或预制成拱涵、圆管涵和小跨径盖板涵。该种涵洞节省钢材,便于预制,但损坏后修理和养护较困难。

(3)钢筋混凝土涵:可用于管涵、盖板涵、拱涵和箱涵。钢筋混凝土涵涵身坚固,经久耐用,养护费用少,管涵、盖板涵安装运输便利,但耗钢量较多,预制工序多,造价较高。

(4)钢波纹管涵:它是由波形金属板卷制成或用半圆波形钢片拼制成的圆形波纹管。适应地基变形能力强,对地基承载能力、平整度要求较低,与同类跨径的桥、涵洞工程实际造价相比,相近或较低。

(5)其他材料涵洞:砖涵、陶瓷管涵、铸铁管涵、石灰三合土拱涵。

2.按构造形式分类

(1)管涵:受力性能和对地基的适应性能较好,不需墩台,圬工数量少,造价低(图7-1)。

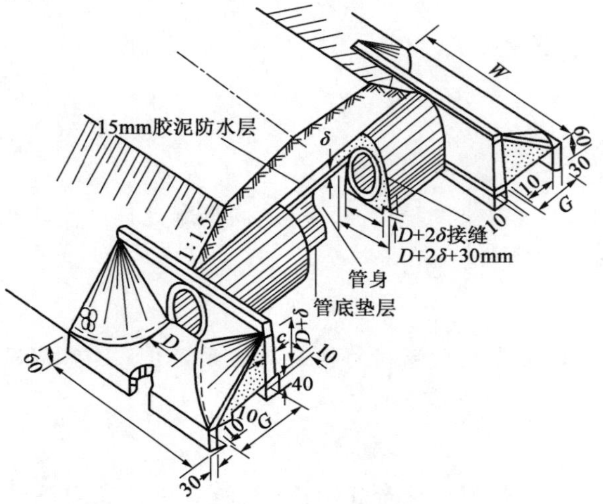

图7-1 圆管涵(尺寸单位:cm)

(2)盖板涵:构造简单,易于维修,有利于在低路堤上修建。跨径较小时可用石盖板,跨径较大时可用钢筋混凝土盖板(图7-2)。

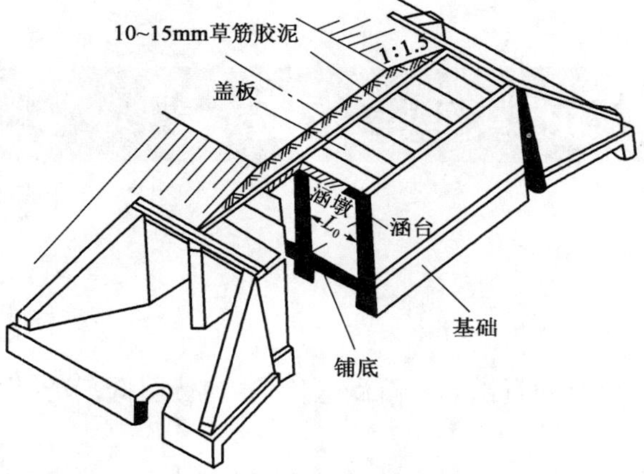

图7-2 盖板涵

（3）拱涵：适宜于跨越深沟或高路堤时采用。拱涵承载能力大，砌筑技术容易掌握（图7-3）。

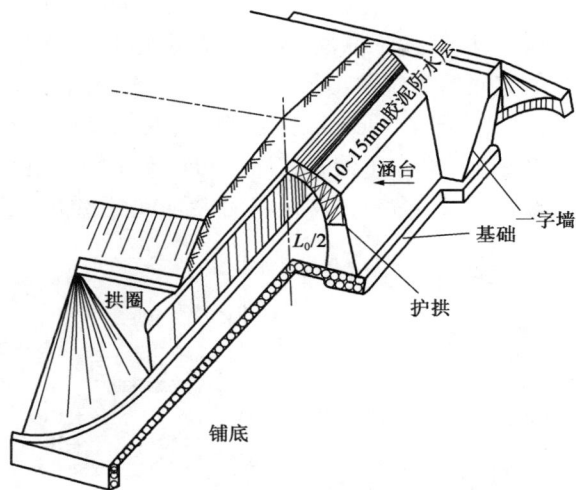

图7-3 拱涵

（4）箱涵：适宜于软土地基。整体性强，但用钢量多，造价高，施工较困难（图7-4）。

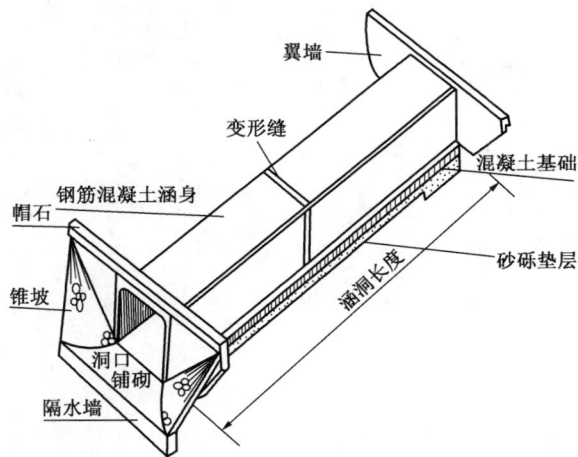

图7-4 箱涵

3. 按洞顶填土情况分类

（1）明涵：洞顶部填土小于0.5m时称为明涵。适用于低路堤、浅沟渠。

（2）暗涵：洞顶部填土大于或等于0.5m时称为暗涵。适用于高路堤、高沟渠。

4. 按水力性能分类

（1）无压力式涵洞：进口水流深度小于洞口高度，水流流经全涵保持自由水面。

（2）半压力式涵洞：进口水流深度大于洞口高度，但水流仅在进口处充满洞口，在涵洞其他部分都是自由水面。

（3）有压力式涵洞：涵前壅水较高，全涵内充满水流，无自由水面。

（4）倒虹吸管：路线两侧水深都大于涵洞进出水口高度，进出水口设置竖井，水流充满全涵身。公路上通常采用的倒虹吸管为竖井出入口式，如图7-5和图7-6所示。当路基边沟底部高程低于灌溉渠底部高程，可采用图7-5形式；当路基边沟底部高程高于灌溉渠底部高程，则采用图7-6形式。两者构造的主要区别在于前者的路基边沟设于倒虹吸管两个竖井入口之内，多用于需要跨过浅路堑的灌溉渠；后者的路基边沟（或无边沟）设于倒虹吸管两个竖井之外。

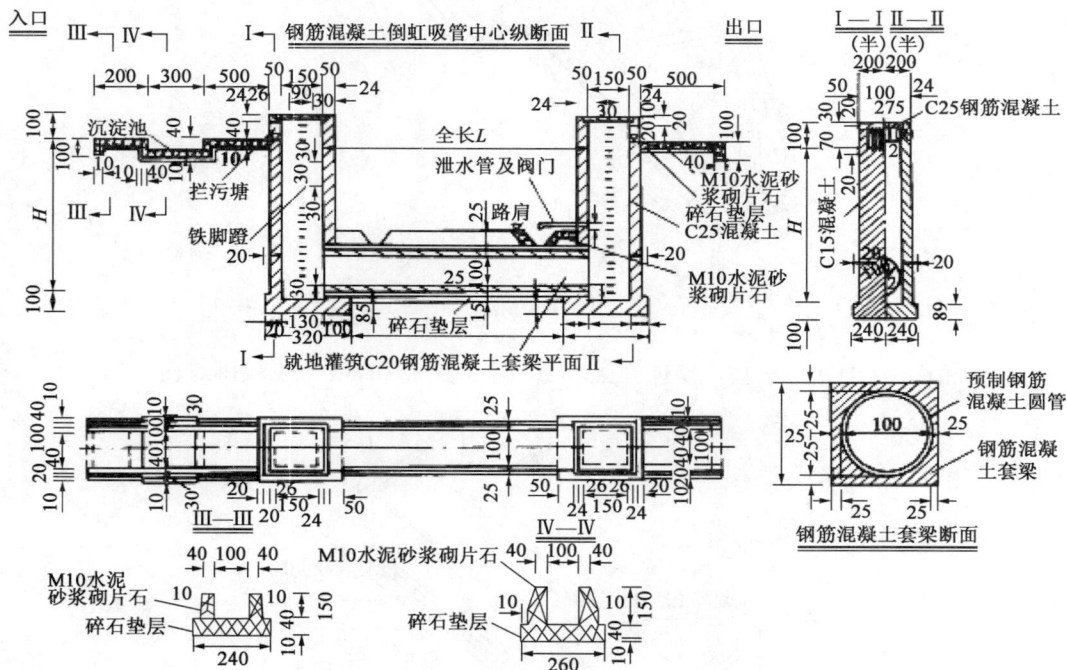

图 7-5 竖井式倒虹吸管（一）（尺寸单位：cm）

二、洞身和洞口构造

涵洞是由洞身及洞口建筑组成的排水构造物，洞身承受活载压力和土压力并将其传递给地基，它应具有保证设计流量通过的必要孔径，同时本身要坚固而稳定。洞口建筑连接着洞身及路基边坡，应与洞身较好地衔接并形成良好的泄水条件。位于涵洞上游的洞口称为进水口，位于涵洞下游的洞口称为出水口。

（一）洞身构造

1.洞身组成

（1）管涵

圆管涵洞身主要由各分段圆管节和支承管节的基础垫层组成（图7-7）。当整节钢筋混凝土圆管涵无铰时,称为刚性管涵。刚性管涵在横断面上是一个刚性圆环,管壁内钢筋有内外两层,钢筋可加工成一个个的圆圈或螺旋筋(图7-8)。当管节沿横截面圆周对称加设四个铰时,称为四铰管涵。铰通常设置在弯矩最大处,即涵洞两侧和顶部、底部(图7-9)。由于四铰涵有铰的作用,降低了管节的内力,四铰涵是一个几何可变结构,只有当竖向作用力和横向作用力互相平衡时方能保持其形状,因此,要求四铰涵四周的土具有相同的性质。为此,四铰管涵可布置在天然地基或砂垫层上。

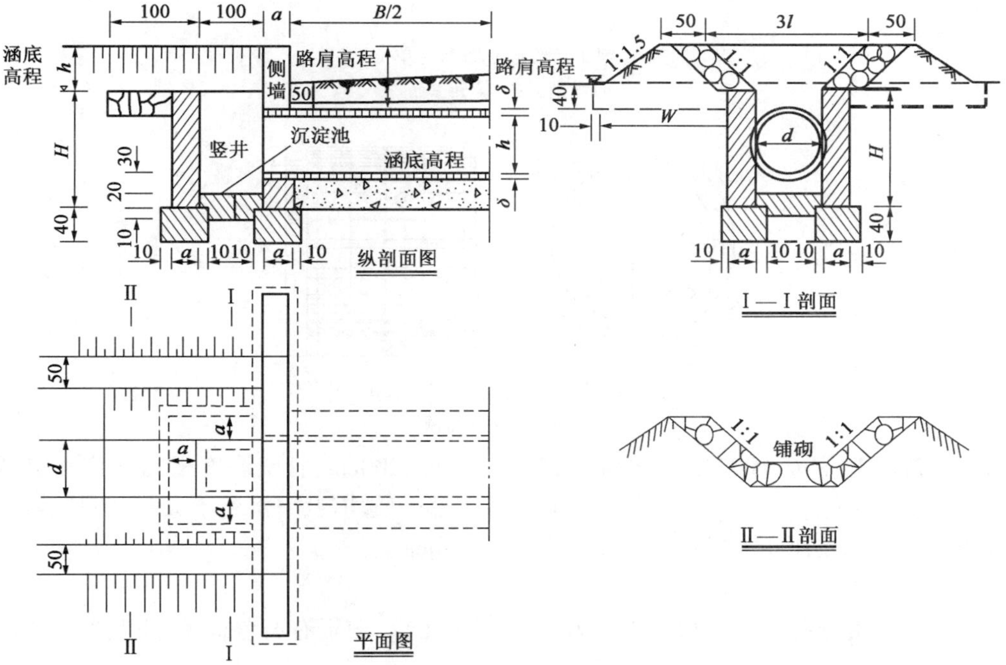

图7-6　竖井式倒虹吸管(二)(尺寸单位:cm)

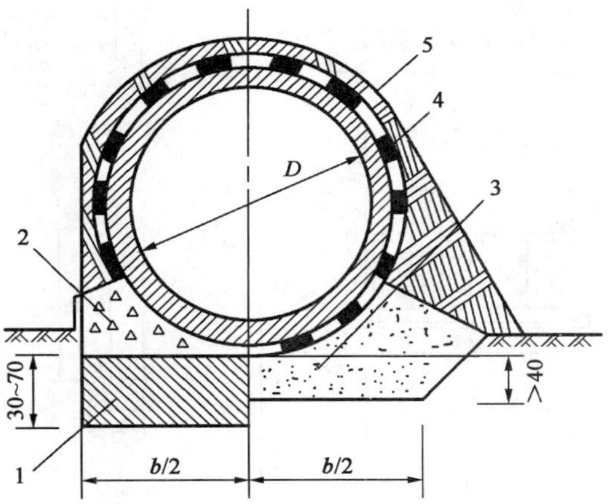

图7-7　圆管涵基础图(尺寸单位:cm)

1-浆砌片石;2-混凝土;3-砂垫层;4-防水层;5-黏土

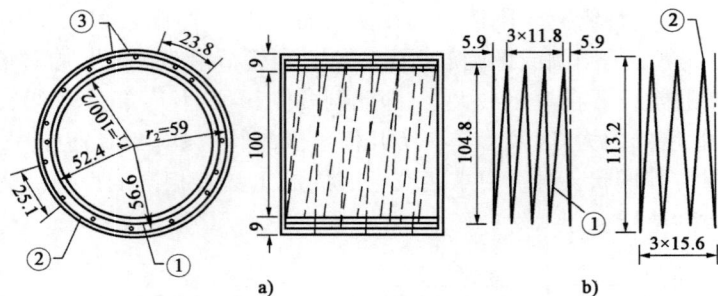

图 7-8 钢筋混凝土圆管(尺寸单位:cm)

a)纵剖面;b)螺旋主筋

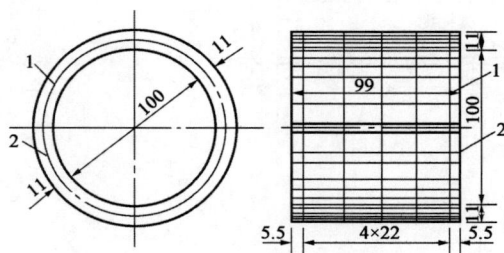

图 7-9 四铰圆管(尺寸单位:cm)

1-受力钢筋;2-分布钢筋

圆管涵常用孔径 d_0 为 75cm、100cm、125cm、150cm、200cm,管壁厚度根据计算确定,同时需满足混凝土最小保护层厚度的要求。当涵身基底部土质均匀,下沉量不大时,圆管涵可不设基础,但涵身底部垫层厚度(或夯实厚度)不得小于 40cm。

(2)盖板涵

盖板涵洞身由涵台(墩)、基础和盖板组成(图 7-10)。盖板有石盖板、钢筋混凝土盖板等。

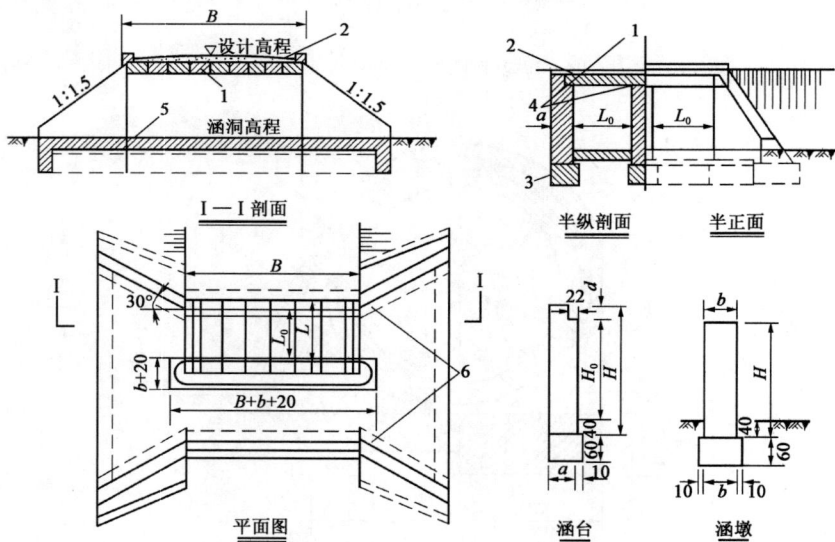

图 7-10 盖板涵构造图(尺寸单位:cm)

1-盖板;2-路面;3-基础;4-砂浆垫层;5-铺砌;6-八字墙

钢筋混凝土盖板涵标准跨 L_k 有 150cm、200cm、250cm、300cm、400cm、500cm。

圬工涵台(墩)的临水面一般采用垂直面,背面采用垂直或斜坡面,涵台(墩)顶面可做成平面,也可做成 L 形,借助盖板的支撑作用来加强涵台的稳定。同时在台(墩)帽内预埋栓钉,使盖板与台(墩)加强连接。

基础有分离式(即涵台基础与河底铺砌分离)和整体式(即涵台基础与河底连成整体)两种,前者适用于地基较好的情况,后者适用于地基较差的情况。当基础采用分离式时,涵底铺砌层下应垫 10cm 厚的砂垫,并在涵台(墩)基础与涵底间设纵向沉降缝。为加强涵台的稳定,基础顶面间应设置支撑梁数道。

(3)拱涵

拱涵洞身主要由拱圈和涵台(墩)组成(图 7-11)。拱圈一般采用等截面圆弧拱,标准跨径 L_k 有 150cm、200cm、250cm、300cm、400cm、500cm。涵台(墩)临水面为竖直面,背面为斜坡,以适应拱脚较大水平推力的要求。基础有整体式和分离式两种。

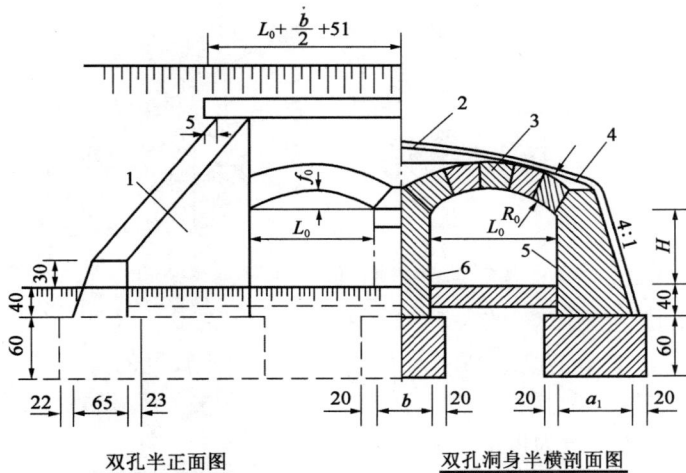

图 7-11 拱涵构造(尺寸单位:cm)
1-八字竖墙;2-胶泥防水层;3-拱圈;4-护拱;5-台身;6-墩身

2.洞身分段及接头处理

洞身较长的涵洞应沿纵向分成数段,分段长度一般为 4~6m,每段之间用沉降缝分开,基础也同时分开。涵洞分段可以防止由于荷载分布不均及基底土壤性质不同引起的不均匀沉降,避免涵洞开裂。沉降缝应采用弹性不透水材料填塞。对于盖板暗涵和拱涵,应在全部盖板和拱圈顶面及涵台背坡均填筑厚 15cm 的胶泥防水层;对于圆管涵,则应在外面用涂满热沥青的油毛毡圈裹两道,再在圆管外圈填筑厚 15cm 的胶泥防水层。

3.山坡涵洞洞身构造

山坡涵洞的洞底坡度大,一般为 10%~20% 或更大一些。洞底纵坡主要由进水口和出水口处的高程决定。洞身的布置视底坡大小有以下几种形式。

(1)跌水式底槽(适用于底坡小于 12.5%)

底槽的总坡度等于河槽或山坡的总坡度。洞身由垂直缝分开的管节组成,每节有独立的底面水平的基础（图7-12），后一节比前一节垂直降低一定高度，使涵洞得到稳定。为了防止因管节错台在拱圈或盖板间产生缝隙，错台厚度不得大于拱圈或盖板厚度的3/4[图7-12a)]。当相邻两节的高差大于涵顶厚度时，需加砌挡墙[图7-12b)]，但两节间高差也不应大于0.7m或1/3涵洞净高，以保证泄水断面不受过大的压缩。管节的长度一般不小于台阶高度的10倍，若小于10倍时，涵洞应按台阶跌水进行水力验算。做成台阶形的涵洞，其孔径应比按设计流量算出的孔径大些。

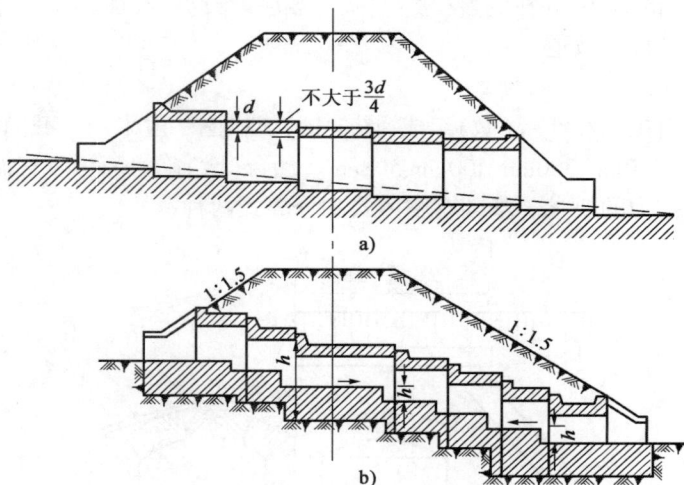

图7-12　带跌水式底槽的涵洞纵断面

（2）急流坡式底槽（适用于底坡大于12.5%）

当跌水式底槽每一管节的跌水高度太大，不能适应台阶长度的要求时，可建造急流坡式底槽。急流坡式底槽坡度应等于或接近于天然坡度（图7-13）。涵洞的稳定性主要靠加深管节基础深度来保证，其形式一般为齿形或台阶形。

（3）小坡度底槽

如果地质状况不好，不允许修建坡度较大的涵洞时，应改为小坡度底槽，在进出水口设置有消能设施的涵洞（图7-14）。

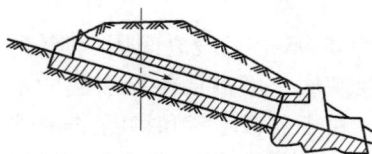

图7-13　带急流坡式底槽的涵洞纵断面

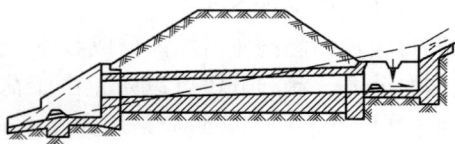

图7-14　小坡度底槽的涵洞纵断面

（二）洞口建筑

洞口建筑是由进水口和出水口两部分组成。洞口应与洞身、路基衔接平顺，并起到调节水流和形成良好流态的作用，同时使洞身、洞口（包括基础）、两侧路基以及上下游附近河床免受冲刷。另外，洞口形式的选定，还直接影响着涵洞的宣泄能力和河床加固类型的选用。

　　常用的洞口形式有端墙式、八字式、走廊式和平头式四种。无论采用何种形式,洞口进出水口河床必须铺砌。

　　1. 正交涵洞的洞口建筑

　　(1)端墙式:端墙式洞口由一道垂直于涵洞轴线的竖直端墙以及盖于其上的帽石和设在其下的基础组成[图 7-15a)]。这种洞口构造简单,但泄水能力小,适用于流速较小的人工渠道或不易受冲刷影响的岩石河沟上。

　　(2)八字式:在洞口两侧设张开成八字形的翼墙[图 7-15b)]。为缩短翼墙长度并便于施工,可将其端部建成平行于路线的矮墙。八字翼墙与涵洞轴线的夹角,按水力条件最适宜的角度设置,进水口为13°左右,出水口为10°左右,但习惯上都按30°设置。这种洞口工程数量小,水力性能好,施工简单,造价较低,因而是最常用的洞口形式。

　　(3)走廊式:走廊式洞口建筑是由两道平行的翼墙在前端展开成八字形或成曲线形构成的[图 7-15c)]。这种洞口使涵前壅水水位在洞口部分提前收缩跌落,可以降低涵洞的设计高度,提高涵洞的宣泄能力。但是由于施工困难,目前较少采用。

　　(4)平头式:又称领圈式,常用于混凝土圆管涵[图 7-15d)]。因为需要制作特殊的洞口管节,所以模板耗用较多。但它较八字式洞口可节省材料45%~85%,而宣泄能力仅减少8%~10%。

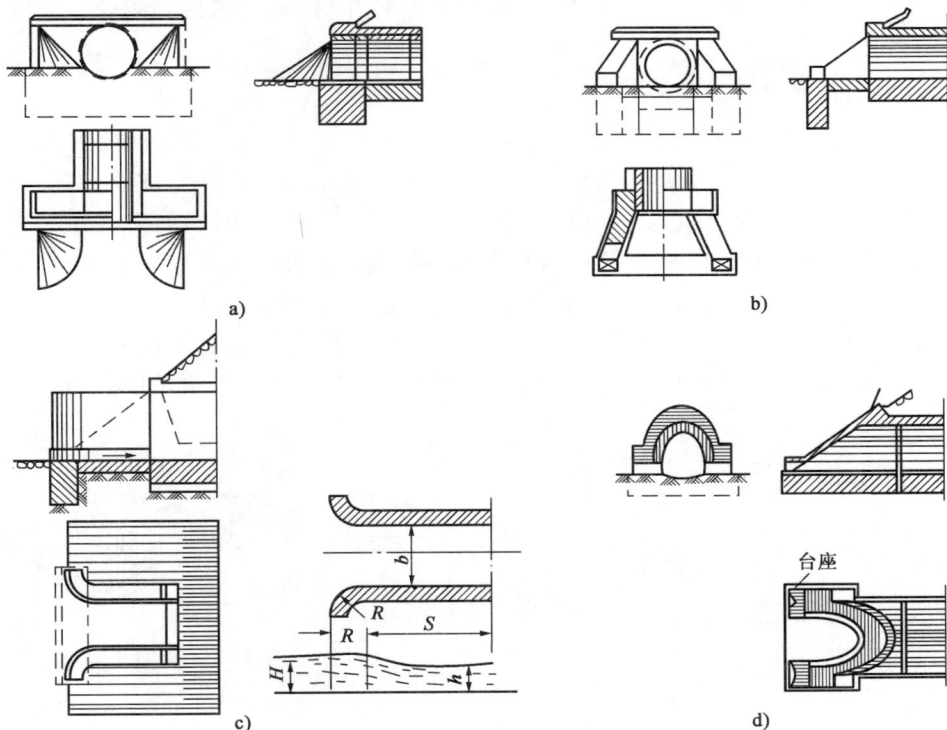

图 7-15　正交涵洞的洞口建筑
a)端墙式;b)八字式;c)走廊式;d)平头式

　　2. 斜交涵洞的洞口建筑

　　(1)斜交斜做的洞口[图 7-16a)、b)]:涵洞洞身端部与路线平行,此种做法称斜交斜做。

此法费工较多，但外形美观且适应水流，较常采用。

（2）斜交正做的洞口［图7-16c)、d)］：涵洞洞口与涵洞纵轴线垂直，即与正交时完全相同，此做法构造简单。

（3）斜交平头式洞口［图7-16e)］。

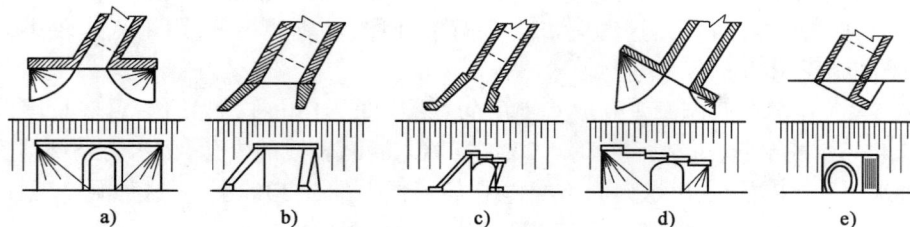

图7-16　斜交涵洞的洞口建筑

a)、b)斜交斜做的洞口；c)、d)斜交正做的洞口；e)斜交平头式洞口

（三）进出水口河床加固处理方法

进出水口沟床加固处理是与涵洞本身设置的坡度和涵洞上下游河沟的纵向坡度有关，凡涵洞设置坡度小于临界坡度，上下游河沟纵向坡度也较小时，称为缓坡涵洞；反之，称为陡坡涵洞。

1. 缓坡涵洞进水口沟床加固

建涵处河沟纵坡小于10%且河沟顺直时，涵洞顺河沟纵向设置，此时涵前河沟纵坡有时稍作开挖与涵洞衔接，开挖后纵坡可略大于1:10。新开挖部分是否需要加固，视土质和流速而定。涵前天然河沟纵坡为10%～40%时，涵洞仍按缓坡设置，此时涵前河沟开挖的纵坡可取1:4～1:10。除岩石地基外，新开挖的沟底和沟槽侧向边坡均须采取人工加固，加固类型主要根据水流流速确定（图7-17）。由于涵前沟底纵坡较大，水流在进口处产生水跃，故在进口前应设置一段缓坡，其水平距离为$(1\sim2)L_0$（L_0为涵洞孔径，以m计）。当水流挟带泥沙较多时，可在进水口处设深约0.5mm的沉沙池，既能沉淀泥沙，又可以起到消能作用。

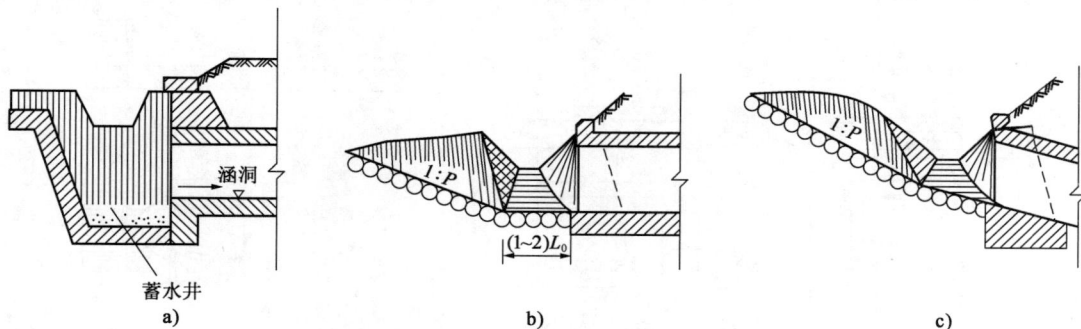

图7-17　缓坡涵洞进水口沟底及沟槽边坡加固

a)蓄水井；b)缓坡涵；c)陡坡涵

2. 陡坡涵洞进水口沟床加固

涵前河沟纵坡较陡，但小于50%时，涵洞可按陡坡设置。涵底坡度与涵前沟底纵坡可直

接平顺衔接,除了人工铺砌外,无须采取其他措施。

当涵前河沟纵坡大于50%,且水流流速很高时,进口处须设置跌水或消力池、消力槛等,以减缓水流,削弱水能。上游沟槽开挖纵坡率视河沟地质情况确定,以保证土体不致滑动。图7-18a)为上游沟槽铺砌加固成梯形截面,图7-18b)为上游沟槽铺砌加固成矩形截面,槽底每隔1.5~2m设防滑墙一道。

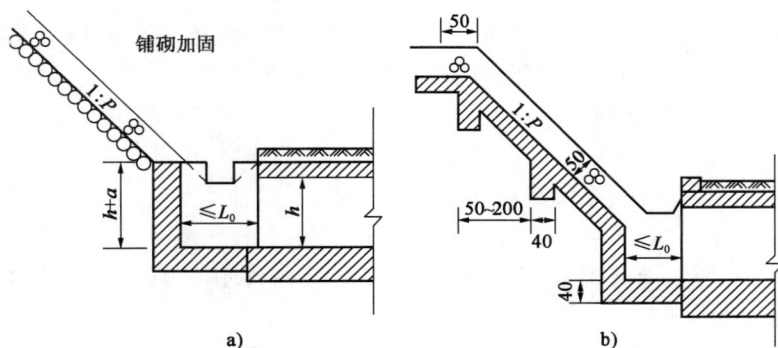

图7-18 陡坡涵洞进水口沟底及沟槽边坡加固(尺寸单位:cm)

3. 缓坡涵洞出水口处理

坡度 i 小于或等于15%的天然河沟上设置缓坡涵底(洞底坡度小于5%),出水口流速不大,下游洞口河床可采用一般铺砌形式,在铺砌末端设置截水墙。无压力式涵底下游,为了减小水流速度,可视情况与涵底出水口铺砌相结合分别设置一级、二级或三级挑坎。

4. 陡坡涵洞出水口处理

当天然沟槽纵坡大于15%时,须设置陡坡涵洞。陡坡涵洞出水口一般可采用八字翼墙,同时视地形、地质和水力条件,采用急流槽、跌水、消力池、消力槛、人工加糙等消能设施。其具体形式和彼此衔接方式根据水力计算确定,图7-19为两种出水口布置形式。

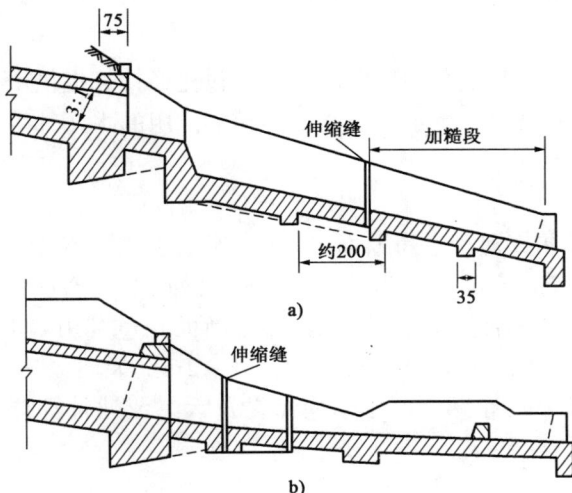

图7-19 陡坡涵出水口的布置形式(尺寸单位:cm)

三、涵洞勘测设计

（一）涵洞的野外勘测

1. 涵洞位置的确定

小桥涵位置原则上应服从路线走向。桥涵中心桩号可根据已定的路线走向及水流流向确定，同时用方向架或有度盘的水准仪，测量桥涵与路线的夹角。

下列位置一般应设置涵洞。

（1）一沟一涵

凡路线跨越明显的干沟、小溪时，原则上均应设涵。

（2）农田灌溉涵

路线经过农田，跨越灌溉用渠，为了不致因修路而影响农田灌溉，必须设置灌溉涵。

（3）路基边沟排水涵

山区公路的傍山线，为了排除路基内侧边沟的流水，通常每隔 200～400m 应设置一道涵洞，其具体位置可根据路线纵、横断面及实际地形情况设置。例如，在设置截水沟的地段，截水沟排水出口处应设置涵洞；路线的转角较大（大于 90°），曲线半径又比较小，进入弯道前的纵坡大于 4%，坡长在 200m 内又无别的排水涵洞，在弯道地点附近应设置涵洞；由路线的陡坡段过渡到缓坡段，在此 200m 内又无其他涵洞，在变坡点附近应设置涵洞。

（4）路线交叉涵

当路线与铁路、公路、机耕道平面交叉时，为了不使边沟流水受阻，同时不致冲坏相交路线的路基，一般应设排水涵。

（5）其他情况

路线通过积水洼地、池塘、泥沼地带时，为沟通公路两侧水位应设置涵洞。路线穿越村镇时，应保证地面排水畅通，也可设置涵洞。

2. 水文资料调查

小桥涵水文资料调查的目的是为确定设计流量和孔径计算提供所需的资料，具体调查内容根据所采用的水文计算方法来确定。公路小桥涵常采用的水文计算方法有形态调查法、直接类比法和径流形成法。

（1）形态调查法

形态调查法是通过调查河槽形态断面、平均流速及洪水或然率等资料来确定设计流量的方法。主要调查内容有：通过访问当地居民，确定涵址附近不同年代较大洪水位及其或然率；河槽比降测定；形态断面布设及其测量，形态断面测量可用水准仪沿垂直河流方向施测，施测范围应测至洪水痕迹或高程特征点以上 1～2m。天然流速测定，天然流速可用流速仪测定或用天然流速公式计算。形态断面布设及天然流速计算详见《桥涵水力水文》等相关教材。

（2）直接类比法

直接类比法是从河流上下游原有小桥涵的使用情况来拟定新建小桥涵的设计流量和孔径

的方法。其主要调查的内容有:原有桥涵的形式、孔径、墩台和进出口的类型,涵底纵坡,涵洞修建年月,目前使用情况,有无冲刷和淤积现象等。另外,尚需了解新建桥涵与原桥涵之间的距离,地质上有无明显差异,两涵汇水面积的差值等,据此拟定新建桥涵的设计流量和孔径。

(3)径流形成法

径流形成法是通过调查汇水面积等资料来确定设计流量的方法。在公路测设前,应首先搜集公路沿线 1 : 50 000 ~ 1 : 10 000 的地形图,在外业勘测期间勾绘出较大构造物的汇水面积,无地形图时,可利用平板仪实地测绘。在深入汇区进行勘测时,应将汇水区土壤的类属、植被情况以及水力化设施等情况进行测记,以供计算流量之用。

3. 河沟横断面测量

一般应沿路线方向测量涵址中线横断面。当河沟与路线斜交时,还应在涵位附近测量垂直河沟的断面,测绘范围一般在调查历史洪水位以上 1.0m 或水面宽度以外 2 ~ 10m。当沟形复杂,地形起伏较大,不宜布置洞口时,可在上下游纵面起伏较大处增测几个横断面,将这些断面套绘在一张米格纸上,以便检查涵位及其路线夹角是否合适,涵身与翼墙基础有无错位现象等。

4. 河沟纵断面及河沟比降测量

测量河沟纵断面主要是了解涵址附近河沟的纵坡情况,以便于计算流量、水位及考虑构造物的纵向布置。河沟纵断面测量应自涵位中桩沿涵洞中线方向分别向上下游施测,施测范围为上下游洞口外 20m,遇有改沟、筑坝或设缓流设备等附属工程时,应适当延长。当采用形态调查法时,尚需测量河段比降,由于一般洪水位比降不易测到,所以可用常水位、低水位或沟底平均纵坡代替。其施测长度:在平原区,一般河沟测量上游 200m,下游 100m;在山区测量上游 100m,下游 50m,如有跌水陡坡,还应将跌水陡坡测出。

5. 涵址平面示意图勾绘

为了便于内业设计时了解涵址附近的地形、地貌现状,当地形复杂、河流较弯曲、涵位与路线斜交、上下游河沟需改道等情况时,有必要勾绘出涵址平面示意图。勾绘时一般应先按比例绘好路线和涵洞方向的关系图,再用目测的方法将地形、地貌、地物等勾绘在示意图上。必要时可用平板仪实测地形图。

6. 小桥涵地质调查

小桥涵地质调查的目的在于了解桥涵基底土壤的承载能力、地质构造和地下水情况以及其对构造物的稳定性影响等,为正确选定桥涵及附属工程的基础类型和尺寸、埋置深度等提供有关资料。调查内容有:基底土壤类别与特征、有无不良地质情况、土壤冻结深度及水位地质对桥涵基础与施工有无影响等。调查方法常采用调查与挖探、钻探相结合。

(1)调查法

通过地质部门搜集各种有关的地质资料和附近原有构造物的基础情况,并详细记录河床地表土壤情况。

(2)挖探法

在沟底中心或两侧涵台附近开挖探坑,开挖深度一般不小于预定基底高程以下 1 ~ 2m,开挖的同时应分层选取代表性土样进行试验。

（3）钻探法

一般用轻型螺钻，最大钻进深度为5m左右，能取出扰动土样，可以判断土石类别及液性指数等。

（二）涵洞设计

1. 涵洞设计的一般原则

（1）宜就地取材，尽量节约钢材。

（2）尽量套用标准设计，加快设计、施工进度。

（3）在同一段线路范围内尽量减少涵洞类型，以便大量集中制造，简化施工。

（4）充分考虑日后维修养护的方便。

（5）同一段线路的涵洞应作合理的布局，使全线桥涵能形成畅通无阻的、良好的排水系统。

（6）设计中应加强方案比选工作。除技术条件外，应充分考虑经济效益，节省投资。

2. 涵洞类型的选择

涵洞类型的选择应综合考虑以下因素。

（1）地形、地质、水文和水力条件

涵洞类型选择时应考虑水流情况、设计流量大小、路堤填方高度、涵前允许最大壅水高度、地基承载能力等。一般当设计流量在$10m^3/s$左右时，宜采用圆管涵；设计流量在$20m^3/s$以上时，宜采用盖板涵；设计流量更大时，宜采用拱涵。当然，还应同时综合考虑路堤填方高度是否满足要求，地基情况较差时，可考虑采用箱涵。

（2）经济造价

因地区不同，涵洞造价往往差异很大。涵洞造价主要取决于材料的料场价格，其次是材料的运输费用和当地的人工、机具费用。在盛产石料地区，应优先考虑石涵；在缺乏石料地区，可根据流量大小选用钢筋混凝土管涵、盖板涵和拱涵。

（3）材料选择和施工条件

涵洞材料选择要因地制宜，尽可能就地取材，优先考虑圬工结构，少用钢材。同时，应方便施工，一段线路上不宜采用过多类型的涵洞，以便于集中预制，节省模板，保证质量，加快施工进度。

（4）养护维修

为便于养护，孔径不宜过小，洞身不宜过长。冰冻地区不宜采用倒虹吸管涵，否则，应在冻期前将管内积水排除，并将两端进口封闭。

3. 涵洞孔径的确定

根据设计流量确定涵洞的净跨径。在确定涵洞净跨径时，应结合涵洞净高综合考虑，根据计算的涵洞净跨径套用标准跨径。

《桥规》规定的涵洞标准跨径有75cm、100cm、125cm、150cm、200cm、250cm、300cm、400cm八种。

4. 涵洞布置

(1)涵洞的平面布置

涵洞的平面布置主要是解决好涵位及涵轴线与路线交角的问题。涵洞应尽量布置成正交。正交涵洞长度短，工程数量小，施工简便。当天然河道与路线斜交，但地形变化不大，且水流较小时，可经过人工改河，仍设正交涵洞。但经过技术经济比较，不宜改河时，则只能采用斜交涵洞。斜交涵洞的斜交角通常取 5°为一级，以便利用标准图中的尺寸。

(2)涵洞的立面布置

①涵洞高程确定。

涵洞顶面中心高程应服从路线纵断面要求，可从路线设计高程推算出来。涵底中心高程一般与天然沟床高程一致或略低一些。如果是老涵改建，涵底的高程应考虑涵洞进出口沟底高程，以此确定涵底中心高程。

②涵底纵坡。

涵底纵坡最好选用临界坡度，此时涵洞的排洪能力最大。但实际设计时，涵底纵坡通常根据沟底纵坡确定。最小纵坡不小于 0.4%，以防淤积。

③涵底基础。

设置在天然地基上的涵底基础，除岩石、砾石及粗砂地基外，其地基为冻胀性土时，均应将基底埋入冰冻线以下不小于 0.25m。

当基底下有软土层时，为了将基础置于好土层上或需要人工加固地基时，往往需将基础埋置于较深的土层中。

当沟床坡度大于 5%时，涵底基础宜每隔 3~5m 设置防滑横隔墙或把基础分段做成阶梯形(见山坡涵洞)。

在无冲刷处，涵洞基底除岩石地基外，一般应设在天然地面或河底面以下 1m，若河床上有铺砌层，一般宜设在铺砌层顶面以下 1m。

5. 涵洞尺寸及工程数量

当涵洞选择标准跨径后，其细部尺寸及工程数量均可套用相应的标准图，使用时应注意：

(1)荷载应与标准图一致，不能大于标准图的规定。

(2)材料强度等级、地基承载力不能低于标准图的要求，否则应进行强度验算。

(3)当设计的墙身高与标准图不一致时，应选用标准图上大一级墙身所对应的各部分尺寸。

(4)有些工程数量无法从标准图上查得时，应通过计算确定。

6. 洞口形式

涵洞的洞口形式应根据涵洞进出口的地形和流量大小确定。选定后，也可套用标准图，无论采用的是何种洞口形式，其进水口均须铺砌。

第二节　涵洞的计算

一、涵洞长度计算

（一）正交涵洞长度计算

涵洞上游半部的长度和下游半部的长度并不相同，必须分别进行计算，由图7-20可得：

$$L_1 = B_1 + (H - a - iL_1)m + C$$

则

$$L_1 = \frac{B_1 + m(H-a)m + C}{1 + mi} \tag{7-1}$$

同理得：

$$L_2 = \frac{B_2 + m(H-b)m + C}{1 - mi} \tag{7-2}$$

式中：L_1、L_2——涵洞上、下游半部长度；

B_1、B_2——由路中心至上、下游路基边缘的宽度；

H——涵底中心至路基边缘高度；

a、b——进、出水口帽石顶面至基础顶面的高度；

m——路基边坡坡度（按 $1:m$ 计）；

i——涵底坡度；

C——帽石宽度。

（二）斜交涵洞长度计算

1. 斜交斜做（洞口与路线平行）

由图7-20和图7-21可得：

$$L_1\cos\alpha = B_1 + (H - a - iL_1)m + C$$

则

$$L_1 = \frac{B_1 + m(H-a)m + C}{\cos\alpha + mi} \tag{7-3}$$

同理得：

$$L_2 = \frac{B_2 + m(H-b)m + C}{\cos\alpha - mi} \tag{7-4}$$

式中：α——涵洞轴线与路线中线的垂线的夹角，即涵洞斜度；

其余符号意义同前。

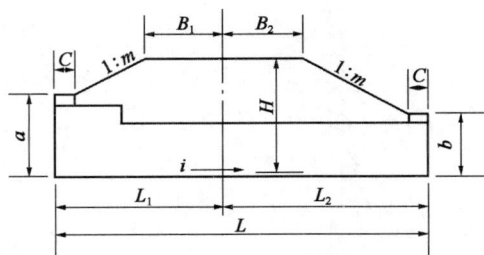

图 7-20 正交涵洞长度计算

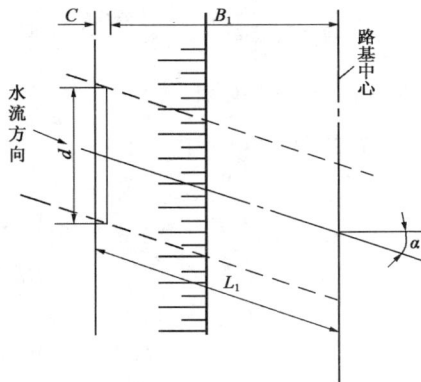

图 7-21 斜交斜做洞口的涵洞长度计算

2. 斜交正做(洞口与洞身垂直)

由图 7-22 可得:

$$L_1 = A_1 + A_2 + \frac{B_1}{\cos\alpha} = C + \frac{d}{2}\tan\alpha + (H - a - iL_\pm)\frac{m}{\cos\alpha} + \frac{B_1}{\cos\alpha}$$

则

$$L_1 = \frac{B_1 + m(H-a)m + 0.5d\sin\alpha + C\cos\alpha}{\cos\alpha + mi} \tag{7-5}$$

同理得:

$$L_2 = \frac{B_2 + m(H-b)m + 0.5d\sin\alpha + C\cos\alpha}{\cos\alpha - mi} \tag{7-6}$$

式中:d——帽石长度;

其余符号意义同前。

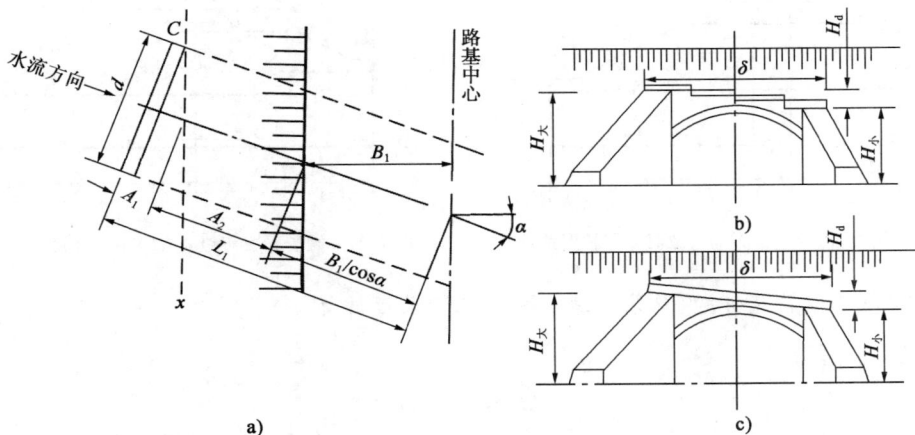

图 7-22 斜交正做洞口的涵洞长度计算

a)平面图;b)台阶式端墙;c)斜坡式端墙

（三）路基有超高加宽时正交涵洞的长度计算

1. i_1 和 i 方向一致时

由图 7-23 可得：

$$L_1 = B_1 + (H - a - iL_1 + i_1B)m + C$$

则

$$L_1 = \frac{B_1 + (H - a + i_1B)m + C}{1 + mi} \tag{7-7}$$

$$L_2 = B_2 + W + (H - b + iL_2 - i_1W)m + C$$

则

$$L_2 = \frac{B_2 + W + (H - b - i_1W)m + C}{1 - mi} \tag{7-8}$$

2. i_1 和 i 方向相反时

由图 7-24 可得：

$$L_1 = B_1 + W + (H - a - iL_1 - i_1W)m + C$$

则

$$L_1 = \frac{B_1 + W + (H - a - i_1W)m + C}{1 + mi} \tag{7-9}$$

$$L_2 = B_2 + (H - b + iL_2 + i_1B)m + C$$

则

$$L_2 = \frac{B_2 + (H - b + i_1B)m + C}{1 - mi} \tag{7-10}$$

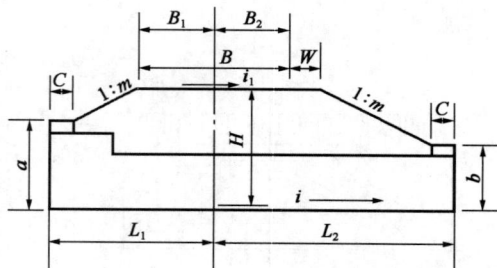

图 7-23　涵洞底坡与超高方向一致时涵洞长度计算　　图 7-24　涵洞底坡与超高方向相反时涵洞长度计算

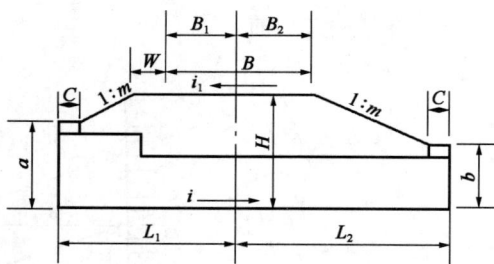

3. 涵洞与路线斜交、考虑路基纵坡影响时涵洞长度计算

由图 7-25 可得：

$$\Delta H = L_1 i_2 \sin\alpha$$

由式（7-3）可得：

$$L_1 = \frac{B_1 + (H - a - L_1 i_2 \sin\alpha)m + C}{\cos\alpha \pm mi}$$

$$(\cos\alpha \pm im)L_1 + L_1 i_2 m\sin\alpha = B_1 + (H - \alpha)m + C$$
则

$$L_1 = \frac{B_1 + (H - a)m + C}{\cos\alpha \pm im + i_2 m\sin\alpha} \qquad (7\text{-}11)$$

由式(7-4)可得：

$$L_2 = \frac{B_2 + (H - b + L_2 i_2 \sin\alpha)m + C}{\cos\alpha \mp im}$$

$$(\cos\alpha \mp im)L_2 - L_2 i_2 m\sin\alpha = B_2 + (H - b)m + C$$
则

$$L_2 = \frac{B_2 + (H - b)m + C}{\cos\alpha \mp im - i_2 m\sin\alpha} \qquad (7\text{-}12)$$

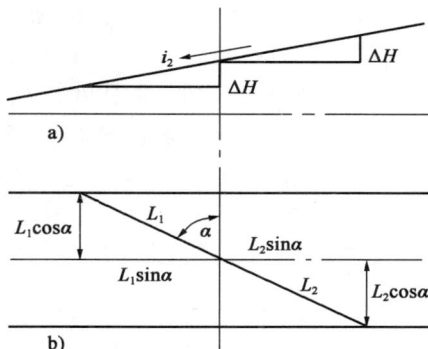

图7-25　考虑路基纵坡影响斜交涵洞长度计算
a)路基纵断面;b)涵洞平面位置

【例7-1】　某三级公路,路基宽度8.5m,路基边坡1:1.5。K4+700设有一跨径3m的暗盖板涵,涵洞与路线正交,涵位处路基边缘设计高程845.70m,涵底中心高程841.20m,涵洞净高2m,盖板厚度0.32m,帽石宽度0.3m,帽石高度0.2m,涵底纵坡2%,试计算该涵洞全长。

解:由已知资料可知：

上、下游路基宽度

$$B_1 = B_2 = \frac{8.5}{2} = 4.25(\text{m})$$

路基边缘至涵底中心距离

$$H = 845.70 - 841.20 = 4.5(\text{m})$$

进、出水口帽石顶面至基础顶面高度

$$a = b = 2 + 0.32 + 0.2 = 2.52(\text{m})$$

帽石宽度

$$C = 0.3\text{m}$$

根据式(7-1),涵洞上游半部长度：

$$L_1 = \frac{B_1 + (H - a)m + C}{1 + im} = \frac{4.25 + (4.5 - 2.52)\times 1.5 + 0.3}{1 + 0.02 \times 1.5} = 7.30(\text{m})$$

根据式(7-2),涵洞下游半部长度：

$$L_2 = \frac{B_2 + (H - b)m + C}{1 - im} = \frac{4.25 + (4.5 - 2.52)\times 1.5 + 0.3}{1 - 0.02 \times 1.5} = 7.75(\text{m})$$

则涵洞全长 $L = L_1 + L_2 = 7.30 + 7.75 = 15.05(\text{m})$。

二、洞口建筑工程数量计算

(一)八字翼墙

1.八字翼墙的布置形式

(1)涵洞轴线与路线正交时,八字翼墙布置成对称的正翼墙,即沿洞口向外扩散相同的 β

角,此时 β 角等于水流出入洞口的扩散角 θ,如图 7-26 所示。

(2)涵洞轴线与路线斜交时,八字翼墙一般采用斜布置(也有采用正布置)。斜布置的翼墙角度应根据斜度大小、地形和水文情况确定,如图 7-27 所示。θ 角为水流扩散角,β 为翼墙向外张角,φ 为涵洞的斜度,则 $\beta_1 = \theta + \varphi$,$\beta_1$ 是正值,翼墙是正翼墙;$\beta_2 = \theta - \varphi$,$\beta_2$ 是负值,翼墙是反翼墙。当 $\beta_2 = 0$ 时,$\theta = \varphi$,这时翼墙为最经济。

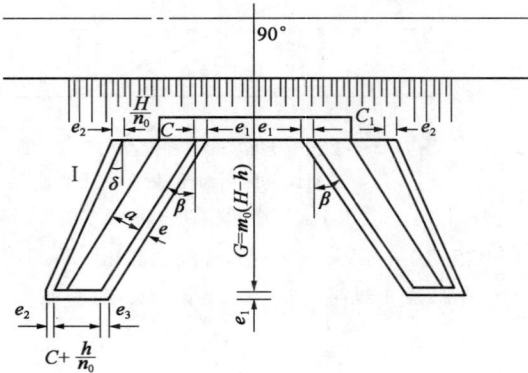

图 7-26 正交涵洞的八字墙

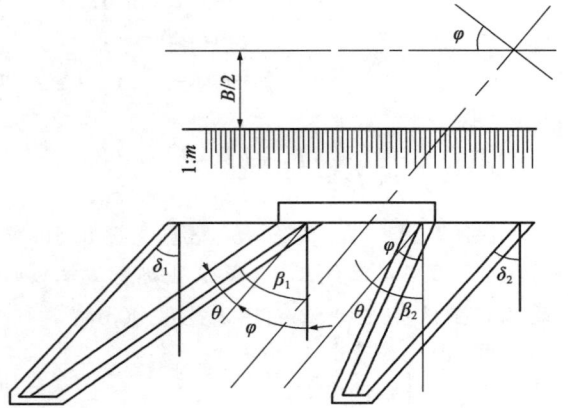

图 7-27 斜交斜做的八字翼墙

2.翼墙的体积计算

(1)墙身体积

单个翼墙外形如图 7-28 所示,其体积为:

$$V = \frac{1}{2} m_0 (H^2 - h^2) C + \frac{m_0}{6n_0} (H^3 - h^3) \tag{7-13}$$

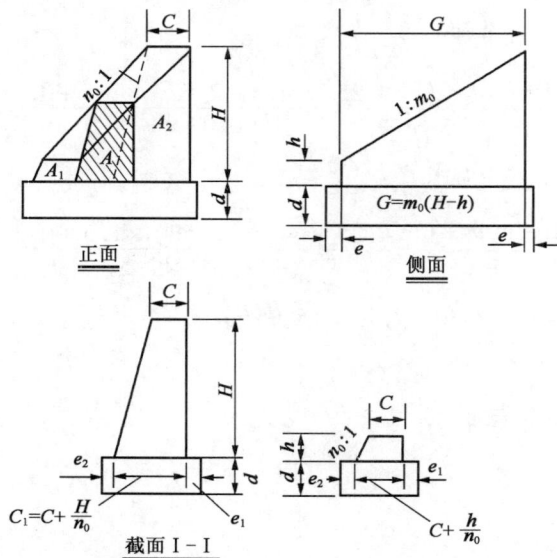

图 7-28 八字翼墙墙身体积计算

（2）墙基体积

单个翼墙（正翼墙和反翼墙）基础平面尺寸如图 7-29 所示，其体积为：

正翼墙

$$V = m_0(C + e_1 + e_2)(H - h)d + \frac{m_0}{2n_0}(H^2 - h^2)d + \left[e_2 + \frac{1}{2}(e_1 + e_3) + C + \frac{h}{n_0}\right]ed \quad (7\text{-}14)$$

反翼墙

$$V = m_0(C + e_1 + e_2)(H - h)d + \frac{m_0}{2n_0}(H^2 - h^2)d + \left[e_1 + \frac{1}{2}(e_2 + e_3) + C + \frac{h}{n_0}\right]ed \quad (7\text{-}15)$$

$$n_{0\text{反}}^{\text{正}} = \left(n \pm \frac{\sin\beta}{m}\right)\cos\beta, \delta_{\text{反}}^{\text{正}} = \arctan\left(\tan\beta \mp \frac{1}{mn_{0\text{反}}^{\text{正}}}\right)$$

$$e_3^{\text{正}} = e\frac{1 - \sin\beta}{\cos\beta}, e_3^{\text{反}} = e\frac{1 - \sin\delta_{\text{反}}}{\cos\delta_{\text{反}}}$$

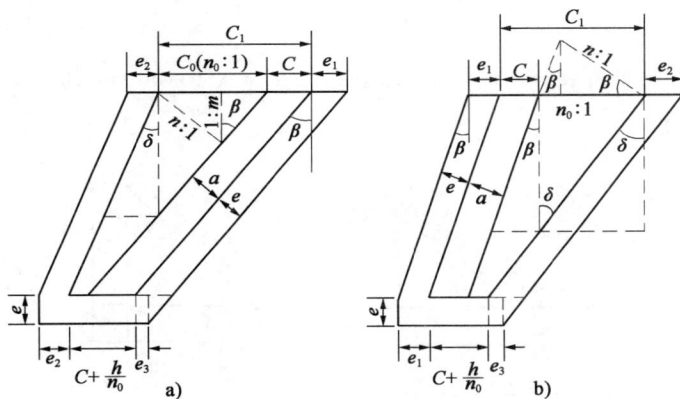

图 7-29　正、反八字翼墙基础体积计算

（3）一个翼墙顶面面积

$$V = C\sqrt{1 + m_0^2}(H - h) \quad (7\text{-}16)$$

（二）锥形护坡

1. 锥形护坡的布置形式

（1）涵洞与路线正交时，其平面布置形式如 7-30 所示。

（2）涵洞与路线斜交时，锥形护坡一般采用斜布置（也可采用正布置）。斜布置的锥形护坡角度应根据斜度大小确定，其平面布置形式如图 7-31 所示。

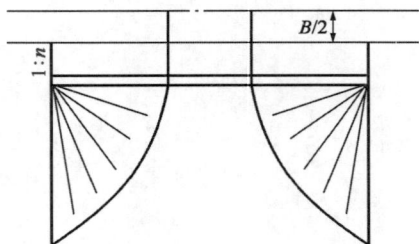

图 7-30　正交涵洞的锥形护坡

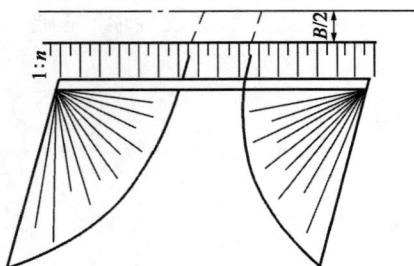

图 7-31　斜交斜做的锥形护坡

2.一个正锥形护坡的体积计算

（1）锥形护坡体积

①片石砌体。

单个锥形护坡外形如图 7-32 所示，其体积为：

$$V_1 = V_外 - V_内 = \frac{1}{12}\pi mn(H^3 - H_0^3) \tag{7-17}$$

式中：H_0——内锥平均高度，$H_0 = H - \sqrt{\alpha_0 \beta_0 t}$，其中：$\alpha_0 = \sqrt{1+m^2}/m$，$\beta_0 = \sqrt{1+n^2}/n$，$t$ 为片石厚度。

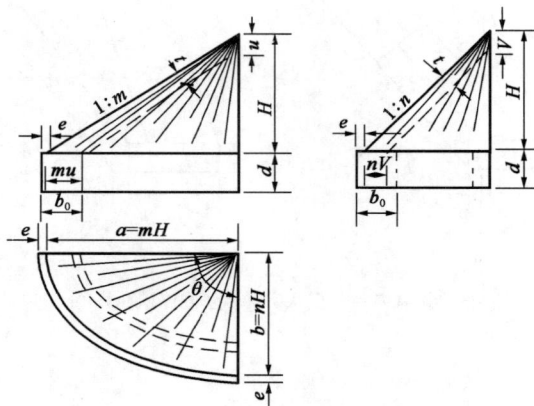

图 7-32　锥形护坡体积计算

②砂砾垫层。

$$V_2 \approx \frac{t_1}{t}V_1 \tag{7-18}$$

式中：t_1——砂砾垫层厚度。

③锥心填土。

$$V_3 = V_外 - V_1 - V_2 \tag{7-19}$$

（2）锥坡基础体积

其值为椭圆周长的 1/4 和基础截面面积的乘积，从图 7-32 可知：

$$V = \frac{S}{4}b_0 d = \frac{1}{4}\pi(a+b)Kb_0 d = \frac{1}{4}K\pi\left[(m+n)H+2e-b_0\right]b_0 d \tag{7-20}$$

式中：K——椭圆周长系数，其值可从表 7-1 中查得。

椭圆周长系数 　　　　　表 7-1

$\frac{a+b}{a-b}$	0.1	0.2	0.3	0.4	0.5	0.6	0.7	0.8	0.9	1.0
K	1.002 5	1.010 0	1.022 6	1.040 4	1.063 5	1.092 2	1.126 9	1.167 9	1.216 2	1.273 2

涵洞工程数量表见本页数字资源。

第三节　涵洞施工简介

一、施工准备工作和施工放样

（一）准备工作

1. 现场核对

涵洞开工前，应根据设计资料，结合现场实际地形、地质情况，对其位置、方向、孔径、长度、出入口高程以及与灌溉系统的连接等进行核对。核对时，还需注意农田灌溉的要求，若需要增减涵洞数量、变更涵型和孔径，应向监理反映，按照合同有关规定办理。

2. 施工详图

若原设计文件、图纸不能满足施工要求时，如地形复杂处的陡峻沟谷涵洞、斜交涵洞、平曲线或大纵坡上的涵洞、地质情况与原设计资料不符处的涵洞等，应先绘出施工详图或变更设计图，然后再依图施工放样。

（二）施工放样

涵洞施工设计图是施工放样的依据，根据设计中心里程，在地面上标定位置并设置涵洞纵向轴线。当涵洞位于路线的直线部分时，其中心应根据线路控制桩的方向和附近百米桩里程来测定；当涵洞位于曲线部分时，应按曲线测设方法测定。正交涵洞的轴线垂直于路线中线，斜交涵洞的轴线与路线中线前进方向的右侧成斜交角 θ，θ 角与 90° 之差称为斜度 φ（图 7-33）。

涵洞轴线确定后量出上下游涵长，考虑进出口是否顺畅，当无须改善时，用小木桩标定涵端，用大木桩控制涵洞轴线，并以轴线为基准测定基坑和基础在平面上的所有尺寸，用木桩标出（图 7-34）。

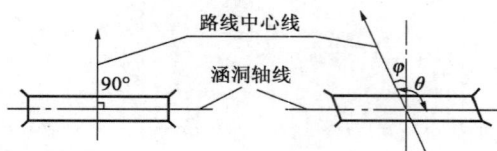

图 7-33　正交与斜交涵洞

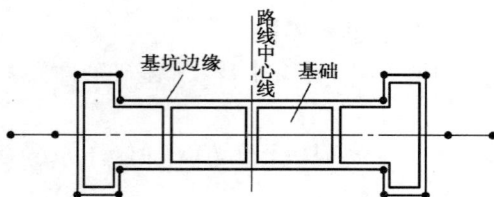

图 7-34　涵洞基础放样

测量放样时,应注意涵洞长度、涵底高程的正确性。对位于曲线和陡坡上的涵洞应考虑加宽、超高和纵坡的影响。涵洞各个细部的高程,均用水准仪测定。对基础面的纵坡,施工时应设上拱度,以便路堤下沉后仍能保持涵洞应有的坡度。除高填土、大孔径涵洞的上拱度需要计算外,一般涵洞的预设上拱度可按表 7-2 的规定设置。此种拱度最好做成弧形,但应使进水口高程高于涵洞中心高程,以防积水。当基底土为岩石或涵洞顶上填土厚度不足 2m 以及涵洞坡度较陡时,可不设上拱度。基础建成后,安装管节或砌筑涵身时,均以涵洞轴线为基准详细放样。

涵洞预设上拱度　　　　　　　　　　　　　　表 7-2

基底土类别	上拱度(mm)
碎石土、砾砂、粗砂、中砂、细砂	$H/80$
半干硬状态的、硬塑状态的黏性土及老黄土	$H/50$

注:H 为线路中心处涵洞流水槽面至路面顶面的高度,单位为 mm。

二、涵洞施工要点

(一)混凝土和钢筋混凝土管涵

1.管涵施工程序

现将单孔、双孔的有坞工基础和无坞工基础管涵的施工程序简介如下。

(1)单孔有坞工基础管涵

①挖基坑并准备修筑管涵基础的材料。

②砌筑坞工基础或浇筑混凝土基础。

③安装涵洞管节,修筑涵管出入口端墙、翼墙及涵底(端墙外涵底铺装)。

④铺设涵管防水层及修整。

⑤铺设涵管顶部防水黏土(设计需要时),填筑涵洞缺口填土及修建加固工程。

整个程序如图 7-35 所示。

(2)单孔无坞工基础管涵

洞身安装程序如图 7-36 所示。

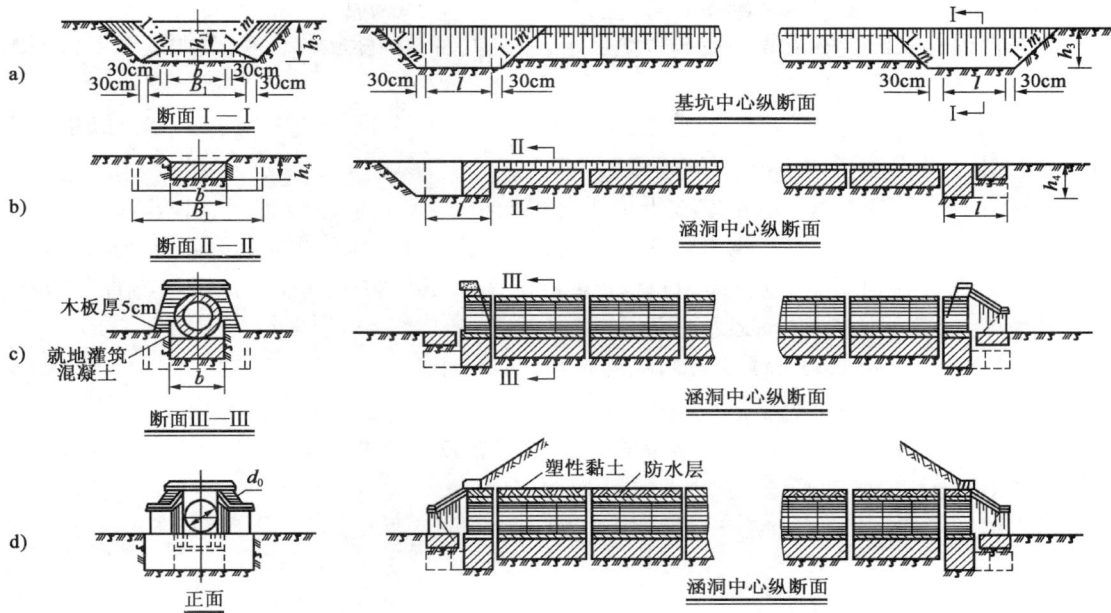

图 7-35 单孔有坞工基础管涵施工程序

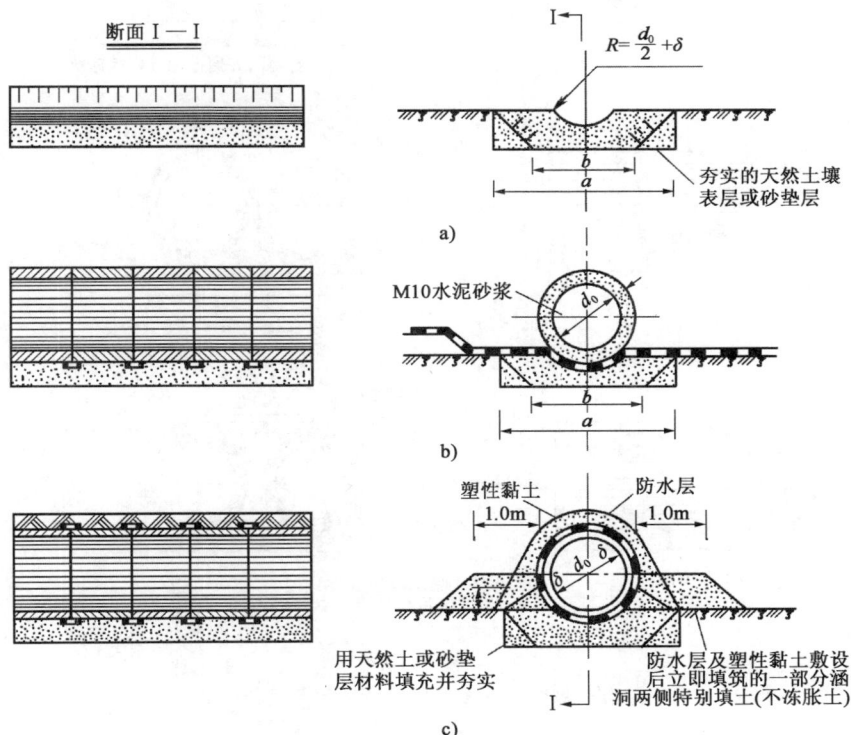

图 7-36 洞身安装程序

①挖基备料与图7-35相同。

②在捣固夯实的天然土表层或矿砂垫层上,修筑截面为圆弧状的管座,其深度等于管壁的厚度。

③在圆弧管座上铺设垫层的防水层,然后安装管节,管节间接缝宜留1cm宽。缝中填塞防水材料,详见"三、涵洞附属工程的施工"。

④在管节的下侧再用天然土或砂砾垫层材料做培填料,捣实至设计高程[图7-36c)],并切实保证培填料与管节密贴。再将防水层向上包裹管节,防水层外再铺设黏质土。水平直径线以下的一部分特别填土,应立即填筑,以免管节下面的砂垫层松散,并保证其与管节密贴。在严寒地区,这部分特别填土必须采用不冻胀土料。

⑤修筑管涵出入口端墙、翼墙及两端涵底和整修工作。

（3）双孔有坞工基础管涵

对于双孔有坞工基础的管涵可参考图7-35和图7-37程序进行施工。

（4）双孔无坞工基础管涵

洞身施工程序如图7-37所示。

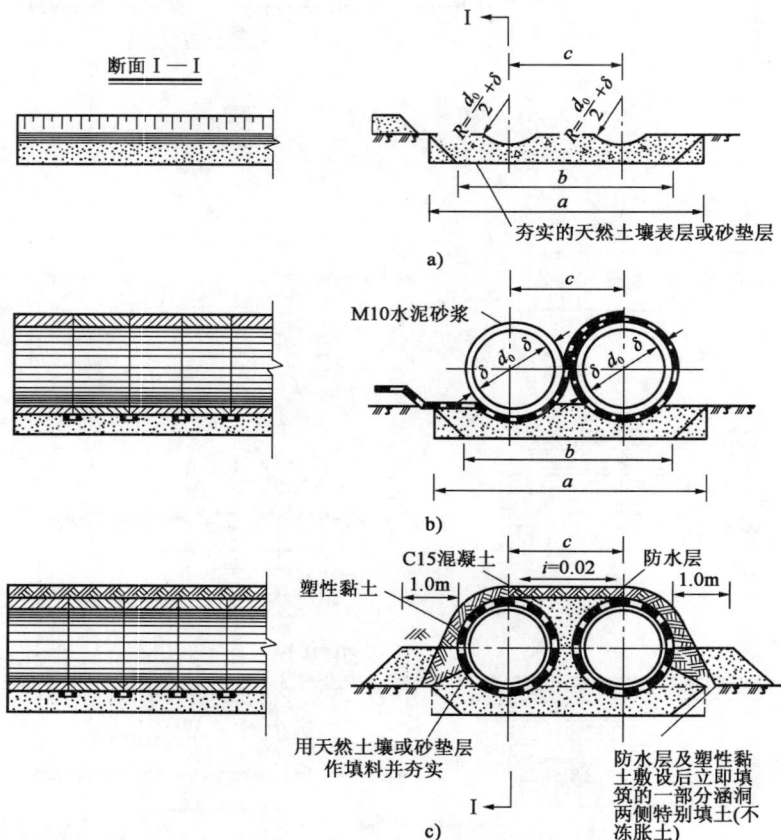

图7-37 双孔无坞工基础管涵施工程序

①挖基、备料与前同。

②在捣固夯实的天然土表层或砂垫层上修筑圆弧状管座,其深度等于管壁的厚。

③按图 7-37 的程序,先安装右边管并铺设防水层,在左边一孔管节未安装前,在砂垫层上先铺设垫底的防水层,然后按同样方法安装管节,管节间接缝尽量抵紧,管节内外接缝均以 10MPa 水泥砂浆填塞。

④在管节下侧用天然土或砂垫层材料做填料,夯实至设计高程处(图 7-37),并切实保证与管节密贴。左孔防水层铺设完后,用贫混凝土填充管节间的上部空腔,再铺设软塑状黏性土。

防水层及黏土铺设后,涵管两侧水平直径线以下的一部分填土应立即填筑,以免管节下面的砂垫层松散,在严寒地区此部分填土必须填筑不冻胀土料。

⑤修筑出入口两端端墙、翼墙及涵底和整修工作。

(5)涵底陡坡台阶式基础管涵

沟底纵坡很陡时,为防止涵洞基础和管节向下滑移,可采用管节为台阶式的管涵。每段长度一般为 3~5m,台阶高差一般不超过相邻涵节最小壁厚的 3/4。如坡度较大,可按 2~3m 分段或加大台阶高度,但不应大于 0.7m,且台阶处的净空高度不应小于 1.0m。此时,在低处的涵洞顶上应设挡墙,以掩盖可能产生的缝隙,见图 7-38。

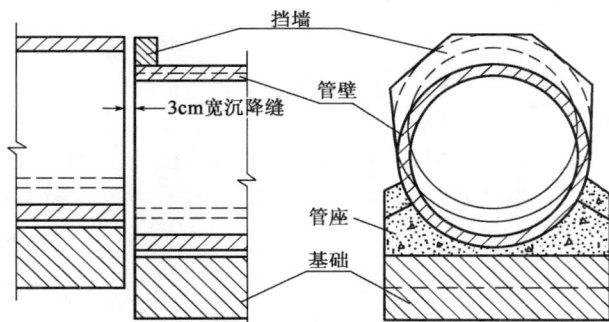

图 7-38 陡坡台阶管涵

无垛工基础的陡坡涵洞,只可采用管节斜置的办法,斜置的坡度不得大于 5%。

2.管涵基础修筑

(1)地基土为岩石

管节下采用无垛工基础,管节下挖去风化层或软层后,填筑 0.4m 厚砂垫层,出入口两端端墙、翼墙下,在岩石层上用 C15 混凝土做基础,其埋置深度至风化层下 0.15~0.25m,并最小等于管壁厚度加 5cm。风化层过深时,可改用片石垛工,最深不大于 1.0m,管节下为硬岩时,可用混凝土抹成与管节密贴的垫层。

(2)地基土为砾石土、卵石土或砾砂、粗砂、中砂、细砂或匀质黏性土

管节下一般采用无垛工基础,对砾、卵石土先用砂填充地基土空隙并夯实,然后填筑 0.4m 厚砂垫层;对粗、中、细砂地基土表层应夯实;对匀质黏性地基土应做砂垫层,出入口两端端墙、翼墙的垛工基础埋置深度,设计无规定时为 1.0m;对匀质黏性土,负温时的地下水位在冻结深度以上时,出入口两端端墙、翼墙垛工基础埋置深度为 1.0~1.5m,当冻结深度不深时,基础埋深宜等于冻结深度的 0.7 倍,当此值大于 1.5m 时,可采用砂夹卵石在垛工基础下换填至冻结深度的 0.7 倍。

（3）地基土为黏性土

管节下应采用0.5m厚的圬工基础，出入口两端端墙、翼墙基础埋置深度为1.0~1.5m。当地下水冻结深度不深时，埋深应等于冻结深度。当冻结深度大于1.5m时，可在圬工基础下用砂夹卵石换填至冻结深度。

（4）必须采用有圬工基础的管涵

①管顶填土高度超过5m。

②最大洪水流量时，涵前壅水高度超过2.5m。

③河沟经常流水。

④沼泽地区深度在2.0m以内。

⑤沼泽地区淤积物、泥炭等厚度超过2.0m时，应按特别设计的基础施工。

（5）严寒地区的管涵基础

常年最冷月份平均气温低于-15℃的地区称为严寒地区。

①匀质黏性土和一般黏性土的基础均须采用圬工基础。

②出入口两端端墙、翼墙基础应埋置在冻结线以下0.25m。

③一般黏性土地区的地下水位在冻结深度以上时，管节下基础埋置深度应为$H/8$（H为涵底至路面填土高度），但不小于0.5m，也不得超过1.5m。

（6）基础砂垫层材料

可采用当地的砂、砾石或碎石，但必须注意清除基底植物层。为避免管节承受冒尖石料的集中应力，当使用碎石、卵石作垫层时，要有一定级配或掺入一定数量的砂，并夯捣密实。

（7）软土地区管涵地基处理

管涵地基土如遇到软土，应按软土层厚度分别进行处理。当软土层厚度小于2m时，可采取换填法处理，即将软土层全部挖除，换填当地碎石、卵石、砂夹石、土夹石、砾砂、粗砂、中砂等材料并碾压密实，压实度要求94%~97%。如采用灰土（石灰土、粉煤灰土）换填，压实度要求93%~95%，换填土的干密度宜用重型击实试验法确定。碎石或卵石的干密度可取2.2~2.4t/m³。换填层上面再砌筑0.5m厚的圬工基础。

当软土层超过2m时，应按软土层厚度、路堤高度、软土性质做特殊设计处理。

3. 管节安装

管节安装可根据地形及设备条件采用下列各种办法。

（1）滚动安装法

如图7-39所示，管节在垫板上滚动至安装位置前，转动90°，使其与涵管方向一致，略偏一侧。在管节后端用木撬棍拨动至设计位置，然后将管节向侧面推开，取出垫板再滚回原位。

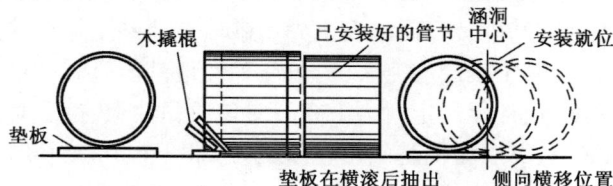

图7-39　涵管滚动安装法

（2）滚木安装法

先将管节沿基础滚至安装位置前1m处，旋转90°，使与涵管方向一致［图7-40a）、b）］。把薄铁板放在管节前的基础上，摆上圆滚木6根，在管节两端放入半圆形承托木架，以杉木杆插入管内，用力将前端撬起，垫入圆滚木［图7-40c）~e）］，再滚动管节至安装位置将管节侧向推开，取出滚木及铁板，再滚回来并以撬棍（用硬木护木承垫）仔细调整。

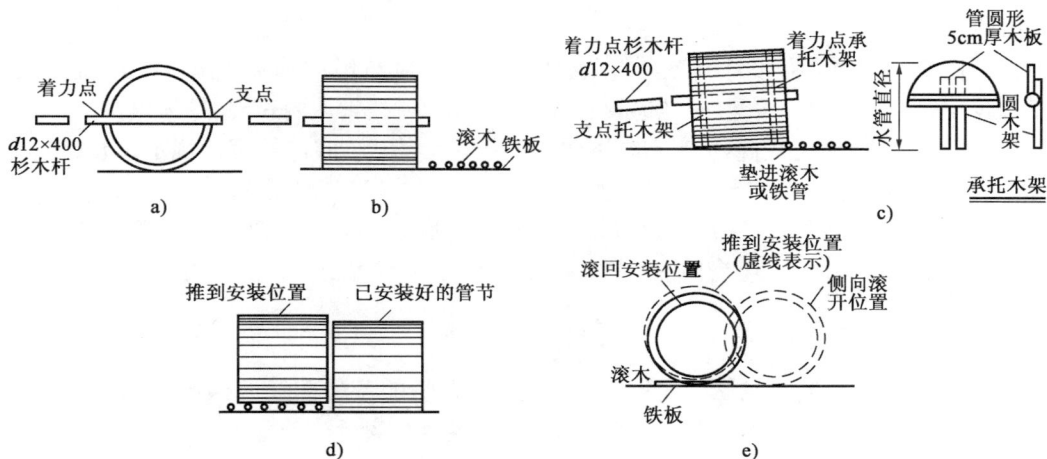

图7-40　涵管滚木安装法

（3）压绳下管法

当涵洞基坑较深，需沿基坑边坡侧向将管滚入基坑时，可采用压绳下管法，如图7-41所示。

压绳下管法是侧向下管的方法之一。下管前，应在涵管基坑外3~5m处埋设木桩，木桩直径不小于25cm，长2.5m，埋深最少1m。桩为缠绳用，在管两端各套一根长绳，绳一端紧固于桩上，另一端在桩上缠两圈后，绳端分别用两组人或两盘绞车拉紧。下管时由专人指挥，两端徐徐松绳，管子渐渐由边坡滚入基坑内。大绳用优质麻制成，直径50mm，绳长应满足下管要求。下管前应检查管子质量及绳子、绳扣是否牢固，下管时基坑内严禁站人。

管节滚入基坑后，再用滚动安装法或滚木安装法将管节准确安装于设计位置。

（4）龙门架安装法

龙门架安装法如图7-42所示。这种方法适用于孔径较大管节的安装。移动龙门架时，可在柱脚下放3根滚杠用撬棒拨移。

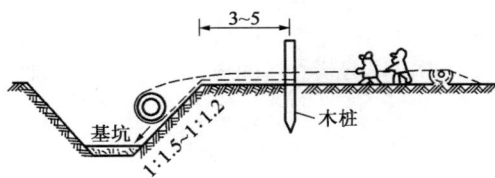

图7-41　涵管压绳下管法（尺寸单位：m）

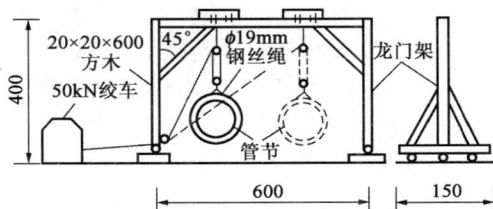

图7-42　涵管龙门架安装法（尺寸单位：cm）

4.管涵施工注意事项

(1)有坞工基础的管座混凝土浇筑时应与管座紧密相贴,浆砌块石基础应加做一层混凝土管座,使管涵受力均匀;无坞工基础的圆管基底应夯填密实,并做好弧形管座。

(2)无企口的管节接头采用顶头接缝,应尽量顶紧,缝宽不得大于1cm,严禁因涵身长度不够,将所有接缝宽度加大来凑合涵身长度。管身周围无防水层设计的接缝,需用沥青麻絮或其他具有弹性的不透水材料从内、外侧仔细填塞。设计规定管身外围做防水层的,按前述施工程序施工。

(3)长度较大的管涵设计有沉降缝的,管身沉降缝应与坞工基础的沉降缝位置一致。缝宽为2～3cm,应采用沥青麻絮或其他具有弹性的不透水材料,从内、外侧仔细填塞。

(4)长度较大、填土较高的管涵应设预拱度。预拱度大小应按照设计规定设置,设计无预拱度大小规定时,可按照本节"一、施工准备工作和施工放样"所述计算。

(5)各管节设预拱度后,管内底面应成平顺圆滑曲线,不得有逆坡。相邻管节如因管壁厚不一致(在允许偏差内)产生台阶时,应凿平后用水泥环氧砂浆抹补。

(二)混凝土和钢筋混凝土拱涵、盖板涵和箱涵

混凝土和钢筋混凝土拱涵(包括半环涵即无涵台身的各种曲线的拱涵)、盖板涵、箱涵的施工分为现场浇筑和在工地预制安装两大类,本节主要介绍后一种施工方法。

1.预制构件结构的要求

(1)拱圈、盖板、箱涵节等构件预制长度,应根据起重设备和运输能力决定,但需保证结构的稳定性和刚性,一般不小于1m,但亦不宜太长。

(2)拱圈构件上应设吊装孔,以便起吊。吊孔应考虑平吊及立吊两种,安装后可用砂浆将吊孔填塞。箱涵节、盖板和半环节等构件,可设吊孔,也可于顶面设立吊环。吊环位置、孔径大小和制环用钢筋应符合设计要求,并要求吊钩伸入吊环内和吊装时吊环筋不断裂。安装完毕,环筋应锯掉或气割掉。

(3)若采用钢丝绳捆绑起吊可不设吊孔或吊环。

2.预制构件常用模板

(1)木模

预制构件木模所用木材应符合《公路桥涵施工技术规范》(JTG/T F50—2011)的有关规定。

木模与混凝土接触的表面应平直,在拼装前模与混凝土接触的表面应平直,在拼装前,应仔细选择木模厚度,并将模板表面刨光。木模接缝可做成平缝、搭接缝或企口缝,当采用平缝时,应在拼缝内镶嵌塑料管(线)或在拼缝外钉以板条,内压水泥袋纸,以防漏浆。若在模板内侧表面铺一层回纺粗布,可提前拆模,预制拱圈木模如图7-43所示,竖向施工支立方法与圆管涵模板混凝土。

(2)土模

为了节约木材、钢材,预制构件时,可采用土、砖模。土模分为地下式、半地下式和地上式3类。土模如图7-44所示,砖模如图7-45所示。

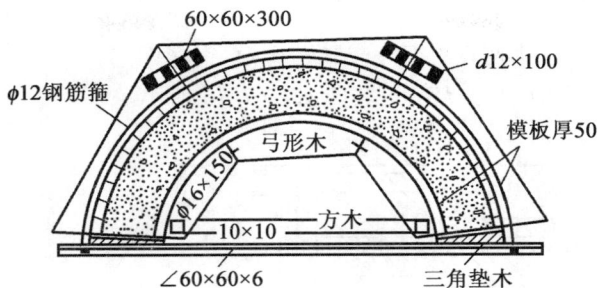

图 7-43　预制拱圈木模(尺寸单位:mm)

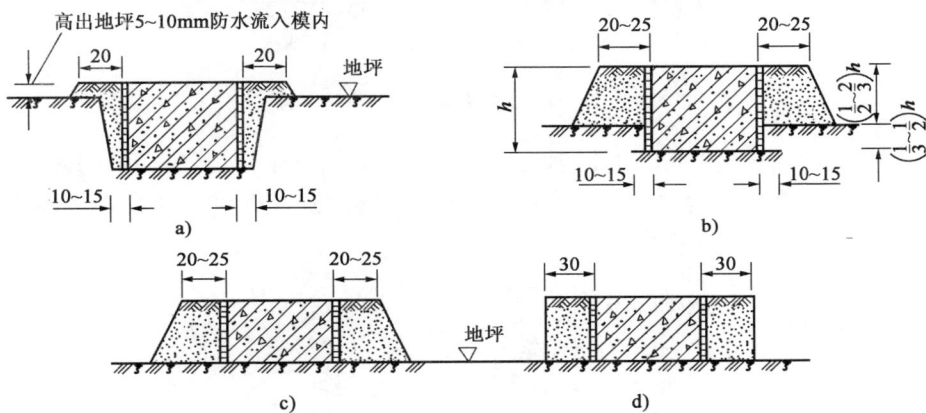

图 7-44　土模(尺寸单位:cm)

a)地下式培土土模;b)半地下培土土模;c)地上式培土土模;d)地下"板打样"土模

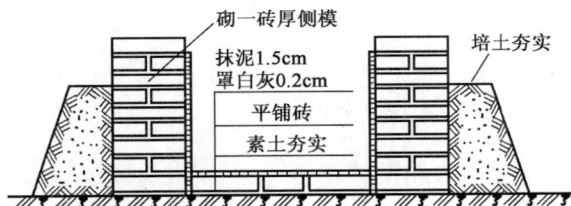

图 7-45　砖模(尺寸单位:cm)

注:1.砖模外培土夯实,亦可改用木桩,只在构件断面较大时采用;断面小的构件,砖模外侧不必填土。

2.砖模可用泥砌或泥砌一层、干砌一层

　　土模宜用低液限黏土($w_1 < 50\%$,w_1为液限),土中不应含杂质,粒径应小于 1.5cm,土的湿度应适当。夯筑土模时含水率一般控制在 20% 左右,夏季含水率可高一些,冬季可低一些。

　　预制土模的场地必须坚实、平整,按照构件的放线位置进行拍底找平。为了减少土方挖填量,一般根据自然地坪拉线顺平即可。如场地土质不好,含砂多,湿度大,可以夯打厚 10cm 灰土(2∶8)后,再进行找平、拍实。

　　当土模需预埋钢件时,应注意以下几点:

　　①预埋螺栓时,露出构件外面的螺栓头可插入土模,伸入钢筋骨架的螺栓尾应和骨架钢筋

焊牢。

②预埋钢板时，露出构件表面的钢板应紧贴土模，钢板四周打入铁钉，用铁钉帽挂住钢板。钢板上伸入钢筋的锚固脚应和骨架钢筋焊牢，如图 7-46 所示。

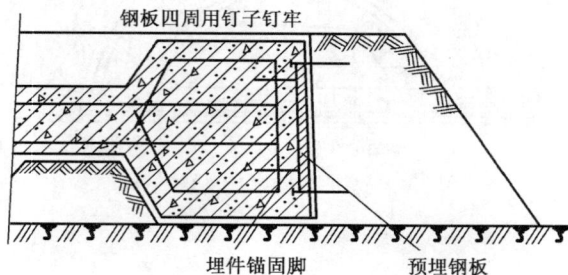

图 7-46　紧贴侧模的钢板埋置方式（尺寸单位：cm）

③预埋插铁时，若插铁伸出构件较短，可将露出部分插进土模，将里面的一段和骨架钢筋绑牢或焊牢。若插铁伸出构件较长不易插入土模，可将插铁弯成 90°，紧贴在土模表面上，拆模后再按要求扳直，如图 7-47 所示。

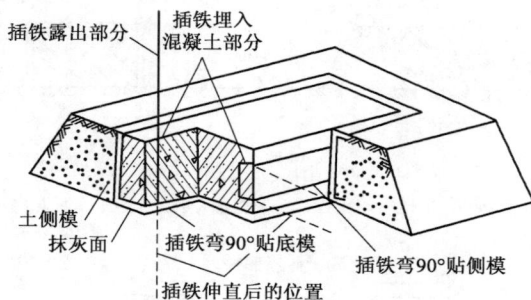

图 7-47　插铁埋置方法

土模可与砖模、木模、钢丝网水泥模、钢模等定型模板组成混合模，可快速脱模，采取流水作业，效果较好。

（3）钢丝网水泥模板

用角钢做边框，用直径 6mm 的钢筋或直径 4mm 的冷拔钢丝作横向筋，焊成骨架，铺一层钢丝网，上面抹水泥砂浆制成，其构造如图 7-48 所示。

钢丝网水泥模板坚固耐用，可以周转使用，宜做成工具式模板。模板规格不宜过多，质量不能太大，使安装、拆除比较方便，一般采用以下尺寸：模板长度 1 500mm、2 000mm、2 500mm；模板宽度 200mm、300mm、400mm、500mm；模板厚度 10～12mm。

钢丝网水泥模板制作时，应注意以下几点：

①钢丝网水泥模板的框架必须平直，尺寸准确，框架角钢下料时应用样板画线。

②钢丝网水泥模板所用钢丝直径为 0.9～1mm，常用钢丝网网孔为 10mm×10mm，最大不超过 15mm×15mm。钢丝网可从市场上采购，亦可自己编织。

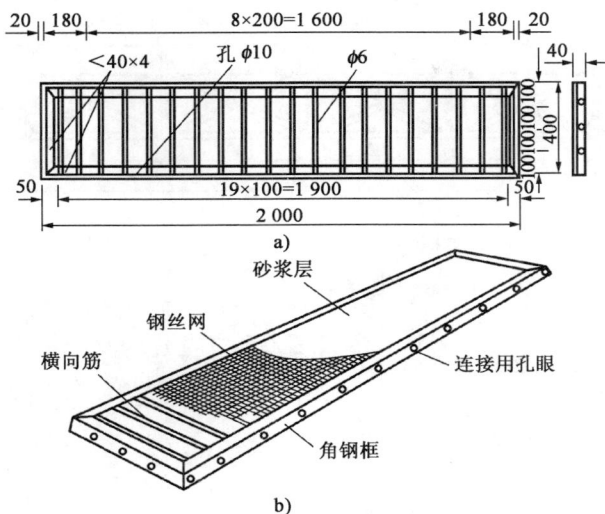

图 7-48 钢丝网水泥模板(尺寸单位:mm)

③钢丝网水泥模板抹灰时宜用以下几种砂浆配合比:

42.5 级水泥:中砂 = 1:2.5(质量比)

32.5 级水泥:中砂 = 1:1.9(质量比)

钢丝网上抹水泥砂浆时,应压实、整平、抹光,以保证模板的强度和平整度。

(4)翻转模板

翻转模板适用于中、小型混凝土预制构件,如涵洞盖板、人行道块、缘石、栏杆等,构件尺寸不宜过长,对矩形板、梁,长度不宜超过 4m,宽度不宜超过 0.8m,高度不宜超过 0.2m。构件中钢筋直径一般不宜超过 14mm。

翻转模板应轻便坚固,制造简单,装拆灵活,一般可做成钢木混合模板。

①翻转模板的构造。

翻转模板由翻转架和模板两部分组成。

a. 翻转架:有木制和钢制两种,其构造见图 7-49、图 7-50。翻转架的高度以 50～70cm 为宜。

b. 模板:模板由底板、侧模、端模和芯模(预制空心构件时)等组成。

底模用 5cm 厚木板拼制,应尽量选用整板,减少接缝。底模与翻转架用螺栓或钉子连接,为便于脱模,底模在浇筑混凝土前应铺棉布或油毡、塑料布等。

侧模一般采用 5cm 厚木板制作,在侧模上加钉一根 40mm × 40mm × 5mm 的角钢,以增强侧模刚度。为防止模板粘掉构件表面上的混凝土,侧模内侧需铺布。侧模用两侧打进的木楔或钢楔与翻转架固定。

端模可用 10～15mm 厚的钢板制成,两侧用销钉与侧模预留孔固定。

生产空心构件时,需设置芯模。芯模可采用充气橡胶管或钢管,亦可采用木制芯模。

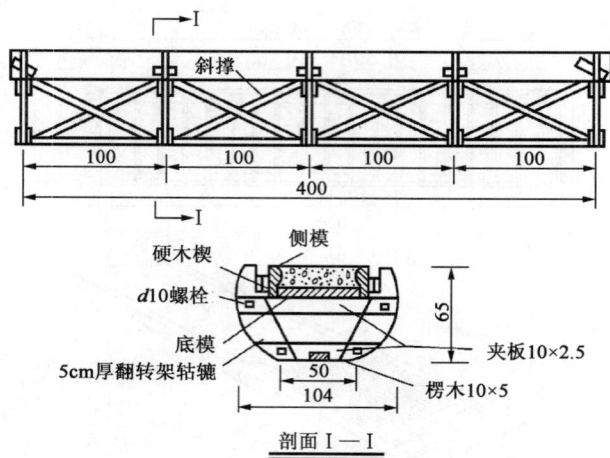

图 7-49　木翻转架模板(尺寸单位:cm)

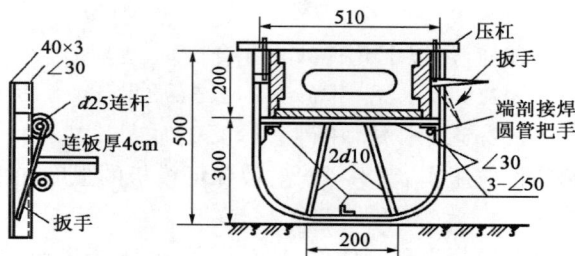

图 7-50　钢翻转架模板(尺寸单位:cm)

②翻转模板预制构件时的注意事项。

a. 用来翻转模板的场地需碾压整平,然后铺一层砂,砂层厚一般为 7 ~ 10cm,应摊铺均匀。砂不宜过干或过湿,含水率一般为 2% ~ 6%。

b. 模板安装时,应将端模和底模对齐,用木楔或钢楔与翻转架固定,楔子应打紧,以免翻转时松动。两端的楔子要斜着打,中间的楔子要靠底部平着打,打楔子时用力要均匀。

c. 转模板的钢筋骨架宜用点焊,以防止钢筋在翻动时错位。构件应使用干硬性混凝土浇筑。

d. 板翻转时位置要准确,不得用力过猛,模板和构件要缓慢落下。当模板和构件质量较大,人力不易控制时,可在模板两端各加一组滑轮,翻转下落时用滑轮控制,如图 7-51 所示。翻转后的模板与前一构件的距离不宜小于30cm。

e. 构件翻转后,应立即抽芯(指空心构件)和拆模,拆模时要小心,不要将构件棱角碰掉。构件如有局部损伤,应立即用与混凝土同强度等级的水泥砂浆修补。

f. 模板拆除后,应立即将构件遮盖进行养护。当混凝土强度达到设计强度的70%时,再将构件翻身(使毛面朝上)。翻身时,可由两人用撬杠进行。为防止构件翻身时被振坏,构件翻身处的砂垫层可加厚至30cm。

翻身后,将构件运至堆放场,继续进行养护。堆放场地同样要求坚实平整,避免因地基不均匀沉陷而造成构件断裂。

3. 构件运输

构件达到设计强度并经检查质量和尺寸大小符合要求后才能搬运,常用的运输方法如下。

(1)近距离搬运

近距离搬运,可在成品下面垫放托木及滚轴沿着地面滚移,用A形架运输或用摇头扒杆起吊,如图7-52所示。其中,a)为平吊的千斤绳拴绑示意,b)为立吊的千斤绳示意。立吊时由于靠近起拱线的4个吊孔(兼作平吊之用)在拱圈重心以下,故须另设一根副千斤绳从拱顶吊孔拉紧,以免拱圈翻身。拱顶副千斤绳只需收紧即可,吊重依靠主千斤绳。

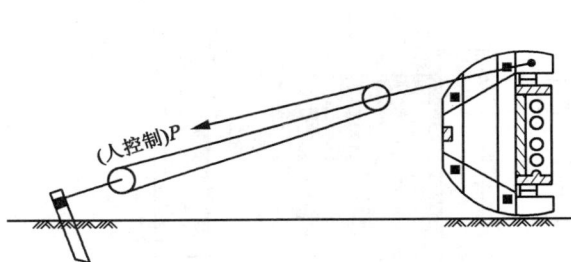

图 7-51 用滑轮控制模板翻转   图 7-52 构件起吊

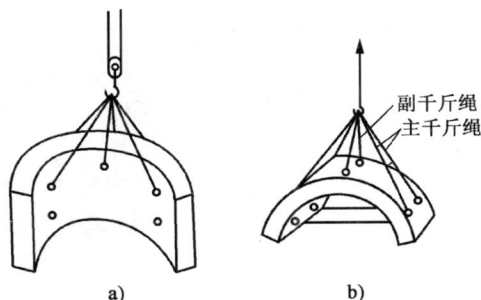

(2)远距离运输

远距离运输,可用扒杆或吊机将构件装上汽车、拖车或平板挂车运输。

4. 施工和安装

(1)基础、拱涵和盖板涵的涵墩台身

基础根据地基土类别和基础类型采用就地浇筑的施工方法。墩台身采用砌筑结构或浇筑的施工方法,可参看有关施工技术规范。

(2)上部构件的安装

拱圈、盖板、箱涵节的安装技术要求如下:

①安装之前应再检查构件尺寸、涵墩台尺寸和涵墩台间距离,并核对其高程,调整构件大小位置使与沉降缝重合。

②拱座接触面及拱圈两边均应凿毛(沉降缝处除外)并浇水湿润,用灰浆砌筑。灰浆坍落度宜小一些,以免流失。

③构件砌缝宽度一般为1cm,拼装每段的砌缝应与设计沉降缝重合。

④构件可用扒杆、链滑车或汽车吊进行吊装。

(三)倒虹吸管

1.适用范围

当路线穿过沟渠,路堤高度很低或在浅挖方地段通过,填、挖高度不足,难以修建明涵时,或因灌溉需要,必须提高渠底高程,建筑架空渡槽又不能满足路上净空要求时,常修建倒虹吸管。公路上通常采用的倒虹吸管为竖井出入口式,如图7-53和图7-54所示。两者使用场合:如路基边沟底部高程低于灌溉渠底部高程,可采用图7-53形式;如路基边沟底部高程高于灌溉渠底部高程,则采用图7-54形式。两者构造的主要区别在于前者的路基边沟设于倒虹吸管两个竖井出入口之内,多用于需要跨过浅路堑的灌溉渠;后者的路基边沟(或无边沟)设于倒虹吸管两个竖井之外。

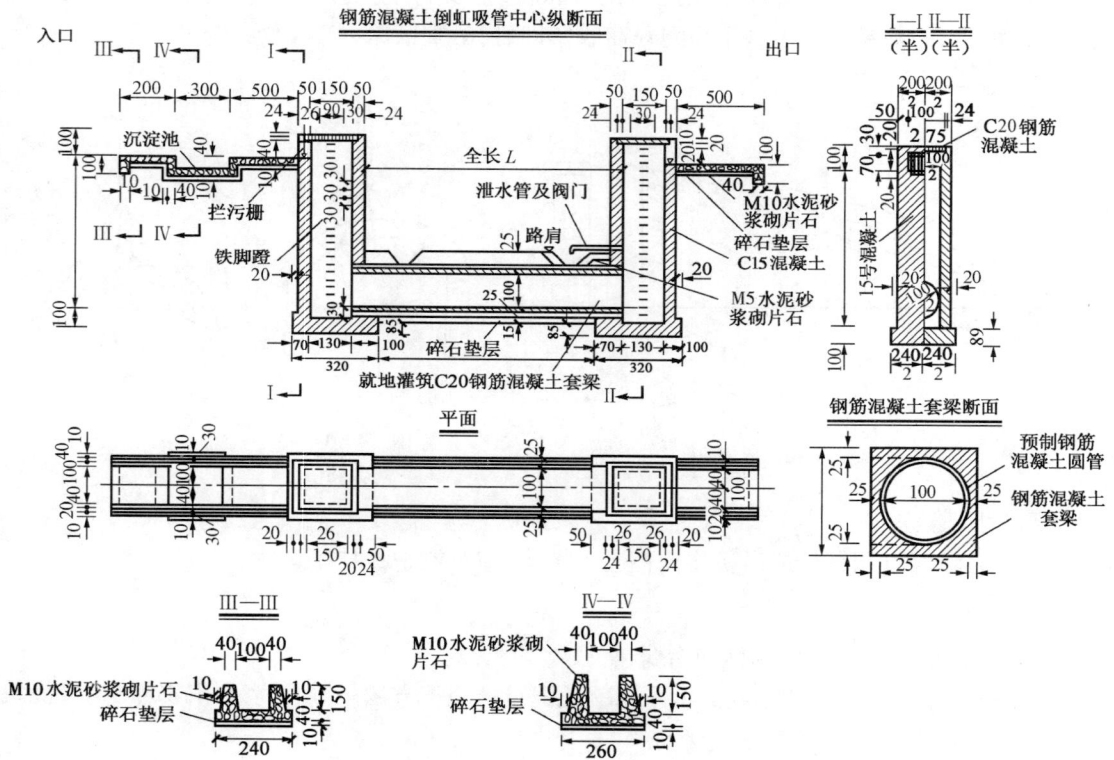

图7-53 竖井式倒虹吸管(一)(尺寸单位:cm)

2.施工布置和注意事项

(1)倒虹吸管总长的确定

倒虹吸管的长度取决于进出口竖井的位置,对于图7-53的形式,可按式(7-21)计算:

$$L = \frac{B + 2(a + b + c)}{\cos\alpha} \tag{7-21}$$

式中:L——倒虹吸管总长度,计算至竖井内壁边缘(m);

　　B——路基宽度(m);

　　a——进出水口竖井壁厚度(m);

　　b——路基边沟上口宽度(m);

　　c——井壁至边沟上口边缘的安全距离,一般 c>0.25m;

　　α——虹吸管轴线与路线中线的垂线的交角。

对于图 7-54 的形式可按式(7-22)计算:

$$L = \frac{B + 2a}{\cos\alpha} \tag{7-22}$$

式中符号意义同前。

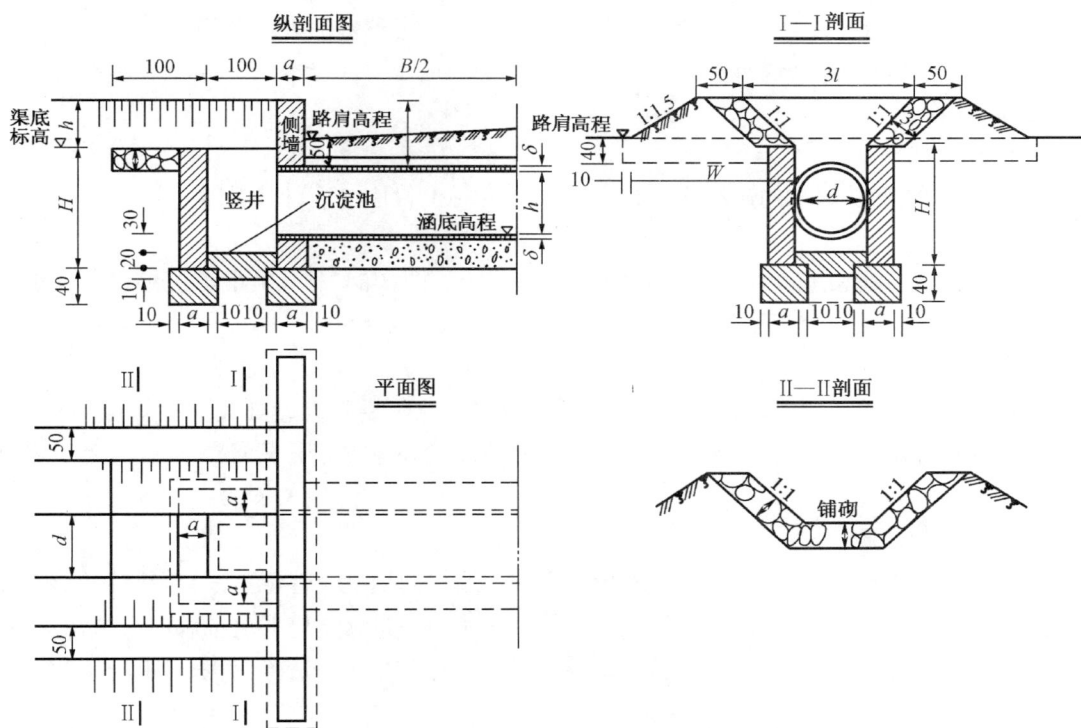

图 7-54　竖井式倒虹吸管(二)(尺寸单位:cm)

(2)管节构造

倒虹吸管一般可采用预制的钢筋混凝土圆管,管径可按有压力式的流量选择一般为 0.5～1.5m。管节长度一般为 1m,调整管涵长度的管节长 0.5m,并有正交、斜交两种,可根据实际情况选用。

(3)倒虹吸管埋置深度的确定

埋置深度应适当,过浅则车轮荷载传布影响较大,受力状况不利,管节有可能被压破裂,在严寒地区还受到冻害影响；埋置过深则工程量增加造成浪费。一般埋置深度要求为：

①管顶面距路基边缘深度不少于50cm。

②管顶距边沟底覆土不少于25cm（图7-53形式）。

③管节顶部必须埋置在当地最深冰冻线以下。

（4）倒虹吸管底坡

倒虹吸管内水流系有压力式水流，水流状态与管底纵坡大小无关，一般均做成水平。

（5）管基

管基宜采用外包混凝土管基形式，如图7-53右下图所示，图7-54未示出。混凝土基础下面宜填筑15～30cm砂砾垫层，并用重锤夯实。

（6）防漏接缝

过去对圆管涵的防漏接缝处理，一般采用浸过沥青的麻絮填塞，外用满涂热沥青油毛毡包裹两道。这种接缝形式，对有压水流防止渗漏不够安全，比较好的办法是按上述程序处理之后，外包以就地浇筑的钢筋混凝土方形套梁，使形成整体，套梁底设置15cm厚砂砾或碎石基础垫层，如上所述。

（7）进出口竖井

倒虹吸管上、下游两端的连接构造物宜用C20混凝土就地浇筑，比砌体圬工好。

（8）沉淀池

水流落入竖井前和进入虹吸管前各设沉淀池一个。图7-54未示出渠道沉淀池。一般沉淀池深度为30cm。

（9）拦污栅

为防止漂浮物或人、畜吸（跌）入竖井和倒虹吸管内，在竖井进口处设立拦污栅（图7-54未示出），其尺寸随竖井进水口尺寸而定，可用钢筋或扁钢制成，用现浇混凝土固定于竖井框壁。

（10）泄水管及阀门

用φ150mm铸铁管制成，附设相应阀门（图7-54形式的倒虹吸管可不设）以排除管阀高度以上竖井积水，便于人员下井清除泥污。如能将灌溉水流在进入前竖井之前临时分流出去，也可不设泄水管阀，而用小抽水机将井管内的水排走，人员再下井去清除污泥。图7-54的形式即可采用抽水机排水法。

（11）铁脚蹬

铁脚蹬，每阶距30cm，用φ16mm钢筋制成，施工时浇入井壁，以便清除泥污和检查人员上下。

（12）井盖

井盖用C20钢筋混凝土制成，覆盖于井口顶上，防止人畜跌入井内。

（13）管槽及井槽回填土

管槽及井槽回填土，见本节"三、涵洞附属工程的施工"。但填土覆盖前应做灌水试验，符合要求后再填土。

三、涵洞附属工程的施工

(一)防水层

1. 防水层的作用和设置部位

涵洞的钢筋混凝土结构设置防水层的作用是防止水分侵入混凝土内,使钢筋锈蚀,缩短结构寿命。北方严寒地区的无筋混凝土结构也需要设置防水层,防止水分侵入混凝土内,因冻胀造成结构破坏。

防水层的材料多种多样。公路涵洞使用的主要防水材料是沥青,有些部位可使用黏土,以节省工料费用。

防水层的设置部位如下:

(1)各式钢筋混凝土涵洞(不包括圆管涵)

此类涵洞的洞身及端墙,在基础以上凡被土掩埋部分,均须涂以热沥青两道,每道厚 1 ~ 1.5mm,不另抹砂浆。

(2)混凝土及石砌涵洞

此类涵洞的洞身、端墙和翼墙的被土掩埋部分,只需将圬工表面凿平,无凹入存水部分,可不设防水层,但北方严寒地区的混凝土结构仍需设防水层。

(3)钢筋混凝土圆管涵

此类管涵的防水层可按图 7-36(单管)或图 7-37(双管)所示敷设。图中管节接头采用平头对接,接缝中用麻絮浸以热沥青塞满,管节上半部从管外往内填塞;下半部从管内向外填塞。管外靠接缝裹以热沥青浸透的防水纸 8 层,宽度为 15 ~ 20cm。包裹方法:在现场用热沥青逐层黏合在管外壁上接缝处,外面再如图示在全长管外裹以塑性黏土。

在交通量小的县、乡公路上,可用质量好的软塑状黏质土掺以碎麻,沿全管敷设 20cm 厚,代替沥青防水层(接缝处理仍照前述施工)。

(4)钢筋混凝土盖板明涵

此类涵洞的盖板部分表面可先涂抹热沥青两次,再于其上设 2cm 厚的防水水泥砂浆或 4 ~ 6cm 厚的防水混凝土。其上可按照设计铺设路面。涵台身防水层按照上述方法办理。

(5)砖、石、混凝土拱涵

此类涵洞的上部结构防水层敷设,可参见拱桥部分拱上建筑构造相关内容。

2. 沥青的熬制与敷设

沥青可用锅、铁桶等容器以火熬制,或使用电热设备。铁桶装的沥青,应打开桶口小盖,将桶横倒搁置在火炉上,以文火使沥青熔化后,从开口流入熬制用的铁锅或大口铁桶中。熬制用的铁锅或铁桶必须有盖,以便在沥青飞溅或着火时,用以覆盖。熬制处应设在工地下风方向,与一般工作人员、料堆、房屋等保持一定距离。锅内沥青不得超过锅容积的 2/3。熬制中应不断搅拌至全部为液态为止。熔化后的沥青应继续加温至 175℃(不得超过 190℃)。熬好的沥青盛在小铁桶中送至工地使用。使用时的热沥青温度不宜低于 150℃。涂敷热沥青的圬工表面应先用刷扫净,消除粉屑污泥。涂敷工作宜在干燥温暖(温度不低于 +5℃)的天气进行。

3.沥青麻絮、油毡、防水纸的浸制方法和质量要求

沥青麻絮（沥青麻布）可采用工厂浸制的成品或在工地用麻絮以热沥青浸制。浸制后的麻絮，表面应呈淡黑色，无孔眼、破裂和叠皱，撕断面上应呈黑色，不应有显示未浸透的布层。对成卷布料，边部不应碎裂，不应互相粘叠，布卷端头应平整。

油毡是用一种特制的纸胎（或其他纤维胎）用软化点低的沥青浸制成，浸渍石油沥青的称石油毡，浸渍焦油沥青的称焦油沥青油毡。为了防止在储存过程中相互黏着，油毡表面应撒上一层云母粉、滑石粉或石棉粉。

防水纸（油纸）是用低软化点的沥青材料浸透原纸做成的，除沥青层较薄，没有撒防粘层外，其他性质与油毡相同。

油毡和防水纸可以从市场上采购，其外观质量应符合如下要求：

（1）油毡和防水纸外表不应有孔眼、断裂、叠皱及边缘撕裂等现象，油毡的表面防粘层应均匀地撒布在油毡表面上。

（2）毡胎或原纸内应吸足油量，表面油质均匀，撕开的断面应是黑色的，无未浸透的空白纸层或杂质，浸水后不起泡、不翘曲。

（3）气温在25℃以下时，把油毡卷在2cm直径的圆棍上弯曲，不应发生裂缝和防粘层剥落等现象。

（4）将油毡加热至80℃时，不应有防粘层剥落、膨胀及表面层损坏等现象，夏季在高温下不应粘在一起。铺设油毡和防水纸所用粘贴沥青应和油毡、防水纸有同样的性能。煤沥青油毡和防水层必须用煤沥青粘贴。同样，石油沥青油毡及防水纸，也一定要用石油沥青来粘贴，否则，过一段时间油毡和防水纸就会分离。

（二）沉降缝

1.沉降缝设置目的

结构物设置沉降缝的目的是避免结构物因荷载或地基承载力不均匀导致发生不均沉陷，产生不规则的多处裂缝，而使结构物破坏。设置沉降缝后，可限定结构物产生整齐、位置固定的裂缝，并可事先在沉降缝处予以处理；如有不均匀沉降，则将其限制在沉降缝处，有利于结构物的安全、稳定和防渗（防止管内水流渗入涵洞基底或路基内，造成土质浸泡松软）。

2.沉降缝设置的位置和方向

涵洞洞身、洞身与端墙、翼墙、进出水口急流槽交接处必须设置沉降缝。但无圬工基础管涵仅于交接处设置沉降缝，洞身范围不设。具体设置位置视结构物和地基土的情况而定。

（1）洞身沉降缝

一般每隔4~6m设置1处，但无基础涵洞仅在洞身涵节与出入口涵节间设置。缝宽一般3cm，两端与附属工程连接处也各设置1处。

（2）其他应设沉降缝处

凡地基土质发生变化、基础埋置深度不一、基础对地基的荷载发生较大变化处、基础填挖交界处、采用填石垫高基础交界处，均应设置沉降缝。

（3）岩石地基上的涵洞

凡置于岩石地基上的涵洞，不设沉降缝。

（4）斜交涵洞

斜交涵洞洞口正做的，其沉降缝应与涵洞中心线垂直；斜交涵洞洞口斜做的，沉降缝与路基中心线平行；但拱涵与管涵的沉降缝，一律与涵洞轴线垂直。

3. 沉降缝的施工方法

沉降缝的施工，要求做到使缝两边的构造物能自由沉降，又能严密防止水分渗漏。故沉降缝必须贯穿整个断面（包括基础）。沉降缝具体施工方法如下：

（1）基础部分

可将原基础施工时嵌入的沥青木板或沥青砂板留下，作为防水之用。如基础施工时，不用木板，也可用黏土填入捣实，并在流水面边缘以 1∶3 水泥砂浆填塞，深度约 15cm。

（2）涵身部分

缝外侧以热沥青浸制的麻筋填塞，深度约 5cm，内侧以 1∶3 水泥砂浆填塞，深度约 15cm，视沉降缝处坏工的厚薄而定。可以用沥青麻絮与水泥砂浆填满；如太厚，亦可将中间部分先填以黏土。

（3）缝的施工质量要求

沉降缝端面应整齐、方正，基础和涵身上下不得交错，应贯通，嵌塞物应紧密填实。

（4）保护层

各式有坏工基础涵洞的基础襟边以上，均顺沉降缝周围设置黏土保护层，厚约 20cm，顶宽约 20cm，对于无坏工基础涵洞，保护层宜使用沥青混凝土或沥青砂胶，厚度为 10～20cm。

沉降缝的构造如图 7-55 所示。

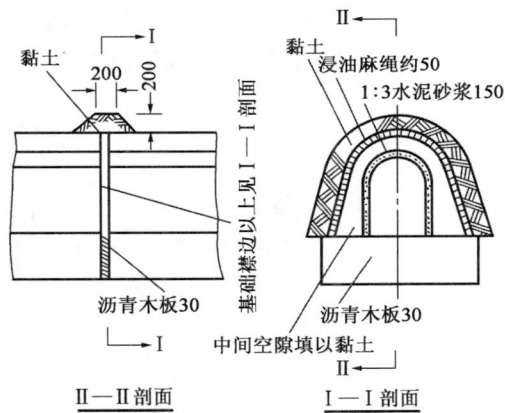

图 7-55　涵洞沉降缝（尺寸单位：cm）

（三）涵洞进出口

涵洞进出水口工程是指涵洞端墙、翼墙（包括八字墙、锥坡、平行廊墙）以外的部分，如沟底铺砌和其他进出水口处理工程。

1. 平原区的处理工程

涵洞出入口的沟床应整理顺直，与上、下排水系统（天沟、路基边沟、排水沟、取土坑等）的连接应圆顺、稳固，保证流水顺畅，避免损害路堤、村舍、农田、道路等。

2. 山丘区的处理工程

在山丘区的涵洞底纵坡超过 5% 时，除进行上述整理外，还应对沟床进行干砌或浆砌片石防护，翼墙以外的沟床当坡度较大时，也应铺砌防护。防护长度、砌石宽度、厚度、形状等，应按设计图纸施工。如设计图纸漏列，应按合同规定向建设单位提出，由建设单位指定单位做出补充设计。

3. 涵洞缺口填土

(1)建成的涵管、坞工结构达到设计要求的强度后,应及时回填。回填土要切实注意质量,严格按照有关施工规定和设计要求办理。

(2)填土路堤在涵洞每侧不小于两倍孔径的宽度及高出洞顶1m范围内,应采用非膨胀的土由两侧对称分层仔细夯实。每层厚度为10~20cm,特殊情况亦可用与路堤填料相同的土填筑。管节两侧夯填土的密实度标准,高速公路和一级公路为95%,其他公路为93%。管节顶部其宽度等于管节外径的中间部分填土,其密实度要求与该处路基相同。如为填石路堤,则应在管顶以上1.0m的范围内分三层填筑:下层为20cm厚的黏土;中层为50cm厚的砂卵石;上层为30cm厚的小片石或碎石。在两端的上述范围及两侧每侧宽度不小于孔径的两倍范围内,码填片石,如图7-56所示。

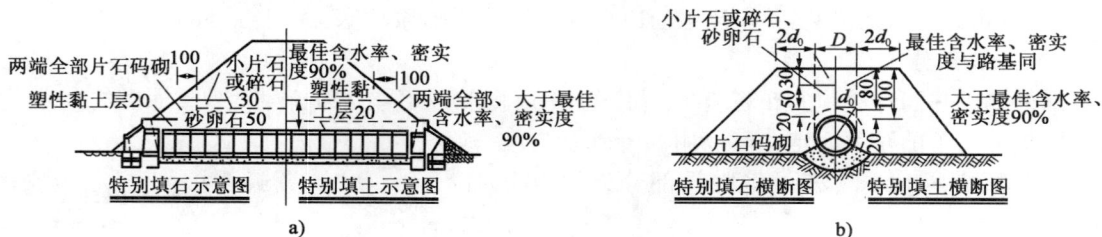

图7-56 涵洞缺口填土(尺寸单位:cm)

a)涵洞两端;b)涵洞中间部分

对于其他各类涵洞的特别填土要求,应分别按照有关的设计要求办理。

(3)用机械填筑涵洞缺口时,须待涵洞坞工达到容许强度后,涵身两侧应用人工或小型机具对称夯填,高出涵顶至少1.0m,然后再用机械填筑,不得从单侧偏推、偏填,使涵洞承受偏压。

(4)冬季施工时,涵洞缺口路堤、涵身两侧及涵顶1.0m内,应用未冻结土填筑。

(5)回填缺口时,应将已成路堤土方挖出台阶。

四、涵洞施工的质量检验

涵洞施工应按《公路桥涵施工技术规范》(JTG/T F50—2011)的有关规定执行,并进行相应的质量检验。每道涵洞为一个子分部工程,包含洞身各部分构件、洞口和填土等分项工程。

(一)混凝土管涵

1. 混凝土圆管涵管节成品质量检验

混凝土圆管涵管节基本要求为:

(1)所用水泥、砂、石、水、外加剂和掺和料的质量和规格应符合有关规范的要求,按规定的配合比施工。

(2)混凝土应符合耐久性(抗冻、抗渗、抗侵蚀)等设计要求。

(3)不得出现露筋和空洞现象。

预制好的成品管节需进行检验,其检测项目和质量标准如表 7-3 所示,具体检测方法和频率可参见《公路工程质量检验评定标准 第一册 土建工程》(JTG F80/1—2017)。

混凝土圆管管节成品质量标准 表 7-3

项 目	规定值或允许偏差	项 目	规定值或允许偏差
混凝土强度(MPa)	在合格标准内	顺直度	矢度不大于 0.2% 管节长
内径(mm)	不小于设计值	长度(mm)	+5, −0
壁厚(mm)	正值不限, −3		

2. 圆管涵施工质量检验

圆管涵管节应按表 7-3 的规定经检验合格后方可进行安装,其基本要求为:

(1)地基承载力须满足设计要求,涵管与管座、垫层或地基紧密贴合,垫稳坐实。

(2)接缝填料嵌填密实,接缝表面平整,无间断、裂缝、空鼓现象。

(3)每节涵管底坡度均不得出现反坡。

(4)管座沉降缝应与涵管接头平齐,无错位现象。

(5)要求防渗漏的倒虹吸涵管应做渗漏试验,渗漏量应满足要求。

圆管涵施工检测项目和质量标准见表 7-4。

圆管涵施工检测项目和质量标准 表 7-4

项 目		规定值或允许偏差
轴线偏位(mm)	明涵	≤20
	暗涵	≤50
流水面高程(mm)		±20
涵底铺砌厚度(mm)		+40, −10
涵长(mm)		+100, −50
内径(mm)		±30
净高(mm)	明涵	≥设计值 −20
	暗涵	≥设计值 −50
管座或垫层混凝土强度(MPa)		在合格标准内
管座或垫层宽度、厚度		≥设计值
相邻管节底面错台(mm)	管径≤1m	≤3
	管径 >1m	≤5

(二)盖板涵

1. 盖板制作和安装的基本要求

(1)盖板混凝土所用水泥、砂、石、水、外加剂及掺合料的质量和规格应符合有关技术规范的要求,按规定的配合比施工。

(2)分块施工接缝应与沉降缝吻合。

(3)盖板板体不得出现露筋和空洞现象。

（4）盖板安装前，盖板、涵台、墩及支撑面检验必须合格。

（5）盖板就位后，板与支承面须密合，否则应重新安装。

（6）板与板之间接缝填充材料的规格和强度应符合设计要求，并与沉降缝吻合。

2. 盖板涵施工质量检验

盖板涵施工检验项目和质量标准，如表 7-5 所示。

盖板涵施工检测项目和质量标准 表 7-5

项　　目		规定值或允许偏差
轴线偏位（mm）	明涵	≤20
	暗涵	≤50
流水面高程（mm）		±20
涵底铺砌厚度（mm）		+40，−10
涵长（mm）		+100，−50
跨径（mm）		±30
净高（mm）	明涵	≥设计值−20
	暗涵	≥设计值−50
混凝土或砂浆强度（MPa）		在合格标准内
涵台断面尺寸（mm）	片石砌体	±20
	混凝土	±15
涵台竖直度		0.3% 台高
涵台顶面高程（mm）		±10
盖板高度（mm）	明涵	+10，0
	暗涵	≥设计值
盖板宽度（mm）	现浇	±20
	预制	±10
盖板长度（mm）		+20，−10
支撑面中心偏位（mm）		≤10
相邻板最大高差（mm）		≤10

盖板涵施工除应满足本节规定质量标准外，其钢筋、模板、混凝土、砌体等施工尚应符合有关技术规范的要求。

（三）拱涵

1. 拱涵浇（砌）筑基本要求

（1）拱涵浇（砌）筑所用水泥、砂、石、水、外加剂及掺合料的质量和规格应符合有关技术规范的要求，按规定的配合比施工。

（2）地基承载力及基础埋置深度须满足设计要求。

（3）混凝土不得出现露筋和空洞现象。

(4)砌块应错缝、坐浆挤紧,嵌缝料和砂浆饱满,无空洞、宽缝、大堆砂浆填缝和假缝。

2. 拱涵施工质量检验

拱涵施工检验项目和质量标准,如表7-6所示。

拱涵施工检测项目和质量标准　　　　　表7-6

项　　目		规定值或允许偏差
轴线偏位(mm)	明涵	≤20
	暗涵	≤50
流水面高程(mm)		±20
涵底铺砌厚度(mm)		+40,-10
涵长(mm)		+100,-50
孔径(mm)		±30
净高(mm)	明涵	≥设计值-20
	暗涵	≥设计值-50
混凝土或砂浆强度(MPa)		在合格标准内
涵台断面尺寸(mm)	片石砌体	±20
	混凝土	±15
涵台竖直度		0.3% 台高
涵台顶面高程(mm)		±10
拱圈厚度(mm)	砌体	+50,-20
	混凝土	+30,-15
内弧线偏离设计弧线(mm)		±20

拱涵施工除应满足本节规定质量标准外,其钢筋、模板支架、混凝土、砌体等施工尚应符合有关技术规范的要求。

(四)箱涵

1. 箱涵浇筑和安装的基本要求

(1)混凝土所用的水泥、砂、石、水、外掺剂及掺合料的质量和规格应符合有关技术规范的要求,按规定的配合比施工。

(2)地基承载力及基础埋置深度须满足设计要求。

(3)箱体不得出现露筋和空洞现象。

(4)预制钢筋混凝土箱涵阶段拼装时,设计未规定时,预制构件的混凝土强度应达到设计强度的85%,方可吊运、安装。

(5)构件安装前,应完成构件、地基、定位测量等验收工作。

2. 箱涵施工质量检验

箱涵施工检测项目和质量标准见表7-7。

箱涵施工检测项目和质量标准　　　　　　　　　　表 7-7

项　　目		规定值或允许偏差
轴线偏位（mm）	明涵	≤20
	暗涵	≤50
流水面高程（mm）		±20
涵长（mm）		+100，−50
混凝土强度（MPa）		在合格标准内
净高、宽（mm）	高度（mm）	+5，−10
	宽度（mm）	±30
顶板厚（mm）	明涵	+10，−0
	暗涵	≥设计值
侧墙和底板厚度（mm）		≥设计值
平整度（mm）		≤8

（五）倒虹吸管

1. 倒虹吸竖井、集水井砌筑基本要求

（1）砌块的质量和规格应符合设计要求，砌筑砂浆所用材料应符合规范要求。

（2）井基应符合设计要求。

（3）应分层错缝砌筑，砌缝砂浆应饱满，抹面时应压光，不得有空鼓现象。

（4）接头填缝应平整密实、不漏水。

（5）井内不得遗留建筑垃圾、杂物等。

（6）按设计规定做灌水试验，试验结果应满足要求。

2. 倒虹吸管施工质量检验

倒虹吸管管节预制可参见圆管涵。倒虹吸管施工检测项目和质量标准见表 7-8。

倒虹吸管施工检测项目和质量标准　　　　　　　　　　表 7-8

项　　目		规定值或允许偏差
轴线偏位（mm）	明涵	≤20
	暗涵	≤50
流水面高程（mm）		±20
涵长（mm）		+100，−50
内径（mm）		±30
管座或垫层混凝土强度（MPa）		在合格标准内
管座或垫层宽度、厚度		≥设计值
相邻管节底面错台（mm）	管径≤1m	≤3
	管径>1m	≤5
砂浆强度（MPa）		在合格标准内
高程（mm）	井底	±15
	井口	±20
圆井直径或方井边长（mm）		±20
井壁、井底厚（mm）		+20，−5

倒虹吸管灌水试验渗水量限值见表 7-9。

倒虹吸管灌水试验渗水量限值　　　　　　　　　　　表 7-9

管径 （mm）	最大渗水量（混凝土和钢筋混凝土）		管径 （mm）	最大渗水量（混凝土和钢筋混凝土）	
	m³/（d·km）	L/（h·m）		m³/（d·km）	L/（h·m）
0.75	27	1.13	1.50	42	1.75
1.00	32	1.33	2.00	52	2.17
1.25	37	1.54	2.50	62	2.58

（六）一字墙和八字墙

1．涵洞进出口一字墙和八字墙浇（砌）筑基本要求

（1）砌块、砂、水的质量和规格应符合有关规范的要求，混凝土或砂浆应按规定的配合比施工。

（2）地基承载力及基础埋置深度须满足设计要求。

（3）砌块应分层错缝砌筑，坐浆挤紧，嵌缝饱满密实，不得有无空洞。

（4）抹面应压光，无空鼓现象。

2．一字墙和八字墙施工质量检验

一字墙和八字墙施工检测项目和质量标准见表 7-10。

一字墙和八字墙施工检测项目和质量标准　　　　　　表 7-10

项　　目	规定值或允许偏差	项　　目	规定值或允许偏差
混凝土或砂浆强（MPa）	在合格标准内	底面高程	±50
平面位置（mm）	50	竖直度或坡度（%）	≤0.5
顶面高程（mm）	±20	断面尺寸（mm）	≥设计值

第四节　能力训练

训练项目一：钢筋混凝土正交盖板涵设计

本项目训练要求学生能够根据已知地形、地质资料，参照标准图进行涵洞设计。

一、设计示例

某灌溉土渠下口宽 1.5m，上口宽 3.1m，渠深 1.5m，渠底纵坡 1%。路线与渠正交，桩号 K4+889.60，路中心线设计高程 1305.57m，渠底中心高程 1302.92m，地基土为砾石土，承载力 350kPa，最大冻土深度 0.9m。公路等级为三级公路，路基宽度 8.5m，设计荷载为公路—Ⅱ级。

试参照标准图设计一道钢筋混凝土盖板涵，并绘制设计图。

主要工程数量表

序号	名称	材料	单位	数量
1	行车道板	预制C30钢筋混凝土	m³	9.03
2	表层铺装层	沥青混凝土	m³	2.86
3	铺装层	现浇C40混凝土	m³	0.15
4	三角垫层	现浇C30混凝土	m³	0.10
5	填接缝	C30小石子混凝土	m³	6.15
6	台帽	现浇C30钢筋混凝土	m³	29.87
7	台身	现浇C25混凝土	m³	10.56
8	台基	现浇C25混凝土	m³	22.73
9	端端墙身	现浇C25混凝土	m³	6.42
10	端基	现浇C25混凝土	m³	5.75
11	锥坡坡面	现浇C25混凝土	m³	3.69
12	锥坡基础	现浇C25混凝土	m³	3.83
13	锥坡垫层	天然砂砾	m³	22.11
14	锥坡填土		m³	17.17
15	铺砌	现浇C25混凝土	m³	7.85
16	垂裙	现浇C25混凝土	m³	1.05
17	支撑梁	C30钢筋混凝土	m³	22.37
18	台背填土	4%水泥天然稳定砂砾	m³	235.00
19	挖基	Ⅱ类土		

注：1.本图尺寸除高程以m计外，其余均以cm计。
　　2.采用本图的涵洞的涵洞上、下部分构造分别见相应设计图。
　　3.本图的支撑梁未示，参见相应设计图。

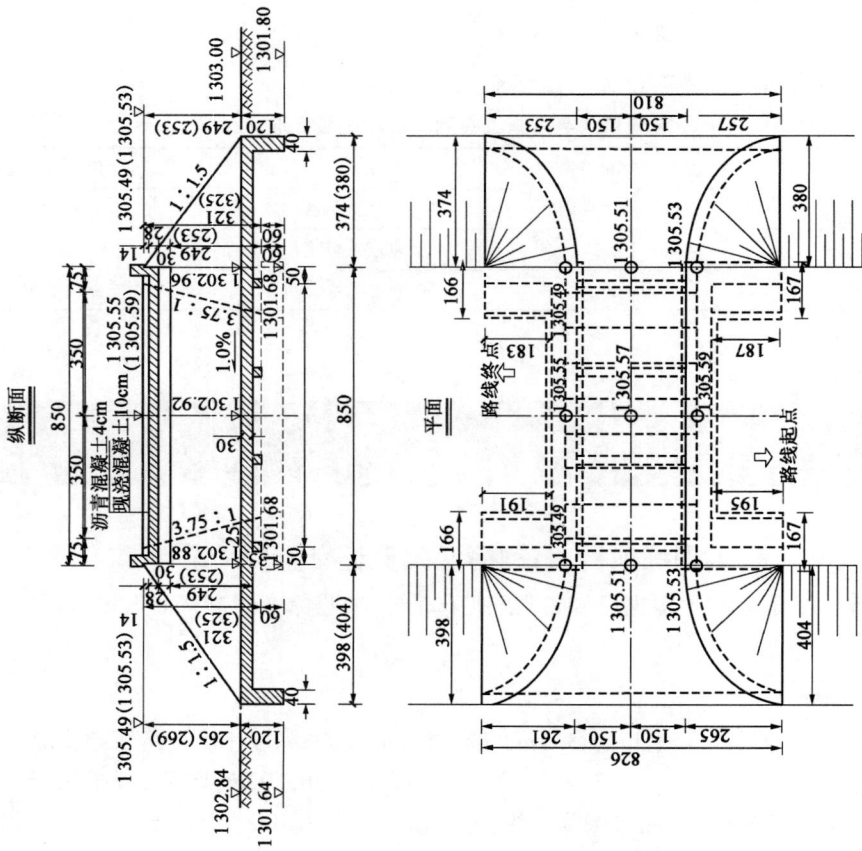

纵断面

平面

K4+889.60 1-3.0m钢筋混凝土盖板明涵涵身布置图

| 设计 | | 复核 | | 审核 | | 图号 | | 日期 |

图7-57　盖板明涵涵身布置图

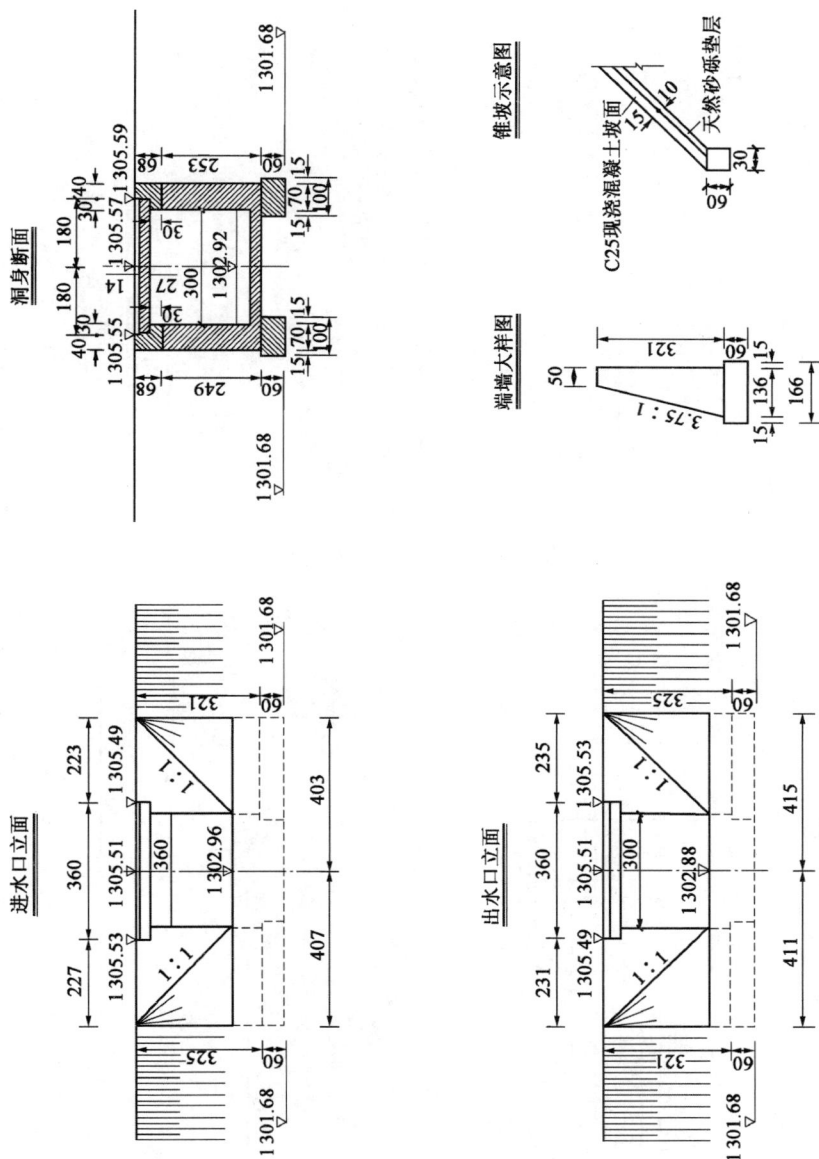

图 7-58　盖板明涵进出口及洞身断面图

K4+889.60　1-3.0m钢筋混凝土盖板明涵布置图

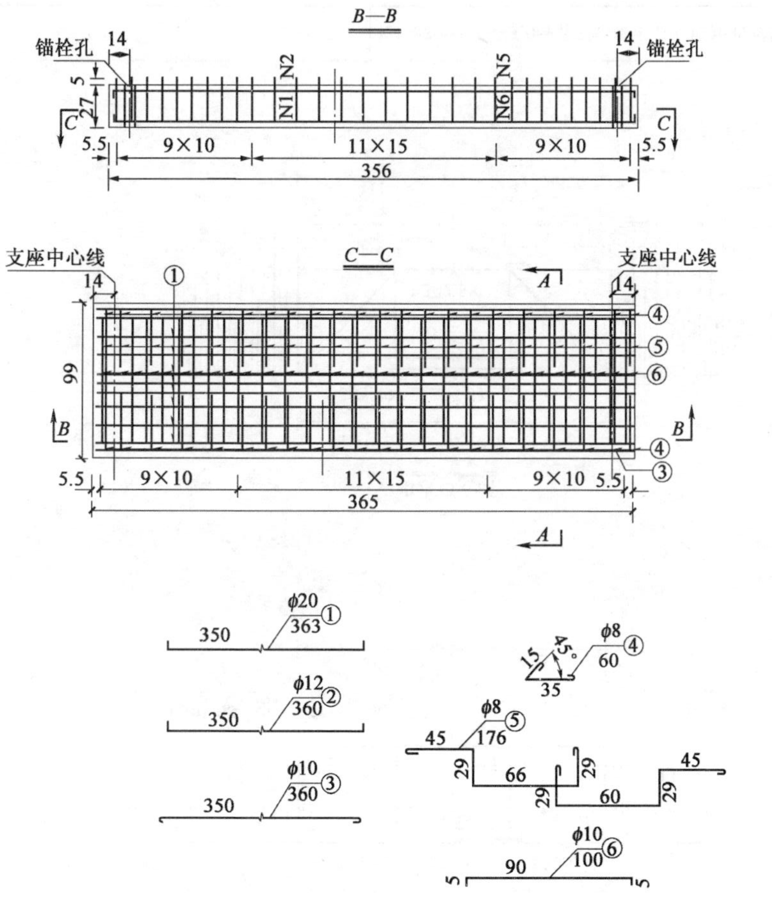

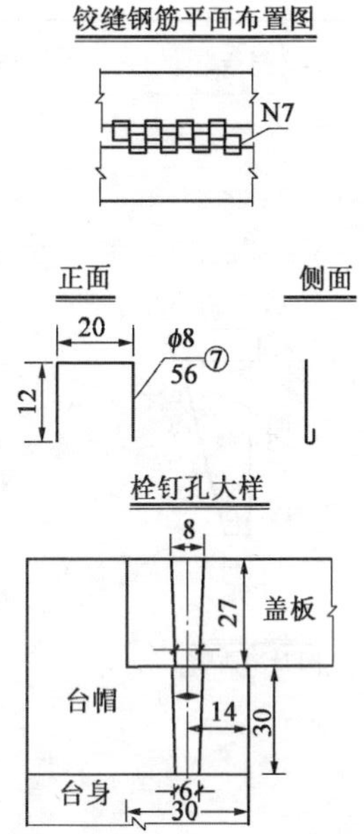

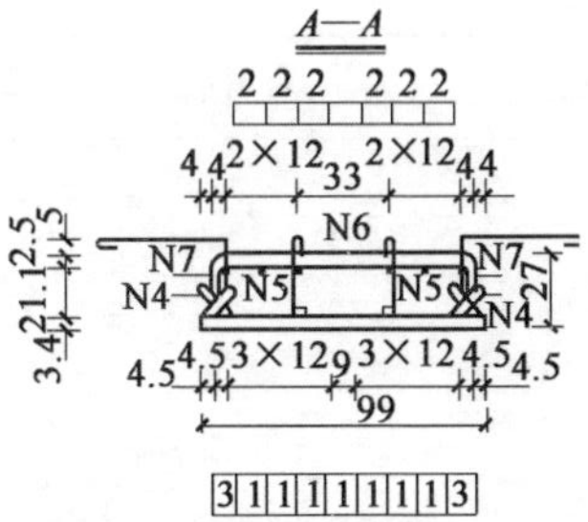

一块中板钢筋明细标

编号	直径(mm)	长度(cm)	根数	总长(m)	共重(kg)	C30混凝土(m^3)
1	φ8	363	8	29.04	71.61	0.95
2	φ12	360	6	21.60	19.18	
3	φ10	360	2	7.20	4.44	
4	φ8	60	44	26.40	10.43	
5	φ8	176	60	105.60	41.71	
6	φ10	100	30	30.00	18.51	
7	φ8	56	18	10.08	3.98	
8	φ25	58	4	2.32	8.93	
HPB235:79.07kg			HPB335:99.72kg			

注：1.本图尺寸除钢筋直径以mm计外，其余均以cm计。
2.待板就位后，N5钢筋与邻板钢筋对应绑扎，且与铰缝伸出钢筋钩连。
3.本图锚栓孔仅为示意，当钢筋与栓孔相干扰时，将其弯绕通过锚栓孔。8号钢筋的工程数量为锚栓钢筋数量。
4.板采用钢绳捆绑吊装，钢绳位置应设在距板两端60cm处，不得利用抗震锚栓孔捆绑吊装。
5.铰缝钢筋预制时紧贴模板，拆模后扳出，N7间距20cm。

1-3.0m钢筋混凝土盖板明涵中板钢筋构造图	设计		复核		审核		图号	SIV-52(2)	日期

图 7-59　盖板明涵中板钢筋构造图

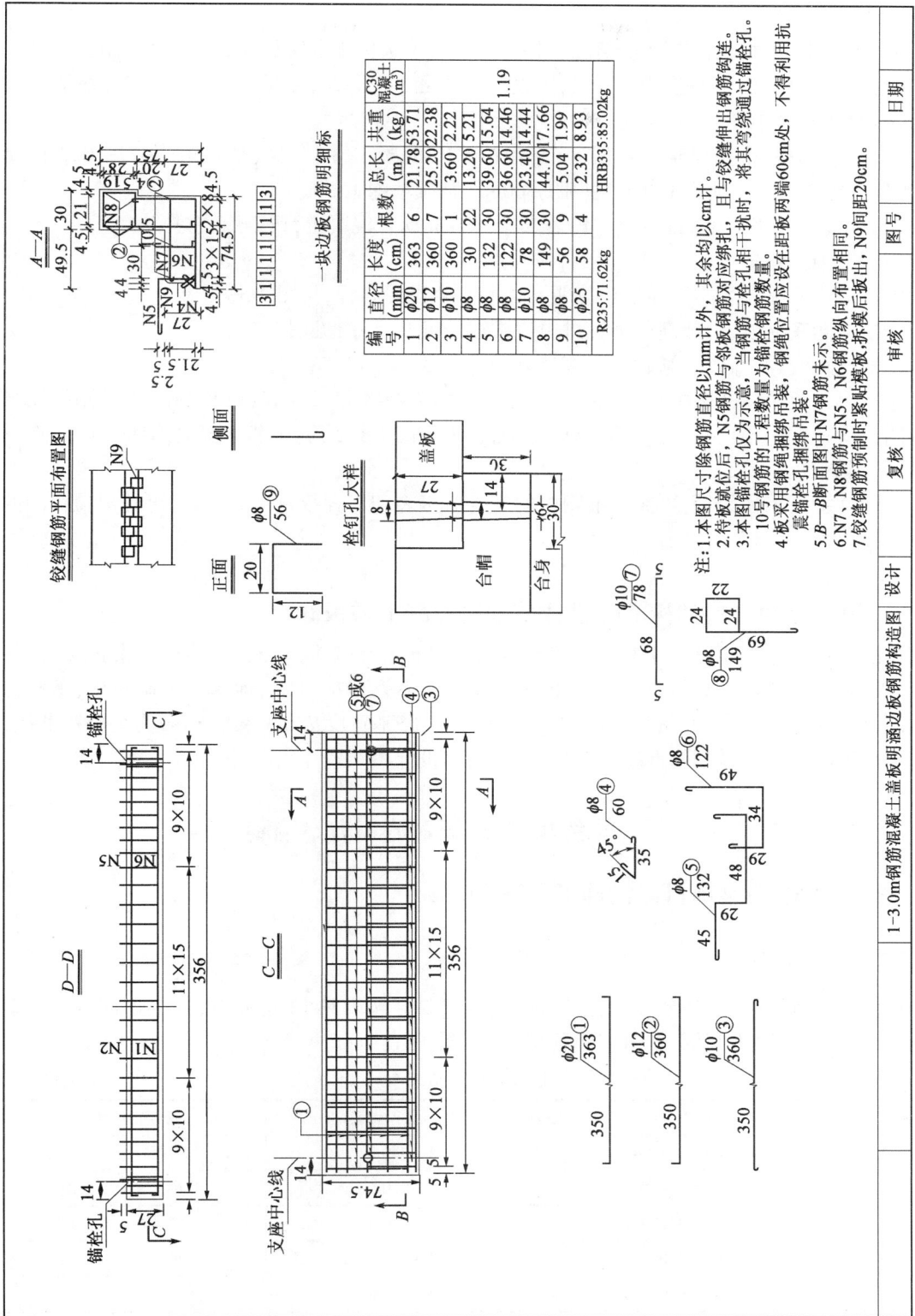

图 7-60 盖板明涵边涵边板钢筋构造图

一块边板钢筋明细标

编号	直径(mm)	长度(cm)	根数	总长(m)	共重(kg)	C30混凝土(m³)
1	φ20	363	6	21.78	53.71	
2	φ12	360	7	25.20	22.38	
3	φ10	360	1	3.60	2.22	
4	φ8	30	22	13.20	5.21	
5	φ8	132	30	39.60	15.64	
6	φ8	122	30	36.60	14.46	1.19
7	φ10	78	30	23.40	14.44	
8	φ8	149	30	44.70	17.66	
9	φ8	56	9	5.04	1.99	
10	φ25	58	4	2.32	8.93	

R235:71.62kg   HRB335.85.02kg

注：1.本图尺寸除钢筋直径以mm计外，其余均以cm计。
2.待板就位后，N5钢筋与邻板钢筋对应绑扎，且与铰缝伸出钢筋钩连。
3.本图锚栓孔仅为示意，当锚筋与栓孔相干扰时，将其弯绕通过锚栓孔。
4.板买用钢绳捆绑吊装，钢绳位置为锚栓钢筋数量。10号钢筋的工程数量为锚栓钢筋数量。钢绳应设在距正板两端60cm处，不得利用抗震锚栓孔捆绑吊装。
5.B—B断面图中N7钢筋未示。
6.N7，N8钢筋与N5，N6钢筋纵向布置相同。
7.铰缝钢筋预制时紧贴模板，拆模后板出，N9间距20cm。

1-3.0m钢筋混凝土盖板明涵边板钢筋构造图

设计思路介绍:

(1)跨径选择:根据沟渠断面情况,对照标准图,可选择标准跨径为3m的盖板涵。

(2)上部结构:由于路基填高不大,可设计为明涵,盖板厚度27cm。根据公路等级明涵长8.5m,设计中板宽100cm,边板宽75cm。

(3)下部结构:采用混凝土轻型涵台,台帽C30混凝土,涵台身、基础等均采用C25混凝土,涵台身宽70cm,基础宽100cm,基础厚60cm,基础埋深1.2m。

(4)涵面铺装采用10cm现浇C40混凝土+4cm沥青混凝土,设四道支撑梁。

(5)绘制设计图。

①根据路线纵坡和路面横坡计算明涵顶面6个设计高程,见图7-57。

②根据涵底纵坡、设计高程推算进出口锥坡长度及尺寸,见图7-57。

③根据路线设计高程、基础高程等计算涵台高度,见图7-58。

④参照盖板涵标准图中有关3m标准跨径的相关图纸和尺寸表,可绘制出盖板涵的涵身布置图,见图7-57,绘制进出口及洞身断面图,见图7-58,绘制中板及边板钢筋构造图,见图7-59、图7-60。

⑤计算主要工程数量:参照标准图中的工程数量表和工程数量计算公式,可算出盖板涵的主要工程数量,见图7-57。

二、根据已知资料和标准图设计某钢筋混凝土盖板涵

某灌溉渠下口宽1.0m,上口宽2.5m,渠深1.2m,渠底纵坡1.5%。路线与渠正交,桩号K12+880.20,路中心线设计高程981.40m,渠底中心高程978.92m,地基土为砾石土,承载力350kPa,最大冻土深度1.12m,公路等级为三级公路,路基宽度7.5m,设计荷载为公路—Ⅱ级,试参照标准图设计一道钢筋混凝土盖板涵,并绘制设计图。

训练项目二:涵洞施工方案编制

一、工程实例:某项目涵洞施工方案(节选)

(一)工程概况

××县道X028××寨至××公路改建工程第二合同段共13道涵洞,其中钢筋混凝土盖板涵3道,钢筋混凝土圆管10道。涵洞布置一览表见表7-11。

涵洞布置一览表   表7-11

编 号	中 心 桩 号	孔数－孔径(跨径)	涵 洞 形 式
1	K4+033.945	1－5.0m	钢筋混凝土盖板涵
2	K4+414.009	1－5.0m	钢筋混凝土盖板涵
3	K4+432.902	2－5.0m	钢筋混凝土盖板涵
4	K4+730.000	1－1.0m	钢筋混凝土圆管涵
5	K4+915.000	1－1.0m	钢筋混凝土圆管涵

编　号	中心桩号	孔数－孔径(跨径)	涵洞形式
6	K5＋308.000	1－0.75m	钢筋混凝土圆管涵
7	K5＋400.000	1－0.75m	钢筋混凝土圆管涵
8	K5＋946.968	1－1.0m	钢筋混凝土圆管涵
9	K5＋965.632	1－1.0m	钢筋混凝土圆管涵
10	K6＋531.000	1－1.0m	钢筋混凝土圆管涵
11	K6＋600.000	1－0.75m	钢筋混凝土圆管涵
12	K7＋171.853	1－1.0m	钢筋混凝土圆管涵
13	K7＋191.000	1－1.0m	钢筋混凝土圆管涵

(二)计划工期

××年××月××日～××年××月××日。

(三)施工准备

(1)施工现场准备情况:施工现场的各项准备工作已经就绪,前期工作已经按要求完成,工场解决三通一平,涵洞已具备开工条件。

(2)施工技术准备情况:对设计图纸进行复核熟悉,绘制了施工图,并对全体施工技术人员进行详细的技术交底、安全生产教育。测量放样复核工作已完成,各项控制指标满足设计和规范要求。

(3)施工的工、料、机准备情况:施工人员已全部到位,并进行施工前的安全教育实施和技术培训。施工所用钢材、水泥、砂、石料等材料进行自检并报理监理工程师抽检合格,混凝土采用现场拌和,现场浇筑的办法施工。设计混凝土配合比已完成,满足施工及规范要求。

①人员:管理人员、技术人员、领工人员。

项目经理:

总工程师:

质检工程师:

技术员:

试验室主任:

试验员:

②材料:进场材料严格把关,杜绝不合格材料进入场地。

③机械:小型机械设备已备齐。

挖掘机1台;

350L拌和站1台。

(四)施工方案

1.盖板涵施工方案

施工顺序:基础施工→立台身台帽模板→浇筑台身台帽混凝土→预制盖板施工→盖板安

装→浇筑铺装层→基坑回填→施工洞口。

（1）施工放样

根据图纸设计要求进行测量放样，根据设计在地面上标定位置并设置涵洞中心线。中心线确定后量出涵长，当无须改善时，用小木桩标定桥两端，用大木桩控制涵洞中心线并以中心线为基准测定基础及基础平面的所有尺寸。现场校核确认合格后报监理工程师认可，然后进行基坑开挖。

（2）基坑开挖

因该涵洞基础在地面以下，开挖采用挖掘机开挖，翻斗车运出施工现场，人工整理基底。基底处理后，自检基底平面位置、尺寸大小、基底高程、平面周线位置符合设计要求后，监理工程师验收合格后立即进行浆砌片石基础的砌筑。

（3）石料质量甄别

所选用石料均符合设计规定的类别和强度，石质均匀，不易风化，无裂纹。片石采用爆破或楔劈法开采的石块，厚度不小于15cm。用于镶面的片石尽量选择尺寸稍大并具有较平整表面，且应稍加粗凿。在角隅处用较大石料，大致粗凿方正，块石形状大致方正，上下面大致平行。石料厚度20~30cm，石料宽度及长度应分别为石料厚度的1~1.5倍和1.5~3倍。石料的尖锐边角应凿去。所有垂直于外露面的镶面石的表面，其表面凹陷深度不得大于2cm，角隅石或墩尖端的镶面石，根据需要应修凿成所需形状。

（4）选择砌筑方法

①在砌筑前先将每块石料用水洗净并使其饱和，如有泥土、水锈时，应先将其清洗干净。所有石料均坐于新拌砂浆之上，在砂浆凝固前，所有缝应满浆，石料要固定就位。垂直缝要满浆，即先将已砌好石块的侧面抹浆，然后用侧压砌置下一相邻石块或石块就位后灌入砂浆。

②因本工程基础为土质，所以砌筑基础第一层时，可直接坐浆砌筑。

③所有石料都分层砌筑。当砌体较长时可分段进行，砌筑时应注意相邻高差不大于1.2m，段与段间设伸缩缝或沉降缝，各段水平砌缝应一致。

④各砌层均应先砌外圈定位行列，然后砌筑里层，外圈砌块应与里层砌块交错连成一体。砌体外露面镶面种类应符合设计规定。砌体里层应砌筑整齐，分层应与外圈一致，应先铺一层适当厚度的砂浆，靠外露面预留深约20mm的空隙备作勾缝之用。砌体隐蔽面砌缝可随砌刮平，不另勾缝。施工中应先铺砌角隅及镶面石，然后铺砌帮衬石，最后铺砌腹石，相互间要互相锁合。

⑤当石块松动或砌缝开裂时，先将石块提起，垫层砂浆与砌缝砂浆清扫干净，然后再将石块重铺在新砂浆上。

⑥在砂浆凝固前还应将外露缝勾好，勾缝深度不小于2cm。

⑦勾好缝或灌好浆的砌体完工后，注意应在7~14d内加强养护。

⑧浆砌片石基础：片石分层砌筑时，2~3层作为一个工作层，每一工作层还应大致找平，选用表面比较整齐的大尺寸石块作为角隅石及镶面石，相对长和短的石块应交错在同一层，并和帮衬石或腹石交错锁结。竖缝应与邻层的竖缝错开，一般平缝与竖缝宽度不大于4cm。可以用厚度不比缝宽大的片石填塞宽的竖缝，且石片应被砂浆包裹。

（5）浇筑涵洞混凝土

混凝土现场集中拌和，钢筋笼入模后，支好模板，报请监理工程师检查认可后，即可进行混凝土的浇筑工作。

水泥存放在水泥库中，并采取防潮措施。砂子过筛，拌和过程中根据当日气温在不改变水灰比的情况下适当调整坍落度。用插入式振动棒和平板振动器振实，振实后达到设计厚度，用薄膜覆盖养护，混凝土强度达到70%以后方可拆除底模。

（6）涵洞钢筋加工

钢筋采用工厂加工成半成品，运至工地后加工成成品。所使用的钢筋，其钢材、种类、钢号和直径等均应符合设计文件规定，力学、机械性能满足技术需求。钢筋进场后采取防锈措施，下垫枕木，上盖帆布篷；直径10mm以下的钢筋用卷扬机冷拉的方法取直；钢筋加工时，用弯曲机来达到弯角技术指标，按图纸要求施工。焊接长度控制在 8～15d 之间，并且接头数量和位置符合规范设计要求。

（7）涵洞模板施工

模板采用整体钢模，钢管架支撑，对拉螺栓加固。

（8）预制钢筋混凝土盖板

盖板预制统一由预制厂预制，平板车运输到工地。预制时，严格按照图纸和施工规范施工，每块盖板均需编号，防止安装时发生混乱。

（9）盖板安装

盖板采用混凝土预制构件厂统一预制，由汽车运至工地，利用25t汽车吊安装。

（10）台背回填

回填土时，需在混凝土强度达到设计强度的100%时进行。首先要清理台背地段的松土、杂物，对原地面进行压实。要分层、对称夯填，不得一侧夯填土。采用小型夯具时，每层的松铺厚度不超过15cm，压实度不小于95%。台背能用大型压路机碾压的地方，尽量使用大型压路机，对大型压路机不能碾压的地方，则用小型压路机或振动夯碾压密实。压实后检测工作同步进行，每填一层土，都要进行压实度检测（每 50m² 检验一点，不足 50m²，至少应检验一点)，并严格控制分层厚度和压实度。台背回填土中所掺石灰的剂量应准确，处理宽度应满足设计要求。

（11）涵洞砂浆拌和

每一个涵洞设一个小型砂浆拌和场，用一台350L拌和机拌和。

2. 圆管涵施工方案

（1）施工放样

根据图纸设计要求进行测量放样，根据设计在地面上标定位置，并设置涵洞中心线。中心线确定后量出涵长，当无须改善时，用小木桩标定桥两端。用大木桩控制涵洞中心线，并以中心线为基准，测定基础及基础平面的所有尺寸。现场校核确认合格后，报监理工程师认可，然后进行基坑开挖。

（2）人工配合挖掘机开挖基坑

应根据设计图纸的基础外沿线加上工作宽度进行基坑开挖，然后由人工整修，并用水准仪检测基底高程直至达到设计要求。基坑成型后检查地基承载力，若不符合设计要求，应按有关规定进行处理或加固。

（3）铺筑管基

基坑验收合格后，按设计图纸要求用水泥混凝土或石灰土铺筑管基平基部分，并夯至密实。

（4）安装管节

再一次放出涵管轴线，用吊车吊装管节，管节必须经检查合格后方可使用。管节安装完毕并校正后，进行管节处理，待管节混凝土强度达到设计强度的75%时，再进行管底以上部分混凝土或石灰土的铺筑。

（5）台背回填

按图纸设计及技术规范要求分层对称进行台背回填，采用小型夯具时，每层的松铺厚度不超过15cm，压实度不小于95%。台背能用大型压路机碾压的地方，尽量使用大型压路机，对大型压路机不能碾压的地方，则用小型压路机或振动夯碾压密实，压实后检测工作同步进行，每填一层土，都要进行压实度检测（每50m²检验一点，不足50m²，至少应检验一点），并严格控制分层厚度和压实度。台背回填土中所掺石灰的剂量应准确，处理宽度应满足设计要求。

（6）现浇混凝土台帽

①按图纸尺寸支模板，绑扎钢筋。

②将绑扎好的钢筋固定在模板之中，模板两面加上堵头。

③检查模板尺寸，钢筋数量及位置，钢筋笼入模后，支好模板，报请监理工程师检查认可后，即可进行混凝土的浇筑工作。

④浇筑混凝土。混凝土应按设计配合比拌和，并使其具有一定和易性。水泥存放在水泥库中，并采取防潮措施，砂子过筛，拌和过程中根据当日气温不改变水灰比的情况下适当调整坍落度。用插入式振动棒和平板振动器振实，振实后达到设计厚度。

⑤养护。用麻袋或沙覆盖养护，并安排专人负责养护。

（7）质量控制

工程的每一道工序，自检合格之后报监理工程师检查，同意之后方可进行下道工序。施工实测项目与外观检测必须符合技术规范要求，分项工程合格率100%，单位工程优良率在95%以上。

质量控制措施：

①测量放样：所有测量放样及平面尺寸用全站仪控制，并用钢尺复核；高程用水准仪控制，结构尺寸用钢尺复核。

②每道工序都要严格控制，技术人员跟班作业，做好施工记录。

③严格按施工图及《公路桥涵施工技术规范》（JTG/T F50—2011）、招标文件范本及监理工程师的指令进行施工控制。

④工程质量按《公路工程质量检验评定标准　第一册　土建工程》（JTG F80/1—2017）施工实行"三检"制度，每道工序必须自检合格报监理工程师验收合格后才能进行下道工序施工。

（五）安全生产与环境保护

坚持"文明施工，保护环境，环保先行，造福后代"的宗旨安排施工，施工过程中采用有效措施，对环境污染源严格控制。安全文明施工及环境保护措施：

（1）认真执行《中华人民共和国安全生产法》、全员树立"安全生产、人人有责，预防事故、消除隐患"的安全生产方针，实现安全文明生产无事故，配备专职安全员对工地施工安全进行管理，严格按施工安全操作规程施工，禁止违章作业。

（2）环境保护工作是施工的一项重要工作，施工过程中对噪声、粉尘、水资源等对环境影响大的项目进行严格控制，做到各项指标不超标，施工做到便民、利民、不扰民。

二、编制某项目涵洞施工方案

结合有关技术规范和本工程实例，编制 P411 训练项目一所设计的钢筋混凝土盖板涵的施工方案。

复习
思考题

1. 试述涵洞的分类及适用条件。

2. 简述圆管涵、盖板涵、拱涵的主要构造。

3. 山坡涵洞洞身布置方式有哪几种？

4. 涵洞常用的洞口形式有哪几种？进出水口河床加固处理方法有哪些？

5. 涵洞野外勘测的主要内容有哪些？

6. 涵洞设计的原则是什么？

7. 涵洞长度计算公式中，各符号的意义是什么？

8. 斜交涵洞的斜交角（或斜度）是哪两条线之间的夹角？

9. 斜交涵洞与正交涵洞相比，其涵长计算公式不同点在哪里？

10. 八字翼墙墙身体积计算公式中符号的意义是什么？

11. 锥坡体在空间是什么形状？其体积用什么公式计算？

12. 试述涵洞施工准备工作的内容和涵洞施工放样的方法。

13. 试述管涵预制的方法及注意事项。

14. 试述管涵施工程序。

15. 试述软土地区管涵地基处理方法。

16. 试述钢筋混凝土盖板涵、箱涵等预制构件常用模板的种类及适用条件。

17. 试述倒虹吸管涵的适用范围及施工注意事项。

18. 试述涵洞防水层的作用及设置位置。

19. 涵洞为何要设置沉降缝？如何设置？

20. 圆管涵施工安装的基本要求是什么？

21. 圆管涵施工检验的项目有哪些?
22. 盖板涵、拱涵施工检验的项目有哪些?
23. 倒虹吸管竖井、集水井砌筑的基本要求是什么?
24. 八字墙施工检测的项目有哪些?

参 考 文 献

[1] 中华人民共和国行业标准.公路桥涵设计通用规范:JTG D60—2015[S].北京:人民交通出版社股份有限公司,2015.

[2] 中华人民共和国行业标准.公路圬工桥涵设计规范:JTG D61—2005[S].北京:人民交通出版社,2005.

[3] 中华人民共和国行业标准.公路钢筋混凝土及预应力混凝土桥涵设计规范:JTG 3362—2018[S].北京:人民交通出版社股份有限公司,2018.

[4] 中华人民共和国行业标准.公路工程水文勘测设计规范:JTG C30—2015[S].北京:人民交通出版社股份有限公司,2015.

[5] 中华人民共和国行业标准.公路工程技术标准:JTG B01—2014[S].北京:人民交通出版社,2014.

[6] 中华人民共和国行业推荐性标准.公路桥涵施工技术规范:JTG/T F50—2011[S].北京:人民交通出版社,2011.

[7] 中华人民共和国行业标准.公路工程质量检验评定标准:第一册　土建工程:JTG F80/1—2017[S].北京:人民交通出版社股份有限公司,2017.

[8] 高冬光.公路桥涵设计手册——桥位设计[M].北京:人民交通出版社,2011.

[9] 姜友生.公路桥涵设计手册——总体设计[M].北京:人民交通出版社,2012.

[10] 廖朝华.公路桥涵设计手册——墩台与基础[M].北京:人民交通出版社,2013.

[11] 刘效尧,徐岳.公路桥涵设计手册——梁桥[M].北京:人民交通出版社,2011.

[12] 顾懋清,石绍甫.公路桥涵设计手册——拱桥(上册)[M].北京:人民交通出版社,2000.

[13] 顾安邦,孙国柱.公路桥涵设计手册——拱桥(下册)[M].北京:人民交通出版社,2000.

[14] 金吉寅,等.公路桥涵设计手册——桥梁附属构造与支座[M].北京:人民交通出版社,1999.

[15] 姚玲森.桥梁工程[M].3版.北京:人民交通出版社股份有限公司,2021.

[16] 范立础.桥梁工程(上、下册)(桥梁工程专业用)[M].2版.北京:人民交通出版社,1993.

[17] 邵旭东.桥梁工程[M].5版.北京:人民交通出版社股份有限公司,2019.

[18] 汪莲,任伟新.桥梁工程[M].合肥:合肥工业大学出版社,2014.

[19] 黄绳武.桥梁施工及组织管理(上)[M].北京:人民交通出版社,1999.

[20] 陈宝春.钢管混凝土拱桥设计与施工[M].北京:人民交通出版社,1999.

[21] 邵旭东,等.桥梁设计与计算[M].北京:人民交通出版社,2007.

[22] 叶见曙.结构设计原理[M].5版.北京:人民交通出版社股份有限公司,2021.

[23] 李传习,夏桂云.大跨度桥梁结构计算理论[M].北京:人民交通出版社,2002.

[24] 向中富.桥梁施工控制技术[M].北京:人民交通出版社,2001.

[25] 项海帆.高等桥梁结构理论[M].北京:人民交通出版社,2002.

[26] 贺栓海.桥梁结构理论与计算方法[M].北京:人民交通出版社,2003.

[27] 秦荣.大跨度桥梁结构[M].北京:科学出版社,2008.

[28] 颜东煌,等.桥梁结构电算程序设计[M].长沙:湖南大学出版社,1999.

[29] 李辅元.桥梁工程[M].2版.北京:人民交通出版社,2013.